मुग़ल सल्तनत की अर्थव्यवस्था

मुग़ल सल्तनत की अर्थव्यवस्था

[एक सांख्यिकीय अध्ययन : 1595 ई.]

शीरीं मूसवी

अनुवाद
नरेश 'नदीम'

राजकमल प्रकाशन

मूल कृति *The Economy of the Mughal Empire, c. 1595 : A Statistical Study* का अनुवाद
पहली बार अंग्रेज़ी में *Oxford University Press (Delhi)* द्वारा 1987 में प्रकाशित

ISBN : 978-93-6086-433-0

मूल्य : ₹1495

पहला राजकमल संस्करण : 2025

प्रकाशक : राजकमल प्रकाशन प्रा. लि.
1-बी, नेताजी सुभाष मार्ग, दरियागंज
नई दिल्ली-110 002

शाखाएँ : अशोक राजपथ, साइंस कॉलेज के सामने, पटना-800 006
पहली मंजिल, दरबारी बिल्डिंग, महात्मा गांधी मार्ग, प्रयागराज-211 001
1, अनमोल सोराबजी सन्तुक लेन, धोबी तलाव, मरीन लाइंस, मुम्बई-400 002

वेबसाइट : www.rajkamalprakashan.com
ई-मेल : info@rajkamalprakashan.com

मुद्रक : विकास कम्प्यूटर एंड प्रिंटर्स
ट्रॉनिका सिटी-201 102

MUGHAL SALTANAT KI ARTHVYAVASTHA
c. 1595 : A Statistical Study
by Shireen Moosvi
Translated by Naresh 'Nadim'

चचा, मार्गदर्शक, संरक्षक
शहंशाह हुसैन मूसवी
की यादों के नाम

क्रम

चित्र

भूमिका

भारत की उपनिवेश-पूर्व अर्थव्यवस्था की प्रकृति ख़ासी बहस का विषय रही है—सिर्फ़ उन लोगों के बीच नहीं जिनका मध्यकालीन भारत के अध्ययन से सरोकार रहा है बल्कि, और शायद ख़ास तौर पर, उन लोगों के बीच भी जिनका सरोकार उपनिवेशी शासन के दौरान होनेवाले आर्थिक परिवर्तन की प्रकृति से रहा है। कारण कि उपनिवेशवाद के काल में हुए परिवर्तनों की प्रकृति को समझने के लिए उससे पहले की दशाओं का अध्ययन आवश्यक है। मगर इन परिवर्तनों की समझ के लिए आवश्यक है कि उपनिवेश-पूर्व अर्थव्यवस्था का विश्लेषण उन्हीं दृष्टियों से किया जाए जो बाद के चरण के अध्ययन के लिए अपनाई जाती हैं और इनमें लाज़मी तौर पर परिमाणात्मक अध्ययन भी शामिल है। इसी दृष्टि से प्रस्तुत पुस्तक वर्ष 1600 के आसपास मुग़ल भारत की अर्थव्यवस्था के सांख्यिकीय विश्लेषण के प्रयास करती है।

16वीं सदी के अन्तिम वर्षों के लिए उपलब्ध सांख्यिकी आँकड़ों की रंगारंगी के कारण मेरे लिए—कुछ शंकाओं के साथ ही सही—भारत में खेतिहर उत्पादन के परिमाण, विभिन्न वर्गों के बीच ज़ायद (सरप्लस) के वितरण, विदेश व्यापार के कुल मूल्य, क़ीमतों और उजरतों की संरचना, और जनसंख्या के आकार के अनुमान लगाना सम्भव हुआ है। जहाँ तक सम्भव हो सका है, इन अनुमानों के लिए स्रोतों से प्राप्त प्रत्यक्ष साक्ष्यों को आधार बनाया गया है, लेकिन अकसर 19वीं सदी से प्राप्त आँकड़ों के आधार पर, कुछ नतीजे निकालने और अन्दाज़े लगाने भी पड़े हैं, हालाँकि मैं समझती हूँ कि ऐसे हर मुआमले में मैंने उनके लिए समुचित औचित्य सामने रखे हैं।

अब भी कुछ क्षेत्रों के बारे में सूचनाएँ इतनी सीमित हैं कि मैंने अन्दाज़े लगाते रहना ठीक नहीं समझा। मिसाल के लिए मैंने सकल राष्ट्रीय उत्पाद की कोई भी गणना करने से गुरेज किया है क्योंकि इसमें अज्ञात तत्त्व बहुत अधिक होते। मैंने पुस्तक में अपने अध्ययन से निकलनेवाले परिणामों की असमान प्रकृति को स्पष्ट करने का हर सम्भव प्रयास किया है।

दुर्भाग्य से बाद के काल (17वीं और 18वीं सदी) के लिए उपलब्ध सांख्यिकी सूचनाओं की मात्रा और गुणवत्ता अपेक्षाकृत सीमित है, इसलिए इच्छानुसार उपयुक्त ढंग से मुग़ल भारतीय अर्थव्यवस्था की गति की प्रक्रिया की व्याख्या नहीं की जा सकती। फिर भी, जहाँ भी सम्भव हुआ है, दीर्घकालिक प्रवृत्तियों के संकेत देने के लिए 19वीं सदी तक बाद के कालों से प्राप्त सूचनाओं का प्रयोग किया गया है, मसलन जनसंख्या या ब्याज दरों के मुआमले में।

यह पुस्तक पहले-पहल प्रोफ़ेसर इरफ़ान हबीब के मार्गदर्शन में एक शोध-प्रबन्ध के रूप में विकसित हुई। उन्होंने पुस्तक की अन्तिम टाइपशुदा पांडुलिपि को ध्यान से पढ़ा है, हालाँकि जो भी ग़लतियाँ रह गई हों उनके लिए वे निश्चित ही ज़िम्मेदार नहीं हैं। उनके प्रति मेरी कृतज्ञता शब्दों से परे है।

मैं प्रोफ़ेसर एस. नूरुल-हसन की भी आभारी हूँ जिन्होंने सोलह वर्षों से भी अधिक हुए, मुझे इतिहास विभाग में सांख्यिकीविद के रूप में नियुक्त करके मेरी शोध सम्बन्धी रुचि ही बदल दी। अब गणित के बजाय आर्थिक इतिहास मेरी रुचि का विषय बन गया। इन तमाम वर्षों में मुझे प्रोफ़ेसर रईस अहमद से निरन्तर प्रोत्साहन प्राप्त होता रहा।

श्री फैज हबीब और उनके वरिष्ठ सहकर्मी श्री जहूर ए. ख़ान, इतिहास विभाग में मानचित्रकार ने सारे मानचित्र तैयार किए हैं। मेरे बार-बार के परिवर्तनों और संशोधनों को सब्र से झेलनेवाले इन दोनों सज्जनों के प्रति मैं आभारी हूँ।

मेरे सहकर्मियों में डॉ. एस.पी. गुप्त ने राजस्थानी स्रोतों पर अपने ज्ञान से उदारता के साथ मुझे लाभान्वित किया; प्रोफ़ेसर एम. अतहर अली और प्रोफ़ेसर इक़्तिदार आलम ख़ान मुग़ल प्रशासन और राजनीतिक इतिहास की विभिन्न पेचीदगियों पर (अकसर उन्हें स्पष्ट करने के लिए) मेरे साथ चर्चा के लिए हमेशा तैयार रहे हैं; और डॉ. एस.पी. वर्मा और डॉ. बी.एल. भादानी से मुझे प्रूफ़ों के संशोधन में सहायता मिली है।

मैं राष्ट्रीय अभिलेखागार में प्राप्त सहायता के लिए उसके तत्कालीन निदेशक श्री एस.ए.आई. तिरमिजी की तथा सिक्कों के ज़ख़ीरों की रिपोर्टें उपलब्ध कराने के लिए राजकीय संग्रहालय, लखनऊ के तत्कालीन मुद्रा अधिकारी डॉ. ए.के. श्रीवास्तव की ऋणी हूँ।

मेरा अधिकतर कार्य इतिहास उन्नत अध्ययन केन्द्र के अनुसंधान पुस्तकालय में सम्पन्न हुआ, और मैं वहाँ कार्यरत श्री जलाल ए. अब्बासी और उनके सहकर्मियों की एज़ाज़ एम. ख़ान, श्री अरशद अली, श्री एम. यूसुफ़ सिद्दीक़ी, श्री नूर अहमद और श्री इरफ़ान ख़ान

को धन्यवाद देना चाहूँगी। शिकागो विश्वविद्यालय के पुस्तकालय के दक्षिण एशिया प्रभाग की अध्यक्ष सुश्री मौरीन एल. पैटरसन ने उस शानदार पुस्तकालय के उपयोग में मेरी दिल खोलकर सहायता की। मैं हर तरह की सहायता के लिए मौलाना आज़ाद लाइब्रेरी (अलीगढ़), ब्रिटिश म्यूज़ियम, इंडिया ऑफ़िस लाइब्रेरी, स्कूल ऑफ़ ओरिएंटल एंड अफ़्रीकन स्टडीज़ (लंदन) के पुस्तकालय और बोदलियान लाइब्रेरी (ऑक्सफोर्ड) के अधिकारभोगियों और कर्मचारियों की भी ऋणी हूँ।

एक सीनियर फुलब्राइट फेलोशिप के सहारे मेरे लिए 1984 में ऐसा सम्भव हुआ कि मैं शिकागो की यात्रा कर सकूँ और प्रोफ़ेसर राबर्ट डब्ल्यू. फोगेल के साथ काम करने का आन्नद ले सकूँ जो 'क्लियोमैट्रिक' इतिहास के 'संस्थापकों' में से एक हैं। (प्रस्तुत पुस्तक इस श्रेणी में शामिल होने का कोई दावा नहीं करती)।

भारतीय समाज विज्ञान अनुसंधान परिषद ने मुझे इंग्लैंड के पुस्तकालयों में काम करने के लिए आवश्यक वित्तीय सहायता दी, और मैं यह अनुदान दिलानेवाले प्रोफ़ेसर डी. डी. नरूला की ऋणी हूँ।

शिकागो विश्वविद्यालय के जनसंख्या अर्थशास्त्र केन्द्र में उपनिदेशक श्रीमती मेरिलिन कापर स्मिथ ने मुझसे मेरी आशाओं से भी बढ़कर मित्रवत व्यवहार किया और पुस्तक के दो अध्यायों को टाइप भी किया। श्री एम.ए. ख़ान अफरीदी ने अन्तिम पांडुलिपि को इतनी सफाई से टाइप किया कि मेरे प्रकाशकों तक ने उसकी सराहना की (जो मेरा ख़याल है, वे आसानी से नहीं करते)।

मेरा हार्दिक आभार ऑक्सफोर्ड यूनिवर्सिटी प्रेस के लिए भी है जो मेरी पुस्तक को प्रकाशित करने के लिए सहमत हुए, उन्नत अध्ययन केन्द्र जब प्रकाशन के लिए अनुदान देने पर तैयार हुआ उससे भी पहले।

अलीगढ़

—शीरीं मूसवी

प्रस्तावना

अध्याय-1

आँकड़े और उनके स्रोत

प्रस्तुत अध्ययन 16वीं सदी के खात्मे के आसपास मुग़ल सल्तनत के आर्थिक ढाँचे के परिमाणात्मक विश्लेषण का एक प्रयास है। यह कोशिश की जा सकती है तो इसका कारण लगभग पूरी तरह अबुल फ़ज़्ल कृत 'आईने-अकबरी' में मौजूद समृद्ध सांख्यिकी सामग्री है। यह रचना अनेक दृष्टियों से अनूठी है। इसके लेखक ने उन पहलुओं की विवेचना की है जिन पर दूसरे इतिहासकार उड़ती निगाह भी नहीं डालते थे। वे मज़े लेकर हमें परिमाणात्मक आँकड़े देते हैं जो उस दौर के लिए असामान्य था, और ऐसे लेखक से तो अप्रत्याशित ही था जिसकी साहित्यिक शैली बेहद शाहाना थी। उनके आँकड़ों के किसी भी अध्ययन की शुरुआत उनके व्यापक प्रयास का आभार मानकर ही की जानी चाहिए।

'आईने-अकबरी' एक बड़ी रचना का भाग है जिसे अबुल फ़ज़्ल ने बादशाह अकबर के आदेश पर लिखा था।[1] उनकी रचना 'अकबरनामा' के दो भाग अकबर के शासनकाल की घटनाओं और उनसे पहले बाबर और हुमायूँ के शासनकालों की घटनाओं को दर्ज करते हैं; ये दोनों अकबर के क्रमश: दादा और बाप थे। ज़ाहिर तौर पर जो रचना एक अखंड रचना थी उसका 'तीसरा खंड' पूरी तरह आईन-हा-ए-मुकद्दस-ए-शाही (पवित्र शाही नियम-कायदों) के वर्णन के लिए समर्पित है।[2] पाठकों की बहुत पहले ही इस पर एक आम सहमति थी जिसके कारण सुविधा के लिए इसे आईने-अकबरी कहा जाने लगा। लगभग सभी व्यावहारिक उद्देश्यों से यह खंड अपने-आप में एक अलग इकाई है। अकबर का दरबार, प्रशासन और सेना का संगठन, उसकी सल्तनत का राजस्व और भूगोल, तथा उसकी प्रजा की परम्पराएँ और संस्कृति इस रचना के विषय थे।

आईने-अकबरी के पाँच भाग (दफ़्तर) हैं : पहले तीन भाग प्रशासन का, अर्थात 'बादशाह के लौकिक पक्ष' का विस्तार से वर्णन करते हैं।[3] पहला (मंज़िल-आबादी) ख़ानदान का वर्णन करता है, और ख़ज़ाने से लेकर विभिन्न मालों के दामों तक, 'जानवरों के तबेलों' से लेकर 'इमारतों की तामीर' के प्रबन्ध तक अनेक पहलुओं को समेटता है। दूसरा भाग (सिपाह-आबादी) फ़ौज और प्रशासन का तथा मुलजिमों की व्यवस्थाओं का वर्णन करता है। कुलीनों (मंसबदारों) के साथ विद्वानों, शायरों, कलाकारों, हकीमों और दूसरे लोगों का बयान भी इसी भाग में किया गया है।

तीसरा भाग (मुल्क-आबादी) कराधान की व्यवस्था की व्यापक जानकारी देता है। इसमें मालगुज़ारी की दरों (दस्तूरुल-अमल) की विस्तृत तालिकाएँ भी शामिल हैं और उनके बाद 'बारह सूबों (प्रान्तों) का वर्णन' आता है। इस वर्णन में हर सूबे पर एक अध्याय है जिसमें उसके भूगोल और संसाधन बतलाए गए हैं। हर सूबे के तहत पाठ वाले भाग के बाद तालिकाएँ आती हैं और फिर क्षेत्र के राजवंशों का संक्षिप्त वृत्तान्त आता है। हमारे अध्ययन के लिए आईन के इस भाग की बेपनाह अहमियत को देखते हुए हमारे इस पहले अध्याय का अगला खंड पूरी तरह इन्हीं आँकड़ों की विवेचना पर केन्द्रित होगा।

आख़िरी भागों में भारतीय जनता के ज्ञान-विज्ञान, धर्मों और उसकी संस्कृति की विवेचना की गई है। इनमें अकबर के 'अक़वाले-ज़रीं' (आप्त वचनों) का एक संकलन भी दिया गया है।

आईन का समापन[4] करते हुए अबुल फ़ज़्ल बतलाते हैं कि उन्होंने अपनी रचना के लिए सामग्री किस तरह जमा की। कहते हैं कि उनकी सूचनाएँ समकालीनों और चश्मदीद गवाहों के साक्ष्यों पर आधारित थीं, लेकिन उन्होंने जो कुछ कहा उसका एक आलोचनात्मक मूल्यांकन अवश्य किया गया। हुकूमत की सारी दस्तावेज़ भी उनके हवाले कर दी गई थी। लगता है, अकबरनामा के ऐतिहासिक वृत्तान्त के लिए या कम-से-कम शासनकाल के शुरुआती बरसों के लिए उनको मौखिक साक्ष्यों पर (या ज़्यादा से ज़्यादा ख़ुद द्वारा दर्ज संस्मरणों पर) भरोसा करना पड़ा।[5] लेकिन आईने-अकबरी के लिए उन्होंने पूरी तरह सरकारी दस्तावेज़ों को आधार बनाया और स्वाभाविक रूप से उनके आँकड़े सरकारी महकमों के दिए हुए थे। लेकिन यहाँ भी अबुल फ़ज़्ल ने सरकारी रिपोर्टों और दस्तावेज़ों को ज्यों-का-त्यों पेश नहीं किया है; उन्होंने नौकरशाही के मूल दस्तावेज़ों की सरकारी ज़बान की जगह अपनी ख़ुद की परिष्कृत शैली में ढाले गए पाठ को लेकर दस्तावेज़ों को नए सिरे से व्यवस्थित किया है। कहते हैं कि उन्होंने पाठ को पाँच बार संशोधित किया है और छठी बार इसे संशोधित करने का इरादा कर रहे थे कि बादशाह के इस आग्रह ने उन्हें अपना इरादा छोड़ने पर मजबूर कर दिया कि रचना जल्द पूरी की जाए।[6] जैसा कि हम जल्द ही देखेंगे, इसके आन्तरिक साक्ष्यों से ही संकेत मिलता है कि रचना के औपचारिक समापन की तिथि अर्थात 42वें शासन-वर्ष की आख़िरी तारीख़ (20 मार्च, 1598) के बाद भी उन्होंने इसमें कुछ बातें जोड़ी हैं।[7]

अंतर्वस्तु की कठोर तर्कसंगत व्यवस्था को, सटीकता के प्रति लेखक के स्पष्ट सरोकार और पाठ पर अबुल फ़ज़्ल की साहित्यिक शैली की निर्विवाद छाप को देखते हुए आईन पर मोरलैंड की इस टिप्पणी को स्वीकार करना कठिन है कि यह 'सरकारी काग़ज़ात का जल्दबाजी में संपादित किया गया संकलन' है।[8] वास्तविकता यह है कि सूचनाओं और ख़ासकर परिमाणात्मक आँकड़ों को प्रस्तुत करने में अबुल फ़ज़्ल ने जो बेपनाह सावधानी बरती है, हमें उसके लगातार संकेत मिलते हैं। सभी संख्याओं को शब्दों में भी व्यक्त किया गया है जिसका मक़सद साफ़ तौर पर तहरीर की ग़लतियों को यथासम्भव कम करना था; अरबी हिंदसों (अंकों) में और

रक़म के इन्दराजों में भी ऐसी ग़लतियों की सम्भावनाएँ बहुत अधिक होतीं। रक़म के इन्दराजात आँकड़ों को पेश करने के सामान्य नौकरशाहाना ढंग होते थे पर फिर भी इससे बचा गया है जो सरकारी काग़ज़ात की मात्र पुनर्प्रस्तुति से जानबूझकर कतराने का एक और सुबूत है।[9]

'आईने-अकबरी' के मुख़्तलिफ़ आँकड़े किस दौर के हैं, उसका आम तौर पर स्पष्ट संकेत नहीं दिया गया है, हालाँकि उसके महत्त्वपूर्ण अपवाद भी हैं। एक अपवाद '19 साला दरें' (आईने-नौज़दहसाला) हैं जिनमें हर शासन वर्ष के लिए मालगुज़ारी की दरें तालिका के रूप में, बड़ी बारीक़ी के साथ दी गई हैं। हमारे मक़सद के लिए ज़्यादा अहम बात जो है, यह है कि '12 सूबों' की जमा के आँकड़े और मंसबदारों की फ़ेहरिस्त, दोनों स्पष्ट रूप से 40वें शासन वर्ष के लिए हैं।[10] उसकी सांख्यिकीय सामग्री के इन दोनों बहुत अहम हिस्सों के इस निश्चय के बल पर शायद सुविधाजनक यही होगा कि 1595-96 को ही वह वर्ष माना जाए जिससे आम तौर पर आईन के आँकड़ों को मंसूब किया जा सकता है। लेकिन ज़ाहिर है कि (19 साला दरों के अलावा) कुछ सूचनाओं का सम्बन्ध इससे पहले के दौर से भी है और कुछ सूचनाएँ बाद के वर्षों की भी होंगी। इसलिए हमें उस दौर की सीमाएँ तय करनी होंगी जिनमें आईन की सूचनाओं को रखा जा सकता है। शायद इसके लिए सबसे अच्छा यही होगा कि आईन की सामग्री कब (और अंशत:, कैसे) जमा की गई, इससे सम्बन्धित साक्ष्यों की जाँच-पड़ताल की जाए।

'अकबरनामा' और 'आईने-अकबरी', दोनों में अबुल फ़ज़्ल इस शाही आदेश का हवाला देते हैं कि वे अपने बादशाह की ज़िन्दगी और उसके कारनामों का एक वृत्तान्त लिखें। अकबरनामा की एक पांडुलिपि[11] में इस आशय के दो आदेशों की तारीख़ें दी गई हैं। पहली तारीख़ 22 इस्फन्दारमुर्ज़, शासन वर्ष 33 (12 मार्च, 1589) है और दूसरी तारीख़ अर्दी बिहिश्त, शासन वर्ष 34 (18 मई, 1589) है। एक दूसरी जगह पर अबुल फ़ज़्ल शासन वर्ष 42वें की आख़िरी तारीख़ (20 मार्च, 1599) को आईने-अकबरी के मुकम्मल होने की तारीख़ बतलाते हैं। आगे कहते हैं कि उन्हें यह रचना तैयार करने में सात साल लगे हैं, और इस दौरान उन्होंने इसके पाँच मसविदे तैयार किए।[12] आईन के पूरा होने की तारीख से पीछे की ओर सात साल चलें तो इसकी रचना का काम शासन 35 वर्ष के अन्त (मार्च 1591) में शुरू हुआ होगा, न कि शासन वर्ष 33 में। लेकिन अबुल फ़ज़्ल आईन के दो अहम भागों (मंसबदारों की फ़ेहरिस्त और जमा के आँकड़ों) का सम्बन्ध शासन वर्ष 40 (1595-96) से जोड़ते हैं जिससे संकेत मिलता है कि यह वह साल था जब आईन का बड़ा भाग पूरा हो चुका था। इसलिए सात बरसों का हिसाब वास्तव में इसी साल से किया जाना चाहिए। उस हाल में रचना के आरम्भ का पहला साल शासन वर्ष 33वाँ (1588-89) रहा होगा, यानी ठीक वह साल जब उसकी रचना के आदेश दिए गए थे।

ज़ाहिर है कि अबुल फ़ज़्ल ने अपना काम सूचनाओं के संग्रह से शुरू किया होगा, और मुमकिन है कि बहुत सी सूचनाएँ उन्हें 1589 से पहले ही हासिल हो चुकी

हों। आईने-आबदारख़ाना शीर्षक अध्याय में वे कहते हैं कि "आजकल राजधानी लाहौर में है"[13] (यह बात 1586-98 के काल के लिए सही है)[14] लेकिन एक अन्य अध्याय आईने-इमारत में वे फ़तेहपुर को राजधानी बतलाते हैं[15] जिससे संकेत मिलता है कि पाठ के इस विशेष भाग की (और जिस दस्तावेज़ पर वह आधारित है उसकी) रचना 1586 से पहले हुई होगी। (फ़तेहपुर इस साल के बाद राजधानी नहीं रहा।)[16]

पुस्तक की रचना के प्रारम्भ-काल से पहले भी सूचनाओं की मौजूदगी का संकेत दूसरे आन्तरिक साक्ष्यों से भी मिलता है। अबुल फ़ज़्ल जमा के आँकड़ों का सम्बन्ध शासन वर्ष 40 (1595-96) से जोड़ते हैं, पर वे जमा का जो कुल हिसाब (363 करोड़ दाम)[17] दर्ज करते हैं, वह 1593 में पूरी होने वाली रचना तबक़ाते-अकबरी में दिए गए आँकड़े 440 करोड़ दाम[18] से कम है। अगर हम (काबुल को छोड़कर) बारह मूल सूबों के बारे में अबुल फ़ज़्ल के अपने योगों को जोड़ें तो भी उनका महायोग 404 करोड़ दाम ही आता है। ज़ाहिर है कि 12 सूबों के लिए केवल 363 करोड़ दाम का आँकड़ा पेश करते हुए अचेतन रूप से पाठ में सल्तनत के लिए उस उस आँकड़े को रख दिया है जो पहले के किसी काल में हासिल हुआ होगा। कुछ-कुछ ठोस आधार पर यह बात सुझाई गई है कि 363 करोड़ दाम का आँकड़ा वास्तव में वर्ष 1580-81 से सम्बन्ध रखता है जब जम-ए-दहसाला की व्यवस्था पहले-पहल क़ायम की गई थी।[19]

अबुल फ़ज़्ल ने अपनी मंसबदारों की फ़ेहरिस्त को शासन वर्ष 40 से मंसूब किया है,[20] पर लगता है, यह फ़ेहरिस्त भी काफ़ी पहले तैयार की गई थी। यह तबक़ाते-अकबरी के लेखक को भी उपलब्ध थी जिसने अपनी रचना 1593 में पूरी की थी।[21] उस वक़्त भी आईन की फ़ेहरिस्त सम्भवत: आंशिक रूप से पुरानी पड़ चुकी थी क्योंकि निज़ामुद्दीन अहमद ने इसमें अनेक नाम जोड़े थे और अनेक परिवर्तन किए थे। तबक़ात वाली फ़ेहरिस्त में 15 नाम ऐसे हैं जो आईन में नहीं हैं जबकि तबक़ात में 48 मंसबदारों के मंसब आईन से ज़्यादा बताए गए हैं। लगता है, अबुल फ़ज़्ल ने अपनी पहले की फ़ेहरिस्त में कुछ नए नाम ज़रूर जोड़े थे, अंशत: नई नियुक्तियों और तरक़्क़ियों को शामिल करने के लिए, लेकिन फिर भी लगता है कि मूल फ़ेहरिस्त और शासन वर्ष 40वें के बीच मंसब में दी गई सभी तरक़्क़ियों को शामिल करने में नाकाम रहे। 40वें साल के बाद दिया गया कोई मंसब शामिल नहीं किया गया है हालाँकि औपचारिक रूप से अबुल फ़ज़्ल ने अपनी रचना इसके दो साल बाद पूरी की।[22]

शासन वर्ष 40वाँ कुछ और आँकड़ों के लिए भी अन्तिम सीमा लगता है। मसलन आईन में मासिक बरावुर्दी की दरों की संशोधित सूची का कोई हवाला नहीं मिलता जो शासन वर्ष 40वें में जारी की गई थीं और अकबरनामा में बाक़ायदा दर्ज की गई है।[23]

लेकिन आईने-अकबरी शासन वर्ष 40वें, बल्कि 42वें में भी पूरी तरह समाप्त नहीं हुई। '12 सूबों का वर्णन' में तीन नए सूबों बरार (अधिग्रहीत, शासन वर्ष 41), ख़ानदेश (45) और अहमदनगर (45) का ज़िक्र भी शामिल है जिससे सूबों की कुल संख्या 12 से बढ़कर 15 हो जाती है, फिर भी पुराना शीर्षक 'आईने-अहवाले-दोआज़दह सूबा' ही चलता रहा। (शायद नज़रअन्दाज़ कर दिया गया।) आईन में ख़ानदेश (दानदेश)

का ज़िक्र करते हुए ख़ुद अबुल फ़ज़्ल कहते हैं कि इसे शासन वर्ष 45 (1600-1) में अधिग्रहीत किया गया।[24] न सिर्फ़ यह कि इन तीन सूबों के विवरण शासन वर्ष 45वें के बाद शामिल किए गए बल्कि इसके भी संकेत हैं कि '12 सूबों का बयान' में दूसरी जगहों पर भी कुछ बातें जोड़ी गईं। मालवा पुराने 12 सूबों में एक था लेकिन उसकी तालिकाओं से पहले आए पाठ में अबुल फ़ज़्ल शासन वर्ष 43वें में इस सूबे से होकर अपने सफ़र का हवाला देते हैं जब वह दक्कन की ओर बढ़ रहे थे।[25]

इसी तरह ऊँटों ने अस्तबलों के बयान में अबुल फ़ज़्ल लिखते हैं कि शासन वर्ष 42वें में ऊँटों के हौदों के लिए मंज़ूरशुदा भत्ता बढ़ा दिया गया है।[26] शाही घोड़ों के अस्तबलों का ज़िक्र करते हुए एक और जगह बतलाते हैं कि शाहज़ादा मुराद के घोड़े उसकी मौत के बाद शाही अस्तबल के हवाले कर दिए गए।[27] चूँकि मुराद की मौत शासन वर्ष 44वें (मई 1599) में हुई थी,[28] ज़ाहिर है कि यह अध्याय उसी साल या उसके बाद संशोधित किया गया और इस तरह यह जोड़ी गई सूचना आईन के पूरे होने की औपचारिक तिथि से भी बाद की है।

ऐसी बाद में जोड़ी गईं बातें ख़ुद अबुल फ़ज़्ल के बयानात से निकाले गए इस निष्कर्ष में फेरबदल नहीं करतीं कि आईन की रचना मुख्यत: 1589 और 1595-96 के बीच की गई। चूँकि सूचनाओं का संकलन 1589 में शुरू हुआ, मुमकिन है कि हासिल किए गए दस्तावेज़ों ने उससे भी पहले के बरसों के आँकड़े दिए हों। साथ ही, हम बजा तौर पर 1595-96 को वह वर्ष मान सकते हैं जिसके बाद रचना के पाठ में (नए-नए क़ब्ज़ाए गए सूबों के आँकड़ों को छोड़कर) बहुत कम आँकड़े शामिल किए गए। इसलिए आईन के साक्ष्यों को 1595-96 के लिए सही मानना एक सुविधाजनक परम्परा ही नहीं, इससे बढ़कर कुछ और भी है। लेकिन इस सम्भावना को बराबर ज़ेहन में रखना होगा कि सांख्यिकी सामग्री का सम्बन्ध इससे पहले के बरसों से है, आँकड़ों के किसी ख़ास संकलन के लिए सचमुच यही बात है या नहीं, यह तय करते वक़्त इस बात को ज़ेहन में रखना ज़रूरी है।

आज आईन के कुछेक मसविदे मौजूद हैं। फिर भी एक नए आलोचनात्मक संस्करण की भारी आवश्यकता है। ब्लाख़मान का पाठ[29] अभी तक का प्रामाणिक संस्करण है और ख़ासी मेहनत की पैदावार है। फिर भी यह बदनसीबी से सबसे अच्छे या सबसे पुराने मसविदे पर आधारित नहीं है, और ग़लतियों से रहित भी नहीं है। इसलिए उनके संस्करण का हर वक़्त मसविदों से मिलान करते रहना ज़रूरी है। दो दूसरे संस्करण (सैयद अहमद का संस्करण, दिल्ली, 1855, और नवलकिशोर संस्करण, लखनऊ, 1869) हर तरह से ब्लाख़मान के संस्करण से घटिया हैं। सैयद अहमद का संस्करण अधूरा है और उसका पाठ दोषपूर्ण है जबकि नवलकिशोर संस्करण वास्तव में ब्लाख़मान के पाठ का ख़ासा ईमानदार पुनर्मुद्रण है, हालाँकि इसमें कुछ और ग़लतियाँ जुड़ गई हैं। ब्लाख़मान ने एक भाग का अनुवाद भी किया जिसे उन्होंने खंड एक कहा (फिल्ट द्वारा संशोधित, कलकता, 1927 और 1939) जबकि बाक़ी भाग (खंड दो और खंड तीन में विभाजित) का अनुवाद जैरेट ने किया।

गम्भीर अनुसंधान के लिए कोई भी अनुवाद अधिक उपयोगी नहीं है, ख़ासकर जैरेट के अनुवाद में अनावश्यक हद तक बड़ी संख्या में ग़लतियाँ हैं। अपने संशोधन (कलकत्ता, खंड दो, 1949 और खंड तीन, 1948) में सर जदुनाथ सरकार ने इन ग़लतियों को काफ़ी कुछ असंशोधित छोड़ दिया है।

ब्रिटिश म्यूज़ियम (अब ब्रिटिश लाइब्रेरी) में 'आईने-अकबरी' के 17वीं सदी के दो बहुत सटीक मसविदे (ऐड 7652 और ऐड 6552)[30] मौजूद हैं। ब्लाख़मान के पाठ और तालिकाओं की ग़लतियों को निगाह में रखकर मैंने उनके संस्करण के तमाम आँकड़ों का (और प्रयोग किए गए पाठ का भी) इन दोनों मसविदों से मिलान किया है। उन आँकड़ों को मैंने आम तौर पर स्वीकार कर लिया है जिस पर ये मसविदे एकमत हैं, इससे मतलब नहीं कि वे ब्लाख़मान के संस्करण में दिए गए आँकड़ों से मेल खाते हैं या नहीं। लेकिन मसविदों के बीच मतभेद की हालत में मैंने हमेशा ब्लाख़मान के संस्करण से मिलान किया है और आमतौर पर उस मसविदे के आँकड़े को स्वीकार किया है जो ब्लाख़मान के पाठ से मेल खाता है। इस तरह के मिलान के अलावा मैंने मालगुज़ारी की दरों में इन्दराज की ग़लतियों की निशानदेही की कोशिश भी की है और इसके लिए मूल दरों के परिवर्तन की एक संशोधित तालिका की परिकल्पना का सहारा लिया है।[31] अहवाले-दोआज़दह सूबा (बारह सूबों का विवरण) की बेहद अहम सांख्यिकीय तालिकाओं में पाठ की सटीकता की समस्याओं पर कुछ विस्तार से चर्चा आवश्यक है।

दो

अहवाले-दोआज़दह सूबा में अबुल फ़ज़्ल ने मुख़्तलिफ़ सूबों (प्रान्तों) का विस्तृत वर्णन किया है। साथ ही हर सूबे के विवरण के बाद, तालिका रूप में सांख्यिकीय सूचनाएँ दी गई हैं। जैसा कि हमने पहले ही कहा है शासन वर्ष 40वें (1595-96) के बाद क़ब्ज़ाए गए तीन सूबों—बरार, ख़ानदेश (दानदेश) और अहमदनगर थे। विवरण शामिल किए जाने के कारण सूबों की वास्तविक संख्या 15 है।

अबुल फ़ज़्ल ने पहले तो हर सूबे के भूगोल और उसकी आर्थिक विशेषताओं का एक वर्णन पेश किया है। वर्णन के अन्त में वे उस प्रान्त में सरकारों (सीमित भू-क्षेत्र) और परगनों (या महालों) की तादाद (महाल और परगना शब्द असली तौर पर पर्यायवाची हैं।)[32] सूबे की कुल मापी गई ज़मीन (ज़मीने-पैमूदा), प्रत्याशित कुल राजस्व (जमा) और उससे दान में या माफ़ी में निकल जानेवाली रक़म (सुयूरग़ाल), ज़मींदारों की फ़ौजी टुकड़ियों की तादाद, उसमें भी घुड़सवारों (सवार) और पैदल फ़ौजियों (पियादों) की अलग-अलग तादाद, साथ में हाथियों की तादाद बतलाते हैं। (ज़मींदारों की) तोपों और नावों की तादादें सिर्फ़ बंगाल और बिहार सूबों के बारे में दी गई हैं।

इस तरह किसी सूबे के आँकड़ों के योग पेश करने के बाद अबुल फ़ज़्ल उस सूबे की प्रत्येक सरकार सम्बन्धित आँकड़ों की तालिकाएँ सामने रखते हैं। इन तालिकाओं में आठ कॉलम हैं[33] जिनके शीर्षक इस प्रकार हैं, (अ) परगनात/महाल,

(ब) किला,[34] (स) आराज़ी (ज़मीने-पैमूदा), (द) नक़दी (जमा, नक़द में तय की गई कुल मालगुज़ारी), (य) सुयूरग़ाल, (जमा का वह भाग जो दोनों के रूप में निकल जाता है), (र) ज़मींदार (जाति/जातियाँ), (ल) (ज़मींदारों के) सवार, (व) (ज़मींदारों के) पियादे या पैदल सिपाही। जहाँ भी हाथियों की संख्याएँ दी गई है, सवारों वाले कॉलम में दी गई है। हर सरकार की तालिका की पहली पंक्ति में उस सरकार के लिए योग दिए गए हैं और पंक्ति का पहला कॉलम परगनों की कुल संख्या बतलाता है। दूसरी पंक्ति और उससे नीचे उस सरकार के अलग-अलग परगनों के आँकड़े दिए हैं। परगनों को केवल उनके नामों के पहले अक्षरों के आधार पर (फ़ारसी) वर्णमाला के क्रम में व्यवस्थित किया गया है।

अबुल फ़ज़्ल ने आँकड़ों को अंकों ही नहीं, शब्दों में लिखकर इन्दराज की सटीकता सुनिश्चित करने की कोशिश की है। फिर भी आँकड़ों में इब्तदाई क़िस्म की ग़लतियाँ पाई जाती हैं क्योंकि पाठ में दिए गए योग अकसर वही नहीं हैं जो संगत तालिका के विस्तृत आँकड़ों से मिलते हैं। किसी सूबा की तालिकाओं में अलग-अलग सरकारों के लिए बताए गए योग ज़्यादातर उन योगों से भिन्न हैं जो पाठ में दिए गए हैं। इसी तरह किसी सरकार के परगनों के लिए आनेवाले योग अक्सर उसी तालिका के शुरू में पूरी सरकार के लिए बताए गए योग से भिन्न हैं।

इन विसंगतियों पर, ख़ासकर आराज़ी और जमा के आँकड़ों के सिलसिले में, सबसे पहले ध्यान देनेवाले थे मोरलैंड। लेकिन उन्होंने इन तमाम विसंगतियों को इन्दराज की मामूली ग़लतियों और ब्लाख़मान के संस्करण में छपाई की ग़लतियों का नतीजा बतलाया।[35] यह सही है कि पांडुलिपियों से मिलान करें तो ब्लाख़मान की तालिकाओं में अनेक ग़लतियों का पता चलता है। मैंने ब्रिटिश म्यूज़ियम के दो मसविदों से मिलान किया है।[36] और, जैसाकि पिछले खंड में स्पष्ट किया गया है, आमतौर पर उस पाठ को स्वीकार किया है जो दोनों मसविदों में पाया जाता है। लेकिन इसके अलावा 'बारह सूबों का बयान' के आँकड़ों के सिलसिले में मैंने दोनों मसविदों या ब्लाख़मान के संस्करण के उस पाठ को स्वीकार किया है जिससे हिसाब करने पर आनेवाला वास्तविक योग बतलाए गए योग से ज़्यादा क़रीब है। ब्लाख़मान के पाठ को कैसे संशोधित किया जा सकता है, इसे नीचे के उदाहरण में देखा जा सकता है। ब्लाख़मान के संस्करण और दोनों मसविदों में मालवा की तीन सरकारों के लिए आराज़ी के निम्नलिखित आँकड़े दिए गए हैं।

सरकार	*ब्लाख़मान के संस्करण में दिया गया योग*	*मसविदों में दिया गया योग*	*परगनों के आँकड़ों से आनेवाला योग*
हंडिया	89,573 बीघा, 11 बिस्वा	2,89,573 बीघा, 15 बिस्वा	2,89,573 बीघा, 15 बिस्वा
नंदरबार	20,59,604 बीघा	8,59,604 बीघा	8,59,604 बीघा
कोटड़ी परियावा	1,90,039 बीघा	1,92,839 बीघा	1,92,821 बीघा

इन तीनों मिसालों में मसविदों के आँकड़े परगनों के आँकड़ों से निकाले गए वास्तविक योगों से पूरी तरह या काफ़ी हद तक मेल खाते हैं। इसके अलावा मसविदों में सरकारों के लिए आराज़ी के जो योग दिए गए हैं वे जोड़ दिए जाएँ तो पूरे सूबे के लिए बताए गए योग के बराबर आते हैं। इसलिए ब्लाख़मान के संस्करण के आँकड़े निश्चित रूप से ग़लत हैं और तीन में से कम-से-कम दो सरकारों के सिलसिलें में इस ग़लती का स्रोत आसानी से ढूँढ़ा जा सकता है। हंडिया सरकार वाली मिसाल में साफ़ तौर पर छपाई की ग़लती है—आँकड़े में सबसे बाईं ओर 2 का अंक छपाई में छूट गया है, और नंदरबार की मिसाल में हश्त (8) बी की जगह बिस्त (20) पढ़ा गया है। (कोटड़ी परियावा के आँकड़ों में ब्लाख़मान की ग़लती का स्रोत ढूँढ़ना आसान नहीं है।) इसलिए इन मिसालों में मसविदों के आँकड़ों को बिना हिचक स्वीकार किया जाना चाहिए, और तीनों सरकारों के बारे में ब्लाख़मान के आँकड़े इसी आधार पर संशोधित किए जाने चाहिए।

लेकिन मसविदों से आलोचनात्मक तुलना करके ब्लाख़मान के आँकड़ों की जिन ग़लतियों को दुरुस्त किया जा सकता है, उनके अलावा हमें ख़ुद इन मसविदों के आँकड़ों में ग़लतियाँ देखने को मिलती हैं जो या तो मूल में शुरुआती प्रतियों में इन्दराज की मामूली ग़लतियों से पैदा हुई हैं। मसलन मसविदों में (और ब्लाख़मान के यहाँ भी) सूबा बिहार की सरकार मुंगेर के लिए जमा का योग 10,96,25,981 दाम बताया गया है जबकि परगनों के आँकड़ों को जोड़ें तो यह योग 2,96,22,181 दाम आता है। ज़ाहिर है कि मुहर्रिर ने शब्द दो (2) की जगह दस (10) पढ़ा है और यह ग़लती फ़ारसी में बहुत आम है। सरकार भक्कर में आराज़ी का योग 2,82,013 बीघा बताया गया है जबकि वास्तविक योग 10,82,013 बीघा और 15 बिस्वा है। दह (10) और दो (2) का भ्रम यहाँ भी साफ़ दिखाई देता है। नूह (9) की जगह सिह (3), पांज़दह (15) की जगह याज़दह (11), हीज़दह (18) की जगह सीज़दह (13), बिस्त (20) या शिस्त (60) की जगह हस्त (8), हस्ताद (80) की जगह हफ़्ताद (70), शश सद (600) की जगह सिह सद (300) या इन्हीं का उल्टा पढ़ा जाना भी इसी तरह की आम ग़लतियाँ हैं जिनको वास्तविक योगों से मिलान करके दुरुस्त किया जा सकता है।

शब्दों में दी गई संख्याओं को ग़लत पढ़े जाने से पैदा हुई ग़लतियों के अलावा कुछ आँकड़े ऐसे भी हैं जिनसे सबसे पुराने मसविदों तक में स्पष्ट भूल-चूक का पता चलता है। मसलन सूबा लाहौर के दोआबा सिन्ध सागर के लिए सुयूरग़ाल 4,680 दाम बताया गया है, जबकि महालों के आँकड़ों से वास्तविक योग 94,680 दाम आता है तो सरकारों के लिए बताए गए आँकड़ों का योग पूरे सूबे के लिए दिए गए योग से ठीक 90,000 दाम कम आता है। इस तरह यहाँ भी दोआबा के लिए योग बतलानेवाले शब्दों में साफ़ तौर पर आरम्भ का नव्वद (90) ग़ायब दिखाई देता है। एक और मिसाल लीजिए। सूबा दिल्ली की सरकार बदायूँ के लिए आराज़ी का योग 80,93,850 बीघा और 10 बिस्वा बताया गया है जबकि परगनों के आँकड़ों को जोड़ें तो यह योग 18,93,756 बीघा आता है। यह बाद वाला आँकड़ा सरकारों

के लिए दिए गए आँकड़ों के योग को सूबे के योग के क़रीब ले जाता है क्योंकि बदायूँ के लिए पूरी सरकार के सिलसिले में योग, 3,47,96,495 बीघा और 7 बिस्वा बताया गया है जबकि सरकार बदायूँ के लिए बताए गए योग की जगह वास्तविक योग को रखें तो कुल क्षेत्रफल 2,85,96,495 बीघा आता है। चूँकि सूबे के लिए आराज़ी का कुल योग 2,85,46,816 बीघा और 16 बिस्वा बताया गया है, ज़ाहिर है कि सरकार बदायूँ का योग दर्ज करते वक़्त हीज़दह (18) और हश्ताद (80) को गड्डमड्ड किया गया है। यह एक अपेक्षाकृत असामान्य भूल है क्योंकि फ़ारसी लिपि में इन अक्षरों की शक्लें अलग-अलग हैं। लेकिन अगर कभी प्रति तैयार करने में बोलकर संख्याएँ लिखवाई गई होंगी हो सकता है तब ऐसी ग़लती हुई हो क्योंकि ग़लती से हीज़दह को हश्ताद सुना गया होगा।

ऐसे सम्भावित भ्रमों के निराकरण के लिए वैकल्पिक पाठों पर विचार करके और जहाँ भूल-चूक स्पष्ट है वहाँ कुछ आँकड़े वापस लाकर बड़ी तादाद में ऐसे अन्तर का पूरा-पूरा समाधान किया जा सकता है जो बताए गए और वास्तविक योगों के बीच पाया जाता है, या उनको बहुत कम किया जा सकता है। इस तरह हम आख़िर में यह कहने की हालत में होंगे कि तालिकाएँ अबुल फ़ज़्ल की मूल प्रति के यथासम्भव निकट हैं।

लेकिन इस तरह संशोधित पाठ में भी बताए गए और वास्तविक योगों के बीच ज़ाहिर है कि अनेक विसंगतियाँ रह जाती हैं। लेकिन इनमें से अधिकांश विसंगतियाँ बहुत मामूली (2 प्रतिशत के दायरे के अन्दर) हैं। इनमें से भी बहुत सी विसंगतियों को वैकल्पिक पाठों के स्वीकार करके दूर किया जा सकता है। लेकिन मैंने ऐसा नहीं किया है। कारण कि संशोधन को चुनने के सिलसिले में या तो एक से अधिक विकल्प उपलब्ध हैं, या इसलिए कि ग़लत इन्दराज की यक़ीन के साथ निशानदेही नहीं की जा सकती, या फिर इसलिए कि (ग़लतियों की एक पूरी श्रृंखला मानकर चलें तो) तो तीन या चार संशोधित पाठों से कम की ज़रूरत नहीं पड़ेगी। कुछ भी हो, बताए गए और वास्तविक योगों के बीच ऐसे अन्तर आमतौर पर इतने मामूली हैं कि वे किसी भी स्तर पर हमारे विश्लेषण को प्रभावित नहीं करते।

तो भी ऐसी अनेक ग़लतियाँ हैं जिनको मात्र मुहर्रिर की चूक कहकर ख़ारिज नहीं किया जा सकता। कभी-कभी तो वे इतनी वज़नदार होती हैं कि बरबस हमारा ध्यान खींच लेती हैं। जिन 70 सरकारों के बारे में हमारे पास आराज़ी के दो प्रकार के (बताए गए और वास्तविक) योग हैं उनमें सिर्फ़ चार ऐसे हैं। (कालपी, अहमदाबाद, बारी दोआब और मुल्तान) जिनमें दोनों योगों का अन्तर 2 प्रतिशत से अधिक है। 82 सरकारों की जमा को लें तो अन्तर सिर्फ़ 5 (बैतलवाड़ी, अहमदाबाद, रचनाव, मुल्तान और दीपालपुर) में महत्त्वपूर्ण हैं। (इनमें क़न्धार और कश्मीर की सरकारें शामिल नहीं है जहाँ जमा की रक़में किसी एक इकाई में नहीं दी गई हैं।) सुयूरग़ाल, सवार और पियादा के कॉलमों में योग की विसंगतियों की संख्या और बड़ी है। सुयूरग़ाल के 66 योगों में 17 में अन्तर अच्छे-ख़ासे हैं, जिन 58 सरकारों के लिए सवारों और

पियादों के वास्तविक और लिखित योग दोनों उपलब्ध है, उनमें महत्त्वपूर्ण अन्तर वाली सरकारों की संख्याएँ सवारों और पियादों के लिए क्रमश: 7 और 16 हैं।

अबुल फ़ज़्ल के अपने महकमे में हिसाब की ग़लतियाँ ऐसे अन्तरों का एक सम्भावित स्रोत हो सकती हैं। आईन में परगनों के आँकड़े जिस रूप में मिलते हैं वे उसी रूप में अबुल फ़ज़्ल को मिले होंगे, यह ख़ासा नामुमकिन लगता है, अर्थात लगभग वर्णमाला के अनुसार व्यवस्थित रूप में, जिसमें संख्याएँ शब्दों में लिखी गई हों। इसलिए ऐन मुमकिन है कि उन तक पहुँचने के बाद ये आँकड़े दस्तावेज़ों से उतारे ही नहीं गए बल्कि नए सिरे के व्यवस्थित भी किए गए बल्कि नए सिरे से उनका हिसाब-किताब भी किया गया जिसके कारण शुद्ध क्लर्कों जैसी ग़लतियों की काफ़ी गुंजाइशें पैदा हुईं।

सूबा मुल्तान के आँकड़े ऐसी ग़लतियों की एक मिसाल पेश करते हैं। इस सूबे की तीन में से दो सरकारों को दोआबों में बाँटा गया है। फिर हर दोआबे को परगनों में बाँटा गया है, इसलिए यहाँ परगनों के प्राथमिक आँकड़ों के अलावा विभिन्न कॉलमों में योग सूबा, सरकार और दोआबा, तीन स्तरों पर दिए गए हैं। सूबा स्तर के योग अर्थात सूबा के लिए दिए आँकड़े, तथा सरकारों, दोआबों और परगनों के योग इस प्रकार हैं—

	सूबा के लिए दिया गया योग	*सरकारों के लिए दिए गए आँकड़ों के योग*	*दोआबों के लिए दिए गए आँकड़ों के योग*	*परगनों के आँकड़ों के वास्तविक योग*
आराज़ी	32,73,932	30,74,432	30,74,452	32,51,698
जमा/नक़दी	15,14,03,619	20,09,75,418	20,07,28,799	15,62,53,243

हम देख सकते हैं कि सूबे के लिए आराज़ी और जमा के जो योग दिए गए हैं वे सरकारों और दोआबों के लिए दिए गए योगों से काफ़ी अलग हैं, पर आख़िर के दो योग काफ़ी मेल खाते हैं, जबकि सूबे के लिए बताए गए योग परगने के आँकड़ों के वास्तविक योगों से क़रीब हैं। यह विसंगति कैसे आई होगी, इसका हम सटीक निश्चय कर सकते हैं। दोआबा बेट जालन्धर के लिए आराज़ी का योग 52,090 बीघा दिया गया है, जबकि परगनों के आँकड़ों को जोड़ें तो योग 2,52,274 बीघा आता है। ज़ाहिर है कि दोआबे के योग में सबसे बाएँ का अंक-2 बहुत पहले ही लापरवाही से ग़ायब हो गया होगा। फिर सरकार के लिए योग दोआबों के आँकड़ों से निकाले गए होंगे जिनमें ऐसी ग़लतियाँ आ चुकी थीं, और इस तरह सरकारों के लिए दिए गए योगों में भी ग़लतियाँ आईं लेकिन सूबे का योग सम्भवत: सरकारी दस्तावेज़ों से स्वतंत्र रूप से लिया गया होगा, (वहाँ इसकी गणना सीधे परगनों के आँकड़ों से की गई होगी) और इसलिए वह योग अप्रभावित रहा होगा। दूसरी ओर जमा के योगों का अन्तर ज़ाहिर तौर पर सरकार दीपालपुर के दोआबा बेट जालन्धर के योग को ग़लत पढ़ने से पैदा हुआ है। यहाँ बताया गया योग 8,88,08,955 दाम है जबकि परगनों

के आँकड़ों का योग केवल 3,88,08,755 दाम आता है। लगता है कि चूँकि मूल आँकड़ा रक़्म की शैली में दर्ज किया गया था, अबुल फ़ज़्ल के सहायकों ने तीन करोड़ में रक़्म के (तीन) को (आठ) पढ़ा होगा। फिर दोआबे के इसी तरह पढ़े गए आँकड़ों के आधार पर सरकार का योग निकाला गया होगा, और इस तरह मनमाने तौर पर योग में 5 करोड़ की बढ़ोतरी हो गई। लेकिन शायद परगनों के आँकड़ों से सीधे निकाले जाने के कारण सूबे का योग अप्रभावित रहा।

बंगाल और उड़ीसा के लिए जमा के आँकड़ों में भी ऐसी ही एक ग़लती देखी गई है और उसे भी अबुल फ़ज़्ल के अमले के नाम लिखा जा सकता है। वे सूबा बंगाल और (बंगाल से जुड़े) उप-सूबा उड़ीसा की जमा 59,84,59,319 दाम बतलाते हैं लेकिन सरकारों के लिए जो योग दिए गए हैं उनसे महायोग 42,51,03,099 दाम आता है। मतलब यह कि सरकारों के लिए जमा के आँकड़ों को जो योग आता है उनसे दोनों क्षेत्रों के लिए बताया गया योग 17,33,56,220 दाम अधिक हैं। परगनों के आँकड़ों का वास्तविक योग भी 43,07,94,875 दाम है जो मोटे तौर पर सरकारों के योगों के महायोग के क़रीब है। बंगाल और उड़ीसा के लिए आईन में दिए गए योग के इस आधिक्य की लगभग सीधे-सीधे इस तथ्य से व्याख्या हो सकती है कि उड़ीसा की पाँच सरकारों की जमा, जिनको आईन में एक अलग उपखंड में एक जगह रखा गया है, 17,07,32,638 दाम आती है। यह उल्लेखनीय सीमा तक अधिक आनेवाली राशि के क़रीब है, और उस मान्यता के विरोध में जाना सम्भव नहीं है कि अबुल फ़ज़्ल के दफ़्तर के किसी मुहर्रिर ने, जिसे यह पता नहीं रहा होगा कि बंगाल सूबा के लिए जो योग आता है उसमें उड़ीसा की जमा शामिल है या नहीं, मिलनेवाले आँकड़े में उड़ीसा का आँकड़ा भी जोड़ दिया होगा। इस ग़लती की निशानदेही अहमियत रखती है क्योंकि संशोधित किए जाने के बाद आईन के आँकड़े बाद के आँकड़ों से बेहतर मेल खाते हैं।[37]

बताए गए और वास्तविक योगों की असंगति ग़लतियों के एक और स्रोत के कारण भी सम्भव है और इस पर भी विचार होना चाहिए। हो सकता है कि जो योग बताया गया हो उसकी गणना सही-सही की गई हो, लेकिन परगनों को वर्णमाला के क्रम में व्यवस्थित कराने के चक्कर में परगनों के आगे ग़लत आँकड़े रख दिए गए हों। ऐसी किसी ग़लती से योग पर प्रभाव पड़े (वैसे अगर महाल अ के आँकड़ों की जगह महाल ब के और ब के आँकड़ों की जगह अ के आँकड़े रखे जाएँ तो योग प्रभावित नहीं होगा)। इसके लिए ज़रूरी है कि कुछ परगनों के आँकड़े दोहराए गए हों (अर्थात महाल अ के आँकड़े अ और ब दोनों के आगे दर्ज किए गए हों और ब के वास्तविक आँकड़े रह गए हों।) लेकिन वास्तविकता यह है कि सूबा लाहौर और गुजरात को छोड़ दें तो आँकड़ों में दोहराव की ऐसी मिसालें कहीं और नहीं मिलतीं। लेकिन, जैसाकि हम अध्याय-2 में देखेंगे, सूबा लाहौर के दोहराव वास्तव में इन्दराज की ग़लती नहीं हैं। साझे आँकड़ों वाले सभी परगने पहाड़ी इलाक़ों में हैं और उनके आराज़ी के आँकड़े परिकल्पित दिखाई देते हैं। मतलब यह है कि उनको

सचमुच की पैमाइश करके नहीं दर्ज किया गया है बल्कि प्रति बीघा 1:41.2 और 1:39.86 के मनमाने अनुपातों के आधार पर (निकटतम पूर्णांक में दी गई) जमा से निकाला गया है। इस सूबे के चारों दोआबों में ऐसे दूसरे महाल भी हैं जिनमें से हरेक की आराज़ी का उसकी जमा से लगभग ये ही अनुपात है।

सूबा गुजरात में ऐसा सिर्फ़ एक दोहराव मिलता है जो आँकड़ों के संकलन के बहुत आरम्भिक चरण में ही इन्दराज की एक ग़लती हो सकता है। यहाँ परगना गोधरा बा हवेली और उसके फ़ौरन बाद आनेवाले परगना कोकन के लिए जमा की ठीक एक जैसी राशियाँ दी गई हैं, लेकिन पहले परगने के लिए दिया गया कोई आँकड़ा दूसरे परगने के आगे नहीं दिखाई देता। यह ग़लती वास्तविक लगती है क्योंकि सरकार गोधरा की जमा का बताया गया योग वास्तविक योग से 2,36,140 दाम कम है। यह एक ऐसी ग़लती है जिसे एक मामूली परगने के काफ़ी कम आँकड़े की जगह हवेली महाल के काफ़ी बड़े आँकड़े के सम्भावित प्रयोग का नतीजा कहा जा सकता है।

फिर भी तमाम आँकड़ों में इन्दराज की ऐसी निश्चित रूप से प्रमाणित मात्र एक ग़लती मिलती है। इस तथ्य के आधार पर हम इस बारे में निश्चिन्त हो सकते हैं कि अबुल फ़ज़्ल के दफ़्तर में आँकड़ों के इन्दराज और उनको नए सिरे से व्यवस्थित करने के काम काफ़ी सावधानी से किए गए। कुल मिलाकर हम यह मान सकते हैं कि तालिकाओं की पंक्तियाँ महालों के आगे सही-सही रखी गई हैं।

आख़िरी बात। वास्तविक और बताए गए योगों के कुछ अन्तर ऐसे भी हैं जिनको या तो हिसाब की मामूली गड़बड़ियों या अबुल फ़ज़्ल की सहायकों द्वारा ग़लत इन्दराज का नतीजा नहीं कहा जा सकता। मसलन सूबा आगरा की सरकार कालपी की आराज़ी 3,00,029 बीघा और 9 बिस्वा बताई गई है जबकि परगनों के आँकड़ों को जोड़ें तो यह 17,36,107 बीघा और 12 बिस्वा आती है। आराज़ी का बाद वाला योग जिन आँकड़ों पर आधारित है वे अनेक परगनों में फैले हुए हैं और इसलिए इन्दराज की एक-दो ग़लतियाँ इस अन्तर का कारण नहीं रही होंगी। इसके अलावा सूबा आगरा की आराज़ी का जो योग बताया गया है वह सरकारों के लिए बताए गए योगों को जोड़ने से मिलनेवाले महायोग की अपेक्षा 30,00,000 बीघे से भी ज़्यादा है। इसलिए हम यही कह सकते हैं कि यहाँ अन्तर वास्तविक है जो सम्भवत: बाद के संशोधनों को आंशिक रूप से शामिल किए जाने का नतीजा हो सकता है। हो सकता है कि मूल आँकड़ों के मिलने के बाद सरकारों के विभिन्न परगनों के माप में वृद्धि हुई हो। परगनों के जो संशोधित ब्यौरे बाद में मिले उनको शामिल तो किया गया पर सरकारों के योग ज्यों-के-त्यों छोड़ दिए गए, हालाँकि सरकार कालपी में और दूसरी सरकारों में भी आराज़ी में हुई वृद्धि के अनुसार ज़ाहिर तौर पर सूबे के योग में वृद्धि की गई।

दिलचस्प बात यह है कि केवल संशोधनों से जिन अन्तरों की व्याख्या की जा सकती है वे ऐसे दो सूबों में मिलते हैं जिनमें राजधानियाँ भी आती थीं, यानी लाहौर

और आगरा में। सम्भव है कि सल्तनत के बुनियादी क्षेत्र होने की नाते इनमें बार-बार संशोधन किए गए हों और उनको आईन के आँकड़ों में पूरी तरह या सुसंगत ढंग से शामिल न किया जा सका हो। परगनों के ब्यौरों को बदले बिना कुछ संशोधन केवल योगों में किए गए, दूसरी मिसालों में परगनों के आँकड़ों को अधुनातन बनाया गया, लेकिन (कुछ या सभी) योग अपरिवर्तित रहे। सूबा आगरा में पूरे सूबे की जो जमा दी गई है वह सरकारों के लिए दिए गए आँकड़ों के योग एकदम बराबर है लेकिन परगनों के आँकड़ों से निकाली गई जमा से ज़रा सी (0.23 प्रतिशत) कम है। इस तरह यहाँ भी बाद के संशोधनों के अनुसार सूबा और सरकारों के आँकड़े तो बदल दिए गए पर कुछ परगनों के आँकड़े अपरिवर्तित रहे।

हम पहले ही देख चुके हैं कि आराज़ी और जमा के योग अधिकतर सुसंगत हैं। लेकिन सुयूरग़ाल, सवारों और पियादों के मुआमले में अन्तर अधिक और स्पष्ट दिखाई देते हैं। जमीदारों के कारिन्दों (सवारों और पियादों) के सिलसिले में दर्ज और वास्तविक योगों के बहुत से अन्तर इन्दराज की ग़लतियों (कभी-कभी ग़लतियों की पूरी शृंखला) की मान्यता लेकर दूर किए जा सकते हैं। लेकिन सुयूरग़ाल के योगों में इतनी आसानी से सुसंगति पैदा नहीं की जा सकती। एक और दिलचस्प विशेषता यह है कि योगों के अन्तर की 17 महत्त्वपूर्ण मिसालों में परगनों के आँकड़ों पर आधारित वास्तविक योग कम-से-कम 13 मिसालों में सरकारों के लिए दर्ज योगों से कम हैं। सूबा आगरा में सुयूरग़ाल का जो योग पूरे सूबे के लिए दिया गया है वह अलग-अलग सरकारों के आँकड़ों के योग का केवल 57 प्रतिशत है, और ये योग भी परगनों के आँकड़ों के वास्तविक योग से (4,49,866 दाम) कम है। क्या हम यह कह सकते हैं कि सूबा आगरा के सुयूरग़ाल में ख़ासी कमी आई थी जिससे सूबे का आँकड़ा ख़ासा नीचे आ गया? अकबर के शासन के बाद के वर्षों में हमें पता है कि उसने राजस्व सम्बन्धी दानों को वापस लेने और सीमित करने की नीति अपनाई थी, और सुयूरग़ाल में इस प्रकार की भारी कमी उसकी उस नीति से मेल खाती है।[38] लेकिन सरकारों के आँकड़े दुरुस्त करते वक़्त इन कमियों पर केवल अंशत: ध्यान दिया गया, और हो सकता है, परगने के स्तर पर उनको नज़रअन्दाज़ भी किया गया जहाँ पहले मिलनेवाले आँकड़ों को ज्यों-का-त्यों छोड़ दिया गया हो।

सूबा आगरा में बार-बार मगर आंशिक संशोधनों की बात एक और तथ्य से पुष्ट होती है। वह तथ्य यह है कि कुछ सरकारों के विपरीत परगनों की कुल संख्या निश्चित रूप से नहीं बताई गई है और सूबे में परगनों की जो संख्या बताई गई है वह उनकी वास्तविक संख्या से ख़ासी कम है। दूसरे सूबों में भी परगनों की दर्ज संख्या वास्तविक योग से पूरी तरह मेल नहीं खाती। तालिका-1.1 में महालों की वे संख्याएँ दी गई हैं जो (अ) पूरे सूबों के लिए (ब) सरकारों के लिए बताई गई हैं और (स) जो वास्तव में दर्ज की गई हैं—

तालिका-1.1

सूबा	*सूबे के लिए बताई गई कुल संख्या*	*सरकारों के लिए दर्ज योगों का महायोग*	*वास्तव में दर्ज किए गए महाल*
	(अ)	*(ब)*	*(स)*
बंगाल और उड़ीसा	787	781	779
बिहार	199	200	200
इलाहाबाद	177	181	178
अवध	138	133	131
आगरा	203	252	257
मालवा	301	302	277
बरार	142	242	231
गुजरात	198	199	196
अजमेर	197	197	190
दिल्ली	232	237	237
लाहौर	234	235	229
मुल्तान (थत्ता छोड़कर)	88	88	87
थत्ता (उप-सूबा)	53	53	51
कश्मीर (उप-सूबा)	—	—	37
काबुल (सरकार)	—	—	22

इस तरह हो सकता है कि बाद के संशोधनों की शमोलियत विभिन्न स्तरों पर योगों में उन अधिकांश अन्तरों के लिए ज़िम्मेदार हो जो पांडुलिपियों का मिलान करने और आईन की अपनी इन्दराज की ग़लतियों को दुरुस्त करने के बाद भी रह जाते हैं। ऐसा सम्भव है कि सूबों के लिए दिए गए योग संशोधित आँकड़ों से मेल खाते हों, लेकिन इसका मतलब यह नहीं कि सरकार या परगना स्तर के आँकड़े लाज़मी तौर पर अविश्वसनीय हैं। हमारा सामना जिस तथ्य से है वह केवल यह है कि उनका सम्बन्ध उन बरसों से हो सकता है जो दिए गए योगों के बरसों से भिन्न हों। कुछ भी हो, सबसे अच्छी बात यह होगी कि इसे याद रखें कि परगनों के आँकड़ों से मिलनेवाले योगों और सरकारों या सूबों के लिए दिए गए योगों के अन्तर आराज़ी और जमा के सिलसिले में ज़्यादातर नगण्य या ख़ासे मामूली हैं। निश्चित ही ये अन्तर ज़ेहन में रहने चाहिए, ख़ासकर तब जब वे परिमाण में, मसलन, ± 2 प्रतिशत से अधिक हों। मुश्किल से ही ऐसी कोई मिसाल मिलेगी जिसमें एक आँकड़े की जगह कोई वैकल्पिक सम्भव आँकड़ा रखने से प्रस्तुत अध्ययन की व्याख्याओं

या निष्कर्षों पर प्रभाव पड़े। लेकिन जहाँ सम्भावित अन्तर का परिमाण उससे अधिक हो वहाँ इस अन्तर को दर्ज किया जाएगा और परगनों के आँकड़ों के उपयोग में उसी के अनुसार सावधानी बरती जाएगी। ऐसी ही सूरत सुयूरग़ाल या ज़मींदारों के कारिन्दों (सवारों और पियादों) के आँकड़ों के बारे में है।

मसविदों के मिलान, परगनों के आँकड़ों से नए सिरे से की गई गणनाओं और ऊपर दर्ज दूसरी गणितीय विधियों से सरकारों और सूबों के लिए जो संशोधित योग प्राप्त होते हैं उनको मैंने परिशिष्ट 1 (अ) में रख दिया है। आराजी, जमा, सुयूरग़ाल, सवारों और पियादों के इस प्रकार जो आँकड़े मैंने निकाले हैं, प्रस्तुत अध्ययन में आगे उन्हीं का प्रयोग मिल जाएगा। सांख्यिकी तालिकाओं के साथ जहाँ ब्लाख़मान के संस्करण की पृष्ठ संख्याएँ दी गई हैं वहाँ भी वे ही आँकड़े प्रयोग किए जाएँगे जो मैंने निकाले या संशोधित किए हैं। जब तक स्पष्ट रूप से कहा न गया हो, ये आँकड़े वे नहीं होंगे जो ब्लाख़मान ने प्रकाशित किए हैं।

तीन

वैसे तो आईने-अकबरी ही मुग़ल साम्राज्य की अर्थव्यवस्था के किसी भी परिमाणात्मक अध्ययन की बुनियाद हो सकती है, मगर भारी तादाद में दूसरे समकालीन स्रोतों के बिना काम भी नहीं चल सकता। पहली बात तो यही है कि ख़ुद आईन की व्याख्या अलगाव में सम्भव नहीं है। अकसर इसकी शब्दावली को दूसरे स्रोतों के हवाले से ही समझा जा सकता है जहाँ पारिभाषिक शब्दों की परिभाषाएँ या मिसालें मिल सकती हैं। आईन के आँकड़ों को समझने के लिए अनिवार्य कालक्रम और राजनीतिक भूगोल के बारे में हमें अकसर उस काल के इतिहासों से सम्पर्क करना पड़ा है। सांख्यिकी आँकड़े क्यों और कैसे संकलित किए गए या वे क्या दिखते हैं, इसी समझ के लिए बुनियादी अहमियतवाले प्रशासनिक उपायों के वर्णन भी परम्परागत ऐतिहासिक स्रोतों में किए गए हैं।

इन तमाम उद्देश्यों के लिए अबुल फ़ज़्ल की रचना अकबरनामा[39] को ऐसा एक प्रमुख स्रोत समझा जाना चाहिए जो आईने-अकबरी का पूरक है, जिसकी ज़ोरदार पैरवी मोरलैंड ने की है।[40] अकबरनामा अकबर के शासनकाल का सबसे विस्तृत वृत्तान्त है। इसमें प्रशासनिक उपायों का ख़ासा विस्तार से ज़िक्र ही नहीं किया गया है बल्कि सरकारी दस्तावेज़ों को भी पुनर्प्रस्तुत किया गया है या उनका सार संक्षेप दिया गया है। इस रचना की एक पांडुलिपि तो हमें राजस्व प्रशासन पर टोडरमल के ज्ञापन का मूल पाठ तक देती है।[41]

अबुल फ़ज़्ल की अपनी रचना के अलावा दूसरे इतिहास ग्रंथ भी हमें परिमाणीकरण में आनेवाली समस्याओं के हल में सहायता देते हैं। जैसे बायज़ीद बयात के संस्मरण[42] निज़ामुद्दीन अहमद की तबक़ाते-अकबरी[43] और बदायूनी की रचना मुंतख़्बुत्-तवारीख़।[44] मसलन शासकवर्ग की आमदनी का निश्चय करना हो तो हमारे लिए मंसब व्यवस्था के कार्यकलाप का ज्ञान अनिवार्य है, मगर वह केवल

बायज़ीद, बदायूनी और मुतमिद ख़ान की रचना 'इक़बालनामा-ए-जहाँगीरी'[45] द्वारा प्रस्तुत वृत्तान्तों से ही स्पष्ट होता है। अबुल फ़ज़्ल द्वारा शाहाना शैली में कही गई बातों को और आसान भाषा में पेश करनेवाली रचना इक़बालनामा-ए-जहाँगीरी हमें विशेष पदों और वाक्यांशों के महत्त्व को बेहतर समझने में सहायता देती है।

इसके अलावा, भले ही आईन व्यापक सांख्यिकीय सूचनाएँ देनेवाली एकमात्र रचना हो, वह अपने काल के परिमाणात्मक आँकड़ों का एकमात्र स्रोत नहीं है। 1593 के आसपास लिखी गई तबक़ाते-अकबरी मालगुज़ारी के आँकड़े देती है और मंसबदारों की एक फ़ेहरिस्त भी। फ़रिश्ता ने अकबर की छोड़ी हुई दौलत, ख़ज़ाने और जानवरों की तादाद के आँकड़े दिए हैं।[46] मुतमिद ख़ान की रचना इक़बालनामा अकबर की मौत के वक़्त मालगुज़ारी के आँकड़े तथा मंसबदारों की तनख़्वाहों जैसे महत्त्वपूर्ण आँकड़े देती है।[47] इन फ़ारसी रचनाओं के सहायक रूप में लगभग समकालीन यूरोपीय स्रोतों में सुरक्षित कुछ आँकड़ों का प्रयोग भी किया जा सकता है। जान हाकिंस (1608-11) ने और अपने वृत्तान्त में फ्रांसिस्को पेल्सेयर ने अकबर के ख़ज़ाने, जानवरों और फ़ौज के ब्यौरे दिए हैं। ये ब्यौरे ज़ाहिर है फ़ारसी स्रोतों से लिये गए हैं।[48]

लगभग इसी दौर का यूरोपीय साहित्य भी कारख़ानों के उत्पादन और व्यापार की सूचनाएँ देता है जो मुख्यत: भारत के साथ डचों और अंग्रेज़ों के व्यापार के दृष्टिकोण से जमा की गई थीं। जिस काल से हमारा सरोकार है उसका सबसे नज़दीकी विवरण, जो मुग़ल भारत की अर्थव्यवस्था के एक सामान्य और सांख्यिकीय, दोनों प्रकार के अध्ययन के लिए सबसे महत्त्वपूर्ण है, पेल्सेयर की रचना 'रिमांसट्रेंशी' है जो 1826 के आसपास लिखी गई थी।[49] इसमें नील के उत्पादन, अलग-अलग मालों के दामों, दस्तकारों की और शासकवर्ग की जीवन शैलियों पर जो आँकड़े दिए गए हैं उनका महत्त्व अद्वितीय है। 17 वीं सदी के प्रारम्भिक वर्षों से अंग्रेज़ों की व्यापारिक दस्तावेज़ मिलते हैं जिनसे कुछेक प्रासंगिक सूचनाएँ निकाली जा सकती हैं। ये दस्तावेज़ 'लेटर्स रिसीव्ड बाई द ईस्ट इंडिया कम्पनी फ्राम इट्स सर्वेंट्स इन द ईस्ट' और 'इंग्लिश फ़ैक्टरीज़ इन इंडिया' शीर्षक से दो पुस्तकमालाओं के रूप में प्रकाशित हो चुकी हैं।[50] बड़ी तादाद में यूरोपीय यात्रियों ने भी अपने वृत्तान्त या रिलेशंस छोड़े हैं। इनमें 16वीं और आरम्भिक 17वीं सदी से सम्बन्धित बहुत से वृत्तान्त यात्रा वृत्तान्तों के उस विशाल संकलन में शामिल हैं जो 'परचज़ हिज़ पिलग्रिम्स' (लंदन, 1625) शीर्षक से सैमुएल परचज़ ने प्रकाशित किए थे।[51]

16वीं सदी के उत्तरार्ध और 17वीं सदी के आरम्भिक वर्षों में यूरोप के व्यापार पर बिखरे हुए आँकड़ों को हाल के शोधकर्ताओं ने कामयाबी के साथ एक जगह जमा किया है, इसलिए भारत के आर्थिक इतिहास के छात्र इनका भी इस्तेमाल कर सकते हैं। अर्ल जे. हैमिल्टन ने 16वीं और 17वीं सदियों में अमेरिका से स्पेन आनेवाली चाँदी और सोने की मात्राओं का एक बुनियादी अध्ययन किया है।[52] वित्तोरीनो मागलहेस-गोदिंहो ने पुर्तगाली दस्तावेज़ों की व्यापक छानबीन की है। इसके सहारे 16वीं सदी के

भारत-पुर्तगाल व्यापार का परिमाणात्मक अध्ययन किया जा सकता है।[53] 16वीं सदी में लेवाँ से होकर भूमध्य सागर क्षेत्र में पहुँचनेवाले पूर्वी मालों की मात्राओं का निश्चय करने के लिए फ्रेडरिक सी लेन और फ़र्नांड पी ब्राउडेल ने वेनिस की दस्तावेज़ों का उपयोग किया है।[54] अपनी रचना 'एशियन ट्रेड रिवॉल्यूशन ऑफ़ द सेविंटींथ सेंचुरी' में नील्स स्टींसगार्ड ने पुर्तगाली और इतालवी स्रोतों से प्राप्त सांख्यिकीय सामग्री की काफ़ी कुछ सीधी छानबीन करने के अलावा उपरोक्त रचनाओं का भी उपयोग किया है। शीर्षक अपनी जगह, स्टींसगार्ड का मुख्य सरोकार लगभग 1585-1620 के काल से है।[55] इससे सामने आनेवाली सामग्री के सहारे हमारे लिए यह सम्भव हो सका है कि मुग़ल साम्राज्य की आन्तरिक अर्थव्यवस्था पर अपने सांख्यिकीय अध्ययन के साथ पूरक रूप में हम भारत के विदेश व्यापार के कम-से-कम कुछ अहम तत्त्वों का एक परिमाणात्मक मूल्यांकन कर सकें।

आख़िरी बात, कुछ बिल्कुल भिन्न प्रकार की सामग्री ऐसी भी है जिसका परिमाणीकरण किया जा सकता है और जिसके कारण मुग़ल साम्राज्य के अन्दर मुद्रा की आपूर्ति का सांख्यिकीय अध्ययन सम्भव है। सबसे पहले अज़ीज़ा हसन ने यह सुझाव दिया था कि आज जो मुग़ल सिक्के उपलब्ध हैं, जिन पर जारी करनेवाली टकसाल का नाम भी दिया गया है और जारी किए जाने की तारीख़ भी, उनको गिनकर मुद्रा और उत्पाद का एक वक्र प्राप्त किया जा सकता है।[56] उन्होंने मुद्राओं को गिनने की जो विधि अपनाई, जान एस. डेएल ने उसकी आलोचना की थी।[57] लेकिन, जैसाकि हम अध्याय-15 में देखेंगे, डेयेल की आलोचना में चाहे जितना दमखम हो, संग्रहालयों के सूचीबद्ध संग्रहों की जगह (या उनके साथ) ज़ख़ीरों या छिटपुट मिले सिक्कों की दस्तावेज़ों का उपयोग करें तो वह दमखम बाक़ी नहीं रहता। केवल उत्तर प्रदेश में जितने मुग़ल सिक्के मिले हैं उनकी संख्या इतनी ज़्यादा है कि ख़ासे भरोसे से, औचित्य के साथ उनका परिमाणीकरण किया जा सकता है।

सन्दर्भ और टिप्पणियाँ

1. *अकबरनामा*, एक, पृ. 9
2. *आईन*, दो, पृ. 257
3. उपरोक्त, पृ. 255
4. उपरोक्त, पृ. 245-57, इस समापन के बाद लेखक के पिता का एक जीवन-चरित दिया गया है और साथ में लेखक की संक्षिप्त आत्मकथा भी दी गई है।
5. *बायज़ीद बयात के बयानात (तज़्किर-ए-हुमायूँ-ओ-अकबर)*, संपादन : एम. हिदायत हुसैन, कलकत्ता, 1941, पृ. 1-2 देखें कि उनके संस्मरण किस तरह अबुल फ़ज़्ल के इस्तेमाल के लिए लिखे गए थे।
6. *आईन*, दो, पृ. 256
7. उपरोक्त, पृ. 278
8. डब्ल्यू. एच. मोरलैंड, *एग्रेरियन सिस्टम ऑफ़ मुग़ल इंडिया*, पृ. 81

9. *आईन* के ब्लाख़मान द्वारा प्रकाशित पाठ में प्रयुक्त अरबी अंक मसविदों के पाठ के आधार पर उचित नहीं कहे जा सकते जिनमें सारे आँकड़े शब्दों में दिए गए हैं।
10. शासन वर्ष या इलाही वर्ष हर साल नौरोज (20 या 21 मार्च) से शुरू होता था। इस तरह 40वें शासन वर्ष का आरम्भ 9 रजब 1003 हिज़री या 20 मार्च 1595 के रोज़ हुआ। (अकबरनामा, तीन, पृ. 667 देखें।)
11. उनके *अकबरनामा* के अनुवाद (खंड एक, कलकत्ता, 1897, पृ. 33), में एच. बेवरिज की भूमिका, उद्धृत पांडुलिपि आर ए एस 17 है।
12. *आईन,* दो, पृ. 256
13. उपरोक्त, एक, पृ. 51
14. *अकबरनामा,* तीन, पृ. 494 और 748
15. *आईन,* एक, पृ. 168, अहम बात यह है कि जब लाहौर राजधानी था, अबुल फ़ज़्ल *अकबरनामा* (तीन पृ. 581) में फ़तेहपुर सीकरी के दारुल-ख़लीफ़ा का दर्जा नहीं देते, लेकिन जैसे ही अकबर ने लाहौर छोड़ा वे सीकरी के लिए इस शब्द का प्रयोग (उपरोक्त, पृ. 722) करते हैं।
16. *अकबरनामा,* तीन, पृ. 494
17. आईन, एक, पृ. 386
18. *तबक़ात,* तीन पृ. 546, ज़ाहिर तौर पर ग़लती से *तबक़ात* में यह आँकड़ा दामों में नहीं बल्कि तंकों या दोगुने दामों में दिया गया है।
19. इरफ़ान हबीब, *एग्रेरियन सिस्टम,* पृ. 399 और टिप्पणी।
20. *आईन,* एक, पृ. 222
21. *तबक़ात,* दो, पृ. 425 में उसकी सुस्पष्ट स्वीकृति देखें।
22. इरफ़ान हबीब, द *मंसब सिस्टम, 1595-1637, प्रोसीडिंग्स ऑफ़ द इंडियन हिस्ट्री कांग्रेस* (आगे से केवल प्रोसीडिंग्स), 1967, पृ. 243 से तुलना करें।
23. *अकबरनामा,* तीन, पृ. 671-72, तुलना करें इरफ़ान हबीब, *मंसब सिस्टम,* पृ. 234 से।
24. *आईन,* एक, पृ. 476, असीरगढ़, जिसके पतन को ख़ानदेश की रियासत का आख़िरी तौर पर अधिग्रहण कहा जा सकता है, शासन वर्ष 45 (1600-1601) में जीता गया। (*अकबरनामा,* तीन, पृ. 780-81 देखें।)
25. *आईन,* एक, पृ. 455
26. उपरोक्त, पृ. 145
27. उपरोक्त, पृ. 148
28. *अकबरनामा,* तीन, पृ. 754
29. दो खंड, *बिब्लियोग्राफिया इंडिका* (आगे से : बि इं), कलकत्ता, 1867-77
30. उन्नत अध्ययन केन्द्र, इतिहास, अलीगढ़ में रखी हुई माइक्रो फिल्में।
31. प्रस्तुत पुस्तक का अध्याय-4 देखें।
32. परगने मूलत: क्षेत्रीय इकाइयाँ और महाल मालगुज़ारी की इकाइयाँ हैं। सभी परगने महाल थे पर साथ ही महाल शब्द का प्रयोग राजस्व के कुछ विशेष स्रोतों जैसे बन्दरगाह कर या बाज़ार कर के लिए भी किया जाता था। इस तरह एक नगर और आसपास के इलाक़े का एक परगना भी हो सकता था, और साथ ही एक महाले-साइर भी जिसमें उसके बाज़ारों से प्राप्त राजस्व शामिल होता था। बाद की इकाई के लिए कभी परगना शब्द का प्रयोग नहीं किया गया।
33. अपने मुद्रित पाठ में ब्लाख़मान ने प्रस्तुति की तालिका विधि की जगह एक अविकल पाठ

प्रस्तुत किया है और इस प्रक्रिया में उन्होंने कॉलमों के शीर्षक छोड़ दिए गए हैं। इस दोष की ओर और उसके फलस्वरूप उत्पन्न कुछ ग़लत प्रस्तुतियों की ओर इरफ़ान हबीब ने *ज़मींदार्स इन द आईने-अकबरी* (*प्रोसीडिंग्स, 1958,* पृ. 320-23) में ध्यान खींचा है।

34. किलों के संक्षिप्त वर्णन के अलावा (जिनमें मिसाल के लिए बताया गया है कि वे ईंट से बने थे या पत्थर से) अबुल फ़ज़्ल यहाँ कभी-कभी इधर-उधर की टिप्पणियाँ करते हैं। मसलन वे नदी के किनारे किसी स्थान की स्थिति का या पास में खदानों की मौजूदगी का हवाला देते हैं।
35. डब्ल्यू. एच. मोरलैंड, *द एग्रीकल्चरल स्टेटिस्टिक्स ऑफ़ अकबर्स एम्पायर, जर्नल ऑफ़ यूपी हिस्टॉरिकल सोसायटी* (जेयूपीएचएस), वर्ष दो, अंक, 1, 1919, पृ. 9
36. एड 7652, एड 6552
37. मसलन *इक़बालनामा-ए-जहाँगीरी* (ओरि 1834, फ़ोलियो 231 बी-232 बी) में अकबर की मौत के वक़्त बंगाल और उड़ीसा के लिए 41,91,07,870 दाम का आँकड़ा दिया गया है। यह *आईन* में दिए गए परगनों के योग (43,07,94,875 दाम), सरकारों के लिए दिए गए आँकड़ों के योग (42,51,03,099 दाम) और *आईन* में दिए गए आँकड़े से उड़ीसा की सरकारों की जमा को निकालने पर आनेवाले आँकड़े (42,77,26,681 दाम) के काफ़ी क़रीब है। अन्यथा हमें दस साल के अन्दर जमा में भारी गिरावट की बात माननी पड़ेगी। इसी तरह बंगाल की जमा 25,43,70,461 दाम दी गई है जिससे 1595-96 और 1632 के बीच बंगाल की जमा में गिरावट की वह छाप समाप्त हो जाती है जो छाप इरफ़ान हबीब, *एग्रेरियन सिस्टम,* पृ. 400 पर दी गई तालिका से पड़ती है। बंगाल के लिए 42,77,26,681 दाम के आँकड़े को सुधार कर 25,43,70,461 दाम पढ़ा जाना चाहिए और उनकी पुस्तक में पृ. 328 पर दी गई तालिका में भी इसी के अनुसार संशोधन किया जाना चाहिए।
38. इरफ़ान हबीब, *एग्रेरियन सिस्टम,* पृ. 310 और टिप्पणी।
39. *अकबरनामा,* बि इं वाला पाठ, तीन खंडों में, कलकत्ता, 1873-87, एच. बेवरिज का अनुवाद (कलकत्ता, 1897-1921) मेहनत ने साथ किया तो गया है पर तकनीकी विषयों की व्याख्या के लिए कुछ ज़्यादा उपयोगी नहीं है।
40. डब्ल्यू. एच. मोरलैंड, *एग्रेरियन सिस्टम ऑफ़ मुस्लिम इंडिया,* पृ. 80-82
41. ब्रिटिश म्यूज़ियम (आगे से : ब्रिम्यू), एंड 27, 247, यह ज्ञापन फ़ोलियो 331 बी-332 बी में प्रस्तुत किया गया है। ज़ाहिर तौर पर यह पांडुलिपि *अकबरनामा* के किसी प्रारम्भिक मसविदें की हैं।
42. *तज़्किर-ए-हुमायूँ-ओ-अकबर,* सं : एम. हिदायत हुसैन, बि इं, कलकत्ता, 1941
43. सं : वरुण डे, बि इं, तीन खंडों में है। (खंड तीन : एम. हिदायत हुसैन द्वारा संशोधित और अंशत: संपादित), कलकत्ता, 1913-35
44. सं : अहमद अली और डब्ल्यू. एन. लीस, बि इं, कलकत्ता, 1864-69
45. *इक़बालनामा-ए-जहाँगीरी* तीन खंडों में है। खंड एक में बाबर और हुमायूँ के शासनकालों को और खंड दो में अकबर के शासनकाल को समेटा गया है। खंड तीन जहाँगीर के शासनकाल पर है। यह पुस्तक जहाँगीर के काल में लिखी गई थी। विवरण को और आसान भाषा में लिखकर अंशत: *अकबरनामा* को पीछे डालना और अंशत: जहाँगीर के बारे में प्रतिकूल टिप्पणियों को निकालना इसका मक़सद था। मैंने खंड एक और दो के लिए नवलकिशोर संस्करण (लिथोग्राफ, लखनऊ, 1870) का उपयोग किया है। खंड तीन जहाँगीर के मरने के बाद लिखा गया था और हमारे किसी ख़ास काम का नहीं है। इसका अब्दुल हई और अहमद अली द्वारा संपादित पाठ बि इं शृंखला (कलकत्ता, 1865) में भी प्रकाशित हो चुका है।

46. अबुल कासिम फ़रिश्ता, *तारीख़े-फ़रिश्ता*, सं : नवलकिशोर, कानपुर, 1874, फ़रिश्ता कहते हैं कि उन्हें ये सूचनाएँ एक सरकारी (?) दस्तावेज़ से मिलीं जो उनके हाथों में आ गई थी। वे ख़ुद अपनी किताब 1606-7 के आसपास लिख रहे थे।

47. *ब्रिम्यू* पांडुलिपि ओरि 1834 देखें। इस पांडुलिपि में *इक़बालनामा* का दूसरा खंड शामिल है और सम्बन्धित आँकड़े इस खंड के आख़िर में दिए गए हैं। जहाँ तक ज्ञात है, उनको प्रस्तुत करने के मुआमले में यह पांडुलिपि अनूठी है। आन्तरिक साक्ष्यों (मसलन अचेतन रूप से दाम की जगह तंका शब्द के प्रयोग) से संकेत मिलता है कि इसे बाद में नहीं जोड़ा गया है। हालाँकि ख़ुद यह पांडुलिपि अपेक्षाकृत देरी से, सम्भवत: 19वीं सदी के किसी आरम्भिक भाग में, संकलित की गई।

48. हाकिंस के जर्नल को परचज़ ने अपनी रचना *परचज़ हिज़ पिलिग्रिम्स* में प्रकाशित किया था, इसे उस रचना के मैक्लेहोज के संस्करण (ग्लासगो, 1905, खंड तीन, पृ. 1-50) में पढ़ा जा सकता है। डब्ल्यू. फ़ोस्टर ने इसे कुछ टीका के साथ *अर्ली ट्रैवेल्स इन इंडिया*, पृ. 60-121 में छापा था। बी. नारायण और एस. आर. शर्मा ने पेल्सेयर के मूलत: डच भाषा में लिखे गए *क्रॉनिकल* का अनुवाद *ए कंटेम्परेरी डच क्रॉनिकल ऑफ़ मुग़ल इंडिया* (कलकत्ता, 1957) के रूप में पेश किया है। इसकी भाषा और हिजरी तारीख़ें किसी फ़ारसी मूलग्रंथ पर इसकी निर्भरता का एलान करती हैं।

49. टीका के साथ अंग्रेज़ी अनुवाद डब्ल्यू. एच. मोरलैंड और पी. गेल द्वारा, *जहाँगीर्स इंडिया*, कैम्ब्रिज, 1925

50. छह खंडों वाली रचना द *लेटर्स रिसीव्ड* (लंदन 1896-1902) का संपादन एफ़. सी. डेनवर्स (खंड एक) और डब्ल्यू. फोस्टर (खंड दो-छह) ने किया था। ये छह खंड 1602-17 के काल को समेटते हैं। 13 खंडोंवाली *इंग्लिश फ़ैक्ट्रीज* का संपादन फ़ोस्टर (1906-27) ने किया था और इनमें 1618-69 के काल को समेटा गया है।

51. मैंने मैक्लेहोज के संस्करण (ग्लासगो, 1905) का उपयोग किया है। इनमें से अनेक (न कि सभी) यात्रियों के वृत्तान्त डब्ल्यू. फ़ोस्टर (सं), *अर्ली ट्रैवेल्स इन इंडिया* (1583-1619), लंदन, 1927 में शामिल हैं।

52. *अमेरिकन ट्रेजर एंड प्राइस रिवॉल्यूशन इन स्पेन, 1501-1650*, कैम्ब्रिज (मैसाचुसेट्स), 1934

53. लेइकोनामी दे ल, *एम्पायर पुर्तगेइस आ XVe एत XVIe सिक्लीज़*, पेरिस, 1969

54. लेन के दो बुनियादी लेखों को ब्रायन पुलन ने *क्राइसिस एंड चेंज इन वेनेशियज इकोनॉमी इन द सिक्सटींथ एंड सेविंटींथ सेंचुरीज़*, लंदन, 1968, पृ. 25-58 में प्रकाशित किया था। ब्राउडेल की क्लासिकी रचना *मेडिटेरेनियन एंड द मेडिटेरेनियन वर्ल्ड इन द एज ऑफ़ फिलिप सेंकड*, दो खंड, लंदन, 1972-73 है। ब्राउडेल में खंड एक में पृ. 542-70 पर आँकड़ों के साथ पूर्वी व्यापार का अध्ययन किया है।

55. स्टीनगार्ड की रचना पहले-पहल कैरक्स, *कैरेवंस एंड कम्पनीज* शीर्षक से (कोपेनहेगेन, 1973) प्रकाशित हुई थी। लेकिन मैंने यूनिवर्सिटी ऑफ़ शिकागो प्रेस वाले संस्करण (1974) का उपयोग किया है जिसका शीर्षक अलग है।

56. 'द सिल्वर करेंसी आउटपुट ऑफ़ द मुग़ल एम्पायर एंड प्राइसेज़ इन इंडिया ड्यूरिंग द सिक्सटींथ एंड सेविंटींथ सेंचुरीज़', *इंडियन इकोनामिक एंड सोशल हिस्ट्री रिव्यू* (आगे से : आई. ई. एस. एच. आर.), छह (1969), पृ. 85-116, और 'मिंट्स ऑफ़ द मुग़ल एम्पायर : ए स्टडी इन कॉपेरेटिव करेंसी आउटपुट', *प्रोसीडिंग्स*, पटियाला सत्र, 1968

57. *आई. ई. एस. एच. आर.*, तेरह (3), पृ. 393-401

परिशिष्ट-1 (अ)
आईन के आँकड़ों का सार-संक्षेप (बारह सूबों का विवरण)
(पांडुलिपियों के मिलान के बाद और मुहर्रिरों की ग़लतियाँ दुरुस्त करने के बाद हासिल आँकड़े)

आराज़ी *(बीघों और बिस्वों में)*

	सरकारों के लिए बताया गया योग	*परगनों के लिए आँकड़ों का योग*	*सूबा के लिए बताया गया योग*
बंगाल	आराज़ी का कोई आँकड़ा नहीं मिलता		
उड़ीसा	आराज़ी का कोई आँकड़ा नहीं मिलता		
बिहार			
बिहार	9,52,590	9,52,588-4	
मुंगेर	—	—	
चंपारन	85,711-5	87,711-5	
हाजीपुर	4,36,952-15	4,36,951-7	
सारन	2,29,052-15	2,29,052-3	
तिरहुत	2,66,464	2,66,881-2	
रोहतास	4,73,340-12	4,73,331-2	
पूरे सूबे के लिए	(24,44,111-7)	24,44,515-2	24,44,120
इलाहाबाद			
इलाहाबाद	5,73,615	5,73,585	
ग़ाज़ीपुर	2,88,780-7	2,88,780-12	
बनारस	1,56,863-12	1,54,702-12	
जौनपुर	8,70,265-4	8,70,707	
मानिकपुर	6,66,222-5	6,66,919-12	
चुनार	1,06,270	1,06,269-16	
कलिंजर	5,08,273-12	5,08,273-12	
कोरा	3,41,170-10	3,41,167-3	
कड़ा	4,47,556-12	450-487-15	
बट्ठा गहोरा	—	—	
पूरे सूबे के लिए	(39,59,017-2)	39,60,893-2	39,68,000-3
अवध			
अवध	27,96,206-19	27,99,973-17	
गोरखपुर	2,44,283-13	2,44,289-8	
बहराइच	18,23,435-8	18,23,435-3	
ख़ैराबाद	19,87,000-6	19,88,024-6	
लखनऊ	33,07,426-6	33,02,640	
पूरे सूबे के लिए	(1,01,58,352-12)	1,01,58,362-14	1,01,71,180

परिशिष्ट-1 (अ) जारी

आईन के आँकड़ों का सारसंक्षेप (बारह सूबों का विवरण)

(पांडुलिपियों के मिलान के बाद और मुहर्रिरों की ग़लतियाँ दुरुस्त करने के बाद हासिल आँकड़े)

आराज़ी *(बीघों और बिस्वों में)*

	सरकारों के लिए बताया गया योग	*परगनों के लिए आँकड़ों का योग*	*सूबा के लिए बताया गया योग*
आगरा			
आगरा	91,07,622-4	91,82,258	
कालपी	3,00,029-9	17,36,107-12	
कन्नौज	27,76,673-10	27,76,673-16	
कोल	24,61,731	24,58,431	
ग्वालियर	15,46,465-6	15,46,465	
ईड़च	22,02,124-18	22,02,136-18	
पायांवान	7,62,014	7,62,014	
नरवर	3,94,350	3,94,358	
मांडलेर	65,346	65,321	
अलवर	16,62,012	16,30,368	
तिजारा	7,40,001-5	7,40,001-6	
नारनौल	20,80,046	20,81,346	
सहर	7,63,474	7,63,474	
पूरे सूबे के लिए	(2,48,61,89-18)	2,63,38,954-12	2,78,62,189-2
मालवा			
उज्जैन	9,25,322	9,25,622	
रायसेन	(1,68,617)	1,68,617	
चंदेरी	5,54,277-17	5,54,277	
सारंगपुर	7,06,202	7,06,204	
बीजागढ़	2,83,277-13	2,83,277-13	
मांडू	2,22,969-15	2,23,009	
हँड़िया	2,89,573-15	2,89,573	
नंदरबार	8,59,604	8,59,604	
मंदसौर	—	—	
गगरौन	63,529	63,529	
कोटरी परियावा	1,92,839	1,92,821	
गढ़	—	—	
पूरे सूबे के लिए	(42,66,212)	42,66,533-13	42,66,221-6
ख़ानदेश	आराज़ी का कोई आँकड़ा नहीं मिलता		
बरार	आराज़ी का कोई आँकड़ा नहीं मिलता		

परिशिष्ट-1 (अ) जारी
आराज़ी *(बीघों और बिस्वों में)*

	सरकारों के लिए बताया गया योग	*परगनों के लिए आँकड़ों का योग*	*सूबा के लिए बताया गया योग*
गुजरात			
अहमदाबाद	80,24,153	84,19,201	
पाटन	38,50,015	38,50,909-16	
नादौत	5,41,317-16	5,40,425	
बड़ौदा	9,22,212	9,22,212	
भड़ौच	9,49,771	9,49,731	
चंपानेर	8,00,337-11	8,00,328	
सूरत	13,12,815-16	13,09,614	
गोधरा	5,35,255	5,34,815	
सोरठ	—	—	
पूरे सूबे के लिए	(1,69,35,877-3)	1,73,27,235-16	1,69,36,377-3
अजमेर			
अजमेर	56,05,487	56,92,850	
चित्तौड़	16,78,800	16,87,794	
रणथम्भौर	60,24,196	60,28,374	
नागौर	80,37,450-14	80,36,893	
बाक़ी सरकारों के लिए आराज़ी का आँकड़ा नहीं मिलता			
पूरे सूबे के लिए	(2,13,45,933-14)	2,14,45,911	2,14,35,941-7
देहली			
देहली	71,26,107-18	71,24,097-3	
बदायूँ	18,93,850-10[1]	18,93,756	
सम्भल	40,47,193-2	40,15,101-3	
सहारनपुर	35,30,379	35,30,679	
रेवाड़ी	11,55,001	11,55,011	
हिसार फ़िरोज़ा	31,14,497	31,14,497	
सरहिन्द	77,29,466-17	77,32,256	
कुमायूँ	—	—	
पूरे सूबे के लिए	(2,85,96,495-7)	2,85,65,397-6	2,85,46,816-16
लाहौर			
बेट जालन्धर दोआब	32,79,302-17	32,96,668	
बारी दोआब	45,80,002	44,07,980	
रचनाव दोआब	42,53,148	42,66,560	

परिशिष्ट-1 (अ) जारी

आराज़ी *(बीघों और बिस्वों में)*

लाहौर जारी...			
चिनहट दोआब	26,33,210	26,29,040	
सिन्ध सागर दोआब	14,09,979	13,88,744	
बैरून पंजनद	—		—
पूरे सूबे के लिए	(1,61,55,641-17)	1,59,88,992	1,61,55,643-3
मुल्तान (थत्ता छोड़कर)			
मुल्तान	5,58,651-4	7,54,638-11	
दीपालपुर	14,33,767-8	14,15,046-9	
भक्कर	10,82,013[2]	10,82,013-15	
पूरे सूबे के लिए	(30,74,431-12)	32,51,698-15	32,73,932
थत्ता	आराज़ी का कोई आँकड़ा नहीं मिलता		
कश्मीर	आराज़ी का कोई आँकड़ा नहीं मिलता		
काबुल	आराज़ी का कोई आँकड़ा नहीं मिलता		

परिशिष्ट-1 (अ) जारी

जमा *(नक़दी) (दामों में)*

	सरकारों के लिए बताया गया योग	*परगनों के लिए आँकड़ों का योग*	*सूबा के लिए बताया गया योग*
बंगाल			
टांडा	2,40,78,700-½	2,40,53,271	
गौर	1,88,46,967	1,62,69,493	
फ़तेहाबाद	79,69,568	79,76,837	
महमूदाबाद	1,16,10,256	1,27,06,178	
ख़लीफ़ताबाद	54,02,140	54,00,318	
बकला	71,31,641	71,31,440	
पूर्णिया	64,08,793	64,08,633	
ताजपुर	64,83,857	94,62,846	
घोड़ाघाट	89,83,072	86,41,941	
पंजरा	58,03,275	57,97,475	
बरबकाबाद	1,74,51,532	1,74,50,351	
बजुहा	3,95,16,871	3,94,66,643	
सोनारगाँव	1,03,31,333	1,34,16,513	
सिलहट	66,81,308	70,56,608	
चटगाँव	1,14,24,310	1,14,23,510	
शरीफ़ाबाद	2,24,88,750	2,24,74,402	
सुलैमानबाद	1,76,29,964	1,76,63,969	

परिशिष्ट-1 (अ) जारी

जमा *(नक़दी) (दामों में)*

	सरकारों के लिए बताया गया योग	*परगनों के लिए आँकड़ों का योग*	*सूबा के लिए बताया गया योग*
बंगाल जारी...			
सतगाँव	1,67,24,724	1,67,03,515	
मदारन	94,03,400	93,80,042	
बंगाल के लिए योग	25,43,70,461-½	25,88,83,985	
उड़ीसा			
जलेसर	5,00,52,738	5,00,45,684	
भद्रक	1,86,87,170	1,86,86,170	
कटक	9,14,32,730	9,26,19,036	
कलिंग दनपत	55,60,000	(55,60,000)	
राजमहेंद्र	50,00,000	(50,00,000)	
उड़ीसा के लिए योग	17,07,32,638	17,19,10,890	
उड़ीसा व बंगाल के लिए योग	(42,51,03,099-½)	43,07,94,875	59,84,59,319
बिहार			
बिहार	8,31,96,390	8,32,65,491	
मुंगेर	2,96,25,981-½[3]	2,96,22,181-½	
चंपारन	55,13,420	55,13,420	
हाजीपुर	2,73,31,030	2,73,36,635	
सारन	1,61,72,004-½	1,61,72,304-½	
तिरहुत	1,91,89,777-½	1,91,20,826-½	
रोहतास	4,08,19,493	4,08,79,201	
सूबे के लिए योग	(22,18,48,096-½)	22,19,10,059-½	22,19,19,404
इलाहाबाद			
इलाहाबाद	2,28,31,999	2,38,31,599	
ग़ाज़ीपुर	1,34,31,325	1,37,29,622	
बनारस	88,60,318	88,60,618	
जौनपुर	5,63,94,927	5,60,02,527	
मानिकपुर	3,39,16,527	3,39,06,527	
चुनार	58,10,604	58,10,954	
बट्ठा गहोरा	72,62,780	(72,62,780)	
कालिंजर	2,38,39,470	2,38,09,087	
कोरा	1,73,97,567	1,73,96,561	
कड़ा	2,26,82,048	2,26,54,068	
सूबे के लिए योग	(21,24,27,565)	21,22,64,343	21,24,27,819

परिशिष्ट-1 (अ) जारी

जमा *(नक़दी) (दामों में)*

	सरकारों के लिए बताया गया योग	*परगनों के लिए आँकड़ों का योग*	*सूबा के लिए बताया गया योग*
अवध			
अवध	4,09,56,347	4,09,56,147	
गोरखपुर	1,19,26,790	1,19,26,290	
बहराइच	2,41,20,525	2,41,20,519	
ख़ैराबाद	4,36,44,381	4,36,49,761	
लखनऊ	8,07,16,160	84,07,47,220	
सूबे के लिए योग	(20,13,64,203)	20,13,99,937	20,17,58,172
आगरा			
आगरा	19,17,19,265	19,05,25,826	
कालपी	4,94,56,730	4,94,65,947	
कन्नौज	5,25,84,620-½	5,25,84,620-½	
कोल	5,40,92,943	5,40,92,955	
ग्वालियर	2,96,83,649	2,96,83,348	
ईड़च	3,77,85,421	3,77,44,407	
पायाँवान	84,59,296	84,58,596	
नरवर	42,33,322	42,33,320	
मांडलेर	37,38,084	37,38,084	
अलवर	3,98,32,234	3,97,82,529	
तिजारा	1,77,00,460-½	1,77,00,466-½	
नारनौल	5,10,46,711	5,10,41,881	
सहर	59,17,569	59,17,569	
पूरे सूबे के लिए योग	(54,62,50,305)	54,49,69,548	54,62,50,304
मालवा			
उज्जैन	4,38,24,960	4,38,25,960	
रायसेन	(1,39,92,792)	1,39,92,792	
गढ़	1,13,77,080	1,14,32,025	
चंदेरी	3,10,37,783	3,07,49,790	
सारंगपुर	3,29,94,880	3,29,95,180	
बीजागढ़	1,22,49,121	1,22,49,789	
मांडू	1,37,88,994	1,37,88,994	
हँडिया	1,16,10,969	1,13,10,969	
नंदरबार	5,01,62,250	5,01,62,250	

परिशिष्ट-1 (अ) जारी

जमा *(नक़दी) (दामों में)*

	सरकारों के लिए बताया गया योग	*परगनों के लिए आँकड़ों का योग*	*सूबा के लिए बताया गया योग*
मालवा जारी...			
मंदसौर	67,61,396	67,61,396	
गगरौन	45,35,794	45,36,094	
कोटड़ी परियावा	82,31,920	82,32,920	
पूरे सूबे के लिए	(24,05,67,939)	24,00,38,159	24,06,25,052
ख़ानदेश [4]	30,32,03,112	30,35,29,488	30,32,03,112
बरार			
गाविल	13,46,66,140	13,46,66,140	
पूनर	1,34,40,000	1,34,40,000	
खेड़ला	1,76,00,000	1,76,00,000	
नरनाल	13,09,54,476	13,10,41,076	
कलम	3,28,28,000	3,28,28,000	
बसीम	3,26,25,250	3,26,25,250	
माहुर	4,28,85,440	4,28,85,440	
मानिकदुर्ग	1,44,00,000	1,44,00,000	
पठरी	8,07,05,954	8,03,05,964	
तेलंगाना	7,19,04,000	7,23,04,096	
रामगीर	96,00,000	96,00,000	
मेहकर	4,51,78,000	4,51,76,000	
बैतलवाड़ी	1,91,20,000	1,85,60,000	
पूरे सूबे के लिए	(64,59,07,260)	64,54,31,956	64,26,03,270
गुजरात			
अहमदाबाद	20,83,06,994	21,80,51,765	
पाटन	6,03,25,099	6,03,24,599	
नादौत	85,97,596	85,97,596	
बड़ौदा	4,11,45,895	4,11,45,895	
भड़ौच	2,18,45,663	2,18,00,653	
चंपानेर	1,05,09,884	1,05,08,479	
सूरत	1,90,35,180	1,90,21,985	
गोधरा	34,18,329	36,54,469	
सोरठ	6,34,37,366	6,34,33,187	
बन्दरगाह की जमा (सरकार सोरठ में)		18,01,048	26,02,060
सूबे के लिए योग	(43,66,22,006)	44,83,39,676	43,94,24,361

परिशिष्ट-1 (अ) जारी

जमा *(नक़दी) (दामों में)*

	सरकारों के लिए बताया गया योग	*परगनों के लिए आँकड़ों का योग*	*सूबा के लिए बताया गया योग*
अजमेर			
अजमेर	6,21,53,390	6,11,75,917	
चित्तौड़	3,46,37,649	3,46,55,649	
रणथम्भौर	8,98,64,576	8,95,44,576	
जोधपुर	1,45,28,750	1,45,35,750	
सिरोही	4,20,77,437	4,20,77,437	
नागौर	4,03,89,830	4,03,05,696	
बीकानेर	47,50,000	47,50,000	
पूरे सूबे के लिए	(28,84,01,632)	28,70,45,025	28,84,01,557
देहली			
देहली	12,30,12,596	12,38,84,848	
बदायूँ	3,48,17,063	3,47,96,159	
कुमायूँ	4,54,37,700	4,54,37,700	
सम्भल	6,69,41,431	6,65,90,020	
सहारनपुर	8,78,39,850	8,78,36,099	
रेवाड़ी	2,88,07,718	2,88,07,718	
हिसार फ़िरोज़ा	5,25,54,905	5,25,45,305	
सरहिन्द	16,07,90,549	16,07,89,948	
पूरे सूबे के लिए	(60,02,01,812)	60,06,87,797	60,16,15,550
लाहौर			
बेट जालन्धर दोआब	12,43,65,212	12,41,04,520	
बारी दोआब	14,28,08,183	14,28,17,025	
रचनाव दोआब	17,20,47,391	17,96,67,816	
चिनहट दोआब	6,45,02,394	6,44,99,335	
सिन्ध सागर दोआब	5,19,12,201	5,16,48,708	
बैरून पंजनद	38,22,740	38,22,740	
पूरे सूबे के लिए	(55,94,58,121)	56,65,60,144	55,94,58,423
मुल्तान			
मुल्तान	5,32,16,318	5,92,66,006	
दीपालपुर	12,93,34,153	7,85,62,285	
भक्कर	1,84,24,947	1,84,24,952	
पूरे सूबे के लिए	(20,09,75,418)	15,62,53,243	15,14,03,619

परिशिष्ट-1 (अ) जारी

जमा *(नक़दी) (दामों में)*

	सरकारों के लिए बताया गया योग	*परगनों के लिए आँकड़ों का योग*	*सूबा के लिए बताया गया योग*
थत्ता			
थत्ता	2,59,99,991	2,55,54,171	
चचगान	1,17,84,586	1,17,84,586	
सेहवान	1,55,46,808	1,55,47,407	
नसरपुर	78,34,600	78,34,600	
चकरहाल	50,85,408	50,84,408	
पूरे सूबे के लिए	(6,62,51,393)	6,58,05,172	6,61,52,393
कश्मीर	6,21,13,045	6,21,13,045	
काबुल (कश्मीर और क़न्धार छोड़कर)	8,05,07,465	8,05,07,465	

परिशिष्ट-1 (अ) जारी

सुयूरग़ाल *(दामों में)*

	सरकारों के लिए बताया गया योग	*परगनों के लिए आँकड़ों का योग*	*सूबा के लिए बताया गया योग*
बंगाल सुयूरग़ाल के आँकड़े नहीं मिलते			
उड़ीसा सुयूरग़ाल के आँकड़े नहीं मिलते			
बिहार			
बिहार	22,72,147	22,71,642	
बाक़ी सरकारों के लिए सुयूरग़ाल के आँकड़े नहीं मिलते			
पूरे सूबे के लिए	(22,72,147)	22,71,642	22,72,147
इलाहाबाद			
इलाहाबाद	7,40,021-½	7,40,021-½	
ग़ाज़ीपुर	1,31,825	1,21,837	
बनारस	3,38,184	3,38,084	
जौनपुर	48,17,654	30,55,181	
मानिकपुर	24,46,173	24,46,183	
चुनार	1,09,065	1,08,660	
कालिंजर	6,14,580	14,47,280	
कोरा	14,98,360	13,57,120	

परिशिष्ट-1 (अ) जारी

सुयूरग़ाल *(दामों में)*

	सरकारों के लिए बताया गया योग	*परगनों के लिए आँकड़ों का योग*	*सूबा के लिए बताया गया योग*
इलाहाबाद जारी...			
कड़ा	4,69,350	4,69,315	
बट्ठा गहोरा	–	–	
पूरे सूबे के लिए	(1,11,65,212-½)	1,00,83,681-½	1,11,65,417
अवध			
अवध	16,80,248	16,80,165	
गोरखपुर	51,235	51,235	
बहराइच	4,66,482	4,66,482	
ख़ैराबाद	17,13,862	16,75,140	
लखनऊ	45,72,526	45,84,712	
पूरे सूबे के लिए	(84,84,353)	84,57,734	85,21,658
आगरा			
आगरा	1,45,66,878	1,43,49,526	
कालपी	2,78,292-½	10,58,292-½	
कन्नौज	11,74,655	11,82,655	
कोल	20,94,840	20,32,799	
ग्वालियर	2,40,350	1,81,120	
ईड़च	4,56,493	4,56,493	
पायांवान	82,660	82,666	
नरवर	95,994	95,694	
अलवर	6,99,212	6,99,215	
तिजारा	7,31,761-½	7,31,760-½	
नारनौल	7,75,103	7,75,083	
सहर	1,09,447	1,09,447	
मांडलेर	-	-	
पूरे सूबे के लिए	2,13,05,685	2,17,54,751	1,21,05,703-½
मालवा			
उज्जैन	2,81,816	2,81,816	
चंदेरी	26,931	26,931	
सारंगपुर	3,24,461	3,24,461	
बीजागढ़	3,574	4,187	
मांडू	1,28,732	1,28,032	
हँडिया	1,57,054	1,57,053	

परिशिष्ट-1 (अ) जारी

सुयूरग़ाल *(दामों में)*

	सरकारों के लिए बताया गया योग	*परगनों के लिए आँकड़ों का योग*	*सूबा के लिए बताया गया योग*
मालवा जारी...			
नंदरबार	1,98,428	1,98,478	
मंदसौर	29,387	29,387	
बाक़ी सरकारों के लिए सुयूरग़ाल के आँकड़े नहीं मिलते			
पूरे सूबे के लिए	(11,50,383)	11,50,345	11,50,433
ख़ानदेश		सुयूरग़ाल के आँकड़े नहीं मिलते	
बरार			
गाविल	1,28,74,048	1,12,73,348	
नरनाल	1,10,38,422	1,05,85,174	
बसीम	18,25,250	18,25,250	
माहुर	97,844	97,844	
पठरी	1,15,80,954	1,02,85,943	
तेलंगाना	66,00,000	66,00,000	
मेहकर	3,76,000	3,76,000	
बाक़ी सरकारों के लिए सुयूरग़ाल के आँकड़े नहीं मिलते			
पूरे सूबे के लिए	(4,43,92,518)	4,10,43,559	
गुजरात			
अहमदाबाद	65,11,441	66,65,528	
पाटन	2,10,627	10,10,547	
नादौत	11,328	(11,328)	
बड़ौदा	3,88,358	3,88,658	
भड़ौच	1,41,820	1,41,520	
चंपानेर	1,73,730	1,73,730	
सूरत	1,82,670	1,80,630	
गोधरा	–	–	
सोरठ	–	–	
पूरे सूबे के लिए	(76,19,974)	85,71,941	4,20,274
अजमेर			
अजमेर	14,75,714	14,72,714	
चित्तौड़	3,60,737	3,60,737	
रणथंथौर	1,81,834	74,499	

परिशिष्ट-1 (अ) जारी

सुयूरग़ाल *(दामों में)*

	सरकारों के लिए बताया गया योग	*परगनों के लिए आँकड़ों का योग*	*सूबा के लिए बताया गया योग*
अजमेर जारी...			
नागौर	3,08,051	2,58,915	
बाक़ी सरकारों के लिए सुयूरग़ाल के आँकड़े नहीं मिलते			
पूरे सूबे के लिए	(23,26,336)	21,66,865	23,26,336
देहली			
देहली	1,09,90,260	1,10,00,460	
बदायूँ	4,57,181	4,57,181	
सम्भल	28,92,394	28,92,093	
सहारनपुर	6,91,903	50,22,485	
रेवाड़ी	7,39,268	7,38,968	
हिसार फ़िरोज़ा	14,06,519	12,98,214	
सरहिन्द	1,16,98,330	1,18,18,250	
कुमायूँ	–	–	
पूरे सूबे के लिए	(2,88,75,855)	3,32,27,651	3,30,75,739
लाहौर			
बेट जालन्धर दोआब	26,51,778	27,29,019	
बारी दोआब	39,23,922	39,17,888	
रचनाव दोआब	26,84,134	26,48,216	
चिनहट दोआब	5,11,070	5,11,070	
सिन्ध सागर दोआब	(9)4,680[5]	94,680	
बैरून पंजनद	–	–	
पूरे सूबे के लिए	(98,65,594)	99,00,873	98,65,594
मुल्तान (थत्ता छोड़कर)			
मुल्तान	54,94,236	3,36,694	
दीपालपुर	20,79,170	21,58,168	
भक्कर	6,00,419	6,03,419	
पूरे सूबे के लिए	(81,73,825)	30,98,281	30,59,948
थत्ता सुयूरग़ाल के आँकड़े नहीं मिलते			
कश्मीर सुयूरग़ाल के आँकड़े नहीं मिलते			
काबुल			
काबुल	1,37,178	1,12,710	

परिशिष्ट 1 (अ) की टिप्पणियाँ

1. पांडुलिपि में आँकड़ा 80,93,850-10 है
2. पांडुलिपि में आँकड़ा 2,82,013 है
3. पांडुलिपियों में आँकड़ा 10,96,25,981-½ है।
4. आईन (जिल्द एक, पृ. 474) में ख़ानदेश की जमा 1,26,47,062 तंक-ए-बरारी बताई गई है। इसी सिक्के में परगना के आँकड़ों का जोड़ 1,26,33,463 आता है। चूँकि तंका 16 दाम के बराबर होता था (आईन, एक, पृ. 478), बतलाई गई जमा 20,23,52,992 दाम होनी चाहिए और परगने का जोड़ 20,21,35,408 दाम होना चाहिए। लेकिन अबुल फ़ज़्ल कहते हैं कि असीरगढ़ की विजय (1601) के बाद अकबर ने ख़ानदेश की जमा 50 प्रतिशत बढ़ा दी और तब तंका 24 दाम के बराबर लगाया जाने लगा। फिर वे (आईन, एक, पृ. 474) बढ़ी हुई जमा 45,48,04,668 दाम बतलाते हैं। यह ठीक वही आँकड़ा है जो 24 दाम का एक तंका मानकर जमा को दामों में बदलने और फिर उसमें 50 प्रतिशत की बढ़ोतरी करने पर आता है लेकिन यह दोहरी बढ़ोतरी एक ग़लती लगती है। वास्तव में तंके के बढ़े हुए मूल्य के आधार पर बढ़ने के बाद (कथित) जमा केवल 30,35,29,488 दाम होनी चाहिए थी। इसकी पुष्टि इस तथ्य से होती है कि 1605 में ख़ानदेश की जमा 29,70,18,561 दाम तय की गई थी (इक़बालनामा, दो, ओ., 1834, फो. 232 ब), और बयाजे-ख़ुशबूए (फो. 180-81) में, जिसके आँकड़े, 1628-32 के हैं, इसे 29,70,16,586 दाम बताया गया है।
5. पांडुलिपि में आँकड़ा 4,680 दाम दिया गया है।

खेतिहर उत्पादन

अध्याय-2

काश्त का विस्तार

पहली निगाह में ही लग जाता है कि आईने-अकबरी में आराज़ी के जो विस्तृत आँकड़े दिए गए हैं वे 16वीं सदी के ख़ात्मे के आसपास काश्त के विस्तार का अनुमान लगाने के लिए एक उपयुक्त साधन प्रदान करते हैं। लेकिन पहली शर्त इस बारे में निश्चिन्त होने की है कि आराज़ी से ठीक-ठीक मुराद क्या है। ख़ुद आराज़ी शब्द का अर्थ ज़मीन (और शाब्दिक अर्थ क्षेत्रफल) है। आईन में 'बारह सूबों' का विवरण में उसका प्रयोग एक कॉलम के शीर्षक रूप में किया गया है, जिसमें क्षेत्रफल की इकाइयों (बीघा और बिस्वा) के आधार पर आँकड़े दिए गए हैं। पाठ में सूबों के योगों को पेश करते हुए आईन में ज़मीने-पैमूदा (मापी गई ज़मीन) शब्द का प्रयोग आँकड़ों की इसी श्रेणी के लिए दिया गया है।

स्पष्ट है कि मुग़ल प्रशासन ने बुनियादी तौर पर मालगुज़ारी के आकलन के लिए ज़मीन की पैमाइश कराई होगी। इसलिए ऐसा मुमकिन है कि ख़रीफ़ और रबी की फ़सलों के लिए क्षेत्रफल का मापन अलग-अलग किया गया हो।[1] अगर ऐसा है तो दोनों फ़सलों में बोए या काटे गए क्षेत्रफलों का योग निकालकर उस काश्तशुदा ज़मीन का आँकड़ा निकाला गया होगा जो आराज़ी में शामिल है। इसलिए सम्भव है कि दो फ़सलों वाले क्षेत्र को दो-दो बार गिना गया हो। इसी आधार पर मोरलैंड ने सुझाव दिया था कि हम यहाँ आधुनिक सांख्यिकी के मात्र फ़सली क्षेत्र के बजाय 'सकल फ़सली क्षेत्र' का समतुल्य माप पाते हैं।[2]

हमारे पास आईन के काल के सर्वेक्षण के वे वास्तविक काग़ज़ात नहीं हैं जिनके आधार पर इस मान्यता को परखा जा सके। लेकिन पूर्वी राजस्थान की रक़बाबन्दी के दस्तावेज़ों में बाद के मुग़ल सर्वेक्षणों से एक मिसाल हमें दिखाई देती है कि आराज़ी के आँकड़ों में किस तरह दो फ़सली क्षेत्र को दो बार गिना गया होगा। परगना लालसोट के 146 गाँवों का एक सर्वेक्षण विक्रमी 1783 (ईसवी 1726-27) कराया गया था जिसके क्षेत्रफल के आँकड़े तालिका-2.1 में दिए गए हैं :[3]

तालिका-2.1

		(बीघा)
कुल क्षेत्रफल (रक़बा)		3,50,011
कल्लर (खारी) और सीर (राजस्व मुक्त) ज़मीनों को कम किया		21,777
सकल क़ाबिले-काश्त रक़बा		3,28,234
भूमि के दान का रक़बा कम किया		10,370
मात्र क़ाबिले काश्त रक़बा जो इस प्रकार है :		
काश्त शुदा		
ख़रीफ़	1,87,549	
रबी	41,323	
		2,28,872
ग़ैर-काश्तशुदा		88,992
		3,17,864

यहाँ कुल काश्तशुदा क्षेत्र, जो मापे गए कुल क्षेत्र का 65 प्रतिशत है, साफ़ तौर पर रबी और ख़रीफ़ फ़सलों में बोए गए क्षेत्र पर आधारित है। इस तरह यह क्षेत्रफल सकल फ़सली क्षेत्र के बराबर है। मोरलैंड ने ठीक इसी बात की तो परिकल्पना की थी।

आराज़ी के आँकड़ों में सकल फ़सली क्षेत्र के समावेश की बात आईन के आँकड़ों की एक और अजीब विशेषता से पुष्ट होती है जिसकी किसी और आधार पर व्याख्या नहीं की जा सकती। कुछेक हलक़ों (दस्तूर के हलक़ों) के मुआमले में आराज़ी के आँकड़े नक़्शे में दिए गए क्षेत्रफल से अधिक हैं। दस्तूर के ऐसे तीन हलक़ों का हमें पता चला है। ये हैं सरकार आगरा में आगरा और इटावा, तथा सरकार देहली में मेरठ। उपरोक्त आधिक्य की तुलना 1909-10 में इन हलक़ों के दो-फ़सली क्षेत्रफल के आकार से की जा सकती है। सरकारी एग्रीकल्चरल स्टेटिस्टिक्स में यह क्षेत्रफल निश्चित ही केवल आधुनिक ज़िलों के लिए दिया गया है, पर एक मामूली उपाय करके इन मापों को दस्तूर के हलक़ों की सीमाओं से समायोजित किया गया है। हमने पहले उस ज़िले या इन ज़िलों को चुना है जिसमें या जिनमें दस्तूर के हलके का बड़ा भाग आ जाता है। इन ज़िलों के दो-फ़सली क्षेत्र (दो क्षे) और नक़्शे के क्षेत्रफल (न) को जोड़कर हमने पूरे ज़िले के लिए दो क्षे : न का अनुपात निकाला है। फिर इस अनुपात को हमने दस्तूर के उन हलक़ों पर लागू किया है, जिनका नक़्शे में क्षेत्रफल हमें इरफ़ान हबीब के ऐन एटलस ऑफ़ द मुग़ल एम्पायर से ज्ञात है। इस तरह हमें जो चीज़ मिलेगी वह होगी अकबर के दौर में किसी विशेष दस्तूरी हलक़े के क्षेत्र के अन्दर 1909-10 का दो-फ़सली क्षेत्र। उपरोक्त तीनों दस्तूरी हलक़ों के लिए की गई गणनाओं के परिमाण तालिका-2.2 में दिए गए हैं।

तालिका-2.2

दस्तूर का हलका	*नक़्शे के क्षेत्र से आराज़ी की अधिकता (%)*	*दो-फ़सली क्षेत्र नक़्शे के क्षेत्र के % रूप में (1909-10)*
हवेली आगरा	2.08	6.41
इटावा	10.98	8.91
मेरठ	11.12	18.94

ये आँकड़े नक़्शाबन्द क्षेत्र से आराज़ी की अधिकता तथा दो-फ़सली क्षेत्र के आकार के बीच आश्चर्यजनक संगति दिखाते हैं।

इसलिए मोरलैंड का यह विचार ठीक है कि आराज़ी में कुल नहीं, सकल काश्तशुदा फसली क्षेत्र आता था। लेकिन आराज़ी नक़्शाबन्द क्षेत्र से अधिक होती थी, केवल इसी तथ्य से यह संकेत भी मिलता है कि उनका आराज़ी को केवल सकल फ़सली क्षेत्र के बराबर ठहराना भी ग़लत था। कारण कि हाल के कालों तक में ज़्यादातर इलाक़ों में सकल फ़सली क्षेत्र नक़्शाबन्द क्षेत्र से बहुत कम है। तालिका-2.2 में दिए गए तीन दस्तूरी हलक़ों में जहाँ आईन में दर्ज (मगर नक़्शाबन्द क्षेत्र के प्रतिशत में बदली गई) आराज़ी 1909-10 में संगत ज़िलों में (इन ज़िलों के नक़्शाबन्द क्षेत्रों के प्रतिशत रूप में) सकल काश्तशुदा क्षेत्र (स का) से बहुत अधिक है, वहीं ए का (1909-10) के प्रतिशत के रूप में निकालें तो आराज़ी दस्तूरी हलक़ा आगरा में 137 प्रतिशत, इटावा में 150 प्रतिशत और मेरठ में 115 प्रतिशत आती है।

1909-10 में सकल काश्त (ग्रॉस कल्टीवेशन) के विस्तार से आराज़ी की इस अधिकता का कारण केवल यह नहीं हो सकता कि इसमें सकल फ़सली क्षेत्र (ग्रॉस क्राप्ड एरिया) पूरा का पूरा आ जाता था। इसमें बल्कि उस समय के बंजर, काश्त के योग्य मगर परती पड़ी ज़मीन के हिस्से और कम-से-कम काश्त के अयोग्य ज़मीन के कुछ हिस्से भी शामिल रहे होंगे। आधुनिक सांख्यिकीय आँकड़ों के मात्र (नेट) काश्तशुदा क्षेत्र और नक़्शाबन्द क्षेत्र (मैच एरिया) का अन्तर इन्हीं सब के योग के बराबर है।

इस निष्कर्ष की पुष्टि परगना लालसोट के 1726-27 के दस्तावेज़ों में दिए गए उन आँकड़ों के वितरण से होती है जिनका हम पहले ही प्रयोग कर चुके हैं। जैसा कि हम देख चुके हैं, सम्बन्धित दस्तावेज़ों में काश्तशुदा क्षेत्र कुल मापे गए क्षेत्र का 65 प्रतिशत है जबकि नाक़ाबिले-काश्त बंजर और सीर मिलाकर 6 प्रतिशत हैं और क़ाबिले-काश्त परती 25 प्रतिशत से थोड़ी सी अधिक है। आरम्भिक 17वीं सदी के दस्तावेज़ों से भी इसकी इसी तरह पुष्टि होती है। 1659 के आसपास लिखी गई एक प्रशासनिक हस्तपुस्तिका 'दस्तूरुल-अमले-आलमगीरी' में तक़सीम दस्तावेज़ के एक नमूना मिलता है जिसमें पाँच गाँवों की सर्वेक्षित भूमि के ये ब्यौरे दिए गए हैं :[4]

	बीघा	कुल क्षेत्रफल का %
कुल मापा गया क्षेत्रफल	2,943	100.00
क़ाबिले-काश्त ज़मीन[5]	2,612	88.75
क़ाबिले-काश्त बंजर	200	6.80
(नाक़ाबिले-काश्त बंजर, रिहाइश की ज़मीन वग़ैरह)	131	4.45

क़ाबिले-काश्त बंजर का समावेश और उसका छोटा आकार (6.80 प्रतिशत) और काश्त के लिए न उपलब्ध क्षेत्र (4.45 प्रतिशत) पर ध्यान दें।

नैनसी की रचना 'विगत' जसवन्त सिंह के काल (1638-78)[6] में लिखी गई थी। इसमें परगना मेड़ता, सरकार नागौर के सर्वेक्षित क्षेत्र के निम्नलिखित आँकड़े दिए गए हैं। (यह परगना मुग़ल प्रशासन के अन्तर्गत था और रियासत मारवाड़ में नहीं आता था।)

	बीघा	कुल क्षेत्रफल का %
कुल मापा गया क्षेत्रफल	26,15,956	100.00
क़ाबिले-काश्त ज़मीन	23,96,425	91.1
अनाकलित क्षेत्र	2,19,531	8.39

इस अनाकलित क्षेत्र में कुछ नाक़ाबिले-काश्त बंजर, गाँवों के रिहाइशी इलाक़े, नाले वग़ैरह शामिल रहे होंगे। कुल अनाकलित क्षेत्र के छोटे आकार से संकेत मिलता है कि वास्तविक बंजर पूरा का पूरा नहीं, उसका केवल एक भाग मापा गया। यह विश्वास करना निश्चित ही कठिन है कि थार के रेगिस्तान की सीमा पर स्थित परगना मेड़ता का नाक़ाबिले-काश्त बंजर कुल क्षेत्रफल के 8 प्रतिशत से ज़रा सा ही ज़्यादा ही रहा होगा।[7]

पूर्वी राजस्थान के क्षेत्रफल सम्बन्धी आँकड़ों[8] में अकसर मापे गए क्षेत्र की विभिन्न श्रेणियों के विस्तार से संकेत नहीं दिए गए हैं। मसलन वर्ष 1649 में सरकार अलवर के परगना अंतेला भभेड़ा के 11 गाँवों के लिए हमें निम्नलिखित आँकड़े प्राप्त हैं :

	बीघा	कुल क्षेत्रफल का %
कुल मापा गया क्षेत्रफल	61,180	100.00
क़ाबिले-काश्त ज़मीन	39,822	65.09
अनाकलित क्षेत्र सीर की ज़मीन, नदी, पहाड़ियाँ, नाला	21,358	34.91

यहाँ अनाकलित क्षेत्र में सीर भी शामिल है जिस पर काश्त की जाती थी मगर जिसका आकलन नहीं किया जाता था। इसलिए स्पष्ट है कि अनाकलित भूमि का कितना बड़ा हिस्सा वास्तव में नाक़ाबिले-काश्त था। इस तरह कुल क़ाबिले-काश्त

ज़मीन में क़ाबिले-काश्त बंजर के भाग का निश्चय नहीं किया जा सकता, हालाँकि मापे गए क्षेत्रफल में उसका समावेश असंदिग्ध है।

सरकार नागौर के परगना अमरसर के 157 गाँवों के लिए तक़सीम के एक अपेक्षाकृत बाद (ई. 1758) के दस्तावेज़ हमें सर्वेक्षित भूमि के ये आँकड़े देती है—

	बीघा	*कुल क्षेत्रफल का %*
कुल मापा गया क्षेत्रफल	1,20,610	100.00
क़ाबिले-काश्त ज़मीन	1,07,693	89.29
अनाकलित भूमि (एरीगौटी, खड़ेड़ा, नाला)	12,917	10.71

यहाँ भी ग़ैर-काश्तशुदा ज़मीन और नाक़ाबिले-काश्त बंजर को एक में मिला दिया गया है। अनाकलित भूमि की कुछ श्रेणियों के लिए प्रयुक्त कुछ शब्दों के महत्त्व के बारे में निश्चित होना तो कठिन है, पर फिर भी शायद यह माना जा सकता है कि यहाँ इसमें केवल नाक़ाबिले-काश्त ज़मीन शामिल थी। इन गाँवों में मापी गई भूमि का वह भाग जो खेती के लिए उपलब्ध नहीं था, इस तरह मुश्किल से 10 प्रतिशत से अधिक रहा होगा और हो सकता है और भी कम रहा होगा।

दस्तावेज इस तरह इरफ़ान हबीब के इस सुझाव की पुष्टि करते हैं कि मुग़ल सर्वेक्षकों की आराज़ी में केवल सकल काश्त को ही नहीं बल्कि क़ाबिले-काश्त बंजर को और नाक़ाबिले-काश्त ज़मीन के एक भाग को भी शामिल किया जाता था।[9] इन बिखरी हुई मिसालों से इससे अधिक कोई सटीक निष्कर्ष निकालना कठिन है। शायद हम यह कह सकते हैं कि नाक़ाबिले-काश्त बंजर का जो भाग पूरे क्षेत्रफल के 10 प्रतिशत से अधिक होता होगा उसे ये सर्वेक्षण शायद ही कभी मापते रहे होंगे। दस्तावेज़ों में इसका दायरा 5 से 10 प्रतिशत तक है, केवल एक इलाक़े को छोड़कर जहाँ (सीर की ज़मीन के ठीक-ठीक आकार सम्बन्धी अनिश्चय को जानें दे तो) यह भाग 10 प्रतिशत से अधिक रहा होगा। तो हमारे उद्देश्यों के लिए आईन के आराज़ी सम्बन्धी आँकड़ों में नाक़ाबिले-काश्त बंजर का भाग आसानी से 10 प्रतिशत माना जा सकता है।

लेकिन क़ाबिले-काश्त बंजर की एक समान सीमा इस ढंग से तय करना सम्भव नहीं है। तो भी आधुनिक काल (मसलन 1909-10) में एक ही इलाक़े में क़ाबिले-काश्त बंजर और क़ाबिले-काश्त ज़मीन का जो अनुपात मिलता है उसे 1595 के लिए एक कामचलाऊ सूचकांक माना जा सकता है।[10] पहली निगाह में यह सुझाव ख़ासा दिलेर लगता है, क्योंकि कोई यह सोच सकता है कि काश्त में विस्तार के साथ क़ाबिले-काश्त बंजर का आकार कम हुआ होगा और इसलिए सकल फ़सली क्षेत्र से उसका अनुपात 1595 में 1909-10 की अपेक्षा काफ़ी अधिक रहा होगा। लेकिन सोचने पर पता चलता है कि पूरी तरह नाक़ाबिले-काश्त ज़मीन नाम की कोई चीज़ नहीं होती, या शायद ही इस नाम की कोई चीज़ होती होगी। किसी भी समय

में काश्त योग्य ज़मीन वह होती है जिस पर उस समय खेती की जाए तो उसका कुछ फल मिले। मतलब यह कि इसमें केवल वह ज़मीन आती है जो उर्वरता (और स्थिति) के आधार पर काश्त की सीमा पर स्थित हो। चूँकि आबादी में हर बढ़ोतरी के बाद घटिया ज़मीन पर भी हल चला दिया जाता है, इसलिए मिट्टी की गुणवत्ता, सिंचाई के अभाव या दुर्गमता के कारण जो ज़मीन पहले नाक़ाबिले-काश्त समझी जाती थी उसका भी कुछ भाग क़ाबिले-काश्त बंजर की श्रेणी में आ जाता है। दूसरे शब्दों में, काश्त का दायरा बढ़ता है तो क़ाबिले-काश्त बंजर का टुकड़ा बाहर की दिशा में फैलता है। जैसे-जैसे वह फैलता है, उसका क्षेत्रफल भी बढ़ना चाहिए क्योंकि बाहरी परिधि और बड़ी होती जाती है। इस तरह काश्त में किसी भी बढ़ोतरी के साथ क़ाबिले-काश्त बंजर का कुल क्षेत्रफल भी घटता नहीं, बढ़ता है।

उत्तर प्रदेश के उन ज़िलों में, जहाँ क़ाबिले-काश्त ज़मीन (काश्तशुदा ज़मीन, परती और क़ाबिले-काश्त बंजर) 1909-10 में कुल क्षेत्रफल के 50 प्रतिशत से कम थी (तालिका-2.3), उनमें अगर हम 1909-10 और 1946-47 के बीच सकल काश्त से क़ाबिले-काश्त बंजर के अनुपातों की तुलना करें तो हमारी परिकल्पना हममें विश्वास जगाती है।

तालिका-2.3

	क़ाबिले-काश्त, ज़मीन, नक़्शाबन्द क्षेत्र के % रूप में		*क़ाबिले-काश्त बंजर, सकल काश्त के % रूप में*	
ज़िला	*1909-10*	*1946-47*	*1909-10*	*1946-47*
देहरादून	25.21	38.54	62.66	76.34
मिर्जापुर	48.87	76.42	65.81	102.23
अल्मोड़ा	9.74	16.74	12.80	13.04
गढ़वाल	9.44	9.23	22.19	22.23
नैनीताल	27.02	32.22	48.63	146.35

इस तरह सांख्यिकी से सिद्धान्त की पुष्टि होती है, फिर भी एक महत्त्वपूर्ण शंका रह जाती है। जब काश्त में विस्तार की भौतिक सीमाएँ समाप्त हो जाती हैं अर्थात जब पहले ही कुछ क्षेत्रफल का एक बड़ा भाग फ़सलों के तहत आ चुका हो, तब हो सकता है कि काश्त के और अधिक विस्तार से उसी अनुपात में एक क्षेत्र नाक़ाबिले-काश्त बंजर से क़ाबिले-बंजर में परिवर्तित न हो। उत्तर प्रदेश के जिन ज़िलों में 1909-10 में क़ाबिले-काश्त ज़मीन कुल क्षेत्रफल के 90 प्रतिशत से अधिक थी। (तालिका-2.4), उनमें अगर हम सकल काश्त के सापेक्ष क़ाबिले-काश्त बंजर के अनुपात में होनेवाले परिवर्तन को देखें तो हमारी बात साबित होती है। बरेली और शाहजहाँपुर को छोड़ दें तो इन ज़िलों में सकल काश्त के प्रतिशत

रूप में क़ाबिले-काश्त बंजर का भाग घटता दिखाई देता है, जैसी कि हमने आशा की थी, हालाँकि यह घटाव आम तौर पर बहुत मामूली है।

तालिका-2.4

	क़ाबिले-काश्त, बंजर, सकल काश्त के % रूप में	*क़ाबिले-काश्त ज़मीन, कुल क्षेत्रफल के % रूप में*	
ज़िला	*1909-10*	*1909-10*	*1946-47*
मथुरा	92.58	22.52	14.87
एटा	90.03	31.70	27.23
बरेली	90.14	11.47	14.98
बदायूँ	92.18	16.12	14.88
मुरादाबाद	92.94	19.90	18.15
शाहजहाँपुर	91.79	25.16	29.29
बांदा	91.32	82.56	57.70
सीतापुर	90.02	20.93	19.54

1595 की सम्भावित स्थिति पर विचार करें जब अधिकांश क्षेत्रों में काश्त का विस्तार 1909-10 की अपेक्षा काफ़ी कम था तो हम यह मानेंगे कि तालिका-2.4 में दिए गए क्षेत्रों में सकल काश्त से क़ाबिले-काश्त बंजर का अनुपात 1909-10 की अपेक्षा अधिक था। दूसरी ओर तालिका-2.3 में दिए गए क्षेत्रों में यह अनुपात 1909-10 की अपेक्षा 1595 में कम होनी चाहिए थी। लेकिन हमें इस विचार के आधार पर इन निष्कर्षों को संशोधित कर लेना चाहिए कि जहाँ आधुनिक आँकड़े व्यापक हैं वहीं सम्भव है कि मुग़ल सर्वेक्षकों ने उन क़ाबिले-काश्त बंजरों को छोड़ दिया हो जो सर्वेक्षित गाँवों की सीमाओं से दूर स्थित थे। इसी कारण मैंने यह मान लिया है कि आईन की आराज़ी के अन्दर सकल काश्त से क़ाबिले-काश्त बंजर का अनुपात लगभग वही था जो संगत क्षेत्र में इस सदी के आरम्भ में था, सिर्फ़ उन इलाक़ों को छोड़कर जहाँ 1909-10 में काश्त बेहद कम थी। इस मान्यता की स्वीकृति में त्रुटि की सीमा सम्भवत: बहुत बड़ी नहीं होगी, ग़ालिबान इन इलाक़ों को छोड़कर जहाँ आईन की आराज़ी में नक़्शाबन्दी क्षेत्र का असामान्य रूप से बड़ा भाग शामिल हो।

एक बड़ा मुद्दा फिर भी अनसुलझा रह जाता है। आईन में जिन इलाक़ों के लिए आराज़ी के आँकड़े दिए गए हैं क्या उन सबमें इन आँकड़ों में सकल फ़सली क्षेत्र पूरा का पूरा आ जाता था? मोरलैंड का विचार यही था। वे अकबर के काल और अपने काल के बीच कुछ इलाक़ों में काश्त में 40 गुनी वृद्धि की बात भी मानने को तैयार थे, सिर्फ़ इसलिए कि सम्बन्धित क्षेत्र में समकालीन सकल काश्त से आराज़ी का अनुपात यही था।[11] उस परिकल्पना को ख़ुद आईन में दिए गए आँकड़ों से परखा जा सकता है। पहले तो हम विभिन्न दस्तूरी हलक़ों के लिए जमा/आराज़ी

(ज'/आ') की दरों की गणना करेंगे। उसके लिए हम किसी विशेष दस्तूरी हलके की कुल जमा (अर्थात सभी परगनों की दर्जशुदा मात्र राजस्व-आय को) उसके आराज़ी के आँकड़ों के योग से भाग देंगे। इनकी तुलना उन हलक़ों के लिए प्रमुख फ़सलों की दस्तूरियों अर्थात नक़द राजस्व की दरों से की जा सकती है। मौजूदा उत्तर प्रदेश राज्य के अन्दर स्थित कुछ हलक़ों के परिमाण तालिका-2.5 में दिए गए हैं :

तालिका-2.5

दस्तूरी हलक़ा	*ज'/आ' दाम/बीघा*	*ज'/आ' योग=100*	*दरें (आगरा दर=100)*		
			गेहूँ	धान	कपास
आगरा	28.09	100.00	100.00	100.00	100.00
इटावा	11.25	40.05	89.98	74.02	102.75
देहली	22.65	80.63	93.70	91.58	102.57
मेरठ	11.12	39.59	86.70	79.66	102.57
अवध	12.87	45.82	81.69	72.23	95.28
भदोही	50.22	178.78	96.66	70.38	105.14
जौनपुर	64.71	230.37	96.66	81.51	110.28
चुनार	54.68	194.66	96.66	81.51	110.28
ग़ाज़ीपुर	47.59	169.42	96.66	81.51	110.43
रायबरेली	53.35	189.93	93.32	77.80	107.71

हम फ़ौरन यह बात देखते हैं कि विभिन्न दस्तूरी हलक़ों में फ़ी बीघा आराज़ी पीछे जमा की गई मात्रा में अच्छे-ख़ासे अन्तर हैं। ये अनुपात 11.12 से 64.71 तक (या अगर आगरा की ज'/आ' को सूचकांक अर्थात 100 मानें तो 39.59 से लेकर 230.37 तक) हैं। लेकिन इन हलक़ों की दस्तूर की दरों में अन्तर का दायरा बहुत सीमित है। (सूचकांक के आधार पर यह अनुपात गेहूँ के लिए 81.69 से 96.66 तक, धान के लिए 70.38 से 91.58 तक और कपास के लिए 95.28 से 110.43 तक हैं।) इसके अलावा कभी-कभी इन दरों में ज'/आ' की विपरीत दिशा में परिवर्तन होते दिखाई देते हैं, कहीं-कहीं किसी क्षेत्र में ज'/आ' अगर अधिक है तो ये दरें कम हैं। तालिका में (गेहूँ, धान और कपास के लिए) केवल तीन दरें लेकर यह बात दिखाई गई है, लेकिन ये दरें आमतौर पर विभिन्न फ़सलों के लिए दस्तूर की दरों की अच्छी नुमाइन्दगी करती हैं। इसलिए इस बात में शायद ही कोई शक हो कि ज'/आ' की दरों के अन्तर विभिन्न क्षेत्रों में आकलित भूमि के मापन की अलग-अलग सीमाओं के कारण हैं। पूर्वी उत्तर प्रदेश में जहाँ ज़ाहिर है कि पैमाइश बहुत अधूरी थी, भारी ज'/आ' की व्याख्या इसी से होती है। दूसरी ओर कुछ हलक़ों में असामान्य रूप से कम ज'/आ' का कारण यह बताया जा सकता है कि सर्वेक्षित क्षेत्र में बंजर का एक बड़ा भाग शामिल किया गया था।

इस तरह हमारा निष्कर्ष इरफ़ान हबीब के इस विचार से मेल खाता है कि 1595 में पैमाइश जहाँ कुछ क्षेत्रों में पूरी या लगभग पूरी तरह की गई वहीं कुछ और क्षेत्रों में आंशिक रूप से ही की गई। उसके लिए उन्होंने औरंगज़ेब के शासनकाल के आँकड़े दिए हैं।[12] लेकिन, जैसाकि ऊपर दिखाया गया है, ख़ुद आईन के आँकड़ों का गहन अध्ययन हमें इसी निष्कर्ष तक ले जाता है।

इसलिए 1595 में सकल काश्त का अनुमान लगाने के लिए आवश्यक है कि हम आराज़ी के आँकड़ों में कमी करें ताकि उनमें मापे गए क्षेत्रफल में नाक़ाबिले-काश्त ज़मीन और क़ाबिले-काश्त बंजर की गुंजाइश रहे। हमारा सुझाव था कि कुल आराज़ी के 10 प्रतिशत को नाक़ाबिले-काश्त बंजर की अधिकतम सीमा माना जाए। रहा सवाल क़ाबिले-काश्त बंजर का (बेहद कम काश्तवाले कुछ इलाक़ों को छोड़ दें) तो संगत ज़िलों में 1909-10 में क़ाबिले-काश्त ज़मीन से क़ाबिले-काश्त बंजर का जो अनुपात था, हमें उसी अनुपात में आराजी में कमी करनी चाहिए। अकबर के दौर में जहाँ पैमाइश बहुत अधूरी थी और आईन में मापा गया क्षेत्र बहुत कम दिखाया गया है, वहाँ मैंने आईन के काल में सकल फ़सली क्षेत्र की गणना करने के लिए जमा के आँकड़ों और दस्तूर की दरों का उपयोग किया है। लेकिन जैसाकि इस अध्याय के अगले खंडों में दिए गए ब्यौरों से पता चलेगा, इस उपाय का बहुत कम ही इस्तेमाल किया गया है।

आधुनिक आँकड़ों से प्राप्त अनुपातों का उपयोग करने के लिए ज़रूरी है कि व्यक्ति मुग़ल क्षेत्रीय विभाजनों की सीमाओं के बारे में निश्चिन्त हो। जैसाकि कहा गया है, उत्तर प्रदेश में स्थित लगभग सभी परगनों की पक्की पहचान की जा चुकी है। यही बात गुजरात और हरियाणा के बारे में कही जा सकती है। ऐसी पहचानें नक़्शे में दिखाए गए दस्तूरी हलक़ों और परगनों की सीमाओं में भरोसा पैदा करती हैं। पंजाब में पहचानशुदा परगनों की संख्या अपेक्षाकृत कम है लेकिन नदियों (या उनके अभी भी स्पष्ट पुराने मार्गों से) दोआबों की जो सीमाएँ बनती हैं वे कमोबेश भरोसेमन्द हैं।[13]

इस तरह निम्नलिखित क्षेत्रों में काश्त के विस्तार का अनुमान लगाने का एक प्रयास किया जा सकता है : (अ) अकबर की सल्तनत के वे भाग जो आज के उत्तर प्रदेश में पड़ते थे (पूरा सूबा अवध और पूरा सूबा इलाहाबाद, सरकार बट्ठा गहोरा को छोड़कर, सूबा आगरा का अधिकांश भाग, सूबा देहली के कुछ भाग), (ब) आज के गुजरात प्रदेश का वह भाग जो सरकार सोरठ को छोड़कर सूबा गुजरात के संगत था, और (स) ब्रिटिश पंजाब जिसमें सूबा देहली के कुछ भाग, पूरा सूबा लाहौर और सूबा मुल्तान का एक भाग शामिल था।

दो

उत्तर प्रदेश से शुरू करके मैंने दस्तूरी हलक़े के स्तर के आँकड़ों को अपने सर्वेक्षण का आधार बनाया है। इनमें से हर हलक़ा अनेक परगनों से बना हुआ था। दस्तूर के हलक़े वे सबसे छोटी इकाई हैं जिनकी सीमाएँ ख़ासी अच्छी तरह निश्चित हैं और

जिनके नक़्शों से क्षेत्रफल का निश्चय किया जा सकता है। फिर मैंने उसी पद्धति का प्रयोग किया है जिसका औचित्य ऊपर बताया जा चुका है। किसी हलक़े के परगनों के लिए आईन में आराज़ी के जो आँकड़े दिए गए हैं उनमें नाक़ाबिले-काश्त बंजर के मद्देनज़र 10 फ़ीसदी की कमी कर दी गई है। फिर मैंने दस्तूर के हर हलके के लिए क़ाबिले-काश्त बंजर का अनुमान लगाया है। इसके लिए किया यह गया है कि वह दस्तूरी हलक़ा जिन ज़िलों में पड़ता है उनमें 1909-10 में कुल क़ाबिले-काश्त ज़मीन से क़ाबिले-काश्त बंजर का अनुपात निकाला गया है और इस अनुपात को दस्तूरी हल्के की आराज़ी पर लागू किया गया है ताकि उसमें क़ाबिले-काश्त बंजर का अनुमान लग सके। इससे हमें आराज़ी (आ') का जो आँकड़ा मिलता है वह 1595 में सकल काश्त के क्षेत्र का सूचक होना चाहिए। लेकिन यह बस सिर्फ़ उन दस्तूरी हलक़ों के बारे में सच होगा जिनमें पैमाइश मुकम्मल हो चुकी थी। चूँकि इस क्षेत्र में फ़ी बीघा काश्त पीछे ज़्यादा-से-ज़्यादा मालगुज़ारी 50 दाम होती थी, जैसाकि हम आगे अध्याय-5 में देखेंगे, दस्तूर के उन हलक़ों में पैमाइश को कमोबेश मुकम्मल माना जा सकता है जमा (ज') में आराज़ी (आ') से भाग देने पर भागफल 50 दाम (फ़ी बीघा) से कम आता था। (यहाँ आईन में दी गई जमा को 23.3 फ़ीसदी बढ़ा दिया गया है जो मालगुज़ारी की सकल औसत वसूली होता था।)[14] इन दस्तूरी हलक़ों में आ' को मोटे तौर पर 1595 की सकल काश्त के बराबर माना जाना चाहिए।

दूसरी ओर जहाँ मालगुज़ारी आ' के फ़ी बीघा पीछे 50 दाम से ज़्यादा होती थी वहाँ हमें मानना चाहिए कि पैमाइश नामुकम्मल थी और आ' 1595 की सकल काश्त के केवल एक भाग का सूचक है। ऐसे मुआमलों में मैंने ज' को 35 से भाग दे दिया है क्योंकि इस क्षेत्र में मालगुज़ारी की औसत मात्रा फ़ी बीघा कोई 35 दाम (अध्याय-5) थी। इस परिमाण को मोटे तौर पर सकल काश्त के तहत बीघों में क्षेत्रफल माना जा सकता है।

1595 की सकल काश्त के इन आँकड़ों की तुलना अब 1909-10 की सकल काश्त से की जा सकती है। मैंने दस्तूरी हलक़ों की सीमाओं के लिए 1909-10 की सकल काश्त की गणना निम्नलिखित ढंग से की है : सबसे पहले तो यह कि दस्तूर का हलक़ा (पूरा-पूरा या अंशत:) जिस ज़िले में पड़ता था उसकी सकल काश्त का पता लगाया गया है। फिर ज़िले के कुल क्षेत्रफल से उस काश्त का अनुपात निकाला गया है। इस अनुपात को 1909-10 में उस हल्के की सकल काश्त का अनुमान करने के लिए हल्के के नक़्शाबन्द क्षेत्र पर लागू किया गया है (इसकी तालिका परिशिष्ट 2.अ में दी गई है)। तुलना की सुविधा के लिए आधुनिक काल के जो आँकड़े एकड़ में दिए गए हैं उनको बीघा-ए-इलाही में बदल दिया गया है।[15]

कुछ दस्तूरी हलक़े इतने छोटे हैं कि उनके नक़्शाबन्द क्षेत्र की सटीकता के बारे में निश्चिन्त होना हमारे लिए सम्भव नहीं है। इसलिए एक बड़े क्षेत्र के नक़्शाबन्द इलाक़े का निश्चय करते हुए स्वाभाविक रूप से थोड़ी सी ग़लती रह जाती है। अलग-अलग दस्तूरी हलक़ों की सीमाओं के सम्भवत: असटीक निर्धारण से जो ग़लतियाँ

पैदा होती हैं वे आसपास के दस्तूरी हलक़ों को बड़े भागों में समेटने पर एक-दूसरे से ख़ारिज हो जाती हैं। इसीलिए मैंने उत्तर प्रदेश के दस्तूरी हलक़ों को 12 ख़ित्तों में समूहबद्ध कर दिया है (तालिका-2.6 देखें)। (हर ख़ित्ते के अन्दर स्थित दस्तूरी हलक़े परिशिष्ट 2.अ में दिखाए गए हैं)।

तालिका-2.6

ख़ित्ते	*1595 में मानी गई सकल काश्त (बीघा-ए-इलाही)*	*1909-10 की सकल काश्त (बीघा-ए-इलाही)*	*(स) से (ब) का % अनुपात*
(अ)	*(ब)*	*(स)*	
पश्चिमोत्तर उ.प्र.	63,75,289	78,45,901	81.26
दिल्ली	32,68,876	46,28,332	70.63
रुहेलखंड	19,03,330	69,04,087	27.57
मध्य दोआबा	21,57,448	28,90,488	74.64
आगरा	21,25,267	21,62,269	98.29
निचला दोआबा (यमुना)	25,57,334	30,73,838	83.20
निचला दोआबा (गंगा)	21,01,513	35,13,665	59.81
लखनऊ	54,37,029	92,72,934	58.63
पूर्वोत्तर उ.प्र.	12,67,719	28,90,255	43.86
गोरखपुर	5,41,024	96,13,041	5.63
दक्षिण-पूर्व उ.प्र.	34,09,939	79,88,890	42.68
इलाहाबाद	35,67,268	49,15,193	72.57
योग	3,47,12,036	6,56,98,893	52.84

तालिका-2.6 से संकेत मिलता है कि 1595 में आगरा के आसपास काश्त का क्षेत्र लगभग 1909-10 जितना ही था, ऊपरी और मध्य दोआबे में 1909-10 का कोई तीन-चौथाई था, निचले दोआबे में और आसपास के कुछ इलाक़ों में कोई दो-तिहाई था, और मध्य उत्तर प्रदेश में आधा या इससे थोड़ा सा ज़्यादा था लेकिन काश्त का क्षेत्र रुहेलखंड में काफ़ी कम (कोई 28 प्रतिशत) था, यह पूर्वोत्तर और दक्षिण-पूर्व उत्तर प्रदेश में भी आधे से कम था। गोरखपुर के लिए आँकड़ा असामान्य सीमा तक कम (मुश्किल से 6 प्रतिशत) था, पर यहाँ आईन के जमा के आँकड़ों पर सन्देह किया जा सकता है।[16]

नक़्शे में प्रस्तुत करें (मानचित्र एक देखें) तो ये अनुमान नामुमकिन नहीं लगते। काश्त का क्षेत्र ऐन उन्हीं इलाक़ों में कम है जहाँ मुग़ल दौर में जंगलात बताए गए थे या जिनको रेनेल ने 1780 में जंगलात का क्षेत्र बताया था, जहाँ पता है कि इस बीच के काल में काश्त में काफ़ी बढ़ोतरी हुई।[17]

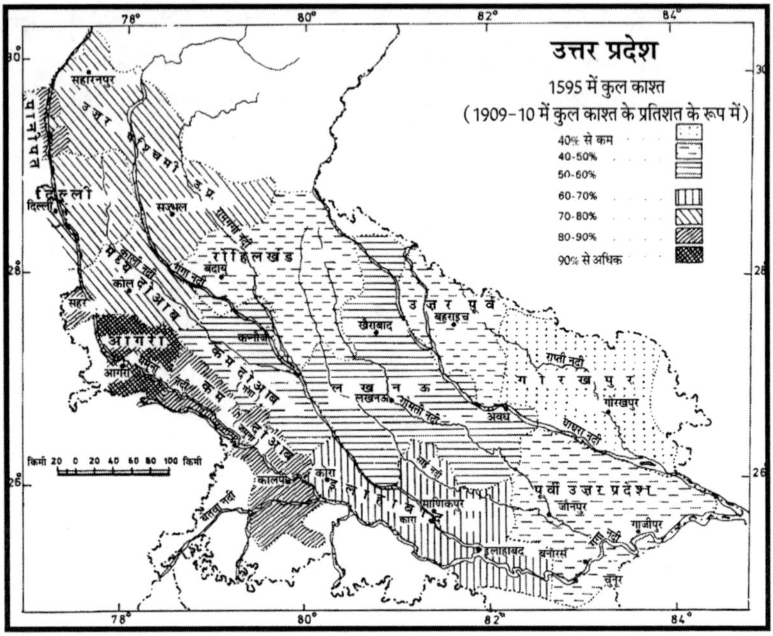

मानचित्र एक : उत्तर प्रदेश
1595 में कुल काश्त (1909-10 में कुल काश्त के प्रतिशत रूप में)

1595 में सभी खित्तों की सकल काश्त से शायद सटीकता की एक झूठी भावना पैदा हो सकती है। फिर भी इस सामान्य निष्कर्ष का विरोध कर सकना कठिन है कि पूरे उत्तर प्रदेश में 1595 में सकल काश्त का क्षेत्र 1909-10 के क्षेत्र के आधे से थोड़ा सा ही अधिक था। यह अनुमान मोरलैंड के अनुमान से अधिक है पर मोटे तौर पर इरफ़ान हबीब के अनुमान से मेल खाता है।[18]

तीन

अब हम उत्तर प्रदेश से गुजरात की ओर चलते हैं। इस सूबे में सरकार सोरठ को तथा कच्छ और छोटे कच्छ (जामनगर) के कुछ इलाक़ों को छोड़ दें तो आईन का आराज़ी का हिसाब आश्चर्यजनक सीमा तक मुकम्मल है। पाटन, नादौत, बड़ौदा, चंपानेर, सूरत और गोधरा सरकारों में सभी परगनों की आराज़ी नहीं दी गई है। भड़ौच सरकार में यह दो परगनों के लिए नहीं दी गई है—बन्दर गंधार और ख़ुद मुख्यालय भड़ौच के लिए। मुमकिन है दोनों मुआमलों में परगने, बल्कि महाल, शुद्ध नगरीय क्षेत्र रहे हैं और ऐसी कोई खेतिहर ज़मीन न रही हो जिसकी पैमाइश की जाए। आख़िरी बात, सरकार अहमदाबाद में कुल 28 परगनों में पाँच की आराज़ी नहीं दी गई, पर इन पाँच में एक (बन्दर घोघा) तो यक़ीनन एक बन्दरगाह था।[19]

आईन में दी गई कुल आराज़ी सूबे के संगत भाग के नक़्शाबन्द क्षेत्र का 47.60 फ़ीसदी[20] है। आधुनिक सरकारी आँकड़ों से इस सदी के शुरू में संगत क्षेत्र में सकल काश्त का जो क्षेत्रफल पता चलता है, उपरोक्त क्षेत्र उसका 85.62 फ़ीसदी है (इसके लिए नीचे देखें।)।

आराज़ी के व्यापक आँकड़ों के बावजूद आईन में कहा गया है कि गुजरात ज़्यादातर 'नसक़ी' है और शायद ही वहाँ कोई पैमाइश की गई हो।[21] लेकिन इस बयान का मतलब सिर्फ़ यह हो सकता है कि एक बार ज़मीन की पैमाइश होने के बाद सालाना पैमाइशें किए बिना उन्हीं आँकड़ों को बाद के बरसों में भी स्वीकार किया जाता रहा (यह प्रथा नसक का एक स्वीकृत रूप है।)।[22] कुछ भी हो, चूँकि हम काश्त की सालाना कमी-बेशी पर विचार नहीं कर रहे हैं, इसलिए इससे 30 साल बाद के आँकड़ों से तुलना के मक़सद के लिए गुजरात के आँकड़ों का महत्त्व कम नहीं होता।

फिर भी गुजरात की पैमाइश में काश्तशुदा क्षेत्र कहाँ तक शामिल था, इसका निश्चय करना होगा। गुजरात में विभिन्न फ़सलों के लिए कोई दस्तूर नहीं था और इस कारण उनसे उत्तर प्रदेश के लिए जिस तरह का सत्यापन सम्भव था वैसा गुजरात के लिए सम्भव नहीं है। तो भी विभिन्न सरकारों के लिए जमा/आराज़ी (ज'/आ') जमा/नक़्शाबन्द क्षेत्र (ज'/न') के और आराज़ी/नक़्शाबन्द क्षेत्र के अनुपात निकालकर पता किया जा सकता है कि पैमाइश कहाँ तक मुकम्मल थी। इन सीधी-सरल गणनाओं के परिमाण तालिका-2.7 में दिए गए हैं।

तालिका-2.7

सरकार	*ज'/आ'*	*ज'/न'*	*आ', न' के % रूप में*
अहमदाबाद	25.90	14.90	57.55
पाटन	15.17	7.29	48.04
नादौत	16.28	4.53	27.85
बड़ौदा	44.63	32.97	73.83
भड़ौच	22.95	9.42	41.02
चंपानेर	13.13	2.58	19.62
सूरत	14.53	8.38	57.69
गोधरा	6.83	2.00	29.24

इस तालिका में बुनियादी अहमियतवाले आँकड़े बड़ौदा के जहाँ-जहाँ आ' (आराज़ी) न' (कुल नक़्शाबन्द क्षेत्र) के तीन-चौथाई के क़रीब है। इस सरकार में ज'/आ' नक़्शबन्द क्षेत्र के फ़ी बीघा पीछे 44.63 दाम है लेकिन ज'/न' भी बहुत अधिक (32.97 दाम) है। बड़ौदा अधिक उत्पादकता वाला एक बहुत उपजाऊ इलाक़ा था, लेकिन इसकी गुंजाइश स्वीकार कर लें तो भी आशा की जा सकती है कि दूसरे क्षेत्रों में भी जहाँ आराज़ी काश्तशुदा क्षेत्र से काफ़ी कम थी, ज'/आ' 32.97 दाम से बहुत ज़्यादा कम नहीं होगी। यह 32.97 दाम बड़ौदा के लिए इस मान्यता

के आधार पर सम्भवत: न्यूनतम दर रहा होगा कि आराज़ी नक़्शाबन्द क्षेत्र के बराबर थी। दूसरे शब्दों में, सभी सरकारों में जहाँ ज'/आ' 32.97 दाम से भी कम रहा होगा, पैमाइशशुदा क्षेत्र काश्त के क्षेत्र से अधिक रहा होगा। वास्तव में सभी दूसरी सरकारों के साथ यही बात है और हम यह नतीजा निकाल सकते हैं कि विभिन्न सरकारों में काश्त के क्षेत्र की लगभग पूरी-पूरी पैमाइश की गई थी।

हमने उत्तर प्रदेश के लिए जिन मान्यताओं को स्वीकार किया था उन्हीं को लागू करके अब हम 16वीं सदी के अन्तिम भाग में गुजरात में सकल काश्त की गणना कर सकते हैं। ये मान्यताएँ इस प्रकार हैं : (अ) आराज़ी का 10 प्रतिशत तक भाग ऐसा था जो काश्त के लिए उपलब्ध नहीं था, (ब) कुल आराज़ी में क़ाबिले काश्त बंजर और फ़िलहाल परती पड़ी ज़मीन (10 प्रतिशत कम) का भाग वही था जो इस सदी के आरम्भ में काश्तशुदा और क़ाबिले-काश्त क्षेत्र के योग से इन दोनों श्रेणियों का था। (इस मक़सद के लिए हमने गुजरात के 1903-4 के आँकड़ों को लिया है।)[23]

दूसरी मान्यता को लागू करने के लिए मैंने जिस विधि का प्रयोग किया है उसका कुछ स्पष्टीकरण आवश्यक है। आईन में दी गई सरकारें बर्तानवी ज़िलों और देशी रजवाड़ों से मेल नहीं खातीं। इसलिए किसी सरकार के इलाक़े में क़ाबिले-काश्त ज़मीन का अनुपात निकालने के लिए मैंने पहले ज़िले के उस भाग को मापा है जो उस सरकार में आता है। उसके बाद पूरे ज़िले में कुल क़ाबिले-काश्त ज़मीन और क़ाबिले-काश्त बंजर के आँकड़ों को उसी अनुपात में घटा दिया गया है जो उस ज़िले के कुल क्षेत्रफल से उस सरकार के क्षेत्रफल का अनुपात है। इस तरह सभी ज़िलों के जो भाग एक पूरी सरकार के अन्तर्गत आते थे उन सबकी गणना करते हुए हमें 1903-4 में उस सरकार के पूरे क्षेत्रफल में काश्तशुदा ज़मीन और क़ाबिले-काश्त बंजर का पता चलता है। इन आँकड़ों के आधार पर हमें उस सरकार में काश्त के लिए उपलब्ध कुल क्षेत्र में क़ाबिले-काश्त बंजर का भाग पता चलता है जो हमारी मान्यताओं के आधार पर 1903-4 में और 1595 के आसपास भी रहा होगा।

उस सरकार की आराज़ी (दस प्रतिशत कम) में अब हम इस प्रकार प्राप्त प्रतिशत की कमी करके 1595 के आसपास सकल फ़सली क्षेत्र (आ') का पता लगा सकते हैं। तालिका-2.8 में आईन में दर्ज आराज़ी और 1595 के लिए सकल फ़सली क्षेत्र (फ) के अनुमान दिए गए हैं।

तालिका-2.8

सरकार	*(आ')* *आराज़ी (बीघों और बिस्वों में)*	*(फ')* *सकल काश्त, 1595 के आसपास (बीघों में)*
अहमदाबाद	84,19,201	56,77,404
पाटन	38,45,909-16	22,99,392
नादौत	5,40,425	4,28,951

बड़ौदा	9,22,212	7,10,103
भड़ौच	9,49,731	7,97,403
चंपानेर	8,00,328	4,60,269
सूरत	13,09,614	9,99,301
गोधरा	5,34,815	3,49,223
योग	1,73,22,235-16	1,17,22,046

गुजरात की सोरठ छोड़ सभी सरकारों में अनुमानित सकल फ़सली क्षेत्र इस तरह कुल पैमाइशशुदा क्षेत्र का 67.67 प्रतिशत है : हमने यह माना है कि कुल पैमाइशशुदा क्षेत्र (आराज़ी) का 32.33 प्रतिशत भाग क़ाबिले-काश्त या नाक़ाबिले-काश्त बंजर था।

इस निष्कर्ष को स्वीकार करते समय हमारा सामना मिरआते-अहमदी के विरोधी स्वर से होता है। इस रचना में कहा गया है कि अकबर के दौर में (सोरठ और गोधरा सरकारों के छोड़) गुजरात की कुल आराज़ी 1,23,60, 594 बीघा और 9 बिस्वा थी, जिसमें 83,47,498 बीघे और 3 बिस्वे क़ाबिले-काश्त थे।[24] इन आँकड़ों का मतलब यह हुआ कि कुल आराज़ी में 67.53 प्रतिशत क्षेत्र काश्त के क़ाबिल था और 32.47 प्रतिशत काश्त के योग्य नहीं था। इन आँकड़ों को अकबरी दौर से जोड़ना शायद ग़लती हो। ये आँकड़े (अगर बीघा-ए-इलाही नहीं, बीघ-ए-दफ़्तरी में मापे जाएँ तो) औरंगज़ेब के दौरे से ज़्यादा मेल खाते हैं जब बड़ी तादाद में गुजरात के गाँवों का सर्वेक्षण अभी नहीं हुआ था।[25] तो भी यह साक्ष्य काफ़ी हैरान करनेवाला है क्योंकि यह विश्वास करना कठिन है कि मुग़ल सर्वेक्षकों ने नाक़ाबिले-काश्त बंजर का इतना बड़ा भाग मापा होगा जो आकलन के क़ाबिल नहीं था और उनके लिए किसी काम का नहीं था।

दूसरी ओर अगर हम मानें कि मिरआत में ग़लती से वास्तव में काश्तशुदा ज़मीन के लिए शब्द क़ाबिले-काश्त का इस्तेमाल किया गया है तो इससे आईन की आराज़ी के अन्दर काश्तशुदा ज़मीन के रक़बे के बारे में हमारे अनुमान को आश्चर्यजनक समर्थन मिलता है। हमने यह पाया है कि आईन की कुल आराज़ी में सकल फ़सली क्षेत्र का भाग 67.67 प्रतिशत रहा होगा, और मिरआत में, श्रेणीकरण की कथित ग़लती को स्वीकार करते हुए, इसे 67.53 प्रतिशत बताया गया है।

परगना भड़ौच से 1776 में एक और रोचक सूचना प्राप्त होती है।[26] यह एक अंग्रेज़ मालगुज़ार की रिपोर्ट में मिलती है जिसे वहाँ तब मालगुज़ारी वसूलने के लिए भेजा गया था जब मराठों ने अस्थायी रूप से यह परगना अंग्रेज़ों के लिए छोड़ दिया गया था। इस रिपोर्ट के अनुसार परगने के कुल पैमाइशशुदा क्षेत्र का 50.69 प्रतिशत वास्तव में काश्तशुदा था। इतना कम भाग शायद इस इलाक़े में उन दिनों की असामान्य दशाओं का परिमाण रहा हो। कुछ भी हो, मालगुज़ार यहाँ उस साल को ऐसा साल बतलाता है जब उपज पिछले साल के मुक़ाबले काफ़ी कम रही है।[27]

इस तरह स्वतंत्र साक्ष्य हमारे इस निष्कर्ष की पुष्टि करते हैं कि गुजरात में कुल आराज़ी का कोई दो-तिहाई वास्तव में काश्तशुदा था। 16वीं सदी के अन्त के

आसपास विभिन्न सरकारों में इस आधार पर सकल फ़सली क्षेत्र की जो गणनाएँ की गई हैं अब उनकी तुलना 1903-4 की सकल काश्त के क्षेत्र से की जाती है।

विभिन्न सरकारों में 1903-4 में सकल काश्त का पता करने के लिए मैंने वही विधि अपनाई है जो क़ाबिले-काश्त बंजर और सकल काश्त के अनुमान के लिए अपनाई थी। विभिन्न ज़िलों में सकल काश्त के आँकड़ों में उसी अनुपात में कमी की गई है जो ज़िले के कुल क्षेत्रफल से उस सरकार के तहत आनेवाले क्षेत्र के बीच पाया जाता था। किसी एक सरकार के पूरे क्षेत्रफल में या ज़्यादातर क्षेत्रफल में विभिन्न ज़िलों के जो भाग शामिल थे उनके आँकड़े इस प्रकार प्राप्त करने पर हमें 1903-4 की सकल काश्त का सरकार के कुल क्षेत्रफल से अनुपात पता चलता है। चूँकि सरकार के अन्दर शामिल कुछ छोटे-छोटे क्षेत्र उन ज़िलों/राज्यों से बाहर स्थित थे जिनके बारे में हमें सूचनाएँ प्राप्त हैं, हमने हर सरकार के अन्दर सूचित क्षेत्र से सकल काश्त के अनुपात निकाले हैं और उसे पूरे सरकार के नक़्शाबन्द क्षेत्र पर लागू करके 1903-4 में सकल काश्त का अनुमान किया है। एकड़ों को बीघा-ए-इलाही में बदल दिया गया है।

तालिका-2.9

सरकार	*(अ)* *सकल काश्त, 1595 के आसपास (बीघा-ए-इलाही)*	*(ब)* *सकल काश्त 1903-04 (बीघा-ए-इलाही)*	*(स)* *(ब) से (अ) का प्रतिशत भाग*
अहमदाबाद	56,77,404	83,33,534	68.13
पाटन	22,99,392	50,14,571	45.85
नादौत	4,28,951	5,30,173	80.91
बड़ौदा	7,10,103	8,04,229	88.30
भड़ौच	7,97,403	18,59,194	42.89
चंपानेर	4,60,269	16,12,665	28.54
सूरत	9,99,301	11,34,406	88.00
गोधरा	3,49,223	9,40,820	37.12
योग	1,77,22,046	2,02,29,592	57.95

तालिका-2.9 से पता चलता है कि अलग-अलग इलाक़ों में 1903-4 की सकल काश्त से 1595 की सकल काश्त के अनुपातों में ख़ासे अन्तर हैं। (मानचित्र दो देखें।) बड़ौदा और सूरत में सकल काश्त 1595 में 1903-4 की लगभग 9/10 थी, लेकिन गोधरा में केवल लगभग एक-तिहाई और चंपानेर में एक-चौथाई से कुछ ही ज़्यादा थी। ऐसे अन्तर विश्वसनीय हैं क्योंकि गोधरा और चंपानेर दोनों पहाड़ी इलाक़े थे जो तब जंगलात से घिरे हुए थे। सरकार सूरत में 1595 में काश्त का भारी अन्तर थोड़ा सा आश्चर्यजनक है क्योंकि यहाँ इमारती लकड़ी के जंगल थे और जहाज़-निर्माण में प्रयुक्त होनेवाले टीक लकड़ी के लिए ये जंगल बहुत बाद तक तक मशहूर रहे हैं। इन आँकड़ों से जो सामान्य निष्कर्ष निकलता है, यह है कि इस सदी की पहली

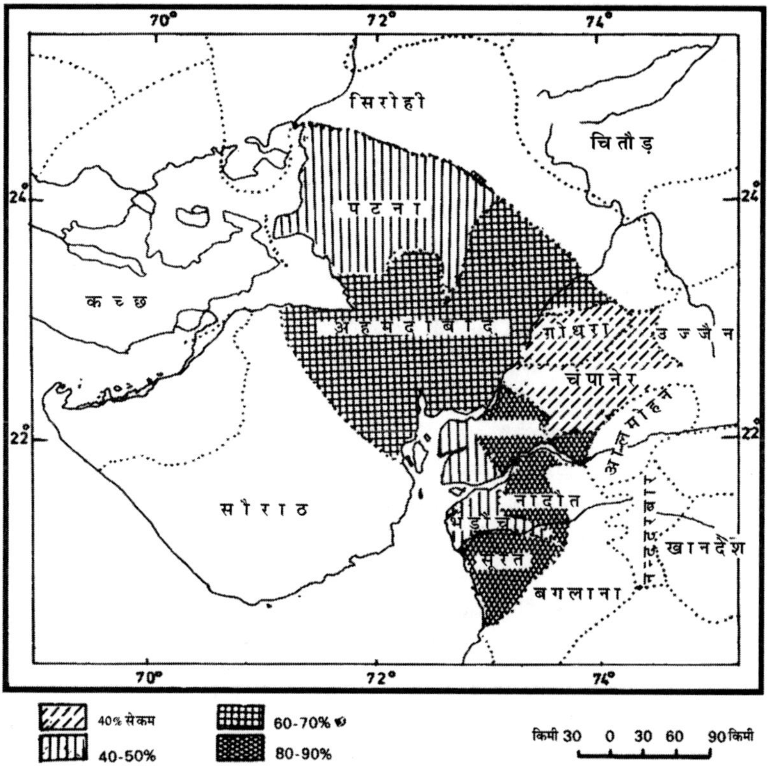

मानचित्र दो : गुजरात

1595 में कुल काश्त (1909-10 में कुल काश्त के प्रतिशत के रूप में)

दहाई की सकल काश्त के सापेक्ष गुजरात में 1595 के आसपास काश्त का क्षेत्रफल उत्तर प्रदेश के मुक़ाबले थोड़ा सा ज़्यादा था मगर उसी दायरे में था, यानी आधे से लेकर तीन/पाँच तक।[28]

चार

आईन में एक और क्षेत्र के लिए आराज़ी के आँकड़े इतने विस्तार से दिए गए हैं कि हम भूमि के उपयोग के आधुनिक आँकड़ों से उनकी तुलना कर सकते हैं। यह क्षेत्र पुराने ब्रिटिश पंजाब प्रान्त का है। (लेकिन इसमें पंजाब के पहाड़ी रजवाड़े शामिल नहीं हैं।) यह प्रान्त मोटे तौर पर मुग़ल सूबा देहली के यमुना के पश्चिम में स्थित भागों, (पहाड़ी इलाक़ों को छोड़कर) सूबा लाहौर और (सरकार भक्कर को छोड़कर) सूबा मुल्तान के संगत था।

सरकार	*न' से आ' का प्रतिशत*	*ज'/आ' (दाम फ़ी बीघा)*
रेवाड़ी	90.16	24.94
हिसार फ़िरोज़ा	22.09	17.15
सरहिन्द	62.22	20.79
देहली (यमुना से पश्चिम)	89.49	14.46

यमुना से पश्चिम सूबा दिल्ली (आगे से पूर्वी-पंजाब) में कितनी पैमाइश की गई थी, इसका अनुमान जमा आराज़ी और आराज़ी नक़्शाबन्द क्षेत्र के अनुपातों से लगाया जा सकता है जो ऊपर दिए गए हैं।

चूँकि सरकार रेवाड़ी की आराज़ी उसके कुल क्षेत्रफल के 90 प्रतिशत से अधिक थी, नतीजा यह निकला कि यहाँ पैमाइश असली तौर पर पूरी हो चुकी होगी। इसलिए इस सरकार की जमा आराज़ी को उन क्षेत्रों के लिए सामान्य माना जा सकता है जहाँ पैमाइश हो चुकी थी। इसलिए अगर किसी सरकार की जमा आराज़ी 25 दाम फी बीघा के क़रीब या उससे कम हो तो यह माना जा सकता है कि वहाँ बन्दोबस्त के क़ाबिल ज़मीन की पैमाइश पूरी हो चुकी थी। अहम बात यह है कि हमारे पूर्वी-पंजाब की सभी सरकारों में ऐसी ही स्थिति थी, और इसलिए हम काफ़ी कुछ भरोसे के साथ मान सकते हैं कि आईन के दौर में उस क्षेत्र में काश्तशुदा ज़मीन का शायद ही कोई हिस्सा असर्वेक्षित रहा हो।

ब्रिटिश ज़िलों और देसी रजवाड़ों से मुग़ल सरकारों की तुलना में उत्पन्न होनेवाली ग़लतियों को कम-से-कम करने के लिए बेहतर यह होगा कि पूरे पूर्वी-पंजाब को एक ख़ित्ता मानकर 1595 के लिए आराज़ी के आँकड़ों से सकल काश्त की गणना की जाए। इसके लिए 1909-10 में कुल नक़्शाबन्द क्षेत्र से सकल फ़सली क्षेत्र के अनुपात (फ़/न) और कुल क़ाबिले-काश्त ज़मीन से क़ाबिले-काश्त बंजर के अनुपात (क़ाब/क़ा) की गणनाएँ सभी संगत ज़िलों को एक साथ लेकर की गई हैं। इस तरह हमें ऊपर बतलाई गईं दो मान्यताओं के आधार पर 1595 में सकल फ़सली क्षेत्र का पता चल सकता है लेकिन मुग़लों के सूबा दिल्ली के यमुना से पश्चिम वाले भाग की सीमाएँ (पहाड़ी राज्यों को छोड़) ब्रिटिश पूर्वी-पंजाब से ठीक-ठीक से मेल नहीं खातीं। इसलिए मुग़ल सीमाओं के लिए 1909-10 में सकल काश्त का अनुमान उसके नक़्शाबन्द क्षेत्र के ब्रिटिश सीमाओं के फ़/न से गुणा करके लगाया गया है। (बीघा-ए-इलाही में) अन्तिम परिणाम इस प्रकार हैं—

(अ) 1595 में सकल काश्त	(ब) 1909-10 में सकल काश्त	(स) (ब) से (अ) का प्रतिशत
1,22,49,686	2,74,01,085	44.71

लाहौर का सूबा (उत्तर के पहाड़ी इलाक़ों को छोड़कर) दूसरा ख़ित्ता था। (यह पश्चिमी-पंजाब था जिसमें सतलुज से पश्चिम के सारे इलाक़े शामिल थे।) यहाँ पूर्वी-पंजाब से कहीं बहुत अधिक पेचीदा स्थिति दिखाई देती है और

इसमें शामिल पाँच दोआबों के तुलनात्मक आँकड़ों की अलग-अलग गणना करनी होगी।

ब्रिटिश ज़िलों के जो ज़िले मोटे तौर पर हर दोआबे के संगत थे, उनमें 1909-10 के लिए क़ा बं/क़ा और फ़/न की गणना की गई है। हमारी मानक मान्यताओं के आधार पर मैंने नाक़ाबिले-काश्त बंजर के लिए 10 प्रतिशत की कमी की है और फिर हर दोआबे की बाक़ी बची आराज़ी को संगत ब्रिटिश ज़िलों में 1909-10 के का बं/क़ा के बराबर घटा दिया है।

अगर पैमाइश मुकम्मल थी तो यह संशोधित आराज़ी (आ') 1595 के सकल फ़सली क्षेत्र के बराबर होनी चाहिए। दूसरी ओर हर दोआबे के नक़्शाबन्द क्षेत्र पर संगत ब्रिटिश ज़िलों के फ़/न को लागू करके हमें उस दोआब में 1909-10 के सकल फ़सली क्षेत्र का पता चलता है। अब अगर हर दोआबे की सकल जमा (ज')[29] को आ' से भाग दें तो वास्तविक काश्त के हर बीघे से प्राप्त सकल मालगुज़ारी का पता चल जाएगा। तालिका-2.10 देखें।

तालिका-2.10

दोआब[30]	*आ'*	*सकल काश्त 1909-10*	*सकल काश्त से आ' का % (1909-10)*	*ज'/आ'*
बेट जालन्धर	30,12,640	33,47,546	90.00	57.10
बारी	28,32,560	34,82,323	81.34	67.67
रचनाव	22,74,563	59,41,830	38.28	104.37
चिनहट	12,57,143	27,47,143	45.76	68.31
सिन्ध सागर	5,22,262	1,65,14,975	3.16	129.82

पश्चिमी पंजाब में ज'/आ' का दायरा और उसकी निम्नतम सीमा (57.10) भी उत्तर प्रदेश के मुक़ाबले ज़्यादा है। इस पर विश्वास किया जा सकता है क्योंकि इस क्षेत्र में नक़्शाबन्द क्षेत्र के हर बीघा के पीछे सकल (जमा) उत्तर प्रदेश के मुक़ाबले ज़्यादा थी।[31]

बेट जालन्धर दोआब की ज'/आ' का इस्तेमाल इस मक़सद के लिए किया जा सकता है, इस बात को एक अजीबोगरीब तथ्य से बल मिलता है इससे कि कुछ महालों के लिए आराज़ी के आँकड़े भरने के लिए मुग़ल प्रशासन भी ज'/आ' के एक विशेष अनुपात का प्रयोग करता था। बेट जालन्धर के 16, रचनाव के 5, चिनहट के 3 और सिन्ध सागर दोआब के 15 महालों के लिए जमा के पूर्णांक में दिए गए आँकड़ों के साथ आराज़ी के विस्तृत आँकड़े दिए गए हैं और गहरी छानबीन से पता चलता है कि आराज़ी के ये आँकड़े पैमाइश के नतीजे नहीं हैं बल्कि सिर्फ़ जमा के आँकड़ों को 39.8 से और सिन्ध सागर दोआब में एक समान 41.2 से भाग देकर निकाले गए हैं।[32] इस तरह ज़ाहिर है मुग़ल अधिकारी यह मानते थे कि पंजाब के दोआबों में जमा

के हरेक 40 दाम का मतलब आराज़ी का एक बीघा होता था। यह बेट जालन्धर की वास्तविक जमा/आराज़ी से, जो 37.6 आती है, आश्चर्यजनक सीमा तक मेल खाता है जबकि ज'/आ' का आँकड़ा स्वाभाविक रूप से अधिक (57.10) है।

इसलिए हम यह मान सकते हैं कि बेट जालन्धर दोआब (के मैदानी महालों) में आ' से ज' के अनुपात को कुछ भरोसे के साथ इस्तेमाल करके पंजाब के उन भागों में आ' की गणना की जा सकती है जहाँ मुग़लों का सर्वेक्षण ज़ाहिरा तौर पर नामुकम्मल था।

1595 में हमने उपरोक्त आधार पर विभिन्न दोआबों में सकल काश्त के अनुमानों की जो गणना नए सिरे से की है वे तालिका-2.11 में दिखाए गए हैं।

तालिका-2.11

दोआब	*सकल काश्त, 1595 के आसपास (अ)*	*सकल काश्त 1909-10 (ब)*	*(ब) से (अ) का प्रतिशत भाग (स)*
बेट जालन्धर	30,12,640	33,47,546	90.00
बारी	28,32,506	34,82,323	81.34
रचनाव	41,64,715*	59,41,830	70.09
चिनहट	12,57,143	27,47,058	45.76
सिन्ध सागर	12,87,847*	1,65,14,975	7.80
योग	1,25,54,851	3,20,33,732	39.19

* सकल फ़सली क्षेत्र की गणना सकल मालगुज़ारी से की गई है।

जहाँ सारे दोआबों के परिमाण सम्भव के दायरे में आते हैं वहीं सिन्ध सागर एक अपवाद है। जहाँ सकल काश्त का क्षेत्र असम्भव की सीमा तक कम है। इसके दो कारण हो सकते हैं : या तो ज़्यादातर क्षेत्र वास्तव में ग़ैर-आबाद और ग़ैर-काश्तशुदा था या फिर इस दोआबे पर मुग़लों का नियंत्रण अधिकतर सैद्धान्तिक था और तय की गई जमा असाधारण रूप से कम थी। दूसरा कारण ज़्यादा मुमकिन लगता है क्योंकि यह शक्तिशाली घक्कर ज़मींदारों का इलाक़ा था। अहम बात यह है कि कुल 39 परगनों में से 17 में जमा पूर्णांकों में (निकटतम 1000 तक या इससे अधिक) दी गई है जिसे मालगुज़ारी के तयशुदा दावे का संकेत मिलता है। यह दावा शायद उन घक्कर सरदारों या जागीरदारों को दी गई रियायत के तौर पर कम रखा गया होगा जिनके हवाले यह मुश्किल इलाक़ा सौंपा गया था।

सूबा मुल्तान अर्थात दक्षिण-पंजाब हमारा तीसरा ख़ित्ता है। इसकी दो सरकारों मुल्तान और दीपालपुर में आराज़ी नक़्शाबन्द क्षेत्र का कुल 4.5 प्रतिशत है। अगर हम सरकार मुल्तान से बैरून पंजनद और सिन्ध सागर दोआब को निकाल दें तो भी ख़ित्ते का पैमाइशशुदा क्षेत्रफल कुल नक़्शाबन्द क्षेत्र के दसवें भाग से कम आता है। मतलब यह कि यहाँ काश्त के विस्तार का अनुमान लगाने में आराज़ी

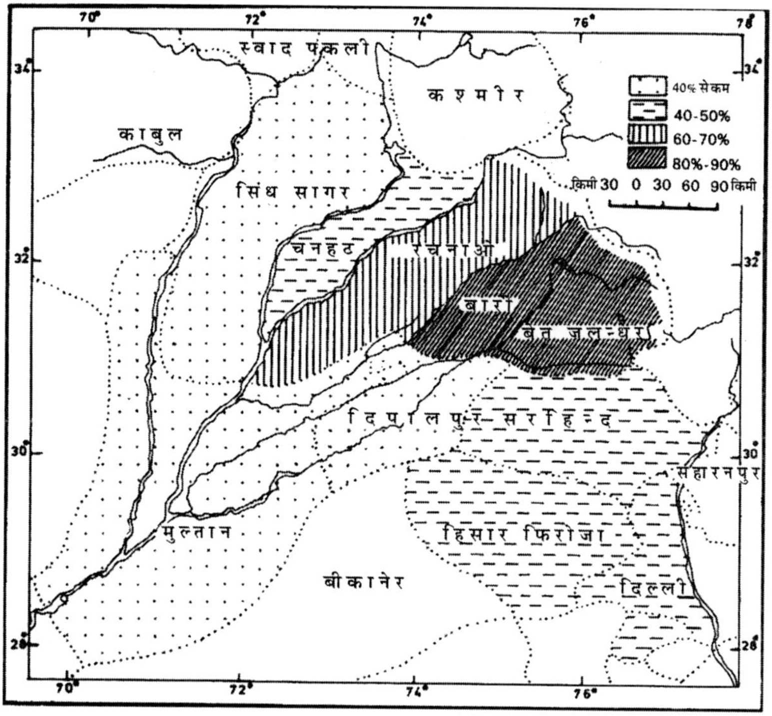

मानचित्र तीन : पंजाब
1595 में कुल काश्त (1909-10 में कुल काश्त के प्रतिशत के रूप में)

से कुछ ख़ास मदद नहीं मिलनेवाली। लेकिन जमा के आँकड़ों से सकल फ़सली क्षेत्र का अनुमान सम्भवत: लगाया जा सकता है। इस क्षेत्र में मालगुज़ारी की मात्रा का पता लगाना मुश्किल है। फिर भी साथ में लगे पश्चिमी-पंजाब के लिए हमने 57.10 दाम फ़ी बीघा की जो सीमा तय कर रखी है उसका इस्तेमाल किया जा सकता है। फिर (सरकार मुल्तान से बैरून पंजनद और सिन्ध सागर को निकालकर) दोनों सरकारों के अधिकतर भागों को समेटनेवाले ज़िलों के लिए फ़/न की गणना करके और उस अनुपात को ख़ित्ते के नक़्शाबन्द क्षेत्र पर लागू करके 1909-10 में सकल फ़सली क्षेत्र का अनुमान लगाया जा सकता है। इससे मिलनेवाले अनुमान इस प्रकार हैं—

(अ)	(ब)	(स)
1595 में सकल काश्त	1909-10 में सकल काश्त	(ब) से (अ) का प्रतिशत
27,82,953	1,09,74,007	25.36

इससे 1595 में असाधारण सीमा तक कम सकल काश्त का संकेत मिलता है, जो पूरी तरह आश्चर्यजनक भी नहीं है। मशहूर लाखी जंगल[33] इसी ख़ित्ते में पड़ता था और यह भी मुमकिन है कि आधुनिक ब्रिटिश नहरों के कारण यहाँ काश्त में काफ़ी विस्तार हुआ हो। सच तो यह है कि सरकार की एग्रीकल्चरल स्टेटिस्टिक्स के अनुसार फ़ीरोजपुर, मांटगुमरी और मुल्तान ज़िलों में (जो मोटे तौर पर सम्बन्धित मुग़ल क्षेत्र के संगत हैं) 1909-10 में नहरों से सिंचित क्षेत्र सकल काश्त के कुल क्षेत्र का 52.3 प्रतिशत था।

पाँच

अकबरी सल्तनत के दूसरे हिस्सों में काश्त के विस्तार का अनुमान लगाना फ़ौरन सम्भव नहीं दिखाई देता। आईन में बड़े-बड़े इलाक़ों के लिए आराज़ी के आँकड़े दिए ही नहीं गए हैं। सूबा बंगाल, बिहार के भागों[34] और साथ ही अजमेर के यही बात है। दूसरे क्षेत्रों के लिए दर्ज आराज़ी इतनी कम है (मालवा के लिए कुल नक़्शाबन्द क्षेत्र का सिर्फ़ 12 प्रतिशत है) कि पैमाइशशुदा क्षेत्र काश्त के क्षेत्र का सिर्फ़ एक हिस्सा ही रहा होगा।

आराज़ी को एक सिरे से छोड़कर केवल जमा के आँकड़ों के आधार एक कामचलाऊ अनुमान लगाना भी, जैसाकि उत्तर प्रदेश और पंजाब के अन्दर कुछ सीमित क्षेत्रों के लिए किया है, बहुत जोखिम का काम होगा। मूल्यों के स्तर, ज़मीन की उत्पादकता, फ़सलों के ढर्रे और मुग़ल प्रशासन के नियंत्रण की सीमा के आधार पर क्षेत्रों के बीच जमा की मात्रा में काफ़ी अन्तर रहा होगा। कुछ क्षेत्रों में रियायती दरें भी रही होंगी जैसाकि, मिसाल के लिए सम्भवतः सूबा अजमेर के दस्तूरी हलक़े आम्बेर में था।[35] फिर कुछ इलाक़ों में मौजूदा सदी के आरम्भिक वर्षों में संगत क्षेत्रों में सकल काश्त का निश्चय आसान नहीं है। उसका कारण आईन के परगनों की पहचान की समस्या और भूमि के उपयोग पर आधुनिक आँकड़ों के उपयोग में इस समस्या से उत्पन्न कठिनाई है। इस तरह उत्तर प्रदेश, गुजरात और पंजाब से बाहर काश्त के विस्तार का अनुमान लगाना सम्भव नहीं है।

लेकिन इन क्षेत्रों से जो परिमाण हमने निकाले हैं उनका सामान्यीकरण करना बहुत ग़लत नहीं होगा। इन तीन क्षेत्रों में कुल क्षेत्रफल का कोई 31 प्रतिशत भाग आता था, और (1911 की जनगणना को आधार बनाएँ तो) मुग़ल सल्तनत के इलाक़ों की कुल आबादी का कोई 32 प्रतिशत भाग इन्हीं में रहता था। (इन इलाक़ों में सूबा काबुल शामिल नहीं है पर सरकार कश्मीर शामिल है।)

इन तीन क्षेत्रों में काश्त के सापेक्ष विस्तार में परिवर्तन एकदम स्वाभाविक था। एक छोर पर (आगरा के ख़ित्ते में) 1595 में काश्त 1909-10 की काश्त के 98 प्रतिशत तक पहुँच चुकी थी, दूसरे छोर पर (रुहेलखंड में) यह 27 प्रतिशत के आसपास थी। (गोरखपुर के ख़ित्ते में यह बहुत कम, सिर्फ़ 6 प्रतिशत तक थी, मगर ये आँकड़े थोड़े संदिग्ध हैं।) लेकिन जब और बड़े क्षेत्रों पर विचार किया

जाता है तो इसका दायरा इस सदी के आरम्भिक वर्षों की सकल काश्त के 2/5 से 3/5 तक था।

इसलिए अगर हम उत्तर प्रदेश, गुजरात और पंजाब को एकसाथ लें और 1595 के आसपास की सकल काश्त की तुलना 1910 के आसपास की सकल काश्त से करें तो हमें ये तस्वीर मिलती है (आँकड़े बीघा-ए-इलाही में दिए गए हैं) :

	सकल काश्त, 1595 के आसपास (अ)	*सकल काश्त 1910 के आसपास (ब)*	*(ब) से (अ) का प्रतिशत भाग (स)*
उत्तर प्रदेश	3,47,12,036	6,56,98,893	52.84
गुजरात	1,17,22,604	2,02,29,592	57.95
पंजाब	2,75,87,490	7,04,08,824	39.19
योग	7,40,22,130	15,63,37,309	47.35

इसलिए हम यह नतीज़ा निकालने की जुरअत कर सकते हैं कि 16वीं सदी के अन्त के आसपास अकबरी सल्तनत में सकल काश्त का क्षेत्र इस सदी के आरम्भ की सकल काश्त का लगभग आधा था।

फिर भी एक महत्त्वपूर्ण संशोधन रह जाता है। अपने आँकड़ों तक पहुँचने के लिए हमने यह मान लिया था कि मुग़ल अधिकारी पूरे पैमाइशशुदा क्षेत्र का 10 प्रतिशत भाग नाक़ाबिले-काश्त बंजर में शामिल करते थे, और यह कि आधुनिक सर्वेक्षक सकल काश्त में क़ाबिले-काश्त बंजर का जो हिस्सा मानते थे, उतना ही मुग़ल अधिकारी भी मानते थे। ये मान्यताएँ सम्भवत: मुग़ल आँकड़ों में इन श्रेणियों के विस्तार को कुछ बढ़ाकर पेश करती हैं, इसलिए 1595 के लिए हमारा सकल काश्त का अनुपात उसी अनुपात में अल्पाकलन होगा। मुमकिन है कि 1595 में वास्तविक सकल काश्त 1909-10 की सकल काश्त के 50 प्रतिशत से अधिक रही हो। अगर हम ऊपर दिए गए योग (47.35 प्रतिशत) के ऊपर त्रुटि की सीमा 10 से 15 प्रतिशत तक मानें तो यह अनुपात, मिसाल के लिए, 53 से 55 प्रतिशत तक हो सकता है, लेकिन यह अनुपात इन सारों से ऊपर होगा, इसकी कोई गुंजाइश नहीं दिखाई देती है।

सन्दर्भ और टिप्पणियाँ

1. *दस्तूरुल-अमले-इल्मे-नवीसंदिगी* (1676 के बाद की रचना), (ब्रि.म्यू एड 6599, फ़ोलियो 182-84, 185) में रबी की फ़सलों का पैमाइशशुदा क्षेत्र ख़रीफ़ की फ़सलों के क्षेत्र से अलग दिया गया है।
2. मोरलैंड, द *एग्रीकल्चरल स्टेटिटिक्स ऑफ़ अकबर्स एम्पायर,* जे. यू. पी. एच. एस., दो (1), 1919, पृ. 16
3. राजस्थान राज्य अभिलेखागार, बीकानेर में सुरक्षित इस दस्तावेज़ के बारे में मार्गदर्शन के लिए मैं डॉ. एस. पी. गुप्ता की आभारी हूँ।
4. ब्र. म्यूस पांडुलिपि एड 6598, फ़ोलियो 36 बी। तिथियों के बारे में इरफ़ान हबीब,

एग्रेरियन सिस्टम, पृ. 412 देखें। लेकिन पाठ में स्थानों के कुछ नाम ऐसे हैं जो औरंगज़ेब के काल की एक बाद की तिथि का संकेत देते हैं।

5. यहाँ लगता है इस श्रेणी में वास्तव में काश्तशुदा और फ़िलहाल परती पड़ी ज़मीनें शामिल हैं। लेकिन जहाँ भी क़ाबिले-काश्त बंजर को अलग से दर्ज नहीं किया गया है, वह क़ाबिले-काश्त ज़मीन में शामिल रहा होगा।
6. *मारवाड़ रा परगना री विगत*, सं : एन. एस. भाटी, जोधपुर, 1969, खंड दो, पृ. 77, नैनसी इस सर्वेक्षण को विक्रमी 1630 (ई. 1572-73) में रखते हैं। निश्चित ही यह मेरे तर्क के लिए और भी अनुकूल है। लेकिन मैंने इस अधिक संकोचपूर्ण दृष्टिकोण को स्वीकार किया है कि ख़ुद ये आँकड़े अकबरी दौर में किए गए सर्वेक्षण के बाद के एक सर्वेक्षण पर आधारित हैं। *प्रोसीडिंग्स*, अलीगढ़ सत्र (1975), पृ. 214-16 में इन आँकड़ों पर बी. एल. भादानी की टिप्पणी से तुलना करें।
7. काश्त के लिए अनुपलब्ध ज़मीन का भाग 1898-99 तक में कुल क्षेत्र का 14 प्रतिशत था। *एग्रीकल्चरल स्टेटिस्टिक्स, 1897-98 से 1901-2 तक*, भाग दो, पृ. 18 देखें।
8. इस सामग्री के बारे में मार्गदर्शन के लिए में डॉ. एस. सी. गुप्ता की आभारी हूँ।
9. हबीब, *एग्रेरियन सिस्टम*, पृ. 7 देखें। अंग्रेज़ों ने टीपू सुल्तान से पैमाइश की जो व्यवस्था ली थी और जो 1800 में भी इस्तेमाल की जा रही थी, उसका एक रोचक वर्णन इन निष्कर्षों की पुष्टि करता है। बुकानन लिखते हैं : यहाँ के मुख्य देसी अधिकारी का कहना है कि अब लोग उन ज़मीनों की पैमाइश पर लगा दिए गए हैं जो मेजर मैकलोड के ज़िले में हाल में शामिल किए इस भाग के सभी गाँवों की हैं। लेकिन यह पैमाइश किसी भी तरह मुकम्मल नहीं होगी क्योंकि बड़े-बड़े पहाड़ों और बंजरों को किसी गाँव की सीमा में शामिल नहीं किया गया है और इन प्रयासों में उनका हिसाब नहीं रखा जाएगा। गाँवों की सीमाओं के अन्दर भी वास्तव में सिर्फ़ वे ज़मीनें मापी जा रही हैं जो क़ाबिले-काश्त समझी जाती हैं या वैसा बनाई जा सकती हैं। ढालू और पहाड़ी ज़मीनों का अनुमान ही लगाया जा रहा है, (फ्रांसिस बुकानन, *ए जर्नी फ्राम मद्रास थ्रू द कंट्रीज़ ऑफ़ मैसूर, कनारा एंड मलाबार*, आदि, दो, पृ. 211-12 देखें।)
10. ये 1909-10 के आँकड़े *एग्रीकल्चरल स्टेटिस्टिक्स*, 1909-10 से लिए गए हैं।
11. जे. यू. पी. एच. एस., दो (1), पृ. 20
12. ये आँकड़े हबीब, *एग्रेरियन सिस्टम* में पृ. 4 पर दिए गए हैं। पैमाइशशुदा ग़ैर-पैमाइशशुदा गाँवों की संख्याएँ अलग-अलग दी गई हैं। सूबा आगरा, देहली, अवध, इलाहाबाद, गुजरात और लाहौर के लिए नीचे दर्ज आँकड़े दिए गए हैं :

गाँव

सूबा	*योग*	*पैमाइशशुदा*	*ग़ैर-पैमाइशशुदा*	*कुल में पैमाइशशुदा गाँवों का प्रतिशत*
आगरा	30,180	27,303	2,877	90.47
देहली	45,088	43,512	1,576	96.50
अवध	52,691	33,842	18,849	64.23
इलाहाबाद	47,607	45,345	2,262	95.25
गुजरात	10,370	3,924	6,446	37.84
लाहौर	27,761	24,569	3,192	88.50

13. जैसाकि कहा गया है, मैंने इरफ़ान हबीब के *ऐन एटलस ऑफ़ द मुग़ल एम्पायर,* नई दिल्ली, 1982 में दी गई सीमाओं का प्रयोग किया है।
14. मालगुज़ारी से भिन्न करों का हिसाब रखने के लिए पहले तो जमा में 10 प्रतिशत की कमी कर दी गई है और फिर मालगुज़ारी की सकल वसूली से निकल जानेवाले भत्तों और भुगतानों को ध्यान में रखकर इसे 37 प्रतिशत बढ़ा दिया गया है।
15. *एग्रेरियन सिस्टम,* पृ. 354-62 में दिए गए साक्ष्य के आधार पर एक बीघा-ए-इलाही को 0.6 एकड़ माना गया है।
16. मालगुज़ारी के बाद के आँकड़ों से यह शंका और पुष्ट होती है। अवध की कुल जमा में प्रतिशत निकाला जाए तो *आईन* में सरकार गोरखपुर की जमा उसकी 5.7 प्रतिशत बैठती है। लेकिन यह सूबे की जो जमा *दस्तूरुल-अमले आलमगीरी,* फ़ोलियो 114ए-बी में दी गई है। उसकी 11.85 प्रतिशत और जो *चहार गुलशन* में दी गई है उसकी 16.06 प्रतिशत बैठती है। मुमकिन है जमा में सापेक्ष वृद्धि अंशत: काश्त में वृद्धि का परिणाम रही हो लेकिन ज़्यादा सम्भावना इसी की है कि *आईन* में जमा को काफ़ी कम बतलाया गया। अगर बाद वाला कारण ही वास्तविक है तो हमें शायद यह मानना होगा कि यहाँ काश्त का वास्तविक विस्तार हमारी तालिका-2.6 से पता चलनेवाले विस्तार का दोगुना या तीनगुना था। दूसरे शब्दों में 1595 में सकल काश्त 1909-10 की कोई 15 प्रतिशत रही होगी।
17. कैंब्रिज *इकोनॉमिक हिस्ट्री ऑफ़ इंडिया* में पृ. 5 पर दिए गए दो मानचित्र देखें। इरफ़ान हबीब, *ऐन एटलस ऑफ़ द मुग़ल एम्पायर,* शीट 8 बी पर जंगलात का दिखलाया गया इलाक़ा और प्रयुक्त स्रोतों पर दी गई टिप्पणी भी देखें।
18. मोरलैंड, *इंडिया ऐट द डेथ ऑफ़ अकबर,* पृ. 20-22, हबीब, *एग्रेरियन सिस्टम,* पृ. 12-15
19. ब्लाख़मान के पाठ और पांडुलिपियों में बन्दर घोघा को ग़लती से बन्दर सोला पढ़ा गया है। कारण कि अक्षर काफ़ के मरकज़ गिरा दिए हैं।
20. जैसाकि अध्याय-1 में स्पष्ट किया गया है, मैंने अलग-अलग महालों के लिए *आईन* के उन आँकड़ों का प्रयोग किया है जो यहाँ (और अकसर दूसरी जगहों पर भी) सरकारों के लिए *आईन* में दिए गए योगों से भिन्न हैं और फिर ये योग भी सूबे के लिए उसी में दर्ज योग से भिन्न हैं। लेकिन गुजरात को कुल मिलाकर देखें तो अन्तर बहुत अधिक नहीं हैं।

सूबे का दर्ज योग	सरकारों के दर्ज आँकड़ों का योग	महालों के आँकड़ों का योग
1,69,36,377-3	1,69,35,877-3	1,73,27,235-16

21. *आईन,* एक, पृ. 556
22. हबीब, *एग्रेरियन सिस्टम,* पृ. 225
23. हाल के काल तक गुजराती के बड़े-बड़े इलाक़े रजवाड़ों के हिस्से होते थे जो आवश्यक सूचनाएँ नहीं देते थे। इसलिए पहले के वर्षों के लिए *एग्रीकल्चरल स्टेटिस्टिक्स* मुकम्मल नहीं हैं। मैंने उनकी सूचनाओं के पूरक रूप में *इम्पीरियल गज़ेटियर,* ऑक्सफ़ॅर्ड, 1910, में दिए गए अनुमानों का प्रयोग किया है। इसके साक्ष्यों का सम्बन्ध 1903-4 से है।
24. *मिरआते-अहमदी,* सं. नवाब अली, खंड एक, बड़ौदा, 1927, पृ. 25
25. औरंगज़ेब के शासनकाल में कुल 10,370 गाँवों में से केवल 3,924 की पैमाइश हुई थी और पैमाइशशुदा क्षेत्रफल 1,27,49,374 बीघा (दफ़्तरी) था जो 84,99,582 बीघा-ए-इलाही के बराबर था। (फ्रेज़र, 86 फ़ो 57 बी-60 बी देखें।) *आईन* में (सरकार सोरठ छोड़कर) सभी

सरकारों का पैमाइशशुदा क्षेत्र 1,73,27,235 बीघे था, इसमें सरकार गोधरा भी शामिल नहीं है, यहाँ यह क्षेत्र 1,68,62,925 बीघे था।

26. *सेलेक्शंस फ्रॉम द लेटर्स, डिस्पैचेज़ एंड अदर स्टेट पेपर्स, प्रिज़्वर्ड इन द बॉम्बे सेक्रेटेरियट,* सं. : जार्ज डब्ल्यू फॉरेस्ट, खंड दो, मुंबई, 1887, पृ. 179-85

27. उसी मालगुज़ार के अनुसार इस परगने में उस साल भी पैमाइशशुदा क्षेत्र का एक काफ़ी बड़ा भाग वास्तव में काश्तशुदा था और ऐसी ज़मीनों में था जो मालगुज़ारी से मुक्त थीं या विशेष बन्दोबस्त के तहत ली गई थीं। इसका भाग बहुत अधिक गर्शिया, ज़मीनों में 83.18, गर्मिया और वल्लुदेनरियल ज़मीनों में 74.01 और पुसयता ज़मीनों में 85.67 प्रतिशत था। (उपरोक्त, पृ. 183-85 देखें।)

28. यह *एग्रेरियन सिस्टम,* पृ. 19 में हबीब के इस निष्कर्ष से मेल नहीं खाता कि जब हम *आईन* में दिए गए क्षेत्रफल की तुलना संगत क्षेत्रों से क़ाबिले-काश्त क्षेत्र की आधुनिक सूचनाओं से करते हैं तो बाद वाले क्षेत्रफल के पक्ष में बहुत मामूली अन्तर दिखाई पड़ता है। शायद इसका कारण यह है कि क्षेत्रफल के आधुनिक आँकड़ों की गणना उन्होंने कुछ कम करके की है।

29. इसकी गणना अध्याय-5 में की गई है।

30. हिमालय के इलाक़े सभी दोआबों से निकाल दिए गए हैं।

31. अध्याय-5 देखें।

32. इन आँकड़ों की छानबीन के लिए परिशिष्ट 2.ब देखें।

33. इसके लिए सुजानराय भंडारी, *खुलासतु-तवारीख़* (रचना 1695), सं. : ज़फ़र हसन, देहली, 1918, पृ. 63 देखें।

34. आईन में मुंगेर छोड़कर बिहार की सभी सरकारों की आराजी के आँकड़े दिए गए हैं लेकिन वे एक समान कम और ज़्यादातर मुआमलों में बराए-नाम हैं। मुंगेर सरकार के तहत किसी भी परगना के लिए आराज़ी का कोई भी आँकड़ा नहीं दिया गया है। इसलिए इस सरकार के परगना भागलपुर में अकबरी दौर की रक़बा बन्दी की दस्तावेज़ों की मौजूदगी थोड़ी आश्चर्यजनक है जिनको बी. आर. ग्रोवर ने *इंडियन हिस्टॉरिकल रिकार्ड्स कमीशन प्रोसीडिंग्स,* खंड छत्तीस, भाग दो, पृ. 35-60 में पेश किया है। ग्रोवर के अपने वर्णन से लगता है कि ये दस्तावेज़ 18वीं सदी के मालगुज़ारी से सम्बन्धित साहित्य की श्रेणी में आते हैं जब हर चीज़ को टोडरमल के नाम मढ़ दिया जाता था। इन दस्तावेज़ों का शीर्षक *रक़बाबन्दी टोडरमली 1001 फ़सली* व टप्पाबन्दी है। टोडरमल की मौत 1001 फ़स्ली से तीन साल पहले ही हो चुकी थी और इसलिए उनके नाम से इन आँकड़ों को जोड़ना सिर्फ़ अज्ञान का परिणाम है। अजीमनगर, शुजानगर और अजीमाबाद जैसे कुछ तथ्यों के नाम भी बाद की किसी तिथि का संकेत देते हैं क्योंकि ज़ाहिर है इन जगहों के नाम शाहज़ादा शुजा और शाहज़ादा अजीमुश्शान के नाम पर रखे गए थे। ग्रोवर ने सन्तोष व्यक्त किया है कि (कथित रूप से 1593 की) यह दस्तावेज़ और 1771 की एक दस्तावेज़ एक जैसे टप्पों और उनके एक जैसे अपने-अपने मौज़ों के नाम दर्ज करती हैं भले ही उनके इन्दराज (!) में 178 साल का फ़र्क़ रहा हो। (उपरोक्त, पृ. 55 देखें।) अन्त:वस्तु की पहचान और कुछ नहीं तो यह तो निश्चित ही साबित करती है कि 178 साल का फ़र्क़ छलावा है।

35. अध्याय-4 देखें।

परिशिष्ट-2 (अ)

कुल फ़सली क्षेत्र, दस्तूर के हलक़ों के अनुसार

कुल फ़सली क्षेत्र की गणनाएँ अध्याय-2 में बताई गई पद्धति से की गई हैं।

दस्तूर का हलक़ा	*सरकार*	*सूबा*	*कुल फ़सली क्षेत्र*	
			1595	*1909-10*
पश्चिमोत्तर उत्तर प्रदेश				
देवबन्द	सहारनपुर	देहली	20,34,333	22,29,465
सरधाना	सहारनपुर	देहली	5,90,602	6,12,370
चाँदपुर	सम्भल	देहली	10,31,021	10,87,223
सम्भल	सम्भल	देहली	19,74,562	26,03,658
लखनौर	सम्भल	देहली	5,26,579	11,72,209
कैराना	सहारनपुर	देहली	2,18,192	1,40,976
योग			63,75,289	78,45,901
देहली				
देहली	देहली	देहली	14,80,307	24,50,073
मेरठ	देहली	देहली	11,96,158	13,10,590
बरन	देहली	देहली	5,92,411	8,67,669
योग			32,62,876	46,28,332
रुहेलखंड				
बदायूँ	बदायूँ	देहली	13,62,064	50,05,895
भरवारा	ख़ैराबाद	अवध	19,752	4,06,174
पाली	ख़ैराबाद	अवध	5,21,514	14,92,018
योग			19,03,330	69,04,087
मध्यवर्ती दोआब				
थाना फ़रीद	कोल	आगरा	5,71,831	13,20,210
अकबराबाद	कोल	आगरा	3,55,714	4,49,354
कोल	कोल	आगरा	6,73,556	8,08,113
मारहरा	कोल	आगरा	3,14,067	2,42,588
सिकन्दरपुर अतरेजी	कन्नौज	आगरा	2,42,280	70,223
योग			21,57,448	28,90,488
आगरा				
आगरा	आगरा	आगरा	21,25,267	21,62,269
इटावा	आगरा	आगरा	13,15,155	10,88,003
फफून्द	कन्नौज	आगरा	2,21,952	2,69,460
कालपी	कालपी	आगरा	10,20,227	17,16,375
योग			25,57,334	30,73,838
निचली दोआब (गंगा)				
साकित	कन्नौज	आगरा	3,32,824	5,69,992
भोगाँव	कन्नौज	आगरा	11,35,451	16,68,350
कन्नौज	कन्नौज	आगरा	6,33,238	12,75,323
योग			21,01,513	35,13,665

परिशिष्ट-2 (अ) जारी
कुल फ़सली क्षेत्र, दस्तूर के हलक़ों के अनुसार

कुल फ़सली क्षेत्र की गणनाएँ अध्याय-2 में बताई गई पद्धति से की गई हैं।

दस्तूर का हलक़ा	*सरकार*	*सूबा*	*कुल फ़सली क्षेत्र*	
			1595	*1909–10*
लखनऊ				
ख़ैराबाद	ख़ैराबाद	अवध	8,34,522	20,48,825
उनाम	लखनऊ	अवध	5,42,901	8,67,395
लखनऊ	लखनऊ	अवध	19,50,369	37,33,943
इब्राहिमाबाद	अवध	अवध	14,040	78,000
अवध	अवध	अवध	20,40,478	25,20,718
किशनी	अवध	अवध	54,719	24,053
योग			54,37,029	92,72,934
पूर्वोत्तर उत्तर प्रदेश				
बहराइच	बहराइच	अवध	11,60,319	26,08,842
फ़िरोज़ाबाद	बहराइच	अवध	1,07,400	2,81,413
योग			12,67,719	28,90,255
गोरखपुर				
गोरखपुर	गोरखपुर	अवध	4,87,295	90,97,370
खुरौंसा	बहराइच	अवध	53,729	5,15,671
योग			5,41,024	96,13,041
दक्षिण-पूर्व उत्तर प्रदेश				
जौनपुर	जौनपुर	इलाहाबाद	22,49,547	53,33,617
बनारस	बनारस	इलाहाबाद	3,62,020	5,39,938
चुनार	चुनार	इलाहाबाद	2,37,419	14,15,454
ग़ाज़ीपुर	ग़ाज़ीपुर	इलाहाबाद	5,60,953	6,99,881
योग			34,09,939	79,88,890
इलाहाबाद				
जाजमऊ	कोरा	इलाहाबाद	2,05,523	2,47,158
कड़ा	कड़ा	इलाहाबाद	8,54,489	11,19,832
कुटिया	कोरा	इलाहाबाद	78,766	1,92,307
कोरा	कोरा	इलाहाबाद	4,26,485	5,92,832
रायबरेली	मानिकपुर	इलाहाबाद	3,71,189	5,63,956
मानिकपुर	मानिकपुर	इलाहाबाद	9,94,115	14,22,047
घिसवा	जौनपुर	इलाहाबाद	42,641	31,532
भदोई	इलाहाबाद	इलाहाबाद	5,94,060	7,45,529
योग			35,67,268	49,15,193
महायोग			3,47,12,036	6,56,98,893

परिशिष्ट-2 (ब)
सूबा लाहौर में आराज़ी के कुछ आँकड़े

सूबा लाहौर के जमा और आराज़ी के आँकड़े बहुत अजीब हैं। बेट जालन्धर, रचनाव, चिनहट और सिन्ध सागर दोआबों के बहुत सारे महालों में आराज़ी और जमा के बीच लगभग एक स्थिर अनुपात पाया जाता है। पहले तीन दोआबों के महालों में यह अनुपात लगभग 39.8 दाम है और सिन्ध सागर दोआब में यह ठीक 41.2 है। (इसमें बेल गाजी ख़ान का महाल शामिल नहीं है जहाँ जमा/आराज़ी अनुपात 41.32 है।) इनमें से ज़्यादातर महालों के लिए जमा निकटतम पूर्णांकों (निकटतम 1000 या अधिक) में दी गई है। इनमें से किसी भी महाल के लिए सुयूरग़ाल के आँकड़े नहीं दिए गए हैं।

तालिका अ(1) से आप देख सकते हैं कि इन परगनों में वास्तव में आराज़ी को मापा नहीं गया बल्कि एक बीघा आराज़ी के पीछे जमा की एक निश्चित मात्रा मानकर उसका हिसाब लगाया गया है। इसके उलट की कल्पना कर सकना निश्चित ही असम्भव है। तात्पर्य यह कि इसी निश्चित से अनुपात के आधार पर आराज़ी से जमा की गणना नहीं की गई। कारण कि तब जमा शायद निकटतम पूर्णांकों में नहीं आती। इसी कारण से यह भी लगता है कि इन परगनों की जमा कमोबेश मनमाने तख़मीनों का नतीजा रही होगी। लगभग ये सभी परगने हिमालय-क्षेत्र में या पहाड़ी राजपूत ज़मींदारों, घक्करों और जनुहा (जंजुआ) सरदारों के नियंत्रण वाले साल्ट रेंज में स्थित थे।[1] सुयूरग़ाल के आँकड़ों की नामौजूदगी से इस मान्यता को बल मिलता है कि इन इलाक़ों को बाक़ायदा मुग़ल प्रशासन की सीमाओं से बाहर समझा जाता था। मुग़लों के नियंत्रण के बाहर की प्रकृति *आईन* की सूचनाओं की दूसरी सीमाओं में भी प्रतिबिम्बित होती है : इनमें से आठ परगनों के लिए तो ज़मींदारों की जातियाँ और उनके मुलाज़िमों (सवारों और पियादों) की तादाद ही नहीं दी गई है।

तो लगता है कि किसी कारण से जिसका निश्चय आसान नहीं है, या तो अबुल फ़ज़्ल या उन्हें सूचनाएँ देने वाले अफ़सरान इन महालों के लिए आराज़ी के आँकड़े पेश करना चाहते थे। हालाँकि यहाँ कोई सर्वेक्षण नहीं किया गया। सिद्धान्तत: आराज़ी तय करने के लिए जमा के आँकड़ों पर बीघा के पीछे 40 दाम की दर लागू की गई। इसे ही बाद में ज़रा-सा बढ़ा दिया गया जिससे अनुपात 40 दाम से गिरकर कोई 39.8 रह गया। सिन्ध सागर दोआब में इसी काम के लिए बीघा के पीछे 41 दाम 5 जीतल की दर एक समान लागू की गई।

यह दर 40 दाम के आसपास थी, इस तथ्य के आधार पर दोनों अलग-अलग अनुपातों के लिए एक सुझाव दिया जा सकता है। पहली बात, अफ़सरान के मन में साफ़ तौर पर बीघा पीछे एक रुपया की दर रही होगी। चूँकि रुपया और दाम का अनुपात 40 दामों के इई-गिर्द घूमता रहता था, जैसा कि ख़ुद अबुल फ़ज़्ल ने कहा है[2], अगर सिन्ध सागर दोआब और दूसरे दोआबों के लिए अलग-अलग वक़्तों में गणनाएँ की गईं तो दरें भी भिन्न-भिन्न रही होंगी। तो फ़र्ज़ कीजिए कि अफ़सरान ने जब सिन्ध सागर दोआब के तख़मीने दर्ज किए तब रुपया 41 दाम 5 जीतल का रहा होगा। लिहाज़ा आराज़ी की गणना के लिए उनका

इसी दर का प्रयोग करना स्वाभाविक रहा होगा। अगर दूसरे दोआबों के तख़मीने किसी और वक़्त में तैयार किए गए जबकि रुपया 40 दामों या इससे महज़ तीन-चार जीतल कम के बराबर रहा होगा तो इन दोआबों में स्थित परगनों की जमा के लिए यही दर लागू की गई होगी। दोनों अलग-अलग मगर बहुत मिलती-जुलती दरों के लिए फ़िलहाल की यही व्याख्या सबसे विश्वसनीय लगती है।

परिशिष्ट 2 (ब) की टिप्पणियाँ

1. मगर यही बात (बेट जालन्धर के) उन दो परगनों के बारे में नहीं कही जा सकती जिनकी भौगोलिक स्थिति अभी तक अज्ञात है और *आईन* में जिनके ज़मींदारों का ज़िक्र नहीं किया गया है।
2. *आईन*, एक, पृ. 27

तालिका-1 (अ)

परगना	*आराज़ी (बीघा, बिस्वा)*	*जमा (दाम)*	*जमा/ आराज़ी*	*भौगोलिक स्थिति*
बेट जालन्धर दोआब				
भलवान	32,761	13,05,000	39.83	अज्ञात, पर ज़मींदार पहाड़ी राजपूत (दुधवाल) था
जसवन बलकोली	15,054	6,00,000	39.86	हिमालय क्षेत्र
डाडा	30,218	12,00,000	39.71	हिमालय क्षेत्र
डरधी	15,054	6,00,000	39.86	अज्ञात, पर ज़मींदार पहाड़ी राजपूत (बंसी) था
दून नकुड़	11,430	4,55,870	39.88	अज्ञात
सुकत मंडी	42,150	16,80,000	39.86	हिमालय क्षेत्र
सेबा	20,114-8	8,00,000	39.77	हिमालय क्षेत्र
कोटला	42,152	16,80,000	39.86	अज्ञात, पर ज़मींदार पहाड़ी राजपूत (जसरोटिया) था
कोटखेर	32,932-16	13,10,847	39.80	हिमालय क्षेत्र
खेवन खेड़ा	6,021-6	2,40,000	39.86	अज्ञात, पर ज़मींदार पहाड़ी राजपूत (जसवाल) था
कनकोट	6,021-6	2,40,000	39.86	अज्ञात, पर ज़मींदार पहाड़ी राजपूत (जसवाल) था
खेड़ा	6,021-6	2,40,000	39.86	अज्ञात, पर ज़मींदार पहाड़ी राजपूत (सूरजबंसी) था
नकरोक	32,642	13,00,061	39.83	अज्ञात, पर ज़मींदार पहाड़ी राजपूत (जसवाल) था
नंदुन	1,33,439	53,00,000	39.82	हिमालय क्षेत्र
खड़क धार	12,043	4,80,000	39.86	अज्ञात और ज़मींदार की जाति नहीं दी गई है।

तालिका-1 (अ) जारी

परगना	*आराज़ी (बीघा बिस्वा)*	*जमा (दाम)*	*जमा/ आराज़ी*	*भौगोलिक स्थिति*
रचनाव दोआब				
भलोट	20,612	8,18,182	39.69	अज्ञात, पर ज़मींदार पहाड़ी राजपूत (मलनहास, आज का मनहास) था
भिलोरा	6,021	2,40,000	39.86	हिमालय क्षेत्र
भोटियाल	2,407-18	96,000	39.86	हिमालय क्षेत्र
जरी जान	6,021-6	2,40,000	39.86	अज्ञात, पर ज़मींदार पहाड़ी राजपूत (ग्वालयारी, आज का गोलेरी) था
हैनताल	6,021-6	2,40,000	39.86	हिमालय क्षेत्र
चिनहट दोआब				
अखंडूर	9,866-5	3,92,000	39.73	हिमालय क्षेत्र
भादू	4,817	1,92,000	39.86	अज्ञात, पर ज़मींदार पहाड़ी राजपूत (भडवाल) था
मागली	10,839	4,32,000	39.86	हिमालय क्षेत्र
सिन्ध सागर दोआब				
आवाँ	10,096	4,15,970	41.20	साल्ट रेंज
बेल गाजी ख़ान	17,426	7,20,000	41.32	इरफ़ान हबीब के एटलस ऑफ़ द मुग़ल एम्पायर, शीट 4ए, में जो स्थिति बतलाई गई है वह संदिग्ध है; ज़मींदार की जाति जनुहा (जंजुआ), जिसका महाल पूरा-का-पूरा साल्ट रेंज में स्थित था।
तिरचक धामिर	6,082	2,50,575	41.20	अज्ञात, पर ज़मींदार घक्कर था और इसलिए सम्भवत: साल्ट रेंज का था
धाराब	2,330	96,000	41.20	साल्ट रेंज
डोडोत	2,330	96,000	41.20	अज्ञात, पर ज़मींदार साल्ट रेंज का जनुहा था।
कहवान	4,660	1,92,000	41.20	अज्ञात, पर ज़मींदार साल्ट रेंज का समकेर था
कनबात	2,330	96,000	41.20	अज्ञात, पर ज़मींदार की जाति नहीं दी गई है।

तालिका-1 (अ) जारी

परगना	*आराज़ी (बीघा बिस्वा)*	*जमा (दाम)*	*जमा/ आराज़ी*	*भौगोलिक स्थिति*
लंग हथियर	2,330	96,000	41.20	अज्ञात, ज़मींदार की जाति नहीं दी गई है
मखियाला	9,320	3,84,000	41.20	साल्ट रेंज
मराल	5,825	2,40,000	41.20	साल्ट रेंज
मलोट	3,233	1,33,233	41.21	साल्ट रेंज
हथियर लंग	7,281	3,00,000	41.20	अज्ञात, पर ज़मींदार घक्कर (साल्ट रेंज) था
हाज़रा गुजरां	6,575	2,70,896	41.20	साल्ट रेंज
हिम्मत ख़ान करमू	1,165	48,000	41.20	अज्ञात, पर ज़मींदार घक्कर (साल्ट रेंज) था
पटल	15,146	6,24,000	41.20	अज्ञात, पर ज़मींदार जनुहा (साल्ट रेंज) था

अध्याय-3

कृषि की उत्पादकता : फ़सलें और उपज

आईने-अकबरी से हमें खेती की उत्पादकता पर फ़सलों की उपज और मालगुज़ारी की दरों की एक सूची के रूप में सीधे-सीधे कुछ सूचनाएँ मिलती हैं। जहाँ तक अबुल फ़ज़्ल के शब्दों से अन्दाज़ा होता है, ये शेरशाह के प्रशासन द्वारा तैयार की गई रइयों की सूचक हैं।[1] उपज उन ज़मीनों के लिए दी गई है जहाँ लगातार या लगभग खेती की जाती रही है। ये पोलज और पड़ौती की ज़मीनें हैं। हर फ़सल की प्रतिबीघा उपज के तीन अनुमान दिए गए हैं : भारी (क़ज़ीद, आला), बीच की (मियाना) और कम (ज़ुबूं)। फिर तीनों पैदावारों के योग को तीन से भाग देकर एक औसत निकाला गया है। फिर इस औसत को तीन से भाग देकर मालगुज़ारी निकाली गई जो आज की एक-तिहाई बताई जाती थी। इस तरह हमें आख़िर में फ़सल फ़ी बीघा उस उपज का पता चलता है जिसका मालगुज़ारी के मक़सद से राज्य द्वारा दावा किया जाता था।

अबुल फ़ज़्ल उस आधार का ज़िक्र नहीं करते जिस पर ज़मीन की तीन श्रेणियों (अच्छी, मियाना और बुरी) में अन्तर किया जाता था। यह वर्गीकरण या तो मिट्टी के उपजाऊपन या सिंचाई की सुविधा या दोनों के आधार पर किया गया होगा। यह मानना शायद उचित ही होगा कि कम उपज असिंचित ज़मीन की होती थी जबकि भारी और मियाना उपज सिंचित ज़मीनों से मिलती थी। आधुनिक सरकारी सूचनाओं में भी, जो कम-से-कम 1892 से शुरू होती हैं, सिंचित और असिंचित ज़मीनों के लिए अलग-अलग अनुमान दिए गए हैं। इसलिए असिंचित ज़मीनों की उपज के आधुनिक अनुमानों से शेरशाह की सूची में शामिल बुरी ज़मीनों की उपज की तुलना की जा सकती है। इसी तरह शेरशाह की सूची की भारी और मियाना उपजों की तुलना सिंचित ज़मीनों की उपज के आधुनिक अनुमानों से की जा सकती है।

एक अधिक मुश्किल सवाल यह है कि शेरशाह के (और अकबर के) अधिकारभोगियों ने तीनों उपजों के जो सरल औसत निकाले थे वे किस हद तक हर फ़सल की औसत समग्र उपज का प्रतिनिधित्व करते हैं। ऐसा हो, इसके लिए हमें यह भोंडी मान्यता लेकर चलना होगा कि हर फ़सल के तहत उपज के हर स्तर (भारी, मियाना और कम) का क्षेत्र उस फ़सल के तहत पूरी ज़मीन का ठीक एक-तिहाई था। कुछ फ़सलों को दूसरों से अधिक सिंचाई चाहिए और वे सिंचित ज़मीनों में ज़्यादा बड़े पैमाने पर बोई जाती हैं। दूसरी फ़सलें लगभग पूरी तरह असिंचित ज़मीनों पर

उगाई जाती हैं, यहाँ तक कि आधुनिक आँकड़ों में सिंचित ज़मीनों पर उनकी उपज के अनुमान तक नहीं दिए गए हैं।[2] मतलब यह कि शेरशाह के अधिकारभोगियों ने औसत उपज के जो अनुमान लगाए थे वे कभी-कभार सिंचित ज़मीनों पर उगलनेवाली घटिया फ़सलों की वास्तविक औसत उपज से ख़ासे अधिक रहे होंगे जबकि ये ही आमतौर पर भारी कृत्रिम सिंचाई की माँग करनेवाली ऊँची क़िस्म की फ़सलों की वास्तविक उपज से सम्भवत: कम रहे होंगे।

शेरशाह की सूचियाँ जिस क्षेत्र पर लागू की गई थीं उनकी पहचान नहीं की गई थी। लेकिन हम आराम के साथ मान सकते हैं कि ये ज़्यादातर देहली, दोआबा क्षेत्र और हरियाणा में लागू की गईं। यह भी स्पष्ट नहीं है कि क्षेत्रफल और भार की जो इकाइयाँ यहाँ इस्तेमाल की गई हैं वे क्या वही हैं जो शेरशाह की रइयों की तैयारी के वक़्त प्रचलित थीं या फिर 1595 में यानी उस समय प्रचलित थीं जब अबुल फ़ज़्ल ने अपने आँकड़ों को आईन में दर्ज किया। चूँकि बहुत से आँकड़े मुकम्मल मनों में हैं, इसलिए ऐन मुमकिन है कि आँकड़ों को परिवर्तित न किया गया हो, अर्थात ये वही मूल इकाइयाँ हों जो शेरशाह के समय में प्रचलित थीं। अकबर के शासनकाल के आरम्भ में (और शायद शेरशाह के समय में भी) मन जिस सेर पर आधारित था वह 28 दामों के वज़न के बराबर होता था, न कि 30 दामों के। 'मने-अकबरी' में प्रयुक्त (सेर के लिए यही मानक निश्चित किया गया था।),[3] इसी तरह शेरशाह के दौर में बीघा 'गजे-सिकन्दरी' पर आधारित होता था जो 'गज़े-इलाही' का 39/41 होता था।[4] अब चूँकि बीघा और वज़न दोनों एक ही अनुपात में कम थे, अगर हम उपज को 'मने-अकबरी' फ़ी बीघा-ए-इलाही में बताना चाहें तो उपज के आँकड़ों में बहुत मामूली परिवर्तन (1.9 प्रतिशत से भी कम) होंगे। इसलिए मैंने इस फ़र्क़ को नज़रअन्दाज़ कर दिया है।

दो

खेती की उत्पादकता के विश्वसनीय आधुनिक अनुमान 19वीं सदी के उत्तरार्ध से उपलब्ध हैं। पहले चरण में ये मुख्य रूप से बन्दोबस्त की रिपोर्टों और ज़िलों के गजेटियारों में उपलब्ध हैं, लेकिन सरकारी *एग्रीकल्चरल स्टेटिस्टिक्स* में 1892 के बाद से उपज के पाँच-साला अनुमान दिए गए हैं। ये ज़िलावार तथा सिंचित ज़मीनों के लिए अलग से दिए गए हैं। 1893 के बाद उपज के निर्धारण के लिए फ़सल-कटाई की विधि अपनाई गई, पर 1892 के अनुमान उस समय उपलब्ध सामग्री अर्थात विभिन्न सांख्यिकीय प्रकाशनों जैसे समय-समय पर खेती और बन्दोबस्त की रिपोर्टों, फ़सल की भविष्योक्तियों, अकाल आयोग और दूसरे तदर्थ संगठनों से पूछताछ पर मिलनेवाले जवाबों पर आधारित थे।[5]

आईन के आँकड़ों से तुलना के लिए 1892 के अनुमान सबसे मुनासिब लगाते हैं क्योंकि इससे इस सम्भावित आपत्ति का निराकरण होता है कि फ़सल-कटाई की विधि से प्राप्त सूचनाएँ इतनी परिष्कृत थीं कि उन्हें मुग़ल अधिकारभोगियों के

अनुमानों के हमपल्ला नहीं रखा जा सकता है।[6] यह आपत्ति कितनी ठोस है, इसकी बहस में उलझे बिना कोई बहरहाल यह उम्मीद कर सकता है कि फ़सल-कटाई की विधि का प्रयोग शुरू होने से पहले मुग़ल और ब्रिटिश अधिकारभोगियों के अनुमान मालगुज़ारी के आकलन की एक जैसी मजबूरियों के तहत और समान विधियों से लगाए गए थे और इसलिए मोटे तौर पर उनकी तुलना सम्भव है और अगर अतिशयोक्ति होगी भी तो उसी सीमा में दोनों मुआमलों में बराबर होगी। लेकिन यह बात ध्यान में रहे कि 1892 की पैदावारों तथा एग्रीकल्चरल स्टेटिस्टिक्स में 1908 के लिए दी गई पैदावारों के बीच, कम-से-कम हमारे विवेचनाधीन क्षेत्रों में, शायद ही कोई परिवर्तन दिखाई पड़े। दूसरे शब्दों में, अगर हमने अपनी तुलनाओं के लिए फ़सल-कटाई पर आधारित अनुमानों का उपयोग किया होता तो उससे कोई ख़ास फ़र्क़ नहीं पड़ता।

नीचे तालिका-3.1 (अ) में दोआबे और देहली के ज़िलों के लिए सिंचित ज़मीनों में छह प्रमुख फ़सलों की पैदावारें दी गई हैं, और साथ ही शेरशाह की भारी और मियाना पैदावारों के औसत भी दिए गए हैं। तालिका-3.2 (ब) में इन्हीं ज़िलों की असिंचित ज़मीनों की पैदावारों और शेरशाह की कम पैदावारों को दिखाया गया है। तालिका-3.1 (स) और 3.1 (द) में हरियाणा और पूर्वी-पंजाब के कुछेक ज़िलों के लिए ऐसे ही तुलनात्मक आँकड़े दिए गए हैं। सभी आधुनिक मात्राओं को मने-अकबरी फ़ी बीघा-ए-इलाही में बदल दिया गया है।

तालिका-3.1 (अ)
सिंचित ज़मीनों से प्राप्त उपज
(मने-अकबरी फ़ी बीघा-ए-इलाही)

	गेहूँ	*जौ*	*चना*	*बाजरा*	*ज्वार*	*कपास*	*गन्ना*	*सरसों*	*तिल*
आईन (भारी और दरमियानी उपज का औसत)	15.00	15.25	11.75	9.0	11.75	8.75	11.75	9.5	7.0
1892									
दिल्ली	12.13	10.41	-	-	-	-	15.62	6.1	-
आगरा	10.67	14.32	10.67	-	-	-	-	-	-
अलीगढ़	16.01	14.23	10.67	-	-	6.13	22.23	-	-
बुलन्दशहर	14.21	14.23	10.67	-	-	6.13	22.23	-	-
इटावा	13.34	14.23	-	-	-	5.52	26.68	-	-
एटा	13.34	14.23	10.67	-	-	-	22.23	-	-
मथुरा	14.21	14.23	8.89	-	-	5.52	17.79	-	-
सहारनपुर	13.34	14.23	10.67	-	-	6.13	17.79	-	-
मुज़फ़्फ़रनगर	13.34	14.22	10.67	-	-	6.13	22.23	-	-
औसत, 1892	13.39	13.81	10.42	-	-	5.93	20.85	6.10	-

तालिका-3.1 (ब)
असिंचित ज़मीनों से प्राप्त उपज
(मने-अकबरी फ़ी बीघा-ए-इलाही)

	गेहूँ	*जौ*	*चना*	*ज्वार*	*बाजरा*	*कपास*	*गन्ना*	*सरसों*	*तिल*
आईन (कम उपज)	8.87	8.12	7.5	7.50	5.02	5.0	7.5	5.13	4.0
1892									
दिल्ली	5.29	5.60	3.84	3.64	3.84	3.68	-	2.0	-
आगरा	5.34	7.11	5.33	6.20	-	-	-	-	4.45
अलीगढ़	10.67	9.78	7.11	8.89	7.11	3.68	-	5.34	3.80
बुलन्दशहर	9.76	9.78	7.11	7.11	6.23	3.68	-	5.34	3.80
इटावा	6.23	7.11	5.34	-	-	-	-	-	4.45
एटा	6.23	7.12	7.00	7.00	7.00	-	-	-	4.45
मथुरा	9.76	9.78	4.45	6.23	5.34	-	-	-	4.45
सहारनपुर	8.89	9.78	7.11	-	4.89	3.68	-	4.66	3.47
मुज़फ़्फ़रनगर	8.89	10.85	7.11	6.67	4.89	3.68	-	5.34	3.80
औसत, 1892	7.90	8.54	6.04	6.55	5.61	3.68	-	4.54	4.08

तालिका-3.1 (स)
सिंचित ज़मीनों से प्राप्त उपज (पूर्वी-पंजाब और हरियाणा)
(मने-अकबरी फ़ी बीघा-ए-इलाही)

	गेहूँ	*जौ*	*चना*	*बाजरा*	*ज्वार*	*कपास*	*गन्ना*	*सरसों*	*तिल*
आईन (भारी और दरमियानी उपज का औसत)	15.00	15.25	11.75	9.0	11.75	8.75	11.75	9.5	7.0
1892									
हिसार	6.31	5.20	-	2.60	3.47	-	-	3.62	-
रोहतक	10.91	10.84	12.15	4.53	8.68	-	27.77	-	-
गुड़गाँव	10.15	13.02	-	-	-	-	-	-	-
करनाल	9.09	9.26	3.90	4.97	3.90	-	16.49	5.64	-
अम्बाला	10.15	8.70	6.59	5.31	5.31	-	-	4.06	-
लुधियाना	11.76	10.98	-	-	-	-	-	8.42	-
औसत, 1892	9.72	9.70	7.55	4.35	5.34	-	22.13	5.44	-

तालिका-3.1 (द)
असिंचित ज़मीनों से प्राप्त उपज (पूर्वी-पंजाब और हरियाणा)
(मने-अकबरी फ़ी बीघा-ए-इलाही)

	गेहूँ	*जौ*	*चना*	*बाजरा*	*ज्वार*	*कपास*	*गन्ना*	*सरसों*	*तिल*
आईन (कम उपज)	8.87	8.12	7.5	5.02	7.5	5.0	7.5	5.13	4.0
1892									
हिसार	4.75	5.18	5.27	2.56	2.75	-	-	1.26	-
रोहतक	6.25	10.84	7.98	3.47	5.29	-	-	-	-
गुड़गाँव	6.44	7.03	6.66	4.77	6.77	-	-	-	-
करनाल	5.40	4.90	7.81	2.99	2.52	-	7.81	5.12	-
अम्बाला	5.29	5.60	2.52	3.84	3.64	-	-	3.19	-
लुधियाना	6.05	3.95	5.03	-	4.49	-	-	3.68	-
औसत, 1892	5.70	6.25	5.87	3.53	4.24	-	7.81	3.32	-

तालिकाओं से संकेत मिलता है कि दोआब के ज़िलों में सिंचित ज़मीनों से गेहूँ, जौ और चने की फ़सलों के बारे में आईन की भारी और मियाना पैदावारों के औसत 1892 के अनुमानों से ज़रा-सा ही ज़्यादा हैं, लेकिन गन्ने के मुआमले में यह औसत बहुत कम है। असिंचित ज़मीनों से गेहूँ, जौ, ज्वार, बाजरा और चना की आईन में दी गई कम उपजों से आधुनिक अनुमानों की समानता उल्लेखनीय है। आधुनिक दस्तावेज़ों में सिंचित ज़मीनों के लिए ज्वार और बाजरा के अनुमान नहीं दिए गए हैं और दूसरी ओर यह मान लिया गया है कि असिंचित ज़मीनों में गन्ने की खेती नहीं होती। हरियाणवी ज़िलों के लिए आधुनिक (1892 के) अनुमान सिंचित और असिंचित, दोनों तरह की ज़मीनों के लिए, शेरशाह की सूची में दिए गए आँकड़ों से बहुत कम हैं। (तालिका-3.1 (स) और 3.1 (द) देखें।) इसलिए मुमकिन है कि शेरशाह की पैदावारों की सूची हरियाणा और पंजाब से ज़्यादा दोआब पर निगाह रखकर तैयार की गई हो।

इस तरह सिंचित और असिंचित ज़मीनों की पैदावारों की तुलना से पता चलता है, अगर ख़ुश्क से सिंचित ज़मीन का अनुपात समान रहा होगा तो, 1545 के आसपास प्रति एकड़ औसत उपज सम्भवत: 1892 की औसत उपज के बराबर या थोड़ी सी ज़्यादा रही होगी। लेकिन अगर ख़ुश्क ज़मीन से सिंचित ज़मीन के अनुपात में वास्तव में ख़ासी वृद्धि हुई तो आधुनिक औसत उपज शेरशाह के काल की औसत उपज से ज़्यादा भी हो सकती है।

16वीं सदी में सिंचाई के विस्तार पर कोई सूचना नहीं मिलती लेकिन 19वीं सदी के उत्तरार्ध में सिंचाई सम्बन्धी परिवर्तनों के बारे में हम जो कुछ जानते हैं उसके आधार पर हम यह तय कर सकते हैं कि अगर ख़ुश्क से सिंचित ज़मीनों का अनुपात बदला तो कितना बदला। इस काल में नहरें लगभग अकेला नया तत्त्व थीं।

तालिका-3.2 से पश्चिमी उत्तर प्रदेश के कुछ ज़िलों में 1870 के फ़ौरन बाद के बरसों में और बीसवीं सदी की पहली दहाई में कुल काश्तशुदा क्षेत्र के प्रतिशत रूप में कुल सिंचित क्षेत्र के और नहरी सिंचाई वाले क्षेत्र के विस्तार को दिखाया गया है।[7]

तालिका-3.2

ज़िला	*काश्तशुदा क्षेत्र में कुल सिंचित क्षेत्र का %*		*काश्तशुदा क्षेत्र में नहरी सिंचाई वाले क्षेत्र का %*	
	1870+	1910+	1870+	1910+
मैनपुरी	80.17	45.79	2.88	20.06
एटा	30.94	54.95	3.91	24.16
इटावा	48.29	41.67	19.13	29.80
बुलन्दशहर	36.98	48.35	15.61	24.06
अलीगढ़	72.32	47.84	10.16	16.45
मेरठ	55.32	50.44	17.10	31.25

इस तरह 1870 की दहाई में इन छह ज़िलों में कुल काश्तशुदा ज़मीन का 31 से 80 प्रतिशत भाग सिंचित था जबकि नहरी सिंचाई कुल काश्तशुदा क्षेत्र के 20 प्रतिशत से अधिक भाग को नहीं समेटती थी। बाद के काल में नहरों से सिंचित क्षेत्र में स्पष्ट वृद्धि हुई लेकिन छह में चार ज़िलों में सिंचित क्षेत्र का सापेक्ष भाग कम हुआ। पश्चिमी उत्तर प्रदेश में नहरी सिंचाई ख़ुश्क काश्तशुदा क्षेत्र से सिंचित क्षेत्र के मात्र अनुपात को बदलने की जगह कुओं से सिंचाई लेने लगी थी। यह तथ्य मौजूदा सांख्यिकीय साक्ष्यों से पुष्ट ही नहीं होता।[8] बल्कि उन दिनों की सरकारी रिपोर्टों में इसका व्यापक उल्लेख भी किया गया है।[9] इस संवृत्ति का प्रमुख कारण यह था कि नहरों से पहले काफ़ी-कुछ सिंचाई कच्चे कुओं से की जाती थी, और प्राकृतिक नालों की व्यवस्था में हस्तक्षेप करके नहरों ने पानी की सतह को नीचे गिरा दिया और अनेक इलाक़ों में कुओं से सिंचाई पर प्रतिकूल प्रभाव डाला।[10]

इसलिए हम यह मान सकते हैं कि इस क्षेत्र के अधिकांश भाग में नहरी सिंचाई ने सिंचाई के सापेक्ष विस्तार को नहीं बदला है। मतलब यह कि पश्चिमी उत्तर प्रदेश और देहली के इलाक़े में 16वीं सदी के अन्त और 19वीं सदी के अन्त के बीच सिंचाई के सापेक्ष विस्तार में कोई बड़ी वृद्धि सम्भवत: नहीं हुई।

अगर इसे एक ख़ासा ठोस निष्कर्ष माना जाए तो 16वीं और 19वीं सदी की औसत पैदावारों की तुलना सम्भव दिखाई पड़ती है। जैसाकि कहा जा चुका है, आईन में दी गई औसत पैदावार इस मान्यता पर आधारित थी कि हर फ़सल के तहत दो-तिहाई क्षेत्र सिंचित (भारी और मियाना) था। सभी फ़सलों के लिए इस तरह की एक सपाट मान्यता ज़ाहिर है कोई दम नहीं रखती। मुख़्तलिफ़ फ़सलों के तहत क्षेत्रों के मुख़्तलिफ़ भाग सिंचित रहे होंगे। बदनसीबी से हर फ़सल के तहत ख़ुश्क से सिंचित ज़मीनों के अनुपात, 19वीं सदी तक के लिए, आसानी से नहीं मिलते। तो

भी यह बात मुमकिन लगती है कि गेहूँ का एक बड़ा भाग और जौ का उससे कुछ कम भाग सिंचित ज़मीनों में उगाया जाता था। चने का आधे से ज़्यादा क्षेत्र सिंचित नहीं रहा होगा जबकि ज्वार और बाजरा ज़्यादातर ख़ुश्क ज़मीनों में उगाए जाते थे।[11]

रही नक़दी फ़सलें तो यह मान्यता बुद्धिसंगत लगती है कि नील और गन्ने की काश्त केवल सिंचित ज़मीनों पर की जाती थी। कपास की, जो ख़रीफ़ की फ़सल है, इनसे काफ़ी कम सीमा तक कृत्रिम सिंचाई की ज़रूरत पड़ती थी। आधुनिक दस्तावेज़ों में ख़ुश्क और सिंचित, दोनों ज़मीनों के लिए कपास की उपज के अनुमान दिए गए हैं, और हमारा यह मानना शायद वैध होगा कि देहली-दोआब क्षेत्र में कपास के क्षेत्र का कम-से-कम पाँचवाँ भाग सिंचित था।

सरसों और तिल जैसी दूसरी नक़दी फ़सलें मुख्यत: बरसात पर निर्भर होती हैं।[12] एग्रीकल्चरल स्टेटिस्टिक्स में भी सिर्फ़ ख़ुश्क ज़मीनों में उनकी उपज के अनुमान दिए गए हैं।

सिंचाई पर प्रमुख फ़सलों की निर्भरता की सीमा सम्बन्धी इन तथ्यों को देखते हुए हम शेरशाह के नाम से जुड़ी फ़सलों की सूचियों से, उपज की विभिन्न श्रेणियों को मात्र अलग-अलग भारमान देकर, पूरी काश्तशुदा ज़मीन के लिए औसत उपज का अनुमान लगा सकते हैं। मिसाल के लिए गेहूँ के बारे में भारी और दरमियानी पैदावारों के औसत को (जो सिंचित ज़मीन की पैदावार की सूचक हैं) हम 75 प्रतिशत भारमान और ख़ुश्क ज़मीनों की पैदावार को 25 प्रतिशत भारमान दे सकते हैं। जौ के मुआमले में हम तीनों तरह की पैदावारों को बराबर भारमान दे सकते हैं, अर्थात यह मान सकते हैं कि उस फ़सल का कोई 67 प्रतिशत क्षेत्र सिंचित था। चने के बारे में हम सिंचित और ख़ुश्क ज़मीनों की अनुमानित पैदावारों को बराबर भारमान दे सकते हैं। ज्वार, बाजरा, सरसों और तिल के मुआमले में सिर्फ़ ख़ुश्क ज़मीनों की अनुमानित पैदावारों को सामान्य पैदावार समझना होगा। दूसरी ओर गन्ने के बारे में सिंचित ज़मीन की दो पैदावारों के औसत को मानक माना जाना चाहिए। कपास के लिए हम भारी और दरमियानी पैदावार के औसत को 20 प्रतिशत और कम पैदावार को 80 प्रतिशत भारमान देंगे।

16वीं सदी में औसत पैदावारों की इस तरह जो गणनाएँ की गई हैं, अब हम उनकी तुलना 19वीं सदी की सामान्य पैदावारों से कर सकते हैं।

19वीं सदी में सरकारी स्रोत दो वर्ष-समूहों 1841-42 और 1870 के आसपास के लिए देहली और दोआब के ज़िलों में विभिन्न फ़सलों की सामान्य या औसत पैदावारों के अनुमान सामने रखते हैं। आगरा, बुलन्दशहर और मेरठ ज़िलों में विभिन्न फ़सलों की प्रति एकड़ उत्पादकता के बारे में हमारे पास 1841 के लिए मैंसेल के तथा मुज़फ़्फ़रनगर के बारे में थोर्टन के 1842 के अनुमान मौजूद हैं। ये अलीगढ़ के लिए स्मिथ की *फ़ाइनल सेटिलमेंट रिपोर्ट* में उद्धृत किए गए हैं।

1870 के आसपास के बरसों के लिए एटकिंसन की पुस्तकें कुछ ज़िलों के लिए पैदावारों के अनुमान देती हैं। कुछ मुआमलों में ये किसी ज़िले के लिए

सीधे-सीधे दे दिए गए हैं। इनको निश्चित ही सीधे-सीधे इस्तेमाल किया जा सकता है। लेकिन दूसरे मुआमलों में तहसीलों के लिए अलग-अलग अनुमान दिए गए हैं जबकि कुछ और ज़िलों में अलग-अलग क़िस्म की मिट्टी के लिए हर फ़सल की पैदावार के अलग-अलग अनुमान किए गए हैं। इन मुआमलों में जहाँ भी सम्भव हुआ है, साधारण औसत निकाला गया है। लेकिन ज़ाहिर है कि इन अनुमानों के बाद भी बहुत कुछ अनकहा रह जाता है। पहली बात तो यही है कि वे सिंचित ज़मीनों के बारे में 1892 के अनुमानों के इतने क़रीब हैं, बल्कि उनसे ज़्यादा भी हैं, कि सन्देह होने लगता है कि गेहूँ जैसी उम्दा फ़सलों के बारे में सरकारी अधिकारी क्या सिर्फ़ सिंचित ज़मीनों पर खड़ी फ़सलों के बारे में ही सोचते थे।

1841-42 की औसत पैदावार 1870 के आसपास की पैदावार से बहुत भिन्न नहीं है। हालाँकि दोनों तरह के अनुमानों में अलग-अलग ज़िले शामिल हैं, इसका अपवाद सिर्फ़ आगरा है। (यहाँ दोनों अनुमान बहुत मिलते-जुलते हैं।) ज़िलों के ये दोनों समूह देहली-दोआब क्षेत्र में आते हैं जहाँ शेरशाह की फ़सलों की रइयों का मुनासिब तौर पर इस्तेमाल किया जा सकता है। इस कारण अनुमानित पैदावारों के दोनों समूहों की तुलना शेरशाह की रई से प्राप्त औसत पैदावारों से की जा सकती है। ये अनुमान तालिका-3.3 में दिए गए हैं।

तालिका-3.3
फ़सलों की औसत पैदावारें
(मने-अकबरी फ़ी बीघा-ए-इलाही)

	गेहूँ	*जौ*	*चना*	*बाजरा*	*ज्वार*	*कपास*	*गन्ना*	*सरसों*	*तिल*
आईन	13.49	12.93	9.71	5.02	7.57	5.75	11.75	5.13	4.00
1841-42									
आगरा	13.33	13.07	5.17	5.42	7.87	-	-	-	-
बुलन्दशहर	16.26	15.89	12.58	-	-	-	-	-	-
मुज़फ़्फ़रनगर	8.61	9.74	6.77	3.85	4.57	-	-	-	-
मेरठ	15.88	15.29	15.55	-	5.66	-	-	-	-
औसत, 1841-42	*13.52*	*13.50*	*10.02*	*4.64*	*6.03*	-	-	-	-
1870 की दहाई									
आगरा	13.13	12.34	7.69	4.23	7.12	6.15	13.39	-	-
देहली	12.50	10.90	9.00	7.20	7.50	-	-	-	-
अलीगढ़	15.18	13.88	7.38	7.59	9.11	5.70	17.14	3.72	0.89
इटावा	14.06	-	-	10.85	10.85	4.78*	26.82	-	-
सहारनपुर	15.32	20.23	16.96	7.66	4.02	6.26	18.89	10.71	4.02
औसत, 1870+	*14.06*	*14.34*	*10.26*	*7.51*	*7.72*	*5.72*	*19.06*	*7.22*	*2.46*

* सिंचित ज़मीन का अनुमान 6.65 और ख़ुश्क ज़मीन का 2.91 है।

अब हम हर फ़सल के लिए उन आँकड़ों (तालिका-3.3) का विश्लेषण कर सकते हैं जो हमने 1540 की दहाई में, 1841-42 में और 1870 के आसपास औसत पैदावारों के बारे में जमा किए हैं और साथ ही, उनका भी जो 1540 की दहाई 1892 में सिंचित और असिंचित ज़मीनों की पैदावारों (तालिका-3.1 अ और 3.1 ब) के बारे में हैं।

1540 की दहाई में और 1841-42 में भी गेहूँ की औसत उत्पादकता लगभग बराबर थी, पर 1545 की अनुमानित पैदावार 1870 के आसपास सामान्य अनुमानित पैदावार से थोड़ी सी ज़्यादा थी।[13] जब हम अपने 1892 के आँकड़ों से तुलना करते हैं तो गिरावट और भी साफ़ दिखाई देती है। यह भी सिंचित ज़मीनों के लिए अधिक महत्त्वपूर्ण है हालाँकि असिंचित ज़मीनों की पैदावार में कम स्पष्ट है।

जौ के बारे में 1841-42 और 1870 की दहाई की औसत आधुनिक पैदावार 1540 की दहाई के लिए निकाली गई पैदावार से थोड़ी सी अधिक है, पर सिंचित ज़मीन की पैदावार 16वीं सदी में अधिक थी। असिंचित ज़मीनों के सिलसिले में दोनों कालों (1540+ और 1892) की पैदावारों में आश्चर्यजनक समानता है।

चने को लें तो 1545 की औसत पैदावार आधुनिक (1841-42 और 1870 के आसपास की) पैदावार से थोड़ी सी कम है, पर सिंचित और असिंचित ज़मीनों के अलग-अलग आधुनिक अनुमानों से तुलना करने पर 1892 के मुक़ाबले 1545 में अधिक पैदावार का संकेत मिलता है।

बाजरे के मुआमले में यह माना गया है कि इसे सिर्फ़ असिंचित ज़मीनों में बोया जाता था। ज़मीन की सबसे घटिया श्रेणी की उपज के बारे में शेरशाह का अनुमान 1841-42 के औसत अनुमान से थोड़ा सा अधिक है, पर 1870 के आसपास के लिए लगाए गए अनुमान से काफ़ी कम है। 1892 में सिंचित और असिंचित ज़मीनों के लिए अलग-अलग लगाए गए अनुमान भी उन तुलनीय पैदावारों से अधिक हैं जिनका पता आईन में दी गई शेरशाह की सूची से चलता है।

ज्वार के लिए भी मान्यता यही है कि इसकी काश्त की असिंचित ज़मीनों तक सीमित थी। यहाँ हम 1545 के आसपास, 1870 के आसपास और 1892 के अनुमानों में गहरी समानता पाते हैं। लेकिन 1841-42 के लिए अनुमानित सामान्य पैदावार 1545 से कम बैठती है।

इस तरह कुल मिलाकर हम कह सकते हैं कि मध्य-16वीं और अंत-19वीं सदी के बीच प्रमुख खाद्यान्नों की प्रति एकड़ उत्पादकता में कोई बड़ा परिवर्तन नहीं आया।

शेरशाह के दौर और 19वीं सदी के बीच गन्ने की प्रति एकड़ उत्पादकता में स्पष्ट वृद्धि दिखाई देती है।[14] 1540+में सिंचित ज़मीनों की अनुमानित पैदावार (भारी और दरम्याना का औसत) 1870+ की औसत अनुमानित पैदावार से काफ़ी कम है। 1870+ के लिए हमारे पास जिन चार ज़िलों के अनुमान हैं उनमें से हरेक में यह अनुमानित पैदावार से कम है। वास्तव में आईन की भारी पैदावार (13 मन फ़ी बीघा) भी 1870+ की अनुमानित औसत पैदावार (19.06 फ़ी बीघा) से स्पष्ट रूप

से कम है। 1892 के अनुमानों से तुलना करने पर बाद के दौर में और अधिक वृद्धि का पता चलता है। गन्ने की पैदावार में वृद्धि सम्भवत: धातु के बने कोल्हुओं के आरम्भ का नतीजा थी जिनसे और बड़ी मात्रा में रस निकलने लगा था।[15] गन्ने की नई क़िस्मों से परिचय और नहरी सिंचाई के ज़रिये पानी की भारी आपूर्ति को भी योगदान करनेवाले तत्त्व कहा जा सकता है।

जहाँ 1540+ और 1870+ में कुल मिलाकर कपास की औसत अनुमानित पैदावारें लगभग बराबर हैं वहीं 1892 में सिंचित और असिंचित ज़मीनों के लिए अलग-अलग अनुमानित उत्पादकता 1545 और 1892 के बीच हर श्रेणी में गिरावट के संकेत देती है।

शेरशाह की सूचियों में नील की मानक पैदावारें नहीं दी गई हैं हालाँकि उन दिनों इसकी बहुत बड़े पैमाने पर काश्त होती थी। लेकिन 1620+ में तेज़ निगाहवाले डच फ़ैक्टर पेल्सेयर ने दो बयान दिए थे जिनको मिलाकर पढ़ें तो आगरा के क़रीब बयाना के मशहूर इलाक़े में इसकी उपज का अन्दाज़ा लग सकता है। पहले तो वे यह कहते हैं कि एक बीघा की उपज अर्थात पत्तियों और डंठलों को एक समय में एक ही पुट (कुंड) में डाला जाता था और हर पुट से अलग-अलग, 12 से 20 सेर तक रंग (डाई) निकलता था, और फिर उसमें बाद के कामों के दौरान और सूखने के कारण कोई 1/8 की और कमी आ जाती थी।[16] पेल्सेयर ने स्थानीय बीघा का जो आकार बताया है,[17] उसे देखते हुए कुंडों से रंग की औसत पैदावार 16.59-27.66 पौंड फ़ी बीघ-ए-दफ़्तरी रही होगी जो आवाजाही के बाद 14.52-24.20 पौंड रह जाती होगी।

बदनसीबी से इस अनुमान की तुलना बहुत से बाद के अनुमानों से नहीं की जा सकती जिनमें हरे पौधे की उपज बताई गई है। 1892 की एग्रीकल्चरल स्टेटिस्टिक्स की तरह जहाँ रंग की पैदावार दी गई है वहाँ भी इन आँकड़ों की तुलना सीधे-सीधे सम्भव नहीं है। कारण कि उत्पादन की प्रक्रियाओं में तब्दीली आई और प्राकृतिक वाष्पीकरण की भारतीय विधि की जगह (जिसका ख़ुद पेल्सेयर ने बड़ा सुन्दर वर्णन किया है), उबालने की पद्धति अपनाई जाने लगी। यह पद्धति यूरोपीय निलहों के माध्यम से आयात की गई थी, और 19वीं सदी के उत्तरार्ध में बहुत ही देसी फ़ैक्टरियों ने भी इसे बड़े पैमाने पर स्वीकार कर लिया था। उबालने की पद्धति से प्राप्त रंग में नील की मात्रा बहुत अधिक होती थी पर उसका भार उन हरे पौधों से बहुत कम होता था जिनसे इसे निकाला जाता था।[18]

अलीगढ़ के लिए स्मिथ की फ़ाइनल सेटिलमेंट रिपोर्ट (1872-73, प्रकाशन 1882) के अनुसार एक एकड़ से 42 मन हरा पौधा मिलता था।[19] एटकिंसन ने इटावा ज़िले में प्रति एकड़ 78.75 से 105 मन उपज का अनुमान लगाया है।[20] वाष्पीकरण की उपज (कच्चा नील) और उबाल की उपज (पक्का नील) के बीच, दोनों श्रेणियों के सापेक्ष दामों (1.8:1) के आधार पर, हादी ने जो अनुपात क़ायम किया है अगर हम उसे स्वीकार करें तो वाष्पीकरण की विधि से रंग की पैदावार के निम्नलिखित आँकड़े मिलते हैं :

ज़िला		1860+ और 1870+ में उपज	1892 में उपज [अ]
आगरा	(1871)	14.81[ब]	12.96
इटावा	(1864)	14.31-19.43[स]	13.68
अलीगढ़	(1872-73)	7.62[स]	13.68

(अ) ये सभी आँकड़े एग्रीकल्चरल स्टेटिस्टिक्स में सिंचित ज़मीन से प्राप्त रंग के अनुमानों पर आधारित हैं।

(ब) एटकिंसन, खंड सात, पृ. 455 देखें। आगरा के बारे में छपाई की एक ग़लती ज़ाहिर है : रंग की प्रति एकड़ मात्रा 2 1/4 मन दी गई है और पैदावार का कुल मूल्य 24.36 रुपये बताया गया है। इससे रंग का भाव 10.83 रुपये प्रतिमन आता है जो असम्भव है। रंग की मात्रा में 2 का अंक फालतू लगता है और सही मात्रा ग़ालिबन सिर्फ़ 1/4 मन रही होगी।

(स) अलीगढ़ (सेटिलमेंट रिपोर्ट, पृ. 37) और इटावा (एटकिंसन, खंड चार, पृ. 251) के मुआमलों में, जहाँ हरे पौधों की पैदावारें दी गई हैं, स्मिथ की फ़ाइनल सेटिलमेंट रिपोर्ट, पृ. 37 का अनुसरण करते हुए पौधे और रंग के बीच 325:1 का अनुपात माना गया है। यह वाट (खंड चार, पृ. 408-9) द्वारा दिए गए अनुपातों के दायरे 300:1 से 333:1 के बीच आता है।

उपरोक्त आँकड़ों से लगता है कि 1892 में वाष्पीकरण की विधि से रंग की पैदावार 1620+ के लिए न्यूनतम अनुपात (16.59 या 14.52 पौंड) से कम थी, हालाँकि यह अन्तर बहुत अधिक नहीं लगता। आगरा के लिए 1871 और इटावा के लिए 1864 के अनुमान लगभग वही हैं जो बयाना के लिए 1620+का है। लेकिन अलीगढ़ के लिए 1872-73 की अनुमानित पैदावार 1620+की कम पैदावार का भी कोई आधा है। इस कम पैदावार का कारण नील के पौधे की एक अलग नस्ल को ठहराया गया है जिससे अधिक समृद्ध रंग मिलता था।[21] लेकिन यह भी हो सकता है कि अलीगढ़ में 1872-73 के लिए दी गई पैदावार एक अल्पाकलन हो जिसका शुबहा ख़ुद स्मिथ को भी था।

इस तरह लगता है कि बयाना में तैयारशुदा रंग की पैदावार पर पेल्सेयर का अनुमान वाष्पीकरण की देसी प्रक्रिया से प्राप्त रंग की बेहतर क़िस्म की अनुमानित पैदावार से थोड़ा सा अधिक है। इसका कारण यह हो सकता है कि बयाना वाला पौधा एक विशेष ऊँची श्रेणी का था और वज़न से वज़न के आधार पर लें तो वाष्पीकरण पर पास के दोआबा इलाक़ों में बोए जानेवाले पौधों से ज़्यादा रंग देता था।

इस तरह हम कुल मिलाकर यह नतीजा निकालने के लिए मजबूर हैं कि प्रति एकड़ नील के पौधे का उत्पादन 1600 में भी वही था जो 19वीं सदी के उत्तरार्ध में था। हालाँकि रंग की पैदावार की तुलना उस आधुनिक समृद्ध रंग से नहीं की जा सकती जो ब्वायलरों के इस्तेमाल से मिलती थी।

1870+ के लिए औसत पैदावारों के अनुमानों में आमतौर पर तिलहनों को शामिल नहीं किया गया है। लेकिन, जैसाकि हमने देखा है, ये फ़सलें ख़ुश्क ज़मीनों तक सीमित थीं और आधुनिक आँकड़ों में 1892 के लिए ख़ुश्क ज़मीनों पर ही उनकी

अनुमानित पैदावारें दी गई हैं। ये अनुमान आईन में दी गई न्यूनतम पैदावार के काफ़ी करीब हैं। इसलिए ऐसा नहीं लगता कि इन फ़सलों की प्रति एकड़ उत्पादकता में कोई महत्त्वपूर्ण परिवर्तन हुआ होगा।

तीन

हमारे पास जो भी साक्ष्य हैं उनके आधार पर हम कह सकते हैं कि 1540-45 और 1870 की दहाई के बीच प्रमुख खाद्यान्नों की प्रति एकड़ उपजें लगभग समान रहीं। अगर कोई परिवर्तन आया भी हो तो बहुत मामूली आया। कुल मिलाकर भी उन नक़दी फ़सलों में कोई बड़ा परिवर्तन नहीं दिखाई पड़ता जिनके लिए हमारे पास साक्ष्य हैं।

लेकिन इन सबका अपने-आप यह मतलब नहीं निकलता कि कुल मिलाकर प्रति एकड़ खेतिहर उत्पादकता भी समान रही। अब भी यह तर्क दिया जा सकता है कि हर फ़सल की स्थिर उत्पादकता को देखते हुए खेती की उत्पादकता ज़्यादा दाम देनेवाली फ़सलों के क्षेत्र में विस्तार के कारण बढ़ी होगी। मिसाल के लिए गन्ना, कपास और गेहूँ जैसी उच्च कोटि की फ़सलों के क्षेत्र में एक सापेक्ष वृद्धि प्रति एकड़ खेतिहर पैदावार के मूल्य में सामान्य वृद्धि का कारण बन सकती है। हालाँकि हो सकता है इन या दूसरी फ़सलों की प्रति एकड़ उत्पादकता अपरिवर्तित रही हो।

इस सम्भावना पर विचार करने के लिए आदर्श स्थिति तो यह है कि हमारे पास 16वीं सदी में और 1900 में भी विभिन्न फ़सलों के क्षेत्र के आँकड़े हों। पर चूँकि हमारे पास 16वीं सदी के आँकड़े नहीं हैं, हमें इस प्रकार के प्रत्यक्ष साक्ष्यों के विकल्प के लिए दूसरे उपायों पर विचार करना होगा।

क्या 16वीं सदी के बाद से फ़सलों के वितरण के प्रतिमान में परिवर्तन आया है, इसका एक सम्भावित संकेत 16वीं और 19वीं सदियों के बीच गेहूँ के सापेक्ष विभिन्न फ़सलों की उपज के दामों में आए परिवर्तनों से मिल सकता है। अगर विभिन्न फ़सलों की उपज के सापेक्ष दाम मोटे तौर पर समान थे तो वैध रूप से यह नतीजा निकाला जा सकता है कि कुल उत्पादन में इन फ़सलों का भाग भी बड़ी हद तक अपरिवर्तित रहा। इस सम्भावना को बहुत दूर की कौड़ी कहा जाएगा कि कुल उत्पादन में किसी फ़सल का भाग तो ख़ासा बदल गया हो मगर उसका सापेक्ष मूल्य फिर भी अपरिवर्तित रहे।

आगरा में 16वीं सदी में उत्पाद के मूल्यों की गणना के लिए 1545 के आसपास की मानक औसत पैदावारों को आईन में दिए गए मूल्यों से गुणा किया जा सकता है। दूसरे ज़िलों के लिए इन पैदावारों में हम आईन के उन मूल्यों से गुणा कर सकते हैं जिनको इन ज़िलों और आगरा में मूल्यों के अन्तर से संशोधित किया गया हो। 1860-70 की दहाई के लिए मूल्यों के ये आँकड़े सरकारी प्राइसेज़ एंड वेजेज़ से प्राप्त किए गए हैं।[22] 16वीं सदी में गन्ना और कपास के मूल्य हमें ज्ञात नहीं हैं। और इस कारण इन दो फ़सलों की उपज के सापेक्ष मूल्यों की गणना नहीं की जा सकती। मगर इन फ़सलों के लिए गेहूँ के सापेक्ष इनके प्रति इकाई क्षेत्र पीछे नक़दी में माँगी जा रही मालगुज़ारी (दस्तूरुल-अमल) के मोटे तौर पर उनकी उपज के सापेक्ष मूल्य

माना जा सकता है। 1870 के आसपास के लिए हमने ज़िलों में गज़ेटियरों और बन्दोबस्ती की रिपोर्टों में दिए गए अनुमानित मूल्यों को स्वीकार किया है।[23]

तालिका-3.4 से स्पष्ट है कि गेहूँ के सापेक्ष आमतौर पर दूसरे खाद्यान्नों की उपज के मूल्य 16वीं सदी में और 19वीं सदी के उत्तरार्ध में कमोबेश समान थे। वैसे तो भारी उतार-चढ़ाव की इक्का-दुक्का मिसालें मिलती हैं, पर कोई बड़ा परिवर्तन दिखाई नहीं देता। लेकिन नक़दी फ़सलों की स्थिति बिल्कुल भिन्न है। यहाँ हमें उनकी प्रति एकड़ उपज के सापेक्ष दामों में एक निश्चित गिरावट दिखाई देती है जो कपास और नील के मुआमले में आश्चर्यजनक सीमा तक बड़ी और गन्ने के मुआमले में स्पष्ट है।

मुख्य तिलहनों के बारे में आधुनिक सूचनाएँ दुर्लभ हैं जो अपेक्षाकृत आश्चर्यजनक हैं। हमारे पास केवल एक ज़िले (अलीगढ़) के लिए सूचनाएँ हैं। इस एकमात्र साक्ष्य के आधार पर कुछ कहना सुरक्षित नहीं होगा क्योंकि ज़िले में बताई गई पैदावारें असाधारण रूप से कम हैं—सरसों के लिए 0.89 मन प्रति बीघा। दूसरी ओर एग्रीकल्चरल स्टेटिस्टिक्स में 1892 के लिए दिया गया संगत अनुमान 5.34 मन प्रति बीघा और उत्तर प्रदेश के लिए वाट का अनुमान 3.72 से 5.4 मन प्रति बीघा है।[24] ये पैदावारें जैसी भी हैं, आईन से ज्ञात होनेवाली पैदावारों से ख़ासी मेल खाती हैं।

इन सबसे हम दो नतीजे निकाल सकते हैं। पहला, गेहूँ के क्षेत्र सापेक्ष विभिन्न खाद्यान्नों के क्षेत्र में 1600 और 1870 के बीच सम्भवत: कोई बहुत ज़्यादा तब्दीली नहीं आई। दूसरे, गन्ना, कपास और नील के क्षेत्र में सम्भवत: सापेक्ष कमी हुई।

इन तीन सदियों में सबसे अधिक परिवर्तन सम्भवत: 19वीं सदी के उत्तरार्द्ध में आया जब नहरों और रेलों का निर्माण हुआ। इसलिए यह पता करना दिलचस्पी से ख़ाली नहीं होगा कि मोटे तौर पर हमने जो दो नतीजे निकाले हैं, क्या इस काल में फ़सलों के वितरण के वास्तविक परिवर्तनों से उनकी पुष्टि होती है?

तालिका-3.5 में 1870 के आसपास, 1884-85, 1897-98 और 1910-11 में पश्चिमी उत्तर प्रदेश के ज़िलों में कुछ चुनिंदा फ़सलों के क्षेत्र के वितरण दिखाए गए हैं। यहाँ हर फ़सल का क्षेत्र सकल काश्त के क्षेत्र के प्रतिशत रूप में दिखाया गया है।

एक जगह जमा किए गए इन आँकड़ों से पता चलता है कि इस काल में गेहूँ के प्रतिशत क्षेत्र में कोई बड़ी वृद्धि नहीं हुई। ज्वार के सापेक्ष क्षेत्र में तेजी से गिरावट दिखाई देती है, पर चने के क्षेत्र में उतनी ही बढ़ोतरी भी हुई। चूँकि इन दो फ़सलों की उपज के मूल्य लगभग एक श्रेणी में आते हैं, इन परिवर्तनों से सामान्य उत्पादकता अप्रभावित रही होगी। जौ की काश्त में भी वृद्धि की एक सामान्य प्रवृत्ति दिखाई देती है, जबकि बाजरे का सापेक्ष क्षेत्र कमोबेश वही रहा। मक्का एक नई फ़सल है जिसका आईने-अकबरी की सूचियों में कोई हवाला नहीं मिलता, आम तौर पर 1897-98 में इसका क्षेत्र 1910-11 की अपेक्षा अधिक दिखाई देता है जब यह क्षेत्र कुल फ़सली क्षेत्र के 5 प्रतिशत से शायद ही अधिक रहा हो। इसलिए आईन के

तालिका-3.4

मुख़्तलिफ़ फ़सलों की फ़ी एकड़ उपज का सापेक्ष मूल्य (गेहूँ=100)

	आगरा		कोल (अलीगढ़)		मेरठ		इटावा		कन्नौज (फ़र्रुख़ाबाद)		सरधाना (मुज़फ़्फ़रनगर)		दिल्ली	
	1545-95	*1870-71*	*1545-95*	*1872-73*	*1545-95*	*1870*	*1545-95*	*1874-75*	*1545-95*	1870	1545-95	1871-71	1545-95	1870
गेहूँ	100.00	100.00	100.00	100.00	100.00	100.00	100.00	100.00	100.00	100.00	100.00	100.00	100.00	100.00
जौ	63.90	70.24	71.40	65.32	71.84	100.00	75.65	43.63	69.60	75.00	64.37	48.48	64.77	66.61
चना	47.99	40.65	55.34	48.57	62.34	88.89	58.09	32.14	52.20	अनु	50.48	39.99	54.09	76.58
ज्वार	46.76	41.14	47.32	42.86	62.01	66.67	52.11	48.50	54.14	52.50	43.78	38.02	42.03	56.93
बाजरा	24.81	28.61	24.92	41.61	33.38	38.89	25.87	अनु	25.45	अनु	35.08	अनु	25.51	49.98
कपास	129.99	66.67	148.40	78.57	153.61	72.22	144.54	63.06	154.91	100.00	153.61	96.96	-	-
गन्ना	219.80	197.56	222.65	217.86	211.71	-	222.65	227.02	269.56	160.00	211.70	116.42	-	-
नील	249.70	78.35	268.99	45.00	277.11	-	264.92	62.41	217.39	40.00	277.11	-	-	-
तिल	-	-	45.93	28.57	-	-	-	-	-	-	-	-	-	-
सरसों	-	-	69.60	11.00	-	-	-	-	-	-	-	-	-	-

अनु = अनुपलब्ध

काल और 20वीं सदी के आरम्भ के बीच इसकी काश्त से फ़सलों के वितरण के प्रतिमान में कोई उल्लेखनीय परिवर्तन सम्भव दिखाई नहीं देता।

इस तरह स्पष्ट है कि 1870-1911 के काल में प्रमुख खाद्यान्नों के क्षेत्र में कोई महत्त्वपूर्ण परिवर्तन नहीं आया। हालाँकि हो सकता है थोड़ी सी बढ़ोतरी हुई हो, पर यही बात नक़दी फ़सलों के क्षेत्र के बारे में नहीं कही जा सकती। तालिका-3.5 से कपास के क्षेत्र में कमी की एक स्पष्ट प्रवृत्ति दिखाई देती है और ऐसी ही प्रवृत्ति नील में भी दिखाई देती है, जबकि गन्ने के सापेक्ष क्षेत्र में काफ़ी उतार-चढ़ाव आए। तम्बाकू का सापेक्ष क्षेत्र (जो बहरहाल महत्त्वपूर्ण नहीं था) लगभग अपरिवर्तित रहा। वृद्धि केवल तिलहनों के सापेक्ष क्षेत्र में हुई, लेकिन तिलहनों का सापेक्ष क्षेत्र इतना कम है कि इस परिवर्तन से औसत उत्पादकता में शायद ही कोई अन्तर आया हो। एक विकासक्रम दिलचस्प है : चारे की फ़सलों के सापेक्ष क्षेत्र में वृद्धि की एक निश्चित प्रवृत्ति दिखाई देती है। निश्चित ही काश्त में विस्तार और प्राकृतिक चरागाहों के सिमटाव को इसका कारण कहा जा सकता है जिससे चारे की फ़सलों की माँग बढ़ी होगी, लेकिन इनका मूल्य कम होने के कारण काश्त की प्रति एकड़ औसत उत्पादकता बढ़ने के बजाय कम हुई होगी।

ऊपर निकाले गए दो निष्कर्ष ये थे कि पश्चिमी उत्तर प्रदेश में 17वीं और 19वीं सदियों के बीच अनाजों का सापेक्ष क्षेत्र लगभग अपरिवर्तित रहा और यह कि नक़दी फ़सलों के क्षेत्र में कुछ कमी आई। रेलवे काल (1870-1911) के अधिक प्रत्यक्ष और विस्तृत साक्ष्यों से इन निष्कर्षों की पुष्टि होती है, यही इस पूरी अवधि में सबसे अधिक परिवर्तन का काल रहा होगा।[25] इससे हमें भरोसा मिलता है कि हम और भी सटीक ढंग से अपने प्रमुख निष्कर्षों को रख सकें।

पहले देहली और आगरा के आसपास के क्षेत्र में 1540 और 1900 के बीच खेती की उत्पादकता को लें : जहाँ 1900 के आसपास तक अनाजों की औसत पैदावार अपरिवर्तित रही वहीं कपास और गन्ना जैसी प्रमुख नक़दी फ़सलों की उपज में वृद्धि के साथ उनके मूल्य में और शायद उनके सापेक्ष क्षेत्र में भी गिरावट आई। नील की उत्पादकता में किसी परिवर्तन का निश्चय नहीं किया जा सकता, मुख्यत: इसलिए कि उत्पादन की विधि में बदलाव आया, जबकि इसकी काश्त का क्षेत्र मुमकिन है सिमटा हो। तिलहनों के क्षेत्र में ज़रा सी वृद्धि से प्रमुख नक़दी फ़सलों के क्षेत्र में सामान्य कमी की भरपाई नहीं हुई होगी। चारे की फ़सलों का विस्तार काश्तशुदा ज़मीन की उपज के औसत मूल्य में कमी लानेवाला तत्त्व था। इस तरह अगर हम सिर्फ़ अपने आँकड़ों पर भरोसा करें तो लगता है, 16वीं सदी तथा पिछली सदी के अन्तिम वर्षों के बीच उत्पादकता कुल मिलाकर या तो स्थिर रही होगी या, जो अधिक सम्भव है, थोड़ी सी कम हुई होगी।

ज़ाहिर है ये निष्कर्ष केवल एक क्षेत्र के लिए उपलब्ध आँकड़ों पर आधारित हैं हालाँकि यह मुग़ल साम्राज्य का केन्द्रीय महत्त्व का क्षेत्र था। दूसरे क्षेत्रों से साक्ष्य अगर उपलब्ध होते तो सम्भव है नतीजा बहुत भिन्न होता। मिसाल के लिए मुमकिन

तालिका-3.5

मुख़्तलिफ़ फ़सलों में क्षेत्रफल का वितरण, 1870-71 से 1910-11 (सकल काश्त का %)

	आगरा				*अलीगढ़*				*इटावा*			
	1870-71	*1884-85*	*1897-98*	*1910-11*	*1872-73*	*1884-84*	*1897-98*	*1910-11*	*1870*	*1884-85*	*1897-98*	*1910-11*
गेहूँ	15.26	8.41	10.25	10.80	20.58	16.29	22.96	17.97	10.00	13.36	14.50	12.28
जौ	3.40	-	13.32	16.31	10.57	-	14.94	18.32	2.44	-	11.71	15.13
चना	7.70	-	16.50	30.33	6.36	-	11.74	18.31	3.94	-	14.42	18.41
ज्वार	21.06	-	11.06	6.06	17.99	-	10.57	6.49	18.63	-	9.18	5.93
बाजरा	17.44	-	22.07	15.21	7.96	-	8.37	8.79	14.31	-	9.52	18.38
मक्का	0.82	-	1.58	0.13	0.41	-	8.57	3.93	2.68	-	8.24	2.98
गन्ना	0.71	0.53	0.19	0.37	0.18	18.32	0.36	1.11	4.11	0.94	1.16	2.45
कपास	14.08	16.82	7.15	0.39	13.54	12.84	5.99	8.83	14.06	1.27	6.30	6.40
नील	0.40	1.00	0.56	-	3.28	5.99	3.95	0.26	1.34	6.85	6.60	0.37
तिलहन	-	0.42	0.42	2.11	0.04	12.84	0.07	2.43	-	0.06	0.02	0.37
तम्बाकू	-	0.10	0.20	0.40	-	0.40	0.40	0.50	-	0.30	0.50	0.20
चारे वाली फ़सलें	-	0.39	2.30	3.10	-	1.20	3.70	5.10	-	1.00	1.40	1.90

तालिका-3.5 जारी

मुख़्तलिफ़ फ़सलों में क्षेत्रफल का वितरण, 1870-71 से 1910-11 (सकल काश्त का %)

	मुज़फ़्फ़रनगर				फ़र्रुख़ाबाद			
	1860-61	*1884-85*	*1897-98*	*1910-11*	*1870*	*1884-85*	*1897-98*	*1910-11*
गेहूँ	31.6	31.14	29.26	36.90	31.10	14.91	16.89	22.65
जौ	3.1	-	4.09	4.91	20.35	-	16.92	15.68
चना	4.3	-	12.44	17.33	3.46	-	8.67	11.37
ज्वार	4.4	-	3.81	0.35	15.16	-	10.75	7.93
बाजरा	5.2	-	2.57	6.22	13.01	-	5.12	12.68
मक्का	2.7	-	5.63	4.19	0.20	-	12.83	5.63
गन्ना	6.2	6.85	9.36	4.80	3.64	1.78	1.60	2.79
कपास	4.1	3.69	2.55	3.57	5.14	5.82	3.74	0.14
नील	-	0.12	-	-	0.11	4.02	1.79	0.08
तिलहन	-	3.69	0.09	0	-	0.02	0.06	0.18
तम्बाकू	-	0.08	0.20	0.20	-	0.70	0.60	0.60
चारे वाली फ़सलें	-	0.80	1.20	13.40	-	2.30	2.50	2.60

है 19वीं सदी की आख़िरी दहाइयों में गुजरात में कपास की काश्त बढ़ी हो और बंगाल में उसी सदी में पटसन की काश्त में अभूतपूर्व वृद्धि हुई हो। ऐसे परिवर्तनों से समग्र उत्पादकता पर बड़े पेचीदा ढंगों से प्रभाव पड़े होंगे। लेकिन लेखा-जोखा के बाद ऐसा प्रभाव सम्भवत: हमेशा ही मामूली रहा और जब तक कुछ और विशिष्ट साक्ष्य सामने न आएँ। केन्द्रीय क्षेत्र के साक्ष्यों की विस्तृत छानबीन से प्राप्त हमारे परिणाम मोटे तौर पर पूरे देश के लिए सही माने जा सकते हैं।

सन्दर्भ और टिप्पणियाँ

1. *आईन*, एक, पृ. 298, रई की सूची की व्याख्या के लिए डब्ल्यू. एच. मोरलैंड, *शेरशाह सूरी रेवेन्यू सिस्टम*, जे. आर. ए. एस., लंदन, 1926, पृ. 447-59 देखें।
2. *सरकारी एग्रीकल्चरल स्टेटिस्टिक्स* में अनेक फ़सलों की पैदावारें सिर्फ़ सिंचित ज़मीनों के लिए दी गई हैं, जैसे गन्ने के लिए, जबकि बाजरा और ज्वार की सिर्फ़ ख़ुश्क ज़मीनों से पैदावार दी गई है।
3. हबीब, *एग्रेरियन सिस्टम*, पृ. 367-68
4. उपरोक्त, पृ. 353-56
5. *एग्रीकल्चरल स्टेटिस्टिक्स*, भाग एक, 18वाँ अंक, 1904, पृ. 23
6. तुलना करें ए. डब्ल्यू. हेस्टन, द *स्टैंडर्ड ऑफ़ लिविंग इन अकबर्स टाइम : ए कमेंट*, आई ईएस एचआर, वर्ष चौदह, अंक 3 (जुलाई-सितंबर 1977), पृ. 391-96 से।
7. 1870 की दहाई के आँकड़े एटकिंसन, दो, पृ. 382-83, तीन पृ. 23-24, चार, पृ. 21, 256, 510 से और 1910 की दहाई के लिए नेविल, चार, पाँच, छह (हर खंड में परिशिष्ट पाँच) से लिये गए हैं।
8. गिरावट हमेशा सिर्फ़ सापेक्ष भाग में नहीं, कभी-कभी निरपेक्ष विस्तार में भी आई। मसलन बुलन्दशहर ज़िले में 1865 में कुल सिंचित क्षेत्र 3,20,426 एकड़ था जिसमें 36,754 एकड़ (11.4 प्रतिशत) नहरों से सिंचित था, 1870 में सिंचित क्षेत्र निरपेक्ष रूप से गिरकर 2,88,249 एकड़ रह गया जबकि नहरों से सिंचित क्षेत्र बढ़कर 1,21,968 एकड़ अर्थात कुल सिंचित क्षेत्र का 42.31 प्रतिशत हो गया। (एटकिंसन, खंड तीन, पृ. 221-22 देखें।)
9. डब्ल्यू. एच. मोरलैंड, *नोट्स ऑन द एग्रीकल्चरल कंडीशंस ऑफ़ यूनाइटेड प्रॉविंसेज़ एंड ऑफ़ इट्स डिस्ट्रिक्ट्स*, इलाहाबाद, 1913 देखें।
10. अलीगढ़ ज़िले में 1870 में 4,67,148 एकड़ क्षेत्र कच्चे कुओं से सिंचित था। (एटकिंसन, खंड दो, पृ. 381, *सेटिलमेंट रिपोर्ट*, पृ. 83 देखें।) फ़सली सन 1315 (1966-7) में (पक्के और कच्चे) कुओं से सिंचित क्षेत्र घटकर 2,82,425 एकड़ रह गया। (नेविल, खंड छह परिशिष्ट पाँच देखें।)
11. 1871 में ज़िला शाहजहाँपुर में, जहाँ कुल काश्तशुदा क्षेत्र का सिर्फ़ 20.2 प्रतिशत भाग सिंचित था, (सिंचाई के इतने कम विस्तार का कारण सम्भवत: भारी वर्षा थी जो इस ज़िले में औसतन 39 इंच प्रतिवर्ष होती थी), विभिन्न फ़सलों के तहत सिंचित क्षेत्र के भाग इस प्रकार थे : गेहूँ 38, जौ 27, चना 3, ज्वार और बाजरा एक प्रतिशत से कम, नील 46, गन्ना 60, और कपास 3.9 प्रतिशत। (एटकिंसन, खंड नौ, पृ. 44 देखें।) यह स्थिति इस ज़िले में थी जहाँ कुल काश्त का सिर्फ़ पाँचवाँ भाग सिंचित था। वहीं मैनपुरी और अलीगढ़ जैसे ज़िलों में जहाँ सिंचाई के भाग क्रमश: 72 और 80 प्रतिशत से अधिक थे, कुल फ़सली क्षेत्र में गेहूँ का सिंचित क्षेत्र शायद ही 75 प्रतिशत से कम रहा होगा, दूसरी फ़सलों के तहत भी यह भाग इसी हिसाब से अधिक रहा होगा।
12. एटकिंसन, खंड चार, भाग एक, पृ. 253
13. यह उन्हीं बातों पर आधारित है जो तालिका-3.3 हमें 1870 के लिए समेकित औसत पैदावार के बारे में बताती है। लगभग इसी काल में हमारे पास इटावा ज़िले के लिए (एटकिंसन, खंड चार, पृ. 251) अलग-अलग क़िस्म की मिट्टी में गेहूँ की पैदावार के तीन अनुमान है : 18.77, 15.64 और 12.40 मन फ़ी बीघा-ए-इलाही। शेरशाह के तीन अनुमान हैं, 18, 15 और 8.87

मन फ़ी बीघा-ए-इलाही। जहाँ पहले दो अनुमान ख़ासे मेल खाते हैं वहीं शेरशाह की रई में दिया गया तीसरा अनुमान असाधारण रूप से कम है। इससे हमारा यह विचार पुष्ट होता है कि शेरशाह के यहाँ कम उपज घटिया मिट्टी के लिए नहीं, असिंचित ज़मीनों के लिए दी गई है।

14. इसकी उपज आईन में काली शकर (क़ंदे-सियाह) और 19वीं सदी के आँकड़ों में गुड़ की दृष्टि से दी गई है।
15. वाट, चार, भाग दो, पृ. 257 देखें। लोहे की बेहिया कोल्हू की शुरुआत 1873-74 में हुई और इसे जल्द ही संयुक्त प्रान्त में अपना लिया गया। फोएलकर (पृ. 276-77) ने 1893 में टिप्पणी की थी कि सबसे अधिक प्रगति पूर्वोत्तर प्रान्तों (संयुक्त प्रान्त) में हुई है और लोहे का कोल्हू तक़रीबन आम हो चुका है।
16. एफ़ पेल्सेयर, *रिमांस्ट्रैंशी,* अनुवाद : डब्ल्यू. एच. मोरलैंड और पी. गेल, *जहाँगीर्स इंडिया,* पृ. 10-11
17. यह बाद के बीघा-ए-दफ़्तरी के बराबर या उसके क़रीब था। (हबीब, *एग्रेरियन सिस्टम,* पृ. 364 देखें।) पूरी 17वीं सदी में नील के व्यापार में प्रयुक्त मन और सेर अकबरी भार-प्रणाली के अनुसार थे।
18. तुलना करें एस. मुहम्मद हादी, *ए मोनोग्राफ ऑन डाईज एंड डाइंग इन द नार्थ-वेस्ट प्रॉविंसेज़ एंड द अवध,* इलाहाबाद, 1896, पृ. 76, वाट, चार, पृ. 408-9 से। (यहाँ वाष्पीकरण से प्राप्त पैदावार श्रेणी गड के अन्तर्गत दी गई है।)
19. स्मिथ, *फ़ाइनल सेटिलमेंट रिपोर्ट,* पृ. 37
20. एटकिंसन, खंड चार, पृ. 251
21. के. के. त्रिवेदी, *मूवमेंट ऑफ़ रिलेटिव वैल्यू ऑफ़ एग्रीकल्चरल क्राप्स इन द आगरा रीजन, 1600-1900,* भारतीय इतिहास कांग्रेस (1975) में पढ़ा गया। लेकिन त्रिवेदी की राय यह है कि 19वीं सदी के उत्तरार्ध में आमतौर पर पैदावारें अलीगढ़ जितनी ही कम होती थीं। यह निष्कर्ष निश्चित ही पहले के बरसों के लिए और 1892 के लिए भी दूसरे ज़िलों से प्राप्त साक्ष्यों से पुष्ट नहीं होता।
22. मैंने *प्राइसेज़ एंड वेजेज़* के 1892 में प्रकाशित अंक का उपयोग किया है। 1861-70 की दहाई के दामों को वरीयता दी गई है क्योंकि दामों पर रेलवे के प्रभाव अभी पूरी तरह महसूस नहीं किए गए थे। तुलना करें ज़हूर अली ख़ान, 'रेलवेज एंड द क्रिएशन ऑफ़ नेशनल मार्केट इन फ़ूडग्रेंस', *इंडियन हिस्टॉरिकल रिव्यू* (आगे से : आई. एच. आर.), वर्ष चार, अंक 2, पृ. 178 से।
23. एटकिंसन, खंड तीन, पृ. 227, 470, खंड चार, पृ. 251, खंड छह, पृ. 43, 444-45
24. जी. वाट, *द कामर्शियल प्रॉडेक्ट्स ऑफ़ इंडिया,* पृ. 177
25. मेरा निष्कर्ष यह होगा कि जहाँ इस क्षेत्र में ग़ैर-खाद्य फ़सलों में सिमटाव आया वहीं रेलों के विकास के फलस्वरूप उनकी काश्त के लिए उपयुक्त दूसरे क्षेत्रों में उनका विस्तार भी हुआ। लेकिन बरार, बम्बई प्रेसिडेंसी, मध्य प्रान्त, मद्रास प्रेसिडेंसी और पंजाब पर आधारित एक बड़े क्षेत्र से प्राप्त आँकड़ों के आधार पर मैकएल्पिन (आई. ई. एस. एच. आर., वर्ष बारह, अंक 1, पृ. 58) यह निष्कर्ष निकालते हैं कि ऐसा नहीं लगता कि भारत में रेल मार्गों के निर्माण के साथ अनाजों की काश्त वाली ज़मीन के निरपेक्ष परिमाण में कमी आई हो। मैकएल्पिन की प्रस्थापना में बहुत अधिक संशोधन की दरकार है और मैंने केवल यह सुझाने के लिए उनके लेख से उद्धरण दिया है कि अंत-19वीं सदी में फ़सलों के प्रतिमान में आए परिवर्तनों की जितनी छानबीन यहाँ की गई है उससे कहीं बहुत अधिक बारीकी से छानबीन की जानी चाहिए।

मालगुज़ारी

अध्याय-4

मालगुज़ारी की माँग

मालगुज़ारी मुग़ल सल्तनत के विशाल ढाँचे का आधार थी और आधुनिक अध्ययनों में स्वाभाविक रूप से इसके परिमाण, आकलन और संग्रह की विधि पर काफ़ी ध्यान दिया गया है।

यह बात स्वीकार की जाती है कि अकबर के प्रशासन ने एक ख़ासे बड़े इलाक़े में मालगुज़ारी की व्यवस्था का उल्लेखनीय सीमा तक मानवीकरण किया। अकबर की मालगुज़ारी की नीति के विकास का अध्ययन मोरलैंड और हबीब ने किया है।[1] लेकिन उनकी व्याख्याएँ चाहे जितनी महत्त्वपूर्ण हों, उनकी अनेक प्रस्थापनाओं की अभी तक आईन के आँकड़ों के आधार पर जाँच नहीं की जा सकी है। उनके तर्कों में कुछ ढीले-ढाले सिरे भी हैं जो ग़ालिबन आँकड़ों के सहारे कसे जा सकते थे। प्रस्तुत अध्याय में पहले तो आईन के पाठ और आँकड़ों के आधार पर हर मौजूदा मान्यता या निष्कर्ष को परखने का और यह देखने का प्रयास किया गया है कि अकबर की मालगुज़ारी नीति के विकास के बारे में जो तस्वीर हमारे सामने है उसे क्या और सटीक बनाया जा सकता है और आवश्यकता हो तो क्या संशोधित किया जा सकता है? यह कार्य हमारे लिए काफ़ी प्रासंगिक है क्योंकि जो सवाल आर्थिक इतिहासकार को कहीं बहुत ज़्यादा नाज़ुक अहमियत का सवाल लगता है, हमें इससे उस सवाल के और क़रीब पहुँचने में मदद मिलती है। वह सवाल सकल खेतिहर उत्पाद के उस भाग का है जो मालगुज़ारी की अदायगी के रूप में निकल जाता था।

एक

जिस क्षेत्र में अकबर का सुव्यवस्थित मालगुज़ारी प्रशासन कार्यरत था उसमें उत्तर भारत का एक बड़ा भाग आ जाता था। यह इलाक़ा साल्ट रेंज से लेकर सोन नदी तक फैला हुआ और आठ सूबों में बाँटा हुआ था। यहाँ मालगुज़ारी के आकलन की जो मानक विधि इस्तेमाल की जाती थी उसे ज़ब्त कहते थे। ज़ब्त शब्द का अर्थ हर फ़सल के क्षेत्र पर नक़दी में तयशुदा मानक दरों का उपयोग करके मालगुज़ारी का हिसाब लगाना है। छठे से लेकर 24 वें शासन वर्ष तक हर साल तय की गई दरें आईन में कुछ तालिकाओं के रूप में दी गई हैं जिनका शीर्षक 'आईने-नौजदहसाला' (उन्नीस साल का आईन या विधान) है।[2] इन तालिकाओं में एक दर या दो (न्यूनतम

और अधिकतम) दरों के रूप में सूबावार दस्तूर दिए गए हैं।[3] छठे से लेकर नौवें शासन वर्ष तक हर सूबे में फ़सलों को एक-एक दर दी गई है, सच तो यह है कि बहुत सी मिसालों में आठों सूबों में एक ही दर दिखाई देती है। चूँकि इन बरसों में (मालवा को छोड़) सभी प्रान्तों में दरें समान हैं, यह निष्कर्ष निकाला जा सकता है कि यहाँ एकसमान उत्पादकता और एकसमान दामों की मान्यता स्वीकार की गई है। 10वें वर्ष से एक परिवर्तन दिखाई देता है, दरें पिछले तीन साल के मुक़ाबले काफ़ी कम हैं और ज़्यादातर फ़सलों के लिए (सूबा लाहौर और मालवा छोड़कर) अधिकतम और न्यूनतम, दो दरें दर्ज की गई हैं। अब सूबों में अलग-अलग दरें दिखाई देती हैं। यह परिवर्तन कैसे आया, क्या विभिन्न इलाक़ों में दामों या पैदावारों को या दोनों को अलग-अलग मानकर ऐसा किया गया, कुछ कहना मुश्किल है।[4]

15वें (कुछ मुआमलों में 14वें) से लेकर 24 वें शासन वर्ष की दरें, जिन पर माना जा सकता है कि अन्तिम नक़द दरें आधारित थीं, पिछले वर्षों की दरों से अभी भी कम थीं। घटिया फ़सलों की दरों में स्पष्ट गिरावट दिखाई देती है। एक और दूसरे सूबे या एक और दूसरे साल के बीच अन्तर काफ़ी स्पष्ट हैं।

'आईने-दहसाला' (दस वर्षीय विधान)[5] शीर्षक के तहत अबुल फ़ज़्ल आईन की रचना के समय (1595 के आसपास) आठ सूबों में प्रचलित नक़द दरों (दस्तूरुल-अमल) को विस्तार से पेश करते हैं। इन तालिकाओं से स्पष्ट है कि सूबों में आमतौर पर फ़सलों की एक समान दरें नहीं तय की जाती थीं, बल्कि सूबों को परगनों के समूहों पर आधारित हलक़ों में बाँटा जाता था। हर हलके की एक अलग तालिका होती थी जिसमें फ़सल की एक नक़दी दर तय की गई थी। हर हलक़े का नाम उसमें शामिल किसी परगने के नाम पर रखा गया था। आईन में हर सूबे के तहत उन परगनों की सूचियाँ दी गई हैं जिससे उस सूबे के हलक़े बने हुए थे, ये सूचियाँ ख़ुद दस्तूर की तालिकाओं से पहले दी गई हैं। आमतौर पर दस्तूर के एक हलक़े की सीमाएँ किसी सरकार की सीमाओं से आगे नहीं दी गई हैं, कुछ मुआमलों में एक हलक़े की सीमाएँ एक अकेली सरकार की सीमाओं से मेल खाती हैं, लेकिन कुछ हलक़े एक से अधिक सरकारों के परगनों पर आधारित हैं। किसी हलक़े में शामिल परगने आमतौर पर सटे हुए होते थे लेकिन कुछेक अपवादों में उनके अलग-अलग खंड भी दिखाई देते हैं। हलक़ों के आकार अलग-अलग थे, कुछ में जहाँ दो या तीन, सरकारें शामिल थीं तो कुछ सिर्फ़ एक परगने पर आधारित थे।

'उन्नीस साल का आईन' में जहाँ आँकड़े आमतौर पर केवल दामों में दिए गए हैं, वहीं अन्तिम नक़दी दरें आम तौर पर दामों में दी गई हैं और उनके भाग जीतलों (1 दाम = 25 जीतल) में व्यक्त किए गए हैं। इस आभासी सटीकता से यह छाप पड़ती है कि ये दरें फ़सलों की संशोधित दरों और मूल्यों सम्बन्धी नए आँकड़ों से बहुत बारीक गणनाओं के बाद तय की गई होंगी।

लेकिन तालिकाओं की छानबीन से पता चलता है कि विभिन्न हलक़ों में, विभिन्न फ़सलों के तहत वास्तव में एक जैसे आँकड़े (अर्थात एक जैसे पूर्णांकों के साथ

जीतलों में एक जैसे भिन्नांक) बार-बार दिए गए हैं। अगर फ़सलों की अलग-अलग दरों और ताजा-ताजा संकलित स्थानीय मूल्यों के आधार पर दरों की अलग-अलग गणनाएँ की गई होतीं तो ज़ाहिर है ऐसा दोहराव बहुत दुर्लभ होता। आँकड़ों में भिन्नांक क्यों दिखाई पड़ते हैं, इसका कारण वास्तव में सटीक गणना की कोई चिन्ता नहीं, सिर्फ़ यह है कि पूर्णांकों में मूलतः निर्धारित की गई दरों में कोई 11 प्रतिशत की मानक वृद्धि की गई है। इस एकसमान वृद्धि का कारण गज़े-इलाही के आरम्भ के फलस्वरूप पैदा होनेवाला बीघा है जो पहले के बीघे से बड़ा था। आईन और कुछ दस्तावेज़ों के साक्ष्यों पर विचार करके हम यह बात साबित कर सकते हैं।

गज़े-इलाही का आरम्भ 1586 में हुआ।[6] अबुल फ़ज़्ल ने बारीकी से ऐसे विस्तृत आँकड़े दिए हैं जो दिखाते हैं कि नए बीघे का मतलब पुराने बीघे में 2,93, 364/29,06,636 अर्थात 10.093 प्रतिशत की वृद्धि थी।[7] लेकिन ज़मीनों के दान से सम्बन्धित दस्तावेज़ों से संकेत मिलता है कि मालगुज़ारी के प्रशासन ने वास्तव में और बड़े अन्तर की कल्पना कर ली थी। (तालिका-4.1 देखें।)

तालिका-4.1

दान का इलाक़ा	*कुल मूल क्षेत्र (बीघे में)*	*घटाव*		*शेष*		*(अ) से (ब) का %*	*(स) से (ब) का %*
		बीघा	*बिस्वा*	*बीघा*	*बिस्वा*		
	(अ)	(ब)		(स)		(द)	(य)
बहराइच (उ.प्र.)[अ]	400	42	8	357	12	10.6	11.857
बहराइच (उ.प्र.)[अ]	240	27	16	212	4	11.6	13.101
जखबर[ब]	170	17	19	152	1	10.5	11.805
बटाला (पंजाब)[स]	120	12	12	107	8	10.5	11.732
बटाला (पंजाब)[स]	104	10	19	93	7	10.5	11.730
बटाला (पंजाब)[द]	90	9	9	80	11	10.5	11.732
बटाला (पंजाब)[य]	30	3	3	26	17	10.5	11.732
जखबर[र]	10	1	2	8	18	11.0	12.360

(अ) *यू पी रिकार्ड-ऑफ़िस*, इलाहाबाद, नंबर 1177

(ब) बी. एन. गोस्वामी और जे. एस. ग्रेवाल, *द मुग़ल्स एंड द जोगीज़ ऑफ़ जखबर*, शिमला, 1967, दस्तावेज़ दो, पृ. 60

(स) *इंडिया आफिस लाइब्रेरी*, आई ओ 4438, नंबर 7

(द) *आई ओ* 4438, नंबर 25

(य) *आई ओ* 4438, नंबर 11

(र) गोस्वामी और ग्रेवाल, पूर्वोक्त, दस्तावेज़ तीन, पृ. 80

तालिका-4.1 के कॉलम (द) में वह दर दी गई है जो एक ही क्षेत्र को पहले से बड़े बीघा-ए-इलाही में व्यक्त करने के लिए विद्यमान बीघे में घटा दी जाती थी। कॉलम (अ) में पुराने बीघे और बीघा-ए-इलाही का अन्तर पुराने बीघे के प्रतिशत रूप में दिया गया है। दूसरे दान में सम्भव है एक ग़लती मौजूद हो और सबसे नीचेवाले

दान में कुल क्षेत्र इतना छोटा है कि उसे निकटतम पूर्णांक में रखें तो परिवर्तन की दर की सटीकता मारी जाती है। इन दो अपवादों को नज़रअन्दाज़ कर दें तो साफ़ तौर पर यह मान लिया गया है कि नए बीघे में शामिल अतिरिक्त क्षेत्र (आईन में दिए गए 10.093 प्रतिशत के विपरीत) पुराने बीघे का 11.7 या 11.8 प्रतिशत था।

बीघे के आकार में यह वृद्धि, जो लगभग 11.8 प्रतिशत मान ली गई थी, स्वाभाविक रूप से दस्तूर में भी उसी अनुपात में वृद्धि का कारण बनी होगी। इस वृद्धि को लागू करने के लिए मुग़ल प्रशासन ने परिवर्तन की एक तालिका स्वीकार की होगी जिसकी आज हम एक मामूली उपाय करके सचमुच पुनर्रचना कर सकते हैं।

सभी अन्तिम दरों को जब हम आरोही क्रम में एक तालिका में रखते हैं तो जल्द ही यह बात स्पष्ट हो जाती है कि एक बाद एक आनेवाली दो दरों के बीच आमतौर पर एक दाम 3 जीतल और कभी-कभी एक दाम 2 जीतल का अन्तर है। यह अनुमान आसानी से लगाया जा सकता है कि परिवर्तन की तालिका में 1586 से पहले की सूचियों का एक दाम आमतौर पर नई सूचियों में एक दाम 3 जीतल के बराबर मान लिया गया है। (यह 12 प्रतिशत वृद्धि का सूचक है।) पुरानी सूची के एक दाम का कभी-कभी दिखाई देनेवाला छोटा समतुल्य (एक दाम 2 जीतल) साफ़ तौर पर कुल वृद्धि को 12 प्रतिशत से कम रखने के लिए स्वीकार किया गया था। इस छोटे समतुल्य को पहले तो 1586 से पहले की सूची में 14वें दाम के सामने रखा गया है, और फिर यह सामान्यत: 20-20 दामों के बाद अर्थात 34वें, 53 वें, 74वें, 93वें और 114वें दाम के सामने आया है। (93 वें दाम की स्थिति सटीक निर्धारित नहीं की गई है क्योंकि अन्तिम दस्तूरों में 92 वें से 95 वें दामों के समतुल्य नहीं दिए गए हैं।) हमारी पुनर्रचित परिवर्तन तालिका में पुराने पैमाने के 100 दाम दस्तूरों के 111 दाम 20 जीतल के बराबर हैं। 200 दामों के लिए (दस्तूरों से प्राप्त) संगत आँकड़ा ठीक दोगुना (223 दाम 15 जीतल) है। दोनों मुआमलों में वृद्धि 11.8 प्रतिशत है। इन पुनर्रचित परिवर्तन तालिकाओं को हमने परिशिष्ट 4 (अ) में प्रस्तुत किया है।

हमारी पुनर्रचित तालिका की विशेष रूप से प्रत्यक्ष पुष्टि पानी के पौधे सिंघाड़ा के लिए बताई गई दरों से होती है। उन्नीस बरसों का आईन वाली तालिका में इस फ़सल के लिए सभी सूबों में एक ही दर (100 दाम) दी गई हैं और अन्तिम दस्तूरों में भी यह दर एकसमान (111 दाम 20 जीतल)[8] है। साफ़ है कि बादवाली दर पहले वाली दर में एक मोटा-मोटी बढ़ोतरी से प्राप्त हुई है। इसके अलावा अन्तिम दस्तूरों में दिया गया आँकड़ा ठीक वही है जो हमारी परिवर्तन तालिका से प्राप्त होता है।

अन्तिम नक़दी दरों में कुछेक दरें ही ऐसी हैं जो हमारी परिवर्तन तालिका पर आधारित दरों से भिन्न हैं और अगर ये इन्दराज की ग़लतियाँ नहीं हैं तो 1586 के बाद किए गए एक सायास संशोधन की सूचक हैं। ऐसे कुछ आँकड़े पूर्णांकों में हैं जो संकेत देते हैं कि परिवर्तित दर की जगह एक नई दर रख दी गई जो स्वाभाविक रूप से पूर्णांक में थी।

ऐसे संशोधन कहाँ तक किए गए, इसका अन्दाज़ा तालिका-4.2 से लगाया जा सकता है जिसमें कुछ प्रमुख फ़सलों की सभी दरों की कुल संख्या के मुक़ाबले परिवर्तन तालिका पर आधारित दरों की संख्या दी गई है।

तालिका-4.2

सूबा	*कुल दस्तूर*	*'परिवर्तन तालिका' के संगत दस्तूर*				
		गेहूँ	*जौ*	*ज्वार*	*गन्ना*	*नील*
आगरा	28	25	24	28	24	18
देहली	27	22	24	25	24	23
इलाहाबाद	15	13	13	13	7	13
अवध*	12	-	-	-	11	-
	6	5	6	6	-	5
लाहौर*	8	6	5	-	7	-
	6	-	-	5	-	6
अजमेर	9	9	9	9	9	8
मुल्तान	3	1	2	2	3	3
मालवा	1	1	1	1	1	1

* कुछ हलक़ों में कुछेक फ़सलों के दस्तूर दर्ज नहीं किए गए हैं। इसलिए प्रभावित सूबों में दो योग दिखाए गए हैं।

अगर हम मान भी लें कि परिवर्तन तालिका से मेल न खानेवाली सभी दरें एक संशोधन का परिमाण थीं तो भी ज़ाहिर है कि वास्तव में 1586 में संशोधित दरों की तालिका बनने के बाद अपेक्षाकृत बहुत कम दरें संशोधित की गईं। इसलिए हम यह मान लेते हैं कि आईन में दिए गए अधिकांश अन्तिम दस्तूर वही नहीं हैं जो 1581-86 के पाँच वर्षों में तय की गई थीं।

अबुल फ़ज़्ल के बयानों[9] के आधार पर देखें तो (1581-86 में तय की गई) नक़दी दरें उन दरों की औसत रही होंगी जो 15वें से 24वें शासन वर्ष के बीच तय की गई थीं। अपवाद थीं तो उच्च कोटि की फ़सलों (जिंसे-आला) पर लगी दरें जिनके लिए कहा गया है कि वे एक दहाई (शासन वर्ष 15-24) के दौरान लगाई गई अधिकतम दरों पर आधारित थीं।[10] इसलिए हम उनको अपनी परिवर्तन तालिका का प्रयोग करके नए सिरे से, बीघा-ए-इलाही के प्रचलन से पहले की दरों में परिवर्तित करें तो हम उसकी जाँच कर सकते हैं कि क्या ये 15वें से 24वें शासन वर्ष के बीच दर्ज की गई दरों की साधारण औसत थीं या उच्च कोटि की फ़सलों के सिलसिले में, उस काल की सर्वोच्च दरों के बराबर थीं।

चूँकि उन्नीस वर्षों का आईन में दस्तूर के विभिन्न हलक़ों के लिए दरें नहीं दी गई हैं, सीधे-सीधे इसकी जाँच करना सम्भव नहीं है। लेकिन तो भी एक आसान-सा उपाय किया जा सकता है।[11] उन्नीस साल की दरें सूबावार दी गई हैं और हालाँकि

अलग-अलग दस्तूरी हलक़ों की दरें नहीं दी गई हैं, किसी एक वर्ष में विभिन्न हलक़ों की दरों के दायरे का संकेत निम्नतम और उच्चतम दरों से मिल जाता है। तो अगर अन्तिम दस्तूर शासन वर्ष 15-24 की दरों के औसत हैं तो किसी दस्तूरी हलक़े में कोई भी दर सूबे में दस साल की अधिकतम दरों के औसत से ग़ालिबन ज़्यादा नहीं हो सकती, और न ही कोई दस्तूर दस साल की न्यूनतम दरों से कम रहा होगा। तालिका-4.3 में हर फ़सल के लिए दस्तूरी हलक़ों के बीच अधिकतम और न्यूनतम दरें, शासन वर्ष 15-24 की अधिकतम और न्यूनतम दरों के औसतों के साथ, दिखाई गई हैं।

तालिका-4.3

फ़सलें	*दरें, शासन वर्ष 15-24*		*अन्तिम दस्तूर 1586 से पहले के आँकड़ों में परिवर्तित*	
	अधिकतम दरें	*न्यूनतम दरें*	*अधिकतम*	*न्यूनतम*
आगरा				
गेहूँ	68.4	42.4	62	52
चना	41.9	22.6	40	30
जौ	45.7	25.6	44	34
सरसों	31.6	21.7	30	26
फलियाँ	32.0	17.5	30	20
धान	53.3	35.2	57	40
ज्वार	39.5	25.6	40	29
बाजरा	28.4	19.3	28	21½
कपास	85.4	65.1	84	76
इलाहाबाद				
गेहूँ	75.4	45.2	58	52
चना	49.2	26.2	37	34
जौ	56.5	30.9	60	36
सरसों	44.6	25.2	36	25
फलियाँ	41.5	16.6	36	20
धान	58.0	35.5	44	40
ज्वार	36.9	26.2	36	31
बाजरा	36.8	20.3	-	-
कपास	112.0	71.3	86	80
अवध				
गेहूँ	53.4	42.4	40	24
चना	39.3	25.8	26	22
जौ	41.4	28.2	34	22
सरसों	30.6	23.6	22	18
फलियाँ	-	-	-	-
धान	39.9	29.7	39	24
ज्वार	35.7	25.3	29	22
बाजरा	-	-	-	-
कपास	95.9	69.7	-	-

तालिका-4.3 (जारी)

फ़सलें	*दरें, शासन वर्ष 15-24*		*अन्तिम दस्तूर 1586 से पहले के आँकड़ों में परिवर्तित*	
	अधिकतम दरें	*न्यूनतम दरें*	*अधिकतम*	*न्यूनतम*
देहली				
गेहूँ	63.0	37.09	58	45
चना	38.8	20.0	33	26½
जौ	38.6	20.3	38	23
सरसों	29.4	18.6	32	17
फलियाँ	30.9	15.9	28	18
धान	54.7	31.2	57	30
ज्वार	34.1	21.9	34	24
बाजरा	25.3	18.5	26	19
कपास	97.0	67.6	96	80
लाहौर				
गेहूँ	46.7	39.1	50	30
चना	30.4	25.5	32	28
जौ	32.0	25.3	42	28
सरसों	27.6	23.6	28	24
फलियाँ	24.5	19.6	-	-
धान	41.9	32.9	44	30
ज्वार	35.8	28.2	36	28
बाजरा	26.0	21.5	28	21
कपास	89.2	79.5	82	68
मुल्तान				
गेहूँ	45.5	37.5	50	48
चना	33.7	22.3	-	-
जौ	34.1	24.8	44	27
सरसों	33.4	23.8	40	26
फलियाँ	20.4	19.2	-	-
धान	41.0	36.9	44	44
ज्वार	34.9	29.1	34	32
बाजरा	28.0	23.4	40	26
कपास	89.5	71.8	84	78

हम देखते हैं कि चार सूबों (आगरा, देहली, इलाहाबाद और अवध) में अन्तिम दस्तूरों में अधिकतम और न्यूनतम दस्तूर दस साल की दरों के दायरे के अन्दर ही हैं। (उच्च कोटि की फ़सलों से इतर) जिन नौ फ़सलों पर हमने विचार किया है उनके लिए एकमात्र अपवाद हैं—आगरा और देहली में धान, इलाहाबाद में जौ और देहली में सरसों, जिनके लिए अधिकतम अन्तिम दस्तूर दस साल की अधिकतम दरों के औसतों से अधिक हैं।

अन्तिम दस्तूर ज़्यादातर दसवर्षीय अवधि (शासन वर्ष 15-24) की दरों के औसत थे, यह सम्भावना हलक़ा हवेली आगरा के दस्तूरों से पुष्ट होती है। चना, जौ, ज्वार, बाजरा और सरसों के लिए सूबा आगरा के सभी हलक़ों में अधिकतम दस्तूर इसी हलक़े में थे। (परिशिष्ट 4 (ब) देखें।) हम मान सकते हैं कि यही हलक़ा, जिसमें राजधानी भी आती थी, दस वर्षों (शासन वर्ष 15-24) के अधिकांश भाग में भी सर्वोच्च दरों की अदायगी करती होगी। हम पाते हैं कि वास्तव में इस काल की सभी अधिकतम दरों का औसत ऊपर दर्ज पाँच फ़सलों के लिए इस हलक़े की दरों के आश्चर्यजनक सीमा तक क़रीब है। दूसरी ओर फलियों के मुआमले में दस्तूरी हलक़ा हवेली आगरा की दर सूबे के सात दूसरे हलक़ों में प्रचलित दरों से कम है। इस मिसाल में दहाई की अधिकतम दरों का औसत आगरा हलक़े के औसत से ख़ासा अधिक है।

लेकिन तालिका-4.3 में लाहौर और मुल्तान सूबों की स्थिति भिन्न है। यहाँ विचाराधीन सभी फ़सलों के लिए (लाहौर में ज्वार को छोड़कर) अधिकतम अन्तिम दस्तूर (दस साल का आईन) में दी गई अधिकतम दरों के औसत से अधिक हैं। लाहौर में गेहूँ, धान और कपास के लिए न्यूनतम दरें वर्ष 1570-80 की न्यूनतम दरों के औसतों से अधिक हैं।

सूबा लाहौर के मुआमले में पिछली अधिकतम दरों के औसत से अधिकतम अन्तिम दरों की अधिकता को सम्भवत: 1586 में दरबार के लाहौर पहुँचने के बाद माँग में हुई बढ़ोतरी का नतीजा कहा जा सकता है।[12] पर इस पर दो आपत्तियाँ की जा सकती हैं। लाहौर के दस्तूर सामान्यत: दूसरे सूबों के दस्तूरों से अधिक नहीं हैं, सच तो यह है कि आमतौर पर ये निचली श्रेणी में दिखाई देते हैं। (परिशिष्ट 4 (ब) देखें।) इसलिए यह मानना मुश्किल है कि ये पिछली दरों में 20 प्रतिशत वृद्धि के सूचक हैं। दूसरे, अगर हम लाहौर की दरों में 1/6 की कमी करें तो हमारी तालिका के लिए चुनी गई सभी फ़सलों के लिए अन्तिम दस्तूरों की निम्नतम दरें दस साल की न्यूनतम दरों के औसत से काफ़ी कम होंगी। आख़िरी बात, एक अहम नुक्ता यह है कि लाहौर सूबे के अन्तिम दस्तूर 1586 की वृद्धियों के लिए परिवर्तन की तालिका के मुख्य चरणों से मेल खाते हैं। 1586 के बाद 20 प्रतिशत की वृद्धि के कारण ऐसा मेल निश्चित ही सम्भव नहीं होता।

ऊँची कोटि की फ़सलों के लिए, अबुल फ़ज़्ल के बयानों के आधार पर, हमारा परीक्षण अधिक प्रत्यक्ष और निश्चित है। हर सूबे में वर्ष 1570-71 से लेकर 1579-80 तक की अधिकतम दरों में सबसे अधिक दर (1586 से पहले के आँकड़ों में परिर्वतित करने पर) उसी सूबे के दस्तूरी हलक़ों के बीच सम्बन्धित फ़सल की अधिकतम दर के बराबर होनी चाहिए।

इसी परीक्षण के लिए हमने उन फ़सलों को ऊँची कोटि की फ़सलें माना है जिनकी दरें अन्तिम दस्तूरों में 100 दाम फ़ी बीघा से अधिक हैं और मैंने पोस्त, पौंडा गन्ने, साधारण गन्ने और नील के लिए शासन वर्ष 15-24 की दरों और अन्तिम दस्तूरों

की दरों से अधिकतम दरों को चुना है। कपास को यहाँ एक साधारण फ़सल माना गया है हालाँकि सूबा देहली में कपास का अधिकतम दस्तूर 100 दाम से अधिक था। हमारी परिवर्तन तालिका का उपयोग करके अन्तिम दस्तूरों को 1586 से पहले की दरों तक गिरा दिया गया है। (परिशिष्ट 4 (ब) देखें।)

तालिका-4.4

फ़सल	*शासन वर्ष 15-25 में अधिकतम दर*	*1586 से पहले के आँकड़ों में परिवर्तित अन्तिम दस्तूर अधिकतम दस्तूर*
आगरा		
पोस्ता	130	130
गन्ना (पौंडा)	200	214
गन्ना (सादा)	174	166
नील	140	146
इलाहाबाद		
पोस्ता	130	140
गन्ना (पौंडा)	200	215
गन्ना (सादा)	180	128
नील	180	146
अवध		
पोस्ता	130	140
गन्ना (पौंडा)	200	215
गन्ना (सादा)	144	120
नील	136	146
देहली		
पोस्ता	130	138
गन्ना (पौंडा)	200	225
गन्ना (सादा)	164	124
नील	150	148
लाहौर		
पोस्ता	130	116
गन्ना (पौंडा)	200	215
गन्ना (सादा)	120	132
नील	134	142

हम देखते हैं कि अधिकांश फ़सलों के लिए अन्तिम दस्तूर शासन वर्ष 15-24 की अधिकतम दरों से भी अधिक हैं : आगरा और लाहौर छोड़ सभी सूबों में पोस्ते के लिए, इलाहाबाद छोड़ सभी सूबों में नील के लिए, और बिना अपवाद सभी सूबों में पौंडा गन्ने के लिए। सिर्फ़ साधारण गन्ने के लिए अन्तिम दस्तूर दस वर्ष की अधिकतम दरों से कम हैं, लेकिन यहाँ भी लाहौर सूबा एक अपवाद है।

इस तरह हमारे सामान्य निष्कर्ष ये हैं कि साधारण फ़सलों के मुआमले में दो छोड़ सभी सूबों में अन्तिम दस्तूर शासन वर्ष 15-24 के लिए स्वीकृत दरों के साधारण औसत रहे होंगे। लेकिन ऊँची कोटि की फ़सलों के मुआमले में सिर्फ़ यही नहीं कि अन्तिम दस्तूर शासन वर्ष 15-24 की दरों के औसत नहीं हैं, वे इन दस वर्षों में स्वीकृत अधिकतम दरों के बराबर भी नहीं हैं हालाँकि ज़्यादातर मुआमलों में उनके क़रीब ज़रूर हैं या फिर उनसे थोड़ा सा अधिक हैं।

दो

अगला सवाल खेतिहर उपज के उस हिस्से से है जिसका दस्तूरुल-अमल सूचक है। शेरशाह की रइयों के आधार पर मालगुज़ारी की दरों की गणना के लिए अबुल फ़ज़्ल के सूत्र से यह मान लिया गया है कि अकबर के दस्तूर भी इस तरह तय किए गए थे कि फ़ी बीघा उपज की एक-तिहाई के बराबर हों, और यह कि अनाज रूप में इस तरह तयशुदा दरों को ग्रामीण इलाक़ों में प्रचलित मूल्यों के आधार पर नक़दी में बदला जाता था,[13] सिर्फ़ कुछ नक़दी फ़सलें इसका अपवाद होती थीं।[14] लेकिन अबुल फ़ज़्ल के यहाँ इस आशय का कोई दो टूक, सीधा बयान नहीं पाया जाता। हमें फ़सलों की न तो सरकारी तौर पर तय उपजों का ज्ञान है और न उन मूल्यों का जो दस्तूरों के निर्धारण या प्रचलन के समय विभिन्न दस्तूरी हलक़ों में प्रचलित थे, इसलिए अभी तक सामान्यत: स्वीकृत मान्यताओं की सीधे-सीधे जाँच मुमकिन नहीं है। तो भी क्या ये मान्यताएँ विश्वसनीय हैं, इसे परखने के लिए कुछेक उपलब्ध आँकड़ों का इस्तेमाल ज़रूर किया जा सकता है।

आईन में शेरशाह के प्रशासन द्वारा मालगुज़ारी की अनाज रूप में तय दरें दी गई हैं। ये दरें स्पष्ट रूप से अनुमानित उपज की एक-तिहाई के आधार पर तय की गई थीं और ये अनुमान तीन तरह की ज़मीनों से प्राप्त उपज के औसत हैं। आईन में यह सब तालिकाओं के रूप में दिया गया है।[15] शाही ठिकाने (आगरा) में प्रचलित मूल्य भी आईन में दिए गए हैं।[16]

तालिका-4.5 में हमने शेरशाह की सूची में स्वीकृत पैदावारों को शाही ठिकाने पर प्रचलित और आईन में दर्ज मूल्यों से गुणा करके दाम प्रति बीघा में विभिन्न फ़सलों के मूल्यों के अनुमान लगाने का एक प्रयास किया है। यह मूल्य संबद्ध क्षेत्र में फ़सलों का अधिकतम सम्भव मूल्य होगा क्योंकि ये मूल्य देश में नहीं, शाही नगर में प्रचलित मूल्य थे। अब हम सम्भवत: इसका निश्चय कर सकते हैं कि अकबर के दस्तूर कुल मूल्य का कितना भाग थे। चूँकि ये मूल्य आगरा में प्रचलित मूल्य थे,[17] हमने आरम्भ में आगरा क्षेत्र में माँग के परिमाण का निश्चय किया है।

तालिका-4.5

फ़सल	*उपज का मूल्य*	*दस्तूर*	*(अ) से (ब) का %*	*फ़सल*	*उपज का मूल्य*	*दस्तूर*	*(अ) से (ब) का %*
	(अ)	(ब)	(स)		(अ)	(ब)	(स)
रबी				**ख़रीफ़**			
गेहूँ	155.52	67.08	43.13	मूँग	139.50	49.50	35.48
जौ	103.44	49.20	47.56	माश	124.00	40.24	32.45
चना	82.80	44.02	53.16	मोठ	61.92	29.08	46.96
मसूर	75.60	29.08	38.47	ज्वार	103.50	44.72	43.21
अरजाँ	48.25	24.38	50.53	शामख	48.24	15.68	32.50
सरसों	96.84	33.60	34.70	कोदों	90.72	31.32	34.52
फलियाँ	63.48	31.32	49.34	तिल	120.00	44.72	37.27
मेथी	116.40	44.72	38.40	बाजरा	64.60	31.32	48.48
				लोबिया	93.00	31.32	33.68
औसत			44.41	औसत			38.28

कॉलम (अ) में विभिन्न फ़सलों के मूल्य दाम फ़ी बीघा (रई × राजधानी के मूल्य) दिए गए हैं, कॉलम (ब) में हलक़ा आगरा में दस्तूरुल-अमल दिए गए हैं, और कॉलम (स) में उपज के मूल्य में दस्तूर के भाग दिए गए हैं।

गौरतलब है कि शेरशाह के अधिकारभोगियों द्वारा स्वीकृत औसत पैदावारों और शाही राजधानी के लिए गए मूल्यों के आधार पर भी रबी की फ़सलों के दस्तूर कुल मूल्य के 34.70 से 53.16 प्रतिशत तक हैं और उनका औसत 44.41 प्रतिशत आता है, तथा ख़रीफ़ की फ़सलों के दस्तूर 32.45 से 48.48 प्रतिशत तक हैं और उनका औसत 38.28 प्रतिशत आता है। चूँकि आगरा के मूल्य उन देहाती मूल्यों से ख़ासे अधिक रहे होंगे जिन पर किसान अपनी फ़सलें वास्तव में बेचते थे। उपज के मूल्य से दस्तूर का वास्तविक अनुपात जो हमें तालिका-4.5 में दिखाई देता है उससे ख़ासा अधिक रहा होगा। (फ़सलों के मूल्य वास्तव में तालिका-4.5 में दिखाए गए मूल्यों से काफ़ी कम रहे होंगे।)

1595 में देहाती और शहरी मूल्यों के अन्तर का निश्चय करने का कोई उपाय दिखाई नहीं देता। फिर भी यह मानना कोई बहुत ग़लत नहीं होगा कि उन दिनों यातायात के लिए उपलब्ध साधनों को देखते हुए दोनों तरह के मूल्यों के बीच कम-से-कम 10 प्रतिशत का अन्तर रहा होगा। अगर हम देहाती और शहरी क़ीमतों के बीच इतना अन्तर मानते हैं तो हमें यह भी मानना होगा कि दस्तूर औसत उपज के कोई आधे के बराबर (औसत आँकड़ों को देखते हुए रबी के लिए 48.85 और ख़रीफ़ के लिए 42.11 प्रतिशत) रहे होंगे। इसलिए ऐन मुमकिन है कि दस्तूर तय करते वक़्त उपज के एक-तिहाई नहीं, आधे भाग को निगाह में रखा गया हो।

लेकिन एक सम्भावना और भी है, यह कि अकबर के प्रशासन ने शेरशाह के अधिकारभोगियों द्वारा स्वीकृत औसत पैदावारों को एक सिरे से अनदेखा कर दिया हो। ये औसत पैदावारें इस अपेक्षाकृत असम्भव मान्यता के आधार पर स्वीकार की गई थीं कि ख़रीफ़ हो या रबी, तीनों तरह की ज़मीनों का क्षेत्रफल बराबर था। इस मान्यता के फलस्वरूप खरीफ़ की फ़सलों की औसत पैदावारों को हमेशा ही बढ़ाकर पेश किया गया जबकि रबी की कुछ उच्च कोटि की फ़सलों की पैदावारें कम करके दिखाई गईं।[18] वास्तव में हम देखते यह हैं कि शेरशाह की रइयों के आधार पर कुल पैदावार के मूल्य की जो गणनाएँ की गई हैं उनमें रबी की अपेक्षा ख़रीफ़ की फ़सलों के लिए दस्तूर कम भाग के सूचक हैं। अगर शेरशाह की रइयों में बढ़ाकर दी गई पैदावारों में कमी की जाए तो पैदावार का मालगुज़ारी में जानेवाला भाग आधे के आसपास रहा होगा। इसलिए कोई यह निष्कर्ष निकाल सकता है कि दस्तूर तय करते वक़्त अकबर के प्रशासन ने कुल उपज के आधे पर अपना दावा ठोंका था।

मुग़लों ने कुल पैदावार के मूल्य के एक-तिहाई नहीं, और भी बड़े भाग पर दावा ठोंका, एक और ढंग से दिखाया जा सकता है जिसके लिए हमें अकबर के प्रशासन द्वारा शेरशाह की रइयों के उपयोग की कोई मान्यता स्वीकार नहीं करनी होगी। आगरा में 1870 में विभिन्न फ़सलों के तहत इकाई क्षेत्रफल पीछे उपज के मूल्य के सरकारी अनुमान उपलब्ध हैं।[19] अगर दस्तूर उपज के मूल्य के एक-तिहाई के क़रीब होते तो मूल्यों में वृद्धि के लिए आवश्यक समायोजन करने के बाद, वे 1870 में सरकार द्वारा अनुमानित उपज के मूल्य के भी एक-तिहाई के आसपास होने चाहिए थे। 1595 और 1870 के बीच मूल्यों में वृद्धि की गणना आईन में दिए गए मूल्यों और 1866-75 की दहाई में आगरा के लिए बतलाए गए मूल्यों के आधार पर की जा सकती है। ग्रामीण मूल्यों में बाज़ार के मूल्यों से अधिक वृद्धि हुई होगी क्योंकि संचार और यातायात के साधनों में सुधार के कारण 19वीं सदी में ग्रामीण और नगरीय मूल्यों अन्तर कम ही हुआ होगा।

तालिका-4.6 के कॉलम (अ) में हलक़ा आगरा में कुछ फ़सलों के लिए आईन में बताए गए दस्तूर दिए गए हैं जबकि कॉलम (ब) में इकाई-क्षेत्रफल पीछे 1870 में अनुमानित पैदावार के मूल्य दिखाए गए हैं। (यहाँ इनको रुपया प्रति एकड़ से दाम फ़ी बीघा-ए-इलाही में बदल दिया गया है।)[20] कॉलम (स) और (द) में (ब) और (अ) के भागफल के क्रमश: एक-तिहाई और आधे भाग दर्शाए गए हैं। कॉलम (य) में 1870 की बाज़ारी क़ीमतों को आईन की क़ीमतों से भाग देकर प्राप्त परिमाण दिखाए गए हैं।

तालिका-4.6

फ़सल	*दस्तूर*	*उपज का मूल्य, 1870*	*⅓ × (ब)/(अ)*	*½ × (ब)/(अ)*	*1870 की क़ीमतें आईन की क़ीमतें*
	(अ)	(ब)	(स)	(द)	(य)
गेहूँ	67.08	835.20	4.1	6.2	5.0
जौ	49.20	418.40	2.8	4.3	6.0
चना	44.72	300.00	2.2	3.3	5.2
ज्वार	44.72	422.40	3.1	4.7	4.6
बाजरा	31.32	451.68	4.8	7.2	6.0
औसत			3.40	5.14	5.36

हम देख सकते हैं कि 1595 के बाद जहाँ बाज़ारी क़ीमतें औसतन 5.36 गुना बढ़ीं वहीं 1870 में पैदावार का एक-तिहाई मूल्य औसतन आगरा के दस्तूर के केवल 3.54 गुने के बराबर था। दूसरी ओर 1870 में अनुमानित पैदावार का आधा मूल्य आईन के दस्तूरों का 5.14 गुना था। दूसरे शब्दों में पैदावार के मूल्य में वृद्धि मूल्यों में वृद्धि के बराबर तभी होगी जब हम यह मान लें कि दस्तूर पैदावार के एक-तिहाई नहीं, आधे के बराबर थे। सच तो यह है कि चूँकि फ़सल की क़ीमतें सम्भवत: शहरी बाज़ारों की क़ीमतों से अधिक बढ़ी होंगी, दस्तूरों और 1870 के लिए फ़सलों के औसत अनुमानित मूल्यों के आधे के बीच जो सापेक्ष अन्तर है उसके बारे में हम आशा कर सकते हैं कि वह 1595 और 1870 के बीच बाज़ारी मूल्यों में हुई वृद्धि से अधिक रहा होगा। तालिका-4.6 में हमें लगभग यही बात दिखाई देती है।

तीन

अभी तक हमारा सरोकार आगरा हलक़े में पैदावार में दस्तूरों के भाग से रहा है। अगला सवाल यह है कि क्या मुग़ल प्रशासन दूसरे क्षेत्रों में भी पैदावार के इतने ही बड़े भाग पर दावे का इच्छुक था। इसके लिए हमें हवेली आगरा के दस्तूरों की तुलना में विभिन्न फ़सलों के दस्तूरों में परिवर्तन के रुझानों और दायरों का अध्ययन करना होगा।

मैंने 11 प्रमुख फ़सलों के लिए ऐसी गणनाएँ की हैं। ये हैं : गेहूँ, चना, जौ, सरसों, फलियाँ, ज्वार, बाजरा, धान, गन्ना, कपास और नील। पता चला कि कुछेक अपवादों का छोड़ दें तो अधिकांश फ़सलों के लिए परिवर्तन का दायरा बहुत बड़ा नहीं है। विचाराधीन 11 फ़सलों में से 9 में आगरा हलक़े के दस्तूर आमतौर पर सबसे अधिक हैं। मुख्य अपवाद कपास और नील हैं जिनके लिए लाहौर और अजमेर छोड़ सभी सूबों में अधिकांश दस्तूर आगरा के दस्तूरों से अधिक हैं।

अगर हम आगरा के दस्तूरों को 100 मानकर प्रमुख फ़सलों के दस्तूरों को वर्ग-अन्तरालों में व्यवस्थित करें (तालिका-4.7) तो साफ़ है कि अधिकांश फ़सलों के लिए अजमेर छोड़ सभी सूबों के दस्तूर दायरों में सिमट आते हैं।

तालिका-4.7

दस्तूर	आगरा	देहली	इलाहाबाद	अवध	लाहौर	अजमेर
			गेहूँ			
101-110	2		1			2
91-100	20	6	8	1		1
81-90	6	13	6	5	5	3
71-80		6			1	2
61-70		1			1	
51-60					1	
41-50						1
			जौ			
101-110			1			2
91-100	7	2	5	1	1	1
81-90	19	11	8	1		
71-80	2	10		4	5	1
61-70		3			1	4
51-60						
41-50						1
			धान			
101-110	9	2				
91-100	6	3				
81-90	4	6	4		3	2
71-80	9	12	9	7	2	4
61-70		2		5	2	
51-60		1			1	1
41-50						1
			चना			
101-110						2
91-100	4		4			1
81-90	20	7	8	2	4	1
71-80	4	14	2	4	3	3
61-70		6				1
51-60						
41-50						1
			ज्वार			
101-110						
91-100	2					1
81-90	20	12	8	6	7	1
71-80	6	13	6	6	1	2
61-70			1			3
51-60			1			1
41-50						
31-40						1

तालिका-4.7 जारी

दस्तूर	*आगरा*	*देहली*	*इलाहाबाद*	*अवध*	*लाहौर*	*अजमेर*
			बाजरा			
101-110						
91-100	2		3		5	1
81-90	19		11	4	1	1
71-80	6		12	8	2	2
61-70			1			2
51-60						2
41-50						
31-40						1
			गन्ना			
101-110	2					
91-100	4	4	3	2	5	
81-90	15	23	6	10	2	
71-80	7		3			6
61-70						
51-60						2
			कपास			
101-110	26	9	12	10	2	
91-100	2	18		2	4	1
81-90					2	3
71-80						2
61-70						2
51-60						
41-50						1
			नील			
101-110	26	23	14	6	1	
90-100	2	4			5	
81-90					2	5
71-80						2
61-70						
51-60						2
41-50						

गेहूँ के लिए दस्तूर जिन दायरों में सिमटते हैं वे हैं आगरा, इलाहाबाद, अवध और लाहौर के लिए 81-100, लेकिन देहली के लिए यह दायरा थोड़ा अधिक बड़ा (71-100) है। जौ के लिए भी यह दायरा आगरा और इलाहाबाद में 81-100, अवध और लाहौर में 71-80 है। देहली में यह दायरा ख़ासा बड़ा (61-100) है। चना, ज्वार और बाजरा जैसे साधारण खाद्यान्नों के लिए अजमेर छोड़ सभी सूबों में दस्तूरों के सूचकांक एक-दूसरे के क़रीब और 71-90 के दायरे में हैं। चावल के लिए दस्तूर के सूचकांकों में सबसे अधिक उतार-चढ़ाव देखा जा सकता है। आगरा सूबे में

भी इसका दायरा काफ़ी बड़ा (71-110) है जबकि हमेशा की तरह दिल्ली में यह सबसे अधिक (51-110) है। इलाहाबाद और अवध में ये उतार-चढ़ाव मामूली हैं जो क्रमश: 71-90 और 61-80 के दायरे में आते हैं। नक़दी फ़सलों के लिए दस्तूरों के सूचकांक काफ़ी क़रीब-क़रीब हैं। सूबा आगरा में सादा गन्ना इसका एकमात्र अपवाद है। गन्ने का बहुलक वर्ग 81-90 है, यह कपास और नील के लिए 90-110 है, हालाँकि यहाँ अजमेर एक अपवाद है।

इसके अलावा लगता है, आपस में लगे हुए दस्तूरी हलक़ों के ऐसे ख़ित्ते भी थे जिनमें विभिन्न फ़सलों के लिए दस्तूर के अन्तर का दायरा बहुत सीमित होता था। इस तरह लगता है कि विभिन्न क्षेत्रों के लिए दस्तूर का निर्धारण करते समय किसी क्षेत्र के अन्दर दस्तूरों पर एक क्षेत्रीय मानदंड के अनुसार विचार किया जाता था। दस्तूर इस मानदंड के या तो बराबर होते थे या इसके बहुत क़रीब होते थे।

ये अन्तर चाहे जो भी रहे हों, हम यह देखना चाहेंगे कि क्या वे उत्पादकता और मूल्यों की स्तर सम्बन्धी भिन्नता के अनुरूप थे जिसका निष्कर्ष अबुल फ़ज़्ल के कुछ बयानों से निकाला जा सकता है।[21] चूँकि हमारे पास आगरा छोड़ दूसरे क्षेत्रों के लिए न तो उपज के तत्कालीन अनुमान हैं और न मूल्यों के, हम 19वीं सदी के आँकड़ों की मदद लेंगे। यह सही है कि आधुनिक आँकड़ों के उपयोग में कुछ कठिनाइयाँ हैं। पहले तो यह सम्भव है कि मूल्यों के स्तर रेलवे से प्रभावित हुए हों।[22] इसलिए हमें 19वीं सदी के आँकड़ों में भी 1861-70 के मूल्यों का प्रयोग करना चाहिए। यह वह पहली दहाई है जिसके लिए ऐसे आँकड़े उपलब्ध हैं और जिस पर रेलों का कम-से-कम असर पड़ा होगा। इस काल की उपज के बारे में जानकारी मिलनी मुश्किल है। सरकारी एग्रीकल्चरल स्टेटिस्टिक्स में उपज के अनुमान 1892 के बाद से ही मिलते हैं, और तब भी सामान्य अनुमान नहीं मिलते क्योंकि सिंचित और असिंचित ज़मीनों के लिए अलग-अलग अनुमान दिए गए हैं। फिर भी सेटिलमेंट रिपोर्ट्स में कुछ ज़िलों के लिए और एटकिंसन के स्टेटिस्टिकल एकाउंट में पश्चिमोत्तर प्रान्त के कुछ ज़िलों के लिए सामान्य उपज के अनुमान हमारे पास हैं। ये सामान्य पैदावारें आकलन की पुरानी विषयों पर आधारित हैं और इसलिए सम्भव है कि ये मुग़लों की विधियों से अधिक मेल खाती हों। (अध्याय-3 देखें।) इन आँकड़ों से मैंने उपज को 1861-70 के सामान्य मूल्यों से गुणा करके और फिर आगरा की परिकल्पित दर को 100 मानते हुए सूचकांकों के रूप में रखकर गेहूँ और जौ की परिकल्पित दरों की गणना की है। तालिका-4.8 में इन दरों की तुलना उस हलक़े के दस्तूर के वास्तविक सूचकांकों से की गई है जिसमें ये ज़िले आते थे। आगरा की क़ीमतों और पैदावारों को 100 मानकर सूचनांकों के रूप में ये क़ीमतें और पैदावारें कॉलम (ब) और (स) में दिखाई गई हैं।

तालिका-4.8

ज़िला सूचकांक	*दस्तूर के सूचकांक* (अ)	*मूल्य के सूचकांक* (ब)	*उपज के के सूचकांक* (स)	*परिकल्पित दरों (उपज × मूल्य)* (द)
गेहूँ				
आगरा	100.00	100.00	100.00	100.00
बुलन्दशहर	86.70	75.51	123.80	93.56
मेरठ	86.70	78.70	120.94	94.61
देहली	93.92	92.54	95.96	88.29
अलीगढ़	89.98	87.21	120.94	100.71
इटावा	89.98	88.61	107.06	94.72
सहारनपुर	83.36	86.72	116.68	101.13
जौ				
आगरा	100.00	100.00	100.00	100.00
बुलन्दशहर	77.24	94.48	128.79	121.54
मेरठ	77.24	87.14	123.91	109.15
देहली	86.34	93.20	88.33	69.17
अलीगढ़	81.79	125.17	112.45	140.77
सहारनपुर	72.76	105.44	163.94	171.93

तालिका-4.8 से स्पष्ट है कि दस्तूर के अन्तर न तो आधुनिक पैदावारों से मेल खाते हैं और न आधुनिक पैदावारों और आधुनिक क़ीमतों के गुणनफलों से। दूसरी ओर वे आम तौर पर गेहूँ के आधुनिक (1861-70 के) मूल्यों के अन्तरों से उल्लेखनीय सीमा तक क़रीब हैं और जौ की क़ीमतों के अन्तरों से भी उनकी ख़ासी निकटता दिखाई देती है।

तालिका-4.8 में शामिल सभी दस्तूरी हलक़े एक छोटे से भौगोलिक क्षेत्र (देहली और पश्चिमी उ.प्र.) तक सीमित हैं। आधुनिक एग्रीकल्चरल स्टेटिस्टिक्स तक में 1897 के बाद से उपज के अनुमान अलग-अलग ज़िलों के लिए नहीं बल्कि अनेक ज़िलों पर आधारित बड़े-बड़े खित्तों के लिए दिए गए हैं। मुग़ल अधिकारभोगियों से उपज के और भी विस्तृत आकलन की आशा करना उचित नहीं होगा। लेकिन चूँकि हमारे पास दूसरे क्षेत्रों के लिए औसत पैदावारों के अनुमान नहीं हैं, हम 1892 के लिए एग्रीकल्चरल स्टेटिस्टिक्स से सिंचित और असिंचित ज़मीनों की पैदावारों के लिए प्राप्त अनुमानों से सिर्फ़ कुछ मोटे-मोटे संकेत ही पा सकते हैं। एक नमूने के तौर पर हम हरियाणा पर विचार करेंगे। हम पहले ही देख चुके हैं कि इस क्षेत्र में सिंचित-असिंचित, दोनों तरह की ज़मीनों की पैदावार उ.प्र. के मुक़ाबले काफ़ी कम थीं।[23] इस क्षेत्र के कम दस्तूर कम पैदावारों के प्रतिबिम्ब लगते हैं।

दस्तूर के स्थानीय परिवर्तन किस हद तक मूल्यों से प्रभावित रहे होंगे, इसका अध्ययन कुछ अधिक निश्चय के साथ किया जा सकता है। 1861-70 की दहाई में गेहूँ, जौ और ज्वार की क़ीमतें उ.प्र. और पंजाब के लगभग सभी ज़िलों के लिए उपलब्ध हैं। इसलिए दस्तूरों और मूल्यों के सूचकांकों की तुलना अब उ.प्र. और पंजाब में आनेवाले सभी दस्तूरी हलक़ों के लिए की जा सकती है।

इस तुलना के पहले सूचकांक के आधार के चयन के बारे में कुछ शब्द आवश्यक हैं। आगरा जहाँ 1600 में सल्तनत की राजधानी और उसका सबसे बड़ा शहर था, यह 1872 तक एक मामूली सा नगर (आबादी : 1,63, 935) रह गया था। इसलिए ज़ाहिर है कि आगरा में मूल्यों के सापेक्ष स्तर 1861-70 के मुक़ाबले 1600 में बहुत ऊँचे रहे होंगे। आधुनिक मूल्यों से दस्तूर की किसी भी तुलना में आगरा, जिसकी स्थिति इस कदर बदल चुकी थी, सूचकांक के एक सन्तोषजनक आधार का काम शायद ही दे सके। देहली इससे काफ़ी बेहतर आधार दिखाई देती है क्योंकि यह 1595 में एक सूबे की राजधानी थी मगर किसी भी तरह एक बड़ा शहर नहीं थी। (अबुल फ़ज़्ल कहते हैं : यह शहर खंडहर बन चुका है मगर क़ब्रिस्तान खूब आबाद है।) गदर के बाद भी यह इसी तरह का एक छोटा-सा पतनशील नगर (1882 में आबादी : 1,73,393) था। इसलिए मैंने देहली को आधार 100 मानकर दस्तूरों और मूल्यों का हिसाब लगाया है। चूँकि आगरा के सूचकांक इसकी अगली ही क़तार में आते हैं, पाठक किसी हलक़े के दस्तूरों और मूल्यों को आसानी से आगरा के आधार पर परिवर्तित कर सकता है। इसके लिए उसे इन दस्तूरों और मूल्यों में आगरा के सामने दिए गए आँकड़ों से भाग देना और दशमलव को दो स्थान पीछे ले जाना होगा।

तालिका-4.9

दस्तूर का हलक़ा	*गेहूँ*		*जौ*		*ज्वार*	
	दस्तूर	*मूल्य 1861-70*	*दस्तूर*	*मूल्य 1861-70*	*दस्तूर*	*मूल्य 1861-70*
देहली	100.00	100.00	100.00	100.00	100.00	100.00
आगरा	106.48	108.71	115.82	107.29	133.25	121.10
इटावा	95.80	96.33	94.75	112.51	106.53	119.55
बयाना	100.00	अनु	90.81	अनु	89.98	अनु
कन्नौज	96.57	98.03	94.16	104.96	97.14	119.60
साकित	102.92	अनु	86.34	अनु	87.48	अनु
भोगाँव	92.32	92.98	89.45	94.48	106.53	119.54
सिकन्दरपुर अतरेजी	89.98	अनु	81.54	अनु	87.48	अनु
फफून्द	101.14	96.33	94.71	112.51	114.04	119.55
कोल	95.81	94.80	94.75	104.69	106.53	106.96
थाना फ़रीदा	92.32	91.54	89.54	105.99	100.00	104.61
अकबराबाद	101.14	94.80	108.29	93.28	106.67	106.96

तालिका-4.9 जारी

दस्तूर का हलक़ा	गेहूँ		जौ		ज्वार	
	दस्तूर	मूल्य	दस्तूर	मूल्य	दस्तूर	मूल्य
		1861-70		1861-70		1861-70
मारहरा	89.98	अनु	81.54	अनु	87.48	अनु
पानीपत	92.32	95.70	94.71	100.00	100.00	104.32
मेरठ	92.32	92.07	89.45	94.72	100.00	126.04
बारन	92.93	82.02	89.45	107.29	100.00	106.96
झज्झर	97.62	96.35	97.31	102.26	100.00	105.87
पलवल	96.66	अनु	86.34	अनु	80.05	अनु
रोहतक	92.32	96.35	81.60	102.26	106.67	105.87
बदायूँ	79.87	88.85	107.82	102.50	112.28	107.99
हिसार	99.37	103.35	94.71	99.50	113.23	105.95
गोहाना	92.32	99.85	100.00	100.87	113.23	105.91
सिरसा	92.32	103.35	100.00	99.50	113.23	105.95
रेवाड़ी	94.99	अनु	84.06	अनु	80.05	अनु
तराऊ	96.62	अनु	45.69	अनु	80.05	अनु
सोहना	96.66	अनु	86.34	अनु	82.56	अनु
देवबंद	88.65	94.28	84.27	115.58	79.98	133.63
सरधाना	92.32	98.22	89.54	99.73	100.00	149.25
इंदरी	92.32	95.70	86.71	100.00	100.00	107.86
सरहिन्द	76.68	अनु	71.14	अनु	75.05	अनु
थानेसर	94.02	92.23	74.94	105.43	103.34	104.12
तिहाड़ा	81.75	82.30	91.95	83.65	100.00	85.01
समाना	76.68	अनु	68.21	अनु	75.05	अनु
सम्भल	88.63	82.38	79.00	89.12	109.89	104.50
चान्दपुर	86.98	88.34	84.27	98.79	115.37	111.76
लखनौर	79.87	अनु	72.76	अनु	109.42	अनु
इलाहाबाद	96.06	111.62	94.75	120.09	103.33	132.65
जलालाबाद	92.32	115.70	95.29	126.38	106.73	137.07
भदोही	102.89	116.49	-	124.74	-	126.31
बनारस	102.92	117.29	113.18	134.23	119.55	110.86
जौनपुर	102.92	100.32	-	117.34	119.55	116.63
मुंगेर	92.38	102.55	100.00	109.98	106.67	116.24
चुनार	96.12	अनु	95.69	अनु	119.90	अनु
ग़ाज़ीपुर	96.12	अनु	97.23	अनु	119.90	अनु
कड़ा	89.62	अनु	-	अनु	101.78	अनु
कोरा	103.94	अनु	81.46	अनु	99.16	अनु
कुटिया	89.62	अनु	81.46	अनु	103.37	अनु

तालिका-4.9 जारी

दस्तूर का हलक़ा	*गेहूँ*		*जौ*		*ज्वार*	
	दस्तूर	*मूल्य 1861-70*	*दस्तूर*	*मूल्य 1861-70*	*दस्तूर*	*मूल्य 1861-70*
मारहरा	89.98	अनु	81.54	अनु	87.48	अनु
जाजमऊ	96.62	103.08	94.31	109.97	96.78	119.24
मानिकपुर	92.32	89.40	100.00	92.29	106.67	95.41
रायबरेली	99.37	95.30	107.81	126.38	113.23	105.32
अवध	92.32	92.70	92.09	99.41	106.67	104.01
इब्राहीमाबाद	93.32	अनु	93.17	अनु	113.23	अनु
किशनी	92.32	91.60	100.00	101.65	106.67	112.02
बहराइच	86.98	75.81	89.41	68.06	113.23	71.78
फैज़ाबाद	88.73	78.26	84.23	74.56	100.00	71.78
खरौंसा	87.62	65.79	89.41	67.23	115.61	68.34
लाहौर	85.21	97.96	108.29	93.28	119.28	111.40
परसरूर	85.21	84.30	89.45	78.17	113.23	112.97
हैबतपुर	87.31	100.18	89.45	93.24	113.23	104.78
जालन्धर	85.21	87.78	-	-	-	-
रोहतास	70.98	-	63.38	अनु	93.33	अनु
स्यालकोट	53.46	84.30	89.45	78.17	113.23	112.97
हज़ारा	88.76	100.64	89.45	99.29	113.23	130.36
बटाला	73.35	अनु	72.76	अनु	-	अनु

टिप्पणियाँ : सूबा अवध के छह दस्तूरी हलक़ों (ख़ैराबाद, पाली, भरवार, गोरखपुर, लखनऊ और उनाम) में इन फ़सलों के लिए दरें नहीं दी गई हैं। अनु = अनुपलब्ध

तालिका-4.9 से उत्तर प्रदेश के अन्दर आनेवाले इलाक़ों में गेहूँ के वास्ते या मालगुज़ारी की दरों और मूल्यों के सूचकांकों के बीच ख़ासे घनिष्ठ सम्बन्ध का पता चलता है। यहाँ अपवाद थोड़े से ही हैं और उनमें भी कुछेक की व्याख्या की जा सकती है। मिसाल के लिए इलाहाबाद और पड़ोसी हलक़ों का मूल्य सूचकांक दस्तूर सूचकांक से अधिक है। इसी की आशा भी की जा सकती थी क्योंकि इलाहाबाद 1586 तक एक महत्त्वपूर्ण नगर नहीं बना था। हरियाणा के इलाक़ों में दस्तूर के सूचकांक आमतौर पर मूल्यों के सूचकांकों से कम हैं। 19वीं सदी में और इसलिए सम्भवत: 16वीं सदी में भी, हरियाणा की कम उपज को देखते हुए यह भी प्रत्याशित है।[24] जौ और ज्वार के मुआमले में सहसम्बन्ध इतना स्पष्ट नहीं है, पर इलाक़ों की एक बहुत बड़ी तादाद में दोनों सूचकांकों की प्रवृत्तियाँ एक जैसी हैं।

कुल मिलाकर यह सुझाया जा सकता है कि दस्तूरों में परिवर्तन मूल्यों के स्थानीय परिवर्तनों के आधार पर किए गए होंगे, जबकि एक मानक पैदावार की मान्यता बड़े-

बड़े भौगोलिक क्षेत्रों के लिए थी। पहली नज़र में यह बात अव्यावहारिक लग सकती है,[25] लेकिन हक़ीक़त यही है कि आधुनिक सरकारी एग्रीकल्चरल स्टेटिस्टिक्स तक की अनुमानित पैदावारों में कम-से-कम उत्तर प्रदेश के लिए, अन्तर बहुत अधिक नहीं हैं। उत्तर प्रदेश के जिन ज़िलों पर हमने विचार किया है उन सबके सिलसिले में 1892 में सिंचित ज़मीनों से गेहूँ की औसत पैदावारों का दायरा 1476-1120 पौंड प्रति एकड़ था। इसका मतलब है कि ये अन्तर औसत (1,298 पौंड) से ±13.7 प्रतिशत के दायरे के अन्दर ही थे।

आम्बेर, रोहतास और स्यालकोट जैसे कुछ हलक़ों में दस्तूर असाधारण रूप से कम थे जबकि ये जोधपुर और नागौर में असाधारण सीमा तक अधिक थे। क़ीमतों और पैदावारों के बारे में 19वीं सदी के आँकड़े इन असामान्यताओं की व्याख्या नहीं कर पाते। मुमकिन है कि कम दरें राजनीतिक रिआयतों का नतीजा हों। कछवाह इलाक़े (आम्बेर) के लिए तो यह बात ऐन मुमकिन दिखाई देती है। इसका मक़सद कछवाह परगनों की जमा को कम दिखाना था ताकि आम्बेर के शासक दूसरी जगहों पर जागीरों के दावे कर सकें। दूसरी ओर जोधपुर और नागौर की ऊँची दरों का कारण या तो यह हो सकता है कि वहाँ 16वीं सदी में क़ीमतें ज़्यादा थीं या फिर यह जमा को बढ़ाकर दिखाने का एक प्रयास भी हो सकता है। (इसका मक़सद राजपूत सरकारों को उनके क्षेत्रों से प्राप्त वास्तविक आय से अधिक दिखाई देने वाले मंसब देना रहा होगा।)[26]

दस्तूरों में कुछ और तब्दीलियाँ और संगतियाँ भी हैं और ये भी संकेत देती हैं कि कुछ हलक़ों में दस्तूरों का निर्धारण कुछ प्रशासनिक झुकावों और पूर्वग्रहों के कारण स्थानीय पैदावारों और क़ीमतों से स्वतंत्र रहा होगा। दस्तूर के कुछ छोटे-छोटे हलक़े ऐसे थे जो सिर्फ़ एक-एक परगने पर आधारित थे, जैसे किशनी और इब्राहीमाबाद। हालाँकि ये अवध के दस्तूरी हलक़े के अन्दर स्थित थे, मगर यहाँ मालगुज़ारी की अलग दरें लागू थीं। ये दरें अवध के लिए स्वीकृत दरों से एकदम भिन्न थीं मगर लगभग सभी फ़सलों पर क्रमश: मानिकपुर और रायबरेली के लिए स्वीकृत दरों के समान थीं। यह निष्कर्ष बुद्धिसंगत होगा कि ये परगने कुछ बड़े सामंतों की जागीरों में शामिल रहे होंगे जो दूसरे हलक़ों के मालिक भी थे और चाहते थे कि उनकी जागीरों के विभिन्न भागों में दस्तूर समान हों। हो सकता है, दस्तूरी हलक़े कैराना के साथ यही बात हो जो सिर्फ़ दो पगरनों पर आधारित था और जहाँ पानीपत के लगभग बराबर की दरें लागू थीं। यहाँ फ़र्क़ सिर्फ़ इतना है कि किशनी और इब्राहीमाबाद के विपरीत कैराना पानीपत से सटा हुआ था। इसे एक अलग दस्तूरी हलक़े के रूप में दर्ज करने का कारण यह हो सकता है कि जहाँ दस्तूरी हलक़ा पानीपत सरकार देहली में आता था वहीं कैराना हलक़े के दो परगने सरकार सहारनपुर में शामिल थे।

राजनीतिक कृपा, प्रशासनिक सुविधा और जागीर के अखंड अधिकार क्षेत्र के इन्हीं विचारों के कारण दस्तूरों के निर्धारण के लिए औपचारिक रूप से आधार स्वीकार की गई मानक पैदावारों और क़ीमतों से दूसरी जगहों पर भी विचलन हुआ

होगा। लेकिन ऐसी मिसालें बहुत अधिक नहीं हैं जिनमें इस तरह के बाह्य विचार कार्यरत दिखाई पड़ते हों, और हम भरोसे के साथ कह सकते हैं कि अकबर का प्रशासन विभिन्न क्षेत्रों और अंचलों में पैदावारों और मूल्यों के बारे में सामान्यत: अपनी ही पुष्टि से संचालित हो रहा था।

इस तरह दस्तूर की वास्तविक दरों से संकेत मिलता है कि (गेहूँ समेत) अधिकांश खाद्यान्नों और दूसरी साधारण फ़सलों के लिए निर्धारित मालगुज़ारी, जैसाकि कुछ इलाक़ों के लिए अनुमान लगाया गया है, उपज की लगभग आधी होती थी। ऊँची कोटि फ़सलों (गन्ना, नील, वग़ैरह) के बारे में यक़ीन के साथ यह कहना मुश्किल है कि क्या सभी दस्तूर उपज के साथ लगभग आधे होते हैं। कुछ भी हो, ये दस्तूर फ़सल की उपज के अनुमानों के आधार पर नहीं तय किए गए थे और आधुनिक आँकड़ों से इन फ़सलों के दस्तूरों की सार्थक तुलनाएँ सम्भव नहीं हैं। लगता है ये इस तरह तय किए गए थे कि इनकी उपज का एक ख़ासा बड़ा भाग मालगुज़ारी के रूप में वसूला जा सके। लेकिन ऐसा नहीं लगता कि कुछ फ़सलों पर दी गई इन रिआयतों से मुख्य तथ्य संशोधित हुआ हो, और तथ्य यह है कि आमतौर पर मालगुज़ारी कुल खेतिहर पैदावार का लगभग आधा भाग होती थी।[27]

सन्दर्भ और टिप्पणियाँ

1. डब्ल्यू. एच. मोरलैंड, *एग्रेरियन सिस्टम ऑफ़ मुस्लिम इंडिया*, पृ. 82-92, इरफ़ान हबीब, *एग्रेरियन सिस्टम*, पृ. 190-256 देखें। आर. पी. त्रिपाठी का पहले का अध्ययन, *सम अस्पेक्ट्स ऑफ़ मुग़ल एडमिनिस्ट्रेशन*, इलाहाबाद, 1959, पृ. 308-38 भी देखें।
2. *आईन*, एक, पृ. 303-47
3. ख़ुद ये सूबे 1580 में गठित किए गए थे और 19 साल की दरों की तालिकाएँ बनाने के लिए अबुल फ़ज़्ल या उनके स्रोत को विभिन्न आकारों वाली पिछली इकाइयों के लिए तय दरों का सबसे पहले संगत सूबों पर लागू करना पड़ा होगा। यह सवाल भी पैदा होता है कि क्या पिछली दरें उन्हीं हलक़ों के लिए तय की गई थीं जिनके लिए अन्तिम दस्तूर अलग से तय किए गए। ऐसा मुमकिन नहीं लगता, हो सकता है, ये दरें पूर-पूरी सरकारों के लिए तय की गई हों। (अर्थात पहले की आकार में बड़ी सरकारों के लिए जो मिसाल के लिए *बाबरनामा*, हैदराबाद कोडेक्स, फ़ोलियो 292 अ-93 अ में दी गई हैं।) चूँकि बाद के कुछ सूबे पहले की किसी एक सरकार के ही संगत थे, इससे स्पष्ट हो सकता है कि शासन वर्ष 10 के बाद भी किसी सूबे में एक ही दर क्यों जारी दिखाई देती है। शासन वर्ष 15 के साथ अन्तर और दायरे में वृद्धि हुई होगी क्योंकि उस साल किए गए करोड़ी प्रयोग के अंग रूप में बनाए गए नए दस्तूरी हलक़ों के लिए ये दरें पीछे की तिथियों से तय की गईं।
4. अबुल फ़ज़्ल (*आईन*, एक, पृ. 347) बतलाते हैं कि शासन वर्ष 11 में जमा के आँकड़ों में संशोधन के लिए तक़सीम के काग़ज़ात जमा किए गए। लेकिन जहाँ तक़सीम कहलानेवाले काग़ज़ात मालगुज़ारी और क्षेत्रफल के आँकड़े देते हैं वहीं उनमें आमतौर पर पैदावारों और क़ीमतों की सूचनाएँ शामिल नहीं हैं। (इरफ़ान हबीब, *एग्रेरियन सिस्टम*, पृ. 203, टिप्पणी 4 से तुलना करें।) इसलिए मुमकिन है तक़सीम काग़ज़ात जमा में संशोधन के लिए इस्तेमाल किए गए हों लेकिन दस्तूरों में संशोधन के लिए वे अपने-आपमें कुछ ख़ास मददगार नहीं रहे होंगे।

5. *आईन,* एक, पृ. 348-85
6. *आईन,* दो, पृ. 297
7. *आईन,* दो, पृ. 297, इरफ़ान हबीब, *एग्रेरियन सिस्टम,* पृ. 355 से तुलना करें।
8. 115 दाम 8 जीतल जैसे अन्तर का कारण यह है कि नुक्ते ग़लत जगह लगाए गए हैं जिससे याज़दह की जगह पंजदह और बिस्त की जगह हश्त हो गया है।
9. *आईन,* एक, पृ. 348, *अकबरनामा,* तीन पृ. 282-83
10. *आईन,* एक, पृ. 298-300, हमारे पाठ में दी गई व्याख्या के बारे में इरफ़ान हबीब, *एग्रेरियन सिस्टम,* पृ. 209-12, टिप्पणी देखें।
11. इरफ़ान हबीब, *एग्रेरियन सिस्टम,* पृ. 211 से तुलना करें।
12. *अकबरनामा,* तीन, पृ. 748
13. मोरलैंड, *एग्रेरियन सिस्टम ऑफ़ मुस्लिम इंडिया,* पृ. 83, इरफ़ान हबीब, *एग्रेरियन सिस्टम,* पृ. 200-12
14. *आईन,* एक, पृ. 230, इरफ़ान हबीब, *एग्रेरियन सिस्टम,* पृ. 208 से तुलना करें।
15. *आईन,* एक, पृ. 297-300
16. उपरोक्त, पृ. 53-60
17. इस प्रश्न की विवेचना के लिए अध्याय-14 देखें।
18. अध्याय-3 देखें।
19. एटकिंसन, चार, भाग दो, पृ. 368
20. उपरोक्त
21. *अकबरनामा,* तीन, पृ. 282-83, *आईन,* एक, पृ. 348, इरफ़ान हबीब, *एग्रेरियन सिस्टम,* पृ. 201-9 से तुलना करें।
22. ज़हूर अली ख़ान ने *आई. एच. आर.*, वर्ष 4, अंक 2, 1978 में अपने लेख में दिखाया है कि 1860+ और 1890+ के बीच रेलों ने किस तरह मूल्यों पर समताकारी प्रभाव डाला।
23. अध्याय-3, तालिका-3.1 (स) और (द) देखें।
24. उपरोक्त
25. इस दृष्टिकोण के बारे में इरफ़ान हबीब, *एग्रेरियन सिस्टम,* पृ. 201 देखें।
26. दिलचस्प यह है कि *आईन* में सूबा अजमेर के लिए 19 साला दरें नहीं दी गई हैं। सम्भवत: जोधपुर और नागौर के लिए अन्तिम दस्तूर तय करते वक़्त इनको अनदेखा कर दिया गया। राठौर शासक मोटा राजा उदयसिंह को 1583 में उसकी जागीर वापस दे दी गई (*विगत,* एक, पृ. 76, *वीर विनोद,* खंड दो, भाग दो, पृ. 815), जबकि जोधपुर पहले ही मुग़लों के अधिकार में आ चुका था। चूँकि जोधपुर और नागौर के अन्तिम दस्तूर (दामों और जीतलों में) विस्तृत आँकड़ों के रूप में हैं, यह माना जा सकता है कि जोधपुर के लिए बढ़ाकर दिए गए दस्तूर 1583 के फ़ौरन बाद तय किए गए, और 1586 के उसी साल लागू बड़े बीघे (बीघा-ए-इलाही) के अनुसार तालिका के आधार पर उनमें वृद्धि की गई।
27. अबुल फ़ज़्ल (*आईन,* एक, पृ. 570) अपने संरक्षक की खुलकर तारीफ करते हैं कि उसने कश्मीर में उपज के ठीक आधे पर मालगुज़ारी तय की थी।

परिशिष्ट-4 (अ)
पहले की दरों को अन्तिम दस्तूरों में बदलने के बाद पुनर्रचित तालिका

पुराना	नया		पुराना	नया		पुराना	नया	
दाम	दाम	जीतल	दाम	दाम	जीतल	दाम	दाम	जीतल
1	1	3	37	*41	9	73	*81	16
2	2	6	38	*42	12	74	*82	18
3	3	9	39	43	15	75	*83	21
4	4	12	40	*44	18	76	*84	24
5	5	15	41	*45	21	77	86	2
6	6	18	42	*46	24	78	*87	5
7	7	21	43	*48	2	79	88	8
8	8	24	44	*49	5	80	*89	11
9	10	2	45	*50	8	81	90	14
10	11	5	46	*51	11	82	*91	17
11	*12	8	47	*52	14	83	*92	20
12	13	11	48	*53	17	84	*93	23
13	14	14	49	*54	20	85	*95	1
14	*15	16	50	*55	23	86	*96	4
15	16	16	51	57	1	87	97	7
16	*17	22	52	*58	4	88	98	10
17	*19	0	53	*59	6	89	99	13
18	*20	3	54	*60	9	90	*100	16
19	21	6	55	*61	12	91	101	19
20	*22	12	56	*62	15	92	102	21
21	*23	15	57	*63	18	93	103	24
22	*24	18	58	*64	21	94	105	2
23	*25	21	59	65	24	95	*106	5
24	*26	24	60	*67	2	96	*107	8
25	*27	2	61	68	5	87	108	11
26	*29	5	62	*69	8	98	109	14
27	*30	8	63	70	11	99	110	17
28	*31	11	64	71	14	100	*111	20
29	*32	14	65	72	17	101	*112	23
30	*33	17	66	73	20	102	114	1
31	*34	20	67	74	23	103	115	4
32	*35	23	68	*76	1	104	*116	7
33	*36	0	69	*77	4	105	117	10
34	*38	3	70	78	7	106	118	13
35	*39	6	71	79	10	107	*119	15
36	*40	9	72	80	13	108	120	19

परिशिष्ट-4 (अ) जारी
पहले की दरों को अन्तिम दस्तूरों में बदलने के बाद पुनर्रचित तालिका

पुराना	नया		पुराना	नया		पुराना	नया	
दाम	*दाम*	*जीतल*	*दाम*	*दाम*	*जीतल*	*दाम*	*दाम*	*जीतल*
109	121	22	140	*156	13	171	191	5
110	*123	0	141	157	16	172	192	8
111	*124	3	142	158	19	173	193	11
112	*125	6	143	159	22	174	194	14
113	*126	9	144	161	0	175	195	17
114	*127	11	145	162	3	176	196	20
115	*128	14	146	163	6	177	197	23
116	*129	17	147	164	9	178	199	1
117	130	20	148	165	12	179	200	4
118	*131	23	149	166	15	180	201	7
119	133	1	150	167	18	181	202	10
120	*134	4	151	168	21	182	203	13
121	135	7	152	169	24	183	204	16
122	*136	10	153	171	2	184	205	19
123	137	13	154	172	4	185	206	22
124	*138	16	155	173	7	186	208	0
125	139	19	156	174	10	187	209	3
126	140	22	157	175	13	188	*210	5
127	142	0	158	176	16	189	211	8
128	*143	3	159	177	19	190	212	11
129	*144	6	160	178	22	191	213	14
130	*145	9	161	180	0	192	214	17
131	146	12	162	181	3	193	215	20
132	*147	15	163	182	6	194	216	23
133	*148	18	164	183	9	195	218	1
134	149	21	165	184	12	196	*219	3
135	150	24	166	185	15	197	220	6
136	152	2	167	186	18	198	221	9
137	153	5	168	187	21	199	222	12
138	*154	8	169	188	24	200	*223	15
139	155	11	170	*190	2			

* दस्तूरों में ये सभी दरें वास्तव में प्राप्य हैं।

परिशिष्ट-4 (ब)
दस्तूर के सूचकांक
आगरा = 100

	गेहूँ	चना	जौ	सरसों	फलियाँ	ज्वार	लहधरा	धान	गन्ना	कपास	नील
आगरा											
1. हवेली आगरा	100.00	100.00	100.00	100.00	100.00	100.00	100.00	100.00	100.00	100.00	100.00
2. इटावा	89.98	80.05	81.79	93.33	92.85	80.05	78.54	74.02	90.89	102.75	102.15
3. हवेली बयाना	100.00	94.99	90.81	100.00	107.15	89.98	-	96.36	100.73	102.57	101.43
4. मंडावर	100.00	89.98	90.89	100.00	103.58	80.05	85.70	105.57	90.89	102.57	102.86
5. अलवर	100.00	89.98	90.91	100.00	103.58	80.05	85.70	105.50	90.89	102.57	102.86
6. मुबारकपुर	94.51	80.32	84.07	93.33	92.85	80.05	85.70	105.50	85.70	91.28	100.13
7. बछेरा	96.66	82.56	86.34	93.33	101.53	80.05	76.12	105.57	84.85	102.57	102.86
8. ईड़च	94.93	77.55	93.50	96.66	71.39	85.60	85.70	77.80	117.29	105.13	104.14
9. तिजारा	96.66	82.56	86.34	93.33	100.00	80.05	85.70	105.57	125.50	102.57	102.86
10. खोड़ा का थाना	100.00	89.98	90.81	100.00	103.58	80.05	85.70	105.50	90.89	102.57	102.86
11. बेसरू	100.00	82.56	86.34	93.33	100.00	82.56	85.70	96.36	93.93	108.99	104.29
12. साहर	100.00	82.56	86.34	93.33	100.00	92.56	85.70	96.36	92.57	108.94	104.14
13. पहाड़ी	96.66	82.56	86.34	93.33	100.00	80.05	85.70	105.57	84.85	102.57	102.86
14. नोनहरा	101.49	89.98	90.81	100.00	104.09	80.05	83.14	105.50	84.12	102.57	102.86
15. कन्नौज	90.70	84.08	81.30	94.87	92.85	72.90	82.12	77.80	89.38	107.71	104.29
16. साकित	96.66	87.48	86.34	97.14	101.53	87.48	85.70	81.51	93.93	107.71	102.30
17. भोगाँव	86.70	75.04	77.24	89.99	78.54	80.05	77.27	74.09	98.80	97.43	101.43
18. सिकन्दरपुर अतरेजी	89.98	84.97	81.79	96.66	92.85	87.48	85.70	81.51	100.03	107.71	102.86

परिशिष्ट-4 (ब) जारी
दस्तूर के सूचकांक
आगरा = 100

	गेहूँ	चना	जौ	सरसों	फलियाँ	ज्वार	लहधरा	धान	गन्ना	कपास	नील
19. फफून्द	94.99	77.55	81.79	96.66	71.39	85.60	85.70	77.80	96.96	105.14	102.38
20. ग्वालियर	103.34	97.23	81.79	100.00	100.00	100.00	100.00	92.45	100.00	100.00	102.30
21. कालपी	94.99	94.99	81.79	97.14	71.39	85.60	85.70	77.80	96.88	105.14	104.22
22. कोल	89.98	80.05	81.79	86.65	85.70	79.96	78.29	77.80	90.89	102.75	104.22
23. थाना फरीदा	86.70	77.55	77.24	89.99	92.85	75.04	78.54	77.53	90.89	107.71	102.84
24. अकबराबाद	94.99	80.05	86.34	86.65	92.85	79.96	78.54	77.80	90.89	102.75	102.84
25. मारहरा	89.98	84.97	81.79	96.66	92.85	88.01	85.70	81.51	93.93	107.71	102.84
26. नारनौल	93.32	82.47	84.07	93.21	89.14	79.96	89.14	100.00	90.89	102.57	105.80
27. बड़ोदा राना	94.99	80.05	84.07	93.33	92.85	80.05	85.70	105.57	86.34	102.57	99.67
28. चलकालना	91.65	80.05	84.07	93.33	85.70	74.15	85.70	88.93	84.85	102.57	102.86
29. कनोड	-	-	-	-	-	-	-	-	-	-	-
देहली											
1. हवेली कदीम	93.92	82.56	86.34	86.41	92.85	75.04	85.70	91.58	86.34	102.57	102.86
2. पानीपत	86.70	82.56	81.79	86.65	85.70	75.04	85.70	74.09	83.33	105.14	102.86
3. मेरठ	86.70	89.98	77.24	94.76	78.67	75.04	71.39	79.66	83.33	102.57	102.86
4. बरन	86.70	72.54	77.24	104.89	92.85	75.04	78.03	77.53	90.89	107.57	102.86
5. झज्झर	91.65	75.04	84.07	93.33	85.70	75.04	85.70	88.93	84.85	102.57	102.86
6. पलवल	96.66	75.04	86.34	93.33	101.53	59.93	85.70	97.02	93.79	108.99	102.86

परिशिष्ट-4 (ब) जारी
दस्तूर के सूचकांक
आगरा = 100

	गेहूँ	चना	जौ	सरसों	फलियाँ	ज्वार	लहधरा	धान	गन्ना	कपास	नील
7. रोहतक	86.70	66.28	70.49	90.35	85.70	80.05	92.85	81.51	86.56	103.03	102.53
8. बदायूँ	75.01	67.53	93.09	78.31	-	84.26	71.39	60.64	84.85	110.28	103.22
9. हवेली हिसार	93.32	65.03	81.79	94.76	93.74	84.97	89.40	85.22	84.85	102.57	105.72
10. गोहाना	85.21	66.28	86.34	86.65	93.74	84.97	89.27	-	86.37	102.57	105.72
11. सिरसा	86.70	67.53	86.34	86.65	93.74	84.97	85.70	75.94	86.37	102.57	105.72
12. माहम	86.70	79.96	86.34	89.99	85.70	78.26	92.85	80.84	86.15	102.57	99.67
13. रेवाड़ी	94.99	80.05	84.07	93.33	92.85	80.05	92.27	105.57	86.34	102.57	99.75
14. तराऊ	96.12	69.50	-	93.33	92.85	80.05	69.73	105.57	84.85	102.57	102.86
15. साहर	51.94	78.26	86.34	-	101.53	82.56	85.70	96.37	93.93	108.99	104.29
16. कोहाना	100.00	75.04	90.89	100.00	99.23	80.05	85.70	55.86	90.95	102.57	102.86
17. देवबंद	83.36	75.04	72.76	88.92	103.58	60.02	71.39	70.38	83.33	102.57	100.00
18. सरधना	86.70	77.55	77.24	94.76	96.42	75.04	71.39	80.12	83.33	102.57	102.86
19. कैराना	86.46	78.98	81.79	81.79	85.70	75.04	85.70	74.09	83.33	105.14	102.86
20. इंदरी	76.68	82.56	75.04	79.98	65.01	75.04	78.54	70.38	80.30	123.07	102.86
21. हवेली सरहिन्द	76.68	78.26	71.14	79.98	71.39	75.04	80.33	70.38	82.57	123.07	102.86
22. थानेसर	88.25	71.29	64.80	75.45	70.63	77.55	78.54	74.09	81.54	120.78	102.86
23. तिहाड़ा	76.68	74.06	79.51	77.47	72.80	75.04	78.54	74.09	80.03	123.02	102.86
24. समाना	76.68	75.04	68.21	79.98	79.82	75.04	78.54	82.17	80.27	120.50	102.86

परिशिष्ट-4 (ब) जारी
दस्तूर के सूचकांक
आगरा = 100

		गेहूँ	चना	जौ	सरसों	फलियाँ	ज्वार	लहधरा	धान	गन्ना	कपास	नील
25.	हवेली सम्भल	83.24	75.04	68.21	86.65	96.42	82.47	78.54	70.38	87.86	117.94	104.29
26.	चान्दपुर	81.69	80.05	72.76	83.31	96.42	86.58	78.54	68.52	88.62	111.70	100.00
27.	लखनौर	75.01	80.05	72.76	78.31	-	82.56	71.39	70.38	81.82	110.73	103.22
	इलाहाबाद											
1.	हवेली इलाहाबाद	89.98	84.97	81.79	106.67	78.54	77.55	-	40.95	-	102.57	104.29
2.	जलालाबाद	86.70	87.48	82.28	80.93	92.85	-	-	-	-	-	-
3.	भदोही	96.66	-	-	-	-	80.05	-	70.38	85.61	105.14	103.58
4.	बनारस	96.66	92.23	97.72	119.90	128.48	89.98	-	81.51	83.33	110.28	103.58
5.	हवेली जौनपुर	96.66	92.49	136.34	119.90	128.48	89.98	-	81.51	83.33	110.28	103.58
6.	मुंगेर	86.70	87.48	86.34	83.31	92.85	80.05	-	70.38	85.60	105.14	103.58
7.	चुनार	96.66	92.49	95.69	119.90	128.48	89.98	-	81.51	110.68	110.28	103.58
8.	ग़ाज़ीपुर	96.66	92.49	97.24	119.90	128.48	89.98	-	81.51	110.43	110.28	103.58
9.	कड़ा	89.62	84.97	-	105.24	78.54	76.39	-	74.09	71.31	102.57	104.27
10.	कोरा	103.93	77.55	81.46	94.87	71.39	74.42	-	77.80	96.96	105.14	104.29
11.	कुटिया	89.62	84.97	81.46	105.24	76.63	77.55	-	74.09	70.24	102.06	104.29
12.	जाजमऊ	90.82	82.73	81.46	94.87	64.11	72.54	-	72.83	96.96	106.79	104.29
13.	कालिंजर	94.81	77.55	81.46	96.66	65.01	83.36	-	77.80	97.34	105.14	104.29
14.	मानिकपुर	86.70	87.48	86.34	115.73	92.85	78.98	-	70.38	85.53	105.14	103.65
15.	रायबरेली	93.32	87.48	93.17	115.73	121.33	84.97	-	77.80	83.33	107.71	104.22

परिशिष्ट-4 (ब) जारी
दस्तूर के सूचकांक
आगरा = 100

	गेहूँ	चना	जौ	सरसों	फलियाँ	ज्वार	लहधरा	धान	गन्ना	कपास	नील
अवध											
1. हवेली अवध	81.69	77.55	79.51	89.99	92.85	80.05	78.54	72.33	81.03	95.28	104.22
2. इब्राहीमाबाद	93.32	87.48	93.17	113.23	121.33	84.97	82.12	77.80	83.33	107.71	103.58
3. किशनी	86.70	87.48	86.34	83.31	92.85	78.98	78.54	70.38	85.37	105.14	103.58
4. बहराइच	81.69	75.04	77.24	86.65	82.38	84.97	74.97	66.67	83.33	102.57	104.29
5. फ़िरोज़ाबाद	83.36	72.54	72.76	86.65	78.54	75.04	78.54	68.52	90.89	102.57	104.29
6. खरौंसा	83.18	75.04	77.24	86.65	82.12	84.97	74.97	66.67	83.33	102.57	103.65
7. हवेली ख़ैराबाद	-	-	-	-	-	75.04	78.54	68.52	90.89	102.57	-
8. पाली	-	-	-	-	-	72.54	82.12	77.80	89.38	107.71	-
9. भुरवारा	-	-	-	-	-	80.05	78.80	72.37	81.03	96.15	-
10. गोरखपुर	-	-	-	-	-	84.97	74.97	66.67	83.33	102.57	-
11. लखनऊ	-	-	-	-	-	78.26	80.33	74.09	86.45	107.43	-
12. उनाम	-	-	-	-	-	72.54	82.12	77.80	89.38	107.71	-
लाहौर											
1. लाहौर	81.99	80.05	93.50	93.33	-	89.98	99.87	81.51	98.48	92.59	100.26
2. परसरूर	80.02	80.05	77.24	93.33	-	84.97	96.42	66.67	98.24	100.00	100.00
3. पट्टी हैबतपुर	80.02	75.04	77.24	93.33	-	84.97	92.85	77.14	90.89	100.00	100.00
4. जालन्धर	80.02	-	-	-	-	80.05	85.70	70.38	83.33	102.75	100.00
5. रोहतास	66.67	70.04	63.66	79.98	-	70.04	78.54	55.60	83.33	87.39	85.74

परिशिष्ट-4 (ब) जारी
दस्तूर के सूचकांक
आगरा = 100

	गेहूँ	चना	जौ	सरसों	फलियाँ	ज्वार	लहधरा	धान	गन्ना	कपास	नील
6. स्यालकोट	50.21	80.05	77.24	93.99	-	84.97	73.69	68.52	-	88.53	86.07
7. हज़ारा	83.36	77.55	77.24	106.79	-	84.97	100.00	81.51	100.00	105.14	101.43
8. बटाला	73.34	75.04	72.46	86.65	-	80.14	95.15	81.51	92.41	97.48	100.00
अजमेर											
1. हवेली अजमेर	73.35	75.04	68.21	133.25	84.16	55.01	64.24	74.22	75.75	69.49	85.71
2. आम्बेर	46.69	44.72	40.89	79.98	64.24	34.97	39.34	38.10	58.29	46.15	54.59
3. जोधपुर	150.03	125.04	136.34	166.63	-	70.04	57.09	74.22	75.42	76.93	85.71
4. चित्तौड़	83.36	70.04	68.21	79.97	71.39	65.04	71.39	88.93	75.42	87.20	71.43
5. रणथम्भौर	83.36	70.04	68.21	79.97	71.39	65.92	71.39	83.96	75.42	87.20	71.43
6. चात्सू	80.08	84.97	77.24	73.30	-	82.47	82.12	111.13	80.89	89.72	85.71
7. दिलवाड़ा	100.00	94.99	100.00	83.31	-	94.99	100.00	77.80	75.75	94.86	85.71
8. टोडा	70.01	62.52	65.93	54.95	-	67.17	60.66	51.89	55.31	61.93	57.14
9. नागौर	150.03	125.04	136.34	166.63	-	70.04	57.09	74.09	75.75	76.83	85.71
मुल्तान											
1. मुल्तान	79.84	-	100.00	133.25	-	94.99	142.78	81.51	90.89	107.71	92.87
2. दीपालपुर	66.67	-	61.38	86.65	-	80.05	92.85	82.17	85.61	100.00	101.43
3. सदघरा	82.65	-	72.76	92.61	-	84.97	99.23	81.51	96.96	102.57	102.15
मालवा											
1. उज्जैन	-	-	-	-	-	-	-	-	-	-	-
2. रायसेन	104.05	94.99	95.45	-	100.00	100.00	-	-	100.00	100.00	-
3. मांडो	-	-	-	-	-	-	-	-	-	-	-

अध्याय-5

मालगुज़ारी की वसूली

जहाँ दस्तूर किसान पर लगनेवाले कर के सूचक थे वहीं आईने-अकबरी की जमा या नक़दी मालगुज़ारी की वसूली की सूचक थी। मुग़ल प्रशासन में जागीर प्रदान करने की व्यवस्था का तक़ाज़ा था कि क्षेत्र की जमा (या, जैसा कि इसे बाद में कहा जाने लगा, जमा-दामी) जागीर पाने वाले को दी जानेवाली तलब अर्थात तनख़्वाह के ठीक बराबर हो।[1] अबुल फ़ज़्ल के अपने शब्दों का मतलब भी यही है कि जमा तलब के बराबर होती थी।[2] इसलिए इस सन्दर्भ में जमा का मतलब तय किए गए करों की कुल मात्रा नहीं हो सकता। यह बल्कि मात्र वह आय थी जो प्रशासन की निगाह में जागीरदार सम्बन्धित क्षेत्र से प्राप्त कर सकता था। (यह मात्र आय कुल वसूली से संग्रह पर आनेवाले ख़र्चों को निकालकर बची रक़म थी और संग्रह से दूसरों को दिए जानेवाले भत्ते भी इस ख़र्च में शामिल होते थे।)[3]

मालगुज़ारी की माँग को पूरा करने के लिए, कम-से-कम ज़ब्ती सूबों में, किसान को अपनी लगभग आधी पैदावार से वंचित होना पड़ता था। इन सूबों में दस्तूर और काश्तशुदा क्षेत्र का गुणनफल कुल वसूली (ग्रॉस रियलाइजेशन) के बराबर रहा होगा, बशर्ते कि संग्रह आकलन के बराबर ही हुआ हो। इस सूरत में कुल वसूली के मात्र वसूली के अनुपात का निश्चय (आराज़ी के आँकड़ों से पता चलने वाले) सकल फ़सली क्षेत्र और दस्तूरों के गुणनफल तथा जमा (या नक़दी) के बीच के अन्तर पता करके किया जा सकता है। जमा के ये आँकड़े आईन में बारह सूबों का वर्णन में विस्तार से दिए गए हैं।

एक छोटी सी बात पर सफ़ाई दे दी जाए। सूबों के योग देते वक़्त अबुल फ़ज़्ल जमा शब्द का प्रयोग करते हैं, लेकिन जब वे तालिका में परगनावार वितरण देने लगते हैं तो परगनों के आँकड़ों को नक़दी शीर्षक वाले कॉलम में रखते हैं। इससे लगता है कि इस शब्द के दूसरे भावों के बावजूद[4] यहाँ शब्द नक़दी जमा की पर्याय है।

जमा मात्र आय का वह अनुमान थी जो आशा की जाती थी कि राजस्व के तमाम स्रोतों से जागीर पानेवाले को या जागीर में न दिए गए क्षेत्रों में बादशाह के प्रतिष्ठान (ख़ालिस) को प्राप्त होगी, इसलिए इसमें मालगुज़ारी से भिन्न दूसरे कर भी शामिल रहे होंगे। आईन में यह बात स्पष्ट नहीं कही गई है पर आँकड़ों से निष्कर्ष यही निकलता है। बारह सूबों का वर्णन में परगनावार आँकड़े प्रस्तुत करते हुए

अबुल फ़ज़्ल ने सिर्फ़ नगरों पर आधारित महालों की जमा दर्ज की है। कुछ मिसालों में बल्द (नगर) और हवेली वाले महाल अलग-अलग दिए गए हैं, और बल्द के सामने कोई आराज़ी दर्ज नहीं की गई है। इसलिए बाद वाली क़िस्म के महाल में जमा मालगुज़ारी से भिन्न, केवल दूसरे करों से प्रत्याशित राजस्व पर आधारित रही होगी। मिसाल के लिए अहमदाबाद नगर के लिए जमा के रूप में एक ख़ासी बड़ी रक़म दर्ज की गई है पर आराज़ी दर्ज नहीं की गई है। और भी प्रत्यक्ष साक्ष्य बंगाल से तथा गुजरात में एक अलग-थलग मिसाल से उपलब्ध हैं। यहाँ कुछ महालों के सामने जमा नक़दी के आँकड़ों के बारे में स्पष्ट कहा गया है कि ये मालगुज़ारी से भिन्न करों से प्राप्त आय पर आधारित हैं। (तालिका-5.1 देखें।)

तालिका-5.1

*जमा का विवरण**	*महाल*	*सरकार*	*सूबा*
साइर जक़ात	नारायणपुर	सोनारगाँव	बंगाल
साइर जक़ात	गोरा	गोराघाट	बंगाल
साइर	हरनगर	सिलहट	बंगाल
साइर	साखू	सोनारगाँव	बंगाल
हासिल जक़ात	दिलवरपुर	सोनारगाँव	बंगाल
साइर जल कर	सली सरी	सोनारगाँव	बंगाल
साइर जल कर	सली सरी	बजुहा	बंगाल
हासिले-दुकान-हा	चौखंडी	सोनारगाँव	बंगाल
जक़ात	चौखंडी	पूर्णिया	बंगाल
साइर अज़ नमकसार	चौखंडी	चटगाँव	बंगाल
महसूल साइर जिहात	महसूल साइर-जिहात	सूरत	गुजरात

* *जक़ात* का मतलब इस्लाम द्वारा मुसलमानों के लिए अनिवार्य बताया गया दान नहीं बल्कि चुंगी है। *साइर* और *साइर जिहात* बाज़ार और आवाजाही के महसूल हैं। *जल कर* पानी की फ़सलों पर लगनेवाला कर है। *हासिले-दुकान-हा* दुकानों पर लगने वाला कर है। *नमकसार* नमक के तसलों पर लगनेवाला कर है।

इस तरह जमा में मालगुज़ारी से भिन्न करों का समावेश पूरी तरह निश्चित है, लेकिन जमा में ऐसे करों से प्राप्त कुल आय के भाग का पता लगाने का कोई आसान रास्ता नहीं है। हमारे पास अगर कुछ है तो इसके सिर्फ़ कामचलाऊ सूचक हैं। यह मानकर कि बड़े नगरों में वसूले गए कर मालगुज़ारी से भिन्न करों का एक बड़ा भाग होते हैं, हम कुछ शहरों के लिए दर्ज जमा कर विचार कर सकते हैं। आगरा सरकार के लिए कुल जमा 19,05,25,826 दाम है जिसमें हवेली (ग्रामीण भाग) समेत आगरा नगर की जमा 4,49,56,450 दाम है। इस तरह आगरा सरकार में आगरा परगने का भाग 23.60 प्रतिशत आता है। लेकिन आगरा परगने में एक बड़ा ग्रामीण क्षेत्र भी शामिल था और उसका पैमाइशशुदा क्षेत्र सरकार के कुल पैमाइशशुदा क्षेत्र का 9.76 प्रतिशत था। अगर हम यह मान लें कि हवेली परगना

आगरा का मालगुज़ारी में भाग उसके क्षेत्रफल के अनुपात में (अर्थात सरकार की कुल जमा का कोई 10 प्रतिशत) रहा होगा तो सरकार के कुल राजस्व में उसके नगरीय भाग का योगदान कोई 14 प्रतिशत रहा होगा। अच्छे-ख़ासे आकार वाले नगरोंवाले सूबा गुजरात के कुछ परगनों के लिए हमारे पास ये आँकड़े (तालिका-5.2) मौजूद हैं।

तालिका-5.2

परगना	*सरकार*	*सरकार की जमा से परगने की जमा का % (अ)*	*सरकार की आराज़ी से परगने की आराज़ी का % (ब)*	*योग के % रूप में मालगुज़ारी से भिन्न करों से प्राप्त आय (अ-ब) (स)*
बड़ौदा	बड़ौदा	65.61	54.32	11.29
सूरत	सूरत	29.07	3.87	25.20
अहमदाबाद नगर	अहमदाबाद	7.57	-	7.57
व घोघा बन्दरगाह		1.16	-	1.16
पाटन	पाटन	1.64	-	1.64

हालाँकि नगरीय करों के भाग में भारी अन्तर दिखाई देते हैं, आगरा के आँकड़े को सम्भवत: मुग़ल सल्तनत के किसी भी बड़े क्षेत्र में नगरीय करों की अधिकतम सीमा माना जा सकता है। आगरा सम्भवत: सल्तनत का सबसे बड़ा नगर था, वह इसकी राजधानी ही नहीं, सबसे बड़ा व्यापारिक केन्द्र भी था। मथुरा और बयाना के सम्भावित अपवादों को छोड़ दें तो आगरा सरकार में इतना बड़ा नगर शायद ही कोई और रहा होगा। आगरा सरकार के कुल कर-राजस्व में नगरीय करों का कुल भाग इस कारण 14 प्रतिशत से कुछ ख़ास अधिक नहीं रहा होगा। गुजरात में नगरीय करों का भाग सूरत में असाधारण सीमा तक अधिक दिखाई देता है, लेकिन सूरत का एक बड़ा बन्दरगाह दिखाई देता है जबकि इस सरकार के खेतिहर इलाक़े में बड़े-बड़े जंगली और पहाड़ी क्षेत्र शामिल थे।

भौगोलिक दृष्टि से औसत का अपेक्षाकृत अधिक सटीकता के साथ प्रतिनिधित्व करनेवाले एक नमूने के तौर पर हम पूर्वी राजस्थान से और बाद के करों सम्बन्धी आँकड़े ले सकते हैं। इन आँकड़ों का एक गुण यह भी है कि इनमें मालगुज़ारी, (मालो-जिहात) और दूसरे करों में सीधा-सीधा अन्तर किया गया है। ये ही दोनों मवाफ़िक़ जमाबन्दी (आकलन के अनुसार प्राप्त राजस्व) के हिस्से होते थे। 1690 के आसपास चार परगनों के आँकड़े तालिका-5.3 में दिए गए हैं।[5]

तालिका-5.3

परगना	*साल*	*मालो-जिहात* (अ)	*मवाफ़िक जमाबन्दी* (ब)	*(ब) से (अ) का प्रतिशत*
बहातरी	1691	17,659	19,076	92.57
मलारना	1690	11,550	12,331	93.66
ललसोट	1687	35,035	37,433	93.59
आम्बेर	1690	88,725	103,073	86.08

ये आँकड़े सम्मान का भाव पैदा करते हैं क्योंकि परगना आम्बेर में, जिसमें कछवाहों की राजधानी भी आती थी, मालगुज़ारी का प्रतिशत भाग सबसे कम है। चूँकि उससे लगे ऐसे परगने भी थे जिनमें संगत वर्षों के लिए राजस्व के आँकड़े उपलब्ध नहीं हैं इसलिए आम्बेर के इलाक़े का सामान्य औसत नहीं निकाला जा सकता। लेकिन हम बजा तौर पर मान सकते हैं कि मालगुज़ारी से भिन्न करों का भाग सामान्यत: 10 प्रतिशत से अधिक नहीं था।

इसलिए बेहतर है हम यह मान लें कि कुल जमा में मालगुज़ारी का भाग कम-से-कम 90 प्रतिशत होता था। इस मान्यता के आधार पर, अगर हम सिर्फ़ मालगुज़ारी की मात्र वसूली का अनुमान लगाना चाहें तो जमा में सामान्यत: 10 प्रतिशत की कमी करनी होगी।

अबुल फ़ज़्ल जमा/नक़दी में राजस्व की उस आय को भी हासिल करते हैं जो सुयूरग़ाल के रूप में निकल जाती थी।[6] इसकी रक़म को उन्होंने अलग से दिखाया है। लेकिन सुयूरग़ाल के तहत निकल जानेवाली आय भी राजस्व वसूल करनेवालों की मात्र वसूली का भाग होती थी। साथ ही आराज़ी के आँकड़ों में वे क्षेत्र भी शामिल होते थे जो सुयूरग़ाल के रूप में दान में दिये जाते थे। इन दो कारणों से, जहाँ तक आईन के आँकड़ों में सुयूरग़ाल भी शामिल होता था, ये आँकड़े इकाई क्षेत्रफल पीछे मालगुज़ारी की वसूली की किसी भी गणना के लिए वैध कहे जाएँगे।

मालगुज़ारी की मात्र वसूली के अनुमानित आँकड़े के तौर पर जमा से आगे बढ़कर हम मालगुज़ारी की सकल वसूली का निश्चय कर सकते हैं, बशर्ते हम स्वीकृत अदायगियों, बट्टों, कमियों और छूटों का अनुमान लगा सकें। सकल और मात्र वसूली का अन्तर इन्हीं पर आधारित होता था।

मालगुज़ारी पर एक महत्त्वपूर्ण दावा ज़मींदारों तथा स्थानीय और ग्रामीण अधिकार भोगियों का होता था। इस दावे पर विस्तार से विचार अध्याय-7 में किया जाएगा, लेकिन इस विषय की कुछ विवेचना यहाँ लाज़मी है। 17वीं सदी में उत्तर भारत में स्वीकृत मालगुज़ारी में ज़मींदार का भाग नामत: 10 प्रतिशत तय किया गया था।[7] मिरआते-अहमदी में सुरक्षित एक रवायत से पहली निगाह में लगता है कि सुल्तानों के समय से ही गुजरात में कुल राजस्व में ज़मींदारों का भाग एक-चौथाई होता था, और अकबर ने उनके इस अधिकार की बाक़ायदा पुष्टि की थी।[8] लेकिन

यह स्पष्ट नहीं है कि गुजरात के ज़मींदारों को क्या पूरे इलाक़े के राजस्व का चौथाई भाग मिलता था या सिर्फ़ उसके अन्दर आनेवाले अपने पुश्तैनी इलाक़े का, क्योंकि बहुत मुमकिन है कि गुजरात में ज़मीन का एक बड़ा हिस्सा किसानों के अधिकार में (रैयती) होता था। अगर यह रैयती क्षेत्र बहुत बड़ा था तो ज़मींदारों का वास्तविक भाग पूरी मालगुज़ारी के 25 प्रतिशत से ख़ासा कम रहा होगा।

स्थानीय अधिकारभोगियों के भाग के बारे में कुछ साक्ष्य आईन में भी पाए जाते हैं, पर उनके साथ हमें 16वीं और 17वीं सदी के दस्तावेज़ों का भी सहारा लेना होगा। लगता है, उनका कुल भाग 7 प्रतिशत रहा होगा जिसका वितरण इस प्रकार है[9]—

	प्रतिशत
मुक़द्दम	2.5
चौधरी	2.5
क़ानूनगो	1.0
पटवारी	1.0

मालगुज़ारी की वसूली के लिए जागीरदारों से कितना ख़र्च करने की आशा की जाती थी, यह पता लगाना मुश्किल है। मगर हमें पता है कि ख़ालिस में वसूली की लागत (हक़्क़े-तहसील) के रूप में करोड़ी (मालगुज़ार) को तो रक़म ख़र्च करने की इजाज़त थी वह अकबर के दौर में कुल वसूली का 20 प्रतिशत थी।[10] इस रक़म की इजाज़त करोड़ी को तब होती थी जब वह आकलन और वसूली दोनों के लिए ज़िम्मेदार होता था। इसलिए यह मान्यता उचित ही लगती है कि जागीरदार भी वसूली की लागत के तौर पर इतना ही भाग ख़र्च करते होंगे।

ज़मींदारों के 10 प्रतिशत, स्थानीय अधिकारभोगियों के 7 प्रतिशत और वसूली की इजाज़तशुदा लागतों के रूप में 20 प्रतिशत, इन तमाम भागों को जोड़ें तो हमें मानना होगा कि अकबरी दौर के बाद के बरसों में उत्तर-भारत में मालगुज़ारी की वसूली की सामान्य लागत उसका 37 प्रतिशत होती होगी।

अब अगर हम मालगुज़ारी की मात्र वसूली (=आईन में बताई गई जमा के 90 प्रतिशत) से उसकी सकल वसूली का अनुमान लगाना चाहें तो हमें मात्र वसूली में इतनी बढ़ोतरी करनी होगी कि पता चलनेवाली रक़म का 37 प्रतिशत उपरोक्त कुल लागत के बराबर हो।

इसका मतलब यह है कि ज़ब्ती सूबों में मालगुज़ारी की सकल वसूली उसकी मात्र वसूली का कोई 159 प्रतिशत होगी या फिर आईन में दी गई जमा का 143 प्रतिशत होगी। (यहाँ हमने मालगुज़ारी की मात्र वसूली को जमा से 10 प्रतिशत कम माना है।) यहाँ हमें याद रखना चाहिए कि इस भाग को लगभग सार्वभौम मानते हुए हमने बेपनाह स्थानीय परिवर्तनों को अनदेखा किया है, और विशेष क्षेत्रों में वास्तव से विचलन का परिमाण बहुत अधिक भी हो सकता है।

अब हम मालगुज़ारी की इस प्रकार निश्चित सकल वसूली को ज (जमा में 43 प्रतिशत की वृद्धि) के रूप में दिखाएँगे। अगर हम ज' को आ' से भाग दें (आ' सकल फ़सली क्षेत्र है जिसके बारे में अध्याय-2 देखें) तो हमें प्रति बीघा मालगुज़ारी की सकल वसूली का पता चल जाएगा। इस आधार पर अपनी विस्तृत गणना करने से पहले ध्यान देने की बात यह है कि अबुल फ़ज़्ल ने प्रति बीघा ज' के प्रामाणिक आँकड़े दिए हैं। वे स्पष्ट रूप से कहते हैं कि एक बीघा ज़मीन का हासिल (वसूली) 40 दाम होता है। वे इसे न्यूनतम सीमा बतलाते हैं मगर यह भी कहते हैं कि वास्तविक वसूली हर क्षेत्र (क़स्बा यानी परगना) में अलग-अलग होती है।[11] उनका यह बयान सुयूरग़ाल दानों वाले अध्याय में मिलता है और सन्दर्भ से पता चलता है कि उनके ज़ेहन में वह आमदनी रही होगी जो दान पाने वाले को प्रति बीघा काश्तशुदा ज़मीन से मिलती होगी। दान पानेवाले की आय में मालगुज़ारी और बादशाह को देय दूसरे वित्तीय दावे शामिल होते थे। लेकिन दान पानेवाले को अधिकारभोगियों के सारे भत्तों से भी छूट दी जाती थी जिनमें स्पष्ट रूप से मुक़द्दम (और चौधरी) के 5 प्रतिशत और क़ानूनगो (और पटवारी) के 2 प्रतिशत शामिल होते थे।[12] लेकिन लगता है कि उसे ज़मींदार का भाग (हक़्क़े-मिल्कियत) देना ही पड़ता था।[13] दूसरे शब्दों में, दान पानेवाले की सकल आय सम्भवत: हमारे ज' से 10 प्रतिशत कम होती थी। चूँकि दान पाने वाले की आय 40 दाम होती थी, हम आशा कर सकते हैं कि प्रतिबीघा ज' 44.44 दाम होती होगी।[14]

जैसाकि हम देख चुके हैं, आईन में दी गई जमा/नक़दी में 43 प्रतिशत की कमी कर दी जाए तो मालगुज़ारी की सकल वसूली का एक अनुमान प्राप्त होता है। वहीं सकल फ़सली क्षेत्र (आ') की गणना के लिए हमें पहले तो आराज़ी में 10 प्रतिशत की कमी करनी पड़ेगी जो कि नाक़ाबिले-काश्त बंजर का भाग है तथा फिर उसमें 1909-10 में संगत क्षेत्र की कुल क़ाबिले-काश्त ज़मीन में क़ाबिले-काश्त बंजर के भाग के बराबर कमी करनी होगी।[15] इस तरह उन इलाक़ों के सकल फ़सली क्षेत्र का निश्चय किया जा सकता है जिनके लिए भूमि के उपयोग के आधुनिक आँकड़े उपलब्ध हैं और जिनकी आईन के परगनों से पहचान पक्की और मुकम्मल है।

इस आधार पर हम मुग़ल सल्तनत के उन क्षेत्रों के लिए ज'/आ' की गणना कर सकते हैं जो आज उत्तर प्रदेश, हरियाणा और पंजाब के आधुनिक राज्यों में शामिल हैं। दूसरे शब्दों में, मालवा और अजमेर सूबों को छोड़कर पूरा जब्ती क्षेत्र इसमें आ जाता है।

चूँकि हो सकता है, पूरी आकलित भूमि की पैमाइश न की गई हो, ज'/आ' (1595 में राजस्व की कुल वसूली में सकल काश्त से भाग देने पर आनेवाला भागफल) हमें दाम प्रति बीघा के रूप में राजस्व की मात्रा की अधिकतम सीमा बतलाएगा। दूसरी ओर ज' को अगर आधुनिक (1909-10 की) सकल काश्त (स) से भाग दें तो हमें उसी की निम्नतम सीमा प्राप्त होगी क्योंकि हम यह मान सकते हैं 1909-10 की सकल काश्त 1595 की वास्तविक सकल काश्त से ख़ासी ज़्यादा रही होगी।

तालिका-5.4

	दस्तूर का हलक़ा	ज' दाम	आ' बीघा-ए-इलाही	स बीघा-ए-इलाही	ज'/आ'	ज'/स
1.	देवबंद	8,71,74,382	20,34,333	22,29,465	42.85	39.10
2.	सरधना	2,06,71,085	4,01,913	6,12,370	51.43	33.76
3.	चान्दपुर	3,60,85,738	4,54,665	10,87,223	79.37	33.19
4.	सम्भल	4,63,61,930	19,74,562	26,03,658	23.48	17.81
5.	लखनौर	87,00,560	5,26,579	11,72,209	16.52	7.42
6.	कैराना	76,36,719	1,36,800	1,40,976	55.82	54.17
7.	देहली (यमुना के पूरब)	6,91,80,480	14,80,307	24,50,073	46.73	28.24
8.	मेरठ	2,60,40,839	11,96,158	13,10,590	20.14	19.87
9.	बरन	1,55,87,726	5,92,411	8,67,669	26.31	17.97
10.	बदायूँ	4,97,87,399	13,62,064	50,05,895	36.55	9.95
11.	भरवारा	6,91,336	5,973	4,06,174	115.74	1.70
12.	पाली	3,13,24,494	5,21,514	14,92,018	60.06	20.99
13.	थाना फ़रीदा	2,71,40,755	5,71,831	13,20,210	47.46	20.56
14.	अकबराबाद	1,20,94,751	3,55,714	4,49,354	34.00	26.92
15.	कोल	2,59,61,501	6,73,556	8,08,113	38.54	32.13
16.	मारहरा	1,18,69,924	3,14,067	2,42,588	37.79	48.93
17.	सिकन्दरपुर अतरेजी	3,85,559	2,42,280	70,223	1.59	5.49
18.	आगरा	10,76,60,225	21,25,267	21,62,269	50.66	49.79
19.	इटावा	3,10,34,066	13,15,155	10,88,003	23.59	28.56
20.	फफून्द	77,68,319	69,147	2,69,460	112.34	28.83
21.	कालपी	7,07,36,304	10,20,227	17,16,375	69.33	41.21
22.	साकित	1,21,65,207	3,32,824	5,69,992	36.55	21.34
23.	भोगाँव	3,19,02,733	11,35,451	16,68,350	28.10	19.12
24.	कन्नौज	2,21,63,330	3,59,466	12,75,323	61.66	17.38
25.	ख़ैराबाद	3,04,03,327	8,34,522	20,48,825	36.43	14.84
26.	उनाम	2,46,89,865	5,41,901	8,67,395	45.56	28.46
27.	लखनऊ	9,07,78,659	19,50,369	37,33,943	46.54	24.31
28.	इब्राहीमाबाद	6,36,948	14,040	78,000	45.37	8.17
29.	अवध	4,27,86,378	20,40,478	25,20,718	20.97	16.97
30.	किशनी	19,15,179	20,083	24,053	95.36	79.62
31.	बहराइच	2,96,10,143	11,60,319	26,08,842	25.52	11.35
32.	फ़िरोज़ाबाद	30,01,684	1,07,400	2,81,413	27.95	10.67
33.	गोरखपुर	1,70,55,310	1,84,309	90,97,370	92.54	1.87
34.	खरौंसा	18,80,523	20,817	5,15,671	90.34	3.65
35.	जौनपुर	7,87,34,154	6,18,520	53,33,617	127.29	14.76
36.	बनारस	1,26,70,684	1,57,273	5,39,938	80.56	23.47
37.	चुनार	83,09,664	78,456	14,15,454	105.91	5.87
38.	ग़ाज़ीपुर	1,96,33,359	2,13,114	6,99,881	92.13	28.05

तालिका-5.4 जारी

दस्तूर का हलक़ा	*ज'* *दाम*	*आ'* *बीघा-ए-इलाही*	*स* *बीघा-ए-इलाही*	*ज'/आ'*	*ज'/स*
39. जाजमऊ	71,93,288	70,856	2,47,158	101.52	29.10
40. कड़ा	2,99,07,117	3,43,401	11,19,832	87.09	26.71
41. कुटिया	27,56,813	26,748	1,92,307	103.07	14.34
42. कोरा	1,49,26,991	2,31,626	5,92,832	64.44	25.18
43. रायबरेली	1,29,91,606	1,13,469	5,63,956	114.49	23.04
44. मानिकपुर	3,47,94,028	3,35,091	14,22,047	103.83	24.47
45. घिसवा	14,92,451	14,189	21,532	105.18	69.31
46. भदोही	2,07,92,093	1,75,859	7,45,529	118.23	27.89
47. इलाहाबाद	1,02 ,30,869	-	-	-	-

टिप्पणी : दस्तूर के हलक़े 1 से 10 सूबा देहली में, 11, 12 और 25-34 सूबा अवध में, 13-24 सूबा आगरा में और 35-47 सूबा इलाहाबाद में आते हैं।

तालिका-5.4 में उत्तर प्रदेश में स्थित हर दस्तूरी हलक़े के लिए ज', आ', स तथा अनुपात ज'/आ' और ज'/स दिखाए गए हैं। चूँकि हर दस्तूरी हलक़े के अन्दर सभी परगरनों में हर फ़सल पर एक ही नक़द दर लागू होती थी, जैसाकि हम देखेंगे, हर हलक़े के लिए राजस्व की औसत नक़द दर की गणना की जा सकती है। (इसके लिए उन क्षेत्रों में 19वीं सदी में बोई जानेवाली फ़सलों के वितरण पर आधारित भारमानों का प्रयोग करना होगा।) इसके अलावा दस्तूर का हलक़ा वह सबसे छोटी इकाई है जिसके लिए ज'/स की गणना की जा सकती है क्योंकि फ़िलहाल केवल दस्तूरी हलक़ों के नक़्शा बन्द क्षेत्र को ही मापा जा सकता है। कारण कि इरफ़ान हबीब के नक़्शों में (परगनों की नहीं), केवल इन्हीं की सीमाएँ दिखाई गई हैं। इसके साथ ही चूँकि हर दस्तूरी हलक़े में अनेक सुज्ञात स्थान आते थे, क्षेत्र को मापने में त्रुटि की सीमा काफ़ी कम हो जाती है।

दस्तूर के हर हलक़े में ज'/स का अनुपात ज'/आ' के काफ़ी क़रीब है। दूसरे शब्दों में, मालगुजारी के सकल परिमाण की उच्चतम और न्यूनतम सीमाओं का अन्तर बहुत कम है। ये हलक़े हमारे सामने संगत रूप से एक बहुत संकीर्ण सीमा पेश करते हैं जिसमें आकलित क्षेत्रफल की प्रति इकाई पीछे वसूल की गई औसत मालगुज़ारी को रखा जा सकता है। आगरा के दस्तूरी हलक़े में उच्चतम और न्यूनतम सीमाओं का अन्तर एक दाम प्रति बीघा से भी कम है, और ज'/स उत्तर प्रदेश में अधिकतम है। आगरा हलक़े के इलाक़े में सकल फ़सली क्षेत्र (आ') 1595 में 1909-10 का 98 प्रतिशत था। इसका मतलब है कि यहाँ आ' में लगभग पूरा आकलित क्षेत्र शामिल था, और आईन के आराज़ी के आँकड़ों में राजस्व देने वाली किसी असर्वेक्षित भूमि को न शामिल किए जाने के कारण वास्तविक परिमाण में कमी दिखाई दे, इसकी सम्भावना कम ही है। चूँकि आगरा सल्तनत की राजधानी और सबसे बड़ा नगर था,

मुमकिन है कि आसपास के ज़िलों में क़ीमतें ऊँची रही हों और उनमें आमतौर पर ज्याादा राजस्व देनेवाली बाज़ारी फ़सलों की अधिक व्यापक खेती की जाती हो। लेकिन इसी तथ्य से यह संकेत भी मिलता है कि आकलित भूमि पर इतना अधिक राजस्व किसी और दस्तूरी हलक़े में नहीं रहा होगा। इसी के आधार पर हम एक और निष्कर्ष पर पहुँचते हैं : दस्तूर के जिन हलक़ों में ज'/आ' आगरा की अपेक्षा अधिक था, अर्थात जहाँ यह 50 दाम फ़ी बीघा से अधिक था, वहाँ अधूरी पैमाइश इस ऊँची दर का कारण रही होगी। कारण कि वहाँ आ' 1595 की वास्तविक सकल काश्त के सिर्फ़ एक भाग की सूचक थी। तालिका-5.4 में हमने आ' और स की जो गणनाएँ दी हैं, उनसे हर जगह यही स्थिति दिखाई देती है।

दस्तूरी हलक़ा आगरा में मालगुज़ारी का परिमाण प्रति बीघा राजस्व के औसत बोझ का सूचक नहीं हो सकता क्योंकि यह वास्तव में अधिकतम सीमा था। उत्तर प्रदेश के दस्तूरी हलक़ों में ज'/आ' में बहुत अधिक परिवर्तन दिखाई देते हैं, यह अनुपात सबसे कम कोई 2 दाम (सिकन्दरपुर अरतेजी में) और सबसे अधिक 127 दाम (जौनपुर में) था। अगर हम 50 दाम से ऊपर आँकड़ों को अवास्तविक कहकर ख़ारिज कर दें तो भी ये परिवर्तन इतने अधिक हैं कि एक क़ाबिले-यक़ीन औसत तक पहुँचना असम्भव है, तो इसका एक विकल्प बहुलक सूचकांक (मॉडल इंडेक्स) निकालना ही रह जाता है।

इस उद्देश्य से हमने दस्तूर के हलक़ों को उनकी ज'/आ' के अनुसार वर्गों में पुनर्व्यवस्थित किया है (तालिका-5.5) जिसमें वर्ग अन्तराल 10 है।

तालिका-5.5

ज'/आ'	*दस्तूरी हलक़ों की संख्या*	*ज'/आ'*	*दस्तूरी हलक़ों की संख्या*
0-10	1	60-70	4
10-20	1	70-80	1
20-30	8	80-90	2
30-40	6	90-100	4
40-50	6	100-110	5
50-60	3	110-120	4
		120-130	1

अगर बहुलक परिमाण का सूचक है तो ऐसा दिखाई देगा कि राजस्व का बोझ मुख्य रूप से 20 और 50 दाम के बीच था क्योंकि सबसे अधिक दस्तूरी हलक़े (46 में कुल 20) इन्हीं तीन वर्गों में आते हैं। इन तीन वर्गों की सीमाओं का औसत निकालें तो 35 आता है।

ज'/स' को पुनर्व्यवस्थित करें तो हमें तालिका-5.6 मिलती है।

तालिका-5.6

ज'/स	दस्तूरी हलक़ों की संख्या	ज'/स	दस्तूरी हलक़ों की संख्या
0-10	8	40-50	4
10-20	11	50-60	1
20-30	17	60-70	0
30-40	4	70-80	1

दस्तूर के सबसे अधिक हलक़े (46 में से 17) जिस वर्ग में आते हैं वह 20-30 है, और उसके बाद वर्ग 10-20 (11 हलक़ों) की बारी आती है। चूँकि ज'/स राजस्व की मात्रा की निम्नतम सीमा की सूचक है, हमें यह निष्कर्ष निकालना होगा कि राजस्व का औसत परिमाण 30 दाम प्रति बीघा-ए-इलाही से कम नहीं रहा होगा। इससे सर्वेक्षित भूमि के हर बीघे पर मालगुज़ारी की सकल वसूली के औसत परिमाण के रूप में 35 दाम के उस आँकड़े की पुष्टि होती है जो हमने तालिका-5.5 से निकाला था।

जिन हलक़ों की ज'/आ' आगरा की ज'/आ' से कम थी,[16] अगर उन सबके लिए हम ज' और आ' के आँकड़ों को लें तो ज'/आ' 35.80 दाम फ़ी बीघा आती है। मैदानी उत्तर प्रदेश में 1595 के आसपास सकल वसूली के औसत परिमाण के रूप में हमारे 35 दाम फ़ी बीघा के अनुमान की इस आँकड़े से और भी पुष्टि होती है।

लेकिन उपरोक्त अनुमान राजस्व के औसत बोझ का है और उत्तर प्रदेश के अलग-अलग इलाक़ों के बीच अच्छे-ख़ासे परिवर्तनों की सम्भावना को ख़ारिज नहीं करता। हमने देखा है कि आगरा हलक़े में राजस्व का परिमाण अधिक (लगभग 50 दाम फ़ी बीघा) था जबकि दस्तूर के चार हलक़े ऐसे हैं जिनमें ज'/आ' 25 दाम फ़ी बीघा से कम थी।

चूँकि दस्तूर विभिन्न फ़सलों के लिए भिन्न-भिन्न दरों के सूचक थे, भारमानों की एक प्रणाली का उपयोग किए बिना उनको फ़ी बीघा काश्त पीछे एक औसत दर में परिवर्तित नहीं किया जा सकता। चूँकि हमें यह नहीं पता कि 1595 में कितना क्षेत्र किस फ़सल के तहत था, हम सिर्फ़ आधुनिक सांख्यिकी से प्राप्त सूचनाओं से कोई निष्कर्ष निकाल सकते हैं। हालाँकि बीच के काल में फ़सलों का वितरण एक समान नहीं रहा होगा, अलग-अलग फ़सलों के दस्तूरों को भारमान देने के लिए आधुनिक सूचनाओं का उपयोग हमें सटीक परिमाण दे सकता है। यह बात अलीगढ़ ज़िले के साक्ष्यों से देखी जा सकती है। हमारे पास दो वर्षों-1872-73 और 1909-10 में फ़सलों के वितरण के आँकड़े उपलब्ध हैं।[17] 1872-73 में जबकि रेलों का प्रभाव अभी अंशत: ही महसूस किया गया था, स्वाभाविक रूप से फ़सलों का वितरण 1909-10 के वितरण से भिन्न था। फिर भी, अगर हम 1872-73 और 1909-10 में फ़सलों के वितरण के आधार पर दस्तूरों पर भारमानों की दो अलग-अलग व्यवस्थाओं का व्यवहार करें तो भी परिमाण पर शायद ही कोई प्रभाव पड़ता हो।

1872-73 पर आधारित भारमानों से हमें 50.69 दाम तथा 1909-10 पर आधारित भारमानों से 49.73 दाम के आँकड़े प्राप्त होते हैं।

फ़सलों के क्षेत्र के बारे में आधुनिक सांख्यिकी का व्यवहार करके विभिन्न फ़सलों के भारमान देते हुए हमने तालिका-5.7 में दस्तूर के कुछ हलक़ों के लिए प्रतिबीघा काश्त पीछे अनुमानित औसत दस्तूर (रा') और साथ ही उन्हीं हलक़ों के लिए ज', आ', ज'/आ' तथा ज'/स के आँकड़े दिए हैं। भारमान देने के लिए फ़सलों के प्रयुक्त आँकड़े वही हैं जो इस सदी की पहली दहाई में हर तहसील के लिए नेविल के यू पी डिस्ट्रिक्ट गज़ेटियर्स में दिए गए हैं। हर जगह औसत भारित दरों की गणना के लिए जिन फ़सलों के दस्तूरों का प्रयोग किया गया है उनके तहत नेविल की सांख्यिकीय तालिकाओं के अनुसार बोए गए क्षेत्र का 80 प्रतिशत से अधिक भाग आ जाता था।

औसत दस्तूर यानी राजस्व की दर (रा') को आराज़ी के आँकड़ों से निकाले गए सकल काश्तशुदा क्षेत्र (आ') से गुणा करें तो हमें दस्तूरों पर आधारित उस कुल आकलित राजस्व का पता चलता है जो किसानों को मालगुज़ारी की माँग पूरी करने के लिए देना पड़ता होगा, बशर्ते कि दस्तूरों को वफ़ादारी से लागू किया जाता रहा हो। इसके विपरीत ज'/आ' राजस्व की वास्तविक अनुमानित सकल वसूली की सूचक होगी। इसलिए रा' तथा ज'/आ' की तुलना से हमें यह पता चल सकेगा कि जितनी मालगुज़ारी का दावा किया जाता था और किसानों से जितनी मालगुज़ारी वास्तव में मिलती थी उनके बीच कितना अन्तर होगा।

तालिका-5.7

दस्तूर का हलक़ा	*ज'/आ'*	*ज'/स*	*रा'*	*रा' से ज'/आ' का %*
देहली (यमुना के पूरब)	46.73	28.24	59.08	79.10
मेरठ	20.14	19.87	44.40	45.36
बारन	26.31	17.97	51.50	51.09
कोल	38.54	32.13	49.70	77.55
आगरा	50.66	49.79	52.00	97.42
देवबंद	42.85	39.10	53.26	80.45
अवध	20.97	16.97	45.10	46.49
बहराइच	25.52	11.35	43.20	59.07
ग़ाज़ीपुर	92.13	28.05	55.00	167.51
उनाम (उन्नाव)	45.56	28.46	47.60	95.71

टिप्पणी : ज'/आ' और ज/'स तालिका-5.4 से ली गई है।

तालिका-5.7 में दिए गए दस्तूर के सभी हलक़ों में ज'/आ' हर जगह रा' से कम है। इसका एकमात्र अपवाद ग़ाज़ीपुर है जहाँ आ' सकल काश्त का मात्र एक

भाग है, और इस कारण यह अपवाद कोई ख़ास महत्त्व नहीं रखता। दस्तूर के दस हलक़ों में से दो में राजस्व का परिमाण दस्तूर के परिमाण के आधे से भी कम है, दूसरे हलक़ों में से ज़्यादातर में दोनों का अन्तर अच्छा-ख़ासा है। केवल आगरा के दस्तूरी हलक़े में यह अन्तर बहुत कम, मात्र 2.58 प्रतिशत है। अन्यथा रा' के प्रतिशत रूप में ज'/आ' का विस्तार 45.36 से लेकर 97.42 तक है। रा' कहीं भी 40 दाम फ़ी बीघा से कम नहीं है।

इन दसों दस्तूरी हलक़ों में ग़ाज़ीपुर को छोड़ दें तो औसत ज'/आ' 34.98 दाम फ़ी बीघा आती है। यह आँकड़ा भी राजस्व के औसत परिमाण के रूप में हमारे 35 दाम फ़ी बीघा के अनुमान की पुष्टि करता है। इन हलक़ों का औसत दस्तूर 49.19 दाम फ़ी बीघा है। इस औसत की गणना हर हलक़े के लिए आ' को रा' से गुणा करके और फिर गुणनफल को सभी हलक़ों की कुल आ' से भाग देकर की गई है। इस तरह यह एक साधारण नहीं, भारित औसत है। इस आधार पर हम उत्तर प्रदेश के पूरे मैदानी क्षेत्र के लिए 50 दाम फ़ी बीघा को औसत दस्तूर या राजस्व दर के ख़ासे क़रीब मान सकते हैं।

अगर हमारी यह मान्यता सही है तो इसका मतलब यह है कि यहाँ राजस्व की वास्तविक वसूली दस्तूरों से ज्ञात होनेवाले परिमाण का मात्र 70 प्रतिशत थी।

याद रहे कि हमने ज' की गणना जमा (नक़दी) में इस तरह वृद्धि करके की है कि मालगुज़ारी पर दूसरों के दावों का हिसाब रखा जा सके, मसलन ज़मींदारों, स्थानीय अधिकारभोगियों, मुखियों के दावों का और साथ ही वसूली की लागत का भी। इस कारण यह बात और भी अजीब लगती है कि मालगुज़ारी के दावे (रा') और वास्तविक वसूली (ज'/आ') का अन्तर उत्तर प्रदेश में इतना अधिक था जिसमें पूरे-पूरे दो सूबे (अवध और इलाहाबाद) तथा सूबा आगरा और सूबा देहली के बड़े-बड़े भाग शामिल थे। अब हम यह देखने की कोशिश करेंगे कि क्या दूसरे क्षेत्रों में भी ऐसी ही स्थिति थी।

दो

अब हम पंजाब और हरियाणा पर आते हैं। यहाँ हम जमा और सकल वसूली के अनुपात तथा आराज़ी और सकल वसूली के अनुपात के बारे में उन्हीं मान्यताओं को आधार बना सकते हैं जिनको उत्तर प्रदेश के सिलसिले में बनाया था। इसी के आधार पर मैंने जमा में 43 प्रतिशत की कमी करके मालगुज़ारी की सकल वसूली (ज') की गणना की है। इसी तरह आराज़ी के आँकड़ों में नाक़ाबिले-काश्त बंजर के 10 प्रतिशत भाग की कमी करके और फिर उसमें मौजूदा सदी के शुरू में कुल क़ाबिले-काश्त क्षेत्र में क़ाबिले-काश्त बंजर के प्रतिशत भाग के बराबर कमी करके सकल काश्त (आ') की गणना की गई है।

तालिका-5.8

	ज'/आ'	ज'/स	रा'	आ में आ' का %	स में आ' का %	रा' में ज'/ का %	स रा' में ज'/ आ' का %
दक्षिण हरियाणा							
झज्झर	37.03	12.87	36.93	34.24	34.76	34.85	100.27
हिसार	15.08	11.00	43.08	56.47	72.97	25.53	35.00
सिरसा	35.64	23.45	36.57	50.16	65.81	64.12	97.46
समाना	22.51	8.93	30.82	31.58	39.67	28.97	73.04
गोहाना	77.66	22.87	45.56	8.45	29.46	50.20	170.46
योग	23.23	10.93	36.45	36.18	48.53	30.07	63.73
देहली-सरहिन्द							
देहली (यमुना से पश्चिम)	67.79	53.38	43.65	41.52	78.74	122.29	155.23
पानीपत	55.81	37.71	50.33	41.01	67.55	74.93	110.89
थानेसर	77.86	58.72	46.88	49.24	75.42	125.26	166.08
सरहिन्द	38.71	37.53	46.63	85.11	96.95	80.48	83.02
योग	51.00	43.54	46.79	54.22	85.39	93.05	109.00
लाहौर-जालन्धर							
जालन्धर	54.52	41.10	46.79	58.55	75.38	87.84	116.52
हैबतपुर	33.66	35.91	44.09	78.59	106.69	81.45	76.34
लाहौर	73.49	17.88	53.72	1.62	17.23	33.28	136.80
बटाला	63.38	62.46	52.20	81.79	98.53	119.66	121.42
बरसपुर	88.98	54.63	55.00	46.84	61.39	99.33	161.78
स्यालकोट	77.63	51.96	45.81	57.52	67.34	113.42	169.46
योग	57.96	45.61	49.43	54.15	71.39	97.05	114.83
योग[अ]	55.21	46.66	48.08	64.66	81.87		
हजारा	129.77	18.52	48.46	5.53	14.27	38.22	267.79
रोहतास	72.63	26.96	46.91	14.58	37.11	57.47	154.83

अ : लाहौर को छोड़कर

औसत दस्तूर या राजस्व की दर (रा') की गणना के लिए फ़सलों के क्षेत्र के बारे में 20वीं सदी की पहली दहाई के उन आँकड़ों के आधार पर भारमान दिए गए हैं जो *पंजाब डिस्ट्रिक्ट गज़ेटियर्स* में अलग-अलग तहसीलों के लिए उपलब्ध हैं।[18] हमने इन तहसीलों को समूहों में लिया है ताकि वे दस्तूर के हलक़ों के यथासम्भव क़रीब रहें। इनको समूहबद्ध करने पर यह भी लगता है कि इस क्षेत्र में स्थित दस्तूरी हलक़ों को संलग्नता और सांख्यिकीय समानताओं के आधार पर चार सुस्पष्ट ख़ित्तों में समूहबद्ध किया जा सकता है।

दक्षिण हरियाणा के ख़ित्ते में उत्तर प्रदेश के दस्तूरी हलक़ों जैसी ही विशेषताएँ दिखाई देती हैं। यहाँ ज'/आ' का अनुपात 15.08 से लेकर 77.66 तक है मगर पूरे

ख़ित्ते का औसत 23.23 दाम फ़ी बीघा आता है। एक नई विशेषता यह है कि उत्तर प्रदेश के दस्तूरी हलक़ों के विपरीत दक्षिण हरियाणा ख़ित्ते में औसत दस्तूर (रा') 40 दाम फ़ी बीघा से कम है। इसके अलावा झज्झर और सिरसा में औसत दस्तूर ज'/आ' के लगभग बराबर बल्कि ज़रा सा कम ही है, लेकिन पूरे ख़ित्ते की औसत ज'/आ' औसत रा' के दो-तिहाई से भी कम है। मतलब यह कि राजस्व के दावे और सकल वसूली का अन्तर उत्तर प्रदेश से ज़रा सा अधिक है।

देहली-सरहिन्द के ख़ित्ते में हमें बहुत ही भिन्न तस्वीर दिखाई देती है। यहाँ रा' हालाँकि कहीं भी 40 दाम फ़ी बीघा से कम नहीं है, मगर ज'/आ' चार दस्तूरी हलक़ों में से तीन में रा' से ख़ासी अधिक है। चूँकि 1909-10 के आसपास आ' सकल काश्त की कोई तीन-चौथाई थी, ज'/आ' के इस ऊँचे मान को अधूरी पैमाइश का नतीजा नहीं कहा जा सकता। दो मुआमलों में तो ज'/स भी, जो मालगुज़ारी के परिमाण की निम्नतम सीमा है, रा' से अधिक है। पूरे ख़ित्ते में ज'/आ' औसत रा' से 9 प्रतिशत अधिक है और ज'/स तो रा' की 93.05 प्रतिशत है। यह स्थिति उत्तर प्रदेश से बहुत भिन्न है जहाँ ज'/आ', यानी अधिकतम सीमा भी, रा' की केवल 70 प्रतिशत थी। ढर्रे का यह अन्तर दस्तूरी हलक़ा देहली के उन भागों के आँकड़ों से अच्छी तरह दिखाई देता है जो यमुना नदी के दोनों तरफ़ स्थित थे। पूरब की तरफ़ (उत्तर प्रदेश) में राजस्व का परिमाण औसत दस्तूर (रा') का दो-तिहाई बैठता है। लेकिन पश्चिमी भाग (हरियाणा) में राजस्व का औसत परिमाण (ज'/आ') औसत दस्तूर से 55 प्रतिशत अधिक है। यहाँ तो ज'/स भी रा' से 22 प्रतिशत अधिक है। इसका मुख्य कारण यह है कि पश्चिमी भाग में ज'/आ' दस्तूरी हलक़े के पूर्वी भाग की ज'/आ' का लगभग 170 प्रतिशत है।

इसी तरह लाहौर-जालन्धर ख़ित्ते में राजस्व का परिमाण अधिक है जबकि औसत दस्तूर (रा') उत्तर प्रदेश के लगभग बराबर है। यहाँ हैबतपुर को छोड़ दें तो ज'/आ' सभी हलक़ों में रा' से अधिक है जबकि औसत ज'/स औसत दस्तूर के लगभग बराबर है।

इस तरह ज़ाहिर है कि देहली से लेकर पश्चिम में लाहौर से आगे तक मालगुज़ारी की वसूली का परिमाण उत्तर प्रदेश से अधिक था। यहाँ ज'/आ' ही उत्तर प्रदेश से अधिक नहीं है बल्कि ज'/स भी उत्तर प्रदेश में स्थित हलक़ों से ख़ासी अधिक है। वास्तव में दो खित्तों (देहली-सरहिन्द और लाहौर-जालन्धर) में वसूली दस्तूरों के रूप में राजस्व के दावे से अधिक है।

एक दिलचस्प विशेषता—जो सम्भवत: कुछ महत्त्व रखती है—यह है कि जिन हलक़ों में ज'/आ' सबसे अधिक है वे देहली-लाहौर मार्ग के दोनों तरफ़ स्थित हैं।

हजारा और रोहतास दस्तूरी हलक़ों में पैमाइश सम्भवत: अधूरी थी, क्योंकि जहाँ ज'/आ' बहुत अधिक, 129.77 दाम फ़ी बीघा है, वहीं आ' 1909-10 की सकल काश्त की सिर्फ़ 14 प्रतिशत और नक़्शाबन्द क्षेत्र की 5.5 प्रतिशत

है। इसलिए इन दो दस्तूरी हलक़ों के बारे में निश्चय के साथ कोई बात शायद ही कही जा सके।

तीन

गुजरात एक और क्षेत्र है जिसमें ज'/आ' और ज'/स की गणना की जा सकती है। इस सूबे में कोई दस्तूर तय नहीं किया गया था और इसलिए रा' से ज'/आ' की तुलना नहीं की जा सकती। लेकिन फिर भी दो विवेचित क्षेत्रों (उत्तर प्रदेश और ब्रिटिश पंजाब) की ज'/आ' से गुजरात की ज'/आ' की तुलना अवश्य की जा सकती है।

तर्क दिया जा सकता है कि गुजरात में ज' या मालगुज़ारी की सकल वसूली की गणना करने के लिए जमा में इतनी वृद्धि करनी होगी जितनी उत्तर प्रदेश, हरियाणा और पंजाब में नहीं की गई थी। यहाँ ज़मींदार का भाग उसकी ज़मींदारी के राजस्व का 25 प्रतिशत था, न कि 10 प्रतिशत, लेकिन जैसा कि कहा गया है, ज़मींदारी वाले क्षेत्र पूरे क्षेत्र का महज़ एक भाग थे, और ज़मींदारी व रैयती क्षेत्रों के सापेक्ष आकार ज्ञात नहीं हैं। इसलिए मैंने यहाँ भी सकल वसूली में ज़मींदार का भाग 10 प्रतिशत ही माना है। चूँकि यहाँ दस्तूर का कोई हलक़ा नहीं था, मैंने सरकारों को इकाई के रूप में स्वीकार किया है। सकल काश्त या आ' की गणना के लिए मैंने उत्तर प्रदेश, हरियाणा और पंजाब जैसी ही मान्यताएँ स्वीकार की हैं।

तालिका-5.9 से हम देख सकते हैं कि गुजरात की विभिन्न सरकारों में ज'/आ' 14.96 (गोधरा) से लेकर 82.88 (बड़ौदा) दाम फ़ी बीघा थी। सभी सरकारों को साथ लेने पर ज'/आ' 46.51 दाम फ़ी बीघा आती है। यह परिमाण उत्तर प्रदेश के औसत से काफ़ी अधिक है मगर फिर भी अबुल फ़ज़्ल की 40 दाम फ़ी बीघा की सीमा या ज़मींदार का 10 प्रतिशत भाग जोड़ें, तो 44.4 दाम फ़ी बीघा की सीमा के अन्दर ही है।

सम्भवत: इस अधिक परिमाण की आंशिक व्याख्या इस तथ्य से की जा सकती है कि गुजरात में क़ीमतें अन्दरूनी क्षेत्रों की क़ीमतों से अधिक दिखाई देती हैं। गुजरात खाद्यान्नों का भारी आयात करता था।[19] और इस कारण अन्दरूनी क्षेत्रों की अपेक्षा गुजरात में खाने-पीने की चीज़ों की क़ीमतें अधिक रही होंगी। गुजरात में जमा के भारी परिमाण का एक और कारण उपज के अधिक भाग पर दावा भी हो सकता है, 17वीं सदी के साक्ष्य इस मान्यता की पुष्टि करते हैं। गेलेनसन और दे लाएत ने संकेत दिया है कि गुजरात में दावा पैदावार की तीन-चौथाई के क़रीब होता था, उत्तर भारत की तरह आधे का नहीं।[20]

राजस्व के भारी परिमाण का एक और कारण उम्दा फ़सलों का ढर्रा हो सकता है जो विशेष रूप से कपास की व्यापक खेती में दिखाई देता है।[21] ज़ब्ती सूबों में इस फ़सल के लिए तय किया गया दस्तूर गेहूँ के दस्तूर से 25 से 40 प्रतिशत तक अधिक होता था। मूल्यों के स्तर में भिन्नता को स्वीकार करें तो भी गुजरात में

राजस्व का परिमाण असाधारण सीमा तक अधिक दिखाई देता है। यहाँ निम्नतम सीमा की सूचक ज'/स भी 73.17 दाम फ़ी बीघा है। इसे सम्भवत: इलाक़े के भारी उपजाऊपन का नतीजा कहा जा सकता है। 1938-39 में रियासत बड़ौदा के बड़ौदा ज़िले में कपास का क्षेत्र पूरे फ़सली क्षेत्र का 42.74 प्रतिशत था जबकि उसी साल अहमदाबाद ज़िले में यह भाग महज़ 23.32 प्रतिशत तक था।[22] दूसरी ओर इन दोनों ज़िलों में कपास का क्षेत्र उत्तर प्रदेश में किसी भी समय किसी भी भाग में इसके भाग से अधिक था।[23]

मालगुज़ारी की वसूली के इन आँकड़ों में एक दिलचस्प भौगोलिक ढर्रा दिखाई देता है। उत्तर प्रदेश तथा हरियाणा के भागों पर आधारित एक बड़े ख़ित्ते में लगता है वसूली मानक माँग से काफ़ी कम थी क्योंकि राजस्व का औसत परिमाण ज'/आ' भी औसत दस्तूर (रा') के दो-तिहाई से ज़रा सा ही अधिक है। इन क्षेत्रों में राजस्व का औसत परिमाण भी अबुल फ़ज़्ल द्वारा निर्धारित 40 या 40.4 दाम फ़ी बीघा की निम्नतम सीमा से कम है। लेकिन हरियाणा के दूसरे भागों तथा पूर्वी और मध्य पंजाब में वसूली मानक माँग से ज़रा सी अधिक है और सकल वसूली का परिमाण (ज'/आ') उत्तर प्रदेश से कोई 51 प्रतिशत अधिक है। हम देख सकते हैं कि जहाँ विभिन्न क्षेत्रों के बीच माँग, जिसकी सूचक औसत दस्तूर (रा') है, बहुत अधिक नहीं बदल रही है, वहीं आमतौर पर सकल वसूली (ज'/आ') के परिमाण में भारी अन्तर दिखाई देते हैं। ये अन्तर ही उत्तर प्रदेश तथा पंजाब-हरियाणा क्षेत्र के बीच भारी अन्तर के लिए ज़िम्मेदार हैं।

गुजरात में काश्त के फ़ी बीघा से प्राप्त राजस्व उत्तर प्रदेश से ख़ासा (40 प्रतिशत) अधिक था वहीं यह पंजाब से (8 प्रतिशत) कम था। चूँकि गुजरात एक ऐसा सूबा था जहाँ दस्तूर तय नहीं किए गए थे, स्वाभाविक रूप से हम यह नहीं कह सकते कि वास्तविक वसूली मानक माँग के कितने क़रीब थी।

उत्तर प्रदेश में राजस्व के कम परिमाण के क्या कारण हो सकते हैं? यहाँ सकल वसूली कभी-कभी मालगुज़ारी के दावे के आधे से भी कम चली जाती थी। (तालिका-5.4 देखें।) मिसाल के लिए मेरठ में ज'/आ'=20.14 ज'/स=19.87 है। इससे हम यह निष्कर्ष निकाल सकते हैं कि उस हलक़े में राजस्व का वास्तविक परिमाण लगभग 20 दाम फ़ी बीघा था। लेकिन हलक़े का औसत दस्तूर (रा') 44.40 दाम फ़ी बीघा था। मतलब यह कि काश्त के फ़ी बीघे पर सकल वसूली माँग की महज़ 45 प्रतिशत थी। (तालिका-5.4 देखें।) दूसरे हलक़ों के अलावा बारन, अवध और बहराइच के संगत आँकड़ों में भी इसी तरह के अन्तर दिखाई देते हैं।

लगता है, इन क्षेत्रों में या तो राजस्व के कुछ भाग का नुकसान होता था या फिर हमने आराज़ी में ग़ैर-काश्तशुदा ज़मीन के भाग को काफ़ी कम समझा है।

जहाँ तक बाद वाली सम्भावना का सवाल है, हमारे पास देसाई का यह संकेत है कि आराज़ी सकल काश्तशुदा क्षेत्र नहीं, क़ाबिले-काश्त ज़मीन होती थी, जिसका

कुछ भाग कभी-कभार ही जोता-बोया जाता था।[24] विस्तार से छानबीन करें तो काश्त में बदलाव (शिफ़्टिंग कल्टीवेशन) की यह प्रस्थापना कुछ असाध्य कठिनाइयों से दो-चार होती है।

पहली बात तो यह कि नक़्शे में दिखाएँ तो कम ज'/आ' वाले दस्तूरी हलक़े भारी राजस्व वाले हलक़ों के बीच इस कदर बिखरे हुए हैं कि हमें मजबूरन मानना पड़ता है कि काश्त में बदलाव की प्रवृत्ति कुछ बिखरे हुए असंलग्न क्षेत्रों तक सीमित थी जो आसपास के क्षेत्रों से भौगोलिक या पर्यावरणीय अर्थ में किसी भी तरह भिन्न न थे। इनमें से मेरठ और बारन जैसे कुछ क्षेत्र दोआब में स्थित थे। ये दो हल्के थाना फरीदा (ज'/आ'=47), देहली (ज'/आ'=39.99) और सरधना (ज'/आ'=51) से लगे हुए थे। इसी तरह अवध (ज'/आ'=21) के आसपास स्थित हलक़ों में ज'/आ' बहुत अधिक थी। इसके अलावा देसाई के अनुसार ऊँची पैदावारों का कारण काश्त के लिए ज़मीन का चयन था जो काश्त की कम सघनता के कारण सम्भव होता था।[25] दक्षिण हरियाणा के ख़ित्ते में आ' (1595 में सकल काश्त) नक़्शाबन्द क्षेत्र की कोई आधी और 1910 के आसपास की सकल काश्त की कोई 55 प्रतिशत थी। लेकिन इस ख़ित्ते की ज'/आ' (23.23 दाम फ़ी बीघा) उत्तर प्रदेश की औसत ज'/आ' से काफ़ी कम थी। इस तरह दक्षिण हरियाणा जहाँ काश्त में बदलाव के लिए बहुत उपयुक्त दिखाई देता है वहीं दस्तूरों के आधार पर देखें तो वहाँ की उपज उत्तर प्रदेश से कम थी। अलग-अलग फ़सलों के लिए कम दस्तूरों से अलग, यहाँ औसत भारित दस्तूर (रा') सिर्फ़ 36.45 दाम फ़ी बीघा अर्थात उत्तर प्रदेश के औसत रा' से ख़ासा कम है।

इस तरह आराज़ी में परती या परित्यक्त ज़मीनों के भाग को बहुत अधिक मानकर उत्तर प्रदेश में राजस्व के कम होने की व्याख्या नहीं की जा सकती। इससे सिर्फ़ यह सम्भावना बचती है कि उत्तर प्रदेश में हमने जितना माना है उससे कहीं अधिक राजस्व का नुकसान होता था। गाँवों के स्थानीय अधिकारभोगियों (मुक़द्दम, चौधरी, क़ानूनगो और पटवारी) के लिए स्वीकृत भत्तों के बारे में हम ख़ासे निश्चिन्त हैं क्योंकि ये आईन में ही दिए गए हैं। वसूली की लागत सम्बन्धी साक्ष्य बाद के हैं पर इतने परिस्थितिजन्य हैं कि उन पर भरोसा किया जा सकता है। ज़मींदारों के भाग के बारे में कोई प्रत्यक्ष सूचना नहीं मिलती—न तो आईन से और न ही 16वीं सदी या यहाँ तक कि प्रारम्भ-17वीं सदी के किसी और स्रोत से। लेकिन राजस्व में ज़मींदारों के भागों के अलग-अलग परिमाणों की छानबीन का एक तरीका यह है कि उनके मुलाज़िमीन के बारे में आईन में दी गई सूचनाओं की सहायता से ज़मींदारों के ख़र्चों (ख') का अनुमान लगाया जाए। इस आकलन के लिए प्रयुक्त विधि की व्याख्या अध्याय-7 में की गई है।

उत्तर प्रदेश के कुछ दस्तूरी हलक़ों और सरकारों के लिए ज़मींदारों के ख़र्च (ज़', ख़',) ज'/आ' और ज'/स तालिका-5.9 में दिखाए गए हैं।

तालिका-5.9

दस्तूर का हलक़ा	*सरकार*	*ज से ज़ ख़' का' प्रतिशत*	*ज'/आ'*
दस्तूर का हलक़ा	देवबंद	4.92	42.85
दस्तूर का हलक़ा	लखनौर	62.29	16.52
	देहली (यमुना के पूरब)	3.80	39.99
दस्तूर का हलक़ा	मेरठ	48.69	20.14
दस्तूर का हलक़ा	अवध	14.99	40.24
दस्तूर का हलक़ा	ख़ैराबाद	7.32	39.01
सरकार कोल		23	40.24
सरकार कन्नौज		23	39.01
सरकार कालपी		10	69.33
दस्तूर का हलक़ा	आगरा	16.53	50.66

ज ख़' = ज़मींदार का ख़र्च

जमा में ज़मींदारों के ख़र्च के भारी प्रतिशत भाग और सकल वसूली के कम परिमाण के बीच का सामान्य सहसम्बन्ध यहाँ गौर करने के क़ाबिल है। हमारा निष्कर्ष यह है कि उत्तर प्रदेश में किसान से वसूल की गई मालगुज़ारी की वास्तविक मात्रा कम नहीं होती थी बल्कि मुग़ल प्रशासन अनेक इलाक़ों में ज़मींदारों या स्थानीय क्षत्रपों को असाधारण सीमा तक बड़ा भाग ख़र्च करने की छूट देता था।

ज़मींदारों के भागों की यह असमानता अन्दरूनी सूबों तक ही सीमित नहीं होती थी। ज़मींदार के ख़र्च और राजस्व की सकल वसूली के परिमाण के बीच एक स्पष्ट विपरीत सम्बन्ध सूबा गुजरात में भी दिखाई देता है—

सरकार	*ज से ज ख' का प्रतिशत*	*ज'/आ'*	*ज'/स*
गोधरा	44	14.96	5.55
बड़ौदा	4	82.88	73.17

इसलिए उत्तर प्रदेश में सकल राजस्व के परिमाण के बारे में हमारा आँकड़ा (35 दाम फ़ी बीघा) सिर्फ़ इसलिए कम दिखाई देता है कि हमने राजस्व में ज़मींदारों के भाग को एकसमान 10 प्रतिशत माना है। अगर हम ज़मींदारों के भाग को औसतन, मोटे तौर पर सकल मालगुज़ारी के 15 से 20 प्रतिशत के बीच कहीं मानें तो उत्तर प्रदेश में सकल वसूली का परिमाण बढ़कर 38 और 42 दाम फ़ी बीघा के बीच कहीं पहुँच जाएगा। यह अनुमान भी अपेक्षाकृत मनमाना है। लेकिन अगर हम इस तथ्य को ध्यान में रखें कि दस्तूर के 12 हलक़ों का एक समूह ऐसा भी है जहाँ राजस्व की दरें 30 और 50 दाम फ़ी बीघा काश्त के बीच थीं (तालिका-5.5) तो यह अनुमान बहुत ग़लत भी दिखाई नहीं देता।

चार

मुग़ल सल्तनत के दूसरे (उत्तर प्रदेश, पंजाब और गुजरात से इतर) भागों के लिए इन्हीं तर्जों पर काश्त की इकाई ज़मीन पर राजस्व के परिमाण का निर्धारण सम्भव दिखाई नहीं देता। बाक़ी सूबों में या तो अकबर के प्रशासन ने पैमाइश नहीं कराई थी (जैसे बंगाल, बरार, ख़ानदेश तथा अजमेर, मालवा और बिहार के कुछ भागों वग़ैरह में) और इस कारण आराज़ी के आँकड़े उपलब्ध नहीं हैं, या फिर पैमाइश इतनी अधूरी थी (जैसे सूबा मालवा, बिहार और अजमेर के बड़े-बड़े भागों में) कि सकल फ़सली क्षेत्र का अनुमान लगाने के लिए आराज़ी के आँकड़ों का उपयोग नहीं किया जा सकता। (मालवा और अजमेर के कुछ भागों को छोड़ दें तो) ये क्षेत्र आकलन की ज़ब्त नामक व्यवस्था के अन्तर्गत नहीं आते थे। इसलिए यहाँ हमें विभिन्न फ़सलों के लिए दस्तूर भी दिखाई नहीं देते।

आराज़ी के आँकड़ों के अभाव में हमारे पास सिर्फ़ नक़्शाबन्द क्षेत्र (न) है जिसकी सहायता से हम राजस्व के तुलनात्मक परिमाणों का अध्ययन कर सकते हैं। मैंने सभी सरकारों (मानचित्र चार देखें) के लिए नक़्शे के फ़ी बीघा पीछे जमा के परिमाण (ज/न) की गणना की है।[26] इन सूबों के आँकड़े तालिका-5.10 में दिए गए हैं।

तालिका-5.10

सूबा	*ज/न*	*सूबा*	*ज/न*
बंगाल	2.69	गुजरात	7.91
उड़ीसा	7.84	अजमेर	2.24
बिहार	4.34	देहली	8.43
इलाहाबाद	5.76	लाहौर	9.76
अवध	7.14	मुल्तान	2.23
आगरा	5.56	थत्ता	2.24
मालवा	1.96	कश्मीर	5.19
मालवा (*सरकार* गढ़ छोड़कर)	4.31	काबुल	2.01
बरार	8.23	ख़ानदेश	24.13

जैसी कि आशा की जा सकती थी, नक़्शाबन्द क्षेत्र से जमा का अनुपात अलग-अलग सूबों में अलग-अलग है। इस परिवर्तन का दायरा काफ़ी बड़ा है—24.13 (ख़ानदेश) से लेकर 1.96 (मालवा) तक। इन परिवर्तनों की व्याख्या के लिए साफ़ तौर पर जिस प्रमुख तत्त्व पर विचार किया जाना चाहिए वह है नक़्शाबन्द क्षेत्र के सापेक्ष सकल काश्त का परिवर्तनशील विस्तार। जिन इलाक़ों में काश्तशुदा क्षेत्र नक़्शाबन्द क्षेत्र का एक बड़ा भाग था उनमें हम ज/न के अधिक होने की आशा कर सकते हैं। इसके विपरीत कम काश्त वाले इलाक़ों में ज/न भी कम रही होगी। जब हम कुछ सूबों में ज/न की तुलना, उनसे लगभग संगत आधुनिक इलाक़ों में

नक़्शाबन्द क्षेत्र से सकल काश्त के अनुपातों के साथ करते हैं तो दोनों के बीच एक आश्चर्यजनक सह सम्बन्ध दिखाई देता है। इसे तालिका-5.11 से देखा जा सकता है जिसमें सकल काश्त (स का) का क्षेत्रफल 1897-98 की एग्रीकल्चरल स्टेटिस्टिक्स से लिया गया है।

तालिका-5.11

सूबे जिनमें ज/न 5 से अधिक है	*ज/न (दाम/बीघा)*	*न से स का %*
ख़ानदेश	24.1	60.2
गुजरात	7.9	56.7
बरार	12.2	58.6
आगरा	11.1	
इलाहाबद	5.8	61.3
अवध	7.1	
देहली	8.4	
लाहौर	9.6	54.3
सूबे जिनमें ज/न 3 से कम है		
अजमेर	2.2	24.6
थत्ता	2.4	36.4
मुल्तान	2.2	19.9
मालवा	1.9	33.9

इस तरह हम पाते हैं कि जहाँ भी नक़्शाबन्द क्षेत्र में सकल फ़सली क्षेत्र का भाग 40 प्रतिशत से कम है, ऐसे हर सूबे में जमा का परिमाण कम है। इन सभी मुआमलों में जमा कहीं भी 2.4 से अधिक नहीं है। जहाँ सकल काश्त नक़्शाबन्द क्षेत्र के 50 प्रतिशत से अधिक है वहाँ ज/न 5.8 से कम नहीं है। इन सब बातों से संकेत मिलता है कि इन क्षेत्रों में काश्त का विस्तार इकाई नक़्शाबन्द क्षेत्र पीछे जमा के परिमाण सम्बन्धी परिवर्तनों का निर्धारण करनेवाला प्रमुख तत्त्व था।

लेकिन कुछ दूसरे सूबों में स का/न से सकारात्मक सहसम्बन्ध नहीं मिलता। मिसाल के लिए, स का जहाँ बंगाल में नक़्शाबन्द क्षेत्र का 67 और बिहार में 68.4 प्रतिशत है, वहीं इन दोनों सूबों के लिए ज/न क्रमश: 2.69 और 42.34 है। यहाँ लगता है कुछ और तत्त्व भी कार्यरत हैं। सबसे प्रमुख तत्त्व क़ीमतों का स्तर है : अबुल फ़ज़्ल बहुत स्पष्ट रूप से बतलाते हैं कि कम क़ीमतें (अरज़ानी) बराबर बंगाल की विशेषता रहीं।[27] इसलिए बंगाल में और सम्भवत: बिहार में भी पूर्वी क्षेत्रों में क़ीमतों के कम स्तरों को कम ज/न का कारण बताया जा सकता है। ध्यान दें कि बंगाल की कुल 19 सरकारों में से 14 में ज/न 5 दाम से कम था, जबकि हुगली नदी के आसपास की सरकारों (लखनौती, बरबकाबाद, टांडा, शरीफाबाद और सुलैमानाबाद) में यह

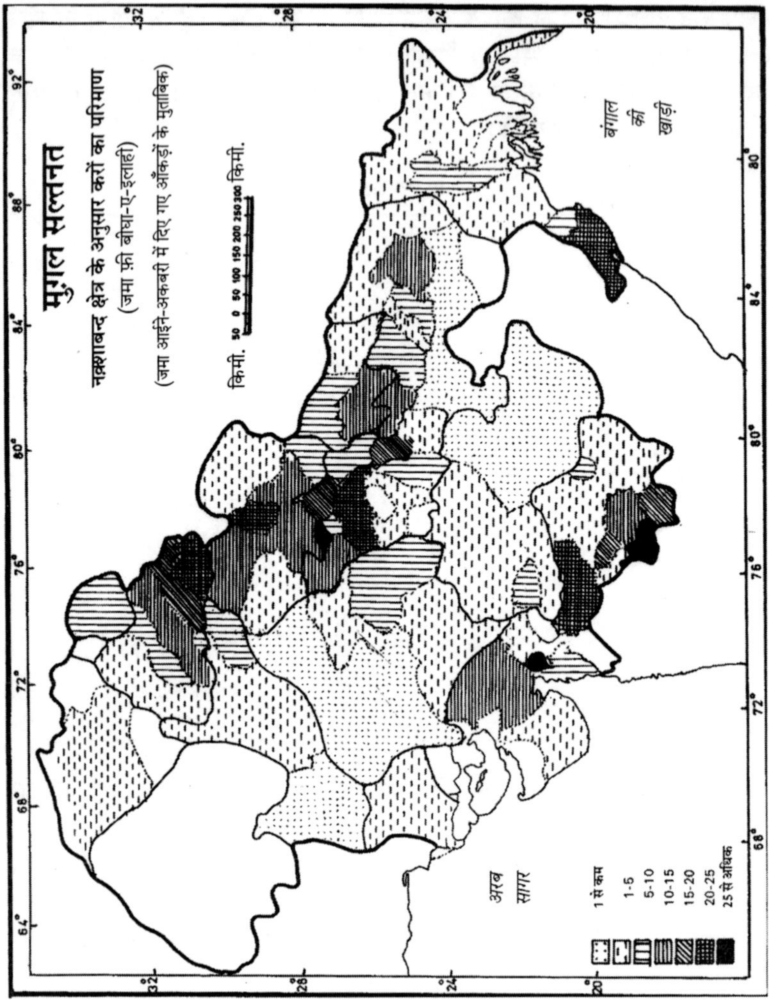

मानचित्र चार : मुग़ल सल्तनत : नशाबन्द क्षेत्र के अनुसार करों का परिमाण

5 दाम से अधिक था। इसकी व्याख्या भी यह सुझाकर की जा सकती है कि भारी व्यापारिक रुझान वाले इस क्षेत्र में क़ीमतों का स्तर थोड़ा सा ऊँचा था। हम पहले ही देख चुके हैं गुजरात में राजस्व के भारी परिमाण को सम्भवत:, कम-से-कम आंशिक रूप से, ऊँची क़ीमतों का नतीजा कहा जा सकता है, और क़ीमतों के अधिक होने का कारण वहाँ भारी व्यापारिक रुझान और नगरीकरण का अपेक्षाकृत ऊँचा स्तर था।

कुछ इलाक़ों में सकल वसूली से भारी 'रिसाव' (लीकेजेज) भी कम ज/न का एक और कारण हो सकते हैं। ऐसे इलाक़ों में भारी सकल वसूली के बावजूद राजस्व

की मात्र वसूली कम हो सकती है। अगर खेतिहर ज़ायद (एग्रेरियन सरप्लस) पर नीचे के स्तरवालों के दावे, ख़ासकर उनमें ज़मींदारों के भाग, अधिक रहे होंगे तो जमा की मात्रा भी कम हो जाती होगी। अनेक क्षेत्रों में हम जमा की मात्रा और ज़मींदारों के भागों का विलोम सम्बन्ध पहले ही देख चुके हैं। इसी तरह बिहार में कम ज/न को आंशिक रूप से इस तथ्य का परिमाण कहा जा सकता है कि वहाँ प्रशासन ने स्थानीय क्षत्रपों के एक बड़े भाग की इजाज़त दे रखी थी। (यहाँ ज़मींदारों का ख़र्च जमा का 22 प्रतिशत होता था)[28] सरकार के स्तर पर आँकड़ों के विश्लेषण से यह बात और स्पष्ट हो जाती है। (तालिका-5.12 देखें।)

तालिका-5.12

	ज/न	*ज से ज.ख़ का %*
बिहार (ग़ैर-पैमाइशशुदा महाल)	0.75	32
चंपारन	1.50	67
तिरहुत	2.80	45
बिहार (पैमाइशशुदा महाल)	13.29	3
हाजीपुर	10.33	4

कुछ दूसरे क्षेत्रों के बारे में हम भरोसे के साथ कह सकते हैं कि ज/न सिर्फ़ प्रशासनिक नियंत्रण के ढीलेपन के कारण कम था, वहाँ जमा कमोबेश ख़िराज (ट्रिब्यूट) की सूचक थी और राजस्व की वसूली की वास्तविकताओं के अनुसार नहीं तय की जाती थी। अगर जमा को पूर्णांकों में रखा जाए तो हम आसानी से मान सकते हैं कि वह वास्तविक आकलन पर आधारित नहीं थी। सूबा मालवा की सरकार गढ़ में सभी परगनों की जमा पूर्णांकों में है जबकि ज/न पिद्दी बराबर, मात्र 0.16 दाम फ़ी बीघा है। यहाँ स्पष्ट है कि ज/न के कम होने का कारण प्रशासनिक नियंत्रण का अभाव था जो मध्य भारत के जंगलों के कारण नक़्शाबन्द क्षेत्र में सकल काश्त के पहले से कम अनुपात में और भी कमी लाता था।

सूबा बरार में हमें एक दिलचस्प स्थिति देखने को मिलती है। यहाँ जमा हर जगह पूर्णांकों में दी गई है लेकिन ज/न अपेक्षाकृत अधिक, 12.16 दाम है। कुल 13 सरकारों में से 7 में ज/न 10 दाम से अधिक या उसके आसपास है। आधुनिक आँकड़ों के आधार पर देखें तो नक़्शाबन्द क्षेत्र से सकल काश्त के ख़ासे भारी अनुपात से इसकी अंशत: व्याख्या होती है। खेड़ला अैर नरनाला की सरकारों में, जहाँ अबुल फ़ज़्ल ने ताक़तवर गोंड ज़मींदारों के होने का ज़िक्र किया है,[29] ज/न गिरकर क्रमश: 2.2 और 2.6 रह जाती है। इस गिरावट के लिए मुख्य रूप से इन सरकारों के पहाड़ी इलाक़ों और ज़ायद (सरप्लस) में ज़मींदारों के अपेक्षाकृत बड़े भाग को ज़िम्मेदार ठहराया जा सकता है।

इस तरह ऐसा दिखाई देता है कि जमा की मात्रा काश्त के विस्तार के अनुसार ही नहीं,[30] बल्कि कुछ दूसरे कारणों से भी अलग-अलग होती थी। मसलन क़ीमतों के

स्तर, राजस्व की सकल वसूली में ज़मींदारों के बड़े भाग और अन्त में, प्रशासनिक नियंत्रण की सीमा के कारण।

इन तमाम बातों के लिए हमारी मान्यता यह रही है कि सभी क्षेत्रों में उपज के सापेक्ष मालगुज़ारी की माँग का परिमाण एक समान होता था। लेकिन उसमें भी अन्तर पाए जाते हैं। मसलन सल्तनत के दूसरे हिस्सों की अपेक्षा तटीय गुजरात में यह उपज के अधिक बड़े भाग की सूचक थी जबकि राजस्थान के कुछ हिस्सों में यह भाग कम होता था। हमें ध्यान रखना होगा कि जमा ज़ायद (सरप्लस) के एकसमान भागों की मात्र योग ही नहीं है बल्कि देश की कुल खेतिहर (और ग़ैर-खेतिहर) पैदावार का वह निरपेक्ष भाग है जो अपने उपयोग और उपभोग के लिए मुग़ल-प्रशासन हस्तगत कर लेता था। अगर इसमें मालगुज़ारी की मात्र वसूली का भाग अधिक होता था तो जमा, जहाँ तक वह पैदावार की भौतिक मात्राओं की सूचक थी, अधिक होती थी, लेकिन मुद्रा रूप में देखें तो स्थानीय स्तर पर क़ीमतों के बदलते स्तरों के कारण उसमें कमी आ जाती थी।

दूसरे शब्दों में, हमारी परिकल्पना में अनेक अज्ञात पेचीदगियाँ छिपी हुई हैं लेकिन पूरे मुग़ल सल्तनत को समेटने का प्रयास करनेवाले किसी भी विश्लेषण के लिए हमें ऐसी अनसुलझी कठिनाइयों को झेलना सीखना होगा।

सन्दर्भ और टिप्पणियाँ

1. तुलना करें इरफ़ान हबीब, *एग्रेरियन सिस्टम,* पृ. 261 से।
2. *आईन,* एक, पृ. 347
3. जमा (=जमा दामी) की यह परिभाषा इरफ़ान हबीब और उन दूसरे इतिहासकारों की परिभाषा से अलग है जिन्होंने, लगता है, यह मान लिया है कि यह एकल वसूली का एक अनुमान थी।
4. इन दूसरे भावार्थों के लिए इरफ़ान हबीब, *एग्रेरियन सिस्टम,* पृ. 175-77, 258 देखें।
5. इस साक्ष्य पर मार्गदर्शन के लिए मैं डॉ. एस. पी. गुप्ता की आभारी हूँ।
6. अध्याय-6 देखें।
7. इरफ़ान हबीब, *एग्रेरियन सिस्टम,* पृ. 146
8. *मिरआते-अहमदी,* एक, पृ. 173-74, तुलना करें इरफ़ान हबीब, *एग्रेरियन सिस्टम,* पृ. 142 से।
9. *आईन,* एक, पृ. 288, 300, इरफ़ान हबीब, *एग्रेरियन सिस्टम,* पृ. 131 और टिप्पणी, 135 और टिप्पणी, 294 और टिप्पणी भी देखें।
10. *ख़ुलासतुस्-सियाक़,* ब्रिम्यू एड 6588, फ़ोलियो 79 ए, ओ 2026, फ़ोलियो 34ए से मिलान करके। इरफ़ान हबीब ने सुझाया है (*एग्रेरियन सिस्टम,* पृ.279) कि 20 (बिस्त) ग़लती से 8 (हश्त) की जगह आ गया है। लेकिन इस सुझाव को मानना सम्भव नहीं है क्योंकि इसी स्रोत में आगे कहा गया है कि इस रक़म को शाहजहाँ के दौर में पहले तो कम 10 प्रतिशत कर दिया गया जब आकलन का काम करोड़ी की जगह अमीन को सौंप दिया गया, और फिर करोड़ी के हाथों से फ़ौजदारी के अधिकार निकल जाने के बाद और भी कम करके 5 प्रतिशत कर दिया गया।)
11. *आईन,* एक, पृ. 199, क़स्बा शब्द का प्रयोग परगना और एक छोटी सी शहरी बस्ती, दोनों के पर्याय रूप में किया जाता था।

12. इरफ़ान हबीब, *एग्रेरियन सिस्टम,* पृ. 131 की टिप्पणी
13. उपरोक्त, पृ. 300-301
14. इससे ज' के बारे में हमारी गणनाओं के परिष्कार का संकेत मिलता है। ज' निकालने के लिए हमें ज में 143/100 से गुणा ही नहीं करना चाहिए बल्कि (सुयूरग़ाल को सु समझकर) ज'= (ज-सु) × 143/100 + सु. × 111/100 मानना चाहिए। फिर भी अन्तर बहुत मामूली ही आएगा और यह तर्क दिया जा सकता है कि सु ज'—10/100 ज' वास्तव में ज' से निकल जाने वाला भाग है। (अध्याय-6 देखें।)
15. अध्याय-2 देखें।
16. केवल उन्हीं हलक़ों पर विचार किया जाना चाहिए जहाँ ज'/आ' इस श्रेणी में आती है। कारण यह कि जहाँ भी ज'/आ' आगरा की ज'/आ' से अधिक है वहाँ आ' को सकल काश्तशुदा क्षेत्र के योग का सूचक माना ही नहीं जा सकता। (यह अध्याय में इसकी विवेचना पहले की जा चुकी है।)
17. स्मिथ, *फ़ाइनल सेटिलमेंट रिपोर्ट,* पृ. 44-45, नेविल, *अलीगढ़ डिस्ट्रिक्ट गज़ेटियर,* परिशिष्ट छह।
18. *पंजाब डिस्ट्रिक्ट गज़ेटियर्स,* लाहौर, 1913, खंड बारह से सत्ताईस तक के भाग ब।
19. कहा जाता है कि गुजरात मालवा से गेहूँ और दूसरे खाद्यान्न तथा दक्षिण से चावल मँगाता था। (*आईन* एक, पृ. 485 देखें।) इरफ़ान हबीब, *एग्रेरियन सिस्टम,* पृ. 73-14 भी देखें।
20. इरफ़ान हबीब, उपरोक्त, पृ. 194
21. गुजरात में कपास की काश्त के बारे में परचज़, तीन, पृ. 82 में सेलबैंके का वृत्तान्त और पेल्सेयर, पृ. 9 देखें।
22. एग्रीकल्चरल स्टेटिस्टिक्स, खंड 2, पृ. 1938-39, दुर्भाग्य से मैं बड़ौदा रियासत के बारे में पहले के आँकड़े नहीं जमा कर सकी।
23. उत्तर प्रदेश में 1938-39 में मथुरा वह ज़िला था जहाँ काश्तशुदा क्षेत्र में कपास का भाग सबसे अधिक (9.95 प्रतिशत) था। पूरे प्रान्त में काश्तशुदा क्षेत्र में कपास का भाग केवल 1.45 प्रतिशत था।
24. अशोक वी. देसाई, *पॉपुलेशन एंड स्टैंडर्ड ऑफ़ लिविंग इन अकबर्स टाइम—ए सेकंड लुक,* आई. ई. एस. एच. आर., वर्ष पन्द्रह, अंक 1, जनवरी-मार्च 1978, पृ. 74 और 76
25. उपरोक्त, पृ. 76
26. नक़्शाबन्द क्षेत्र इरफ़ान हबीब, *एटलस ऑफ़ द मुग़ल एम्पायर* पर आधारित है तथा जमा की रक़मों की गणना मैंने पांडुलिपियों का मिलान करके और परगनों के योगों से सत्यापन करके की है। वे लाज़मी तौर पर सरकारों और परगनों के उन योगों से मेल नहीं खाते जो ख़ुद अबुल फ़ज़्ल ने दर्ज किए हैं।
27. *आईन,* एक, पृ. 389
28. अध्याय-7 देखें।
29. *आईन,* एक, पृ. 477
30. फ़सलों का ढर्रा भी एक सम्भावित कारण है जिसे हमने नज़रअन्दाज़ किया है : बाज़ार में अधिक क़ीमत वाली फ़सलों को बोनेवाले इलाक़ों में जमा भी अधिक होती होगी। क्षेत्रीय स्तर पर ऐसे किसी ढर्रे के कारण क़ीमतों का स्तर भी ऊँचा होता होगा और इस तरह सम्भवत: मूल्य का तत्त्व उसके प्रभाव को भी समेटता होगा।

खेतिहर ज़ायद पर स्थानीय दावे

अध्याय-6

राजस्व के अनुदान

शाही ख़ज़ाने को मिलने वाले करों का एक भाग सुयूरग़ाल के रूप में व्यक्तियों को चला जाता था।[1] आईने-अकबरी के एक अध्याय में, जिसका शीर्षक 'आईने सुयूरग़ाल' है, में सुयूरग़ाल की प्रकृति का वर्णन किया गया है।[2] यहाँ अबुल फ़ज़्ल बतलाते हैं कि बादशाह जो दान नक़द में देता था उसे वज़ीफ़ा कहा जाता था और जो दान ज़मीनों के रूप में दिया जाता था, 'मिल्क' या 'मददे-मआश' कहलाता था। इससे यह निष्कर्ष निकाला जा सकता है कि सुयूरग़ाल शब्द के तहत ज़मीन और नक़द, दोनों रूपों में दिए जानेवाले दान आ जाते थे।[3] लेकिन ख़ुद अबुल फ़ज़्ल ने सुयूरग़ाल शब्द का प्रयोग बड़े ढीले-ढाले ढंग से किया है। कभी-कभी उन्होंने इसे मद्दे-मआश का पर्याय बना दिया है। मसलन तब जब वे कहते हैं कि 'अफ़गानों और चौधरियों का सुयूरग़ाल ख़ालिस में बदल दिया गया', या तब जब वे सुयूरग़ाल ज़मीन (ज़मीने-सुयूरग़ाल) की बात करते हैं। भारत में दूसरे लेखकों के यहाँ इस शब्द का प्रयोग बहुत दुर्लभ है, हालाँकि जब भी इसका प्रयोग किया गया है केवल मददे-मआश के पर्याय रूप में किया गया है।[4] बहरहाल सुयूरग़ाल अनुदानों में बड़ा भाग भूमि अनुदानों यानी माफ़ी की ज़मीनों का ही होता था।[5]

सुयूरग़ाल शब्द के प्रयोग में अबुल फ़ज़्ल ने सामान्य तकनीकी प्रयोग का ही उल्लंघन नहीं किया है बल्कि उन्होंने इसके लिए जिस इकाई का प्रयोग किया है वह भी अपेक्षाकृत असामान्य है। मददे-मआश के अनुदान आमतौर पर क्षेत्रफल बताकर दिए जाते थे, और मूल दानों के फ़रमानों का दूसरी दस्तावेज़ों में लगभग हमेशा ही आकलन से बाहर की ज़मीन (ख़ारिजे-जमा) में से दिए जानेवाले एक विशेष क्षेत्रफल का उल्लेख किया गया है।[6] लेकिन 'बारह सूबों का विवरण' में अबुल फ़ज़्ल मुद्रा (दाम) में ही अनुदानों का उल्लेख नहीं करते बल्कि निश्चित रूप से यह भी कहते हैं कि ये आँकड़े जमा/नक़दी के आँकड़ों के हिस्से हैं। हर सूबे के योगों को दर्ज करते हुए वे पहले सूबे की कुल जमा दर्ज करते हैं और फिर उसमें से (अज-आं-मियान) सूबे का सुयूरग़ाल दर्ज करते हैं।[7]

उनके अल्फ़ाज़ हर जगह उनके आँकड़ों के मुताबिक़ हैं। सुयूरग़ाल के आँकड़े किसी भी सूबे में जमा से अधिक नहीं हैं। इसका एकमात्र अपवाद सूबा बरार के एक परगने के आँकड़े हैं जो शायद मुहर्रिर की ग़लती का नतीजा हैं।[8] लेकिन सुयूरग़ाल के

सम्भावित सापेक्ष परिमाण मात्र से ही इसकी आशा की जा सकती थी। इसे निर्णायक बनानेवाली विशेषता कुछ और ही है। जब हम जमा से सुयूरग़ाल को घटाते हैं तो अनेक परगनों के मुआमले में आँकड़े पूर्णांकों में प्राप्त होते हैं जो निकटतम हज़ार या अनेक मुआमलों में निकटतम लाख तक हैं। इधर-उधर से चुने गए कुछ परगनों के संगत आँकड़े तालिका-6.1 में दिए गए हैं।

तालिका-6.1

परगना (अ)	*सरकार*	*सूबा (ब)*	*नक़दी (जमा) (स)*	*सुयूरग़ाल (द)*	*(स)-(द)*
वज़ीरपुर	आगरा	आगरा	20,09,255	9,255	20,00,000
मेरठ	देहली	देहली	49,91,996	3,41,096	46,50,900
खेड़ी	ख़ैराबाद	अवध	32,50,522	50,522	32,00,000

आईन की सभी सांख्यिकीय तालिकाओं से प्राप्त तमाम द्रष्टान्तों को मैंने परिशिष्ट 6 (अ) में पेश किया है। परगनों के लिए ऐसी प्रविष्टियों की कुल संख्या 71 है जिनमें मात्र जमा (अर्थात सकल जमा ऋण सुयूरग़ाल) पूर्णांकों में आती है, जबकि काबुल और बरार को छोड़ सभी सूबों के लिए प्रविष्टियों की कुल संख्या 781 है। इन 71 परगनों में से 31 में तो मात्र जमा को निकटतम लाख में दिखाया गया है।

आँकड़े सटीक हों तो 1,00,000 मिसालों में से सिर्फ़ एक में आँकड़े को संयोगवश निकटतम लाख में दिखाया जा सकता है। लेकिन अबुल फ़ज़्ल की तालिकाओं में मात्र 25 में एक मिसाल ऐसी है जिसमें आँकड़ा निकटतम लाख में दिया गया है। इस तरह लाज़मी तौर पर यह नतीजा निकलता है कि जमा का आँकड़ा पहले तय किया जाता था और अनुमान होने के नाते वह अकसर पूर्णांक में होता था, फिर उसमें सुयूरग़ाल का आँकड़ा जोड़ा जाता था जो आमतौर पर सटीक होता था और इस तरह हर परगने की सकल जमा या नक़दी या आँकड़ा निकाला जाता था।

एक और सम्भव दृष्टिकोण यह है कि सुयूरग़ाल नक़दी में से निकाला जाता था, मगर सुयूरग़ाल और नक़दी (जमा) के आँकड़ों को जोड़ने से मिलनेवाले परिणाम इस विचार की पुष्टि नहीं करते। इसमें कुल दो परिणाम पूर्णांकों से मिलते हैं और वे भी निकटतम सौ तक ही हैं। दूसरे शब्दों में, संयोग से निकटतम सौ तक परिणाम सिद्धान्त स्तर पर हर 100 में से केवल एक प्रविष्टि में ही मिलेंगे, लेकिन यहाँ 781 प्रविष्टियों में (सम्भावित सात या आठ की जगह) केवल दो मिसालें ऐसी हैं जिनमें ऐसा परिणाम दिखाई देता है (ये हैं—सरकार कोल, सूबा आगरा में चंदौस और सरकार मानिकपुर, सूबा इलाहाबाद में जायस)।

हमने इस तथ्य की ओर भी इशारा किया है सुयूरग़ाल के कॉलम की 781 प्रविष्टियों में केवल 2 निकटतम हज़ार तक और 9 निकटतम सौ तक हैं, जबकि बाक़ी 770 में सारी की सारी सटीक हैं। लेकिन संगत परगनों की जमा के आँकड़ों

में 6 तो पहले से पूर्णांकों में हैं, और पता चलनेवाले 71 मुआमलों में पूर्णांकन प्रच्छन्न रूप में हैं। तात्पर्य यह कि वे मूलत: पूर्णांकों में थे लेकिन केवल सुयूरग़ाल के जोड़े जाने के कारण सटीक दिखाई देते हैं। इसलिए सुयूरग़ाल की ज़मीनों से प्राप्त आय का अनुमान सामान्य मालगुज़ारी देनेवाली ज़मीनों से प्राप्त करों के अनुमान से कहीं अधिक विस्तृत आकलन पर आधारित दिखाई देता है। चूँकि मालगुज़ारी देनेवाली ज़मीनें मंसब की तनख़्वाहों के बदले दी जाती थीं, मुमकिन है कि अकसर मात्र जमा के आँकड़े केवल इसलिए पूर्णांकों में रखे जाते हों कि तनख़्वाहों के बदले ज़मीनों के अनुदान में सुविधा रहे। तनख़्वाहों के आँकड़े आमतौर पर पूर्णांकों में दिए जाते थे।[9]

स्वाभाविक रूप से सवाल यह उठता है कि मुग़ल प्रशासन सुयूरग़ाल की ज़मीनों की मालगुज़ारी देने की क्षमता का मूल्यांकन कैसे करता था? कारण कि वह इन ज़मीनों से मालगुज़ारी वसूल नहीं करता था और न ही जमा तय करने के लिए या जागीरें देने के मक़सद से अनुमानित राजस्व-आय का अनुमान लगाने के लिए उसे इन आँकड़ों की कोई ज़रूरत पड़ती थी। चूँकि ख़ुद सुयूरग़ाल के आँकड़े पूर्णांकों में नहीं हैं, हमें यह मानना होगा कि वे कोई कामचलाऊ अनुमान नहीं हैं बल्कि विस्तृत आँकड़ों से निकाले गए सटीक योग हैं। अगर हम यह मान लें कि मूल दान के समय ज़मीन से मिलनेवाले राजस्व के अनुमान होने के नाते ये आँकड़े वास्तव में जमा के आँकड़े हैं तो भी हमारी मुश्किलें ख़त्म नहीं होतीं। जब ये दान दिए जाते थे तो यह ज़रूरी होता था कि मूलत: दान में दी गई ज़मीनों का कम-से-कम आधा भाग ग़ैर-काश्तशुदा बंजर हो।[10] जबकि वास्तव में ये ज़मीनें ज़्यादातर मुआमलों में पूरी की पूरी बंजर होती थीं या आकलन से बाहर (ख़ारिजे-जमा) होती थीं।[11] इसलिए यह मुमकिन नहीं कि सुयूरग़ाल के तहत दर्ज रक़म मूलत: दान दिए जाने के समय राजस्व से निकल जानेवाली रक़म होती हो।

एक व्याख्या सम्भव है। 1578 के एक फ़रमान के मुताबिक़, जिसका मसविदा सौभाग्य से बचा रह गया है, अकबर ने हर परगना में दानवाली बिखरी हुई जोतों की कुछेक चुनिंदा गाँवों में चकबन्दी का हुक्म जारी किया था।[12] दिखाने के लिए तो यह काम जागीरदारों और मालगुज़ारों के ज़ुल्म से दान पानेवालों को बचाने के लिए किया गया था, पर वास्तव में सम्भवत: इसका मक़सद दान पानेवालों की धोखाधड़ी को रोकना था।[13] कुछ भी हो, कहा गया है कि इस फ़रमान से काफ़ी परेशानियाँ पैदा हुईं।[14]

कुछेक निशानशुदा गाँवों में दान की सारी ज़मीनों की चकबन्दी करने की इस प्रक्रिया में आवश्यक था कि दान की ज़मीनों का उन ज़मीनों से तबादला किया जाए जो अब तक मालगुज़ारी देती आ रही थीं। इस तबादले में दोनों ओर की ज़मीनों की क़ीमत भी लगाई गई होगी। अगर एक निश्चित मालगुज़ारी दे रही ज़मीनें दान पानेवालों की दी गई होंगी तो प्रशासन के लिए यह सुनिश्चित करना भी महत्त्वपूर्ण रहा होगा कि दान पानेवाले बदले में वे ज़मीनें छोड़ें जो उतनी ही मालगुज़ारी दे सकें,

अर्थात जो ज़मीनें दान में दी जाएँ उनसे मिलनेवाली जमा ली जानेवाली ज़मीनों से भी निकाली जा सके। इस क़दम के लिए ज़रूरी था कि मुग़ल प्रशासन पहले दिए गए हर दान की ज़मीन की राजस्व देने की क्षमता का आकलन करे और फिर दान पानेवालों को ऐसी ज़मीनें दे जो उतनी ही जमा दे सकें। इस तरह हमारा सुझाव यह है कि आईन के सुयूरग़ाल के आँकड़े जमा के उन आँकड़ों पर आधारित थे जो दस्तावेज़ों में 1578 के फ़रमान की तामील के दौरान दान पानेवालों को दी जानेवाली ज़मीनों के सामने दर्ज थे।

इसकी पुष्टि इस तथ्य से होती है कि आईन में बंगाल, कश्मीर, सिन्ध, क़न्धार और ख़ानदेश जैसे क्षेत्रों के लिए सुयूरग़ाल के आँकड़े नहीं दिए गए हैं, 1578 के आसपास ये क्षेत्र अकबर के प्रभावी नियंत्रण में नहीं थे। अपवाद केवल दो थे—काबुल और बरार।

काबुल 1578 में हालाँकि अकबर की सल्तनत से बाहर था, पर उसकी तालिकाओं में सुयूरग़ाल की पाँच प्रविष्टियाँ दी गई हैं। इनमें से कोई आँकड़ा पूर्णांक में नहीं है, और जमा से सुयूरग़ाल को घटाने पर भी कोई पूर्णांक नहीं आता। मुमकिन है अधिग्रहण के बाद काबुल में दान (माफी) की कुछ ज़मीनों की चकबन्दी की गई हो और सुयूरग़ाल के आँकड़े इसी प्रक्रिया के परिमाण हों। पर इस नतीजे का कोई दस्तावेज़ी प्रमाण नहीं है।

बरार पर 1596 तक क़ब्ज़ा नहीं किया जा सका था। अनेक मिसालों में इस सूबे के लिए ब्लाख़मान के आँकड़ों की पुष्टि आईन के दो सबसे अच्छे उपलब्ध मसविदों से नहीं होती,[15] ख़ुद इन मसविदों के पाठ एक जैसे नहीं हैं। लेकिन फिर भी दोनों मसविदों से ब्लाख़मान के आँकड़ों का मिलान करके हम बरार के आँकड़ों के विश्लेषण का एक प्रयास अवश्य कर सकते हैं। हम देखते हैं कि बरार के लिए सुयूरग़ाल की कुल 46 प्रविष्टियाँ हैं। इनमें से 33 पूर्णांकों में हैं और केवल 13 सटीक हैं। इस तरह लगता है कि बरार में सुयूरग़ाल के आँकड़े अलग-अलग सुयूरग़ाल के दानों के विस्तृत अनुमानों के योग नहीं थे बल्कि कामचलाऊ अनुमान थे। इसलिए ये आँकड़े दूसरे सूबों के सुयूरग़ाल के आँकड़ों से बिल्कुल भिन्न सतह के हैं।

वास्तव में बरार की सांख्यिकीय तालिकाओं से पहले अबुल फ़ज़्ल ने जो शब्द लिखे हैं उनसे संकेत मिलता है कि उस सूबे में एक बहुत तुरत-फुरत की प्रक्रिया अपनाई गई थी। राजस्व के आँकड़े पिछले प्रशासन के दस्तावेज़ों से लिये गए जो मूलत: बरारी तंकों में दिए गए थे। मूल आँकड़ों को 16 से गुणा करके उनको दामों में बदला गया। तो हम यह मान सकते हैं कि सुयूरग़ाल के आँकड़ों के साथ भी ऐसी ही प्रक्रिया अपनाई गई। पूर्णांकों में सुयूरग़ाल के आँकड़ों को लें तो हम पाते हैं कि 16 में से केवल 3 छोड़कर बाक़ी सारे पूर्णांकों को 16 से भाग दिया जा सकता है, लेकिन जब हम सटीक आँकड़ों को लेते हैं तो 13 में से केवल एक ही 16 से कटता है। इस तरह ऐसा लगता है कि दूसरे सभी मुआमलों में अबुल फ़ज़्ल ने पिछले

प्रशासन से माफ़ी की ज़मीनों के आकलन ले लिये थे और केवल उनको दामों में बदलकर अपनी सांख्यिकी में शामिल कर लिया था।

इस तरह कुल मिलाकर ऐसा माना जा सकता है कि (सूबा काबुल और सूबा बरार को छोड़) सुयूरग़ाल के सभी आँकड़े 1578 के कदमों से प्रभावित हुए थे। ठीक इसी कारण से हम कुछ भरोसे के साथ इन आँकड़ों का इस्तेमाल राजस्व के उस भाग के आकलन के लिए कर सकते हैं जो दानों के रूप में निकल जाता था। याद रखें कि ये आँकड़े केवल बादशाह द्वारा दिए गए दानों के सूचक थे। जागीरदार ख़ुद अलग से दान देते थे और ये दान अस्थायी होते थे जो केवल जागीरदार की अपनी सत्ता बनी रहने तक वैध रहते थे। इस तरह हम जिस तरह के माफ़ीदार (दान पानेवाला) पर विचार कर रहे हैं वह एक शाही माफ़ीदार अर्थात मख़ादिम-ए-उज़्ज़ाम होता था।[16]

दो

अबुल फ़ज़्ल के अनुसार माफ़ीदारों के वर्ग में चार तरह के लोग शामिल थे, सच्चे ज्ञान के खोजी, दुनिया त्याग देनेवाले दीनदार व्यक्ति, ऐसे बदहाल लोग जो अपनी रोज़ी कमाने में समर्थ न थे, और ऐसे कुलीनजन्मा व्यक्ति जो अज्ञानवश कोई रोज़गार नहीं कर सके।[17] लगता है, ये दान ज़्यादातर इन्हीं चार श्रेणियों में से किसी एक श्रेणी के व्यक्तियों को दिए जाते थे। कारण कि उसी अध्याय में अबुल फ़ज़्ल हमें यह जानकारी देते हैं कि उन चौधरियों (पुश्तैनी स्थानीय अधिकारभोगियों) की सुयूरग़ाल ज़मीनें, जो ज़ाहिर है इनमें से किसी श्रेणी में नहीं आते थे, ख़ालिस में बदल दी गईं। एक और जगह वे कहते हैं कि माफ़ीदार अगर सेवारत (नौकर) पाए गए तो ये ज़मीनें ज़ब्त की जा सकती हैं।[18]

मोटे तौर पर कुल राजस्व-आय में इस श्रेणी के माफ़ीदारों के भाग की गणना सकल जमा से सुयूरग़ाल के उस अनुपात से की जा सकती है जो आईन में दिया गया है। आईन में सुयूरग़ाल के जो आँकड़े दिए गए हैं वे कुछ कठिनाइयाँ पेश करते हैं जिनकी विवेचना हम अध्याय-1 में ही कर चुके हैं। जिन 66 सरकारों के लिए सुयूरग़ाल दर्ज किए गए हैं उनमें से 17 में सरकारों के लिए दर्ज किए गए योग परगनों के आँकड़ों को जोड़ने पर मिलने वाले वास्तविक योगों से काफ़ी भिन्न हैं। इस तरह जिन 10 सूबों के लिए तीनों स्तरों पर सुयूरग़ाल के आँकड़े दिए गए हैं उनमें से 5 में सूबों के आँकड़े सरकारों और परगनों के लिए दर्ज योगों से मेल नहीं खाते।

चूँकि इन असंगतियों को हमेशा इन्दराज की ग़लतियों या दूसरी ग़लतियों का नतीजा नहीं कहा जा सकता और ये सम्भवत: संशोधनों के परिणाम रही होंगी,[19] हमें तीनों स्तरों पर सुयूरग़ाल के आँकड़ों की छानबीन करनी होगी। मैंने तीनों स्तरों पर प्राप्त योगों के आधार पर विभिन्न सूबों के लिए जमा में सुयूरग़ाल के भाग तालिका-6.2 में दिखाए हैं।

तालिका-6.2
जमा में सुयूरग़ाल का प्रतिशत भाग
(परिशिष्ट, अध्याय-1 पर आधारित)

सूबा	*परगनों के आँकड़ों के आधार पर*	*सरकारों के आँकड़ों के आधार पर*	*सूबों के आँकड़ों के आधार पर*
बिहार	1.024	1.024	1.024
इलाहाबाद	4.750	5.256	5.256
अवध	4.199	4.213	4.224
आगरा	3.992	3.900	2.216
मालवा	0.479	0.478	0.478
बरार	6.359	6.873	-
गुजरात	1.969	1.745	0.096
अजमेर	0.755	0.807	0.807
देहली	5.497	4.811	5.498
लाहौर	1.748	1.763	1.763
मुल्तान	1.983	4.067	2.021
काबुल	0.140	0.170	-
योग	3.376	3.442	2.379

राजस्व का सुयूरग़ाल रूप में निकल जानेवाला भाग, आँकड़ों को हम किसी भी स्तर पर लें, बहुत मामूली दिखाई देता है। ऐसे सभी 12 सूबों के लिए, जिनके वास्ते सुयूरग़ाल दर्ज किए गए हैं, उनका भाग 3 प्रतिशत से थोड़ा सा ही अधिक है। सूबों के लिए दर्ज योगों को लें तो यह और भी कम, लगभग 2.4 प्रतिशत है। लेकिन इसमें बरार शामिल नहीं है, जहाँ सुयूरग़ाल बहुत अधिक, जमा का कोई 6.8 प्रतिशत (सूबों में सबसे अधिक) था। किसी भी स्तर पर लें, बरार के अलावा केवल देहली और इलाहाबाद में ही सुयूरग़ाल जमा के 5 प्रतिशत से अधिक हैं। अगर सूबों के लिए दर्ज योगों को लें तो आगरा और गुजरात में इसका भाग ख़ासा कम है। जैसा कि संकेत दिया जा चुका है, इसका कारण वह वास्तविक कमी हो सकती है जो अबुल फ़ज़्ल ने दूसरे आँकड़ों को संशोधित छोड़कर सूबों के आँकड़ों में की थी।[20]

पूरी सल्तनत को लें तो जमा में सुयूरग़ाल का भाग अधिक से अधिक 3.4 प्रतिशत मात्र है। पूरी सल्तनत में इसका वितरण भी एकसमान नहीं है। स्वाभाविक है कि इसकी अधिकतावाले क्षेत्रों और क्षेत्रीय भेदों का पता लगाने के लिए हमें सूबे से नीचे के स्तरों के आँकड़ों पर विचार करना होगा।

कुल सुयूरग़ाल का 50 प्रतिशत से अधिक भाग केवल चार सूबों—आगरा, देहली, अवध और इलाहाबाद—में केन्द्रित था।

सूबा आगरा की सरकार तिजारा के संथावरी परगने में जमा में सुयूरग़ाल का भाग बहुत अधिक, कोई 65.79 प्रतिशत था, लेकिन यह एक अकेला अपवाद है

और सूबे के सभी 243 पगरनों में से केवल 7 में ही यह भाग 10 प्रतिशत से अधिक था। सूबा देहली में सबसे अधिक भाग, 36.88 प्रतिशत, सरकार देहली के परगना शकरपुर में पाया गया। इस सूबे के 213 परगनों में से 20 ऐसे थे जिनमें सुयूरग़ाल जमा के 10 प्रतिशत से अधिक था। अवध और इलाहाबाद सूबों में अधिकतम भाग भी बहुत अधिक नहीं थे, ये क्रमशः 23.31 प्रतिशत (परगना इब्राहीमाबाद, सूबा अवध) और 21.30 प्रतिशत (परगना महोबा, सरकार कालिंजर) थे। लेकिन सुयूरग़ाल के रूप में जमा के अच्छे भाग के निकलने की मिसालें इन सूबों में अधिक हैं : अवध के 128 में से 9 महालों में और इलाहाबाद के 120 में से 13 महालों में जमा का माफ़ीदारों को जानेवाला भाग 10 प्रतिशत से अधिक था।

मानचित्र में अधिक और कम सुयूरग़ाल वाले परगनों को दो तरह से दिखाया जा सकता है। एक तो यह है कि हर परगने में सुयूरग़ाल के वास्तविक आँकड़े को (मात्रा के अनुसार) प्रतीकों की सहायता से दिखाया जाए लेकिन इससे इन परगनों के बारे में ग़लत छाप पड़ेगी जिनमें सुयूरग़ाल की मात्रा सिर्फ़ इसलिए अधिक थी कि पगरने का क्षेत्रफल (और इस कारण इसकी जमा का परिमाण भी) अधिक था। मसलन बदायूँ, बहराइच और कालपी के साथ यही बात है। दूसरी विधि यह होगी कि हर परगने के लिए जमा के प्रतिशत रूप में सुयूरग़ाल की मात्रा को एक प्रतीक दिया जाए। यहाँ हो सकता है कि सुयूरग़ाल के सापेक्ष परिमाण के बारे में हमें एक बेहतर तस्वीर मिले, लेकिन एक विपरीत प्रकार के ग़लत प्रतिनिधित्व का ख़तरा फिर भी रहता है। हो सकता है, एक छोटे परगने में सुयूरग़ाल की निरपेक्ष मात्रा कम हो मगर फिर भी जमा से सुयूरग़ाल का अनुपात सिर्फ़ इसलिए अधिक हो सकता है कि उसकी जमा भी कम है। दूसरी ओर एक बड़े परगने में सुयूरग़ाल में दिए गए बड़े-बड़े क्षेत्रों पर हो सकता है निगाह न जाए। सुयूरग़ाल के वितरण का एक अधिक विश्वसनीय चित्र प्राप्त करने के लिए सबसे अच्छा यही लगा कि दोनों विधियों का प्रयोग किया जाए और फिर उनका आपस में मिलान किया जाए। इन दोनों विधियों से प्राप्त परिणाम मानचित्र पाँच और छह में दर्शाए गए हैं।[21]

दोनों मानचित्रों की तुलना से पता चलता है कि कुछ क्षेत्र ऐसे थे जहाँ सुयूरग़ाल बहुत अधिक थे। ऐसे तीन खित्तों की पहचान मुमकिन है जो नीचे दिए गए हैं :

ख़ित्ता अ : सरहिन्द का वह भाग जो ऊपरी दोआब तक फैला हुआ है। इसमें यमुना से परे का क्षेत्र, उत्तरी दोआब तथा साथ में लगी गंगावादी के इलाक़े शामिल हैं। इनमें हरियाणा के रोहतक, गुड़गाँव और रेवाड़ी ज़िलों के भाग तथा उत्तर प्रदेश के सहारनपुर, मुज़फ़्फ़रनगर, मेरठ, बुलन्दशहर, बिजनौर, मुरादाबाद और बदायूँ ज़िलों के भाग आ जाते हैं।

ख़ित्ता ब : आगरा। आकार में छोटा होते हुए भी परिमाण की दृष्टि से यह क्षेत्र बहुत महत्त्वपूर्ण है। इसमें आगरा और मथुरा ज़िले शामिल थे। इसकी विशेषता यह है कि हवेली परगना (मुख्यालय) आगरा में सुयूरग़ाल की बहुत बड़ी मात्रा को छोड़ दें तो पूरी सरकार में सुयूरग़ाल की मात्रा बहुत प्रभावशाली नहीं है। यहाँ

तक कि हवेली परगना का सुयूरग़ाल पूरी आगरा सरकार के सुयूरग़ाल का 60.61 प्रतिशत है।

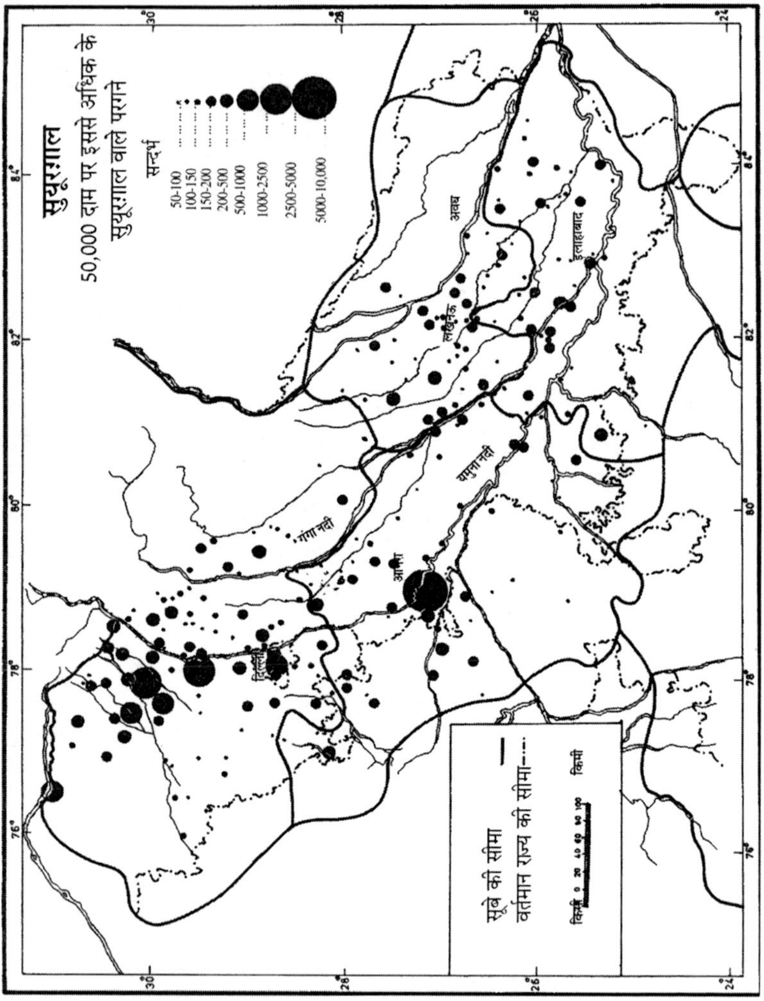

मानचित्र पाँच : 50,000 दाम या इससे अधिक के सुयूरग़ाल (राजस्व अनुदान) वाले परगने

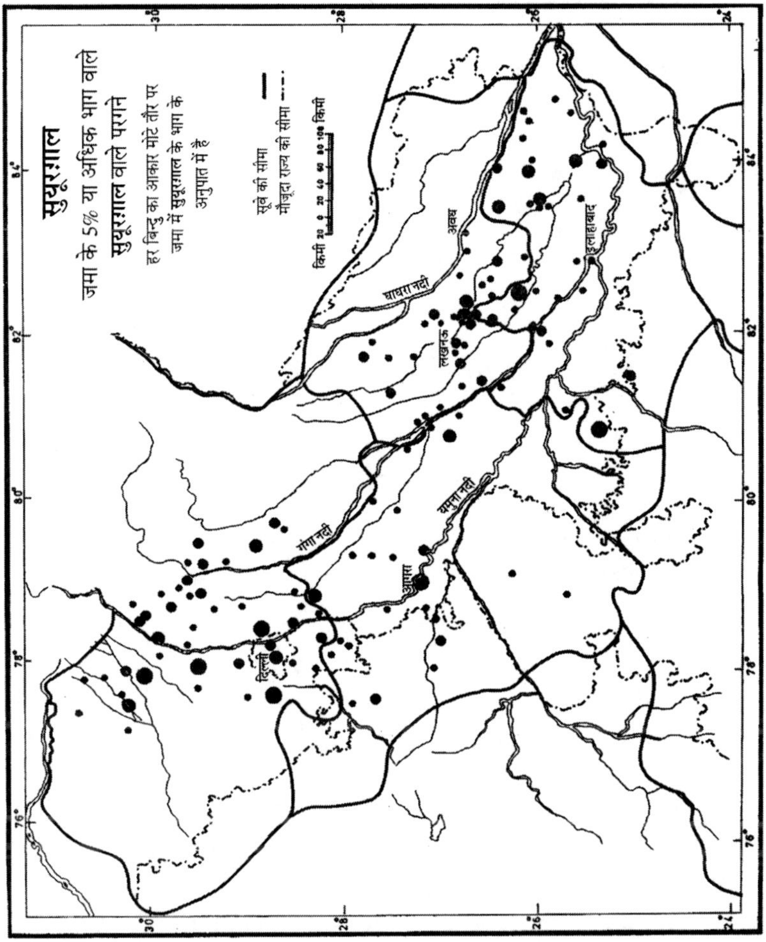

मानचित्र छह : जमा के 5 प्रतिशत या अधिक भाग वाले (राजस्व अनुदान) वाले परगने

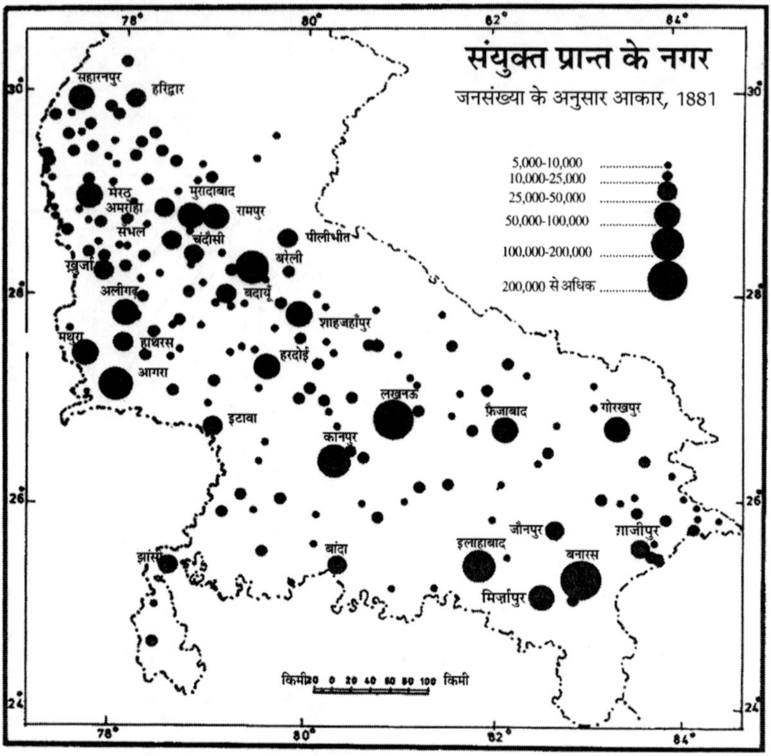

मानचित्र सात : संयुक्त प्रान्त के नगर : जनसंख्या के अनुसार आकार, 1881

ख़ित्ता स : कन्नौज के आसपास से लेकर पूरब में अयोध्या (अवध) और दक्षिण-पूर्व में कड़ा-मानिकपुर तक फैला हुआ क्षेत्र इस बहुत बड़े ख़ित्ते में हरदोई, सीतापुर, लखनऊ, उन्नाव, फ़ैज़ाबाद, रायबरेली, कानपुर और फ़तेहपुर ज़िले आते हैं।

ख़ित्ता द : बनारस (वाराणसी) से लेकर उत्तर में घाघरा नदी तक फैले क्षेत्र में भी सुयूरग़ाल की मात्रा बहुत अधिक दिखाई देती है। इसमें जौनपुर, आज़मगढ़ और प्रतापगढ़ ज़िले तथा फ़ैज़ाबाद ज़िले का एक भाग शामिल है।

संकेन्द्रण के ऐसे सुस्पष्ट प्रतिमान की एक व्याख्या यह सम्भव है कि जहाँ भी शहरी आबादी थी, सुयूरग़ाल का क्षेत्र भी बड़ा था। 1881 की जनगणना के समय 10,000 या इससे अधिक आबादी वाले नगरों को दिखाते हुए नगरीय आबादी का वितरण मानचित्र सात में दर्शाया गया है।

मानचित्र पाँच और छह की मानचित्र सात से तुलना करने पर पता चलता है कि भारी सुयूरग़ाल वाले ख़ित्ते अ और ब नगरीय संकेन्द्रण वाले क्षेत्रों (1881) से काफ़ी मेल खाते है। यह संकेद्रण शहरी आबादी के भारी प्रतिशत या बड़े नगरों के संकेन्द्रण में प्रतिबिम्बित होता है। लेकिन वहीं भारी सुयूरग़ाल वाले मध्य-पूर्व ख़ित्ते स

और द वाले ज़िलों में ही 1881 में कोई संगत नगरीय संकेन्द्रण नहीं पाया जाता था, फिर भी लखनऊ, बनारस और इलाहाबाद जैसे अलग-थलग इलाक़ों में सुयूरग़ाल के भारी आँकड़े 1881 के भारी नगरीय संकेन्द्रण में प्रतिबिम्बित होते हैं।

ऐसा सम्भव है कि 17वीं सदी के आरम्भ और 19वीं सदी के अन्तिम वर्षों के बीच शहरी आबादी का स्थानान्तरण हुआ हो। इसलिए भारी सुयूरग़ाल और नगरीय संकेन्द्रण के बीच परिकल्पित सम्बन्ध को परखने के लिए मैंने एक और उपाय का सहारा लिया है।

मुग़ल दौर (16वीं और 17वीं सदी) के पुरातात्त्विक अवशेषों को स्थलों का, और काफ़ी कुछ अगर-मगर के साथ नगरों के तुलनात्मक आकारों का साक्ष्य माना जा सकता है। मानचित्र आठ उत्तर प्रदेश में 16वीं और 17वीं सदियों के स्मारकों और पुरातात्त्विक अवशेषों के एक अप्रकाशित मानचित्र पर आधारित है। फ़्यूहरर के मान्यूमेंटल एंटीक्विटीज़ एटसेट्रा इन नॉर्थ-वेस्टर्न प्रॉविंसेज़, (इलाहाबाद, 1891) को पूरी तरह आधार बनाकर यह मानचित्र इरफ़ान हबीब ने तैयार किया है।[22]

मानचित्र पाँच, छह और आठ की तुलना से पता चलता है कि (उत्तर प्रदेश से बाहर के क्षेत्रों को छोड़ दें तो) हमारा ख़ित्ता 'अ' मानचित्र आठ में स्मारकों के भारी संकेन्द्रण वाले एक सुस्पष्ट क्षेत्र से मेल खाता है। ख़ित्ता 'ब' भी इस क्षेत्र के स्मारकों के भारी संकेन्द्रण से मेल खाता है। लेकिन मानचित्र पाँच और छह के ख़ित्ता 'स' में शामिल क्षेत्र संकेन्द्रण वाला कोई है। एक क्षेत्र हो, ऐसा नहीं दिखाई देता। इस क्षेत्र के अन्दर दो सुस्पष्ट संकेन्द्रण दिखाई देते हैं। एक में कन्नौज तथा सहारनपुर से लेकर विलग्राम तक का गंगापारी क्षेत्र शामिल है, और यह इस रेखा से आगे पूरब दिशा में फैला हुआ है। दूसरा संकेन्द्रण निचले दोआब और उससे लगे गंगापारी क्षेत्र में दिखाई देता है। मानचित्र आठ में भारी सुयूरग़ाल वाले क्षेत्र के शेष भाग में सामान्य प्रसार दिखाई देता है और कोई सुस्पष्ट संकेन्द्रण नहीं नज़र आता। ख़ित्ता स में सुयूरग़ाल के भारी आँकड़े, मोटे तौर पर, उस क्षेत्र में पुरातात्त्विक अवशेषों के घनत्व से मेल खाते हैं।

इसके अलावा सहसम्बन्ध की कुछ दिलचस्प मिसालें भी पाई जाती हैं। मिसाल के लिए भारी सुयूरग़ाल वाले अलग-थलग क्षेत्र कालिंजर के महत्त्वपूर्ण क़िले के आसपास स्मारकों का एक बड़ा समूह भी दिखाई देता है।

दूसरी ओर कम सुयूरग़ाल वाले क्षेत्र रुहेलखंड को लें जो बरेली के दक्षिण-पूर्व से लेकर पश्चिम में बदायूँ और सम्भल के बीच गंगा तक फैला हुआ है तो यहाँ बहुत कम पुरातात्त्विक अवशेष दर्ज किए गए हैं। इसी तरह घाघरा के पूर्व के पूरे क्षेत्र में भी सुयूरग़ाल की मात्रा बहुत कम थी, इसमें लखीमपुर, बहराइच, गोंडा, बस्ती, गोरखपुर और देवरिया ज़िले आ जाते हैं। पुरातात्त्विक साक्ष्यों के आधार पर यहाँ नगरीय स्थल भी बहुत कम हैं।

कुल मिलाकर सुयूरग़ाल का ढर्रा एक अच्छी-ख़ासी हद तक नगरों के वितरण के उस प्रतिमान से मेल खाता है जिसका संकेत 16वीं और 17वीं सदी के पुरातात्त्विक अवशेषों से मिलता है। इसके कारण इस बात की सम्भावना बहुत बढ़ जाती है कि माफ़ीदारों के वर्ग का एक बड़ा भाग नगरों में केन्द्रित था।

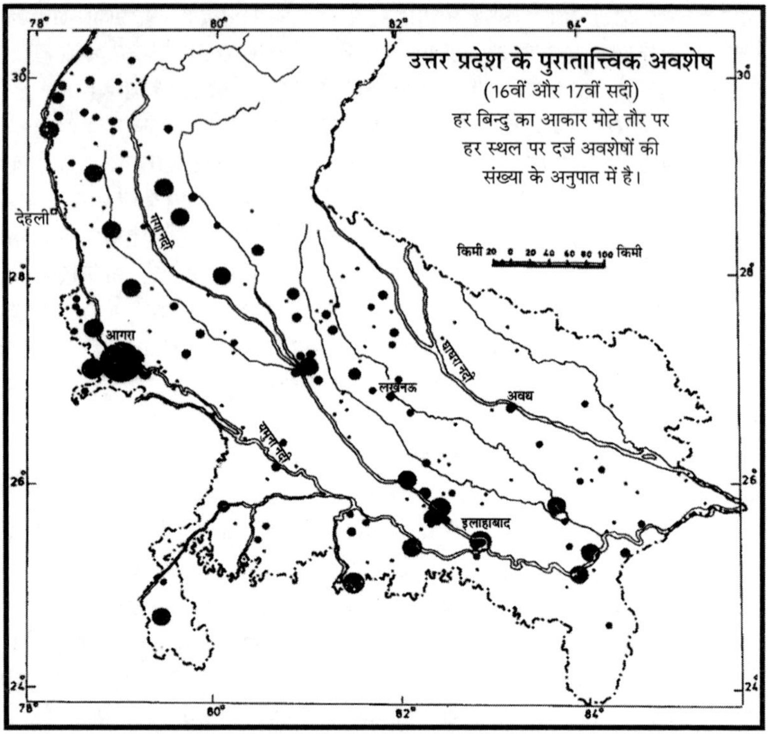

मानचित्र आठ : उत्तर प्रदेश के पुरातात्त्विक अवशेष (16वीं और 17वीं सदी)

इसका विरोधी विचार यह है कि माफ़ी की ज़मीनें पानेवाले मूलत: एक ग्रामीण वर्ग थे। इसकी परख एक ऐसी विधि से की जा सकती है जो पूरी तरह आईन के अपने साक्ष्यों पर आधारित है। अगर माफ़ीदार ग्रामीण चरित्रवाले वर्ग के लोग थे तो मुनासिब तौर पर इसका मतलब यही निकलता है कि ज़मींदार वर्ग से उनका सम्बन्ध रहा होगा। तब कोई वैध रूप से यह तर्क भी दे सकता है कि किसी इलाक़े के माफ़ीदार ज़मींदारों के वर्ग या समुदाय के ही लोग रहे होंगे। अब चूँकि माफ़ीदारों का पूरा का पूरा वर्ग नहीं तो एब बड़ा भाग मुसलमानों का था,[23] तो इसका मतलब यह हुआ कि उनकी सुयूरग़ाल की ज़मीनें उन परगनों में केन्द्रित रही होंगी जहाँ के ज़मींदार मुसलमान थे। जैसाकि हमने देखा है। (अध्याय-1, अध्याय-7 भी देखें), आईन में ज़मींदार जातियों की एक विस्तृत परगनावार सूची दी गई है, और इस आधार पर हम देख सकते हैं कि जिन परगनों में जमा में सुयूरग़ाल के भाग अधिक थे क्या वे मोटे तौर पर वही हैं, जहाँ मुस्लिम ख़ानदान ज़मींदारों के रूप में दर्ज हैं। इसके लिए हमें एक तरफ़ सिर्फ़ उन परगनों के समूह बनाने होंगे, जहाँ मुसलमान (पूरी तरह या अंशत:) ज़मींदार थे और दूसरी ओर उन परगनों को समूहबद्ध करना

होगा जहाँ दूसरे लोगों की ज़मींदारी थी। इस तरह हम दूसरी श्रेणी के लिए सुयूरग़ाल और जमा के अनुपात की गणना करके उससे पहली श्रेणी के लिए प्राप्त इसी अनुपात की तुलना कर सकते हैं। (तालिका-6.3 देखें।)

तालिका-6.3

सूबा	*कुल जमा में कुल सुयूरग़ाल का प्रतिशत भाग*	*मुस्लिम ज़मींदारों वाले परगनों की जमा में सुयूरग़ाल का प्रतिशत भाग*	*दूसरे परगनों की जमा में सुयूरग़ाल का प्रतिशत भाग*
आगरा	3.992	4.465	3.887
देहली	5.843	9.181	5.105
अवध	4.309	8.762	3.701
इलाहाबाद	5.013	5.335	4.953

तालिका-6.3 से पता चलता है कि उन चारों सूबों में जमा का दानों के रूप में निकल जानेवाला भाग बाक़ी परगनों के मुक़ाबले उन प़रगनों में ज़्यादा था जहाँ मुस्लिम ज़मींदार पाए जाते थे।

सरकार स्तर के आँकड़ों से भी यही प्रवृत्ति सामने आती है। परिशिष्ट 6 (अ) में मैंने विभिन्न सरकारों के आँकड़े प्रस्तुत किए हैं। सूबा आगरा की नौ सरकारों में से सात में जमा में सुयूरग़ाल का भाग मुस्लिम ज़मींदारों वाले परगनों में अधिक था। देहली में भी सात में से छह सरकारों में जमा में सुयूरग़ाल का भाग उन्हीं पगरनों में अधिक था जहाँ के ज़मींदार मुसलमान थे। अवध की पाँच में से केवल तीन सरकारों के परगनों में ही मुस्लिम ज़मींदार दर्ज किए गए हैं। इन तीनों सरकारों में भी जमा में सुयूरग़ाल का भाग दूसरे परगनों के मुक़ाबले उन्हीं परगनों में अधिक था जहाँ ज़मींदार मुसलमान थे। लेकिन सूबा इलाहाबाद की सरकारों में ऐसे आँकड़े सात में से केवल चार सरकारों में दिखाई देते हैं।

इस तरह कुल सुयूरग़ाल में सुसंगत रूप से उन परगनों का भाग अधिक है जहाँ मुस्लिम ज़मींदार थे। दूसरे शब्दों में, ऐसा प्रतीत होता है कि ग़ैर-मुस्लिम ज़मींदारों के मुक़ाबले मुस्लिम ज़मींदारों ने ख़ासी अधिक सीमा तक माफ़ीदारों को आकर्षित किया, लेकिन दोनों का अन्तर किसी भी तरह नाटकीय सीमा तक बड़ा नहीं है।

इससे कोई यह नतीजा निकाल सकता है कि माफ़ी की ज़मीनों के इलाक़े ज़मींदारों की संरचना से प्रभावित थे, लेकिन इससे सिर्फ़ इस बात का पता चलता है कि मुस्लिम होने के नाते माफ़ीदारों ने मुस्लिम ज़मींदारों वाले परगनों में ही माफ़ी की ज़मीनें पाने की कोशिश कीं। इसका यह मतलब नहीं निकलता कि ये माफ़ीदार मुस्लिम ज़मींदारों के ही कुल-क्षेत्र के थे। वास्तव में सुयूरग़ाल का एक बहुत बड़ा भाग उन परगनों में था जहाँ किसी मुस्लिम ज़मींदार के होने की बात दर्ज नहीं की गई है, सूबा देहली में 71.57 प्रतिशत से लेकर सूबा इलाहाबाद में 82.50 प्रतिशत तक।

इसके अलावा कुछ सरकारों में इस सामान्य प्रवृत्ति से विपरीत स्थिति भी देखी जा सकती है। सरकार सरहिन्द में जमा में सुयूरग़ाल का भाग बहुत अधिक (8.34 प्रतिशत) था। लेकिन वहाँ ग़ैर-मुस्लिम ज़मींदारों वाले परगनों के मुक़ाबले मुस्लिम ज़मींदारों वाले परगनों में जमा में सुयूरग़ाल का भाग ख़ासा कम (5.42 प्रतिशत) है।[24]

सूबा इलाहाबाद के अनेक परगनों में ज़मींदारों के रूप में ब्राह्मण दर्ज है। (यहाँ साथ में किसी मुस्लिम ख़ानदान का ज़िक्र नहीं मिलता।) फिर भी जमा में सुयूरग़ाल का भाग दूसरों के मुक़ाबले इन्हीं परगनों में सामान्यत: अधिक है। मसलन सरकार कड़ा के अन्दर ब्राह्मण ज़मींदारों वाले परगनों में जमा में सुयूरग़ाल का भाग 8.63 से लेकर 13.42 प्रतिशत तक है जबकि पूरी सरकार के लिए यह भाग 6.50 है।

परगना स्तर पर अधिक सुयूरग़ाल और मुस्लिम ज़मींदारों के बीच अगर कोई सहसम्बन्ध हमें दिखाई भी देता है तो उससे अधिक-से-अधिक यही पता चलता है कि मुस्लिम माफ़ीदार मुस्लिम ज़मींदारों वाले इलाक़े को वरीयता देते थे, लेकिन किसी भी तरह इसका मतलब इस वर्ग का ग्रामीण मूल नहीं होता। तथ्य तो यह है कि माफ़ीदारों के एक बहुत बड़े भाग की ज़मीनें ग़ैर-मुस्लिम ज़मींदारों वाले क्षेत्रों में थीं और यह तथ्य किसी ज़मींदार समूह या ख़ानदान से सम्बन्ध की सम्भावना को रद्द करता है।

सन्दर्भ और टिप्पणियाँ

1. *आईन,* दो, पृ. 348-90
2. उपरोक्त, पृ. 198-99
3. मोरलैंड, *एग्रेरियन सिस्टम ऑफ़ मुस्लिम इंडिया,* पृ. 277; इरफ़ान हबीब, *एग्रेरियन सिस्टम ऑफ़ द मुग़ल इंडिया,* पृ. 313 से तुलना करें।
4. मिसाल के लिए बाबर के फ़रमान, आई ओ 4438 : (1) में और *मज़हरे-शाहजहानी,* संपादन : हिसामुद्दीन रशीदी, कराची, 1962, पृ. 73।
5. मेरी जानकारी में ऐसा केवल एक सांख्यिकीय वक्तव्य है जो भूमि के दानों और नक़द दानों के सापेक्ष आकारों को समाने लाता है। *मिरआते-अहमदी,* एक, पृ. 25-26 में कहा गया है कि गुजरात की कुल जमा में से, 1,20,00,000 दाम मद्दे-मआश के रूप में निकल जाते थे; इसी में सूबे में नक़द दानों की कुल मात्रा 40,000 रुपये प्रतिवर्ष बताई गई है। चूँकि एक रुपये में 40 दाम होते थे, लगता है, माफ़ी की ज़मीनों से अनुमानित आय का केवल 13.33 प्रतिशत भाग ही नक़द दानों के रूप में निकलता था।
6. इरफ़ान हबीब, *एग्रेरियन सिस्टम,* पृ. 303
7. मिसाल के लिए *आईन,* एक, पृ. 417, 424, 434 आदि देखें।
8. ब्लाख़मान के संस्करण में परगना जिंटूर, सरकार पढड़ी की जमा, 3,60,000 दाम दी गई है जबकि सुयूरग़ाल 12,00,000 दाम बतलाया गया है, लेकिन ब्रिम्यू पांडुलिपि एड 6552 और एड 7652 में इस महाल के बारे में ऐसी कोई असंगति नहीं दिखाई देती, उनमें संगत आँकड़े 16,00,000 और 4,00,000 हैं। दूसरी ओर इन पांडुलिपियों में इसी सरकार में सुयूरग़ाल के अधिक होने की चार मिसालें दिखाई देती हैं। लेकिन इनमें से तीन की यह व्याख्या की जा सकती है कि एक परगना के दर्ज न किए जाने के कारण नक़दी के कॉलम

में आँकड़े, ग़लत लिख दिए गए हैं (यह परगना कोसड़ी है जिसे ब्लाख़मान ने सही-सही दर्ज किया है); यह परगना ग्यारहवीं प्रविष्टि के ठीक बाद दर्ज किया जाना चाहिए था। इस आधार पर आँकड़ों का समायोजन करने पर चार में से तीन मिसालों में यह आधिक्य ग़ायब हो जाता है। (हमारे समायोजन के बाद) केवल कोसड़ी परगना ऐसा रहता है जहाँ नक़दी 36,00,000 दाम और सुयूरग़ाल 64,00,000 दाम है। लेकिन सम्भव है कि ग़लती से 24,000 की जगह 64,00,000 लिख दिया गया हो। (कारण कि अकसर बिस्त को शिस्त लिखा गया है।) अगर इस बात को मान लिया जाए तो इस सरकार में दर्ज किया गया कुल सुयूरग़ाल वास्तविक योग के क़रीब आता है। (दर्जशुदा योग, 1,15,80,954 है जबकि अगर हम बिस्त पढ़ें तो योग 1,23,36,154 और शिस्त पढ़ें तो 1,63,36,154 दाम आता है।)

9. *आईने-अकबरी*, एक, पृ. 180-86 में वेतनों की तालिकाएँ देखें।
10. *आईन*, एक, पृ. 199
11. इरफ़ान हबीब, *एग्रेरियन सिस्टम*, पृ. 303 से तुलना करें।
12. इलाहाबाद, 24, *उन्नत इतिहास*, अध्ययन केन्द्र, अलीगढ़ में इस दस्तावेज़ की जो नकल सुरक्षित है मैंने उसी का उपयोग किया है।
13. वास्तव में अबुल फ़ज़्ल (*अकबरनामा*, तीन, पृ. 240, *आईन*, एक, पृ. 198) तो यह कहते हैं कि बेईमान माफ़ीदार (ग्रांटीज़) दान की एक ही दस्तावेज़ के आधार पर एक से अधिक स्थानों पर ज़मीनें लिये बैठे थे।
14. बदायूनी, *मुन्तख़बुत-तवारीख़*, दो, पृ. 254
15. ब्रिम्यू एड 6552 और एड 7652
16. *आईन*, एक, पृ. 196
17. उपरोक्त, पृ. 198
18. उपरोक्त, पृ. 197
19. बरार और काबुल को छोड़कर जहाँ सूबों के लिए योग नहीं दिए गए हैं।
20. अध्याय-1 का दूसरा खंड देखें।
21. इन मानचित्रों में जो सीमाएँ और परगनों के स्थान दिखाए गए हैं वे इरफ़ान हबीब कृत *ऐन एटलस ऑफ़ द मुग़ल एम्पायर*, की शीट 4 ए, 6 ए और 8ए पर आधारित हैं।
22. ज़हूर अली ख़ान, 'मेडिकल आर्कियोलॉजिकल रिमेंस इन उत्तर प्रदेश : ए जियोग्राफिकल स्टडी', *भारतीय इतिहास कांग्रेस*, 1975 में प्रस्तुत आलेख (साइक्लोस्टाइल्ड) से भी तुलना करें।
23. इरफ़ान हबीब, *एग्रेरियन सिस्टम*, पृ. 310
24. *रिसाला दर बाई आराज़ी* नामक अपनी रचना में ज़लालुद्दीन थानेसरी ने जो बयान दर्ज किए हैं उनके आधार पर मैंने रांघड़ जाति को ग़ैर-मुस्लिमों में शामिल किया है, यह रचना अकबरी दौर (पांडुलिपि मौलाना आज़ाद लाइब्रेरी, अलीगढ़, शेफ़्ता कलेक्शन, फ़िका अरबिया, 24/26, फ़ोलियो 10 वीं) में लिखी गई थी। लेकिन बाद की रवायतों में उनको इस्लाम अपनानेवाले राजपूत कहा गया है। (इब्बेटसन, *पंजाब कास्ट्स*, लाहौर 1916, पृ. 139, इलियट, *मेमायर्स ऑफ़ द रेसेज ऑफ़ नॉर्थ-वेस्टर्न प्रॉविंसेज़ एटसेट्रा*, सं: जे बीम्स, लंदन, 1869, एक, पृ. 47 से तुलना करें।) बाद की रवायतों के मुक़ाबले तत्कालीन साक्ष्यों पर भरोसा अधिक उपयुक्त लगता है। लेकिन अगर हम रांघड़ों को अकबरी दौर में मुसलमान मानें तो सरकार सरहिन्द के मुस्लिम ज़मींदारों वाले परगनों में जमा में सुयूरग़ाल का भाग 8.51 प्रतिशत आता है। इसके विपरीत ग़ैर-मुस्लिम ज़मींदारों वाले परगनों में सुयूरग़ाल का भाग घटकर 8.21 प्रतिशत रह जाता है। इस दशा में सरकार सरहिन्द सामान्य नियम की अपवाद नहीं रह जाती।

परिशिष्ट-6 (अ)
आईने-अकबरी में मात्र जमा के आँकड़ों का प्रच्छन्न पूर्णांकन

	सूबा आगरा		
सरकार आगरा			
परगना	*जमा*	*सुयूरग़ाल*	*जमा मिनहा सुयूरग़ाल*
उदाई	28,84,365	78,165	28,06,200
भोसावर	55,05,460	2,55,460	52,50,000
वज़ीरपुर	20,09,255	9,255	20,00,000
सरकार कालपी			
राठ	92,70,894	2,70,894	90,00,000
सरकार कन्नौज			
पट्टी नकहट	5,66,997	10,497	5,56,500
छाबरमऊ	15,22,128	22,128	15,00,000
सरकार कोल			
अतरौली	54,54,459	54,459	54,00,000
टप्पल	18,02,571	2,571	18,00,000
सरकार ईड़च			
खकसीस	13,43,073	7,673	13,35,400
सरकार अलवर			
बड़ोद फ़तेह ख़ान	2,01,059	1,059	2,00,000
सरकार साहर			
भदौली	4,41,840	6,840	4,35,000
नोनेहरा	6,18,115	17,515	6,00,600
	सूबा देहली		
सरकार देहली			
झिनझिना	17,00,250	1,00,250	16,00,000
जलालपुर सरोट	10,01,875	1,775	10,00,100
मेरठ	49,91,996	3,41,096	46,50,900
सरकार सम्भल			
इस्लामपुर दारगू	4,29,375	675	4,28,700
बछरांव	8,28,322	3,632	8,24,700
कुंदर्की	6,74,936	74,936	6,00,000
गन्नौर	2,67,919	17,919	2,50,000

परिशिष्ट-6 (अ) जारी

सूबा आगरा

परगना	*जमा*	*सुयूरग़ाल*	*जमा मिनहा सुयूरग़ाल*
सरकार सहारनपुर			
बिदौली	31,15,125	1,40,025	29,75,100
छरतवाल	16,68,882	68,882	16,00,000
रामपुर	17,78,597	78,597	17,00,000
रुड़की	16,28,861	8,861	16,20,000
सीकरी बुख़ारी	33,10,615	1,10,615	32,00,000
सरसावा	25,16,165	16,165	25,00,000
सम्भलेरा	10,11,078	11,078	10,00,000
सरकार रिवाड़ी			
कोट क़ासिम अली	33,57,930	1,10,330	32,47,600
सरकार हिसार फ़िरोज़ा			
जमालपुर	42,87,461	87,461	42,00,000
सरकार सरहिन्द			
दहोट	16,01,346	1,646	15,99,700
देवराणा	5,80,985	17,385	5,63,600
सुराम	70,07,696	7,696	70,00,000
लुधियाना	22,94,633	44,633	22,50,000
मछिवाड़ा	6,53,552	28,552	6,25,000

सूबा अवध

सरकार अवध			
सतरिख	11,26,292	92,692	10,23,600
सरकार ख़ैराबाद			
बसारा	2,76,066	4,566	2,71,500
खेड़ी	32,50,522	50,522	32,00,000
लहरपुर	30,29,479	2,09,079	28,20,400
निमखार	35,66,055	66,055	35,00,000
सरकार लखनऊ			
सरौसी	12,39,767	1,567	12,38,200
फ़तेहपुर	31,61,440	2,61,440	29,00,000
काकोरी	14,34,430	1,34,430	13,00,000

परिशिष्ट-6 (अ) जारी

सूबा इलाहाबाद			
परगना	*जमा*	*सुयूरग़ाल*	*जमा मिनहा सुयूरग़ाल*
सरकार इलाहाबाद			
सरांव	32,47,527	1,61,527	30,85,000
सरकार ग़ाज़ियाबाद			
सरकारों का योग	1,34,31,325	1,31,825	1,32,99,500
सरकार कालिंजर			
मांडा	29,98,062	1,54,062	28,44,000
सूबा लाहौर			
बेट जालन्धर दोआब			
मियानी नूरिया	21,06,156	6,156	21,00,000
हादियाबाद	5,19,467	2,067	5,17,400
बारी दोआब			
भोलरा	24,13,268	13,268	24,00,000
पैठन	72,97,015	97,015	72,00,000
खोखरवाल	34,75,510	3,510	34,72,000
रचनाव दोआब			
हाफ़िज़ाबाद	45,48,000	48,000	45,00,000
महरूर	30,05,602	6,602	29,99,000
चिनहट दोआब			
गुजरात	82,66,150	66,250	81,99,900
हज़ारा	46,89,136	2,19,536	46,69,600
सिन्ध सागर दोआब			
नन्दनपुर	24,110	4,110	20,000
हज़ारा	18,05,342	5,342	18,00,000
सूबा मुल्तान			
सरकार दीपालपुर			
बाबा घोज	20,20,256	20,256	20,00,000
झाईं	12,00,600	600	12,00,000
फ़िरोज़पुर	1,14,79,404	1,99,404	1,12,80,000
सरकार भक्कड़			
अलोर	11,32,150	20,550	11,11,600

परिशिष्ट-6 (अ) जारी

सूबा अजमेर			
परगना	*जमा*	*सुयूरग़ाल*	*जमा मिनहा सुयूरग़ाल*
सरकार अजमेर			
हरसोर	12,00,926	926	12,00,000
सरकार चित्तौड़			
फुलिया	28,43,470	43,470	28,00,000
सरकार रणथम्भौर			
दिलवाड़ा	4,09,260	9,260	4,00,000
खांखरा	11,11,994	11,994	11,00,000
सरकार नागौर			
भुंडाना	12,71,960	70,460	12,01,500
सूबा मालवा			
सरकार उज्जैन			
बुढ़नवार	30,56,195	1,095	30,55,100
अश्टा	30,00,790	790	30,00,000
कढ़ली	74,47,906	80,506	73,67,400
सूबा गुजरात			
सरकार पाटन			
पाटन	9,57,462	1,43,862	8,13,600
बीजापुर	60,01,832	2,832	59,99,000
सूबा बिहार			
सरकार बिहार			
बिस्वाक	27,06,530	1,70,630	25,35,900
फुलवारी	18,560	9,41,160	9,22,600

परिशिष्ट-6 (ब)
सुयूरग़ाल, जमा के प्रतिशत रूप में

सूबा सरकार		*सभी परगने*	*मुस्लिम ज़मींदारों वाले परगने*	*दूसरे परगने*
सूबा	आगरा	3.995	4.465	3.887
	आगरा	7.631	5.638	7.843
	कालपी	2.135	2.619	1.810
	कन्नौज	2.284	5.980	1.812

परिशिष्ट-6 (ब) जारी

सूबा सरकार		*सभी परगने*	*मुस्लिम ज़मींदारों वाले परगने*	*दूसरे परगने*
	कोल	3.772	16.962	2.811
	ग्वालियर	0.586	-	0.586
	ईड़च	1.196	3.972	0.196
	पायांवान	0.977	-	0.977
	नरवर	2.268	-	2.268
	मांडलेर	0.000	-	0.000
	अलवर	1.543	2.788	0.083
	तिजारा	4.065	4.183	0.286
	नारनौल	1.519	0.930	1.720
	साहर	1.984	2.096	1.962
सूबा	देहली*	5.843	9.181	5.105
	देहली	8.879	16.257	6.581
	बदायूँ	1.314	3.919	0.581
	सम्भल	4.443	14.238	3.034
	सहारनपुर	5.653	6.634	5.313
	रिवाड़ी	2.565	5.229	0.737
	हिसार फ़िरोज़ा	2.677	4.509	2.406
	सरहिन्द**	8.339	5.415	9.069
	कुमायूँ	0.000	-	-
सूबा	अवध	4.306	8.762	3.701
	अवध	4.684	6.894	4.677
	गोरखपुर	0.430	0.496	0.420
	बहराइच	1.934	-	1.934
	ख़ैराबाद	3.837	-	3.837
	लखनऊ	5.673	9.896	4.497
सूबा	इलाहाबाद	5.015	5.335	4.953
	इलाहाबाद	6.482	3.972	6.708
	ग़ाज़ीपुर	0.887	-	0.887
	बनारस	3.816	-	3.816
	जौनपुर	5.446	10.715	4.388
	मानिकपुर	7.180	9.490	6.909
	चुनार	1.879	1.016	2.020
	कालिंजर	3.497	2.428	3.623
	कोरा	2.698	4.505	2.305
	कड़ा	6.489	7.134	6.416

* रांघड़ों को मुसलमान मानें तो इस सूबे के लिए आख़िरी दो स्तंभों में आँकड़े 9.708 और 4.619 प्रतिशत होंगे।

** रांघड़ों को मुसलमान मानें तो दूसरे और तीसरे स्तंभों में आँकड़े 8.512 और 8.213 प्रतिशत होंगे।

अध्याय-7

ज़ायद में ज़मींदारों का भाग

मुग़ल भारत में ज़मींदार सामाजिक दृष्टि से एक असमांग समूह थे और इसमें शायद ही कोई शक हो कि अलग-अलग इलाक़ों में उनके अधिकार और उनके कर्तव्य भी अलग-अलग होते थे। प्रत्यक्ष मुग़ल प्रशासन वाले क्षेत्रों में वे मुग़लों की मालगुज़ारी की वसूली की व्यवस्था का एक प्रमुख अवलम्ब होते थे जबकि दूसरे क्षेत्रों में वे ख़िराज देनेवालों से थोड़ी ही अधिक हैसियत रखते थे और किसानों से मुख्यत: अपने ख़ज़ानों के लिए मालगुज़ारी वसूलते थे।[1]

हम पहले ही देख चुके हैं कि मालगुज़ारी की तयशुदा दरों (दस्तूरों) के रूप में मुग़ल शासक वर्ग के दावों और अनुमानित मात्र वसूली (जमा)[2] के बीच जो भारी अन्तर पाया जाता था वह यही संकेत देता है कि यह शासक वर्ग ज़ायद (सरप्लस) के जितने भाग पर दावा करता था उसका एक बड़ा हिस्सा वसूल करने में असमर्थ था। हो सकता है, इसका काफ़ी कुछ भाग ज़मींदार वर्ग अधिग्रहीत कर लेता हो। 16वीं या आरम्भिक 17वीं सदी के किसी दस्तावेज़ से मालगुज़ारी में ज़मींदारों के भाग के आकार की जानकारी नहीं मिलती। आईने-अकबरी हमें इस बारे में सीधे-सीधे कुछ नहीं बताती। यह सही है कि एक वक्तव्य ऐसा है जो सम्भवत: किसी ज़मींदार का हवाला देता है। रईसे-देह (शब्दश: गाँव का मुखिया) को इजाज़त थी कि उसके प्रयासों से पूरी मालगुज़ारी अगर जाम हो जाए तो वह अपने पास ज़मीन का 40वाँ भाग बिना मालगुज़ारी दिए रख सकता था।[3] यह ढाई फ़ीसदी भत्ता शायद ही ज़मींदार का वह भत्ता रहा हो जो उसके निश्चित अधिकारों की बुनियाद पर उसके दावों की तकमील के तौर पर दिया जाता था। अधिक सम्भव तो यह है कि भत्ते में मुखिया या मुकद्दम के उस भाग का सूचक हो जिसे दहनीमी-ए(ओ)-मुकद्दमी (पाँच-फ़ीसदी) भत्ता कहा जाता था और जिसका ज़िक्र मद्दे-मआश के दस्तावेज़ों में मिलता है।[4] इस अदायगी से मुक्त होते हुए भी मद्दे-मआश पानेवाले लोगों को हक़्क़े-मिल्कियत यानी ज़मीन पर मालिक/ज़मींदार का दावा अदा करना पड़ता था।[5] इससे यह बात और भी असंदिग्ध हो जाती है कि ज़मींदार का बुनियादी दावा मुखिया के उस ढाई (या 5) प्रतिशत भत्ते से अलग होता था जो मालगुज़ारी की वसूली में उसकी वास्तविक भूमिका पर निर्भर होता था।

18वीं सदी के स्रोतों में इस आशय के वक्तव्य मिलते हैं कि ज़मींदार जब भी मालगुज़ारी की वसूली में अपने सहायता देने के कर्तव्य को पूरा नहीं करता था, उसका दावा (मालिकनामा) मालगुज़ारी[6] के दस फ़ीसदी (गुजरात में 25 फ़ीसदी)[7] के हिसाब से ज़ब्त किया जा सकता था। इसमें अगर नानकार अर्थात मालगुज़ारी की वसूली में उसकी सेवा के उस भत्ते को मिला दें, जिसे इन स्रोतों में मालगुज़ारी के 5 से 10 फ़ीसदी के बराबर बताया गया है तो उत्तर भारत में ज़मींदार की सकल आय मालगुज़ारी की कम-से-कम 15-20 फ़ीसदी (गुजरात में 30-35 फ़ीसदी) बैठती है। लेकिन पहले तो यही बात निश्चित नहीं है कि क्या ये मानदंड पिछली (16वीं और 17वीं) सदियों पर भी लागू होते थे; दूसरे, विभिन्न इलाक़ों में ज़मींदारों की वास्तविक आय किस सीमा तक इन मानदंडों से अधिक थी, और तीसरे, इन भेदों के कारण क्या थे?

पिछली दो सदियों से एक विशेष प्रकार के साक्ष्य, अर्थात ज़मींदारी की क़ीमत और वास्तविक मालगुज़ारी के अनुपात से संकेत मिलता है कि उत्तर भारत में ज़मींदार यही आशा करता था कि (सकल आय तो दूर) उसकी मात्र आय भी मालगुज़ारी के 15 प्रतिशत से कहीं बहुत अधिक होगी। औरंगज़ेब के दौर में सूबा अवध की सरकार बहराइच के एक इलाक़े में ज़मींदारी की क़ीमत हिसाब लगाने पर औसत सालाना मालगुज़ारी की कोई 228 प्रतिशत बैठती है।[8] अगर ख़रीदार को यह उम्मीद रही हो कि कम-से-कम 10 साल में उसके निवेश की पूरी वसूली हो जाएगी तो उसकी मात्र आय मालगुज़ारी की कोई 23 प्रतिशत होनी चाहिए थी। सकल आय तो निश्चित ही और अधिक रही होगी। अगर उसे यह उम्मीद रही हो कि निवेश की भरपाई 15 साल में होगी तो भी उसकी मात्र सालाना आय मालगुज़ारी की 15.2 प्रतिशत होनी चाहिए थी। वास्तव में लेन-देन में ब्याज की औसत दर ज़्यादा नहीं तो एक प्रतिशत प्रतिमाह (=12 प्रतिशत सालाना) ज़रूर थी,[9] और उस आधार पर सोचना पड़ता है कि ज़मींदार अपनी पूँजी इसी उम्मीद पर लगाते होंगे कि 15 के बजाय 10 साल में ही उसकी वसूली हो सकेगी। शम्साबाद (उत्तर प्रदेश) का एक और दस्तावेज़ 1530 का है जिसमें मालगुज़ारी और क़ीमत का अनुपात लगभग यही दिया गया है।[10] इससे 16वीं सदी में भी मालगुज़ारी के सापेक्ष ज़मींदारों की मात्र आय के लगभग इसी आकार का संकेत मिलता है। अवध से ही प्राप्त अपेक्षाकृत बाद के दस्तावेज़ इस अर्थ में और भी प्रत्यक्ष साक्ष्य प्रस्तुत करते हैं कि वे मालगुज़ारी के अधिकार का बिक्री मूल्य 15 रुपये बतलाते हैं,[11] जबकि उसी ज़मीन पर ज़मींदारी के अधिकार का बिक्री मूल्य 6 रुपये था। इससे संकेत मिलता है कि मालगुज़ारी की मात्र वसूली में ज़मींदार की मात्र आय का भाग बहुत अधिक, 40 प्रतिशत था।

इस साक्ष्य से हमें किसान के ज़ायद के भाग रूप में ज़मींदार की मात्र आय के बारे में एक धारणा बनाने में मदद मिलती है। फिर भी यहाँ ज़मींदार की मात्र आय की उतनी प्रासंगिकता नहीं है जितनी उसकी सकल आय की है। उसकी मात्र आय से मुराद है मालगुज़ारी की वसूली के लिए और साथ ही उसके दूसरे महसूलों,

परिलब्धियों, परम्परागत दावों वग़ैरह की वसूली के लिए आवश्यक (अर्थात सेवकों, गढ़ी, वग़ैरह पर आनेवाले) ख़र्चों को निकालने के बाद उसके पास बचनेवाला भाग, लेकिन महत्त्व की बात यह मात्र आय नहीं बल्कि इन सभी साधनों द्वारा किसानों से मिलने वाली कुल रक़म है।

अगर हम ज़मींदारों की मात्र आय का अनुमान लगाने के अलावा सेवकों और दूसरी मदों पर ज़मींदारों के व्यय का अनुमान भी लगा सकें तो ज़मींदारों के सकल भाग का अनुमान लगाने की कोशिश भी की जा सकती है।

बारह सूबों[12] वाली तालिकाओं में अबुल फ़ज़्ल ने हमें ज़मींदारों की जातियों और सेवकों (सवार=घुड़सवार, पियादा=पैदल, हाथियों, बन्दूक़ों और नावों) के बारे में विस्तृत सूचनाएँ प्रदान की हैं। जातियों सम्बन्धी सूचनाओं का थोड़ा-बहुत विश्लेषण पहले ही किया जा चुका है।[13] लेकिन ज़मींदारों के सेवकों सम्बन्धी सूचनाओं के उपयोग की सम्भावनाएँ भी खँगाली जानी चाहिए। अगर हम सेवकों की संख्या से ज़मींदारों के सैनिक व्यय का अनुमान लगा सकें तो हम विभिन्न क्षेत्रों में ज़मींदारों की कुल आय का एक न्यूनतम स्तर निर्धारित कर सकते हैं।

अबुल फ़ज़्ल पूरी सल्तनत में ज़मींदारों के सैनिकों की कुल तादाद 44,00,000 से भी अधिक बतलाते हैं,[14] और 'बारह सूबों का वर्णन' में अपनी सांख्यिकीय तालिकाओं में उन्होंने सूबों, उनके भागों और उपभागों के लिए आँकड़े दिए हैं।[15] हर सूबे के आँकड़ों से पहले आनेवाले पाठ में वे कहते हैं कि ज़मींदारों के सवारों और पियादों की कुल संख्या बताते हैं और उस संख्या के पहले शब्द बुमी का प्रयोग करते हैं। सिर्फ़ दो सूबे, बरार और दानदेश (ख़ानदेश) ऐसे हैं जिनके लिए पूरे सूबे में ज़मींदारों के सेवकों की कुल संख्याएँ नहीं दी गई हैं। बरार में सरकार पूनर, खेड़ला और बासिम के कुछ परगनों में सवारों और पियादों की तादादें दी गई हैं, लेकिन इन मुआमलों में भी सरकारों के लिए योग नहीं दिए गए हैं। ख़ानदेश में किसी भी स्तर पर कोई आँकड़ा नहीं दिया गया है।

बाक़ी सूबों में लगता है मुग़ल प्रशासन ने ज़मींदारों के सशस्त्र सेवकों की शक्ति के बारे में ख़ासी विस्तृत सूचनाएँ जमा की थीं। बंगाल, बिहार और अजमेर को छोड़ दें तो सूबों की अधिकांश सरकारों में परगनावार ब्यौरे दिए गए हैं। अवध, लाहौर, मुल्तान और काबुल की सभी सरकारों में परगनों के लिए ऐसे ब्यौरे दिए गए हैं। सूबा इलाहाबाद में परगना बट्ठा घोड़ा के लिए ब्यौरे नहीं दिए गए हैं और सरकार चुनार में पूरी घुड़सवार और पैदल सेना को एक ही परगना चुनार बा हवेली के सामने दिखाया गया है। लेकिन इसे छोड़ दें तो अन्य परगनों के लिए पूरे ब्यौरे दिए गए हैं। सूबा देहली में बाहरी भाग में स्थित केवल कुमायूँ सरकार में परगनावार आँकड़े नहीं दिए गए हैं।

सूबा आगरा की तेरह सरकारों में सिर्फ़ दो, नरवर और मांडलेर ऐसे हैं जहाँ परगनों के ब्यौरे नहीं दिए गए हैं। सूबा गुजरात में सरकार नादौत के लिए सेवकों के ब्यौरे नहीं दिए गए हैं जबकि सूरत, गोधरा और सोरठ में सरकारों के योगों से आगे

कोई सूचना नहीं दी गई है; दूसरी सभी सरकारों में परगनावार ब्यौरे दिए गए हैं। सूबा मालवा में सरकार नंदरबार और सरकार गगरौन को छोड़ सभी सरकारों के लिए विस्तृत आँकड़े दिए गए हैं, उपरोक्त दो सरकारों के लिए न तो ज़मींदारों की जातियाँ दर्ज की गई हैं और न सेवकों की संख्याएँ। सरकार मांडू और हंडिया में ऐसा नहीं लगता कि मुग़ल प्रशासन ज़मींदारों की जातियों सम्बन्धी सूचनाएँ जमा कर सका हो क्योंकि सूबों की तालिकाओं में परगनों वाली क़तारों में ज़मींदारों की जातियों वाले खाने एकदम खाली हैं, और सरकार स्तर पर विभिन्न जातियाँ (अक़बामे-मुख़्तलिफ़) जैसी अस्पष्ट प्रविष्टि दिखाई देती है। उड़ीसा में कलिंग दंडपत और राजमहेंद्र (अभी तक अविजित) को छोड़ सभी सरकारों में परगनावार ब्यौरे दिए गए हैं। सूबा बिहार और सूबा अजमेर में क्रमश: केवल सरकार बिहार और सरकार सिरोही में परगनों के ब्यौरे दिए गए हैं।

इस तरह ऐसा लगता है कि अकबर का प्रशासन आम तौर पर उन क्षेत्रों से विस्तृत सूचनाएँ जमा करने में असफल रहा जहाँ के ज़मींदार ख़िराज देते थे या बाग़ी-मिज़ाज थे। अन्यथा बहुत थोड़े से अपवादों को छोड़कर पूरे-पूरे ब्यौरे जमा किए गए।

आईन में दिए गए आँकड़े संकेत देते हैं कि जहाँ भी सेवकों की गणनाएँ की गईं, कठोर सटीकता के साथ की गईं। हाथियों के आँकड़े सटीक दिखाई देते हैं और निकटतम पाँच तक भी शायद ही हों। घुड़सवारों की संख्याएँ भी हर जगह निकटतम पाँच तक दी गई हैं और हमें बहुत से विस्तृत आँकड़े प्राप्त होते हैं। दूसरी ओर पैदल सैनिकों की संख्याएँ आमतौर पर निकटतम पाँच तक हैं, केवल मालवा की सरकार हंडिया के परगना नीमन में 56 पियादे बताए गए हैं। तोपों (बंगाल) और नावों (बंगाल और बिहार) के बारे में सरकारों के अनुसार विवरण नहीं दिया गया है।

इस तरह ये आँकड़े, कामचलाऊ अनुमान नहीं थे, और लगता है कि क़ानूनगो या चौधरी जैसे स्थानीय अधिकारी और सम्भवत: ख़ुद ज़मींदारों को भी अपने सेवकों के बारे में सटीक सूचनाएँ देने के लिए मजबूर किया जाता था। इससे यह संकेत भी मिलता है कि सेवकों का निर्वाह अगर ज़मींदारों का कर्तव्य नहीं तो एक सुस्थापित अधिकार अवश्य होता था और मुग़ल प्रशासन इसे इसी रूप में मान्यता देता था।

सेवकों सम्बन्धी आँकड़ों का एक सांख्यिकीय महत्त्व भी है। अगर हम एक सवार और एक पियादे पर औसत ख़र्च का अनुमान लगा सकें तो क्या इन आँकड़ों का प्रयोग करके ज़मींदारों के न्यूनतम आवश्यक व्यय का कम-से-कम एक कामचलाऊ अनुमान लगाया जा सकता है? हालाँकि अलग-अलग ज़मींदारों द्वारा अलग-अलग सेवकों को भुगतान की विधियों में बेपनाह विविधता रही होगी, फिर भी सम्भव है विभिन्न इलाक़ों में कुछ परम्परागत मानदंड प्रचलित रहे हों। आईन में इस बारे में हमें कोई सूचना नहीं दी गई है, फिर भी अबुल फ़ज़्ल मुख़्तलिफ़ नस्लों के घोड़ों और हाथियों के लिए शाही ख़ज़ाने द्वारा स्वीकृत रक़मों को, तथा विभिन्न प्रकार के

फ़ौजियों को दिए जानेवाले वेतनों को भी दर्ज करते हैं। ये आँकड़े हर जगह चारा, साज़-सामान वग़ैरह की लागतों के विस्तृत वितरण के साथ दिए गए हैं।[16] स्वाभाविक रूप से हम यह नहीं मान सकते कि ज़मींदार अपने सेवकों को एक जैसी दरों से वेतन देते थे, लेकिन ये दरें फिर भी घोड़ों और हाथियों पर ज़मींदारों के ख़र्चों के दायरे तय करने के लिए एक आधार का काम कर सकती हैं।

शाही प्रतिष्ठान में सबसे घटिया क़िस्म के घोड़े (जंगला) के लिए स्वीकृत रक़म 240 दाम प्रतिमाह थी। इसमें घास, घी वग़ैरह का भत्ता भी शामिल होता था। हम यह मान सकते हैं कि ज़मींदार अपने सेवकों को बस जीवन-निर्वाह योग्य वेतन देते थे। जिन मदों को अनिवार्य समझा जा सकता है उनकी रक़में इस प्रकार हैं : दाना 45 दाम,[17] जीन और लगाम 10 दाम, नाल 2 दाम, साईस 45 दाम। इस तरह कुल योग आता है 102 दाम प्रतिमाह या 1224 दाम प्रतिवर्ष। शाही ख़ज़ाने और ज़मींदार की अदायगियों में भिन्नता की गुंजाइश रखते हुए इन बुनियादी ख़र्चों को भी 20 प्रतिशत कम करके हमने 1000 दाम प्रतिवर्ष माना है जो एक घुड़सवार पर ज़मींदारों के ख़र्च की न्यूनतम सीमा है।

शाही प्रतिष्ठान में सबसे घटिया नस्ल के हाथी (फुन्दरकिया) पर स्वीकृत ख़र्च 300 दाम प्रतिमाह था।[18] इसमें सिर्फ़ दाना और महावत का ख़र्च आता था, और यह मान्यता उपयुक्त लगती है कि यह एक हाथी पर ज़मींदारों का औसत ख़र्च था।

शाही प्रतिष्ठान में सबसे कम वेतन पानेवाले पियादे को प्रतिमाह 240 दाम मिलते थे।[19] यह रक़म इतनी ज़्यादा लगती है कि ज़मींदारों के पियादों के लिए स्वीकार्य नहीं लगती। ज़मींदार द्वारा पियादों को दी जानेवाली रक़म का निर्धारण मुश्किल है क्योंकि स्वाभाविक यही लगता है कि ज़मींदार सिर्फ़ अंशकालिक या मौसमी सेवक रखते थे। हर वक़्त उनकी ज़रूरत नहीं पड़ती होगी और सम्भवत: उनको वक़्त-ज़रूरत के लिए रिज़र्व में रखा जाता था। एक इन्तिहाई सुझाव यह हो सकता है कि पियादा रूप में ख़िदमत करना किसान की मजबूरी होती थी और इस तरह ज़मींदार उसकी सेवा मुफ़्त लेता था। लेकिन यह सम्भव नहीं लगता क्योंकि पियादा फ़ौज की अपेक्षाकृत कम तादाद सम्भवत: शरीर से ठीक-ठाक ग्रामीण पुरुष आबादी की कुल संख्या का प्रतिनिधित्व नहीं कर सकती। अगर किसानों के किसी विशेष कुल या जाति पर यह मजबूरी लादी गई होगी तो ऐसे किसानों को कुछ लाभ भी दिए गए होंगे, जैसे मालगुज़ारी की कम दरें या उससे छूट, और यह भी एक तरह की अदायगी होगी। सम्भवत: ज़्यादातर मुआमलों में ज़मींदार अपने सेवकों को नक़द भुगतान करता था या (मालगुज़ारी लेना छोड़कर) ज़मीन के रूप में। मैंने एक पियादे के रखरखाव की न्यूनतम लागत 100 दाम प्रतिवर्ष लगाई है। यह एक शुद्ध मनमाना आँकड़ा है, लेकिन इतना कम है कि अदायगी की उससे कम दर या प्रति पियादा इससे कम ख़र्च की कल्पना करना भी कठिन है।

इस निधि पर एक वैध आपत्ति की जा सकती है। हमने सेवकों, घोड़ों और हाथियों पर ज़मींदार द्वारा किए जानेवाले ख़र्च का अनुमान लगाने के लिए शाही खेमे

(आगरा) में प्रचलित मूल्यों और लागतों को स्वीकार किया है और फिर उनमें कमी की है। लेकिन क्या कोई भी दर सभी क्षेत्रों पर एकसमान लागू हो सकती है? कारण कि विभिन्न क्षेत्रों में देहातों में क़ीमतों के स्तर बहुत अलग-अलग रहे होंगे। मिसाल के लिए बहुत मुमकिन है कि गुजरात में लागतों के स्तर उत्तर प्रदेश से बहुत अधिक रहे हों जबकि ये बंगाल में बहुत कम रहे हों।[20] इस तरह हम राजधानियों अर्थात आगरा और लाहौर से दूर जाते हैं तो हमारे विश्लेषण में त्रुटि की सीमा बढ़ सकती है। लेकिन फिर भी हम अधिक से अधिक यही कर सकते हैं कि अपने परिमाणों का मूल्यांकन करते समय सम्भावित त्रुटि के इस स्रोत को ज़ेहन में रखें।

अपने सेवकों (उलूस) पर ज़मींदारों द्वारा किए जानेवाले न्यूनतम ख़र्च को आगे से ज़ ख़ (ज़मींदारों का ख़र्च) के रूप में दिखाया गया है। स्वाभाविक रूप से विभिन्न सूबों में जमा में ज़ ख़ के प्रतिशत भाग ख़ासे अलग-अलग थे। एक ही सूबे के अन्दर भी विभिन्न सरकारों के बीच ख़ासा बड़ा अन्तर पाया जाता था, यहाँ तक कि एक ही सरकार के अन्दर अलग-अलग परगनों के बीच जमा में ज़ ख़ के भाग काफ़ी कुछ अलग-अलग होते थे।

पहले पूरी सल्तनत को लें। हम पाते हैं कि हमने पूरी सल्तनत के लिए ज़ ख़ की जो गणना की है वह कुल जमा का कोई 16 प्रतिशत थी। आरोही क्रम में उसका सूबावार वितरण नीचे दिया गया है, यह वितरण परिशिष्ट 7 (अ) में सरकार स्तर पर दिए गए आँकड़ों पर आधारित है।

तालिका-7.1

सूबा	*जमा में ज़ ख़ का % भाग*	*सूबा*	*जमा में ज़ ख़ का % भाग*
गुजरात	8	आगरा	19
देहली	9	बिहार	22
इलाहाबाद	12	मुल्तान	23
अवध	12	मालवा	32
लाहौर	17	अजमेर	42
बंगाल	18		

सटीकता का झूठे प्रभाव डालने से बचने के लिए मैंने दशमलव भिन्नों को हर जगह पूर्णांकों में बदल दिया है।

तालिका-7.1 से हम देख सकते हैं कि दोनों राजधानियों वाले सूबों अर्थात सूबा आगरा और सूबा लाहौर में, जहाँ हम मान सकते हैं कि प्रशासन सबसे ज़बरदस्त और सबसे सक्षम रहा होगा, ज़ ख़ क्रमश: 19 और 17 प्रतिशत तक चला गया है। लेकिन सरकार स्तर के आँकड़े इस सामान्य चित्र को संशोधित करते हैं। (परिशिष्ट 7 (अ) और मानचित्र नौ देखें जिनमें सरकार स्तर पर ज़ ख़ को जमा के प्रतिशत रूप में दिखाया गया है।) सरकार आगरा में ज़ ख़ जमा का लगभग 10 प्रतिशत है

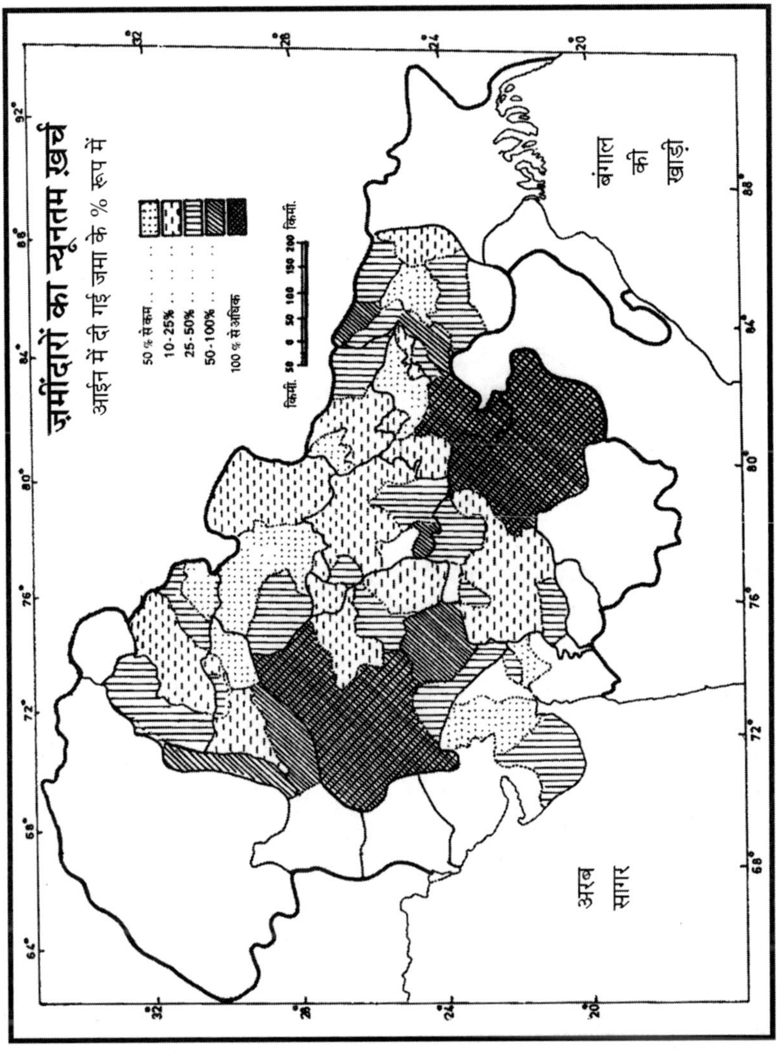

मानचित्र नौ : ज़मींदारों का न्यूनतम ख़र्च, आईन में दी गई जमा के प्रतिशत रूप में

जबकि साथ में लगे कोल और कन्नौज क्षेत्रों में यह जमा के 20 प्रतिशत से ऊपर है। सरकार मांडलेर में तो यह जमा का 2.4 गुना आता है! सूबा आगरा की किसी भी सरकार में ज़ ख़ जमा के 10 प्रतिशत से कम नहीं है। सूबा लाहौर के बाहरी भाग बैरून पंजनद में ज ख सबसे अधिक, जमा का 36 प्रतिशत था। बेट जालन्धर में, जहाँ मालगुज़ारी की नक़द दरें प्रचलित थीं और जहाँ पैमाइश लगभग पूरी हो चुकी थी, यह 10 प्रतिशत से कम था।

सूबा लाहौर और आगरा के बीच दबे सूबा देहली में अलग तस्वीर दिखाई देती है। यहाँ ज़ ख़ अपवाद की सीमा तक कम था : 8 में से 3 सरकारों में यह 10 प्रतिशत से कम था। ख़ुद सरकार देहली में ज़ ख़ सबसे कम (4 प्रतिशत) था। इस सूबे में हिसार फ़िरोज़ा वह अकेली सरकार थी जहाँ यह 20 प्रतिशत से अधिक था।

जैसाकि कोई सम्भवत: आशा कर सकता है, ज़ ख़ का भाग सबसे अधिक सूबा अजमेर में (42 प्रतिशत) था जिसमें ज़्यादातर राजपूत सरदारों के रजवाड़े शामिल थे। दो रजवाड़ों बीकानेर और जैसलमेर वाली सरकार बीकानेर में प्रभावी ज़ ख़ जमा का लगभग 3.6 गुना बैठता है। जोधपुर में भी यह जमा से अधिक है।

बड़े आश्चर्य की बात यह है कि ज़मींदारों का ख़र्च सबसे कम (जमा का 8 प्रतिशत) गुजरात में था। हालाँकि कहा गया है कि वहाँ के ज़मींदार मालगुज़ारी का 25 प्रतिशत भाग दबाकर बैठ जाते थे।[21] सूबे की ज़्यादातर (9 में से 6) सरकारों में ज़ ख़ जमा के 10 प्रतिशत से बहुत कम है। पर गोधरा और सोरठ (सौराष्ट्र) में, जहाँ बड़े-बड़े इलाक़े सरदारों की मातहती में थे, यह बहुत अधिक, क्रमश: 44 और 33 प्रतिशत दिखाई देता है। इस सूबे में ज़ ख़ के कम होने की अंशत: यह व्याख्या की जा सकती है कि गुजरात में मूल्यों का स्तर आगरा से ऊँचा था। इस कारण ज़मींदारों के न्यूनतम व्यय के सही-सही स्तर का पता करने के लिए अभी तक हमने जो मानदंड अपना रखा है उससे अधिक ख़र्चों की बात स्वीकार करनी होगी। लेकिन गुजरात में ज़ ख़ को दोगुना कर दें तो भी वह जमा का 16 प्रतिशत ही आता है। इससे यह ठोस संकेत मिलता है कि ज़मींदारों को सामान्य 25 प्रतिशत भाग केवल ज़मींदारी की ज़मीनों से मिलता था, विशाल रैयतवाड़ी इलाक़े में उसे इतना भत्ता लेने की इजाज़त नहीं थी।[22]

दूसरा सूबा जो शक्तिशाली ज़मींदारों के तहत था, बंगाल था। लेकिन यहाँ भी ज़ ख़ बहुत अधिक नहीं था और जमा का कोई 18 प्रतिशत था। सूबे की कुल 19 में से 7 सरकारों में यह 10 प्रतिशत से कम था, केवल 6 में यह 20 प्रतिशत से ऊपर दिखाई देता है। सबसे अधिक भाग (सिलहट में) 87 प्रतिशत और सबसे कम (चटगाँव में) 2 प्रतिशत था। अगर क़ीमतों के स्तर बंगाल में ख़ास तौर से कम थे तो बंगाल में सही ज़ ख़ उपरोक्त 18 प्रतिशत से भी बहुत कम रहा होगा। लेकिन 1595 में बंगाल में मुग़लों का विजय-अभिमान जारी था, और इस दृष्टि से बंगाल के सभी आँकड़े थोड़े संदिग्ध हैं। कम-से-कम चटगाँव के बारे में तो आईन की सूचनाएँ, जमा और ज़ ख़ दोनों के बारे में, निश्चित रूप से या तो मनगढ़ंत रही होंगी या फिर बंगाल के सुल्तानों के पुरानी दस्तावेज़ों से उठा ली गई होंगी।

सरकार स्तर के विस्तृत आँकड़ों से कुछ निष्कर्ष निकाले जा सकते हैं। आम तौर पर ज़मींदार का ख़र्च उन क्षेत्रों में अधिक होता था जो सीधे-सीधे प्रशासनिक न थे या फिर बाहरी इलाक़ों में अधिक होता था जहाँ सरदारों को अर्ध-ख़िराजदार

का दर्जा दिया गया था। निम्नलिखित क्षेत्रों में अधिक ज ख (तालिका-7.2) से यह बात देखी जा सकती है—

तालिका-7.2

सरकार	*सूबा*	*जमा में ज़ ख़ का % भाग*
भट्ठा गोहरा	इलाहाबाद	138
गढ़	मालवा	271
बैरून पंजनद	लाहौर	61

अगर हम एक बुद्धिसंगत मान्यता को स्वीकार करें तो भारी ज़ ख़ और ढीले-ढाले मुग़ल नियंत्रण के इस सम्बन्ध को दिखाया जा सकता है। आईन के समय तक जहाँ भी भूमि का व्यापक सर्वेक्षण हो चुका था, हम मान सकते हैं कि वह क्षेत्र प्रत्यक्ष प्रशासनिक नियंत्रण में था। इसके विपरीत ज़ब्ती सूबों में जहाँ भी आईन में आराज़ी (आ') के आँकड़े नक़्शाबन्द क्षेत्र (न') का बहुत कम भाग हैं, अधिक सम्भव है कि वहाँ मुग़ल प्रशासन का नियंत्रण ढीला-ढाला रहा होगा। परिशिष्ट 7 (अ) के आँकड़ों से भी यही पता चलता है कि पैमाइश की सीमा और ज ख के आकार के बीच एक नियम के रूप में एक विलोम सम्बन्ध पाया जाता है। (तालिका-7.3 देखें।) एक और मिसाल लें, जो बिहार से है, तो हम देखते हैं कि सरकार के पैमाइशशुदा परगनों में ज़ ख़ बहुत कम, 3 प्रतिशत था और ग़ैर-पैमाइशशुदा परगनों में यह बहुत अधिक, 11 प्रतिशत होता था।

लेकिन दूसरे सूबों में ऐसे सहसम्बन्ध की आशा नहीं की जा सकती जहाँ पैमाइश का पूरा होना अभी बाक़ी था। ऐसे क्षेत्रों में नक़्शाबन्द क्षेत्र के प्रति बीघा पीछे जमा की मात्रा प्रशासनिक नियंत्रण की सीमा के बारे में सूचकांक का काम कर सकती है। इसके लिए तीन तत्त्वों के लिए गुंजाइश रखकर चलना होगा : (अ) उस समय काश्त का विस्तार, (ब) ज़मीन की उत्पादकता, और (स) मूल्यों का स्तर।

तालिका-7.3

	सूबा	*सरकार*	*आ' की दृष्टि से न'*	*जमा में ज़ ख़ का % भाग*
(अ)	अवध	गोरखपुर	49.00	27
	अवध	अवध	1.00	11
(ब)	आगरा	मांडलेर	57.00	241
	आगरा	आगरा	1.05	11
(स)	देहली	हिसार फ़िरोज़ा	4.25	26
	देहली	देहली	1.13	4

मोटे तौर पर भारी ज/न (जमा में नक़्शाबन्द क्षेत्र के भाग) के साथ ज़ ख़ के कम होने की एक सामान्य प्रवृत्ति यहाँ देखी जा सकती है। यह प्रवृत्ति बिहार के कुछ भागों

में सबसे अधिक स्पष्ट है और कुछ सरकारों को छोड़ दें तो लाहौर, मुल्तान और गुजरात में भी पाई जाती है। लेकिन मालवा और इलाहाबाद में ऐसा कोई सहसम्बन्ध नहीं दिखाई देता। (परिशिष्ट 7, (अ), पृ. 198-200) देखें। इन सभी पड़तालों से हमारी इस परिकल्पना की पुष्टि होती है कि ज़ ख़ के आकार का मुग़ल प्रशासन के नियंत्रण से विलोम सम्बन्ध होता था।

जो समस्या रहती है वह हमारी एकसमान मूल्य स्तरों की मान्यता से पैदा होती है। हम देख चुके हैं कि जहाँ तक गुजरात और बंगाल का सवाल है, यह एक संदिग्ध मान्यता है। सम्भावित भारी ग़लतियों से बचने का अकेला रास्ता यही है कि छानबीन के लिए एक समरस ख़ित्ते को लें।

आईन के परगना स्तर के आँकड़ों की विस्तृत छानबीन एक ऐसे क्षेत्र के लिए की गई है जो मोटे तौर पर वर्तमान उत्तर प्रदेश राज्य के संगत है। यहाँ एक समान मूल्य-स्तरों की मान्यता के कारण वास्तविक मूल्यों से विचलन बहुत मामूली होने चाहिए।

मैंने अपना काम नक़्शे में हर परगना और जमा में उसके ज़ ख़ के भाग को दिखाते हुए आरम्भ किया है। फिर मैंने इन परगनों को तीन अंचलों में समूहबद्ध किया है : (1) वह जहाँ ज़ ख़ जमा के 10 प्रतिशत से कम है, (2) वह अंचल जहाँ यह 10 से 40 प्रतिशत के बीच है और (3) वह अंचल जहाँ यह 40 प्रतिशत से अधिक है। (मानचित्र नौ देखें।) परिणामों से मोटे तौर पर उसी निष्कर्ष की पुष्टि होती है जो हमने सल्तनत के सरकार स्तर के अध्ययन से निकाला था—यह कि ज़ ख़ बाहरी और जंगलों से ढके क्षेत्रों में अधिक होता था, लेकिन कुछ ख़ित्ते ऐसे भी हैं जहाँ ज़ ख़ अपेक्षाकृत अधिक है। ऐसा एक ख़ित्ता लखनऊ के दक्षिण में गंगा नदी के किनारे-किनारे स्थित है। एक और ख़ित्ता बिचला दोआब में (आगरा और अलीगढ़ के आसपास) स्थित है। मध्य और पश्चिमी उत्तर प्रदेश में, ख़ास तौर पर सरकार देहली में, आमतौर पर पैमाइश के भारी विस्तार के साथ ज़ ख़ कम दिखाई देता है, लेकिन बिचले दोआब में और ख़ासकर सूबा इलाहाबाद में भारी ज'/आ' (जमा में पैमाइशशुदा ज़मीन या आराज़ी के भाग) अर्थात अधूरी पैमाइश के साथ ज़ ख़ भी कम दिखाई देता है।

एक और दिलचस्प विशेषता यह है कि अगर ज़मींदार रूप में राजपूतों, ब्राह्मणों और मुसलमानों को दिए गए परगनों पर अलग-अलग विचार किया जाए तो ज़ ख़ के साथ कोई सुसंगत सहसम्बन्ध नहीं मिलता। लेकिन अगर एक ही जाति, मसलन बचगोती, बैस या कुछ सरकारों में राजपूतों में से चौहान जाति को लें तो हम पाते हैं कि उन्हें ज़मींदारों के रूप में जो परगने सौंपे गए थे वहाँ ज़ ख़ अकसर अपेक्षाकृत अधिक है। इसलिए यह निष्कर्ष भी निकाला जा सकता है कि प्रत्यक्ष प्रशासन वाले अंचलों में भी ज़ ख़ में ख़ासे अधिक अन्तर पाए जाते थे, और यह कि ज़मींदारों की जातिगत स्थिति भी इसका एक कारण हो सकती है। इससे हम एक और सम्भावना पर पहुँचते हैं : ज़ ख़ सम्भवत: वहाँ अधिक होता था जहाँ किसान समुदाय कमज़ोर थे और जहाँ (मसलन बिचले दोआब और बैसवाड़ा में) ज़मीन पर ज़मींदारों या

मुकद्दम लोगों के समूहों का नियंत्रण था, इसके विपरीत यह वहाँ कम होता था जहाँ किसान समुदाय शक्तिशाली थे, मसलन ऊपरी दोआब में। तो क्या हम यह निष्कर्ष निकाल सकते हैं कि किसान समुदाय पूर्वी उत्तर प्रदेश (सरकार जौनपुर) में भी ताक़तवर थे जहाँ एक काफ़ी विस्तृत क्षेत्र में ज़ ख़ कम था? (मानचित्र नौ देखें।)

विभिन्न क्षेत्रों में ज़मींदारों के ख़र्च में भारी विविधता के कारण केन्द्रीय प्रवृत्ति को मापना जोखिम का काम हो जाता है। लेकिन आगरा, देहली, लाहौर, अवध और इलाहाबाद की अधिकांश सरकारों में (जहाँ आईन के मानक भत्तों के आधार पर पता किए गए ख़र्च सबसे अधिक व्यावहार्य दिखाई देते हैं), ज़ ख़ ज़्यादातर (43 सरकारों में से 23 में) जमा के 10 से 25 प्रतिशत के बीच आता है। मतलब यह कि हम मोटे तौर पर ज़ ख़ को जमा का 17 प्रतिशत मान सकते हैं। यह काफ़ी लुभावना आँकड़ा है क्योंकि पूरी सल्तनत को लेने पर ज़ ख़ जमा के 16 प्रतिशत से थोड़ा अधिक ही आता है।

किसानों से वसूले गए ज़ायद (सरप्लस) में ज़मींदारों के भाग का निश्चय करने के लिए, ज़मींदारों की जातियों और उनके सेवकों के बारे में, आईन की सूचियों के प्रयोग का इस तरह का कोई प्रयास ज़ाहिर है कि अच्छी-ख़ासी सावधानी के साथ किया जाना चाहिए। फिर भी किसी और प्रत्यक्ष सूचना के अभाव में, यहाँ जो आँकड़े दिए गए हैं, वे उस धुँधले मगर महत्त्वपूर्ण प्रश्न पर रौशनी डालने का एकमात्र साधन दिखाई देते हैं। ज़मींदारों के फ़ौजी ख़र्च (ज़, ख़) की गणना की यह विधि इतने अनुदार मानदंडों पर आधारित है कि वह सामान्य के बजाय न्यूनतम ख़र्च का ही पता दे सकती है। इसके अलावा ज़मींदारों की आमदनी उनके फ़ौजी ख़र्च से काफ़ी अधिक रही होगी। इन दोनों बातों को ध्यान में रखते हुए हम ज़मींदारों की सकल आय को उनके ज़ ख़ के लगभग दोगुना मान सकते हैं। इसलिए अगर पूरी सल्तनत में ज़ ख़ जमा के 16 प्रतिशत से थोड़ा सा अधिक था तो ज़मींदारों की आय जमा की एक-तिहाई के आसपास रही होगी। हमने अध्याय-5 में संकेत दिया है कि जमा को जागीरदारों (और ख़ालिस) की मात्र आय का सूचक मानकर हम मालगुज़ारी की कुल वसूली को (जो व्यवहार में खेतिहर ज़ायद के समतुल्य थी) जमा का 142.857 प्रतिशत मान सकते हैं, लेकिन जमा में हमने ज़मींदारों का भाग 10 प्रतिशत माना है। निश्चित ही यहाँ हमारा सरोकार ज़मींदारों की आय के आकार से, अर्थात केवल सकल राजस्व के दावे में नहीं बल्कि कुल ज़ायद में उनके भाग से है। तो हम यह मान लेते हैं कि खेतिहर ज़ायद (ज़ा) में से ज़मींदार का भाग (ज़ ख़) निकालकर जो भाग बचता है वह जमा का 128.571 प्रतिशत (142.857-14.286 प्रतिशत) है। अगर ज जमा का सूचक है और, जैसाकि हमने संकेत दिया है, ज ख़ अगर ज का एक-तिहाई था तो फिर ज ज़ा का 61.15 प्रतिशत होगा और ज़ा भी ज का 113.3 प्रतिशत होगा। अगर ऐसा है तो, ज़ ख़ के एक-तिहाई होने के नाते, ज ज़ा का 20.588 प्रतिशत रही होगी। दूसरे शब्दों में कुल खेतिहर ज़ायद में ज़मींदारों का कोई पाँचवाँ भाग होता था।

ये बहुत ही कामचलाऊ अनुमान इस सामान्य प्रस्थापना का निषेध नहीं करते कि खेतिहर शोषण की व्यवस्था में ज़मींदारों की भूमिका गौण होती थी, हालाँकि ज़ायद में इस प्रकार पता चलने वाला उनका भाग अभी तक माने गए भाग से बहुत अधिक होता था। इसके अलावा हमें याद रखना चाहिए कि औसत धोखेबाज होते हैं। परगना स्तर पर विस्तृत छानबीन से ज़बरदस्त प्रशासन वाले क्षेत्रों के ठीक बीच में ऐसे इलाक़ों की मौजूदगी का पता चलता है जहाँ ज़ ख़ असाधारण रूप से अधिक होता था, और इसलिए जहाँ आर्थिक रूप से प्रभुत्वशाली एक ज़मींदार वर्ग का अस्तित्व स्वीकार किया जा सकता है।

सन्दर्भ और टिप्पणियाँ

1. तुलना करें इरफ़ान हबीब, *एग्रेरियन सिस्टम,* अध्याय-5, एस नूरुल हसन, *ज़मींदार्स अंडर द मुग़ल्स,* आर. ई., फ्राइकेनवर्ग (सं) : *लैंड कंट्रोल एंड सोशल स्ट्रक्चर इन इंडियन हिस्ट्री,* लंदन, 1969 में संकलित, इरफ़ान हबीब, *जमींदार्स इन द आईने-अकबरी,* प्रोसीडिंग्स, 1958, पृ. 320-23 से
2. अध्याय-5 देखें
3. *आईन,* एक, पृ. 285
4. इरफ़ान हबीब, *एग्रेरियन सिस्टम,* पृ. 131 और उसकी टिप्पणी
5. उपरोक्त, पृ. 143
6. यासीन्स ग्लासरी, ब्रिम्यू एड 6603, फ़ोलियो 79 अ
7. *मिरआते-अहमदी,* एक, पृ. 173-74, लेकिन यह बात सिर्फ़ ज़मींदारी की ज़मीनों के लिए सही है। (आगे देखें।)
8. इरफ़ान हबीब, *एग्रेरियन सिस्टम,* पृ. 152-53 से तुलना करें जहाँ ज़मींदार की मात्र और सकल आय के अन्तर को आश्चर्य की बात है कि अनदेखा कर दिया गया है।
9. इरफ़ान हबीब, *युज़री, इन मेडिवल इंडिया, कम्पेरेटिव स्टडीज़ इन सोसायटी एंड हिस्ट्री,* वर्ष छह, अंक 4, 1964, पृ. 397
10. इरफ़ान हबीब, *एस्पेक्ट्स ऑफ़ एग्रेरियन रिलेशंस एंड इकोनॉमी इन ए रीजन ऑफ़ यू पी ड्यूरिंग द 16-4 सेंचुरी,* आई. ई. एस. एच. आर., वर्ष चार, अंक 3, 1967
11. *इलाहाबाद दस्तावेज़ें,* 355, 439 और 457 (इस साक्ष्य की ओर मेरा ध्यान श्री ज़हीर एच. जाफ़री ने खींचा था।)
12. *आईन,* एक, पृ. 303-595
13. बी. एस. कोहन, *स्ट्रक्चरल चेंजेज़ इन रूरल सोसायटी,* आर. ई. फ्राइकेनबर्ग (सं) : पूर्वोक्त में संकलित, के. के. त्रिवेदी, *चेंजेज़ इन द कास्ट कंपोजीशन ऑफ़ द ज़मींदार क्लास इन वेस्टर्न उत्तर प्रदेश,* 1595—सर्का 1900, आई. एच. आर., वर्ष दो, अंक 1, 1975, पृ. 47-48
14. *आईन,* एक, पृ. 175
15. उपरोक्त, पृ. 303-494
16. उपरोक्त, पृ. 177-78, 188, आगे अध्याय-10 देखें।
17. राजस्व सर्वेक्षण के अधिकारभोगियों के लिए घोड़ों का प्रावधान करते समय अकबरी प्रशासन ने केवल 6 सेर प्रति घोड़ा प्रतिदिन की इजाज़त दी थी और उसकी दर 12 दाम प्रतिमन

थी। (टोडरमल का ज्ञापन, मूल पाठ के लिए *अकबरनामा,* ब्रिम्यू एड 27247, फ़ोलियो 331-32 बी तथा उसके अबुल फ़ज़्ल द्वारा परिष्कृत पाठ के लिए *अकबरनामा,* बि इं, दो, पृ. 381-83 देखें। लेकिन मैंने ज़मींदार के घोड़े पर व्यय, 12 दाम प्रतिमन की दर से ही, 5 सेर दाना माना है। *आईन* में जंगला घोड़े के लिए 5 सेर प्रतिदिन की ही इजाज़त दी गई है।

18. *आईन,* एक, पृ. 177-78
19. उपरोक्त, पृ. 188
20. इरफान हबीब, *एग्रेरियन सिस्टम,* पृ. 71-73 देखें। गुजरात में मालगुज़ारी की भारी दरों की एक व्याख्या यह हो सकती है कि ज़ब्ती सूबों के मुक़ाबले वहाँ क़ीमतें अधिक थीं।
21. इरफान हबीब, 'पूर्व-ब्रिटिश भारत में भू-सम्पत्ति का सामाजिक वितरण' *इंक्वायरी* एन एस II 3, पृ. 68
22. यह इरफान हबीब की *मिरआत-ए-अहमदी* की निहित स्वीकार्य व्याख्या की है। *एग्रेरियन सिस्टम,* पृ. 112

परिशिष्ट-7 (अ)

सरकार	*जमा के प्रतिशत में न्यूनतम ज़-ख़*	*जमा आराज़ी (दाम/बीघा-ए-इलाही)*	*जमा नक़्शे में रक़बा (दाम/बीघा-ए-इलाही)*
		आगरा	
मांडलेर	241	57	1
नरवर	59	11	3
ईड़च	35	17	6
पायांवान	34	11	2
अलवर	27	24	14
कोल	23	22	17
ग्वालियर	23	19	9
नारनौल	22	26	11
कन्नौज	22	19	9
साहर	20	8	6
तिजारा	12	24	21
आगरा	11	21	20
कालपी	10	29	16
		देहली	
हिसार फ़िरोज़ा	26	17	4
कुमायूँ	18	अनु	2
बदायूँ	16	18	3
रिवाड़ी	13	26	22
सम्भल	11	16	11
सरहिन्द	9	21	13
सहारनपुर	7	25	24
देहली	4	17	15
		अवध	
गोरखपुर	27	49	1
लखनऊ	14	24	13
अवध	11	13	13
बहराइच	11	13	5
ख़ैराबाद	9	26	8
		इलाहाबाद	
बट्टा गहोरा	138	अनु	1
चुनार	40	55	8
मानिकपुर	19	51	12
बनारस	17	43	13
ग़ाज़ीपुर	14	48	8

परिशिष्ट-7 (अ) जारी

सरकार	*जमा के प्रतिशत में न्यूनतम ज़-ख़*	*जमा आराज़ी (दाम/बीघा-ए-इलाही)*	*जमा नक़्शे में रक़बा (दाम/बीघा-ए-इलाही)*
कालिंजर	13	47	4
कोरा	11	51	12
जौनपुर	8	64	9
इलाहाबाद	7	40	8
कड़ा	6	41	12
		बिहार	
चंपनेर	67	64	2
रोहतास	51	86	6
तिरहुत	45	81	3
सारन	37	57	4
बिहार (अमापित)	32	अनु	1
मुंगेर	24	अनु	3
हाजीपुर	4	61	10
बिहार (मापित)	3	83	13
		अजमेर	
बीकानेर	358	अनु	6
जोधपुर	138	अनु	2
चित्तौड़	87	अनु	6
अजमेर	39	अनु	1
सिरोही	28	अनु	4
नागौर	17	अनु	3
रणथम्भौर	13	अनु	0.1
		गुजरात	
गोधरा	44	7	2
सोरठ	33	अनु	4
सूरत	14	15	9
भड़ौच	8	23	10
चंपारन	6	13	3
बड़ौदा	4	44	32
अहमदाबाद	3	38	22
पाटन	2	15	7
नादौत	अनु	16	5

परिशिष्ट-7 (अ) जारी

सरकार	*जमा के प्रतिशत में न्यूनतम ज़-ख़*	*जमा आराज़ी (दाम/बीघा-ए-इलाही)*	*जमा नक़्शे में रक़बा (दाम/बीघा-ए-इलाही)*
		मालवा	
गढ़	271	अनु	0.2
चंदेरी	41	56	3
कोटरी पीरावा	36	46	4
बीजागढ़	30	87	5
मंदसौर	24	अनु	2
रायसेन	22	83	1
हंडिया	16	39	2
सारंगपुर	16	54	6
मांडू	10	62	5
उज्जैन	10	47	8
नंदरबार	2	58	2
गगरौन	अनु	71	2
		लाहौर	
बैरून पंजनद	36	अनु	9
बारी	31	31	19
सिन्ध सागर	30	37	2
चिनहट	12	25	10
रचनाव	10	41	14
बेट जालन्धर	8	31	18

अनु = अनुपलब्ध

शासक वर्ग में ज़ायद का वितरण

अध्याय-8

शाही वित्त : कुल आय और संचय

अभी तक हमारा सरोकार मुख्य रूप से मालगुज़ारी के नाम से खेतिहर ज़ायद (एग्रीकल्चरल सरप्लस) पर राज्य के दानों की वसूली से रहा है। स्वाभाविक रूप से इसमें से दूसरे अधिकारभोगियों के भत्तों और वसूली की लागत के निकालने की सम्भावना रखी जाती थी। हमारा अनुमान यह है कि इन भत्तों और लागतों को निकालकर मुग़ल प्रशासन मालगुज़ारी के कुल दावे का कोई 60 प्रतिशत वसूल करने का मक़सद लेकर चलता था।[1] ज़ायद के इतने बड़े भाग के राज्य द्वारा अधिग्रहण की स्थिति में शासक वर्ग में उसका वितरण लाज़मी तौर पर मुग़ल भारत की अर्थव्यवस्था का एक प्रमुख तत्त्व होता था।

सल्तनत की आय की सूचक जमा (या 17वीं सदी की शब्दावली में जमा दामी) होती थी। अपने पिछले निष्कर्षों को हम एक बार और दोहरा दें—जमा राजस्व की मात्र वसूली (सकल वसूली से वसूली की लागतों और निचले अधिकारभोगियों के दूसरे भत्तों को मिनहा करके शेष बची रक़म) की सूचक होती थी। आईन में 'बारह सूबों का वर्णन' में दूसरे आँकड़ों के साथ पूरी सल्तनत की जमा के आँकड़े भी दिए गए हैं।[2] अबुल फ़ज़्ल ने इस अध्याय में कुछ और सामग्री जोड़ी (मुख्य रूप से बरार और ख़ानदेश वाले भाग) जो बहुत आगे चलकर, 45वें शासन वर्ष (1600-1601) से सम्बन्धित थे। लेकिन अध्याय के आरम्भ में उनकी टिप्पणियों से संकेत मिलता है कि उनकी सूचनाएँ सामान्यत: शासन वर्ष 40 (1595-96) से सम्बन्धित थीं, और इसलिए इसी वर्ष को सभी सूबों के आँकड़ों का वर्ष मानना चाहिए, सिवाय उन मिसालों के जहाँ बाद में कुछ जोड़े जाने की बात का पता चलता हो।[3]

अबुल फ़ज़्ल कहते हैं कि पूरी सल्तनत की जमा-दहसाला 3,62,97,55,246 दाम थी।[4] इरफ़ान हबीब ने सुझाया है कि यह रक़म सम्भवत: दहसाला प्रयोग के समापन पर अर्थात 1584-85 में तय की गई रक़म थी।[5] ख़ुद आईन में परगना स्तर पर दिए गए आँकड़ों के आधार पर हमने जो गणनाएँ की हैं उनसे कुल जमा 5,06,76,49,932 दाम आती है।[6]

आँकड़ों के लिए शासन वर्ष 40 को प्रामाणिक मानने का एक अच्छा-ख़ासा कारण है। सल्तनत की मात्र आय में मंसबदारों का भाग सबसे अधिक रहा होगा, और इसकी गणना मुख्यत: मंसबदारों के बारे में अबुल फ़ज़्ल की सूची से की जा

सकती है। इसे वे स्पष्ट रूप से शासन वर्ष 40 से जोड़ते हैं। इसलिए हमें उस वर्ष अर्थात 1595-96 में सल्तनत की कुल जमा का यथासम्भव सटीक निश्चय करना होगा। 1595-96 में सल्तनत की आय का पता करने के लिए हमें अपने कुल योग 5,06,76,49,932 दाम से बरार और ख़ानदेश की जमा को घटाना पड़ेगा। बरार पर विजय शासन वर्ष 40 के ठीक बाद, 1596 में ही मिली थी, और ज़ाहिर है कि बरार की मुहिम में दी गई ख़िदमतों के बदले में शासन वर्ष 41 के आरम्भ में ज़ैन ख़ान कोका और सादिक ख़ान को जो तरक्कियाँ दी गई थीं[7] वे आईन की मंसबदारों की सूची में शामिल नहीं हैं।[8] इसलिए आईन की मंसबों की सूची के आधार पर अनुमानित व्यय से तुलना करने के लिए सल्तनत की कुल जमा से बरार की जमा को निकालना ही होगा। ख़ानदेश पर विजय बहुत बाद में, शासन वर्ष 45 में मिली थी, और इसलिए ज़ाहिर है उसे भी बाहर रखना होगा।

सल्तनत की जमा (बरार और ख़ानदेश को छोड़कर) 4,11,86,88,488 दाम आती है।[9] यह योग मोटे तौर पर 'तबक़ाते-अकबरी' में दिए गए योग, 4,40,06,00,000 दाम से मेल खाता है।[10] यह रचना 1593-94 में पूरी हुई थी और सम्भवत: इसमें दकन के दोनों सूबे शामिल नहीं रहे होंगे।

पूर्वी भारत में सूबा बंगाल और सूबा उड़ीसा के कुछ बड़े हिस्सों पर विजय नहीं मिली थी, हालाँकि औपचारिक रूप से उनकी जमा आईन में (और माना जा सकता है कि तबक़ाते-अकबरी में भी) शामिल की गई है।[11] पूर्वी बंगाल के भाटी क्षेत्र में अभी भी एक बड़े इलाक़े पर ईसा ख़ान का क़ब्ज़ा था।[12] फिर भी मुग़ल ब्रह्मपुत्र के पश्चिम में भाटी के एक बड़े भाग पर क़ब्ज़ा करने में कामयाब रहे, और उन्होंने सरकार बजूहा में स्थित शेरपुर मुर्चा (सलीमनगर) में एक महत्त्वपूर्ण छावनी क़ायम कर ली थी।[13] उत्तर में घोड़ाघाट सरकार पर भी क़ब्ज़ा हो चुका था क्योंकि मुग़ल शासन वर्ष 41 तक कूचबिहार तक अपनी अधीनता मानने के लिए मजबूर करने में कामयाब रहे।[14]

बंगाल और उड़ीसा के वे हिस्से जो वास्तव में मुग़लों के नियंत्रण में नहीं थे, और इसलिए जहाँ जागीरें नहीं दी जा सकती थीं, नीचे दर्ज किए गए हैं—

सूबा बंगाल	*जमा, दाम में*
सरकार	
बकला	71,31,440
चटगाँव	1,14,23,510
सोनारगाँव	1,34,16,513
फ़तेहाबाद	79,76,837
सिलहट	70,56,608
उड़ीसा	
कलिंग दंडपत	55,60,000
राजमहेंद्र	50,00,000
योग	5,75,64,908

अगर हम इन सरकारों की जमा को निकाल दें तो 1595-96 में सल्तनत की कुल जमा 4,06,11,23,580 दाम आती है। आईन के जमा के आँकड़ों में राजस्व का वह भाग भी शामिल है जो दानों (सुयूरग़ाल) के रूप में निकल जाता था। मगर यह रक़म वास्तव में उस जमा का भाग नहीं होती थी जिसके बदले जागीरें दी जाती थीं, और जैसाकि हमने देखा है (अध्याय-7), अबुल फ़ज़्ल ने इसे सिर्फ़ जमा के आँकड़ों में जोड़ा है। इसलिए आईन की तालिकाओं में सुयूरग़ाल के कॉलम में जो आँकड़े दिए गए हैं उनको हमें कुल जमा से घटाना होगा। (सूबा बरार को छोड़कर) सुयूरग़ाल के लिए परगनों के आँकड़ों का योग, 10,07,96,474 दाम आता है। इन आँकड़ों को भी घटाएँ तो 1595-96 में सल्तनत की प्रभावी जमा 3,96,03,27,106 दाम आती है।

जमा मालगुज़ारी और उससे भिन्न दूसरे करों पर आधारित होती थी,[15] और उस तरह व्यवहार में सल्तनत की सूचक होती थी। बादशाह की आय के जमा से भिन्न कुछ और स्रोत भी होते थे, जैसे मिलनेवाले (और कभी-कभी लादे जानेवाले) तोहफ़े, जुर्माने, और ज़ब्ती, में मिलनेवाली ज़ायदादें, कम-से-कम उन कुलीनों की जो लावारिस मरते थे।[16] इस प्रकार प्राप्त आय के वास्तविक आकार का पता लगाने का कोई उपाय नहीं दिखाई देता, वैसे मोंसरेट ने संकेत दिया है कि यह कोई ख़ास बात नहीं होती थी।[17] हमने जमा के कुल योग में इनके नाम से कुछ भी नहीं जोड़ा है, लेकिन विभिन्न मदों में ख़र्च का अनुमान लगाते समय और सालाना बचत की मात्रा की विवेचना करते समय भी इस आय के लिए कुछ गुंजाइश छोड़नी होगी।

जहाँ जमा का एक बड़ा भाग मंसबदारों को दी जानेवाली ज़मीनों (जागीरों) के रूप में निकल जाता था, वहीं बाक़ी भाग ख़ालिस का होता था जिसमें शाही ख़ज़ाना सीधे-सीधे राजस्व वसूल करता था।[18] इस ख़ालिस क्षेत्र की जमा का भी एक भाग उन मंसबदारों को जाता होगा जिनको नक़दी कहा गया है।[19] शाही प्रतिष्ठान का ख़र्च मुख्य रूप से ख़ालिस से प्राप्त राजस्व से बची रक़म से चलता था।

जागीर और ख़ालिस के बीच जमा के विभाजन को ध्यान में रखकर हम कुलीनों के वेतन पर होनेवाले ख़र्च की एक न्यूनतम सीमा तय कर सकते हैं। चूँकि जागीरें वेतन के बदले में दी जाती थीं, जमा का वह भाग जो जागीरों से मिलता था राजस्व से कुलीनों को जानेवाले भाग के न्यूनतम स्तर का सूचक होता था। लेकिन वेतनों में दी जानेवाली वास्तविक रक़म और अधिक रही होगी क्योंकि बहुत से कुलीन ख़ालिस क्षेत्रों के राजस्व में से नक़द वेतन पाते थे।

दुर्भाग्य से वर्ष 1595-96 में ख़ालिस क्षेत्र के और इसके विपरीत जागीर क्षेत्र के विस्तार का अनुमान लगाना कठिन है। अपने 31वें शासन वर्ष में अकबर ने सूबा अवध, इलाहाबाद और देहली के ख़ालिस क्षेत्रों की जमा का छठा भाग माफ कर दिया था और दस भाग की निरपेक्ष मात्रा 4,05,60,596 दाम थी।[20] इससे हमें तीन सूबों में ख़ालिस का कुल राजस्व 24,33, 63,576 दाम मिलता है। आईन में इन सूबों की कुल जमा 1,01,43,52,077 दाम बताई गई है और इसलिए इस इलाक़े के अन्दर ख़ालिस क्षेत्रों की जमा कुल जमा की कोई 23.99 प्रतिशत थी। हालाँकि

हम यह नहीं मान सकते कि सभी सूबों में ख़ालिस क्षेत्र का विस्तार इतना ही अर्थात 23.99 प्रतिशत रहा होगा, पर फिर भी ये तीन सूबे एक अच्छा-ख़ासा प्रतिदर्श (सैंपल) पेश करते हैं। कारण कि इनमें आगरा और लाहौर शामिल नहीं हैं जहाँ ख़ालिस क्षेत्र और भी बड़ा रहा होगा तथा बंगाल, अजमेर और बिहार भी शामिल नहीं हैं जहाँ यह क्षेत्र और कम हो सकता है।

जेसुइट वृत्तान्तों में हमें एक और अनुमान मिलता है।[21] वह (अकबर) जिन रियासतों और सूबों को फ़तह करता है उन्हें वहाँ अपने कप्तान मुक़र्रर करके अपने हाथों में रखता है। उनसे वह राजस्व का एक-तिहाई लेता है और बाक़ी उनकी निजी ज़रूरतों के लिए होता है, और उन फ़ौजों, घोड़ों और हाथियों के रखरखाव के लिए जो उनमें से हरेक को रखने पड़ते हैं। इस उद्धरण का अर्थ केवल यह होता है कि जमा में आमतौर पर जागीरों का भाग दो-तिहाई और ख़ालिस का एक-तिहाई होता था।

इन अपेक्षाकृत सीमित साक्ष्यों से लगता है कि अकबरी दौर में कुल जमा में ख़ालिस क्षेत्र का भाग 24 से 33 प्रतिशत के बीच कुछ होता था, और इसके विपरीत जागीरों का भाग 67 और 76 प्रतिशत के बीच रहता था। इससे वेतनमानों की न्यूनतम सीमा 2,65,34,192 दाम तथा शाही प्रतिष्ठान के ख़र्चों की अधिक तय सीमा 1,30,69,079 दाम आती है। लेकिन शाही प्रतिष्ठान का वास्तविक ख़र्च इससे काफ़ी कम रहा होगा क्योंकि, जैसाकि हमें याद रखना होगा, कुलीनों के एक भाग को ख़ालिस के राजस्व में से नक़द तनख़्वाहें देनी पड़ती थीं।

व्यय के वितरण की और सटीक सीमाओं तथा और विस्तृत संकेतों के लिए हमें आईन के आँकड़ों के भारी भंडार की छानबीन करनी होगी।

जहाँ आईन की तीसरी किताब (आईने-मुल्काबादी) में अबुल फ़ज़्ल ने सल्तनत के राजस्व के स्रोतों की विवेचना की है वहीं पहली दो किताबों—आईने-मंज़िलाबादी (छावनी) और आईने-सिपाहाबादी (फौज)—में वे बादशाह के अपने प्रतिष्ठान के ख़र्च के ब्यौरे देते हैं। यहाँ अबुल फ़ज़्ल ने मंज़िलाबादी में पशुओं के बाड़ों, हथियारख़ाना, फ़ौज और तोपख़ाना को शामिल किया है वहीं सिपाहाबादी में शिकारी पशुओं, कबूतरों वग़ैरह और साथ में ग़ुलामों को रखा है।

इसमें शक नहीं कि अबुल फ़ज़्ल के कुछेक बयानों और ख़ासकर बुयूतात अर्थात शाही घराने के कुल ख़र्च पर उनके हवाले की व्याख्या करने के लिए उनके अपने वर्गीकरण को ज़ेहन में रखना होगा। लेकिन शाही ख़र्च का एक और तार्किक वर्गीकरण तीन मदों के अन्तर्गत किया जा सकता है : (1) मंसबदारों के वेतन, (2) शाही फ़ौजी प्रतिष्ठान के ख़र्च और (3) शाही घराने के ख़र्च। आगे के अध्यायों में इसी वर्गीकरण के अनुसार विस्तृत छानबीन की जाएगी।

दो

ऐसे अनेक रास्ते थे जिनसे सल्तनत में वसूला गया राजस्व ज़ायद का योग करनेवालों के हाथों में पहुँचता था, लेकिन शाही तामझाम के लिए सुरक्षित रखे जाने के कारण

राजस्व का एक अच्छा-ख़ासा भाग वितरण की प्रक्रिया से बाहर रहता था। क़ीमती पत्थरों और ज़ेवरों के बढ़ते भंडार के अलावा अलग से एक नक़दी का ख़ज़ाना भी हुआ करता था।[22] पेल्सेयर के दिए हुए ब्यौरों के मुताबिक़, जो कथित रूप से शाही खाता-बहियों से नक़ल किए गए थे, अकबर की मौत के वक़्त नक़दी ख़ज़ाने में सोने की 69,70,000 मुहरें थीं, चाँदी के 10 करोड़ रुपये थे और ताँबे के 23 करोड़ दाम थे।[23] इन आँकड़ों की कुछ पुष्टि फ़रिश्ता के विवरण से होती है। वे ताँबे और सोने के सिक्कों की कोई मात्रा तो नहीं बतलाते लेकिन चाँदी के रुपयों की तादाद 10 करोड़ दर्ज करते हैं।[24] इसके अलावा वे धातु रूप में सोने और चाँदी की और बिन ढले ताँबे की मात्राएँ भी बतलाते हैं।

शाहजहाँ के पहले आधिकारिक इतिहासकार कज़वीनी ने जहाँगीर की फ़िज़ूलख़र्ची की आलोचना करते हुए लिखा है, अकबर ने अपने पीछे सात करोड़ रुपये छोड़े थे। ज़ाहिरा तौर पर इसमें छोड़ा गया सोना शामिल नहीं था, जिनमें से जहाँगीर ने छह करोड़ ख़र्च कर दिए और इसलिए उसकी मौत के वक़्त ख़ज़ाने में सिर्फ़ एक करोड़ रुपये बचे।[25] इस तरह कज़वीनी ने रुपयों की जो तादाद बताई है वह पेल्सेयर और फ़रिश्ता को बताई हुई तादाद से अलग है। यह बात और भी हैरानकुन लगती है क्योंकि इस सन्दर्भ में तो अकबर की छोड़ी हुई रक़म को कम न करके दिखाना कज़वीनी के मक़सद के लिए और भी मुनासिब होता। किसी एक आँकड़े पर दूसरे को वरीयता देना लगभग असम्भव है, और मैंने यह मान लिया है कि अकबर ने चाँदी के जो रुपये छोड़े उनकी तादाद 7 से 10 करोड़ के बीच रही होगी।

बाक़ी के लिए हम पेल्सेयर के आँकड़ों को आधार बना सकते हैं जिनकी सामान्य विश्वसनीयता की चर्चा अध्याय-10-11 में की गई है। इनके आधार पर 1605 में शाही ख़ज़ाने में मौजूद सिक्कों की तादाद की गणना इस प्रकार की जा सकती है—

मुहरें	69,70,000	=	2,50,92,00,000 दाम
रुपये	7 से 10 करोड़	=	2,80,00,00,000 से 4,00,00,00,000 दाम
दाम		=	23,00,00,000
	योग	=	5,53,92,00,000 से लेकर 6,73,92,00,000 दाम तक

चूँकि 1605 में एक मुहर चाँदी के 9 रुपयों के बराबर होती थी और एक रुपया 40 दाम के बराबर होता था, इसलिए यहाँ हमने इन्हीं दरों पर मुहरों और रुपयों के दामों में बदला है, उन दरों पर नहीं जो अपने वक़्त में प्रचलित क़ीमतों के आधार पर पेल्सेयर ने स्वीकार की हैं।

परिचलन (सर्कुलेशन) से बाहर खींच ली गई पूरी रक़म का अनुमान लगाने के लिए हम क़ीमती धातुओं और अनढले ताँबे की उस मात्रा को भी शामिल कर सकते हैं जिसे फ़रिश्ता ने दर्ज किया है। जहाँ अबुल फ़ज़्ल ने प्रत्यक्ष रूप से अनढले

ताँबे का मूल्य 1,044 दाम प्रतिमन दर्ज किया है,[26] वहीं आईन में दिए गए विस्तृत आँकड़ों की सहायता से सोने और चाँदी की क़ीमतों की गणना भी की जा सकती है[27] अगर हम फ़रिश्ता के बताए हुए मन को मने-अकबरी मानकर सोने की मात्रा को ग्रेन ट्राय (रत्ती) में बदल सकते हैं : 10×55.32×7000 = 38,72,400 ग्रेन ट्राय।

चूँकि एक मुहर का वज़न 169 ग्रेन[28] होता था, भार के आधार पर 38,72,400 ग्रेन सोना, 22,913.6 मुहरों के बराबर रहा होगा। लेकिन चूँकि बादशाह के महसूल (सीनियरेज) और ढलाई की लागतों को भी ध्यान में रखना होगा (जो गणना के बाद लगभग 5 प्रतिशत बैठती हैं)[29] 10 मन सोने से ढाली गई मुहरों की वास्तविक संख्या 21,767.93 होनी चाहिए। पहले दर्ज की गई दर के आधार पर इसका मूल्य (21,767.939×40=78,36,455 दाम होगा।)

इसी तरह चूँकि एक रुपया वज़न में 178 ग्रेन ट्राय[30] के बराबर होता था, 70 मन चाँदी से (70×55.32—7000÷178=)1,52,285.39 रुपये ढाले गए होंगे। चाँदी के मुआमले में बादशाह के महसूल और ढलाई की लागत 5.6 प्रतिशत होने के कारण[31] इस मात्रा से ढाले गए रुपयों की वास्तविक संख्या 1,43,757.41 होगी, और फिर इसका मूल्य 57,50,296 दाम के बराबर होगा।

अबुल फ़ज़्ल के अनुसार एक सेर ताँबे से 26 दाम और 2 जीतल (अर्थात 26.1 दाम) प्राप्त होते थे। इसलिए 60 मन ताँबे से 62, 640 दाम ढाले गए होंगे।[32]

नक़दी के ऊपर लगाए गए हिसाब में इन रक़मों को जोड़ें तो 1605 में बादशाह के नक़दी के ख़ज़ाने में सिक्कों और धातुओं का कुल मूल्य 5,55,28,61,574 और 6,75,28,61,574 दाम के बराबर रखा जा सकता है।

यह ज़ख़ीरा पूरे शासनकाल (1556-1605) में किए गए संचय के बाद तैयार हुआ होगा। यह मानना तर्कसंगत होगा कि ज़ख़ीरे में सालाना वृद्धि सल्तनत के विस्तार के ही अनुपात में बढ़ती रही होगी। चूँकि कलानौर में गद्दीनशीन होने के समय अकबर का प्रभावी शासन मुश्किल से पंजाब तक ही फैला हुआ था, आरम्भिक बरसों की सालाना बचत 16वीं सदी के अन्त के आसपास सल्तनत के ऊरूज के समय की सालना बचत का एक छोटा-सा भाग ही रही होगी। इसलिए यह कल्पना की जा सकती है कि ज़ख़ीरे में हस्तान्तरित होनेवाली रक़म हर साल बढ़ती रही होगी। अगर हम यह मान लें कि 1556 में अकबर को विरासत में मिलनेवाला ज़ख़ीरा लगभग नगण्य था तो हम यह भी मान सकते हैं कि गद्दीनशीनी के समय शून्य से शुरू करके बचत में सालाना वृद्धि एक नियमित समान्तर श्रेणी (एरिथमेटिकल प्रोग्रेशन) के अनुसार हुई होगी।

इस विधि का प्रयोग करके हम 40वें शासन वर्ष में ज़ख़ीरे में शामिल होनेवाली रक़म की गणना कर सकते हैं। 1605 में ज़ख़ीरे के कुल मूल्य के बारे में दो आँकड़े होने के कारण शासन वर्ष 40 में (ज़ख़ीरे में हस्तान्तरित) बचत का अनुमान (कज़वीनी की बात मानें तो) 18,13,17,920 दाम और (पेल्सेयर और फ़रिश्ता की बात मानें तो) 22,05,01,600 दाम आता है।

इस रक़म का एक अच्छा-ख़ासा भाग उन स्रोतों से आया होगा जो जमा में शामिल नहीं थे। लड़ाई की लूट का माल (माले-ग़नीमत) जमा से बाहर आय का प्रमुख स्रोत थे। जीते हुए सूबों के हुक्मरानों के ख़ज़ानों और ज़ख़ीरों से बड़ी-बड़ी रक़में ज़ब्त की गईं।[33] इस माले-ग़नीमत के एक ख़ासा बड़ा भाग शाही ज़ख़ीरे में गया होगा। ज़ख़ीरे में माले-ग़नीमत का इस योगदान के वास्तविक आकार का निश्चय तो नहीं किया जा सकता लेकिन फिर भी मनमाने ढंग से एक अनुपात स्वीकार किया जा सकता है, और मैंने यह माना है कि कुल ज़ख़ीरे का 10 प्रतिशत भाग इसी स्रोत से आया होगा। इसके अलावा हमें नौरोज़ (नव वर्ष)[34] पर, बादशाह की तोल के समारोह पर[35] और बहुत से दूसरे अवसरों पर[36] नियमित रूप से तोहफ़े में मिलनेवाले नक़दी के लिए तथा जुर्मानों और ज़ब्तियों से आनेवाली रक़मों के लिए भी कुछ गुंजाइश रखनी होगी। इन रक़मों को हम कुल बचत का कम-से-कम बीसवाँ भाग मान सकते हैं। इन रक़मों को अगर हम घटाएँ तो हम देखते हैं कि 1595-96 में शाही ज़ख़ीरें में शामिल करने के लिए सम्भवत: 15,50,26,829 से 18,85,28,870 दाम तक की कोई रक़म जमा पर आधारित आय से निकाली गई होगी।

अब हम शाही बचतों को पीछे छोड़कर ख़र्च की मुख़्तलिफ़ मदों पर आते हैं। अध्याय-9, 10, और 11 पूरी तरह 1595-96 में इन्हीं ख़र्चों के आकलन के लिए समर्पित हैं। आशा है उसके बाद हम यह देख सकेंगे कि ख़ालिस क्षेत्रों की कुल आय और हमारी गणना के अनुसार कुल व्यय के बीच जो अन्तर था, क्या ज़ख़ीरे में हस्तान्तरण के बारे में हमारा अनुमान उस अन्तर से मेल खाता है।

सन्दर्भ और टिप्पणियाँ

1. देखें, अध्याय-5, 141-43 और 7, 194-96
2. *आईन*, एक, पृ. 386-595
3. अध्याय-1, खंड दो देखें।
4. *आईन*, एक, पृ. 386
5. इरफ़ान हबीब, *एग्रेरियन सिस्टम*, पृ. 399 और उसकी टिप्पणी
6. यह योग इरफ़ान हबीब द्वारा की गई गणना (*एग्रेरियन सिस्टम*), पृ. 399 से भिन्न है। उनकी गणना *आईन* में सूबों के लिए दिए गए योगों पर आधारित है।
7. *अकबरनामा*, तीन, पृ. 770
8. *आईन*, एक, पृ. 223
9. यह गणना ऊपर दिए गए महायोग 5,06,76,49,932 दाम में सें बरार और ख़ानदेश के लिए दिए गए योगों (क्रमश: 64,54,31,956 दाम और 30,35,29,488 दाम) को घटाकर की गई है।
10. *तबक़ात*, तीन, पृ. 54 देखें। यह रक़म तंक-ए-मुरादी यानी दोहरे में दी गई है, लेकिन ग़लती से दाम की जगह ऐसा लिखा गया होगा।
11. *अकबरनामा*, तीन, पृ. 259, 263, 432-33 देखें। उड़ीसा में राजमहेंद्र और कलिंग दंडपत अभी नहीं जीते गए थे, *आईन* में उनके लिए कोई परगनावार आँकड़ा नहीं दिया गया है।

हमने यह माना है कि बंगाल इससे काफ़ी पहले ही औपचारिक रूप से मुग़ल सल्तनत में मिला लिया गया था क्योंकि सल्तनत के राजस्व के बारे में *तबक़ाते-अकबरी* के आँकड़े में ये काग़ज़ी अनुमान भी शामिल थे।

12. *आईन*, एक, पृ. 387, भाटी नामक इलाक़े की चौहद्दी के बारे में इरफ़ान हबीब, *ऐन एटलस ऑफ़ द मुग़ल एम्पायर*, पृ. 45 और 104 देखें।
13. *अकबरनामा*, तीन, पृ. 697
14. उपरोक्त, पृ. 243 और 716-17
15. अध्याय-5 देखें।
16. तोहफ़ों और ज़ब्तियों के बारे में मोंसरेट, पृ. 207 और जुर्मानों के बारे में *आईन*, एक, पृ. 163-64 देखें। ज़ब्तियों की विस्तृत विवेचना के लिए अतहर अली, *मुग़ल नोबिलिटी अंडर औरंगज़ेब*, पृ. 63-68 देखें।
17. मोंसरेट, पृ. 207
18. इरफ़ान हबीब, *एग्रेरियन सिस्टम*, पृ. 257, 259
19. उपरोक्त, पृ. 258
20. *अकबरनामा*, तीन, पृ. 494, इरफ़ान हबीब, *एग्रेरियन सिस्टम*, पृ. 272 और उसकी टिप्पणी से तुलना करें।
21. *अकबर एंड द जेसुइट्स*, अनुवाद : सी. एच. पाइनी, पृ. 5-6
22. *आईन*, एक, पृ. 30
23. पेल्सेयर, *क्रॉनिकल*, अनुवाद, पृ. 33
24. फ़रिश्ता, एक, पृ. 272
25. कज़वीनी, *पादशाहनामा*, ब्रिम्यू एड, 20734, पृ. 444-45, ओ 173 फ़ोलियो 221 ए-बी
26. *आईन*, एक, पृ. 31
27. उपरोक्त, पृ. 31-32
28. इरफ़ान हबीब, 'करेंसी सिस्टम ऑफ़ द मुग़ल एम्पायर', *मेडिवल इंडिया क्वार्टरली*, वर्ष चार, अंक 1-2, पृ. 9
29. उपरोक्त
30. उपरोक्त, पृ. 3
31. उपरोक्त
32. *आईन*, एक, पृ. 31, *आईन* में एक मन ताँबे का 1044 दाम दिया गया है और प्रति सेर ढले हुए दामों की संख्या से ठीक-ठीक मेल खाता है।
33. *अकबरनामा*, दो, पृ. 138, 142-43, 214, तीन, पृ. 296, *तबक़ात*, दो, पृ. 152-53, 155, बदायूनी दो, पृ. 47-48
34. *अकबरनामा* (तकमील), पृ. 803, 36
35. टैवेर्नियर, एक, पृ. 301, आशा की जा सकती है कि यह परम्परा अकबरी दौर जितनी पुरानी होगी।
36. *अकबरनामा*, दो, पृ. 149, तबक़ात, दो, पृ. 155

अध्याय-9

मंसबदारों के वेतन

मुग़ल मंसबदार की तलब या तनख़्वाह का निश्चय उसके मंसब (संख्यात्मक श्रेणी क्रम) से होता था।[1] इसलिए मुग़ल प्रशासन द्वारा मंसबदारों को दी जानेवाली रक़मों के रूप में आनेवाले कुल ख़र्च का अनुमान लगाने से पहले मंसब व्यवस्था की कुछ विशेषताओं को समझना आवश्यक है।

ऐसा मान लिया गया है कि अकबर के 18वें शासन वर्ष से मुग़ल कुलीनों को संख्यात्मक श्रेणीक्रम (मंसब) दिए जाने लगे, जो संख्याओं की जोड़ियों पर आधारित होते थे। इसमें पहला ज़ात (मंसबदार के अपने श्रेणीक्रम और वेतन का) और दूसरा सवार (घुड़सवारों की संख्या और उनके वेतन आदि) का सूचक होता था।[2] लेकिन 1595 से पहले हमें इन जोड़ियों का कोई हवाला नहीं मिलता, और अकबर के कुलीनों की जो दो सूचियाँ 1595 तक तैयार की गई थीं उनमें एक ही श्रेणीक्रम दर्ज मिलता है।[3] इस प्रकार शासन वर्ष 40 से पहले दो श्रेणीक्रमों का अस्तित्व थोड़ा संदिग्ध दिखाई देता है। यह छाप इस तथ्य से पुष्ट होती है कि आईने-अकबरी का पाठ एक ही श्रेणीक्रम की बात करता दिखाई देता है। दोनों में से किसी भी एक श्रेणीक्रम के अर्थ में ज़ात या सवार, किसी भी शब्द का प्रयोग नहीं किया गया है। चूँकि आईने-अकबरी के पाठ का सम्बन्ध मुख्य रूप से 40वें शासन वर्ष से है, इस तारीख़ से पहले श्रेणीक्रमों के जोड़े के अस्तित्व को मानकर चलना वैध नहीं कहा जा सकता।

अबुल फ़ज़्ल के अनुसार दाग़ (घोड़ों की दगाई) की प्रथा 18वें शासन वर्ष (1573-74) से शुरू हुई और शाही हाकिमों के श्रेणीक्रम तय किए गए।[4] इन नई प्रथाओं पर अमल वास्तव में अगले साल (1574-75 में) शुरू किया गया।[5]

इस क़दम के ब्यौरे देते हुए मुतमिद ख़ान कहते हैं—

मंसब एक दस्ते का संगठन और रखरखाव करने की क्षमता के अनुसार तय किए गए...दहबाशी (10) से लेकर पंजहज़ारी (5,000) तक के मंसब क़ायम किए गए और हरेक की तनख़्वाह तय की गई। यह क़ायदा भी जारी किया गया कि मंसबदार अलग-अलग अपने घोड़ों और हाथियों को दग़ाई (दाग़) के लिए लाएँगे। अगर कोई फ़ौजी सह-अस्प (तीन घोड़ों वाला) घुड़सवार बनने की क्षमता रखता हो तो दाग़ के लिए तीन घोड़े लाएगा, अगर दो अस्प (दो घोड़ों वाला) बन सकता हो

तो दो घोड़े लाएगा और अगर यक-अस्प (एक घोड़े वाला) बन सके तो एक घोड़ा लाएगा। इस तरह हरेक की तनख़्वाह (अलूफ़) तय की गई।[6]

इस तरह दो श्रेणी क्रमों (ज़ात और सवार) का कोई संकेत देने से बचने के अलावा मुतमिद ख़ान यह संकेत देते हैं कि वे जिस अकेले श्रेणीक्रम का हवाला दे रहे हैं वह मंसबदार के पास मौजूद दस्ते का सूचक था। उन्होंने यक़ीनन यह बात अकबर की मौत के बाद लिखी, लेकिन अकबर के समकालीन भी कुछ कम स्पष्ट नहीं हैं। मंसबों को अभी तक ज्ञात सबसे पुराना सीधा-साधा समकालीन उल्लेख अबुल फ़तह गीलानी के पत्रों (फ़रवरी-मार्च 1581) में मिलता है और उनके कथनों का साफ़ मतलब यही निकलता है कि मंसब एक ही होता था और उसका फ़ौजी दायित्व से सीधा सम्बन्ध होता था।[7]

एक उल्लेखनीय उद्धरण में बदायूनी भी मंसबदारों के दस्तों (ताबीनान) से मंसबों का सीधा सम्बन्ध जोड़ते हैं।[8] और सबसे अहम बात यह है कि अबुल फ़ज़्ल सिर्फ़ यही नहीं कहते कि एक दस्ते के संगठन (सरकर्दन) की क्षमता के आधार पर ये मंसब तय किए गए हैं।[9] वे यह भी साफ़ कर देते हैं कि एकमात्र श्रेणीक्रम की संख्या सीधे-सीधे दस्ते के आकार की सूचक होती थी। कहते हैं कि कुलीनों की फ़ौज (सिपाह) 5,000 से ज़्यादा नहीं होती थी, जबकि शाहजादों के मंसब इससे ऊपर तय किए गए थे। यहाँ सिपाह और मंसब शब्द पूरी तरह पर्यायवाची दिखाई देते हैं।[10]

निज़ामुद्दीन अहमद और बायज़ीद बियात के वक्तव्य भी निर्विवाद यही दिखाते हैं कि 40 वें शासन वर्ष तक जो एकमात्र श्रेणीक्रम प्रचलित था उसका फ़ौजी दस्ते के आकार से सीधा सम्बन्ध होता था। अकबर के कुलीनों की सूची देते हुए आख़िर में निज़ामुद्दीन अहमद कहते हैं : "मालूम हो कि जिन शाही मुलाज़िमों के पास सिर्फ़ 500 सेवक (नौकर) हैं वे उमरा (अमीर का बहुवचन) में नहीं गिने जाते।"[11]

यहाँ भी सेवकों (नौकर) की संख्या और मंसब की संख्या में एक समानता मानी गई है। निज़ामुद्दीन आगे कहते हैं कि अपनी सूची में उन्होंने सिर्फ़ ऐसे कुलीनों के नाम दिए हैं जिनकी श्रेणी (पल्ला) 500 से ऊपर है। वे स्वीकार करते हैं कि उन्होंने कुलीनों के बारे में अबुल फ़ज़्ल की सूची का प्रयोग किया है।[12] इस सूची में भी केवल एक श्रेणीक्रम दिया गया है,[12अ] और हम यह नतीजा निकाल सकते हैं कि आम मान्यता[13] के विपरीत आईन में दिए गए मंसब ज़ातों के श्रेणीक्रम न थे बल्कि एक ही व्यापक श्रेणीक्रम थे जो दस्तों की संख्या के (और ख़ुद की तनख़्वाह के भी) सूचक थे। आख़िरी बात बायज़ीद यह बात दर्ज करते हैं कि उनको दो-सदी बनाया गया था अर्थात उनका 200 का श्रेणीक्रम था। (बाद की शब्दावली में दो-सदी का अर्थ हमेशा 200 ज़ात होता था।) फिर वे आगे उन दो सौ सवारों का बयान करते हैं जिनका रखरखाव उनकी ज़िम्मेदारी थी।[14]

एक तब्दीली, सबसे पहले तो 40 वें शासन वर्ष में ही देखी जा सकती है। अब श्रेणी क्रमों के जोड़े पहली बार (और बड़े अनिश्चित रूप में) दिखाई देते हैं। इसका ज़िक्र अकबरनामा के इस उद्धरण में मिलता है—

इस साल मंसबदारों को तीन श्रेणियों में विभाजित किया गया। पहले तो वे जिनके सवार (सवारान, घुड़सवार) उनके मंसबों के बराबर हैं, दूसरे वे जो आधे या उससे अधिक हैं, और तीसरे वे जो उससे (अपने मंसबों के आधे से) कम हैं जैसाकि आख़िरी किताब (आईने-अकबरी) में बताया गया है।[15]

आईने-अकबरी में यही पाठ लगभग ज्यों-का-त्यों दिया गया है।[16] इस उपाय के विवरण को बदायूनी और बायज़ीद के उद्धरणों से मिलाकर पढ़ें तो साफ़ है कि जहाँ मंसबदारों से अपने मंसबों के बराबर घुड़सवार रखने की आशा की जाती थी, वहीं उनमें बहुत से लोग इस आशा पर पूरे नहीं उतरते थे। मुग़ल प्रशासन ने वास्तविकता की ताक़त को स्वीकार किया और व्यवस्था को उसी हिसाब से संशोधित किया। अब जितने सवारों के वास्तव में रखरखाव की उम्मीद की जाती थी उनकी तादाद मंसब की तादाद से भिन्न हो गई। एक अकेला मंसब अब सिर्फ़ मंसबदार के निज (ज़ात) की तनख़्वाह की अदायगी के लिए वैध रह गया। अब सवारों की नई तादाद तय की गई जिसके आधार पर बरावुर्दी (आंशिक दरें) दी जाने लगीं।[17]

पहले श्रेणीक्रम के लिए ज़ात और दूसरे के लिए बरावुर्दी (या सवार) शब्द का उद्गम यही था। (40वें शासन वर्ष में या उसके आसपास) जब आईन के पाठ का मुख्य भाग लिखा जा रहा था, साफ़ तौर पर ये शब्द अपने विकास के अन्तिम चरण में थे। (यूँ वे तब भी सुस्थापित नहीं हुए थे।) यह अन्तर तो 41वें शासन वर्ष तक में मुकम्मल नहीं हुआ था। शाहरुख़ को 5,000 ज़ात दिए गए थे और आधे सवार बरावुर्दी थे।[18] इसका मतलब यह है कि 5,000 ज़ात का सैद्धान्तिक अर्थ अब भी, 5,000 (सवार) था, हालाँकि उनमें से आधे (2,500) बरावुर्दी पर थे। इसके बाद जल्द ही इसी को सिर्फ़ 5000 ज़ात, 2,500 सवार कहा जाने लगा। उसी साल दो श्रेणीक्रमों का एक और हवाला मिलता है—5,000 ज़ात और सवार,[19] जिसका मतलब 5,000 ज़ात और 5,000 सवार था। यहाँ आकर दो श्रेणीक्रमों को आख़िरकार पूरी मान्यता दे दी गई।

इसके बाद ज़ात से निज की तनख़्वाह और उन ख़ास (निजी) पशुओं की संख्या का निर्धारण होने लगा और प्रचलित तालिका के अनुसार जिनके रखरखाव की आशा की जाती थी। सवार-श्रेणीक्रम उन सवारों की तादाद की संख्या का सूचक था जिनके रखरखाव की ज़िम्मेदारी मंसबदार पर होती थी। सवार-श्रेणीक्रम के अनुसार वाजिबी तनख़्वाह श्रेणीक्रमों की संख्याओं के अनुसार तय की जाती थी। इसके लिए अलग तालिकाओं का प्रयोग किया जाता था जो इसी काम के लिए स्वीकृत की गई थी।[20]

इस तरह स्पष्ट है कि ज़ात और सवार की श्रेणियाँ शासन वर्ष 40-41वें (1595-97) में सामने आईं, हालाँकि फ़ौरी तौर पर उनको अलग-अलग निश्चित नाम नहीं दिए गए थे। आईन के मुकम्मल होने तक ज़ातों और सवारों की अलग-अलग श्रेणियाँ अब भी शुरुआती शक्ल में थीं। शासन वर्ष 19वें (1574-75) में (इकहरे) मंसबों के आरम्भ के बारे में मुतमिद ख़ान के विवरण से, जैसाकि स्पष्ट है, आरम्भ से ही ताबीनान (मंसबदार के सिपाहियों) की अदायगी मंसबदार की निज की तनख़्वाह

से भिन्न होती थी। आईन में दिए गए नियम-क़ायदों से भी यही बात पुष्ट होती है कि मंसबदार की ज़ात (शाब्दिक अर्थ व्यक्ति) की अदायगी उसके घुड़सवारों की अदायगी से भिन्न होती थी। यह बात तय कर दी गई कि किसी को जब मंसब में तरक़्क़ी दी जाएगी तो उसके नए श्रेणीक्रम के अनुसार उसकी ज़ात की बढ़ी हुई तनख़्वाह फ़ौरन दी जाएगी, लेकिन श्रेणीक्रम में वृद्धि के अनुसार आवश्यक अतिरिक्त सिपाहियों की तनख़्वाह केवल दाग़ के बाद दी जाएगी।[21] इस नियम से ज़ाहिर है कि जब इसे बनाया गया तब मंसब दोहरा नहीं, इकहरा श्रेणीक्रम होता था मगर फिर भी मंसबदार की ज़ात और उसके सवारों के लिए अलग-अलग अदायगियाँ की जाती थीं।

इसलिए, भले ही 40वें या 41वें शासन वर्ष तक ज़ात और सवार श्रेणीक्रमों में अन्तर क़ायम नहीं किया गया था और जब किया गया तो उसमें भी भले ही अस्पष्टता रही हो, इससे फ़ौरन पहले मौजूद वास्तविक स्थिति बहुत भिन्न भी नहीं थी। लेकिन तब भी मंसबदार जो दस्ता वास्तव में पेश करता था या जिसके लिए पूर्वानुमान के आधार पर बरावुर्दी अदायगियाँ की जाती थीं, बहुत छोटा होता था। 40वें शासन वर्ष में कुल मंसब से सिपाहियों की तादाद के आधार पर, मंसबदारों की निजी तनख़्वाह के जो तीन पैमाने तय किए गए उनका आधार इसी स्थिति से पैदा हुआ। यही दस्ता वास्तव में भविष्य का दूसरा अर्थात सवार श्रेणीक्रम था।[22]

अगले खंडों में हमने 1595-96 के लिए दो श्रेणीक्रमों के अलग-अलग अस्तित्व को ही स्वीकार नहीं किया है (जो बहरहाल हक़ीक़त से मेल खाता है), बल्कि विवेचना की सुविधा के लिए उनके लिए ज़ात और सवार शब्दों का प्रयोग भी किया गया है हालाँकि सच पूछें तो यह शब्दावली बाद की थी।

दो

आईने-अकबरी में अदायगी की तालिकाएँ भी दी गई हैं और उन घोड़ों, हाथियों और बोझ ढोनेवाले जानवरों के विस्तृत विवरण भी दिए गए हैं जिनके बारे में आशा की जाती थी कि मंसबदार अपने निजी योगदान (ख़ास) के रूप में उनका रखरखाव करेगा। चूँकि इन तालिकाओं में शासन वर्ष 40 में तय किए गए तीनों श्रेणीक्रमों की तनख़्वाहें अलग-अलग दी गई हैं, साफ़ है कि आईन की तनख़्वाहों की सूची 1595-96 से पहले की नहीं हो सकती।

इस सूची में दिए गए मंसब 10,000 से शुरू होकर 10 तक आते हैं। अबुल फ़ज़्ल के अनुसार कुल 66 श्रेणियाँ थीं और यह संख्या 'अल्लाह' शब्द के अक्षरों के संख्यात्मक मान के बराबर है।[23] (अलिफ़=1, लाम=30, हे=5; योग=66 –अनुवादक।) लेकिन ब्लाख़मान के पाठ और ब्रिटिश म्यूज़ियम की पांडुलिपि एड 7652 में केवल 65 श्रेणियाँ दी गई हैं, जबकि 600 की श्रेणी के सामने तनख़्वाह और जानवरों के दो अलग-अलग आँकड़े दिए गए हैं। यह सूची ब्रिटिश म्यूज़ियम की पांडुलिपि एड 6552 में सही-सही दी गई और इसमें श्रेणी 1,250 भी दी गई है जो दूसरी पांडुलिपियों में ग़ायब है। इसके लिए वही तनख़्वाह दी गई जो मुद्रित पाठ

और दूसरी पांडुलिपियों में 1,200 की श्रेणी के लिए दी गई है। इसके बाद से एड 6552 में हर श्रेणी की तनख़्वाह वही है जो मुद्रित पाठ में फ़ौरन बाद की निचली श्रेणी के सामने दिखाई देती है। इस तरह चलती हुई यह 600 तक आती है जिसके सामने मुद्रित पाठ के दो आँकड़ों में से दूसरा आँकड़ा दिया गया है। इस तरह एड 6552 से हम सूची को उस सही, मूल रूप में दोबारा रट सकते हैं जिसमें श्रेणियों की संख्या 66 बताई गई है।

सूची में हर मंसब की तीनों श्रेणी की तनख़्वाहें दी गई हैं, लेकिन माना जाता था कि 5,000 से ऊपर ऐसी श्रेणियाँ नहीं होंगी, और 5,000 से ऊपर की तीनों श्रेणियों में से सिर्फ़ पहली श्रेणी की तनख़्वाह बताई गई है। बाक़ी मंसबों के लिए जहाँ ज्ञात की तनख़्वाहें श्रेणियों के अनुसार अलग-अलग हैं वहीं पर मंसब की तीनों श्रेणियों के लिए जानवरों की संख्या एक समान है।

अबुल फ़ज़्ल कहते हैं कि शासन वर्ष 18 में दाग़ की प्रथा के आरम्भ के साथ जानवरों का वर्गीकरण भी किया जाने लगा तथा मुख़्तलिफ़ नस्लों के घोड़ों, हाथियों, ऊँटों, बैलों, खच्चरों और गाड़ियों के रखरखाव के बारे में स्वीकृत 'औसत' लागतों की तालिकाएँ जारी की गईं।[24] आईन में वास्तव में जब ये तालिकाएँ दर्ज की गईं तब तक इस वर्गीकरण में कुछ परिवर्तन आ चुके थे। पहले का वर्गीकरण देते हुए 'इक़बालनामा-ए-जहाँगीरी' में घोड़ों की पाँच क़िस्में या नस्लें बताई गई हैं[25] जबकि आईने-अकबरी में सात क़िस्में दी गई हैं।[26]

आईन में स्वीकृत ख़र्चों के विस्तृत वितरण के साथ जानवरों के रखरखाव की लागतें दी गई हैं।[27] यहाँ हमें लागत की मूल गणनाएँ और बाद की बढ़ोतरियाँ दिखाई देती हैं। घोड़ों के मुआमले में तीन वृद्धियाँ स्वीकृत की गई थीं। कहा गया है कि पहली वृद्धि शुद्ध रूप से फ़ौज के सुख-आराम और कल्याण के बारे में बादशाह की चिन्ता का नतीजा थी। उसके बाद शासन वर्ष 29-30 में रुपया जब ताँबे के 35 दामों से बढ़कर 40 दाम के बराबर हो गया[28] तब मजबूर होकर बादशाह ने एक और बढ़ोतरी की मंजूरी दी। इससे संकेत मिलता है कि लागतों की गणना तो दामों में की जाती थी मगर वास्तविक भुगतान के समय उनको रुपयों में बदल दिया जाता था। तीसरी बढ़ोतरी का कारण नहीं बताया गया है; सिर्फ़ यह कहा गया है कि 'जंगला घोड़े को छोड़ सभी नस्लों के लिए 2 रुपये का एक अतिरिक्त भत्ता स्वीकार किया गया।[29] हाथियों के लिए, ज़ाहिर है कि अपवादस्वरूप, ख़ासतौर पर कहा गया है कि अदायगी दामों में निश्चित की गई थी और वह दामों में रुपये के मूल्य के परिवर्तनों से अप्रभावित रही। हाथियों के लिए दरों में एक बढ़ोतरी की तो गई पर उसका कोई कारण नहीं बताया गया है।

ज़ाहिरा तौर पर ये दरें (आईने-जानदारां) मंसबदारों के उन जानवरों, गाड़ियों वग़ैरह के लिए स्वीकृत की गई थीं जिनका रखरखाव वे अपने ख़ास के रूप में (सीधे अपने प्रतिष्ठान के अंतर्गत) करते थे, और उन जानवरों के लिए भी जिनका रखरखाव दाग़ के बाद मंसबदारों के सिपाही करते थे। यह बात अबुल फ़ज़्ल की

भाषा से भी स्पष्ट है और सन्दर्भ से भी। ये दरें मंसबदारों वाले उस अध्याय से पहले आती हैं जिसमें उनकी ज़ात की ज़िम्मेदारियाँ और तनख़्वाहें दी गई हैं। दूसरी ओर ये दरें 'आईने-सिपाहाबादी' शीर्षक अध्याय के बाद आती हैं जिसमें बरावुर्दी की दरें[30] दी गई हैं तथा हाज़िरी और दाग़ के ब्यौरे दिए गए हैं। मंसबों की अदायगी की तालिकाओं में जानवरों और गाड़ियों के कॉलम ठीक उसी क्रम में रखे गए हैं जो क्रम 'आईने-जानदारां' में है। निर्णायक साक्ष्य अध्याय 'आईने-जानदारां' के समापन पर अबुल फ़ज़्ल के कथन में पाया जाता है। इसका आशय है कि हाथियों और गाड़ियों की इजाज़त सिर्फ़ मंसबदारों को थी, और श्रेष्ठ सवारों (गज़ीं-सवार) को दाग़ के लिए सिर्फ़ ऊँट और बैल लाने पड़ते थे।[31] इसका मतलब यह हुआ कि दरें 'जात' के श्रेणीक्रमों के अनुसार मंसबदारों द्वारा रखे जानेवाले जानवरों पर भी लागू होती थीं पर उन जानवरों पर भी जिनका रखरखाव मंसबदारों के सिपाही उनके 'सवार' श्रेणीक्रमों से जुड़े दायित्वों को पूरा करने के लिए करते थे।

आगे चलकर जिस श्रेणीक्रम को ज़ात कहा गया उस पर होनेवाले वास्तविक ख़र्च का निश्चय करने से पहले यह तय करना होगा कि जानवरों के रखरखाव की लागत क्या दर्ज की गई तनख़्वाह से अलग होती थी या उसमें शामिल होती थी। अब्दुल अज़ीज़ ने मान लिया है कि मंसबदारों को जानवरों का रखरखाव अपनी तनख़्वाह में से करना होता था और ये जानवर राज्य की सम्पत्ति होते थे।[32] लेकिन ख़ुद आईन के साक्ष्यों के आधार पर इस मान्यता को स्वीकार करना सम्भव नहीं है।

आईने-जानदारां में औसत ख़र्चों के जो विस्तृत ब्यौरे दिए गए हैं वे तभी प्रासंगिक हो सकते हैं जब मुग़ल प्रशासन किसी-न-किसी चरण में अदायगियाँ करने के लिए उनका इस्तेमाल करता रहा हो। अगर मंसबदार के लिए ज़रूरी था कि वह मंसबों की तनख़्वाहों की तालिकाओं के अनुसार तय हुए अपने वेतन से जानवरों का रखरखाव करे तो शाही प्रशासन के लिए इन लम्बी-चौड़ी गणनाओं की कोई आवश्यकता ही नहीं थी, ख़ासतौर पर इसलिए कि शाही पशुशालाओं के लिए ऐसे ब्यौरे बहरकैफ़ अलग से दिए गए हैं।[33] तनख़्वाहें तय करने के लिए सिर्फ़ कामचलाऊ अनुमान काफ़ी होते और उनको आईन में दर्ज करने की भी ज़रूरत नहीं होती। इसके अलावा आईन में कहा गया है कि हाथियों के लिए हमेशा दामों में अदायगी की जाती थी। अगर यह कोई अलग अदायगी न होती तो रुपयों में दी जानेवाली तनख़्वाहों से इसे जोड़ना मुश्किल होता।

नाज़ुक अहमियत वाला सुबूत : अबुल फ़ज़्ल का यह बयान है कि रखरखाव की लागतों में कुछ बढ़ोतरियाँ 'फौज को' अर्थात मंसबदारों को राहत पहुँचाने के लिए की गई थीं। अगर मंसबदार अपने संसाधनों से जानवरों के लिए अदायगियाँ करते होते तो ऐसी नौबत शायद ही आती। ज़ाहिर है कि मंसबदारों को इन बढ़ोतरियों का फ़ायदा तभी पहुँचता जबकि बढ़ी हुई दरें ख़ुद उनको प्राप्त होतीं।[34]

अब्दुल अज़ीज़ की परिकल्पना का खंडन एक और तर्क देकर किया जा सकता है : अगर जानवरों के भत्ते तालिकाओं में दर्ज माहवार तनख़्वाहों में शामिल होते तो

दर्जशुदा तनख़्वाहों से इन ज़िम्मेदारियों पर आनेवाले ख़र्चों को घटाने पर हमें मात्र तनख़्वाहें मिलनी चाहिए। लेकिन इस आधार पर गणना करें तो हम पाते हैं कि कुछ मंसबों की मात्र तनख़्वाहें असम्भव की सीमा तक कम हैं। मसलन 20 के मंसबदार की पहली श्रेणी की मात्र तनख़्वाह 21.50 रुपये प्रतिमाह, दूसरी श्रेणी की 11.50 रुपये और तीसरी श्रेणी की केवल 1.50 रुपये होती। लेकिन सबसे घटिया नस्ल के (जंगला) घोड़े वाले यक-अस्पा (एक घोड़ेवाले) सिपाही की तनख़्वाह भी 12 रुपये प्रतिमाह थी। इसके अलावा अगर हम अब्दुल अज़ीज़ की प्रस्थापना को आधार बनाकर हिसाब करें तो 10 के मंसबदार की मात्र तनख़्वाह 20 वाले से अधिक होगी और 300 के मंसबदार की मात्र तनख़्वाह 350 वाले से थोड़ी सी अधिक होगी। साथ ही, 3,500 और 3,000, 800 और 700 तथा 200 और 150 के मंसबदारों (पहली श्रेणी) की मात्र तनख़्वाहों में शायद ही कोई अन्तर दिखाई देगा।[35]

इसलिए हमें जो बात आईन से साफ़ है उसे स्वीकार कर लेना चाहिए, यह कि जानवरों और गाड़ियों के भत्ते निजी (जात की) तनख़्वाहों से अलग होते थे, उसमें शामिल नहीं होते थे।

अब्दुल अज़ीज़ की तरह यह मानना भी सम्भव नहीं है कि मंसबदारों की वेतन-तालिका के अनुसार कुलीनों के पास जो जानवर होते थे वे शाही पशुशाला की सम्पत्ति होते थे जो मंसबदारों को रखरखाव और उपयोग के लिए दिए जाते थे। 'इक़बालनामा' में 19वें शासन वर्ष का विवरण देते हुए मंसबदारों के अपने 'निजी' हाथियों और घोड़ों (फीलों-अस्पे-ख़ासे-ख़ुद)[36] का साफ़ हवाला दिया गया है कि जिनको हाज़िरी और दाग़ के लिए लाना पड़ता था। अबुल फ़ज़्ल के अनुसार 40वें शासन वर्ष से कुछ समय पहले मंसबदारों द्वारा हाथियों को दाग़ के लिए लाए जाने की प्रथा बन्द कर दी गई थी।[37] अगर ये हाथी शाही हाथी होते तो यह बात शायद ही मुमकिन होती।

ऐसा लगता है कि शाही हाथियों को मंसबदारों के हवाले करने और उन पर अपनी तनख़्वाह (ख़ुराके-दवाब) से इन हाथियों के रखरखाव की ज़िम्मेदारी डालने की प्रथा बाद का विकास क्रम थी, हालाँकि अकबरी दौर में ही इसका मूल तलाशा जा सकता है। अबुल फ़ज़्ल भी कहते हैं कि हलक़ों में समूहबद्ध शाही हाथी मुख़्तलिफ़ मंसबदारों के हवाले किए गए थे, लेकिन वे साफ़ तौर पर यह भी कहते हैं कि उनकी ख़ुराक (ख़ुरश) राज्य की ओर से दी जाती थी।[38] घोड़ों के लिए भी ऐसी ही व्यवस्था थी; उनकी ख़ुराक (अलीक़ो-ताज़ीम) भी शाही प्रतिष्ठान की ओर से दी जाती थी।[39]

इस तरह 'ज़ात' मंसब पर आनेवाले ख़र्चों का निश्चय करने के लिए हमें वेतन-तालिका में दर्ज तनख़्वाहों में जानवरों के लिए स्वीकृत भत्तों को जोड़ना होगा। रखरखाव के जानवरों और गाड़ियों की लागतों के जो विस्तृत वितरण और विवरण आईन में दिए गए हैं उनके आधार पर इनके लिए दी जानेवाली रक़मों की गणना की जा सकती है जिन्हें फिर ज़ात की तनख़्वाहों में जोड़ना होगा। इस तरह की जानेवाली कुछ अदायगियाँ तालिका-9.1 में दी गई हैं। यहाँ दर्ज आँकड़े वास्तव में दिए गए

तालिका-9.1

मंसब	माहवार तनख़्वाह (रुपये)			जानवर-गाड़ी-भत्ता (रुपये)
	पहली श्रेणी	दूसरी श्रेणी	तीसरी श्रेणी	
10,000	60,000	-	-	20,849.00
8,000	50,000	-	-	16,992.75
7,000	45,000	-	-	14,643.63
5,000	30,000	29,000	28,000	10,703.50
4,500	26,000	25,800	25,700	9,416.88
4,000	22,000	21,800	21,600	8,422.88
3,500	18,600	18,400	18,300	7,702.13
3,000	17,000	16,800	16,700	6,568.25
2,500	14,000	13,800	13,700	5,254.75
2,000	12,000	11,900	11,800	4,219.13
1,500	9,000	8,900	8,800	3,431.40
1,000	7,700	7,400	7,100	2,838.50
900	5,000	4,700	4,400	2,464.88
800	4,000	3,700	3,600	1,968.13
700	3,500	3,200	3,000	1,486.00
600	2,800	2,750	2,700	1,314.25
500	2,500	2,300	2,100	1,144.75
400	2,000	1,700	1,500	726.50
350	1,450	1,400	1,350	612.50
300	1,400	1,250	1,200	561.00
250	1,150	1,100	1,000	485.50
200	975	950	900	448.50
150	875	850	800	354.50
120	745	740	730	329.00
100	700	600	530	302.50
80	410	380	350	241.00
60	300	285	270	186.50
50	250	240	230	186.50
40	223	200	185	164.00
30	175	165	155	121.50
20	135	125	115	113.50
10	100	82.5	75	44.00

मंसबों से सम्बन्धित हैं (न कि सूची में दिए गए सभी 66 मंसबों से) और मंसबदारों के बारे में आईन की अपनी सूची में इनका प्रामाणिक विवरण दिया गया है।[40]

किसी समय विशेष में हर श्रेणी के मंसबदारों की संख्या अगर हम तय कर लें तो हम 'ज़ात' के मंसबों के लिए दिए जानेवाले कुल वेतनादि की गणना कर सकते हैं, और इसकी भी कि सल्तनत की प्रत्याशित मात्र राजस्व-आय या जमा से उनके क्या अनुपात थे।

जैसाकि कहा जा चुका है, हम तक अकबर के मंसबदारों की दो सूचियाँ पहुँची हैं। पहली तो वह है जो अबुल फ़ज़्ल ने आईने-अकबरी में दी है।[41] इस सूची में 500 और उससे अधिक के सारे मंसबदारों के नाम दिए गए हैं, सूची तैयार किए जाने के समय तक चाहे वे जीवित हों या मर चुके हों। अबुल फ़ज़्ल 500 से कम के मंसबदारों के नाम भी देते हैं, मगर उनके नहीं जो 200 से कम के थे, और इस सूची को उन तक सीमित रखते हैं जो 40वें शासन वर्ष में जीवित थे। जहाँ तक 200 से कम के मंसबदारों का सवाल है, वे इस साल हर श्रेणी के मंसबदारों की केवल संख्या ही देते हैं।[42]

अबुल फ़ज़्ल के मुताबिक़ यह सूची 40वें शासन वर्ष (1595-96) में पूरी की गई थी, लेकिन लगता है यह उससे पहले ही थोड़ी पुरानी पड़ चुकी थी। हालाँकि दूसरी सूची देनेवाली रचना 'तबक़ाते-अकबरी' में, जो 1593 में ही पूरी हो चुकी थी, अबुल फ़ज़्ल की सूची की हवाला दिया गया है, उसमें कुछ महत्त्वपूर्ण परिवर्तन दिखाई देते हैं।[43] इसमें ज़िन्दा मंसबदारों में 15 नए नाम जोड़े गए हैं जबकि 28 मंसबदारों के मंसब आईन के मुक़ाबले अधिक बताए गए हैं। ज़ाहिर है कि आईन की सूची मूलत: 1593 से कुछ समय पहले ही तैयार की जा चुकी थी, और हालाँकि तरक़्क़ियों या नई नियुक्तियों को शामिल करने के लिए ख़ुद अबुल फ़ज़्ल ने नि:सन्देह इसमें कुछ नाम जोड़े, पर ये वृद्धियाँ बहुत व्यापक नहीं थीं। 'तबक़ात' से हमें एक और फ़ायदा मिलता है; इसमें उन लोगों को कोई मंसब नहीं दिया गया है जिन्हें अबुल फ़ज़्ल ने 'मरणोपरान्त' काल्पनिक मंसब दे दिए थे।[44] इसमें ख़ास ध्यान देकर उन कुलीनों की मौत की बात भी दर्ज की गई है जो तब ज़िन्दा न थे।

तबक़ात की सूचनाओं के आधार पर आईन की सूचनाओं में फेरबदल और संशोधन करके हम अच्छी-ख़ासी सटीकता के साथ हर श्रेणी के उन मंसबदारों की संख्या तय कर सकते हैं जो 1595 में जीवित थे।

इन सूचियों में दिए गए मंसब औपचारिक रूप से इकहरे मंसब थे जो निजी तनख़्वाहों और दस्तों की संख्या, दोनों को निर्धारित करते थे। फिर भी ये मंसब बाद में ज़ात श्रेणियों के रूप में जारी रहे (इस अध्याय का पिछला खंड देखें) और इनका उपयोग निजी माहवार तनख़्वाहों और जानवरों के भत्तों, दोनों रूपों में होनेवाली कुछ अदायगी की गणना के लिए किया जा सकता है। यहाँ सिर्फ़ एक कठिनाई है। यह ज्ञात नहीं है कि हर मंसबदार के पास कितने सिपाही होते थे, और इसलिए (मंसब की संख्या से सिपाहियों की संख्या के अनुपातों के आधार पर) हर मंसब जिन तीन श्रेणियों में बँटा होता था उनमें से हरेक में मंसबदारों की संख्या तय करना सम्भव नहीं

है। इसलिए हम ज़ात श्रेणियों का ठीक-ठाक कुल वेतन तय नहीं कर सकते। लेकिन वेतन-तालिका में श्रेणियों के बीच बहुत मामूली अन्तर पाए जाते हैं। कुछ भी हो, दो सम्भव सीमाओं की मान्यता देकर उनके दायरे का निश्चय किया जा सकता है। ये सीमाएँ इस प्रकार हैं : सभी मंसबदार पहली श्रेणी के थे, या फिर सभी तीसरी श्रेणी के थे। हम यह भी मान सकते हैं कि वे सब दूसरी श्रेणी के थे, और फिर परिमाण को माध्यम के रूप में स्वीकार कर सकते हैं। ये गणनाएँ तालिका-9.2 में दी गई हैं जिसमें (अ) और (स) दो छोर हैं और (ब) माध्य है।

तीनों श्रेणियों के मंसबदारों को अलग-अलग लेकर हमने ज़ात की श्रेणियों के वेतनों और जानवर भत्तों के तीन अलग-अलग योग निकाले हैं। आईन की वेतन-तालिका में ये वेतन रुपये प्रतिमाह में दिए गए हैं। आईन की अपनी दर यानी एक रुपये के 40 दाम के हिसाब से इन वेतनों को दाम प्रतिवर्ष में बदल दिया गया है। अगर सभी मंसबदार तीसरी श्रेणी के थे तो न्यूनतम योग 78.68 करोड़ दाम प्रतिवर्ष आता है और अगर सभी पहली श्रेणी के थे तो अधिकतम योग 87.16 करोड़ आता है। दूसरी श्रेणी पर आधारित योग (82.75 करोड़ दाम) सम्भवत: ज़ात श्रेणियों के वास्तविक वेतनादि के सबसे क़रीब रहा होगा। जानवरों का कुल भत्ता 37.14 करोड़ आता है जो तीनों श्रेणियों के लिए एकसमान है। इसे वेतनों में जोड़ने पर कुल योग अधिकतम 124.30 करोड़ और न्यूनतम 115.82 करोड़ दाम प्रतिवर्ष आता है, लेकिन माध्य 119.89 करोड़ दाम होगा।

सल्तनत की प्रभावी जमा, जैसा कि हमने गणना की थी, 1595-96 में 3,96,03,27,106 दाम थी। इसलिए 'ज़ात' के वेतनादि पर आनेवाला व्यय सल्तनत की प्रत्याशित मात्र आय के 29.25 से 31.39 प्रतिशत के बीच होगा और सटीक कहें तो अगर सभी मंसबदार बीच की श्रेणी के थे तो, यह 30.27 प्रतिशत रहा होगा।

तीन

मंसबदारों के सवारों को मिलनेवाली रक़म का निश्चय एक पेचीदा प्रक्रिया थी—एक अलग सवार श्रेणी के आरम्भ से पहले भी और बाद में भी। शुरू में यह प्रक्रिया दो चरणों में पूरी की जाती थी।[45] पहले तो जब किसी व्यक्ति को चाहे प्रथम नियुक्ति के समय या तरक़्क़ी के रूप में एक सवार-श्रेणी दी जाती थी तो सवार-श्रेणी की प्रति इकाई पीछे एक समरस दर मानकर उसे एक रक़म दी जाती थी। इस दर को बरावुर्दी कहा जाता था।[46] यह एक तदर्थ भुगतान होता था जिसे बाद में तब समायोजित किया जाता था जब मंसबदार अपने आदमियों और घोड़ों को मुआयना और दाग़ के लिए पेश कर चुका होता था।[47] आख़िरी वेतन दाग़ के लिए वास्तव में लाए गए सिपाहियों (ताबीनान) के दस्ते के आधार पर तय किया जाता था।[48] दाग़ के बाद तय होने वाला वेतन प्रतिसवार पीछे घोड़ों की संख्या, घोड़ों की नस्लों और मंसबदार की नस्ल जैसे आधारों पर निर्धारित किया जाता था।[49]

'अकबरनामा' में बरावुर्दी की 40वें शासन वर्ष में संशोधित दरें दी गई हैं। नई तालिका में एक सेह-अस्प (तीन घोड़ों वाले सिपाही) के लिए, 1,000 दाम प्रतिमाह,

तालिका-9.2

मंसब	*मंसबदारों की तादाद*	*ज़ात की कुल तनख़्वाह (रुपये)*			*जानवर-भत्ता*
		(अ)	(ब)	(स)	
10,000	1	60,000	(60,000)	(60,000)	20,849.00
8,000	1	50,000	(50,000)	(50,000)	16,992.75
7,000	1	45,000	(45,000)	(45,000)	14,643.63
5,000	9	2,70,000	2,61,000	2,52,000	96,331.50
4,500	1	26,000	25,800	25,700	9,416.88
4,000	3	66,000	65,400	64,800	25,268.64
3,500	2	37,200	36,800	36,600	15,404.26
3,000	4	68,000	67,200	66,800	26,273.00
2,500	3	42,000	41,400	41,100	15,764.25
2,000	9	1,08,000	1,07,100	1,06,200	37,972.17
1,500	7	63,000	62,300	61,600	24,019.80
1,000	16	1,23,200	1,18,400	1,13,600	45,416.00
900	12	60,000	56,400	52,800	29,578.56
800	2	8,000	7,400	7,200	3,936.26
700	16	56,000	51,200	48,000	23,776.00
600	4	11,200	11,000	10,800	5,257.00
500	31	77,500	71,300	65,100	35,487.25
400	17	34,000	28,900	25,500	12,350.50
350	19	27,550	26,600	25,650	11,637.50
300	32	44,800	40,000	38,400	17,952.00
250	12	13,800	13,200	12,000	5,826.00
200	81	78,975	76,950	72,900	36,328.50
150	53	46,375	45,050	42,400	18,788.50
120	1	745	740	730	329.00
100	250	1,75,000	1,50,000	1,32,500	75,625.00
80	91	37,310	34,580	31,850	21,931.00
60	204	61,200	58,140	55,080	38,046.00
50	168	4,000	3,840	3,680	2,984.00
40	260	57,980	52,000	48,100	42,640.00
30	39	6,825	6,435	6,045	4,738.50
20	250	33,750	31,250	28,750	28,375.00
10	224	22,400	18,480	16,800	9,855.00
योग		18,15,810	17,23,865	16,39,225	7,73,793.45
योग (दाम/वर्ष)		87,15,88,800	82,74,55,200	78,68,28,000	37,14,20,856

दो-अस्प (दो घोड़ों वाले) के लिए 800 दाम और यक-अस्प (एक घोड़े वाले) के लिए 600 दाम प्रतिमाह की रक़म मंजूर की गई है। राजपूत मंसबदारों के लिए दरें इससे कम थीं : सह-अस्प के लिए 800 और दो-अस्प के लिए 600 दाम प्रतिमाह।[50]

तीन, दो और एक घोड़ेवाले सवारों के लिए अलग-अलग दरें तय करने की ज़रूरत लगता है इसलिए पैदा हुई कि दस सवारोंवाले हर दस्ते में (शब्दश: एक दहबाशी द्वारा रखे जानेवाले दस्ते में) हर श्रेणी के सिपाहियों की संख्याएँ अलग-अलग रखी जाएँ। पहले के एक चरण में इसकी संरचना का सूत्र इस प्रकार होता था : 2 चहार-अस्प (चार घोड़ों वाले), 3 से-अस्प, 3 दो-अस्प और 2 यक-अस्प। लेकिन आईन की रचना के समय तक मानक आवश्यकता बदलकर 3 से-अस्प, 4 दो-अस्प और 3 यक-अस्प हो गई थी।[51] 40वें शासन वर्ष में 'अकबरनामा' की दी हुई दरों से इस सूत्र के आधार पर ताबीनान (सवारों) की हर इकाई पीछे औसत दर 800 दाम या 20 रुपये प्रतिमाह आती है।[52]

20 रुपये प्रतिमाह की इस दर की पुष्टि बरावुर्दी की आईन में दर्ज पिछली दरों से होती है। कथित रूप से जो तालिका बरावुर्दी की अदायगियों के लिए उसमें ईरानियों और तूरानियों की सेवा में रत घुड़सवारों के लिए 25 रुपये, भारतीयों के मुआमले में 20 रुपये और शाही प्रतिष्ठान के मालगुज़ारों (अमलपरदाज़े-ख़ालिस) के लिए 15 रुपये प्रतिमाह की इजाज़त दी गई है।[53] इस तरह लगता है कि 'अकबरनामा' की 1595 की तालिका में मानक (रक़में संशोधित नहीं की गई थीं) (कारण कि 1,000 दाम=25 रुपये, 800 दाम=20 रुपये और 600 दाम=15 रुपये होते हैं।) जो चीज़ बदली गई वह इन दरों की स्वीकृति का आधार थी। अब यह हर सवार पीछे घोड़ों की संख्या के कहीं अधिक बुद्धिसंगत आधार पर तय की गई। लेकिन इस संशोधन के बाद राजपूत मंसबदारों को नुकसान अवश्य हुआ क्योंकि उनके लिए सवार-श्रेणी की इकाई पीछे औसत दर केवल 660 दाम प्रतिमाह रही होगी।

'आईने-अकबरी' में यक-अस्प सवारों की अदायगी की दरें भी दी गई हैं जो घोड़ों की विभिन्न नस्लों के लिए अलग-अलग होती थीं।[54] हर मुआमले में सवार के लिए स्वीकृत रक़म की गणना अलग-अलग नस्लों के घोड़ों के रखरखाव की वह लागत घटाकर की जा सकती है जो आईन में एक अन्य स्थान पर दी गई है। (तालिका-9.3 देखें।)[55]

तालिका-9.3

	यक-अस्प का वेतन (रुपये में)	*घोड़े के लिए स्वीकृत दर (रुपये में)*	*सिद्धान्तत: सवार के पास बचा बक़ाया (रुपये में)*
इराकी	30	17	13
मुजन्ना	25	14	11
तुर्की	20	12	8
याबू	18	10	8
ताज़ी	15	8	7
जंगला	12	6	6

शाहजहानी दौर के दस्तावेज़ी साक्ष्यों के आधार पर देखें तो सबसे अधिक तुर्की और याबू घोड़े इस्तेमाल किए जाते थे।[56] आम तौर पर 8 रुपये प्रतिमाह को सवार के निजी ख़र्चों के लिए स्वीकृत रक़म मानना उपयुक्त होगा क्योंकि सवार के घोड़े या घोड़े के लिए भत्ता चाहे जितना हो, उसके लिए न्यूनतम स्वीकृत रक़म यही थी।[57] इस तरह स्पष्ट है कि बरावुर्दी दरों की गणना के लिए मुग़ल प्रशासन सबसे घटिया नस्ल के यानी जंगला घोड़े की इजाज़त देता था जिसके रखरखाव की मासिक लागत 6 रुपये थी। इस आधार पर 10 के एक मानक दस्ते के लिए दरों की गणना इस प्रकार की जा सकती है :

3 से-अस्प	3 × (6 × 3 + 8) = 78 रुपये
2 दो-अस्प	4 × (6 × 2 + 8) = 80 रुपये
3 यक-अस्प	3 × (6 × 1 + 8) = 42 रुपये
कुल 10 सवार	200 रुपये

10 घुड़सवारों के लिए स्वीकृत कुल 200 रुपये से हमें प्रतिसवार (ताबीनान) 20 रुपये या 800 दाम की दर प्राप्त होती है। यह ठीक वही दर है जो 40वें शासन वर्ष के लिए 'अकबरनामा' में दी गई बरावुर्दी दरों से गणना करने पर प्राप्त होती है।

जहाँ बरावुर्दी की रक़म सबसे घटिया घोड़े वाली दर से स्वीकृत की जाती थी। वहीं बढ़िया नस्ल के घोड़ों के लिए रक़म बढ़ाकर तब दी जाती थी जब ऐसे घोड़े वास्तव में दाग़ के लिए लाए जाते थे।[58] इस कारण से हो सकता है कि बाद के हर दाग़ (दाग़े-मुक़र्रर) पर किसी मंसबदार के लिए दाग़ की दर बदल जाती हो हालाँकि उसका मंसब जैसा का तैसा रहता था।

इसलिए मंसबदारों के घुड़सवारों पर ठीक-ठीक शाही ख़र्च की गणना सम्भव नहीं दिखाई देती। तो भी ऐसे ख़र्च की एक निम्नतम या उच्चतम सीमा मानी जा सकती है। न्यूनतम ख़र्च की गणना यह मानकर की जा सकती है कि तमाम सवारों के लिए बरावुर्दी दरों से अदायगी की जाती थी। दाग़ी की अधिकतम अदायगियों का अनुमान इस मान्यता के आधार पर लगाया जा सकता है कि दाग़ के लिए लाए गए सभी घोड़े उन्दा नस्ल के होते थे। (मसलन तुर्की जिसके रखरखाव की स्वीकृत लागत 12 रुपये प्रतिमाह थी।) उन सभी को इराक़ी या मुजन्ना, यानी दो उम्दातरीन नस्लों का मानना यक़ीनन मुनासिब नहीं होगा।

अगर ये सभी घोड़े तुर्की थे तो सवारों की हर इकाई पीछे दाग़ी की मासिक दर की गणना (10 घुड़सवारों के मानक दस्ते के लिए) इस प्रकार की जा सकती है—

3 से-अस्प	= 3 सवार + 9 घोड़े	= 3 × 8 + 9 × 12	=	132 रुपये
2 दो-अस्प	= 4 सवार + 8 घोड़े	= 4 × 8 + 8 × 12	=	128 रुपये
3 यक-अस्प	= 3 सवार + 3 घोड़े	= 3 × 8 + 3 × 12	=	60 रुपये
		योग	=	320 रुपये

इससे 10 सवारों पर ख़र्च 3,840 रुपये प्रतिवर्ष अर्थात इकाई सवार पीछे ख़र्च 384 रुपये (15,360 दाम) प्रतिवर्ष आता है।

अब जबकि प्रति सवार ख़र्च की न्यूनतम और अधिकतम सीमा के रूप में बरावुर्दी और दाग़ी की दरें हमारे पास हैं, हम सभी सवारों को बरावुर्दी मानकर मंसबदारों के घुड़सवारों का न्यूनतम ख़र्च निकाल सकते हैं। इसी तरह यह मानकर कि सभी सवारों को तुर्की घोड़ों के लिए दाग़ी की दरों से अदायगी की जाती थी, हम मंसबदारों के घुड़सवारों का अधिकतम ख़र्च भी निकाल सकते हैं।

जैसा कि कहा गया है, अकबर के मंसबदारों की किसी सूची में सवारों की श्रेणियाँ नहीं बताई गई हैं, इसलिए सटीकता के साथ सवारों की वास्तविक संख्या तय करना असम्भव है तो भी एक कामचलाऊ अनुमान लगाने की कोशिश ज़रूर की जा सकती है।

'अकबरनामा' में सवार मंसब का ज़िक्र 41वें शासन वर्ष से ही मिलता है हालाँकि कभी-कभार ही मिलता है। सवार मंसबों का बार-बार ज़िक्र तो 'इक़बालनामा' में ही मिलता है जहाँ अकबरी दौर के आख़िरी बरसों का बयान किया गया है। इस रचना में अकबरी दौर के आख़िरी बरसों में ज़ात और सवार मंसबों के दर्ज जोड़ों को जमा करके हम एक ख़ासे बड़े प्रतिदर्श (सैंपल) के आधार पर ज़ात मंसबों और सवार मंसबों का औसत अनुपात निकाल सकते हैं।

'इक़बालनामा' में 47वें से लेकर 50वें शासन वर्ष तक जिन मंसबदारों के ज़ात और सवार दोनों मंसब दिए गए हैं (उनकी कुल तादाद 47 है) उन्हें लें तो कुल सवार मंसब ज़ात मंसबों का 59.15 प्रतिशत आते हैं। ज़ात से सवार मंसब के इस अनुपात की पुष्टि जहाँगीर के शुरुआती बरसों सम्बन्धी सूचनाओं से होती है। 'तुज़ुके-जहाँगीरी' में मंसबों के जो हवाले दिए गए हैं उन सबसे उसके दौर के दूसरे और तीसरे बरसों में ज़ात से सवार मंसबों का अनुपात क्रमश: 100 : 64.42 तथा 100 : 57.95 आता है।[59] इसलिए वर्ष 1595 में भी कुल सवार मंसबों को ज़ात मंसबों का 60 प्रतिशत मानना उपयुक्त ही होगा।

इस अनुपात के आधार पर 1595-96 में जिन मंसबों से सवारों के रखरखाव की आशा की जाती थी उनकी कुल तादाद, 1,88,070 होनी चाहिए। मंसबों की उस कुल संख्या (3,13,450) 6/10 है जिसका संकेत अबुल फ़ज़्ल ने दिया है और जिसकी पुष्टि निज़ामुद्दीन अहमद से प्राप्त सूचनाओं के आधार पर दुरुस्त किए गए आँकड़ों से होती है। इसमें वे घुड़सवार भी शामिल रहे होंगे। जिनको मुआइना और दाग़ हो चुकने के बाद दाग़ी दरों से अदायगी की जाती थी और वे भी जिनके रखरखाव की आशा तो की जाती थी पर जो अभी दाग़ के लिए नहीं लाए गए थे और जिन्हें बरावुर्दी दरों से अदायगी की जाती थी। इसलिए हम यह मान सकते हैं कि जहाँ अकबर के मंसबदारों के पास मौजूद घुड़सवारों की अधिकतम संख्या, 1,88,070 थी, वहीं वास्तव में यह संख्या काफ़ी कम रही होगी। यह संख्या हम शाहजहानी दौर (1646-47) में मुग़ल सेना के आकार के बारे में जो कुछ जानते

हैं उससे काफ़ी मेल खाती है। लाहौरी के अनुमान के अनुसार घुड़सवारों की कुल तादाद 1,85,000 थी, और स्पष्ट रूप से यह अनुमान उस समय सवार मंसबों की कुल संख्या पर एक-चौथाई के नियम के व्यवहार पर आधारित था।[60] चूँकि तब तक सल्तनत का विस्तार हो चुका था, अकबर के घुड़सवारों की अधिकतम संख्या से जहाँगीर के घुड़सवारों की वास्तविक संख्या की निकटता काफ़ी बुद्धिसंगत प्रतीत होती है। इस तरह यह हमारी मान्यता की ख़ासी अच्छी पुष्टि है कि 1595-96 में मंसबों और सवारों की संगत संख्या के बीच 10:6 का अनुपात पाया जाता था।

वेतन की माँग (तलब) की गणना के लिए बरावुर्दी दरों का इस्तेमाल करने से पहले हमें राजपूतों के कुल सवारों की संख्या भी जाननी होगी क्योंकि उन्हें कम बरावुर्दी दरें दी जाती थीं। आईन की सूची और पूरक रूप में 'तबक़ात' की सूची का सहारा लेकर हम देखते हैं कि राजपूत मंसबों की कुल तादाद 29,650 थी जबकि सूची में दर्ज कुल मंसब 2,41,250 थे।[61] मतलब यह कि 200 या इससे अधिक के मंसबदारों को मिले ज्ञात मंसबों में राजपूतों का भाग 12.29 प्रतिशत था। अब अगर हम यह मान लें कि सवार मंसबों में भी यही प्रतिशत पाया जाता था और सवार मंसबों की कुल संख्या 1,88,670 (आईन के आँकड़ों पर आधारित कुल 3,13,450 मंसबों का 60 प्रतिशत) मानें तो राजपूतों के कुल सवार मंसबों की तादाद 23,114 कही जा सकती है।

इन आँकड़ों के आधार पर आगे बढ़ें तो मंसबदारों के घुड़सवारों के न्यूनतम और अधिकतम ख़र्च का अनुमान लगाना मामूली हिसाब का सवाल रह जाता है। ग़ैर-राजपूतों के कुल सवार मंसबों (1,64,956) को 9,600 दाम प्रतिवर्ष की बरावुर्दी दर से तथा राजपूतों के सवार मंसबों (23,114) को 7,920 दाम से गुणा करें और दोनों गुणनफलों को जोड़ें तो मंसबदारों के घुड़सवारों के लिए स्वीकृत कुल वेतन की न्यूनतम सीमा 1,76,66,43,811 दाम प्रतिवर्ष आती है। यह आईन से निकाली गई कुल जमा का 44.61 प्रतिशत है।

कुल अनुमानित सवार मंसबों (1,88,070) को दाग़ी की परिकल्पित दर (प्रति सवार 15,360 दाम प्रतिवर्ष) से गुणा करके अधिकतम सीमा निकाली जा सकती है। इससे कुल ख़र्च, 2,88,87,55,200 दाम यानी सल्तनत की कुल जमा का 72.94 प्रतिशत आता है।

अब हमें सवारों के वेतन सम्बन्धी ख़र्च की न्यूनतम और अधिकतम सीमा ज्ञात है। ख़र्च का वास्तविक स्तर इन्हीं के बीच कहीं रहा होगा। अगर हम सवारों के उस भाग का निश्चय कर लें जिसे केवल बरावुर्दी दरों से अदायगी की जाती थी तो इस स्तर का अनुमान भी लगाया जा सकता है। उसी के आधार पर हम कुल बरावुर्दी और कुल दाग़ी अदायगियों की अलग-अलग गणनाएँ भी कर सकते हैं। इसके लिए हमारे पास कोई भी प्रत्यक्ष साक्ष्य नहीं है। लेकिन यह बात निश्चित लगती है कि जिन सवारों को दाग़ी अदायगियाँ की जाती थीं उनका भाग कोई बहुत बड़ा नहीं रहा होगा। मंसबदार हमेशा उतने घोड़े और सवार नहीं रखते थे जितने की उनके सवार मंसबों

के अनुसार आशा की जाती थी। दकन से अबुल फ़ज़्ल द्वारा भेजे गए एक ख़रीते से संकेत मिलता है कि अकसर दाग़ के लिए प्रत्याशित संख्या के आधे घोड़े भी नहीं लाए जाते थे।[62] इसलिए यह बात हम शायद ही मान सकें कि सवारों के एक-चौथाई से अधिक के लिए दाग़ी अदायगियाँ की जाती थीं। इसके अलावा अगर दाग़ के लिए पूरी तादाद लाई भी जाती थी तो भी दाग़ी दरों से हमेशा अतिरिक्त अदायगी की भी नहीं जाती थी। बायज़ीद बियात की शिकायतों का लब्बो-लुबाब यही है।[63] आख़िरी बात, अगर आख़िरी हाज़िरी के बाद छह साल गुजर जाते थे (दाग़ का नवीनीकरण हर तीन साल पर कराना होता था)[64] तो सवारों की अदायगियों में 10 प्रतिशत की कटौती कर दी जाती थी और यह तब तक की जाती थी जब तक घोड़ों और सवारों को नए सिरे से दाग़ और हाजिरी के लिए पेश नहीं किया जाता। अगर कोई तरक़्क़ी दी जाती और आख़िरी दाग़ के बाद तीन साल गुजर जाते तो अतिरिक्त सवारों के लिए (बरावुर्दी दरों से भी) तब तक कोई अदायगी नहीं की जाती थी जब तक कि दाग़ के लिए वास्तव में घोड़े और सवार नहीं लाए जाते थे।[65]

इसलिए यह मान्यता स्वीकार करने योग्य है कि जिन सवार मंसबों को दाग़ी दरें दी जाती थीं उनकी तादाद कुल सवार मंसबों की एक-तिहाई से अधिक नहीं थी। इसलिए हम इस परिकल्पना के आधार पर आगे बढ़ सकते हैं कि (अ) जिन सवारों को केवल बरावुर्दी दरें दी जाती थीं, और (ब) जिनको दाग़ी दरें दी जाती थीं वे 3:1 के अनुपात में बँटे हुए थे। इस आधार पर सवार मंसबों का कुल ख़र्च 2,03,89,33,800 दाम या 1595-96 में सल्तनत की कुल प्रभावी जमा का 51.49 प्रतिशत ठहराया जा सकता है।

अब हमें ज़ात मंसबों की अदायगियों के बारे में अपना 82,74,55,200 दाम का अनुमान याद करना चाहिए। बरावुर्दी और दाग़ी अदायगियों के बीच अपनी 3:1 अनुपात की मान्यता के आधार पर मंसबों (ज़ात और सवार दोनों मंसबों) को दी जानेवाली कुल अदायगी का अनुमान 323.78 करोड़ दाम आता है।[66] इसलिए हम यह निष्कर्ष निकाल सकते हैं कि 1595-96 में प्रभावी जमा का 81.76 प्रतिशत भाग मंसबदारों को दी जानेवाली अदायगियों में निकल जाता था।

चार

ऊपर हमने सुझाया है कि सभी मंसबदारों की कुल आय कुल जमा की कोई 82 प्रतिशत होती थी। दूसरे ढंग से इसे हम यूँ रख सकते हैं कि सल्तनत के मात्र राजस्व के सभी संसाधनों का 82 प्रतिशत भाग सिर्फ़ 1,671 लोगों के क़ब्ज़े में चला जाता था। जब हम मंसबदारों की विभिन्न श्रेणियों के बीच वितरण के प्रतिमान का विश्लेषण करते हैं तो राजस्व संसाधनों का यह संकेन्द्रण और भी बढ़ जाता है। तालिका-9.4 में मंसब वेतनों के कुल ख़र्च के प्रतिशत रूप में (ज़ात और सवार मंसबों को अलग-अलग करके) विभिन्न श्रेणियों पर आनेवाले कुल ख़र्च दिखाए गए हैं। सवार मंसबों पर ख़र्च की गणना की विधि वही है जो ऊपर सभी मंसबों के कुल ख़र्च की गणना

के लिए अपनाई गई है। (तात्पर्य यह कि बरावुर्दी और दाग़ी अदायगियों वाले मंसबों के बीच 3:1 का अनुपात माना गया है।)

तालिका-9.4

मंसब	*मंसबदारों की संख्या*	*वेतन जमा के % रूप में*
5,000-10,000	12	18.590
2,500-4,500	13	11.714
500-2,000	97	21.579
100-400	365	13.812
10-80	1,184	16.464

इस तरह मंसबदारों की विभिन्न श्रेणियों के अन्दर भी भारी संकेन्द्रण पाया जाता था। कुल जमा के 18.59 प्रतिशत भाग पर चोटी के सिर्फ़ 12 लोगों का नियंत्रण था। इसके अलावा 500 या अधिक के 122 मंसबदारों का वेतन देने में कुल जमा का 51.88 प्रतिशत भाग निकल जाता था। दूसरी ओर सबसे नीचे के 1,184 मंसबदारों का जमा के सिर्फ़ 16 प्रतिशत से थोड़े से अधिक भाग पर नियंत्रण था।

इन आँकड़ों से हमें उन बहुत थोड़े से लोगों के हाथों में राजस्व संसाधनों के बेपनाह संकेन्द्रण का अन्दाज़ा होता है जो अकबरी दौर में शासक वर्ग के सिरमौर थे।

लगता है धन का, और शक्ति का, यह संकेन्द्रण अकबर के वारिसों के दौर में भी जारी रहा। जहाँगीरी दौर के बारे में आवश्यक आँकड़े हमारे पास नहीं हैं लेकिन शाहजहानी दौर में हमें लाहौरी के यहाँ 10वें और 20वें शासन वर्ष के अन्त में मंसबदारों की सूचियाँ[67] मिलती हैं और वारिस के यहाँ 30वें शासन वर्ष के अन्त की सूची मिलती है।[68] इन सूचियों से 500 या अधिक के ज्ञात मंसब वाले मंसबदारों की श्रेणियों का पता चलता है। शाहजहानी दौर में प्रयुक्त वेतन-तालिकाएँ भी बची रह गई हैं।[69] लाहौरी से 1646-47 में सल्तनत जमा का पता चलता है।[70] इन आँकड़ों के आधार पर क़ैसर ने वर्ष 1646-47 में राजस्व संसाधनों के वितरण का हिसाब लगाया है।[71] उनकी गणनाओं के अनुसार 500 या अधिक के ज्ञात मंसब वाले 445 मंसबदार कुल जमा का 61.54 प्रतिशत भाग खा जाते थे। हम देख चुके हैं कि अकबरी दौर में राजस्व के 66.69 प्रतिशत भाग पर चोटी के 487 मंसबदारों का कब्ज़ा था जिसका मतलब अधिक नहीं तो उतना ही संकेन्द्रण है। लेकिन लगता है शाहजहानी दौर के मुक़ाबले अकबरी दौर में ऊपर की श्रेणियाँ कुल राजस्व का ज़्यादा बड़ा भाग हड़प करती थीं। शाहजहाँ के चोटी के 25 मंसबदारों का 24.3 प्रतिशत जमा पर कब्ज़ा था, अकबर के दौर में चोटी के 25 मंसबदार 30.29 प्रतिशत जमा हड़प कर रहे थे।

व्याख्या

दाख़िली सवार अकबरी प्रशासन के पास मौजूद फ़ौजियों की श्रेणी में होते थे। अगर 500 या अधिक के किसी मंसबदार के लिए घुड़सवार जुटाना मुश्किल होता तो

उसे दाख़िलियों में से सवार दे दिए जाते थे और उनको सीधे शाही ख़ज़ाने से तलब दी जाती थी।[72] किसी मंसबदार के सवारों में दाख़िली दसवें भाग से अधिक नहीं हो सकते थे। इसका अपवाद 500 के मंसबदार थे जिनके सवारों में 100 यानी 20 प्रतिशत सवार दाख़िली हो सकते थे।

इस तरह दिए जानेवाले दाख़िली सवारों के साथ और उनकी आधी तादाद में दाख़िली पियादे भी दिए जाते थे।[73] पियादों की निश्चित की गई संरचना इस प्रकार होती थी : एक-चौथाई बन्दूक़ची और बाक़ी तीरंदाज़, साथ में थोड़े से दूसरे पियादे जैसे बढ़ई, लुहार, भिश्ती और कुदालची। बन्दूक़चियों के कप्तान (सरगिरोह) को 160 दाम की माहवार तलब दी जाती थी, साधारण बन्दूक़चियों को 140 दाम मिलते थे। दस तीरंदाज़ों के कप्तान (मीरदह) को 120 से 180 दाम माहवार और साधारण तीरंदाज़ों को 100 से 120 दाम मिलते हैं।[74]

दाख़िली फ़ौजियों, घुड़सवारों और पियादों दोनों को शाही ख़ज़ाने से तलब दी जाती थी। इसके लिए उस मंसबदार द्वारा सत्यापन आवश्यक था जिसे वे सौंपे जाते थे।

लेकिन दाख़िलियों को दी जानेवाली तलब भले ही सवारों को सीधे-सीधे दी जाती हो, वह सवार मंसब के अनुसार मंसबदार की तनख़्वाह का ही हिस्सा होती थी। इसलिए सवार मंसब को दो चरणों में अदायगी करने की प्रथा समाप्त हो गई और सवार मंसब ख़र्च की हमने जो गणना की है उसमें यह अदायगी शामिल है।[75]

लेकिन शायद 40वें शासन वर्ष में उठाए गए कदमों के कारण दाख़िली रखने की प्रथा बाक़ी नहीं बची।[76] दोहरे (ज़ात और सवार) मंसब के साथ जब मंसबों के लिए बरावुर्दी अदायगी ही एकसमान, आख़िरी अदायगी बन गई तो दाख़िली रखने की प्रथा बेकार होकर रह गई। यही कारण है कि दाख़िली शब्द का प्रयोग अबुल फ़ज़्ल ने जिस अर्थ में किया है उस अर्थ में यह जहाँगीरी दौर के और बाद के दस्तावेज़ी स्रोतों में नहीं मिलता।

सन्दर्भ और टिप्पणियाँ

1. आमतौर पर कहा गया है कि ऊँचे मंसबों—अकबरी दौर में 500, शाहजहानी दौर में 1,000—के भोगियों को उमरा कहा जाता था जबकि निचले (500 या, 1000 से कम) मंसबों के भोगियों को मंसबदार नाम दिया गया था। (मोरलैंड, रैंक्स (मंसब) *इन द मुग़ल स्टेट सर्विस*, जे. आर. ए. एस., लंदन, 1936, पृ. 650, अब्दुल अज़ीज़, *मंसबदारी सिस्टम एंड द मुग़ल आर्मी*, लंदन, 1945, पृ. 147-49 देखें।) लेकिन अबुल फ़ज़्ल (*अकबरनामा*, तीन, पृ. 671, *आईन*, एक, पृ. 187, 188, 190) ने और मुतमिद ख़ान (*इक़बालनामा*, दो, पृ. 288) ने सभी मंसबों के योगियों के लिए बिना कोई अन्तर किए मंसबदार शब्द का ही प्रयोग किया है। पर अगर *तबक़ाते-अकबरी*, पृ. 456 के आधार पर देखें तो यह सही है कि अकबरी दौर में उमरा शब्द का प्रयोग 500 से अधिक के मंसब वालों के लिए ही सुरक्षित था।
2. ए. जे. क़ैसर, *नोट आन द डेट ऑफ़ इंस्टीट्यूशन ऑफ़ मंसब अंडर अकबर, प्रोसीडिंग्स*, 24वाँ सत्र, 1961, पृ. 155-57 देखें। (शासन वर्ष 20 की जगह 18 पढ़ें।) एम. अतहर अली, *मुग़ल नोबिलिटी अंडर औरंगज़ेब*, बम्बई, 1966, पृ. 39 भी देखें।

3. *आईन*, एक, पृ. 222-32, *तबक़ात*, दो, पृ. 425-56
4. *अकबरनामा*, तीन, पृ. 69
5. उपरोक्त, पृ. 117
6. *इक़बालनामा*, दो, पृ. 288
7. *रुक़आते, अबुल फ़त्ह गीलानी*, सं. : बशीर हुसैन, लाहौर, 1968, पृ. 15-16, 20-21 और 27 देखें। किसी मंसब को देय पूरे वेतन की स्वीकृति के लिए हिन्दी शब्द पूर (पूरा) का प्रयोग किया गया है।
8. *बदायूनी*, दो, पृ. 190
9. *अकबरनामा*, तीन, पृ. 117
10. उपरोक्त, पृ. 219
11. *तबक़ात*, दो, पृ. 456
12. उपरोक्त
12.अ. *आईन*, एक, पृ. 222-32
13. अब्दुल अज़ीज़, *मंसबदारी सिस्टम*, पृ. 110, अतहर अली, *मुग़ल नोबिलिटी*, पृ. 8, ए. जे. क़ैसर, पूर्वोक्त, पृ. 156, इरफ़ान हबीब, द *मंसब सिस्टम* (1595-1637), *प्रोसीडिंग्स*, 29वाँ सत्र, पृ. 212
14. बायज़ीद बियात, *तज़्किर-ए-हुमायूँ-ओ-अकबर*, सं. : एच. हुसैन, *रॉयल एशियाटिक सोसायटी*, कलकत्ता, 1941, पृ. 373-74
15. *अकबरनामा*, तीन, पृ. 671
16. *आईन*, एक, पृ. 179, सवार के मुताबिक़ मासिक तलब में एक फ़र्क़ क़ायम किया गया। (बादशाह ने) उसे पहला दर्जा (पाया) दिया जिसके सवारों की तादाद उसके मंसब के बराबर है, जिसकी आधी या उससे ज़्यादा है उसे दूसरा दर्जा दिया, और उसने जिसकी आधी से कम है उसे तीसरे दर्जे में रखा।
17. बरावुर्दी शब्द के महत्त्व के बारे में इरफ़ान हबीब, द *मंसब सिस्टम*, पृ. 233 देखें।
18. *अकबरनामा*, तीन, पृ. 717
19. उपरोक्त, पृ. 721
20. इरफ़ान हबीब, द *मंसब सिस्टम*, पृ. 233-34
21. *आईन*, एक, पृ. 191-92
22. अकबरी दौर में मंसब व्यवस्था के विकास पर मेरी समझ *इवॉल्यूशन ऑफ़ द मंसब सिस्टम अंडर अकबर*, जे. आर. ए. एस., अंक 2, 1981, पृ. 173-85 में दी गई है।
23. आईन, एक, पृ. 179
24. उपरोक्त, पृ. 176
25. *इक़बालनामा*, दो, पृ. 288
26. *आईन*, एक, पृ. 176
27. उपरोक्त, पृ. 176-78 देखें। ख़ास के रूप में रखरखाव के थोड़ों में सबसे आला नस्ल (अरबी) को शामिल नहीं किया गया था (*आईन*, एक, पृ. 180-86), न ही दाग़ की दरों में अरबी नस्ल के घोड़े वाले घुड़सवार की तलब (पृ. 188) दी गई है।
28. *आईन*, एक, पृ. 28
29. उपरोक्त, पृ. 176-77
30. उपरोक्त, पृ. 175-86

31. उपरोक्त, पृ. 178 देखें। जुज-मंसबदार का अर्थ छोटा मंसबदार भी लगाया जा सकता है और तब इसका यह मतलब होगा कि छोटे मंसबदारों को हाथी या गाड़ियाँ रखने की इजाज़त नहीं थी : वेतन-तालिका (पृ. 185) में दह-बाशी को सचमुच हाथियों और गाड़ियों का मालिक नहीं बताया गया है। पाठ के वाक्यांश गज़ीन-सवार व शुत्र में समुच्चयबोधक व शब्द एक स्पष्ट चूक है और इसे पांडुलिपि एड 6552 की तरह ही निकाल देना चाहिए। अबुल फ़ज़्ल कहते हैं (पृ. 188) कि एक घोड़े से ज़्यादा वाले सिपाहियों (ग़ैरे-यक-अस्प) को बैल और ऊँट का अतिरिक्त भत्ता (सम्भवत: बैल और ऊँट से यातायात की लागत उठाने के लिए) दिया जाता था। ये भत्ते यक-अस्प के लिए स्वीकृत भत्ते के क्रमश: 50 और 40 प्रतिशत होते थे। ज़ाहिर तौर पर ये भत्ते यक-अस्प के भत्तों में शामिल हैं जिसे अबुल फ़ज़्ल इसके बाद बयान करते हैं।
32. अब्दुल अज़ीज़, द *मंसबदारी सिस्टम*, पृ. 48-49
33. *आईन*, एक, पृ. 133-44
34. ज़ात (निज) की तनख़्वाह में वृद्धि में ये बढ़ोतरियाँ शामिल की गई होंगी, इस सुझाव का पूर्वानुमान करते हुए हमें याद रखना होगा कि (अ) *आईन* में ऐसा कोई बयान नहीं जो दूसरे दौर के ऐसे समायोजनों को उचित ठहराए और (ब) रखरखाव की लागतों में बढ़ोतरी के समायोजन से मंसब की तनख़्वाहों के विस्तृत आँकड़े प्राप्त होते जबकि (एक-दो अपवादों को छोड़कर) हर जगह तनख़्वाहों के आँकड़े निकटतम पूर्णांकों में हैं, निचली श्रेणियों के सन्दर्भ में तो उनका आख़िरी अंक 5 है।
35. ये गणनाएँ स्वीकृत माहवार तनख़्वाहों से आगे तालिका-9.1 में दिए गए जानवर भत्तों को निकालकर की गई हैं।
36. *इक़बालनामा*, दो, पृ. 288
37. *आईन*, एक, पृ. 128
38. उपरोक्त, पृ. 135
39. उपरोक्त, पृ. 141
40. मंसबों की वास्तव में दी गई संख्या केवल 32 है।
41. *आईन*, एक, पृ. 222-31
42. उपरोक्त, पृ. 223
43. *तबक़ात*, पृ. 425-56, इरफ़ान हबीब, द *मंसब सिस्टम*, पृ. 228-49 से तुलना करें।
44. ए. जे. क़ैसर, *प्रोसीडिंग्स*, 1961, पृ. 155-57
45. इरफ़ान हबीब, द *मंसब सिस्टम*, पृ. 227 से तुलना करें।
46. *आईन*, एक, पृ. 176
47. *आईन*, एक, पृ. 176 देखें। अगर किसी मंसबदार के लिए घुड़सवार जुटाना मुश्किल होता था तो उसे अपने दस्ते के अंग के रूप में कुछ नामदर्ज (दाग़े-गए) सिपाही दिए जाते थे। पर उसे उनका भत्ता नहीं दिया जाता था। इन दाख़िली कहलानेवाले फ़ौजियों को जिस मंसबदार के हवाले किया जाता था उसके सत्यापन करने के बाद उन्हें सीधे शाही ख़ज़ाने से तनख़्वाहें दी जाती थीं। (पृ. 191 देखें।) लेकिन दाख़िली सिपाही 500 या अधिक के मंसबदारों को ही दिए जाते थे, और उनकी संख्या उसके मंसब का एक भाग मात्र होती थी। मसलन 5000 के मंसबदारों को केवल 500 के दायित्व पूरी करने के लिए आवश्यक दाख़िली मिलते थे, 500 के मंसबदार को 100 दाख़िली ही मिलते थे, वग़ैरह।
48. *आईन*, एक, पृ. 176, 191

49. ये दरें घुड़सवारों नहीं, मंसबदारों की नस्लों के अनुसार अलग-अलग होती थीं। इरफ़ान हबीब, *मंसब सिस्टम*, पृ. 233 से तुलना करें।

50. *अकबरनामा*, तीन, पृ. 672 देखें। *इक़बालनामा-ए-जहाँगीरी* की पांडुलिपि (ब्रिम्यू ओ 1834) में हमें एक और सूची मिलती है जो कथित रूप से 1605 में प्रचलन में थी, इसमें क्रमश: 1000, 800 और 400 तंके की दरें दी गई हैं। (इरफ़ान हबीब, *मंसब सिस्टम*, पृ. 235 से तुलना करें।) यहाँ लगता है तंके दाम की जगह ग़लती से लिख दिए गए हैं। हालाँकि यक-अस्प के मुआमले में यह दर बहुत कम होगी। जंगला घोड़े तक के रखरखाव के लिए स्वीकृत रक़म 240 दाम प्रतिमाह थी (*आईन*, एक, पृ. 177), अगर *इक़बालनामा* की दरों पर भरोसा करें तो फ़ौजी के लिए सिर्फ़ 160 दाम प्रतिमाह की रक़म बचती होगी।

51. *आईन*, एक, पृ. 188

52. मोरलैंड, *रैंक (मंसब) इन द मुग़ल स्टेट सर्विस* देखें। इरफ़ान हबीब, *मंसब सिस्टम*, पृ. 234-35 से भी तुलना करें हालाँकि यहाँ इस उद्धरण के बारे में दी गई व्याख्या थोड़ी भरती की लगती है।

53. *आईन*, एक, पृ. 175

54. उपरोक्त, पृ. 188

55. उपरोक्त, पृ. 176-77

56. आर. ए. अलवी, *न्यू लाइट ऑन मुग़ल कैवेलरी, मेडिवल इंडिया : ए मिस्सेलेनी*, अंक दो, पृ. 98 देखें। 1775 घोड़ों वाले 1750 फ़ौजियों के प्रतिदर्श (सैंपल) में तुर्की घोड़ों की संख्या 981 (55.3 प्रतिशत), याबू की 422 (23.8 प्रतिशत) और ताज़ी की 340 (19.2 प्रतिशत) थी। जंगला घोड़े केवल 31 यानी 2 प्रतिशत से कम थे। तुर्की से बेहतर किसी घोड़े का ज़िक्र नहीं किया गया है।

57. अकबर ने, 1577 में, गुजरात में सूबेदार जो घुड़सवार रख सकता था उनमें से हर घुड़सवार के लिए अधिकतम तनख़्वाह 10 रुपये प्रतिमाह तय की थी। इसके कारण उन मुग़ल फ़ौजियों ने बग़ावत कर दी जिनको लगता है पिछले सूबेदार के तहत इससे कहीं बहुत अधिक तनख़्वाहें मिलती थीं। (शेख़ सिकन्दर, *मरआते-सिकन्दरी*, सं. : एस. सी. मिश्र और एम. एल. रहमान, बड़ौदा, 1961, पृ. 459 देखें।)

58. *आईन*, एक, पृ. 189, 191, *अकबरनामा*, दो, पृ. 147

59. मैंने *तुज़ुके-जहाँगीरी*, सं. : एस. अहमद, अलीगढ़, 1864, पृ. 41-73 से संकलित आँकड़ों से गणनाएँ की हैं।

60. *लाहौरी*, दो, पृ. 719

61. राजपूतों से भिन्न हिंदुओं को हमने राजपूतों में नहीं रखा है।

62. *रुक़आते-अबुल फ़ज़्ल, लियोग्राफ*, पृ. 45 देखें। लेकिन इस पत्र-संग्रह में कुछ ऐसी सामग्री भी है जो लगता में बाद में जोड़ी गई है।

63. बायज़ीद बियात, पृ. 373

64. *आईन*, एक, पृ. 791-92

65. उपरोक्त, पृ. 192

66. व्यवहार में साल में 11 माह की तनख़्वाह का हिसाब किया जाता था और मुद्रा में या जागीर रूप में दी जाती थी। बारहवें माह की तनख़्वाह घोड़ों और अरमास कहलाने वाली वस्तुओं के रूप में दी जाती थी। (*आईन*, एक, पृ. 196, अरमास के लिए *सेलेक्टेड डॉक्यूमेंट्स ऑफ़ शाहजहाँ रीन*, पृ. 1-21 देखें।) यहाँ अबुल फ़ज़्ल जो कुछ कहते हैं उसका मतलब यही

है कि बारहवें माह की तनख़्वाह भी नक़्द में बतलाई जाती थी और उसी मूल्य के घोड़े या दूसरे सामान के रूप में दी जाती थी। वे मानते हैं कि तनख़्वाह पानेवालों का नुकसान होता होगा क्योंकि घोड़ों की क़ीमत बढ़ाकर बताई जाती थी, लेकिन वे तर्क देते हैं कि उनको बेहतर घोड़े मिलते थे क्योंकि घोड़ों की छानबीन कड़ी कर दी गई थी। आरम्भिक शाहजहानी दौर की दस्तावेज़ों से इस प्रथा की पुष्टि होती है, अन्तर केवल यह है कि बारहवें माह की तनख़्वाह का ज़िक्र नहीं किया गया है।

67. लाहौरी, *बादशाहनामा,* बि इं, पृ. 717-52
68. मुहम्मद वारिस, *बादशाहनामा,* ब्रिम्यू एड 6556, ओ 1675 (प्रति इतिहास विभाग, अलीगढ़ मुस्लिम विद्यालय में मौजूद)
69. *सेलेक्टेड डॉक्यूमेंट्स ऑफ़ शाहजहाँज़ रीन,* पृ. 79-84
70. लाहौरी, दो, पृ. 729
71. ए. जे. क़ैसर, *प्रोसीडिंग्स,* 1965, पृ. 240-43
72. लगता है दाख़िली शब्द का प्रयोग मुख्य रूप से हस्तान्तरित फ़ौजियों के लिए किया जाता था। ऐसे प्रयोग के लिए *बायज़ीद बियात* (पृ. 373-74) देखें जहाँ वे अपने मृतक बेटे से स्वयं को हस्तान्तरित होनेवाले फ़ौजियों के लिए दाख़िली शब्द का प्रयोग करते हैं। इसके बाद तो शाही दस्तों से मंसबदारों को हस्तान्तरित होनेवाले फ़ौजियों के लिए इसी शब्द का प्रयोग स्वाभाविक था।
73. *आईन,* एक, पृ. 175
74. उपरोक्त, पृ. 190
75. उपरोक्त, पृ. 175
76. जे.आर.ए.एस., 1981, पृ. 180-83 देखें।

अध्याय-10

शाही फ़ौजी प्रतिष्ठान का ख़र्च

मंसबदारों और उनके सिपाहियों के अलावा मुग़ल प्रशासन के पास शाही घुड़सवार (अहदी), सहायक सिपाही (कुमकी), पैदल सिपाही (पियादागान) और तोपख़ाने भी होते थे।[1] जंगी-काल के और बोझ ढोनेवाले पशुओं (घोड़ों, हाथियों, ऊँटों, खच्चरों और बैलों) की बड़ी तादाद पर सल्तनत के कुल राजस्व संसाधनों का एक अच्छा-ख़ासा भाग ख़र्च होता होगा। आख़िरी बात, शाही हथियारख़ानों, हथियारों और बन्दूक़ों पर भी ख़र्च होता ही था।

आईन में दी गई सूचनाओं के आधार पर इन मदों पर होनेवाले ख़र्च के अनुमान लगाने का प्रयास हम कर सकते हैं। ये सूचनाएँ इतनी विस्तृत तो नहीं हैं कि ख़र्च का एक सटीक अनुमान लगाया जा सके, पर फिर भी अधिकतम और न्यूनतम सीमाएँ कुछ भरोसे के साथ तय की जा सकती हैं।

एक

अबुल फ़ज़्ल के मुताबिक़ कुछ फ़ौजियों को मंसब नहीं दिए जाते थे, लेकिन उनको किसी की कमान में भी नहीं रखा जाता था। उनका शुमार शाही मुलाज़िमों (बन्दगाने-ख़ास) में किया जाता था और शाही ख़ज़ाने से सीधे वेतन दिया जाता था। ऐसे फ़ौजियों को अहदी कहा जाता था गोयाकि उनका मंसब एक (अहद) हो।[2]

आईन में कहा गया है कि अकबर ने अहदियों के वर्गीकरण के लिए नए सिरे से नियम (दस्तूर) बनाए थे और भरती और वेतन के वायदे तय किए थे। उनके लिए अलग से दीवान और बख़्शी नियुक्त किए गए।[3] ये क़दम शायद उसके प्रशासनिक और सैनिक पुनर्गठन के उस प्रयास के अंग थे जो 19वें शासन वर्ष (1575-76) में किया गया था। लगता है, अहदी शाही मुलाज़िमों की एक निचली श्रेणी में आते थे, उन्हें विभिन्न शाही कारख़ानों में भी लगाया जाता था। उनकी ठीक-ठीक तादाद तय करना थोड़ा मुश्किल है। 22वें शासन वर्ष के अन्तर्गत अबुल फ़ज़्ल कहते हैं कि 'अब जो अहदी कहे जाते हैं' उन शाही घुड़सवारों (सवाराने-ख़ास) की तादाद 12,000 तय की गई थी।[4] लेकिन यह संख्या संदिग्ध दिखाई देती है क्योंकि अकबर की मौत के वक़्त और जहाँगीरी दौर के शुरू में अहदियों की तादाद इससे काफ़ी कम बताई गई है। अकबर की मौत के बाद जहाँगीर की मुलाज़िमत करनेवाले

सबसे ऊँचे से लेकर सबसे नीचे तक के लोगों की तादाद बताते हुए पेल्सेयर ने 741 चहार-अस्प (चार घोड़ोंवाले), 1,322 से-अस्प (तीन घोड़ों वाले), 1,428 दो-अस्प (दो घोड़ों वाले) और 950 यक-अस्प (एक घोड़े वाले) यानी कुल 4,441 अहदी गिनवाए हैं।[5] जहाँगीरी दौर के शुरू में अपना वृत्तान्त लिखने वाले हॉकिंस ने हद्दियों की तादाद 5,000 बताई है, लेकिन इस 5,000 में छह घोड़ोंवाले सवार भी शामिल थे।[6] शाहजहानी दौर तक मंसबदारों की तादाद ख़ासी बढ़ चुकी थी, पर फिर भी 1647 में लाहौरी ने अहदियों और बर्क-अन्दाज़ सवारों (घुड़सवार बन्दूक़चियों) की तादाद 7,000 बताई है।[7]

इसके अलावा 1577-78 में अबुल फ़ज़्ल ने जिस सन्दर्भ में अहदियों की तादाद का ज़िक्र किया है उसी से बढ़ा-चढ़ाकर बात किए जाने का संकेत मिलता है। कहते हैं कि किसी कुलीन के फ़ौजियों की तादाद 5,000 से ऊपर नहीं होती थी और अहदी कहलानेवाले सवाराने-ख़ास की तादाद 12,000 तय की गई थी। फिर वे शाहज़ादों को दिए गए मंसब बतलाते हैं जो 6,000 से 10,000 तक होते थे।[8] लगता है कि यहाँ अबुल फ़ज़्ल अहदियों की तादाद को एक अर्थ में ख़ुद बादशाह के मंसब के समतुल्य बता रहे हैं क्योंकि उस समय मंसब की संख्या रखे जानेवाले फ़ौजियों की संख्या की सूचक होती थी।[9] इसलिए वे यह बात शायद ही मानते कि बादशाह के अपने फ़ौजियों की वास्तविक संख्या, 10,000 से कम थी, सबसे बड़े शाहज़ादे से इतने ही फ़ौजी रखने की आशा की जाती थी।

इसलिए हम अकबर की मौत के समय अहदियों की तादाद के बारे में पेल्सेयर की संख्या को अधिक विश्वसनीय मान सकते हैं। एक दिलचस्प बात यह है कि उन्होंने चहार-अस्प, से-अस्प, दो-अस्प और यक-अस्प में अहदियों का जो वितरण दिया है वह 1.7:3:3:2 के अनुपात में है। लेकिन जब मंसबदारों से यह आशा की जाती थी कि उनके पास चहार-अस्प भी होंगे तो उनके लिए निर्धारित संरचना का मानक सूत्र 2:3:3:2 था।[10] पेल्सेयर के अनुपात इससे लगभग पूरी तरह मेल खाते हैं।

अबुल फ़ज़्ल कहते हैं कि बहुत से अहदियों को 500 रुपये प्रतिमाह से ज़्यादा मिलते थे। ऐसी मिसालें बहुत कम रही होंगी क्योंकि एक दहबाशी (10 फ़ौजियों के कमानदार) की निजी तलब 100 रुपये प्रतिमाह होती थी।[11] दूसरी ओर बदायूनी ने एक यक-अस्प फ़ौजी की बरावुर्दी (तदर्थ, पेशगी) तनख़्वाह (अलूफ़-ए-बरावुर्दी) सिर्फ़ छह रुपये बताई है।[12] बदायूनी की बताई पेशगी तनख़्वाह की दर बहुत कम दिखाई देती है क्योंकि एक मंसबदार के यक-अस्प फ़ौजी की बरावुर्दी दर 600 दाम यानी 15 रुपये प्रतिमाह तक होती थी।[13]

अहदियों को चाहे जो रक़म मिलती हो, आईने-अकबरी के विवरण से स्पष्ट है मंसबदार की तलबे-ताबीनान (सवारों की तनख़्वाह) की तरह उनकी तनख़्वाह भी दो चरणों में तय की जाती थी। नियुक्ति के समय तदर्थ (बरावुर्दी) दरें दी जाती थीं और बाद में उनमें 62.5 से लेकर 700 प्रतिशत तक (अज़ नीम सवाई-ता-दहहफ़्ताद)

तक की बढ़ोतरी की जाती थी।[14] कुल तनख़्वाह में सवार का निजी भत्ता (रोज़गार) और उसके घोड़े का भत्ता (ख़र्चे-सतूर) शामिल होते थे।[15]

हमें अहदियों को दी जानेवाली दरों में भारी विषमता की बात माननी होगी। फिर भी शाही प्रशासन द्वारा विभिन्न नस्लों के घोड़ों के लिए स्वीकृत भत्तों और मुख़्तलिफ़ नस्ल के घोड़ों वाले यक-अस्प फ़ौजी को देय भत्ते के आधार पर औसत वेतनमान की गणना की जा सकती है।[16] इसके लिए हम उसी विधि का प्रयोग करेंगे जिसका प्रयोग मंसबदारों के फ़ौजियों के लिए दाग़ी दर की गणना के लिए किया गया है।

एक दहबाशी से उम्मीद की जाती थी कि वह अपने निजी मंसब में बराबर भाग में तुर्की और याबू घोड़े रखेगा[17] और यही दो नस्लें थीं जिनके घोड़े मंसबदारों के ताबीनान (घुड़सवार) भी रखते थे।[18] इसलिए हम मान सकते हैं कि अहदियों के पास भी यही दो नस्लें होती थीं। इसके अलावा पहले घोड़े को छोड़कर अहदियों को प्रशासन द्वारा बाक़ी सभी घोड़े उनकी तनख़्वाहों की आंशिक अदायगी के तौर पर दिए जाते थे,[19] और इसलिए अहदियों के घोड़े आमतौर पर उम्दा नस्लों के होते होंगे। इसलिए हम अहदियों के निजी जीवनयापन का ख़र्च वही 8 रुपये प्रतिमाह मान सकते हैं जो तुर्की और याबू घोड़े रखनेवाले घुड़सवारों के लिए स्वीकृत था।

इन मान्यताओं के आधार पर अलग-अलग संख्याओं में घोड़े रखनेवाले अहदियों के भत्ते निम्न प्रकार से तय किए जा सकते हैं। (तालिका-10.1 देखें।)

तालिका-10.1

	तुर्की		*याबू*		*निजी भत्ता*	*योग*
चहार-अस्प	2 × 14	+	2 × 12	+	8	60
से-अस्प	1 × 14	+	2 × 12	+	8	46
दो-अस्प	1 × 14	+	1 × 12	+	8	34
यक-अस्प	शून्य	+	1 × 12	+	8	20

अब अगर हम विभिन्न श्रेणियों के अहदियों की संख्याओं को इन दरों से गुणा करें तो रुपयों में उनके कुल मासिक वेतन का अनुमान लगा सकते हैं। (तालिका-10.2 देखें।)

तालिका-10.2

चहार-अस्प	60	×	741	=	44,460
से-अस्प	46	×	1,322	=	60,812
दो-अस्प	34	×	1,422	=	48,348
यक-अस्प	20	×	950	=	19,000
			योग (रुपये)	=	1,72,620

इससे अहदियों के वेतन पर 8,28,57,600 दाम प्रतिवर्ष के कुल ख़र्च का पता चलता है।

दो

शाही मुलाज़िमों की एक बड़ी तादाद को अबुल फ़ज़्ल ने पियादागान (पैदल फ़ौजी) में रखा है। इसी शीर्षकवाले अध्याय में अबुल फ़ज़्ल ने मुहर्रिरों, बन्दकूचियों, दरबानों, महल के रक्षकों, चिट्ठीरसानों, तलवारबाज़ों, पहलवानों, ग़ुलामों, पालकीबरदारों और दाख़िली फ़ौजियों के पियादा वाले भाग की विवेचना की है।[20] इस तरह लगता है उन्होंने (अफ़सरों से भिन्न) उन सभी सरकारी मुलाज़िमों को पियादागान में शामिल कर लिया है जो घुड़सवार नहीं थे।[21]

आईन के पियादागान वाले अध्याय में पियादों की ऊपर दर्ज सभी श्रेणियों के वेतनमान दिए गए हैं। इसमें कुछ श्रेणियों के मुलाज़िमीन की कुल तादाद भी दी गई है। चूँकि सभी श्रेणियों के लिए ये संख्याएँ नहीं दी गई हैं, सभी पियादों का ख़र्च निकालना सम्भव नहीं है। फिर भी पियादागान की कुछ प्रमुख श्रेणियों पर आनेवाले ख़र्च का थोड़े भरोसे के साथ अनुमान किया जा सकता है।

सबसे पहले तो बन्दूक़चियों की तादाद अच्छी-ख़ासी थी। अबुल फ़ज़्ल उनकी तादाद 12,000 बताते हैं और उनके लिए स्वीकृत वेतनमानों पर अलग से एक अध्याय (आईने-माहवार-ए-बन्दूक़ची) लिखते हैं।[22] चूँकि बन्दूक़ची पियादागान की श्रेणी में आते हैं, ये ही वेतनमान पियादागान वाले अध्याय में दोहराए गए हैं।

बन्दूक़चियों की कई श्रेणियाँ थीं और उसी के अनुसार उनके वेतनमान अलग-अलग थे। मीर-दहों (10 बन्दूचियों के कप्तानों) की चार श्रेणियाँ थीं और उनकी माहवार तनख़्वाहें क्रमशः 300, 280, 270 और 260 दाम थीं। साधारण बन्दूक़चियों की पाँच श्रेणियाँ थीं और हर श्रेणी आगे तीन वर्गों में विभाजित थी। इन सबों की दरें 250 से लेकर 120 दाम प्रतिमाह तक थीं।[23]

हमारे पास हर श्रेणी की ठीक-ठीक संख्या जानने का कोई रास्ता नहीं है। फिर भी यह मानना उपयुक्त लगता है कि 12,000 बन्दूक़चियों में मीर-दहों की तादाद, 1,090 थी और बाक़ी (10,910) साधारण बन्दूक़ची थे। कारण कि उनके बीच 1:10 का मानक अनुपात इसी तरह निकलता है।

जैसाकि कहा गया है, सभी मीर-दहों और साधारण बन्दूक़चियों के लिए दरें एक समान नहीं थीं। हम केवल औसत दरों को लेकर कुल ख़र्च का अनुमान सबसे अच्छी तरह लगा सकते हैं—

मीर-दह	1,090 × 277.5	=	3,02,475
साधारण बन्दूक़ची	10,910 × 180	=	19,63,800
	योग	=	22,66,275 दाम प्रतिमाह

इस तरह बन्दूक़चियों का कुल वेतन लगभग 2,71,95, 300 दाम प्रतिवर्ष होता था।

शाही महल की रखवाली के लिए 1,000 दरबान नियुक्त थे। उनके मीर-दहों की तनख़्वाहों की 200 से 120 दाम प्रतिमाह तक पाँच श्रेणियाँ तय की गई थीं। यह मानकर कि विभिन्न श्रेणियों में उनकी संख्या बराबर-बराबर थीं, मीर-दहों की औसत

प्रतिमाह दर 150 दाम रही होगी। एक मामूली दरबान की अधिकतम तनख़्वाह 120 और न्यूनतम 100 दाम थी, यानी कि एक मामूली दरबान को औसतन हर माह 110 दाम मिलते थे। 1,000 दरबानों में कोई 90 मीर-दह रहे होंगे इसलिए दरबानों की तनख़्वाहों की गणना यूँ की जा सकती हैं—

मीर-दह	90 × 150	=	13,500
मामूली दरबान	910 × 110	=	1,00,100
	योग	=	1,13,600 दाम प्रतिमाह
		=	13,63,200 दाम प्रतिवर्ष

शाही महल के इर्द-गिर्द नज़र रखने के लिए ख़िदमतिया नाम के 1,000 पहरेदार थे। उनकी चार श्रेणियाँ थीं। पंजाही और बिस्ती (50 और 20 के कप्तान) को 200 दाम प्रतिमाह मिलते थे, दह-बाशियों (10 के कप्तानों) को 180 से लेकर 140 दाम मिलते थे, और मामूली ख़िदमतियों की प्रतिमाह तलब 120 से 110 दाम होती थी। हर श्रेणी के ख़िदमतियों की संख्या का कोई संकेत नहीं मिलता। लेकिन दह-बाशी की औसत प्रतिमाह तलब 160 दाम और दूसरों की 115 दाम (स्वीकृत दरों के औसत) मानें तो हमें ख़र्च की निचली सीमा का अनुमान प्राप्त होगा क्योंकि पंजाहियों और बिस्ती की तलब नहीं जोड़ी गई है। तब ख़िदमतियों की अनुमानित तलब इस प्रकार होगी—

दहबाशी	90 × 160	=	14,400
दूसरे	910 × 115	=	1,04,650
	योग	=	1,19,050 दाम प्रतिमाह
		=	14,28,600 दाम प्रतिवर्ष

दूर तक गुप्त सूचनाएँ और आदेश ले जाने के लिए मुग़ल प्रशासन दौड़ाक रखता था जो मेवरा कहलाते थे। वे जासूसों का काम भी करते थे। फ़रिश्ता कहते हैं कि अकबर की मुलाज़िमत में ऐसे 4,000 लोग थे।[24] वे यह भी कहते हैं कि मेवरे घोड़ों पर चलते थे, पर अबुल फ़ज़्ल उन्हें पियादागान में शामिल करते हैं और उनकी तादाद सिर्फ़ 1,000 बतलाते हैं। वे आगे कहते हैं कि उनकी श्रेणियाँ और तनख़्वाहें ख़िदमतियों जैसी ही होती थीं। फ़रिश्ता के बजाय अबुल फ़ज़्ल के आँकड़ों को मानकर मेवरों पर आनेवाला ख़र्च 14,28,600 दाम प्रतिवर्ष कहा जा सकता है।

आईन में सल्तनत में तलवारबाज़ों की संख्या एक लाख से ऊपर बताई गई है, पर शाही मुलाज़िमत में केवल 1,000 बताए गए हैं। उनकी प्रतिमाह तनख़्वाह अधिकतम 600 और न्यूनतम 80 दाम होती थी। इस तरह इन दरों में भारी अन्तर है, फिर भी हम तलवारबाज़ों की कुल तनख़्वाह का अनुमान लगाने के लिए इन दोनों आँकड़ों का औसत ले सकते हैं। तब वार्षिक ख़र्च (340×1000×12) = 40, 80,000 दाम आता है।

पालकीबरदार (कहार) पियादागान का एक और वर्ग थे। उनके सरग़ना (सरगिरोह) को प्रतिमाह 192 से 384 दाम मिलते थे और दूसरों को 120 से 160

दाम दिए जाते थे। आईन में कहा गया कि मुलाज़िमत में कुछ हज़ार थे। इस कुछ को 2000 से ऊपर मानकर हमने मनमाने ढंग से कहारों की तादाद 3000 स्वीकार की है। उनकी औसत तलब 140 दाम प्रतिमाह मानकर हम इस मद में 3000×140×12=50,40,000 के ख़र्च के मोटे अनुमान पर पहुँचते हैं।

इस तरह हमने बन्दूक़चियों, दरबानों, खिदमतियों, मेवरों, तलवारबाज़ों (शमशीरबाज़ों) और कहारों की कुल तनख़्वाहों के जो अनुमान लगाए हैं उनसे उनका पूरा सालाना ख़र्च 4,05,35,700 दाम आता है।

पियादागान की कुछ श्रेणियाँ अब भी रहती हैं : मुहर्रिर (500, 400, 300 और 240 दाम की चार श्रेणियों में विभाजित) जो संख्या में बहुत रहे होंगे, पहलवान (70 से 450 दाम प्रतिमाह पानेवाले), और ग़ुलाम (चेले) जिनको रोज़ाना एक दाम से लेकर 1 रुपये तक मिलते थे। जो दाख़िली फ़ौजी घुड़सवार न थे उनको अबुल फ़ज़्ल ने पियादागान में ही रखा है, और वे उनके लिए उनके मंसबदारों को दिए जानेवाले भत्ते की दर भी बतलाते हैं। लेकिन जैसा कि अध्याय-9 के अन्त की व्याख्या में कहा गया है, दाख़िलियों के लिए दी जानेवाली तनख़्वाहें मंसबदारों को दी जानेवाली रक़मों के अनुमान में ही शामिल हैं। कुछ दूसरे पियादे भी होते थे, जैसे लुहार, मिट्टी खोदू, भिश्ती वग़ैरह जो शाही छावनी में काम करते थे। (लगता है ये लोग शाही प्रतिष्ठान के भवन निर्माण विभाग या दूसरे विभागों में लगे लोगों से अलग थे। इन विभागों के लोगों की तनख़्वाहें अध्याय-11 में दिए गए अनुमानों में शामिल हैं।) ये काफ़ी बड़ी तादाद में रहे होंगे : मुहिम के दौरान शाही लश्कर का एक ख़ेमा गाड़ने के लिए 500 मिट्टीखोदू, 100 भिश्ती, 50 बढ़ई, 30 मोची और 150 सफ़ाई वाले लगाने पड़ते थे।[25] आईने-पियादागान में दर्ज पियादों की जिन श्रेणियों को हमने अभी तक के अनुमानों में छोड़ दिया है और जो अध्याय-11 में दिए गए अनुमानों में भी शामिल नहीं हैं उनके लिए हम यह माने लेते हैं कि उनका ख़र्च अभी तक विवेचित श्रेणियों पर आनेवाले ख़र्चों का कोई आधा रहा होगा। ऊपर 4,05,35,700 दाम का जो अनुमानित योग दिया गया है उसे बढ़ाकर हम 6,00,00,000 दाम कर सकते हैं जो अध्याय-11 में विवेचित श्रेणियों से भिन्न दूसरी सभी श्रेणियों के ख़र्च का सूचक एक विस्तृत अनुमान होगा।

तीन

अबुल फ़ज़्ल ने शाही प्रतिष्ठान का जो विस्तृत विवरण दिया है उससे यह लोभ पैदा होता है कि शाही तबेलों पर आनेवाले ख़र्च के अनुमान लगाने के प्रयास किए जाएँ। जंगी जानवरों की हर नस्ल के वर्गीकरण, उनकी ख़ुराक, जीनों, बाग़ों और साईसों के बयान अबुल फ़ज़्ल ने अलग-अलग हिस्सों में किए हैं। ख़र्चों के एक भाग को प्रदर्शनकारी उपभोग में रखा जा सकता है पर उनका बड़ा भाग फिर भी मूलत: फ़ौजी ख़र्च रहा होगा। आईन में हाथियों, घोड़ों, ऊँटों, बैलों और खच्चरों के तबेलों के विस्तृत विवरण दिए गए हैं।[26] ये जानवर सिर्फ़ प्रदर्शन के लिए नहीं बल्कि मुख्यत:

मुहिमों और जंगों में इस्तेमाल और फ़ौजी यातायात के लिए रखे जाते थे। आईन में चीता, हिरण, कबूतर वग़ैरह शिकार के जानवरों का अलग से बयान किया गया है।[27] और उन पर अध्याय-11 में शाही घराने के ख़र्च के तहत विचार किया जाएगा।

फ़ौजी दृष्टिकोण से सबसे अहम जानवर घोड़े होते थे। मोटे तौर पर उनको ख़ासगी (बादशाह के निजी इस्तेमाल के लिए रखे जानेवाले घोड़ों) और ग़ैर-ख़ासगी (शाही तबेलों के दूसरे घोड़ों) में विभाजित किया जात था।[28] ग़ैर-ख़ासगी घोड़े वे थे जो शाहज़ादों के तबेलों में[29] ख़ानाज़ाद (सांड घोड़ों से पैदा) घोड़ों के और रहवार (पैग़ाम ले जानेवाले) घोड़ों के तबेलों में रखे जाते थे। ज़ाहिरा तौर पर शाही तबेलों के वर्गीकरण के दो मानदंड थे : किसी तबेले में घोड़ों की संख्या—सबसे बड़ा तबेला चिहल-अस्पी यानी 40 घोड़ों वाला और सबसे छोटा दह-अस्पी यानी 10 घोड़ों वाला होता था[30] और घोड़े का दाम। कुछ तबेले हफ़्ताद-मुहरी कहे जाते थे क्योंकि वहाँ रखा जानेवाला हर घोड़ा 70 मुहरों का होता था।

अलग-अलग अस्तबलों में प्रति घोड़ा दिए जाने वाले चारे की मात्रा और गुणवत्ता दोनों, ज़ीन-साज़ और लगाम आदि अलग-अलग होते थे। मुख़्तलिफ़ साईसों के भत्ते भी अलग-अलग होते थे।

ख़ास अस्तबलों के घोड़ों को अधिक और ज़्यादा महँगी ख़ुराक दी जाती थी और वहाँ के साईसों की तलब भी सबसे अधिक होती थी। आईन में मुख़्तलिफ़ क़िस्मों के घोड़ों की ख़ुराकों में शामिल चीज़ों की मात्राएँ बताई गई हैं, पर हर चीज़ की क़ीमत या उस पर कुल ख़र्च नहीं दिया गया है। इसी तरह साज़ वग़ैरह का ख़र्च भी निर्धारित नहीं किया जा सकता। शाही अस्तबलों के अनेक पदों के बारे में सिर्फ़ यह कहा गया है कि उन पर मंसबदार, अहदी या पियादे आसीन हैं; उनकी तनख़्वाहें या श्रेणियाँ नहीं दी गई हैं।[31]

इस तरह आँकड़े पहली निगाह में तो भारी-भरक़म लगते हैं पर उनमें इतने झोल है कि घोड़ों का ठीक-ठीक माहवार ख़र्च आसानी से नहीं निकाला जा सकता। अगर किसी एक अस्तबल के लिए कोई अनुमान लगा भी लिया जाए तो एक और मुश्किल यह आती है कि विभिन्न प्रकार के अस्तबलों की संख्याएँ नहीं दी गई हैं।

शाही अस्तबलों के घोड़ों का ख़र्च निकालने का एक उपाय यह हो सकता है कि हम मंसबदारों के घोड़ों का ख़र्च सम्बन्धी अपनी गणनाओं की ओर फिर पलटें। आईन में उन घोड़ों के ख़र्च की अलग-अलग मदों की रक़में दी गई हैं और उनके लिए स्वीकृत माहवार भत्ते भी।[32] शाही अस्तबलों के घोड़ों के लिए ऐसी ही मदों पर स्वीकृत रक़मों और मात्राओं की तुलना करके हम इस व्यय और मंसबदारों के घोड़ों के व्यय के अन्तर का अनुमान लगा सकते हैं। चूँकि मंसबदारों के घोड़ों पर वास्तविक ख़र्च हमें पता है, हम शाही घोड़ों पर होनेवाले ख़र्च की गणना कर सकते हैं।

शाही अस्तबलों में ख़ुराक की मात्राएँ और क़िस्में घोड़े की नस्ल या क़ीमत के अनुसार अलग-अलग होती थीं। लेकिन दाना साढ़े सात सेर रोज़ाना की एक समान दर से दिया जाता था। जिनको शक्कर और घी देने की इजाज़त थी उनके

लिए इनकी मात्राएँ क्रमशः आधा-डेढ़ सेर तथा 30-50 सेर प्रतिमाह होती थी। चारे के लिए रोज़ाना दो दाम स्वीकृत थे।[33] मंसबदारों के घोड़ों के लिए स्वीकृत ख़ुराक इस प्रकार थी : 5 से 6 सेर दाना प्रतिदिन, शक्कर के लिए 30 से 60 दाम प्रतिमाह, घी के लिए 10 से 75 दाम प्रतिमाह, और चारे के लिए 30 से 90 दाम प्रतिमाह।

जहाँ मंसबदार के घोड़े की देखभाल एक साईस करता था, शाही अस्तबलों में कहीं बहुत अधिक अमला होता था। हर शाही अस्तबल में साईस के अलावा डेढ़ दर्जन दूसरे पद भी होते थे। ख़ास अस्तबलों में तो एक सिपन्दसोज़ भी होता था—वह व्यक्ति जिसका काम बलाओं से बचाने के लिए कुछ ख़ास तरह के बीज जलाना होता था। दूसरी ओर, जैसाकि हमने कहा है, कुछ पदों पर मंसबदार होते थे, और कुछ मुलाज़िमों को अहदियों और पियादों के रूप में तलब दी जाती थी।[34] शाही घोड़ों के रखवाले मंसबदारों के घोड़ों के लिए स्वीकृत रखवालों से तादाद में ही अधिक नहीं होते थे बल्कि उनको तनख़्वाहें भी ज़्यादा दी जाती थीं। शाही अस्तबलों में एक घोड़े की देखभाल कर रहे साईस की प्रतिमाह तलब 50 से 85 दाम तक होती थी जबकि मंसबदार के घोड़े के प्रतिमाह को माहाना 45 से 63 दाम मिलते थे।

जैसा कि कहा गया है, साज़-ज़ीन का ख़र्च जानना मुश्किल है। हर घोड़े की ज़ीन का सालाना भत्ता (हर साल पोशिश) 155½ से 227½ दाम तक होता था।[35] इसमें गहनों-जेवरों की लागत शामिल नहीं थी। मंसबदारों को ख़र्च-ए-यराक़े-अस्प की मद में 8½ से 70 दाम प्रतिमाह की रक़म स्वीकार की गई थी। इस तरह लगता है कि इस मद में मंसबदारों के लिए स्वीकृत भत्ते की ऊपरी सीमा ख़ास घोड़ों के लिए स्वीकृत 227.5 दाम प्रतिवर्ष से भी बहुत अधिक थी। पर यराक़े-अस्प में वे मदें शामिल होती थीं जो शाही घोड़ों की जीन का हिस्सा नहीं होती थीं, जैसे पै-बंद (पैर बाँधने की रस्सी), मेख (लोहे की नाल) वग़ैरह।[36] शाही अस्तबलों में प्रयुक्त ज़ेवरों वग़ैरह की लागत नहीं बताई गई है हालाँकि यह भारी लागत रही होगी।[37]

शाही अस्तबल के एक और मंसबदार के एक घोड़े के रखरखाव की ठीक-ठीक लागतों का निश्चय नहीं किया जा सकता। लेकिन साईसों की तनख़्वाहों और दाने की मात्राओं का अन्तर ख़र्च में अन्तर के एक कामचलाऊ सूचकांक का काम कर सकता है। जैसा कि हमने देखा, शाही प्रतिष्ठान के साईसों को मंसबदारों के साईसों से 10 से 26 प्रतिशत अधिक तलब दी जाती थी। इसके अलावा मंसबदारों के घोड़ों के मुक़ाबले शाही घोड़ों को 20 प्रतिशत अधिक दाना दिया जाता था। शाही अस्तबलों में (साज़-जीन के बहुत कम सम्भव अपवाद को छोड़कर) इन सभी मदों पर होनेवाले अधिक ख़र्च को देखते हुए हम मान सकते हैं कि एक शाही घोड़े का ख़र्च मंसबदार के घोड़े के मुक़ाबले कम-से-कम 20 प्रतिशत अधिक होता था।

अब अगर हम शाही अस्तबलों में मुख़्तलिफ़ नस्लों के घोड़ों की वास्तविक संख्या जान सकें तो उनके रखरखाव की लागत का अनुमान भी लगा सकते हैं। इसके लिए हमें मंसबदारों के हर नस्ल के एक घोड़े के लिए स्वीकृत ख़र्च में 20 प्रतिशत की बढ़ोतरी करनी होगी। अबुल फ़ज़्ल कहते हैं कि शाही अस्तबलों में

लगातार इज़ाफ़ा होता रहता था, जबकि साथ ही साथ बहुत से घोड़े दे भी दिए जाते थे। इस तरह किसी वक़्त उनकी कुल तादाद कोई 12,000 रहती थी।[38] इस आँकड़े की अद्‌भुत ढंग से पुष्टि हॉकिंस, फ़रिश्ता और पेल्सेयर (1626 के आसपास) ने की है। वे सभी कहते हैं कि अकबर की मौत के वक़्त उसके अस्तबलों में 12,000 घोड़े थे।[39]

लेकिन हमें नस्ल के अनुसार वितरण भी जानना होगा। ऐसा वितरण हॉकिंस और पेल्सेयर के यहाँ मिलता है जो अपेक्षाकृत भिन्न-भिन्न आँकड़े देते हैं :[40]

हाकिंस : फ़ारसी 4,000, तुर्की 6,000, कश्मीरी 2,000

पेल्सेयर : फ़ारसी 3,200, तुर्की 5,970, कच्छ 2,540, सिन्धी 210, घोड़ियाँ 120

हम देखते हैं कि दोनों के हिसाब तुर्की घोड़ों के बारे में लगभग बराबर हैं जिनकी संख्या अकबर के अस्तबलों में आधी थी। फ़ारसी घोड़ों के मुआमले में अन्तर स्पष्ट होते हुए भी बहुत अधिक नहीं है; हॉकिंस ने उनकी संख्या कुल की तिहाई और पेल्सेयर ने चौथाई से अधिक बताई है। मुख्य कठिनाई बाक़ी नस्लों की पहचान और संख्याओं को लेकर है। हॉकिंस के मुताबिक़ 2,000 घोड़े कश्मीर से थे जबकि पेल्सेयर 2,540 को 'कच्छ' से बतलाते हैं। आईन का अपना साक्ष्य भी हमारी मदद नहीं करता क्योंकि उसमें शाही घोड़ों में कश्मीर और कच्छ के घोड़ों का भी ज़िक्र है।[41] लेकिन हमारे मौजूदा मक़सद के लिए यह आख़िरी अन्तर बहुत महत्त्व नहीं रखता क्योंकि ज़ाहिरा तौर पर भारतीय घोड़ों के रखरखाव का भत्ता स्वीकार करते वक़्त कश्मीर और कच्छ के घोड़ों में कोई अन्तर नहीं किया जाता था।

वैसे तो हॉकिंस और पेल्सेयर ने मुख़्तलिफ़ नस्लों के घोड़ों की जो तादाद दी हैं उनके आधार पर आनेवाले कुछ ख़र्च में बहुत अधिक अन्तर नहीं होगा, पर फिर भी पेल्सेयर के आँकड़े अधिक विस्तृत होने के कारण अधिक भरोसा जगाते हैं। इसलिए उनके आधार पर गणना करना हमारे लिए कहीं बेहतर होगा।

मंसबदारों के घोड़ों को जिन सात श्रेणियों में बाँटा गया है उनमें से तीन, अर्थात अरबी, इराक़ी और मुजन्ना ईरान और उसके आसपास के इलाक़ों से आते थे, इसलिए इन तीनों नस्लों के लिए स्वीकृत दरों के औसत को हम उस श्रेणी पर भी लागू कर सकते हैं जिसे हॉकिंस और पेल्सेयर ने सामूहिक रूप से 'फ़ारसी' कहा है। 'तुर्की' घोड़ों के मुआमले में यक़ीनन पहचान की कोई समस्या नहीं आती; आईन में दिए गए वर्गीकरण में उनकी एक अलग श्रेणी है। बेहतर भारतीय नस्लों की दो श्रेणियाँ याबू और ताज़ी थीं।[42] हम पेल्सेयर के 'कच्छ घोड़ों' को याबू और ताज़ी के संगत मान सकते हैं। पेल्सेयर द्वारा दर्ज बाक़ी श्रेणियों (210 'सिन्धी' घोड़ों और 120 'घोड़ियों') पर जंगला के लिए स्वीकृत दरें लागू की जा सकती हैं।

ऊपर दर्ज ढंग से मुख़्तलिफ़ नस्लों के लिए स्वीकृत दरों को लें और मंसबदारों के घोड़ों वाली दरों को शाही घोड़ों वाली दरों में बदलने के लिए उनमें 20 प्रतिशत की बढ़ोतरी करें तो हमें (दामों में) वे आँकड़े प्राप्त होते हैं जो तालिका-10.3 में दिए गए हैं।

तालिका-10.3

	माहवार दर (दाम)	*घोड़ों की संख्या (पेल्सेयर)*	*कुल ख़र्च*
फ़ारसी	784	3,200	25,08,800
तुर्की	576	5,970	34,38,720
कच्छ	432	2,540	10,97,280
सिन्धी और घोड़ियाँ	288	330	95,040
योग			71,39,840

शाही घोड़ों पर होनेवाला सालाना ख़र्च 8,56,78,080 दाम रहा होगा।

शाही हाथियों (नर) को उनकी शारीरिक विशेषताओं और उम्रों के आधार पर सात श्रेणियों में बाँटा जाता था : मस्त, शेरगीर, साद, कर्रा, मंझोला, फुन्दरकिया और मुवक्किल। हथिनियों को चार श्रेणियों में बाँटा जाता था।[43]

तालिका-10.4

	ख़र्च दाम प्रतिमाह			
हाथी	*ख़ुराक*	*परिचारक*	*साज़-हौदा*	*योग*
मस्त	891	887	183.5	1961.5
शेरगीर	756	778	183.5	1717.5
साद	621	662	183.5	1466.5
मंझोला	540	550	136.0	1226.5
कर्रा	441	437	136.0	1014.5
फुन्दरकिया	324	265	81.5	670.5
मुवक्किल	216	215	81.5	512.5
			औसत	1224.07
हथिनी				
क़लाँ	522	355	77.5	954.5
मियाना	414	298	77.5	789.5
ख़ुर्द	265.5	172.5	77.5	515.0
मुवक्किल	145.8	172.5	77.5	395.8
			औसत	663.8

ख़ास हाथियों को छोड़कर (जिनको बादशाह के 'निजी' इस्तेमाल के जानवर समझा जाता था) सभी हाथियों के लिए एक तरह का दाना स्वीकृत था मगर श्रेणी के अनुसार मात्राएँ अलग-अलग होती थीं। विभिन्न श्रेणियों के लिए स्वीकृत परिचारकों की संख्याएँ भी अलग-अलग थीं।[44] आईन में दिए आँकड़ों के आधार पर हम सभी श्रेणियों के एक-एक हाथी के दानों और परिचारकों पर आनेवाला ख़र्च निकाल

सकते हैं। लेकिन जहाँ अबुल फ़ज़्ल हाथियों के साज़-सामान का विस्तार से वर्णन करते हैं वहीं सभी मदों की लागतें नहीं बतलाते।[45] इसलिए साज़-सामान की सिर्फ़ न्यूनतम लागत ही निकाली जा सकती है।

ख़ुराक पर औसत ख़र्च[46], परिचारकों के वेतन और साज़-सामान के न्यूनतम ख़र्च तालिका-10.4 में दिए गए हैं।[47]

हाथियों पर शाही ख़र्च जानने के लिए हमारे पास हर श्रेणी के हाथियों की संख्या भी होनी चाहिए।

अबुल फ़ज़्ल कहते हैं कि शाही हाथियों की कुल तादाद 5,000 है जिनमें से हरेक का अलग नाम है।[48] यह शाही हाथियों के बारे में मोंसरेट की दी हुई संख्या 5,000 से मेल खाती है।[49] फ़रिश्ता के मुताबिक़ अकबरी दौर में शाही हाथियों की तादाद कभी 5,000 से कम नहीं रही और कभी 6,000 से ऊपर नहीं गई।[50] पेल्सेयर थोड़ी सी अधिक संख्या (6,751) बतलाते हैं।[51] बदनसीबी से इनमें से किसी भी स्रोत में श्रेणियों के अनुसार कोई वितरण नहीं दिया गया है। लेकिन अबुल फ़ज़्ल और पेल्सेयर ख़ास हाथियों की संख्या पर सहमत हैं; यह अबुल फ़ज़्ल के यहाँ 101[52] और पेल्सेयर के यहाँ 101 है। (पेल्सेयर ने उन्हें असाधारण सौंदर्य और उत्कृष्टता वाले हाथी कहा है।)[53]

अबुल फ़ज़्ल ने हाथियों की कुल संख्या जो कम संख्या (5,000) और शाही हाथियों की जो संख्या (100) बताई है उसे स्वीकार करना मुनासिब ही लगता है। चूँकि हमें अबुल फ़ज़्ल द्वारा दर्ज सातों श्रेणियों में से हरेक के हाथियों की संख्या ज्ञात नहीं है, सटीकता के साथ शाही हाथियों के ख़र्च की गणना सम्भव नहीं है, लेकिन एक कामचलाऊ अनुमान के लिए हम मान सकते हैं कि हाथियों और हथिनियों की संस्थाएँ बराबर थीं। अगर हम हाथी दाँत वाले और जंगी मक़सद के लिए ज़्यादा उपयुक्त अधिक ताक़तवर नर हाथियों को दी जानेवाली वरीयता को ध्यान में रखें तो यह मान्यता उचित ही लगती है। हम एक और मान्यता यह ले सकते हैं कि साधारण नर हाथी सभी श्रेणियों में बराबर-बराबर विभाजित थे और इस तरह उनका कुल ख़र्च निकाल सकते हैं। अबुल फ़ज़्ल के आँकड़ों से एक ख़ास हाथी के रखरखाव की लागत निकालना सम्भव नहीं है। तो भी यह मानना बहुत ग़लत नहीं होगा कि एक ख़ास हाथी का ख़र्च एक मस्त हाथी के ख़र्च के मुक़ाबले कम-से-कम 10 प्रतिशत अधिक तो रहा ही होगा।

इन मान्यताओं के आधार पर हाथियों पर प्रतिमाह शाही ख़र्च इस प्रकार निकाला जा सकता है :

ख़ास हाथी	101 × 2,157.65 =	2,17,923
नर हाथी	2,450 × 1,224.07 =	29,98,972
हथिनियाँ	2,450 × 663.7 =	16,26,065
	योग =	48,42,960 दाम प्रतिमाह

इस तरह न्यूनतम ख़र्च 5,81,15,520 दाम प्रतिवर्ष होगा।

चूँकि हमने साज़-सामान के ख़र्च का एक भाग ही शामिल किया है और शाही हाथियों की वास्तव में जो संरचना रही होगी उससे थोड़ी घटिया संरचना ही मानी जाती है, सम्भवत: हमारा कुल ख़र्च का आँकड़ा हाथियों के ख़र्च की न्यूनतम सीमा का सूचक होगा।

शाही तबेलों में यातायात के दूसरे जानवर ऊँट, खच्चर और बैल थे। घोड़ों के साथ ऊँटों का इस्तेमाल भी संदेश भेजने के लिए किया जाता था।[54] आईन में इन जानवरों के ख़र्च का ख़ासा विस्तृत विवरण दिया गया है पर उनकी संख्याओं को लेकर ख़ामोशी है। लेकिन विरासत में जहाँगीर को मिली वस्तुओं की सूची देते हुए पेल्सेयर ने इन जानवरों की संख्याएँ भी दी हैं। कहते हैं कि अकबर के तबेलों में 6,223 ऊँट थे।[55]

घोड़ों और हाथियों की तरह शाही तबेलों के एक ऊँट का औसत ख़र्च निकालना भी मुश्किल लगता है। ऊँट की नस्ल और उम्र के अनुसार उसे दिए जानेवाले दाने की मात्रा भी भिन्न होती थी। ऊँटों को पाँच-पाँच की 'क़तारों' में बाँटा गया था और हर क़तार एक सारबान की निगरानी में होती थी। अबुल फ़ज़्ल ने हर श्रेणी में संख्या बताए बिना सारबानों के लिए चार दरें दी हैं। सारबानों से ऊपर बिस्तोपंजी (5 क़तारों और 4 सारबानों के मुखिया), पंजाही (10 क़तारों और 9 सारबानों के मुखिया) और पानसदी (100 क़तारों और 99 सारबानों के मुखिया) होते थे। बिस्तोपंजी और पंजाही पानसदी के तहत होते थे।[56] इन कारकुनों की संख्याएँ नहीं दी गई हैं हालाँकि उनकी तनख़्वाहें दर्ज की गई हैं। पानसदी आमतौर पर मंसबदार होते थे।[57]

लगता है, यहाँ दी गई दरें तब तय की गई थीं जब सेर का वज़न 28 दाम के बराबर होता था। दाने की मात्रा स्पष्ट रूप से इसी वज़न वाले सेर में व्यक्त की गई है। अबुल फ़ज़्ल कहते हैं कि सेर को बढ़ाकर जब 30 दाम का कर दिया गया तो ये मात्राएँ भी बदल दी गईं, लेकिन संशोधित मात्राएँ नहीं दी गई हैं।[58] इससे संकेत मिलता है कि यहाँ दर्ज रक़में कुछ हद तक पुरानी हैं। यह छाप आईन की अपनी स्वीकृति से और पुष्ट होती है कि ऊँटों के साज़-जीन के लिए स्वीकृत रक़में इतनी पुरानी थीं कि ठेकेदार घाटे में रहते थे, और इसलिए उस समय प्रचलित क़ीमतों के अनुसार उनकी गणना की इजाज़त दी गई।[59]

इसलिए आईन के आँकड़ों के आधार पर ऊँटों पर शाही ख़र्च का अनुमान लगाना सुरक्षित नहीं है। मगर मंसबदारों के जानवरों के लिए स्वीकृत भत्ते यहाँ भी शाही ऊँटों के ख़र्च के अनुमान के लिए आधार बन सकते हैं।

शाही अस्तबलों में एक भरपूर जवान भारतीय ऊँट (लोक) के लिए रोज़ाना 7 सेर दाना 28 दाम वज़न वाले सेर के हिसाब से 7½ सेर स्वीकृत किया गया था, और साल में आठ माह तक रोज़ाना 2 से 1½ दाम चारा दिया जाता था।[60] मंसबदार के ऊँट को रोज़ाना 6 सेर दाना और 1 दाम का चारा दिया जाता था।[61] शाही अस्तबलों में मुलाज़िम एक सारबान की औसत प्रतिमाह तलब 60 दाम थी,[62] मंसबदारों को सारबान के लिए 60 दाम प्रतिमाह मिलते थे और यही सारबान

अकेला परिचारक होता था।[63] इस तरह इन तीन ज़रूरी मदों पर शाही ख़र्च 161 दाम प्रतिमाह आता है जबकि मंसबदार के ऊँट पर संगत ख़र्च 144 दाम होता था। इस तरह इन मदों पर शाही ख़र्च मंसबदारों के लिए स्वीकृत ख़र्च से कोई 12 प्रतिशत अधिक होता था। दूसरे कारकुनों जैसे बिस्तोपंजी, पंजाही और रैबारी (प्रशिक्षक) आदि के वेतन का ख़र्च इससे अलग होता था, मंसबदारों को ऐसे कारकुन रखने की इजाज़त नहीं दी गई थी।

इसलिए हमारा यह मानना शायद बहुत ग़लत नहीं होगा कि एक ऊँट पर शाही ख़र्च मंसबदार के लिए स्वीकृत ख़र्च से कम-से-कम 15 प्रतिशत अधिक होता था।

पेल्सेयर बताते हैं कि 6,223 शाही ऊँटों में 523 'dromatae' (dromedaries या तेज दौड़ने वाले ऊँट) होते थे और बाक़ी 5,700 इसी मुल्क के ऊँट थे।[64]

मंसबदार के एक ऊँट के रखरखाव पर स्वीकृत रक़म 240 दाम प्रतिमाह थी।[65] इसे 15 प्रतिशत बढ़ा दें तो 276 दाम आते हैं। अगर हम आगे, थोड़े मनमाने ढंग से, यह भी मान लें कि डाचियों पर ख़र्च मंसबदार के ऊँट के लिए स्वीकृत ख़र्च से 20 प्रतिशत अधिक होता था तो हम शाही ऊँटों के मासिक ख़र्च का यह अनुमान पाते हैं :

'सांड़िया' (डारमेट)	523 × 288 = 1,50,624
दूसरे ऊँट	5,700 × 276 = 15,73,200
	योग = 17,23,824 दाम

इस प्रकार कुल ख़र्च 2,06,85,888 दाम प्रतिवर्ष आता है।

शाही प्रतिष्ठान के बैलों का वर्गीकरण उनके कामों के आधार पर किया जाता था। ख़ुराकें इसी वर्गीकरण के अनुसार अलग-अलग होती थीं, दाने की मात्रा 5 से 6¼ सेर तक होती थी और हर रोज़ चारे के लिए 1 से 1½ दाम दिए जाते थे।[66]

पशुओं के जमादारों (हड्र्समेन) के लिए स्वीकृत मज़दूरी 4 दाम प्रतिदिन थी। पर 18 जमादारों को अधिक दर (5 दाम) दी जाती थी। ख़ास तबेलों में एक जमादार चार बैलों की और दूसरे तबेलों में छह की देखभाल करता था।[67]

इन आँकड़ों के आधार पर शाही तबेलों के एक बैल का औसत प्रतिमाह ख़र्च 107 दाम कहा जा सकता है। लेकिन मंसबदारों को एक बैल के लिए स्वीकृत रक़म इससे अधिक, 120 दाम प्रतिमाह होती थी। हाँ, इसके लिए कोई भत्ता स्वीकृत नहीं था और दाने व चारे के लिए स्वीकृत रक़म सिर्फ़ 66 दाम होती थी जबकि शाही तबेलों में इन्हीं मदों पर 87.5 दाम की इजाज़त थी। मंसबदारों के लिए स्वीकृत दरें सम्भवत: दो वृद्धियों के कारण होती थीं। एक वृद्धि 38 दाम[68] और दूसरी 10 दाम प्रतिमाह थी। ज़ाहिरा तौर पर ये वृद्धियाँ शासन वर्ष 18 और 39 के बीच क़ीमतों में होनेवाली तब्दीलियों के कारण दी गई थीं।

शाही तबेलों के लिए स्वीकृत रक़मों में ऐसी कोई वृद्धि शामिल नहीं है और इससे लगता है कि उनका सम्बन्ध पहले की किसी तारीख़ से है। जैसा कि हमने देखा, इन जानवरों के लिए भत्ते तब स्वीकृत किए गए थे जब सेर 28 दाम वज़न

का होता था,[69] और ख़ुद आईन ने स्वीकार किया है, ये कम थे और पुराने पड़ चुके थे।[70] इसलिए इन दरों को 40वें शासन वर्ष पर लागू करने के लिए हमें बैलों के लिए शाही ख़र्चों में उतनी ही बढ़ोतरी करनी होगी जितनी मंसबदारों के लिए की गई थी। इसका मतलब है हर बैल पर औसतन हर माह 155 दाम का ख़र्च।

पेल्सेयर ने अकबर की मौत के वक़्त शाही तबेलों में बैलों की तादाद 7,000 बताई है। आईन में कहा गया है कि शाही बावर्चीख़ाने का ईंधन लाने के लिए 600 गाड़ियों (अराबों) को लगाया गया था, और भवन-निर्माण सामग्री ढोने के लिए 200 को।[71] चूँकि, जैसाकि अबुल फ़ज़्ल कहते हैं, एक अराबा के लिए चार बैल दरकार होते थे, इन 800 अराबों के लिए ही कम-से-कम 3,200 बैलों की ज़रूरत पड़ती होगी। फिर बैलों की ज़रूरत दूसरे कामों के लिए भी पड़ती होगी,[72] और कुछ को रिज़र्व में रखने की ज़रूरत होती होगी। इसलिए पेल्सेयर की 7,000 की बताई हुई संख्या किसी तरह ज़्यादा नहीं लगती।

पेल्सेयर ने बैलों का कोई श्रेणीवार वितरण नहीं दिया है। इसलिए हम सभी 7,000 बैलों के लिए निकाली गई दर (155 दाम) को एकसमान लागू करके ही बैलों पर शाही ख़र्च का अनुमान लगा सकते हैं। इससे सालना ख़र्च 7,000×155×12= 1,30,20,000 दाम आता है।

आईन से संकेत मिलता है कि शाही तबेलों के खच्चर देसी नस्ल के भी होते थे और आयातित भी। उन पर ख़र्च होनेवाली रक़म उनकी देसी या विदेशी नस्ल के अनुसार अलग-अलग होती थी। खच्चरों की संख्या दर्ज करते हुए पेल्सेयर इस या किसी और वर्गीकरण का अनुसरण नहीं करते। कुछ भी हो, उनकी बताई संख्या इतनी कम (260) है कि आईन के विस्तृत आँकड़ों के आधार पर उनके ख़र्च की गणना का प्रयास अनावश्यक परिष्कार लगता है, ख़ासकर जबकि गणना की एक और आसान विधि उपलब्ध हो। अबुल फ़ज़्ल कहते हैं कि मंसबदारों के पास मौजूद जानवरों का भत्ता तय करने के लिए पहले खच्चरों को ताज़ी घोड़ों के बराबर माना जाता था पर अब सिर्फ़ जंगला घोड़ों के बराबर माना जाता है।[73] इस आधार पर हम शाही तबेले के किसी जंगला घोड़े वाली वही दर (यानी 264 दाम प्रतिमाह) लागू कर सकते हैं जिसकी गणना हम कर चुके हैं। तब खच्चरों पर शाही प्रशासन का सालाना ख़र्च (260×264×12)= 8,23,860 दाम आएगा।

चार

रखरखाव की लागत के अलावा जानवरों के कुल शाही ख़र्च में उनकी ख़रीद पर ख़र्च की गई रक़में भी शामिल होंगी। इस बारे में सूचनाएँ इतनी कम हैं कि बहुत आधे-अधूरे अनुमान ही लगाए जा सकते हैं।

अबुल फ़ज़्ल बतलाते हैं कि उनके देशों से सौदागर दरबार में घोड़े लाते थे, ईरान और मध्य एशिया से झुंड-के-झुंड लाए जाते थे।[74] अबुल फ़ज़्ल के बयान से लगता है कि घोड़ों का व्यापार कम-से-कम आंशिक रूप से राज्य के नियंत्रण में

होता था। एक जगह ऐसी तय की गई थी जहाँ थोड़े से भरोसेमन्द या विशेष सुविधा प्राप्त सौदागरों को छोड़ घोड़ों के बाक़ी सभी व्यापारियों को अपने घोड़ों समेत ठहरना पड़ता था, और अमीने-कारवांसरा कहलानेवाला एक अधिकारी उन पर नज़र रखने के लिए नियुक्त था। हिसाब रखने के लिए मुहर्रिर और दाम तय करने के लिए अनुभवी लोग लगाए जाते थे।[75] मोंसरेट के बयान से पता चलता है कि इन तमाम नियंत्रणों और पाबंदियों के बावजूद राज्य का कोई एकाधिकार न था और घोड़े खुली नीलामी के ज़रिये बेचे जाते थे। जब्र-ज़ुल्म के शुब्हे से बचने के लिए दाम की रक़म को जनता के सामने गिना जाता था। बादशाह बल्कि उसके अधिकारी, निजी ख़रीदारों की ही तरह घोड़े ख़रीदते थे।[76]

घोड़े की ख़रीद पर ख़र्च होनेवाली रक़म की गणना करने के लिए हमें बादशाह द्वारा साल में ख़रीदे जाने वाले घोड़ों की संख्या का और उनमें से हरेक की क़ीमत का पता होना चाहिए। चूँकि यह जानकारी सीधे-सीधे उपलब्ध नहीं है, हम अप्रत्यक्ष उपायों से एक अनुमान लगा सकते हैं।

भारत में एक घोड़े की ज़िन्दगी सामान्यत: 30 साल बताई गई है,[77] लेकिन 17वीं सदी के लिए एक स्रोत के अनुसार उसकी कामकाज़ी ज़िन्दगी 12 साल होती थीं।[78] अगर हम यह मान लें कि शाही अस्तबलों के सभी घोड़े ख़रीद के वक़्त जवान होते थे और इस तरह वे शाही अस्तबलों में 12 साल से कम नहीं रहते थे, तो हमें यह निष्कर्ष निकालना होगा कि हर साल घोड़ों का कम-से-कम बारहवाँ भाग बदल दिया जाता होगा। अगर घोड़े शाही तबेलों में औसतन 12 साल से कम रहते थे जोकि ज़्यादा मुमकिन है (क्योंकि शायद जवानी गुज़रने के बाद वे तोहफ़े में दे दिए जाते थे) तो हर साल बदला जानेवाला भाग और भी अधिक होता होगा। दूसरी ओर दरबार को बहुत से घोड़े एक पैसा ख़र्च किए बग़ैर तोहफ़ों और नज़रानों के रूप में मिलते थे। इसलिए हर साल ख़रीदे जानेवाले घोड़ों को कुल का बारहवाँ भाग कहा जा सकता है। अब भी हम जंग में मौत की बात को नज़रअन्दाज़ कर रहे हैं, पर 1595-96 तक शाही घोड़े शायद ही कभी जंग में शामिल होते थे। चूँकि अकबर के अस्तबलों में कोई 12,000 घोड़े थे, हर साल कोई 1,000 घोड़े ख़रीदे जाते होंगे।

घोड़ों की ख़रीद पर ख़र्च की वास्तविक राशि का अनुमान करने के लिए इस आँकड़े का प्रयोग करने के लिए हमारे पास विभिन्न प्रकार को घोड़ों की क़ीमत की जानकारी होनी चाहिए। आईन में क़ीमतों का दायरा 2 रुपयों से लेकर 500 मुहरों तक बतलाया गया है जो कुछ ख़ास मददगार नहीं है।[79] लेकिन चूँकि घोड़ों की क़ीमत भी अस्तबलों के वर्गीकरण का एक मानंदड होती थी, हम अस्तबलों के एक हवाले के आधार पर शाही घोड़ों के लिए आमतौर पर दी जानेवाली क़ीमतों का, कामचलाऊ तौर पर, एक और भी तंग दायरा क़ायम कर सकते हैं।

हम देखते हैं कि शाही अस्तबलों में ऐसे अस्तबल भी थे जिनमें दह-मुहरी (10 मुहरोंवाले) और हफ़्ताद मुहरी (70 मुहरों वाले) घोड़े रखे जाते थे। इससे संकेत मिलता है कि शाही अस्तबलों के घोड़ों की क़ीमत आमतौर पर 10 से 70 मुहर

तक होती थी। इस दायरे के अन्दर क़ीमतों की विभिन्न श्रेणियों में कितने घोड़े थे, यह तय करने का कोई उपाय दिखाई नहीं देता। इसलिए हम केवल 10 और 70 का औसत ले सकते हैं जो 40 मुहरें आता है। यह भी निचली सीमा के क़रीब होगा क्योंकि अधिकतर शाही घोड़े उम्दा नस्ल के होते होंगे।

इन मनमानी मगर सम्भवत: कम ग़लत मान्यताओं के आधार पर हम घोड़ों की ख़रीद के सालना शाही ख़र्च की गणना इस प्रकार कर सकते हैं :

चूँकि एक मुहर में 9 रुपये होते थे[80] और एक रुपया 40 दाम का होता था, एक घोड़े की औसत क़ीमत (40×9×40)=14,400 दाम रही होगी। इस तरह 1,000 घोड़ों की क़ीमत 1,44,00,000 दाम आती है।

हर साल जहाँ घोड़ों पर यह या इससे अधिक कोई रक़म ख़र्च होती थी वहीं अस्तबलों के मुलाज़िमों से ख़र्च का एक छोटा-सा भाग वसूल हो जाता था। अस्तबलों के अधिकारभोगियों और मुलाज़िमों की निगरानी में अगर कोई घोड़ा मर जाता तो उन पर जुर्माना लगाने के बारे में कठोर नियम होते थे।[81] इस तरह वसूल वास्तविक राशि की गणना नहीं की जा सकती, पर यह घोड़ों की लागत के एक छोटे से भाग से अधिक नहीं होती होगी।

लगता है, अकबरी प्रशासन हाथियों की ख़रीद पर अधिक रक़म ख़र्च नहीं करता था। हाथी या तो सुसंगठित शिकार के ज़रिये पकड़े जाते थे या फिर ख़िराज या माले-ग़नीमत के तौर पर मिलते थे।[82] मध्य भारत के कुछ भागों में तो मालगुज़ारी तक हाथियों के रूप में दी जाती थी।[83]

अबुल फ़ज़्ल ने हर नस्ल के ऊँट के लिए विस्तार से मूल्य बताए हैं[84] लेकिन चूँकि हम नस्लों के अनुसार शाही ऊँटों का वितरण नहीं जानते, हमें इन मूल्यों का भी अभारित औसत ही लेना होगा। एक ऊँट का सामान्य जीवन 25 साल होता था,[85] पर कामकाज़ी जीवन सिर्फ़ 12 साल होता था।[86] हम यह मान सकते हैं कि मुग़ल प्रशासन 6,223 ऊँटों का दस्ता बनाए रखने के लिए हर साल 519 ऊँट ख़रीदता होगा। औसत दाम 5.5 मुहर मानकर ऊँटों का ख़रीद पर सालाना ख़र्च (5.5×9×40×519)=10,27,610 दाम आता है।

वैसे तो कहा गया है कि अकबर ने एक जोड़ा बैल बहुत ऊँचे मूल्य (500 रुपये) पर ख़रीदा था, पर देहली के आसपास आमतौर पर एक बैल 10 रुपये का आता था।[87] एक बैल का सक्रिय जीवन भी 12 साल माना जा सकता है।[88] शाही तबेलों में बैलों की 7,000 की तादाद बनाए रखने के लिए हर साल प्रशासन 584 बैल ख़रीदता रहा होगा। इस तरह बैलों की ख़रीद का ख़र्च (584×10×40)=2,33,600 दाम प्रतिवर्ष आता है।

अबुल फ़ज़्ल ख़च्चरों का सामान्य जीवनकाल 50 वर्ष और शाही तबेलों के सबसे उम्दा ख़च्चर का दाम 100 रुपये बतलाते हैं।[89] लेकिन न तो औसत मूल्य बताया गया है, न कामकाज़ी जीवन। कुछ भी हो, ख़च्चरों की तादाद बहुत मामूली (260) है। इसलिए इन जानवरों की ख़रीद का सालाना ख़र्च शाही तबेलों

के जानवरों के कुल ख़र्च को शायद ही कुछ अधिक प्रभावित करता रहा होगा। जानवरों पर आने वाले सालाना ख़र्चों के बारे में हमारे अनुमान तालिका-10.5 में प्रस्तुत किए गए हैं।

तालिका-10.5

	रखरखाव (दाम)
घोड़े	8,56,78,080
हाथी (न्यूनतम)	5,81,15,520
ऊँट	2,06,85,888
बैल	1,30,20,000
ख़च्चर	8,23,680
रखरखाव की कुल लागत (दाम प्रतिवर्ष)	17,83,23,168
	ख़रीद की लागत (दाम)
घोड़े	1,44,00,000
हाथी	-
ऊँट	10,27,695
बैल	2,33,600
ख़रीद की कुल लागत (दाम प्रतिवर्ष)	1,56,61,295

इस प्रकार जानवरों पर कुल सालाना ख़र्च 19,39,84,463 दाम आता है।

पाँच

तोड़ीदार बन्दूक़ों के बारे में अबुल फ़ज़्ल कहते हैं कि वे शाही कारख़ानों (कारख़ान-ए-ख़ास) में तैयार किए जाती या ख़रीदी जाती थीं। बहुत से तोहफ़े में भी मिलती थीं।[90] यह बात दूसरे हथियारों और ज़िरह-बख़्तर, वग़ैरह के बारे में भी सही हो सकती है। तोहफ़े में चाहे जितनी चीज़ें मिलती रही हों, शाही हथियारख़ानों और ज़िरह-बख़्तर वग़ैरह पर आनेवाला ख़र्च कोई मामूली नहीं रहा होगा। वैसे तो अबुल फ़ज़्ल ने हथियारों, बन्दूक़ों और तोड़ीदार बन्दूक़ों पर अलग-अलग अध्याय लिखे हैं,[91] पर उनके आँकड़े इन पर सालाना ख़र्च के अनुमान लगाने में हमारी मदद नहीं करते। ख़ुशनसीबी से पेल्सेयर ने उन तोपख़ानों और अस्त्र-शस्त्रों की क़ीमतें दर्ज की हैं जिनको अकबर अपनी मौत के बाद छोड़ गया था।[92] इसके आधार पर तोपों, बन्दूक़ों, गोलों, बारूद और दूसरे जंगी साज-सामान की क़ीमत 85,75,971 रुपये थी, हथियार, ज़िरह-बख़्तर, ख़ंजर, तीर-कमान और इसी तरह के दूसरे हथियारों की क़ीमत 75,55,525 रुपये थी, और हर तरह के शाही ज़िरह-बख़्तर के लिए सोने की कढ़ाईवाले लबादे की क़ीमत 50,00,000 रुपये थी। आनेवाली वास्तविक लागतों की गणना के लिए इनमें 20 प्रतिशत की कमी करना आवश्यक होगा, तभी वास्तविक लागतें आएँगी। चूँकि अबुल फ़ज़्ल के विवरण से स्पष्ट है कि तोहफ़े में दिए गए हथियारों की संख्या काफ़ी बड़ी थी,[93] मैंने मान लिया है कि दिए गए तोहफ़ों की

क़ीमत मिलनेवाले तोहफ़ों से वसूल हो जाती होगी। (कमी के बाद मिलनेवाले) कुल मूल्य को 1,225 से भाग देकर भागफल को 40 से गुणा करें तो 40वें शासन वर्ष में हथियारों और ज़िरह-बख़्तर वग़ैरह पर दामों में आनेवाले ख़र्च का पता चल सकता है।[94] इस उपाय से वर्ष 1595-96 में अस्त्र-शस्त्रों पर शाही ख़र्च हमारे अनुमान के मुताबिक़ 2,20,80,257 दाम होगा।

अबुल फ़ज़्ल के बयानों से इस अनुमान की बहुत कामचलाऊ तसदीक़ ही मुमकिन है। कुल 2,20,80,257 दाम में से कम-से-कम 89,61,015 दाम तोपों, बन्दूक़ों वग़ैरह पर ख़र्च हुए होंगे जिनकी क़ीमती पेल्सेयर ने 85,75,971 रुपये बताई है। अबुल फ़ज़्ल के अपने विवरण से भी तोपख़ाने पर ऐसे ही भारी ख़र्च का संकेत मिलता है। वे थोड़ी कुंठा के साथ तोपों की संख्या बताने में अपनी असमर्थता स्वीकार करते हैं क्योंकि ये तोपें, ख़ासकर गंजाल और नरनाल, बहुत अधिक थीं।[95] तोड़ीदार बन्दूक़ों के मुआमले में बनाई गई हज़ारों बन्दूक़ों में से बादशाह के निजी इस्तेमाल ख़ास के लिए 105 चुनी गईं और संख्या को बनाए रखने के लिए 31 रिजर्व (कोतल) में रख दी गईं, क्योंकि बादशाह हमेशा ख़ास बन्दूक़ों को तोहफ़े में देता रहता था।[96] हरम में 101 तोड़ीदार बन्दूक़ें रखी गई थीं।[97]

अनेक दस्ती (हाथ से इस्तेमाल वाले) हथियार ख़ास क़रार दिए गए थे और बहुत से तोहफ़े में दे दिए गए। ख़ास तलवारों की संख्या 30 थी और कमी पूरी करने के लिए 40 कोतल में रखी गई थीं।[98] अबुल फ़ज़्ल ने बादशाह के निजी इस्तेमाल (ख़ास) वाले दस्ती हथियारों का एक विस्तृत विवरण दिया है। ये तलवारें उस श्रेणी की रही होंगी जिनको अबुल फ़ज़्ल ने उम्दा कहा है, वे इनकी क़ीमत 15 मुहर फी तलवार बतलाते हैं।[99] बादशाह जब दरबार लगाता था या शिकार या दूसरी मुहिमों पर जाता था तो ख़ास हथियारों के अलावा एक पूरा हथियारख़ाना साथ होता था।[100] उम्दातरीन खंजर की लागत 2½ मुहर थी। अबुल फ़ज़्ल के लिए दूसरे आँकड़े परिमाणीकरण के लिए ठोस आधार का काम नहीं कर सकते। फिर भी आईन में दस्ती हथियारों की जो तादादें और क़ीमतें दी गई हैं वे यही संकेत देती हैं कि पेल्सेयर के आँकड़ों से 78,94,753 दाम का जो कुल व्यय निकाला गया है वह भी नामुनासिब नहीं है।

पूरे शाही सैनिक प्रतिष्ठान पर 1595 के आसपास आनेवाला कुल वार्षिक ख़र्च अब इस प्रकार दिखाया जा सकता है। (तालिका-10.6) देखें।

तालिका-10.6

अहदियों की तलब	8,28,57,600	दाम
पियादों की तलब	6,00,00,000	दाम
जानवरों का ख़र्च	19,39,84,463	दाम
तोपों, हथियारों और ज़िरह-बख़्तरों का ख़र्च	2,20,80,257	दाम
योग	38,89,22,320	दाम

दूसरे शब्दों में, बादशाह के निजी सैनिक प्रतिष्ठान के रखरखाव पर सल्तनत की कुल जमा का लगभग 9.06 प्रतिशत भाग निकल जाता था। इसमें एक ही शंका की बात है। यह कि बहुत से अहदी और कुछ पियादे (जिनकी तलब हमारे अनुमानों में शामिल है) घराने के मुख़्तलिफ़ विभागों में काम करते थे हालाँकि अपनी तलब फ़ौज की फ़ेहरिस्त में लेते थे।[101] इस तरह सैनिक प्रतिष्ठान के ख़र्च का कम-से-कम थोड़ा सा भाग शुद्ध ग़ैर-फ़ौजी कामों पर ख़र्च होता था।

सन्दर्भ और टिप्पणियाँ

1. *आईन*, एक, पृ. 175
2. उपरोक्त, पृ. 175,187
3. उपरोक्त, पृ. 187
4. *अकबरनामा*, तीन, पृ. 219
5. पेल्सेयर, *क्रॉनिकल*, पृ. 35
6. *अर्ली ट्रैवेल्स*, पृ. 99
7. लाहौरी, दो, पृ. 715
8. *अकबरनामा*, तीन, पृ. 219
9. अध्याय-9 देखें।
10. *आईन*, एक, पृ. 187-88
11. उपरोक्त, पृ. 186
12. बदायूनी, दो, पृ. 191 देखें। वे अपमान-भाव से कहते हैं कि दो-अस्प, यक-अस्प और नीम-अस्प अहदी के रूप में रखे गए थे और नीम-अस्प यानी ½ घोड़े वाले मुआमले में दो सवारों के बीच एक घोड़ा होता था, उसकी बरावुर्दी तलब भी उनमें बँट जाती थी।
13. *अकबरनामा*, तीन, पृ. 671-72
14. *आईन*, एक, पृ. 187
15. उपरोक्त
16. उपरोक्त, पृ. 188
17. उपरोक्त, पृ. 186
18. अध्याय-9 देखें।
19. *आईन*, एक, पृ. 189
20. उपरोक्त, पृ. 190
21. स्रोत का अन्यथा संकेत न हो तो यह मानें कि *आईन* प्राप्त जो सूचनाएँ इस खंड में इस्तेमाल की गई हैं वे अध्याय *आईने-पियादागान* (आईन, एक, पृ. 188-90) से ली गई हैं।
22. आईन, एक, पृ. 127 देखें। शाहजहाँ के आधिकारिक इतिहासकार लाहौरी ने पैदल बन्दूक़चियों, तोपचियों, रॉकेट दाग़नेवालों वग़ैरह की तादाद, 40,000 बताई है जिसमें 10,000 राजधानी में रहते थे और बाक़ी (30,000 की जगह ग़लती से 3,000 लिखा गया है।) सूबों और किलों में नियुक्त थे। (लाहौरी, दो, पृ. 715 देखें। लगता है, बन्दूक़चियों और पियादों की तादाद 1595-96 और 1646-47 के बीच ख़ासी बढ़ी। लाहौरी ने 1646-47 के लिए ही आँकड़े दिए हैं।)
23. दाख़िली बन्दूक़चियों की तलब के बारे में अध्याय-9 के अन्त में दाख़िलियों से सम्बन्धित व्याख्या देखें।

24. फ़रिश्ता, एक, पृ. 272
25. *आईन,* एक, पृ. 42
26. उपरोक्त, पृ. 128-53
27. उपरोक्त, पृ. 205-14, 216
28. उपरोक्त, पृ. 141, बादशाह ग़ैर-ख़ासगी घोड़ों पर भी सवार होता था पर कभी-कभार। (पृ. 145 देखें।)
29. शाहज़ादों को अपने मंसबों के आधार पर जो घोड़े रखने पड़ते थे, ये घोड़े उनसे भिन्न दिखाई देते हैं। यहाँ तक कि एक दह-हज़ारी यानी 10,000 के मंसबदार को (शाहज़ादा सलीम का मंसब यही था) ताज़ी और जंगला जैसी घटिया नस्ल के कुछ घोड़े रखने पड़ते थे (*आईन,* एक पृ. 180), लेकिन शाहज़ादों के अस्तबलों को दिए गए शाही घोड़े इतनी उम्दा नस्ल और ऊँची क़ीमत के होते थे कि उन्हें सिर्फ़ ख़ास घोड़ों से कमतर समझा जाता था। आम क़ायदा यह था कि ख़ास अस्तबलों में होनेवाली किसी कमी को शाहज़ादों के अस्तबल को दिए गए घोड़ों से पूरा कर लिया जाता था। (पृ. 145 देखें।) शाहज़ादा मुराद की मौत के बाद उसके अस्तबलों में होनेवाले उसके घोड़े ख़ास अस्तबलों में शामिल कर लिये गए। (पृ. 145 देखें।)
30. *आईन,* एक, पृ. 141
31. उपरोक्त, पृ. 144, यहाँ हमारे मक़सद के लिए यह आख़िरी चूक कोई बहुत संजीदा नहीं है। इन पदाधिकारियों की तनख़्वाहें मंसबदारों, अहदियों और पियादों की तनख़्वाहों में शामिल हैं जो हमें पहले ही प्रस्तुत कर चुके हैं।
32. उपरोक्त, पृ. 176-77
33. उपरोक्त, पृ. 141-42
34. उपरोक्त, पृ. 143-44
35. उपरोक्त, पृ. 142, ये रक़में कपड़ों के अन्तर्गत दी गई मुख़्तलिफ़ वस्तुओं की लागतों के योग के ठीक बराबर हैं (सिवाय 227 ½ दाम के जिसके लिए कोई वितरण नहीं दिया गया है), लेकिन साल में जिन वस्तुओं के दाम दो बार वसूले जाते हैं उनको दो बार नहीं गिना गया है। इसलिए ये योग घोड़ों के ज़ीन के कुल सालाना ख़र्च के बजाय कुल साज़-सामान के मूल्य के सूचक लगाते हैं।
36. *आईन,* उपरोक्त, पृ. 176-77
37. मेरी राय में गहनों वग़ैरह तथा सोने के साज का ख़र्च बेहतर तौर पर अध्याय-11 का विषय है जहाँ बादशाह के क़ीमती पत्थरों और सोने के ज़ेवरों के ज़ख़ीरे की विवेचना की गई है।
38. *आईन,* एक, पृ. 140
39. *अर्ली ट्रैवेल्स,* पृ. 103, फ़रिश्ता, एक, पृ. 272, पेल्सेयर, *क्रॉनिकल* (अनु), पृ. 340-35
40. *अर्ली ट्रैवेल्स,* पृ. 103, पेल्सेयर, *क्रॉनिकल* (अनु), पृ. 34-35
41. *आईन,* एक, पृ. 140
42. एक ऐसी भारतीय नस्ल के घोड़े के लिए, जो स्वीकृत भत्तों के आधार पर देखें तो उम्दातरीन भारतीय नस्ल भी नहीं थी, ताज़ी शब्द (शब्दश: अरबी घोड़ा) का प्रयोग थोड़ा हैरानकुन है। (याबू का भत्ता अधिक है।) दुर्भाग्य की बात यह है कि किसी आधुनिक रचना में घोड़ों की नस्लों की समस्या की अभी तक विवचेना नहीं की गई है।
43. *आईन,* एक, पृ. 133
44. उपरोक्त, पृ. 134

45. उपरोक्त, पृ. 135-38
46. दाने को मुद्रा में 12 दाम प्रतिमन (*आईन*, एक, पृ. 176) की दर से बदला गया है।
47. ब्लाख़मान के पाठ और ब्रिम्यू पांडुलिपि 6552 में साज की वस्तुओं में 'एक मन दाना और दस सेर लोहा' (यक मन दाना-ओ-दहसेर आहन) शामिल किए गए हैं। यहाँ दाने का ज़िक्र अजीबोगरीब और सन्दर्भ से कटा हुआ है। ब्रिम्यू पांडुलिपि एड 7652 का पाठ एक मन बारह सेर लोहा (यक मनो-दोआज दह सेर आहन) है। मैंने इसी पाठ को स्वीकार किया है जो निश्चित ही अधिक बुद्धिसंगत लगता है। लगता है, किसी बहुत पहले की पांडुलिपि के कातिब ने दोआज़ दह की जगह ग़लती से दान-ओ-दह पढ़ लिया था।
48. *आईन*, एक, पृ. 161
49. मोंसरेट, पृ. 89
50. फ़रिश्ता, एक, पृ. 272
51. पेल्सेयर, *क्रॉनिकल* (अनु), पृ. 34-35
52. *आईन*, एक, पृ. 138
53. पेल्सेयर, पूर्वोक्त, पृ. 34
54. *आईन*, एक, पृ. 146
55. पेल्सेयर, पूर्वोक्त, पृ. 34-35
56. *आईन*, एक, पृ. 148-49
57. उपरोक्त, पृ. 149
58. उपरोक्त, पृ. 147
59. उपरोक्त, पृ. 148
60. उपरोक्त, पृ. 147
61. उपरोक्त, पृ. 178
62. उपरोक्त, पृ. 149
63. उपरोक्त, पृ. 178
64. पेल्सेयर, पूर्वोक्त, पृ. 34-35, शब्द 'सांड़िया' का प्रयोग अब बैक्ट्रियाई ऊँट के विपरीत एक कूबड़ वाले अरबी (भारतीय) ऊँट के लिए किया जाता है। लेकिन 17वीं सदी में इसका प्रयोग तेज दौड़नेवाले ऊँट के लिए किया जाता था।
65. *आईन*, एक, पृ. 178
66. उपरोक्त, पृ. 147
67. उपरोक्त, पृ. 148-49
68. उपरोक्त, पृ. 178
69. उपरोक्त, पृ. 147
70. उपरोक्त, पृ. 148
71. उपरोक्त, पृ. 151-52
72. मसलन रकाब यानी शाही लश्कर के तोपख़ाने की तोपें खींचने (*आईन*, एक, पृ. 119) के लिए भी बहुत से बैलों की ज़रूरत पड़ती होगी।
73. *आईन*, एक, पृ. 179
74. उपरोक्त, पृ. 140
75. उपरोक्त, पृ. 141
76. मोंसरेट, पृ. 208

77. *आईन*, एक, पृ. 146
78. अज्ञात, *फ़रसनामा* (पांडुलिपि, मौलाना आज़ाद पुस्तकालय, अलीगढ़ मुस्लिम विश्वविद्यालय, सुबहानुल्ला संग्रह, 616, 3, पृ. 3 देखें।) लगता है, यह रचना 17वीं सदी में लिखी गई थी क्योंकि इसमें जहाँगीर को जन्नतमकानी कहा गया है। मृतक के लिए प्रयुक्त यह शब्द उसके शासनकाल से निकटता का संकेत देता है।
79. *आईन*, एक, पृ. 146
80. उपरोक्त, पृ. 27
81. उपरोक्त, पृ. 145, 164
82. उपरोक्त, पृ. 206
83. उपरोक्त, दो, पृ. 456 देखें। शाहजहाँ के 40वें शासन वर्ष का एक फ़रमान (एड 3582, फ़ोलियो 107 ए) मिलता है जिसमें बादशाह ने कुछ सौदागरों को रिआयतें दी थीं। ये सौदागर ज़ेरबाद (दक्षिण-पूर्व एशिया) से जहाज़ों में बंगाल के बन्दरगाहों और मछलीपट्टम तक हाथी लेकर आए थे और फिर उन्हें बिक्री के लिए ज़मीनी रास्ते से शाही छावनी तक ले आए थे। लेकिन *आईन* में अकबर के अधिकारभोगियों द्वारा दक्षिण-पूर्व एशिया के हाथियों की ख़रीद का कोई हवाला नहीं मिलता।
84. उपरोक्त, एक, पृ. 150
85. उपरोक्त
86. वाट, *डिक्शनरी ऑफ़ इकोनॉमिक प्रॉडक्ट्स ऑफ़ इंडिया*, खंड दो, पृ. 57 (सी 219)
87. *आईन*, एक, पृ. 150
88. वाट, पाँच, पृ. 576, 667
89. *आईन*, एक, पृ. 152
90. उपरोक्त, पृ. 126
91. उपरोक्त, पृ. 118-27
92. पेल्सेयर, *क्रॉनिकल* (अनु), पृ. 33
93. *आईन*, एक, पृ. 118, 127
94. गणना की इस विधि को स्वीकार करने के कारणों के बारे में अध्याय-8 और अध्याय-12 (शाही ज़ख़ीरे में वार्षिक हस्तान्तरण की गणना के लिए) देखें।
95. *आईन*, एक, पृ. 125, लेकिन जहाँगीर (*तुज़ुके-जहाँगीरी*, पृ. 10 में) अपने पहले शासन वर्ष (1605-6) में अपने तोपख़ाने में 3,000 गाड़ियों को रखने की महत्त्वाकांक्षा का ज़िक्र करता है। अगर हर तोप के लिए एक गाड़ी की ज़रूरत थी तो अकबर अपने पीछे कम-से-कम 2,000 तोपें छोड़ गया होगा, तभी जहाँगीर 3,000 की इच्छा कर रहा था।
96. आए दिन तोहफ़े दिए जाने के कारण मुकम्मल रिज़र्व (कोतल) में रखी गई 31 बन्दूक़ें पर्याप्त समझी जाती थीं और इसी मक़सद के लिए 27 और बन्दूक़ों को आंशिक रिज़र्व (नीम-कोतल) में शामिल किया गया था। *आईन* एक, पृ. 127 देखें।
97. उपरोक्त, पृ. 127
98. उपरोक्त, पृ. 118
99. उपरोक्त, पृ. 119
100. उपरोक्त, पृ. 118-19
101. इसके बारे में अध्याय-11 का आख़िरी पैराग्राफ़ देखें।

अध्याय-11

शाही घराने का ख़र्च

शाही घराने के बारे में माना जा सकता है कि शाही ख़र्च में उसका भाग अच्छा-ख़ासा रहा होगा। अबुल फ़ज़्ल ने अध्याय 'मंज़िल-आबादी' में जिस घराने का वर्णन किया है उसमें मुख्य रूप से हरम, बावर्चीख़ाना और अनेक विभाग शामिल थे। इनमें क़ीमती पत्थरों और सोने के गहनों के भंडार, कपड़ों के भंडार और पुस्तकालय भी आते थे। आईन तथा दूसरे स्रोतों से प्राप्त आँकड़ों की सहायता से हमें आशा है कि शाही घराने में शामिल अलग-अलग विभागों के सालना ख़र्चों के अनुमान लगाए जा सकते हैं।

शाही घराने के प्रतिष्ठान में हरम सबसे बड़ा विभाग ही नहीं होता था बल्कि उस पर सबसे अधिक ख़र्च भी आता था। अबुल फ़ज़्ल कहते हैं कि शाही हरम में शामिल स्त्रियों की तादाद, 5,000 से ऊपर थी।[1] हरम की औरतों को नक़द भत्ते एक विशेष मुहर लगाकर दिए जाते हैं, काग़ज़ का कोई रुक्का (बरात) नहीं जारी किया जाता था।[2] ऊँची श्रेणी की स्त्रियाँ (महीन-बानो) 27 रुपये से 1,610 रुपये माहवार का भत्ता पाती थीं। दूसरी स्त्रियों को दो श्रेणियों में बाँटा गया था : पहली श्रेणीवाली औरतों को 20 से 51 रुपये तक और दूसरी श्रेणी वालियों को 2 से 40 रुपये दिए जाते थे।[3]

अबुल फ़ज़्ल जिनको ऊँची श्रेणी की स्त्रियाँ कहते हैं उनकी तादाद नहीं बताते, न ही उनकी जो दूसरी औरतों की दो श्रेणियों में रखी जाती थीं। हम कह सकते हैं कि बादशाह की सभी पत्नियाँ और रिश्तेदारिनें महीन-बानो की श्रेणी में शामिल रही होंगी। 1580 में ही एक्बाविवा ने बादशाही की कम-से-कम 100 पत्नियों की बात कही थी और मोंसरेट उनकी तादाद 300 बताते हैं।[4] हम दूसरी रिश्तेदारिनों (चाचियों, चचाज़ाद बहनों, बहनों वग़ैरह) की तादाद नहीं जानते, पर एक न्यूनतम सीमा जानने के लिए सभी महीन-बानो की तादाद कम-से-कम 300 मानी जा सकती है। उनके भत्तों का दायरा इतना बड़ा है कि कोई ठीक-ठीक औसत तय नहीं किया जा सकता, इसलिए हम इस श्रेणी की हर स्त्री का सम्भावित औसत माहवार भत्ता थोड़े मनमाने ढंग से 100 रुपये मान सकते हैं। यह परिकल्पित औसत नीचे की सीमा के क़रीब है क्योंकि इसका मतलब यह है कि अकबर की पत्नियों और रिश्तेदारों की एक बड़ी तादाद को हर माह 100 रुपये से भी कम मिलते थे।

इस अनुदार बुनियाद पर हम महीन-बानो के नक़द भत्तों का न्यूनतम ख़र्च कम-से-कम 1,44,00,000 दाम (= 300×100×40×12) मान सकते हैं।

इस तरह कम-से-कम 300 का हिसाब लगा लेने के बाद दूसरी स्त्रियों की तादाद अधिक-से-अधिक 4,700 रही होगी। उनके लिए प्रयुक्त शब्द परस्ताराने-हुज़ूर में एक प्यारी रखैल से लेकर एक कनीज़ या ग़ुलाम स्त्री कोई भी हो सकती थी। इनमें से कितनी स्त्रियों को पहली और कितनों को दूसरी श्रेणी में रखा गया था, हमारे पास यह जानने का कोई उपाय नहीं है। सम्भवत: पहली श्रेणी में रखैलें और हरम की पदाधिकारिनें आती थीं[5] इसलिए उनकी तादाद 700 से कम नहीं रही होगी क्योंकि उनके और महीन बानो के बीच 1 : 2.50 से बहुत कम का अनुपात रहा होगा, ऐसा सम्भव नहीं लगता। बाक़ी 4,000 को कनीज़ें और ग़ुलाम स्त्रियाँ माना जा सकता है जो दूसरी श्रेणी में आती थीं।

चूँकि पहली श्रेणी वालियों का न्यूनतम मासिक वेतन 20 रुपये और अधिकतम 51 रुपये कहा गया है, औसत वेतन को 30 रुपये मानना सच्चाई से बहुत दूर नहीं होगा। कनीज़ और ग़ुलाम स्त्रियों की दूसरी श्रेणी के लिए औसत वेतन न्यूनतम (2 रुपये) के कहीं अधिक क़रीब रहा होगा और इसलिए हम यह मान सकते हैं कि उनका औसत वेतन 5 रुपये माहवार रहा होगा। यह वेतन एक अकुशल कामगार के वेतन का दोगुना था, और इसलिए यह दोनों श्रेणियों के वेतनों के दायरे, यानी 2 से 51 रुपये तक के वेतनों के एक मुनासिब औसत का सूचक है। इन मान्यताओं के आधार पर दामों में वार्षिक ख़र्च की गणना इस प्रकार की जा सकती है—

पहली श्रेणी	700 × 30 × 40 × 12 =	1,00,80,000 दाम
दूसरी श्रेणी	4,000 × 5 × 40 × 12 =	96,00,000 दाम
दोनों श्रेणियों का योग	=	1,96,80,000 दाम

इसमें ऊँची श्रेणी की स्त्रियों के भत्तों को जोड़ें तो हरम के नक़द भत्तों पर कुल सालाना ख़र्च 3,40,80,000 दाम आता है।

इसमें हरम में काम करनेवाले खोजों (हिजड़ों) की तनख़्वाहें या रखरखाव की लागतें शामिल नहीं हैं।[6] उनकी वास्तविक संख्या ज्ञात नहीं है। सम्भवत: उनकी तनख़्वाह साधारण ग़ुलाम मर्दों से अधिक होती थी। इस अतिरिक्त ख़र्च की गुंजाइश रखते हुए और सामान्यत: अपनी अनुदार मान्यताओं को देखते हुए हम हरम के नक़द भत्तों और वेतनों का सालाना ख़र्च मोटे तौर पर 3,50,00,000 दाम मान सकते हैं।

शाही बावर्चीख़ाना एक बहुत बड़ा प्रतिष्ठान होता था जो सिर्फ़ बादशाह की नहीं, पूरे हरम की खिदमत करता था। अबुल फ़ज़्ल कहते हैं कि चूँकि बादशाह के खाने का कोई निश्चित समय नहीं होता था, (बावर्चीख़ाने के) अधिकारी इस तरह सब कुछ तैयार रखते हैं कि बादशाह की इच्छानुसार कभी भी सौ चीज़ें (क़ाब) परोसी जा सकें। हरम में रहनेवालों को जो भी भोजन (रातिब) दिया जाता है

उसकी सवेरे से ही (तैयारी) शुरू हो जाती है और ज़्यादातर गई रात तक जारी रहती है।[7]

शाही घराने का क़ायदा उन दिनों के कुलीनों के रिवाज़ के मुताबिक़ था। एक ऊँचे कुलीन के घराने की व्यवस्थाओं के बारे में पेल्सेयर के बयान से यह बात देखी जा सकती है—

(उस कुलीन की) हर बीवी का अपना और अपनी उन ग़ुलाम स्त्रियों के लिए अलग इंतजाम होता था, जो हो सकता है 10 या 20 हों, या उसकी क़िस्मत के मुताबिक़ 100 हों। हरेक को उसकी ग़ुलामों के लिए नियमित मासिक भत्ता मिलता है...उनका भोजन एक ही बावर्चीख़ाने से आता है, पर हर स्त्री उसे अपने कक्ष में ग्रहण करती है।[8]

लेकिन आईन में की गई कुछ दूसरी टिप्पणियों से लगता है कि शाही हरम की ऊँची श्रेणियों की कुछ स्त्रियों और शाहज़ादों के अपने अलग बावर्चीख़ाने भी होते थे। अबुल फ़ज़्ल कहते हैं कि अकबर ने अपने परहेज़ के लम्बे दौर को अपनी माँ के प्रतिष्ठान से भेजे गए गोश्त के व्यंजन खाकर समाप्त किया, उसके बाद उसने दूसरी पटरानियों (बेगमान), शाहजादों और दूसरे क़रीबी लोगों के यहाँ से आए व्यंजन खाए।[9] आईन में यह भी कहा गया है कि शाही बावर्चीख़ाने के ताँबे के बर्तनों पर हर माह टिन की कलई की जाती थी जबकि शाहज़ादों और दूसरे लोगों के बर्तनों पर कलई दो माह में एक बार होती थी।[10]

लेकिन साफ़ तौर पर ये निजी बावर्चीख़ाने थे और हरम की 5,000 औरतों में से ज़्यादातर को शाही बावर्चीख़ाने से भोजन मिलता था। इसकी पुष्टि शाही घराने में लगनेवाले जलावन की भारी मात्रा से होती है। 1,50,000 मने-अकबरी (1,00,650) मन प्रतिवर्ष।[11] अगर हम यह मानें कि शाही बावर्चीख़ाने से भोजन पानेवालों की तादाद 5,000 (अबुल फ़ज़्ल के मुताबिक़ हरम की पूरी तादाद) थी तो लकड़ी की मात्रा प्रतिव्यक्ति 30 मन सालाना अर्थात 3.3 सेर (2.07 कि.ग्रा.) प्रतिदिन आती है। यह मात्रा कुछ ज़्यादा ही लगती है, ख़ासकर इसलिए कि शाही बावर्चीख़ाने को भेजी जानेवाली लकड़ी उम्दा क़िस्म की होती होगी। अगर हम यह मानें तो कुछ लकड़ी जाड़ों में तापने या स्नानघर (हम्माम) में गर्म पानी देने के लिए भी जलाई जाती होगी, तो भी यह मात्रा इतनी ज़्यादा है कि इससे यही संकेत मिलता है कि 5,000 से अधिक लोगों के लिए भोजन बनता रहा होगा। हमें यह बात भी ज़ेहन में रखनी चाहिए कि शाही बावर्चीख़ाने में इतना भोजन पकाया जाता था कि बाहर एक भरे-पूरे बाज़ार में भी भेजा जाता था। 60 साल बाद बर्नियर ने यही बात देखी थी।[12]

बावर्चीख़ाने से इतने अधिक लोगों को भोजन मिलने का मतलब यह हुआ कि उसके अमले (स्टाफ़) की तादाद भी बहुत बड़ी रही होगी। हर 100 लोगों के लिए हम पाँच बावर्ची और सहायक की बात मान लें तो भी सिर्फ़ हरम के 5,000 वासियों के लिए शाही बावर्चीख़ाने में कम-से-कम 250 लोग मुलाज़िम रहे होंगे। (इसमें बादशाह के दस्तरख़्वान के लिए भोजन पकानेवाला अमला शामिल नहीं है।)

शाही बावर्चीख़ाने के एक पियादे की तलब 100 से 400 दाम माहवार होती थी।[13] अगर हम उनकी औसत माहवार तलब 150 दाम मानें तो हरम के बावर्चियों और सहायकों के वेतन का ख़र्च (150×250×12) = 4,50,000 दाम सालाना बैठता है। बावर्चीख़ाने के दूसरे मुलाज़िम अहदी और मंसबदार होते थे और उनकी तनख़्वाहें पहले की गणनाओं में शामिल की जा चुकी हैं।

अबुल फ़ज़्ल के दिए हुए व्यंजनों का सहारा लें (30 व्यंजनों में से 23 के मुकम्मल ब्यौरे दिए गए हैं) तो विभिन्न व्यंजनों के प्रति सेर (अकबरी) मूल्य की गणना आईन में छावनी के लिए दी गई क़ीमतों पर की जा सकती है। मगर इससे अनुमान कुछ आवश्यकता से अधिक आएगा। कारण कि छावनी वाली क़ीमतें खुदरा क़ीमतें होती थीं[14] जबकि शाही प्रतिष्ठान के लिए रसद मुल्क भर के अनेक स्थानों से आती थी[15] और इसलिए मुमकिन है कि बुनियादी क़ीमतों में यातायात की लागत जोड़कर ये क़ीमतें थोक की रही हों।

आईन में दिए गए विभिन्न व्यंजनों के भार और मूल्य तालिका-11.1 में दिए गए हैं। मैंने इन्हें मोटे तौर पर चार श्रेणियों में बाँटा है : चावल के व्यंजन, गेहूँ के व्यंजन, मीठे व्यंजन तथा गोश्त और सब्ज़ियों के व्यंजन। अन्त में चपाती की लागत का एक अनुमान जोड़ा गया है।

तालिका-11.1

	मूल्य (दामों में)	*वज़न (सेर में)*	*मूल्य प्रति सेर (दामों में)*
चावल के व्यंजन			
क़ुबूली	85.05	24.38	3.48
क़ीमा पुलाव	106.78	27.90	3.83
विज़ोबिरयान	99.39	24.00	4.14
ख़ुश्का	22.70	10.50	2.16
खिचड़ी	20.40	13.00	1.56
शोला	85.56	17.48	3.49
औसत			3.58
गेहूँ के व्यंजन			
क़ुतब	77.20	17.92	4.31
हरीस	74.62	17.56	4.25
कोशक	78.28	16.11	4.86
हलीम	76.13	15.27	4.99
औसत			4.58
मीठे व्यंजन			
ज़र्द बिरंज	103.92	20.40	5.09
शीर बिरंज	14.00	12.00	1.17

हलवा	86.75	30.00	2.89
औसत			3.28
गोश्त और सब्ज़ियों के व्यंजन			
दो पियाज़ा	75.95	14.58	5.21
मालगोबा	73.53	22.42	3.28
यख़नी	66.70	11.50	5.80
कबाब	73.70	11.75	6.27
बगरा	107.23	20.27	5.29
क़ीमा शोरबा	75.86	15.32	4.95
मुत्बख़ गोशफन्द	76.11	13.05	5.83
दमपुख़्त	92.56	15.65	5.91
कलिया	77.82	13.26	5.87
औसत			5.18
चपाती (रोटी)	0.55	1 (15 की संख्या)	5.18

हम आगे यह भी मानते हैं कि हरम के सभी वासियों को एक समान भोजन मिलता था। हरम के सभी वासियों के लिए भोजन एक जैसा नहीं रहा होगा और ऊँची श्रेणी की स्त्रियों को कनीज़ों और ग़ुलामों के मुक़ाबले अधिक संख्या में और बेहतर क़िस्म के व्यंजन परोसे जाते होंगे। लेकिन हम चूँकि सभी सम्भावित व्यंजनों के अभारित औसतों का प्रयोग कर रहे हैं, अत: क़ाबों की संख्या से हमारे अनुमानों पर कोई उल्लेखनीय प्रभाव नहीं पड़ना चाहिए।

प्रतिव्यक्ति भोजन की संरचना हम निम्न प्रकार से मानें और इन भारों को इस प्रतिसेर औसत मूल्य से गुणा करें जिसकी हमने चारों प्रकार के व्यंजनों के लिए गणना की है तो प्रतिव्यक्ति दैनिक भोजन का अनुमान इस प्रकार होगा।

तालिका-11.2

	सेर में	*दामों में*
गेहूँ के व्यंजन	1/4	1.15
चावल के व्यंजन	1/4	0.86
गोश्त और सब्ज़ियाँ	1/4	1.30
मीठे व्यंजन	1/4	0.82
चपाती	1/2 (संख्या में 7)	0.27
योग	1½	4.40

इस 1½ सेर या एक किग्रा. रोज़ाना भोजन को देखते हुए प्रतिव्यक्ति भत्ता शायद आवश्यकता से अधिक ही होगा। पर हमें याद रखना चाहिए कि यह शाही ख़ानदान के सदस्यों का भोजन था जिनको बहरकैफ़ अच्छी-ख़ासी मात्रा दी जाती थी।

इस प्रकार शाही प्रतिष्ठान में प्रतिव्यक्ति भोजन का रोज़ाना ख़र्च 4.40 दाम आता है जो एक अकुशल कामगार की कुल मज़दूरी के दोगुने से अधिक होता था।

इसे सिर्फ़ निवासी स्त्रियों पर प्रतिवर्ष कुल व्यय में बदलने के लिए हमें अनुमानित प्रतिव्यक्ति ख़र्च को भोजन पानेवालियों की संख्या और फिर साल में दिनों की संख्या से गुणा करना होगा। तब यह व्यय 4.4×5,000×365 = 80,30,000 दाम आता है।

हमें यह भी याद रखना होगा कि जलनेवाली लकड़ी की मात्रा के आधार पर शाही प्रतिष्ठान से भोजन पानेवालों की कुल संख्या 5,000 से काफ़ी अधिक लगती है। इसके अलावा इस रक़म में शाही दस्तरख़्वान का ख़र्च शामिल नहीं है, जो ख़ुद नगण्य नहीं रहा होगा।

जैसाकि हमने देखा, हर वक़्त, 100 व्यंजन तैयार रखे जाते थे क्योंकि अकबर भोजन का कोई समय तय किए बग़ैर दिन में एक बार भोजन करता था।[16] मोंसरेट कहते हैं कि हर भोजन में 40 व्यंजन परोसे जाते थे।[17]

भारत के अन्दर से तथा ईरान, तुर्की और दूसरे देशों से भरती किए गए माहिर बावर्चियों द्वारा बनाए जाने वाले अनेक व्यंजनों में से अबुल फ़ज़्ल ने 30 को बनाने के ढंग बताए हैं। इन तरक़ीबों में लगता है अबुल फ़ज़्ल ने मानक न्यूनतम भार 10 सेर (6.2 किग्रा.) माना है। हम यह मान सकते हैं कि कम-से-कम ये 30 क़ाबें हर भोजन में परोसी जाती थीं और सभी क़ाबों की बुनियादी सामग्रियों का कुल भार कम-से-कम 10 सेर (6.2 किग्रा.) होता था।

इस प्रकार अकबर के दस्तरख़्वान पर हर भोजन में परोसे जानेवाले व्यंजनों की लागत 1, 645.22 दाम (कोई 41 रुपये) आती है। यह निश्चित ही अल्पाकलन है क्योंकि शाही दस्तरख़्वान पर परोसे जानेवाले 40 व्यंजनों के बजाय हम 23 की लागतें ही निकाल सकते हैं। इसके अलावा शाही दस्तरख़्वान पर अबुल फ़ज़्ल के बतलाए साधारण भोजन से बेहतर सामग्रियों वाले व्यंजन परोसे जाते होंगे। चूँकि अकबर दिन में एक ही बार भोजन करता था, न्यूनतम सालना ख़र्च (1645.22× 365) = 6,00,505 दाम आता है।

चूँकि चौबीसों घंटे इतनी बड़ी तादाद में व्यंजन तैयार रखे जाते थे, हम मान सकते हैं कि शाही दस्तरख़्वान की ज़रूरतें पूरी करने के लिए कम-से-कम 100 बावर्ची होंगे। अबुल फ़ज़्ल के मुताबिक़ ये बावर्ची अनेक देशों से आए थे,[18] और माहिर बावर्ची होने के कारण ऊँची तलब पाते होंगे। इसलिए हम उनकी तलब को 300 दाम प्रतिमाह मान सकते हैं। (बावर्चीख़ाने के पियादों को आम तौर पर 100 से 400 दाम मिलते थे।)[19] इस तरह ऊँचे बावर्चियों की कुल तलब (300×100× 12) = 3,60,000 दाम आती है। इसमें से भी ऊँचे अफ़सरान को निकालना होगा क्योंकि वे अहदियों और मंसबदारों जैसे फ़ौजी खातों में रहे होंगे।[20]

लकड़ी की लागत का अनुमान करने के लिए हम पेल्सेयर की बताई क़ीमतों का इस्तेमाल कर सकते हैं। कहते हैं, आगरा में लकड़ी की क़ीमत औसतन 60 पौंड[21] वाले मन पीछे 12 से 18 पैसे यानी 6.915 दाम फ़ी मने-अकबरी होती थी।[22] चूँकि

शाही बावर्चीख़ाने में प्रयुक्त लकड़ी उम्दा क़िस्म की होती होगी, यह औसत क़ीमत वास्तविक से थोड़ी कम रही होगी। दूसरी ओर आईन के वक़्त और पेल्सेयर के वक़्त (1620+) के बीच क़ीमतें बढ़ चुकी थीं। यह मान लें कि एक कारक दूसरे को ख़ारिज कर देता है तो हम पेल्सेयर की औसत क़ीमत का इस्तेमाल करके जलवान लकड़ी की कुल क़ीमत (6.915×1,50,000) = 10,37,250 दाम मान सकते हैं।

भोजन पर प्रतिवर्ष कुल शाही ख़र्च को इस प्रकार से दिखाया जा सकता है—

हरम की निवासियों के लिए	*(दाम)*
बावर्चीख़ाने की सामग्री	80,30,000
बावर्चियों और सहायकों की तलब	4,50,000
शाही दस्तरख़्वान के लिए	
बावर्चीख़ाने की सामग्री	6,00,505
बावर्चियों की तलब	3,00,000
जलावन लकड़ी	10,37,250
योग	1,04,77,755

बर्तनों, कलई वग़ैरह की लागतें तो ज्ञात ही नहीं हैं। लेकिन बावर्चीख़ाने के ख़र्च को मोटामोटी 1,15,00,000 दाम मानकर अर्थात इन मदों के लिए 5,00,000 से अधिक दाम जोड़कर इन लागतों को हम निपटा सकते हैं।

पीने के पानी की व्यवस्थाएँ इतनी लम्बी-चौड़ी थीं कि उनके बयान के लिए अबुल फ़ज़्ल को एक अलग अध्याय (आईने-आबदारख़ाना) ही लिखना पड़ा।[23] अकबर चाहे राजधानी में हो या मुहिम पर, गंगा से लाया गया पानी ही पीता था, भोजन पकाने के पानी तक में थोड़ा सा गंगाजल मिला होता था। गंगाजल लाने की व्यवस्था करने के लिए विशेष अफ़सरान तैनात किए गए थे।

बर्फ़ का साल भर इस्तेमाल होता था। औसत दूरी से लाई गई बर्फ़ की लागत 15 दाम प्रतिसेर बताई गई है।[24] शोरे के इस्तेमाल से भी पानी ठंडा किया जाता था, एक सेर पानी ठंडा करने के लिए ढाई सेर शोरा लगता था जबकि शोरे की लागत 10 से 53 दाम प्रतिमन होती थी।[25]

चूँकि हमें न तो प्रयुक्त बर्फ़ की मात्रा ज्ञात है और न ठंडा किए जानेवाले पानी की, इन मदों के ख़र्च का अनुमान कठिन लगता है। तो भी हम इन ख़र्चों की कोई न्यूनतम सीमा तो तय कर ही सकते हैं। अगर हम यह मान लें कि शाही घराने में आधे साल तक प्रतिदिन सिर्फ़ दो मन बर्फ़ इस्तेमाल की जाती थी, केवल बर्फ़ का सालाना ख़र्च (40×15×2×365÷2) = 2,19,000 दाम रहा होगा। इसके अलावा पानी ठंडा करने पर, गंगाजल लाने की व्यवस्था पर, बर्तनों की घिसाई वग़ैरह पर और विभाग के मुलाज़िमों पर भी कुछ भी मामूली ख़र्च नहीं होता होगा। इसलिए हम यह अनुमान लगा सकते हैं कि आबदारख़ाना का ख़र्च कम-से-कम 10,00,000 दाम होता होगा।

आईन में अनेक प्रकार के फलों की क़ीमतें दी गई हैं पर उनकी प्रयुक्त मात्राओं का कोई हवाला नहीं मिलता। इसके अलावा फलों का एक भाग निश्चित ही शाही बाग़ों से आता होगा, लेकिन बाग़ों के लिए भी निवेश किया गया होगा और हर साल उन पर कुछ ख़र्च आता होगा, इसलिए उनके फलों पर भी ख़ासा ख़र्च आता रहा होगा।

अबुल फ़ज़्ल पान के पत्तों को फलों में गिनते हैं।[26] चूँकि ये भी मालगुज़ारी के बदले में मिलते थे, इस मद में ख़र्च की गणना कठिन है।[27] हम यह सुझा सकते हैं कि फलों वग़ैरह का ख़र्च भोजन के ख़र्च का दसवाँ भाग रहा होगा, यानी 11,50,000 दाम प्रतिवर्ष।

इस तरह बावर्चीख़ाना, आबदारख़ाना और फलों का कुल ख़र्च, 1,36,50,000 दाम प्रतिवर्ष आता है।

एक पुरानी मंगोल परम्परा के अनुसार अकबर के पास शिकार का एक भारी विभाग भी था। अबुल फ़ज़्ल के मुताबिक़ शाही जंगलों में 1,000 चीते या शिकार के तेंदुए (युज़) पाले जाते थे।[28] इनमें से 50 ख़ास तौर पर चुने गए थे[29] और दरबार में रखे जाते थे। ख़ास जानवरों की देखभाल के लिए 200 मुलाज़िम रखे गए थे।[30] दूसरे, चीतों में से हरेक के लिए दो या तीन परिचारक होते थे : घोड़ागाड़ियों में लादनेवालों के लिए दो और बैलगाड़ियों पर लादनेवालों के लिए तीन मुलाज़िमों की ज़रूरत होती थी। ये मुलाज़िम दो श्रेणियों में विभाजित थे : बरतर श्रेणीवालों को प्रतिमाह 180 से 300 दाम तथा कमतर श्रेणीवालों को 100 से 160 दाम मिलते थे। एक चीते के लिए प्रतिदिन 2.57 से 5 सेर गोश्त स्वीकृत था।[31]

अगर हम यह मानें कि ख़ास जानवरों को अधिकतम गोश्त, और उनके परिचारकों को अधिकतम वेतन दिया जाता था और फिर यह भी मानें कि ये मुलाज़िम दोनों श्रेणियों में बराबर-बराबर विभाजित थे, तो ख़र्च का अनुमान इस प्रकार आता है—

ख़ुराक	5 ÷ 40 × 30 × 50 × 365	=	68,438 दाम
मुलाज़िम	100 × 300 × 12 + 100 × 180 × 12	=	5,76,000 दाम
	योग	=	6,44,438 दाम

अगर हम यह मानें कि बाक़ी 950 चीतों में आधों पर प्रतिचीता दो और आधों पर तीन मुलाज़िम होते थे, और यह भी कि हर चीते के लिए एक बरतर श्रेणी का परिचारक होता था, और अगर हम मुलाज़िमों को औसत वेतन और चीतों को गोश्त की औसत मात्रा दिए जाने की बात मानें तो इन 950 जानवरों पर ख़र्च का अनुमान इस प्रकार किया जा सकता है—

ख़ुराक	3.72 ÷ 40 × 30 × 365 × 950	=	9,67,433 दाम
मुलाज़िम	950 × 240 × 12 + 2,375 × 130 × 12	=	49,59,000 दाम
	योग	=	59,26,433 दाम

इस प्रकार दोनों श्रेणियों के चीतों की ख़ुराक और मुलाज़िमों पर सालना शाही ख़र्च 65,70,871 दाम आता है।

हमने गाड़ियों (अराबा) और घोड़ों के ख़र्च की गणना इसलिए नहीं की है क्योंकि चीतों के लिए प्रयुक्त गाड़ियाँ सम्भवत: उन्हीं 1,750 गाड़ियों में शामिल थीं जिनका ख़र्च पहले ही निकाला जा चुका है।[32] इस तरह ये घोड़े भी 12,000 शाही घोड़ों में शामिल रहे होंगे। अबुल फ़ज़्ल चीतों के लिए क़ीमती साज़-सामान का ज़िक्र करते हैं, पर उनकी लागतें दिए बग़ैर। इन पर आनेवाला ख़र्च शाही जानवरों के साज़-सामान के कुल ख़र्च में शामिल रहा होगा जिसका अनुमान इसी अध्याय में अलग से किया गया है। लेकिन हमें जानवरों के बिछावन पर कुछ ख़र्च की बात भी माननी होगी। इस तरह चीतों पर सालाना शाही ख़र्च 70,00,000 दाम के आसपास रहा होगा।

शिकार के लिए हिरन, कुत्ते, तेंदुए (सियाहगोश) और बाज़ जैसे प्राणी भी रखे जाते थे।[33] आईन में हिरनों की तादाद 12,000 बताई गई है जिनमें से 101 ख़ास जानवरों के रूप में चुने गए थे।[34] पर उनके रख-रखाव की लागत के आँकड़े नहीं दिए गए हैं। कुत्तों, तेंदुओं और बाज़ों के लिए स्वीकृत ख़ुराक की मात्राओं और मुलाज़िमों की तनख़्वाहों (कुत्तों और तेंदुओं के परिचारकों के लिए 100 दाम प्रतिमाह)[35] का ज़िक्र किया गया है। पर जानवरों की संख्याएँ नहीं दी गई हैं। शिकार के जानवरों और बाज़ों के अलावा बड़ी तादाद में कबूतर भी पाले और रखे जाते थे। अबुल फ़ज़्ल उनकी तादाद का अनुमान 20,000 से ऊपर लगाते हैं। इनमें 500 ख़ास थे।[36] और कहार उनको शाही लश्कर के साथ लेकर चलते थे। कबूतरख़ाने से जुड़े सारे मुलाज़िम फ़ौज के खाते में तनख़्वाह पाते थे।[37] उनकी तनख़्वाहें 80 दाम प्रतिमाह से लेकर 1,920 दाम प्रतिमाह जितनी ऊँची थीं।

आईन हमें चीतों को छोड़ शिकार के दूसरे जानवरों के ख़र्च की गणना की सुविधा नहीं देती। फिर भी हिरनों और कबूतरों की संख्याएँ बताकर और जानवरों के परिचारकों की संख्याएँ देकर यह कुछ सुराग ज़रूर देती है। इन आँकड़ों से संकेत मिलता है कि इन जानवरों का सालाना ख़र्च 60,00,000 दाम से कम नहीं रहा होगा। यह आकलन मनमाना है, पर यह ग़लत भी होगा तो नीचे की ओर होगा।

शिकार के जानवरों, बाज़ों और कबूतरों का ख़र्च कुल मिलाकर कोई 1,30,00,000 दाम प्रतिवर्ष रहा होगा।

लिबासखाना, पुस्तकालय, ख़ेमाबन्दी और क़ीमती पत्थरों के भंडारघर जैसे अनेक दूसरे विभाग भी थे जिन पर शाही प्रशासन ख़ासी रक़म ख़र्च करता होगा। आईन में हालाँकि इन विभागों का ख़ासा विस्तार से वर्णन किया गया है, पर वह उनके ख़र्च का अनुमान लगाने के लिए पर्याप्त नहीं है। या तो आँकड़े हैं ही नहीं या इतने कम या अधूरे हैं कि परिमाणीकरण का कोई प्रयास सम्भव ही नहीं है। लेकिन हम ख़ुशनसीब हैं कि पेल्सेयर ने (और उनकी नकल करते हुए दे लाएत ने)[38] अकबर की मौत के वक़्त (1605 में) शाही प्रतिष्ठान के भंडारों में विभिन्न प्रकार की वस्तुओं का मूल्य दर्ज कर रखा है। इसके आधार पर हम इन विभागों के सालाना ख़र्च का एक अनुमान लगा सकते हैं।

पेल्सेयर हमें यह यक़ीन दिलाते हैं कि ये आँकड़े मुग़ल प्रशासन की खाता-बहियों से लिये गए हैं। अकबर की सम्पत्ति पर अपनी सूची में सोना-चाँदी-नक़दी के भंडारों के अलावा वे शाही वार्डरोब (आईन में तोशाख़ाना) में मौजूद कपड़ों, शाही भंडारघर (फ़र्राशख़ाना) में मौजूद तम्बुओं और फ़र्नीचर के दूसरे सामानों, शाही हथियारघर (क़ुरख़ाना) की तोपों, बन्दूक़ों, दस्ती हथियारों और ज़िरह-बख़्तारों, शाही पुस्तकालय में किताबों, जानवरों के भारी-भरकम साज़-सामान वग़ैरह के मूल्य दर्ज करते हैं। वे हमें शाही तबेलों के जानवरों की संख्याएँ भी बतलाते हैं। जैसाकि हमने अध्याय-10 में देखा है, हाथियों, घोड़ों, वग़ैरह के बारे में पेल्सेयर के आँकड़ों की आईन और फ़रिश्ता के विवरण अधिकतर पुष्टि करते हैं। इसके अलावा पेल्सेयर ने जिन वस्तुओं के कुल मूल्य दिए हैं, वे आईन में भी दिखाई देती हैं। अबुल फ़ज़्ल ख़ास जानवरों के लिए प्रयुक्त साज़-सामान, जेवरों से लदे सुनहरे और रुपहले कपड़ों की ज़ीनों वग़ैरह का ज़िक्र करते हैं,[39] पेल्सेयर की सूची से उनकी क़ीमतों का पता चलता है।

अबुल फ़ज़्ल कहते हैं कि ख़रीदे गए, हुक्म देकर सिलवाए गए या तोहफ़े में मिले सारे कपड़े तोशाख़ाना में रखे जाते थे, और इन वस्तुओं की पिछली और मौजूद दरों की छानबीन के लिए तर्जुबाकार लोग रखे जाते थे।[40] इस तरह शाही भंडारों की सभी वस्तुओं का एक आधिकारिक मूल्य निश्चित होगा, और पेल्सेयर के आँकड़े ऐन मुमकिन है कि मूल्याँकन की सरकारी दस्तावेज़ों से ही लिये गए हों, जैसाकि वे कहते हैं।

पेल्सेयर की 'क्रॉनिकल' और दे लाएत की 'दे इंपीरियो मैग्नी मोगोलिस' के अनुवादों के छपे आँकड़ों में कुछ ग़लतियाँ हैं। दे लाएत के हवाले से पेल्सेयर की क्रॉनिकल की कुल ग़लतियाँ सही की जा सकती है। दोनों में साझी दूसरी ग़लतियों को विभिन्न वस्तुओं के मूल्यों का मिलान उपयोगों और पेल्सेयर के दिए महायोग से करके ठीक किया जा सकता है। हमने देखा कि ज़रूरत सिर्फ़ तीन मामूली संशोधनों की पड़ती है। पेल्सेयर के मूल और सही किए गए आँकड़े तालिका-11.3 में दिए गए हैं।

ये आँकड़े हमें विभिन्न विभागों के सालाना ख़र्च के अनुमान लगाने में मदद देते हैं। सम्भवत: कुछेक मान्यताएँ लेकर और फिर परिणामों की जाँच करके यह काम सबसे अच्छी तरह किया जा सकता है। पहली बात, यह एक वैध मान्यता होगी कि अकबर की छोड़ी हुई वस्तुएँ बरसों में जमा हुई होंगी और पेल्सेयर के दिए कुल मूल्य में वे सभी ख़र्च शामिल होंगे जो उनके संग्रह पर हर साल किए गए। चूँकि सल्तनत का विस्तार लगातार बढ़ता रहा और उसी अनुपात में राजस्व-संसाधन भी बढ़ते रहे, बाद के बरसों में ख़रीदारियाँ कहीं अधिक बड़े पैमाने पर की गई होंगी।

इसलिए हमें वही मान्यताएँ लेनी होंगी जो हमने सालाना बचतों (अध्याय-8) के बारे में ली थीं। यह कि हर साल आनेवाली लागतें समान्तर श्रेणी (एरिथमेटिकल प्रोग्रेशन) में बढ़ती रही होंगी। इसी आधार पर हम 40वें शासन वर्ष के ख़र्च की गणना करेंगे। जैसाकि हमने देखा इसके लिए हमें मूल्य को 1225 से भाग देना और फिर

तालिका-11.3

वस्तुएँ	*स्वीकृत आँकड़े (रुपयों में)*	*पेल्सेयर की क्रॉनिकल में छपे आँकड़े*	*टिप्पणी*
		नक़द	
मुहरें	9,75,80,000¾	9,75,80,000¾	
रुपये	10,00,00,000	10,00,00,000	कॉमा ग़लत लगा है
दाम	7,66,666	7,66,666¾	
योग	19,83,46,666¾	1,98,34,666¾	अनुवाद में आख़िरी अंक (6) ग़ायब है
क़ीमती पत्थर, पिटवाँ चाँदी, सोना, चीनी मिट्टी की वस्तुएँ वग़ैरह			
क़ीमती पत्थर	6,05,20,521	65,20,521	
चाँदी की वस्तुएँ	22,25,838	22,25,838	
सोने के ज़ेवर	1,90,06,745	1,90,06,745	
सोने की वस्तुएँ	95,07,992	95,07,992	
ताँबे की वस्तुएँ	51,225	51,225	
चीनी मिट्टी की वस्तुएँ	25,07,747	25,07,747	
योग	9,38,20,068	9,38,20,068	
		दूसरी वस्तुएँ	
कपड़े	1,55,09,979	01,55,09,979	पहला अंक (0) हटाना होगा; दे लाएत के यहाँ 5,03,252 दिया गया है जो अगली मद की क़ीमत है।
ऊनी कपड़े	5,03,252	5,03,252	
तम्बू वग़ैरह	99,25,545	99,25,545	कॉमा ग़लत लगा है
किताबें	64,63,731	64,63,731	कॉमा ग़लत लगा है
तोपें	85,75,971	85,75,971	कॉमा ग़लत लगा है
हथियार वग़ैरह	75,55,525	7,55,525	सैकड़े का 5 ग़ायब है, दे लाएत के यहाँ सही दिया गया है।
ज़िरह-बख़्तर	50,00,000	5,00,00,000	एक 0 फालतू है; दे लाएत के यहाँ सही है।
जानवरों की ज़ीनें	25,25,646	25,25,646	कॉमा ग़लत लगा है।
योग	5,60,59,649	5,60,59,649	
महायोग	34,82,26,383	34,82,26,383	

(आयु, उपयोग और नुकसान के कारण)

भागफल को 40 से गुणा करना होगा। लेकिन घाटों या घिसाई वग़ैरह की भरपाई के लिए ख़र्च की गई रक़म इस परिणाम में शामिल नहीं है। साथ ही मिलनेवाले तोहफ़ों के मूल्य यहाँ ख़र्च में शामिल हैं जबकि तोहफ़े में दी गई वस्तुओं के मूल्य को शामिल नहीं किया गया है। चूँकि यह बात लगभग निश्चित लगती है कि मिलनेवाले तोहफ़ों का मूल्य दिए गए तोहफ़ों के मूल्य से अधिक रहा होगा, हम इस भंडार की वस्तुओं के मूल्य में (आयु, उपयोग और नुकसान के कारण) हर साल होनेवाले ह्रास की भरपाई मान सकते हैं।

हमें एक और बात ज़ेहन में रखनी होगी। अबुल फ़ज़्ल के विवरण से लगता है कि शाही भंडारों की वस्तुओं का मूल्य बाज़ार में प्रचलित मूल्यों के आधार पर लगाया जाता था। पिछली और चालू क़ीमतों की छानबीन के लिए तर्जुबाकार लोग रखने की व्याख्या सिर्फ़ इसी से हो सकती है।[41] इसका मतलब यह हुआ कि अगर कुछ वस्तुएँ शाही कारख़ानों की बनी होंगी तो भी उनका मूल्य उनके निर्माण की वास्तविक लागत का सूचक नहीं था। अबुल फ़ज़्ल लागत से उस विचलन की एक मिसाल भी देते हैं: शाही कारख़ानों में 1,802 रुपये की लागत (बा ख़र्च रफ्त) से बुने गए एक कालीन की कीमत 2,715 रुपये (अर्ज बर निहाद) लगाई गई थी।[42] दूसरे शब्दों में, क़ीमत लागत से फ़ीसदी ज़्यादा लगाई गई। इतना अधिक दाम अपवाद स्वरूप ही लगाया गया होगा, पर आमतौर पर शाही भंडारों के लिए जमा की गई वस्तुओं के दाम उनको पाने की वास्तविक लागत से सम्भवत: अधिक लगाए जाते थे। इस अत्याकलन का पैमाना 25 फ़ीसदी मानना उपयुक्त ही होगा, दूसरे शब्दों में, इन वस्तुओं के दर्जशुदा मूल्य से 20 फ़ीसदी कम रक़म उन पर ख़र्च की जाती थी। इसलिए हम वास्तविक ख़र्च निकालने के लिए पेल्सेयर के बताए मूल्यों में 20 प्रतिशत की कमी कर सकते हैं।[43]

इस तरह संग्रह की जो सालाना लागत आती है उसमें कामगारों और दूसरे मुलाज़िमों की तनख़्वाहें भी शामिल होंगी तथा शाही कारख़ानों के दूसरे ख़र्च भी शामिल होंगे जहाँ सम्भवत: शाही भंडारों में रखी अधिकांश वस्तुएँ बनी थीं। इसलिए कारख़ानों के ख़र्चों का अलग से हिसाब लगाने की कोई ज़रूरत नहीं है।

वर्ष 1595-96 में लागत की गणना के बारे में अपनी विधि के आधार पर हम अब विभिन्न मदों में हुए ख़र्च के कुछ आँकड़े दे सकते हैं और उस पर कुछ टिप्पणियाँ कर सकते हैं।

पेल्सेयर के मुताबिक़ शाही तोशाख़ाने के कपड़ों की क़ीमत, 1,60,13,231 रुपये (ऊनी कपड़े 5,03,252 रुपये, दूसरी वस्तुएँ 1,55,09,979 रुपये) थी। पहले बताई गई विधि से वास्तविक लागत निकालने के लिए इस क़ीमत में 20 प्रतिशत की कमी करने और फिर उसे दामों में बदलने पर 1595-96 में कपड़ों का ख़र्च 1,67,32,193 दाम आता है।

यह ख़र्च किसी भी तरह ज़्यादा नहीं है। कारण कि आईन के विवरण के आधार पर कोई भी व्यक्ति शाही तोशाख़ाना पर एक बड़ी रक़म के ख़र्च की ही आशा

करेगा। हर छह माह (फ़सल) पर बादशाह के लिए तरह-तरह के कपड़ों से 1,000 ख़िलअतें बनवाई जाती थीं। इनमें से 120 हर वक़्त तैयार रखी जाती थीं।[44] इतनी बड़ी तादाद में कपड़ों की ज़रूरत शायद इसलिए पड़ती रही होगी कि कृपापात्र व्यक्तियों को सम्मानित करने के लिए ख़िलअतें दी जाती थीं। ये ख़िलअतें ख़ास भंडारों से दी जाती थीं, यह संकेत अबुल फ़ज़्ल के इस बयान से मिलता है कि आदमी लम्बा हो या नाटा, अकबर के कपड़े सब पर सही बैठते थे।[45]

इस विभाग की सालाना लागतों के किसी भी अनुमान के लिए अबुल फ़ज़्ल के विवरण में सटीक सूचनाएँ बेहद कम हैं। कहते हैं कि सिर्फ़ लाहौर में शाल बनाने के 1,000 कारख़ाने थे।[46] लेकिन इस आँकड़े में सम्भवत: कुलीनों, यहाँ तक कि सौदागरों के कारख़ाने भी शामिल थे। इसलिए शालों पर शाही ख़र्च के अनुमान में यह आँकड़ा हमारी मदद नहीं करता। अबुल फ़ज़्ल हमें तरह-तरह के सुनहरे (ज़री), रेशमी (अबरेशमी) और सूती (रेसमानी) कपड़ों की क़ीमतें बतलाते हैं।[47] वे शाही कारख़ानों में ऊनी कपड़ों के निर्माण की बात भी कहते हैं पर क़ीमतें नहीं देते।[48] कुछ कपड़ों की सिलाई की रक़में दी गई हैं, पर उनकी तादाद दर्ज नहीं है जिसके कारण हम तोशाख़ाने के ख़र्च का अनुमान नहीं लगा सकते। तो भी हम मान सकते हैं कि वास्तविक ख़र्च पेल्सेयर के आँकड़ों से निकाले गए ख़र्च से भी अधिक रहा होगा। कारण कि कपड़ों के मुआमलों में मिलनेवाले तोहफ़ों और नज़रानों के मुक़ाबले दिए गए तोहफ़ों की क़ीमत सम्भवत: अधिक रही होगी।

पेल्सेयर ने सोने के घड़ों, बर्तनों, छुरी-काँटों, मूर्तियों, चाँदी के बर्तनों की, साथ ही फ़ानूसों, तख़्तों वग़ैरह की, ताँबे की वस्तुओं और चीनी-मिट्टी की वस्तुओं की कीमत 1,42,92,802 रुपये बताई है जिसमें 20 प्रतिशत की कमी करके लगभग क़ीमतें प्राप्त की जा सकती हैं। गणना की ऊपर बताई गई विधि का इस्तेमाल करके हम 1595-96 में ख़र्च के लिए 1,49,34,520 दाम का आँकड़ा पाते हैं। हम यह मान लेते हैं कि मिलनेवाले तोहफ़ों के मूल्य से घिसाई वग़ैरह से होनेवाले नुकसान की भरपाई हो जाती होगी जो चीनी मिट्टी के सामान के मुआमले में तो यक़ीनन अधिक रहा होगा। यह मानने का कोई ख़ास कारण नहीं है कि बादशाह अपने कुलीनों को तोहफ़े में इस क़िस्म की वस्तुएँ देता रहा होगा।

अबुल फ़ज़्ल समारोहों के मौकों पर ख़ास जानवरों (हाथियों, घोड़ों, ऊँटों वग़ैरह) की सजावट के लिए प्रयुक्त क़ीमती ज़ीनों और दूसरे साज़-सामान का ज़िक्र करते हैं। ये समय-समय बदली जानेवाली आम ज़ीनों से अलग होती थीं।[49] (अध्याय-10 देखें।) पेल्सेयर के आँकड़ों के आधार पर 1595-96 में क़ीमती ज़ीनों वग़ैरह पर आनेवाला ख़र्च 26,39,043 दाम कहा जा सकता है।

अकबर का कुतुबख़ाना (पुस्तकालय) उल्लेखनीय सीमा तक समृद्ध था। पेल्सेयर कहते हैं कि उसमें, मूल (लेखकों के हस्ताक्षर समेत?) और प्रतिलिपियाँ मिलाकर, कुल 24,000 जिल्दें थीं जिनका अनुमानित मूल्य 6,46,373 रुपये था। यह भारी लागत (प्रति जिल्द 259 रुपये से अधिक) इस आधार पर उचित

लगती है कि किताबें हाथ से बने उम्दा क़िस्म के काग़ज़ और सुन्दर किताबत के कारण ही महँगी नहीं होती थीं बल्कि अकबर के चित्रकार अकसर उनका बहुत अधिक चित्रांकन भी करते थे। आज बाक़ी बची पांडुलिपियों से यह बात स्पष्ट है। *क़िस्सा-ए-हम्ज़ा* नाम की किताब में तो कम-से-कम 1,400 चित्र पाए जाते हैं।[50] इन लागतों में कातिबों और चित्रकारों को की गई अदायगियाँ भी शामिल रही होंगी और शायद वे भी जो संस्कृत ग्रंथों के अनुवादकों को दी गई थीं जिनको अकबर का संरक्षण मिला हुआ था।[51] बहुत से कातिब और चित्रकार बादशाह के बक़ायदा मुलाज़िम थे।[52]

अभी तक अपनाई गई विधि के आधार पर 1595-96 में शाही कुतुबख़ाने के ख़र्च का अनुमान 67,53,940 दाम आता है। यह अनुमान सम्भवत: न्यूनतम के निकट है क्योंकि इसमें कुतुबख़ाने के अमले का ख़र्च शामिल नहीं है (इस विभाग में नियुक्त पियादों की माहवार तलब 600 से 1200 दाम होती थी।)[53] और उनकी भी तलब शामिल नहीं है जो किताबें ऊँचे स्वरों में पढ़कर बादशह को सुनाते थे।[54] दिलचस्प बात यह है कि किताबें सिर्फ़ तोहफ़ों में नहीं दी जाती थीं बल्कि अरमास (फ़ौज को वस्तुरूप में अदायगी) में भी दी जाती थीं।[55] दूसरी ओर लड़ाई की लूट में भी किताबें मिलती थीं तथा तोहफ़ों और नज़रानों के रूप में भी, और सम्भवत: ज़ब्त की गई सम्पत्ति के भाग के रूप में भी। इन प्राप्तियों से सम्भवत: शाही तोहफ़ों के कारण होनेवाले नुकसान की भरपाई हो जाती थी।

पेल्सेयर के अनुसार छावनियों में प्रयुक्त तम्बुओं और दूसरी वस्तुओं की क़ीमत खाता-बहियों के आधार पर 99,25,545 रुपये थी। इससे 1595-96 में ख़र्च 1,03,71,182 दाम आता है। फ़र्राशख़ाना से सम्बन्धित अध्याय में अबुल फ़ज़्ल ने ख़ेमे की रूपरेखा आदि का जो विस्तृत विवरण दिया है वह तम्बुओं और फ़र्नीचर के लिए पेल्सेयर द्वारा दर्ज ऊँची क़ीमतों से मेल खाता है। आईन में कहा गया है कि बारगाह नामक एक विशेष प्रकार के तम्बू का दाम 1,000 रुपये था, कुल ग्यारह प्रकार के तम्बू होते थे जिनमें कुछ तो दो-मंज़िला थे और कुछ मोड़कर रखे जा सकते थे।[56] तम्बुओं के सायबान (लटकते किनारे) किमख़ाब और मखमल के बने होते थे और उन पर सोने की कढ़ाई होती थी।[57]

पेल्सेयर ने अकबर की मौत पर शाही ख़ज़ाने के क़ीमती पत्थरों की क़ीमत 6,05,20,521 रुपये और सोने के ज़ेवरों की 1,90,06,745 रुपये लगाई थी। ये क़ीमतें बहुत ऊँची हैं। पर ये पूर्णांकित नहीं बल्कि विस्तृत हैं जिससे संकेत मिलता है कि अलग-अलग लगाई गई वास्तविक क़ीमतों के योग हैं। क़ीमती पत्थरों के दाम लगाना एक मुश्किल और थोड़ा-बहुत मनमाना काम रहा होगा।[58] लेकिन अलग-अलग पत्थरों और जवाहरात पर अबुल फ़ज़्ल के बयानों से साबित होता है कि पेल्सेयर का बतलाया कुल मूल्य कुछ अधिक नहीं था। वे लालों की क़ीमत 52,000 रुपये बताते हैं और मोतियों के हारों का ज़िक्र करते हैं जिनमें हर मोती की क़ीमत 30 मुहर (270 रुपये) थी।[59]

1605 में क़ीमती पत्थरों और ज़ेवरों के कुल मूल्य के आधार पर सालाना ख़र्च का अनुमान करते समय हमें याद रखना होगा कि उनमें से अनेक तो हारे हुए सरदारों और शासकों से माले-ग़नीमत के रूप में मिले थे।[60] चूँकि क़ीमती पत्थर और सोने के ज़ेवर घिसते-टूटते नहीं हैं, 1605 में मुग़ल ख़ज़ाने में मौजूद वस्तुएँ एक पीढ़ी से भी ज़्यादा अरसे से शाही घराने में रही होंगी, और एक अच्छा-ख़ासा भाग हुमायूँ से विरासत में मिला होगा। इसलिए सम्भवत: यह मानना उपयुक्त ही होगा कि अकबरी दौर के अन्त में शाही ख़ज़ाने के कोई एक-तिहाई जेवर माले-ग़नीमत या विरासत के रूप में मिले होंगे। हमें कुछ गुंजाइश तोहफ़ों की भी रखनी होगी (बल्कि लेने-देने के बाद बक़ाये की क्योंकि मिलनेवाले तोहफ़ों की क़ीमत दिए गए तोहफ़ों से कम होती थी), और यह बक़ाया अच्छा-ख़ासा रहा होगा क्योंकि ऊँचे कुलीनों द्वारा बादशाह को दिए गए तोहफ़ों (नज्र/पेशकश) में क़ीमती पत्थर सबसे अधिक स्वीकार्य होते थे।[61] इसके अलावा सम्पत्ति की ज़ब्ती में भी ज़ेवर मिलते थे। इसलिए हम यह मान सकते हैं कि 1605 में अकबर की तिजोरियों में कम-से-कम 20 प्रतिशत जवाहरात और ज़ेवरात तोहफ़ों में और जब्ती से मिले होंगे। फिर लागतों से दर्ज मूल्यों की अधिकता का हिसाब रखते हुए इसमें भी 20 प्रतिशत की कमी करनी होगी। मात्र अनुमानित लागत के रूप में बादशाह द्वारा वास्तव में ख़रीदे गए क़ीमती पत्थरों और जेवरों का जो मूल्य (1,35,72,65,357 दाम) हमारे पास है उस पर हम अपने सीधे-सादे सूत्र का प्रयोग करके वास्तविक ख़र्च निकाल सकते हैं। इस आधार पर 40वें शासन वर्ष (1595-96) में क़ीमती पत्थरों और ज़ेवरों पर कुल ख़र्च 4,43,18,868 दाम आता है।

मूल दाम में भारी कमी के बाद भी यह रक़म ख़ासी बड़ी दिखाई देती है। यह बात अजीब लगती है कि जवाहरात और ज़ेवरात हासिल करने पर किया गया ख़र्च हथियारख़ानों के या फिर पूरे हरम के ख़र्च से भी अधिक हो। लेकिन यह बात तमाम तरह के जवाहरात और ज़ेवरात के संग्रह में मुग़ल बादशाहों की भारी दिलचस्पी से मेल खाती है, और इन मदों पर इतना भारी ख़र्च अपने-आपमें महत्त्वपूर्ण एक आर्थिक तथ्य है।

अबुल फ़ज़्ल के मुताबिक़ किलों, सरायों, मदरसों, पूजाघरों (रियाज़तकदों), तालाबों, कुओं वग़ैरह की तामीर पर बड़ी-बड़ी रक़में ख़र्च की जाती थीं।[62] वे मज़दूरों और कारीगरों की उजरतें और निर्माण सामग्री की क़ीमतें भी दर्ज करते हैं।[63] लेकिन निर्माण के कुल ख़र्च के बारे में हमें इससे कुछ ख़ास सुराग नहीं मिलते। अकबर की बनवाई अलग-अलग इमारतों की बताई गई लागतें शायद बेहतर सूचक हो सकती हैं। आगरा के क़िले पर, जिसे बनाने में 15-16 साल लगे थे, 35,00,000 रुपये (= 14,00,00,000 दाम) की लागत आई;[63अ] फ़तेहपुर सीकरी के पूरे परिसर पर 15,00,000 रुपये (= 6,00,00,000 दाम) की लागत आई;[63ब] इलाहाबाद के क़िले पर, जो पाँच साल में तैयार हुआ था, 12,00,000 रुपये (= 4,80,00,000 दाम) की लागत आई;[64] और एक शिलालेख के अनुसार श्रीनगर में नागर नगर क़िले की लागत उठाने के लिए बादशाह ने 1,10,00,000 दाम भेजे थे।[65]

इन आँकड़ों को निगाह में रखकर हम इमारतों पर अनुमानित औसत सालाना ख़र्च डेढ़ करोड़ दाम लगा सकते हैं। इस आँकड़े तक पहुँचने के लिए हमने अकबरी दौर में निर्माण की भारी गतिविधियों को ध्यान में रखा है, और यह माना है कि इलाहाबाद के क़िले जैसे कम-से-कम एक बड़े क़िले का निर्माण हर वक़्त चलता रहता था। साथ ही, हमने यह भी माना है कि इमारतों के निर्माण, मरम्मत और रखरखाव पर[66] जो ख़र्च आता था वह निर्माण के पाँच साल में हर साल इलाहाबाद के क़िले पर आने वाले ख़र्च का आधा होता था।

बादशाह कुछ नक़द भत्ते भी देता था जो शाही ख़ज़ाने से निश्चित अन्तराल पर (दैनिक, मासिक, वार्षिक) दिए जाते थे। इनको वज़ाइफ़ (वज़ीफ़ा का बहुवचन) कहा जाता था और ये सुयूरग़ाल का हिस्सा माने जाते थे।[67] सुयूरग़ाल में काफ़ी बड़ा भाग माफ़ी की ज़मीनों का होता था जिनको मददे-मआश कहा जाता था।[68] अध्याय-6 में हमने कहा है कि 'बारह सूबों का विवरण' वाले अध्याय में अबुल फ़ज़्ल ने दामों में जो आँकड़ा सुयूरग़ाल के तहत दिया है वह माफ़ी की ज़मीनों और नक़द वज़ीफ़ों के रूप में राजस्व से निकलनेवाला भाग होता था। अबुल फ़ज़्ल इसके योग को जमा में जोड़कर एक बड़ी जमा पेश करते हैं जिसे नक़दी कहा गया है। इसलिए हमने सुयूरग़ाल के आँकड़े को निकालकर वास्तविक जमा प्राप्त किया है। लेकिन इसका मतलब यह नहीं कि शाही ख़ज़ाने से होनेवाले ख़र्च सम्बन्धी हमारे अनुमानों से वज़ीफ़ों की रक़म को बाहर रखा जा सकता है।

बदनसीबी से हमारे पास आईन के आधार पर यह जानने का कोई उपाय नहीं कि ऐसे वज़ीफ़ों के रूप में कुल कितनी रक़म ख़ज़ाने से दी जाती थी।[69] बिना शुब्हा माफ़ी की ज़मीनें हमेशा ही कुल सुयूरग़ाल का बहुत बड़ा भाग रही होंगी। इसलिए मैंने वज़ीफ़ों की रक़म को कुल सुयूरग़ाल का 10 प्रतिशत माना है। (बरार को छोड़कर) कुल सुयूरग़ाल के आधार पर गणना करें तो उससे 1595-96 में 1,01,01,643 दाम का ख़र्च आता है।

इसमें तोल के समारोह (तुलादान/वज़्ने-मुक़द्दस) के समय दिए जानेवाले दानों, भिक्षा और दूसरे ख़र्चों को शामिल करने के लिए हमें, यूँ कह लें, 25 लाख की रक़म जोड़नी होगी। अगर ऐसी भिक्षाओं के लिए अलग से एक ख़ज़ाना होता था जिसकी बात अबुल फ़ज़्ल करते हैं,[70] तो यह रक़म अच्छी-ख़ासी, यूँ मानें कि 25,00,000 दाम रही होगी। सटीकता की किसी झूठी छाप से बचने के लिए हम नक़द भत्तों (वज़ाइफ़) और दूसरी प्रकार की भिक्षाओं पर ख़र्च रक़म को मोटे तौर पर 1,25,00,000 दाम मान सकते हैं।

शाही घराने के प्रतिष्ठान में दो और विभाग भी होते थे : प्रकाश (चिराग़-अफरोजी) और नगाड़ों वग़ैरह (नक़्क़ारख़ाना) के विभाग। नगाड़ों वग़ैरह का इस्तेमाल फ़ौजी मुहिमों के दौरान ही नहीं किया जाता था बल्कि उनसे वक़्त का ऐलान भी किया जाता था।[71] वैसे तो आईन में इन विभागों का वर्णन किया गया है,[72] पर उसके आँकड़ों के आधार पर सालाना ख़र्च की गणना करना सम्भव नहीं है।

शराबों की तैयारी एक और मद रही होगी जिस पर ख़र्च कुछ कम नहीं होता था। अबुल फ़ज़्ल ने शराबों की खिंचाई का विस्तार से वर्णन किया है।[73] लेकिन वे शाही घराने में शराब के इस्तेमाल पर ख़ामोश हैं। कायदा था कि 17वीं सदी में कुलीन लोग अपने सूचीखाने यानी शराब पेश करने के बन्दोबस्त रखते थे।[74] शाही घराने में किसी भी कुलीन के मुक़ाबले कहीं बहुत बड़ा प्रतिष्ठान रहा होगा।

ख़र्च की कुछ और मदें भी थीं, जैसे इत्र और खुशबू[75] और कभी-कभी नावों का निर्माण।[76] हमने इन मिनजुमला (मिस्सेलेनियस) मदों पर सालान लगभग 25,00,000 दामों का ख़र्च माना है।

हम ऊपर पेश किए गए विभिन्न अनुमानों को जोड़कर अब शाही घराने के कुल व्यय के अनुमान का प्रयास कर सकते हैं। ये आँकड़े तालिका-11.4 में दिए गए हैं।

तालिका-11.4

हरम	3,50,00,000
बावर्चीख़ाना, *आबदारख़ाना,* फल	1,36,50,000
तोशाख़ाना	1,67,32,193
ख़ेमा डालने के सामान	1,03,71,182
बर्तन	1,49,34,520
जानवरों के साज़-सामान	26,39,043
पुस्तकें और चित्र	67,53,940
जवाहरात और ज़ेवरात	4,43,18,868
शिकार के जानवर	1,30,00,000
इमारतों की तामीर	1,50,00,000
वज़ीफ़े और भिक्षा	1,25,00,000
मिनजुमला	25,00,000
योग	18,73,99,746

शाही घराने के बारे में हमारी धारणा वही नहीं है जो अबुल फ़ज़्ल की है, जो इसमें जानवरों और हथियारख़ाने को भी शामिल करते हैं जबकि शिकार के जानवरों, वज़ीफ़ों और भिक्षा को 'फ़ौज' के तहत रखते हैं। उनके कहे के मुताबिक़ 39वें शासन वर्ष में शाही घराने (बुयूतात) का कुल ख़र्च 30,91,86,795 दाम था।[77] शाही घराने के ख़र्च या बुयूतात में अबुल फ़ज़्ल जिन मदों को शामिल करते हैं उन सबके अनुमान लें तो 40वें शासन वर्ष में कुल ख़र्च 37,66,86,570 दाम आते हैं।[78] यह अबुल फ़ज़्ल की बताई रक़म से 6,74,99,775 दाम अधिक है जो ख़ासा बड़ा अन्तर है। लेकिन इस अन्तर की आंशिक व्याख्या यह हो सकती है कि, जैसाकि अबुल फ़ज़्ल स्पष्ट कहते हैं, वे 'बुयूतात के अधिकांश अफ़सरान' की तनख़्वाहों को बुयूतात में शामिल नहीं करते क्योंकि उन्हें 'फ़ौज' के खाते में रखा जाता था।[79] जो अफ़सरान मंसबदार थे या अहदी थे उनकी तनख़्वाहों को भी हमने मंसबदारों और फ़ौजी प्रतिष्ठान के तहत रखा है। लेकिन मुहर्रिरों, दस्तकारों और मज़दूरों की

बड़ी तादाद, जैसाकि एक और जगह अबुल फ़ज़्ल स्पष्ट रूप से कहते हैं, फ़ौज के तहत आती थीं।[80] जबकि हमने उन्हें अपने अनुमानों में शाही प्रतिष्ठान में रखा है।[81] यह नामुमकिन नहीं है कि शाही प्रतिष्ठान के निचले 'नागरिक' या ग़ैर-फ़ौजी अमले (जो औपचारिक रूप से 'फ़ौज' की फ़ेहरिस्त में होते थे) उतनी ही तलब या उजरत पाते रहे होंगे, और यह भी कि ये बुयूतात के विभिन्न विभागों के ख़र्च के बारे में हमारे अनुमानों में प्रच्छन्न रूप से शामिल हों। अगर ऐसा हो तो बुयूतात के ख़र्च पर हमारे अनुमान और अबुल फ़ज़्ल के आँकड़े का अन्तर मामूली (74,99,775 दाम) रह जाता है। अगर हमारे आँकड़े इस सीमा तक मोटा-मोटी नहीं होते और निकटतम हज़ार या लाख तक न होते तो हम यहाँ तक अर्ज़ करते कि एक साल के ख़र्च (39वें शासन वर्ष के ख़र्च, जिसके लिए अबुल फ़ज़्ल ने आँकड़े दिए हैं) और अगले साल (यानी 40वें शासन वर्ष, हमारे अपने मानक वर्ष) के ख़र्च में इतना फ़र्क़ ऐन मुमकिन है।

तीन प्रमुख मदों यानी कुलीनों के वेतन-भत्तों, शाही फ़ौजी प्रतिष्ठान और शाही घराने पर होनेवाले शाही ख़र्च के अनुमान तालिका-11.5 में दिए गए हैं। यह पूरा ख़र्च सल्तनत की आय का कौन सा भाग था, इसे जानने के लिए इसे कुल प्रभावी जमा के सापेक्ष दिखाया गया है।

हम देखते हैं कि कुल प्रभावी जमा में मंसबदारों के वेतन-भत्तों का भाग काफ़ी बड़ा (81.76 प्रतिशत) था जबकि शाही घराने का ख़र्च सिर्फ़ 4.73 प्रतिशत था। फ़ौजी और घराना, दोनों प्रतिष्ठानों को मिलाकर कुल शाही ख़र्च 54,63,22,066 दाम यानी प्रभावी जमा का 13.79 प्रतिशत आता है। याद करें कि ख़ालिस के आकार के बारे में हमारी न्यूनतम सीमा, जिससे शाही ख़र्च पूरे किए जाते थे, कुल प्रभावी जमा की 24 प्रतिशत अर्थात 95,04,25,715 दाम थी।[82] इस तरह हमारा शाही ख़र्च का अनुमान ख़ालिस की आय के अन्दर ही है। ख़ालिस की आय के बाक़ी भाग से नक़दी मंसबदारों की तनख़्वाहें दी जाती होंगी।

इन तीनों मदों पर संयुक्त ख़र्च 3,78,41,31,922 दाम आता है जबकि 1595-96 में सल्तनत की प्रभावी जमा 3,96,03,27,106 दाम थी। दूसरे शब्दों में, हमारे अनुमान के अनुसार सभी वेतन-भत्तों और दूसरे ख़र्चों को पूरा करने के बाद अकबर के प्रशासन के पास 17,61,95,184 दाम बचे होंगे जो शाही ज़ख़ीरे या नक़द भंडार में गए होंगे।

चूँकि 1595-96 में हस्तान्तरित रक़म का दायरा हमारे अनुमान के अनुसार (1605 में नक़द और धातुओं वग़ैरह के रूप में मौजूद कुल रक़म के आधार पर) 15,50,26,829 से लेकर 18,85,28,870 दाम रही होगी,[83] हम पाते हैं कि ख़र्च पर हमारे मदों के अनुसार किए गए अनुमानों के अनुसार 1595-96 की बचत (17,61,95,184 दाम) इसी दायरे के अन्दर आती है।

इस तरह यहाँ हम दूसरे अनेक अनुमानों से अपने अनुमान की पुष्टि होते हुए देखते हैं, और इस तरह दोनों एक सीमा तक पुष्ट होते हैं। पुष्टि का एक और स्रोत,

तालिका-11.5

(दामों में)

आय	
1595-96 की प्रभावी जमा	3,96,03,27,106

व्यय	
मंसबदारों के वेतन-भत्ते	
ज़ात की तनख़्वाहें	82,74,55,200
सवारों की अदायगी	2,03,89,33,800
ज़ात के प्रतिष्ठान के तहत जानवरों के भत्ते	37,14,20,856
योग	3,23,78,09,856
शाही सैनिक प्रतिष्ठान	
अहदी	8,28,57,600
पियादागान	6,00,00,000
जानवर	19,39,84,463
हथियार ज़िरह-बख़्तर वग़ैरह	2,20,80,257
योग	35,89,22,320
शाही घराना	
हरम	3,50,00,000
बावर्चीख़ाना, आबदारख़ाना, फल वग़ैरह	1,36,50,000
तोशाख़ाना	1,67,32,193
ख़ेमों के सामान	1,03,71,182
बर्तन	1,49,34,520
जानवरों के साज़-सामान	26,39,043
किताबें और तस्वीरें	67,53,940
जवाहरात और ज़ेवरात	4,43,18,868
इमारतों की तामीर	1,50,00,000
शिकार के जानवर	1,30,00,000
वज़ीफ़े और भिक्षा	1,25,00,000
मिनजुमला	25,00,000
योग	18,73,99,746
कुल ख़र्च	3,78,41,31,922
बक़ाया	17,61,95,184
महायोग	3,96,03,27,106

कम-से-कम बचतों के बारे में, शाहजहाँ का दरबारी इतिहासकार कज़वीनी है जिसका इतिहास-ग्रंथ 1638 पर आकर बन्द हो जाता है। कहा जाता है कि जहाँगीरी दौर में ख़ालिस का विस्तार कम हो गया था लेकिन शाहजहाँ (सत्तारोहण : 1628) ने इसे ख़ासा बढ़ा दिया है और अब इससे 60,00,00,000 दाम की आय होती है; साथ ही नए बादशाह ने शाही ख़ज़ाने से होनेवाला सालाना ख़र्च 1,00,00,000 रुपये या फ़ौजी मुहिमों वाले बरसों में 1,20,00,000 रुपये कर दिया है। इसके अनुसार सालाना व्यय 40,00,00,000 से लेकर 48,00,00,000 दाम आता है अर्थात हर साल 12,00,00,000 से लेकर 20,00,00,000 दाम की बचत होती होगी।[84] ज़ाहिरा तौर पर शाहजहाँ बचत का जो पैमाना क़ायम करने में कामयाब हुआ वह उसी स्तर के क़रीब है जिसका हमने 1595-96 के लिए अनुमान लगाया है।

इस तरह बहुत से सूत्र एक जगह आकर मिल जाते हैं। इसका यक़ीनन यह मतलब नहीं कि हमारे सारे विस्तृत अनुमान एकसमान विश्वसनीय हैं। फिर भी इनके आधार पर हम कह सकते हैं कि अधिक अनुमानगम्य आँकड़ों के समायोजन की सीमा के अन्दर, आईन और दूसरे स्रोतों से प्राप्त ढेर सारे प्रत्यक्ष और अप्रत्यक्ष आँकड़ों के आधार पर खाही ख़र्च का जो मोटा-मोटी ढर्रा हमने क़ायम किया है उसे स्वीकार किया जा सकता है।

सन्दर्भ और टिप्पणियाँ

1. *आईन*, एक, पृ. 40
2. उपरोक्त, पृ. 41
3. उपरोक्त, पृ. 40; बुकानन के पाठ और एड 7652 में 2 से 10 रुपये लेकिन एड 6652 में 10 से 40 रुपये दिया गया है। यहाँ 'दह' लगता है 'दो' की जगह ग़लती से आ गया हो। हरम की निवासी स्त्रियों (*मुख़द्दराते-इक़बाल*) का सबसे पहला विभाजन शासन वर्ष 19 में किया गया। *अकबरनामा*, तीन, पृ.105 देखें।
4. *लैटर्स फ्राम द मुग़ल कोर्ट*, पृ. 59; मोंसरेट, पृ. 105
5. *आईन* (एक, पृ. 40) में ऐसी अधिकारी स्त्रियों का ज़िक्र मिलता है; लगता है, इनमें से कुछ को उर्दू-बेगियान (पृ. 41) का नाम दिया गया था।
6. *आईन*, एक, पृ. 40
7. उपरोक्त, पृ. 53
8. *रिमांस्त्रेशी*, अनु, पृ. 65
9. *आईन*, एक, पृ. 59
10. उपरोक्त, पृ. 55
11. उपरोक्त, पृ.151-52
12. बर्नियर, पृ. 251
13. *आईन*, एक, पृ. 60
14. अध्याय-14 देखें
15. *आईन*, एक, पृ. 53
16. उपरोक्त, पृ. 52

17. मोंसरेट, पृ. 199
18. *आईन*, एक, पृ. 55; जेसुइट पादरियों ने कहा है कि अकबर के पास ऐसा एक बावर्ची था जो यूरोपीय तर्ज के खाने पका सकता था; 1580 की ईस्टर के दिन अकबर ने उन्हें इस बावर्ची के पकाए कुछ व्यंजन भेजे थे। *लैटर्स फ्राम द मुग़ल कोर्ट*, पृ. 38 देखें।
19. *आईन*, एक, पृ. 60
20. बावर्चीख़ाने का पूरा प्रतिष्ठान मीर बकावल या बकावल बेगी के अन्तर्गत होता था। बायज़ीद बियात जब 200 के मंसबदार थे वे बकावल बेगी के पद पर आसीन थे। बावर्चीख़ाना के कर्तव्यों को पूरा करते समय ही उन्होंने अपने संस्मरण लिखे थे (*बायज़ीद*, पृ. 2) जिसे उन्होंने अबुल फ़ज़्ल के एक मुहर्रिर के नाम समर्पित किया था।
21. *रिमांस्त्रेशी*, अनु, पृ. 28
22. मने-अकबरी के बारे में इरफ़ान हबीब, *एग्रेरियन सिस्टम*, पृ. 368 देखें।
23. *आईन*, एक, पृ. 51-52
24. उपरोक्त, पृ. 52
25. उपरोक्त, पृ. 51
26. उपरोक्त, पृ. 80
27. उपरोक्त, दो, पृ. 424 देखें। सूबा इलाहाबाद से मालगुज़ारी के बदले कोई 12,00,000 पान के पत्ते लिए गए।
28. *आईन*, एक, पृ. 208 लेकिन फ़रिश्ता (एक, पृ. 272) ने एक कहावल का ज़िक्र किया है कि अकबर की इच्छा 1,000 चीते पालने की थी, मगर जब भी तादाद 900 से ऊपर जाती, कुछ मर जाते और इस तरह उनकी तादाद हमेशा 1000 से नीचे ही रहती।
29. *आईन*, एक, पृ. 208
30. उपरोक्त, पृ. 207
31. उपरोक्त, पृ. 208
32. अध्याय-10 देखें
33. *आईन*, एक, पृ. 208-12
34. उपरोक्त, पृ.165, 167; पर फ़रिश्ता, एक, पृ. 272 हिरनों की कुल तादाद 5,000 बताते हैं।
35. *आईन*, एक, पृ. 209-10
36. उपरोक्त, पृ. 217; फरवरी 1580 के एक पत्र में मोंसरेट (*लैटर्स फ्राम द मुग़ल कोर्ट*, पृ. 37; पृ. 81 भी) बतलाते हैं कि अकबर के पास हिरन, तेंदुए, लड़ाकू मुर्गे, गिद्ध, चीलें और कबूतर वग़ैरह थे।
37. *आईन*, एक, पृ. 218
38. पेल्सेयर, *क्रॉनिकल*, अनु, पृ. 33-35; दे लाएत, *द एम्पायर ऑफ़ द ग्रेट मुग़ल*, अनुवाद : जे एस हायलैंड, पृ. 107-10
39. *आईन*, एक, पृ. 135-38, 142
40. उपरोक्त, पृ. 101
41. उपरोक्त, पृ. 101
42. उपरोक्त, पृ. 51
43. इसके अलावा, अगर मूल्यों में संशोधन किए जाते रहे तो उस पर क़ीमतों में बढ़ोतरी का भी प्रभाव पड़ता होगा जिसे हालाँकि अकबरी दौर में एक सीमा में रखा गया था पर फिर भी

कुछ हद तक पिछली ख़रीदारियों का मूल्य बढ़ाकर दिखाया गया होगा। इसका परिमाण यह होगा कि शासन वर्ष 40 में सालाना ख़र्च वास्तविक ख़र्च से अधिक आएगा।

44. *आईन*, एक, पृ. 102-03
45. उपरोक्त, पृ. 103
46. उपरोक्त, पृ. 104
47. उपरोक्त, पृ. 106-11
48. उपरोक्त, पृ. 104
49. उपरोक्त, पृ. 135-38, 142
50. उपरोक्त, पृ. 117-18 देखें। आरिफ़ क़न्धारी (पृ. 45-46) कहते हैं कि दो साल में तैयार होनेवाले *क़िस्सा-ए-हम्ज़ा* की हर जिल्द पर 20,00,000 दाम की लागत आई थी।
51. *आईन*, एक, पृ. 117-18, *बदायूनी*, दो, पृ. 336, 366
52. *आईन*, एक, पृ. 118
53. उपरोक्त
54. उपरोक्त, पृ. 112
55. *बदायूनी*, दो, पृ. 202
56. *आईन*, एक, पृ. 49-50
57. उपरोक्त, पृ. 49
58. *टैवर्नियर्स ट्रैवेल्स इन इंडिया*, अनु : बाल और क्रुक, नई दिल्ली, 1977, खंड एक, पृ. 112-13, खंड दो, पृ. 72-73 देखें जहाँ कहा गया है कि केवल सत्ताच्युत बादशाह शाहजहाँ ही एक ख़ास हीरे का सही-सही मूल्य लगा सका।
59. *आईन*, एक, पृ. 11-12, मुग़ल ख़ज़ाने के एक लाल (95,000 रुपये) और एक 'बड़े पुखराज' (1,81,000 रुपये) के बारे में टैवर्नियर (खंड दो, पृ. 100, 102) द्वारा बताई गई क़ीमतें देखें।
60. मिसाल के लिए *अकबरनामा*, दो, पृ. 214, तीन, पृ. 836 देखें।
61. *अर्ली ट्रैवेल्स* (जान मिल्डेनहाल का वृत्तान्त, 1599-1606), पृ. 55, *अकबरनामा*, दो, पृ. 149, *तबक़ात*, दो, पृ. 155 देखें। टैवर्नियर, दो, पृ. 100-101 से भी तुलना करें।
62. *आईन*, एक, पृ. 167, सरायों के बारे में *अकबरनामा*, दो, पृ. 262-63 भी देखें।
63. *आईन*, एक, पृ. 167-71

(अ) *तुज़ुक*, पृ. 2, *बदायूनी* (पृ. 74) लागत 3,00,000 मुद्राएँ (सम्भवत: तंके) बतलाते हैं जो इस तरह 6,00,000 दाम होते हैं। पेल्सेयर (*क्रॉनिकल*, अनु, पृ. 18) ने 25,00,000 रुपये = 10,00,00,000 दाम की लागत बताई है। आधिकारिक होने के नाते जहाँगीर के अनुमान को प्राथमिकता मिलनी चाहिए।

(ब) पेल्सेयर, *क्रॉनिकल*, अनु. पृ. 18, सिर्फ़ फ़तेहपुर सीकरी की मस्जिद पर 5,00,000 रुपये की लागत आई थी। (तुज़ुक, पृ. 262 देखें।)

64. पेल्सेयर, *क्रॉनिकल*, अनु. पृ. 21
65. नागर नगर क़िले के दरवाज़े का शिलालेख। (निजी अवलोकन।)
66. *आईन*, एक, पृ. 170 में जाड़ों में और गर्मियों में भी कुओं की सफ़ाई की लागतें दी गई है।
67. *आईन*, एक, पृ. 197
68. उपरोक्त
69. कुल सुयूरग़ाल और वज़ीफ़ों के अनुपात का एकमात्र संकेत *मिरआते-अहमदी* (खंड एक,

पृ. 26) में मिलता है जहाँ गुजरात में मद्दे-मआश और इनाम के ये आँकड़े दिए गए हैं : 1,20,00,000 दाम, 50,000 बीघा आराज़ी, और 103 गाँव, और ख़ज़ाने से नक़द 1,40,000 रुपये। 50,000 बीघा आराज़ी और 103 गाँव के रूप में निकलनेवाला राजस्व ज्ञात न होने के कारण वास्तविक अनुपात की गणना सम्भव नहीं। यह भी सम्भव है कि औरंगज़ेब के दौर में ग़ैर-मुसलमानों पर जजिया लगने के कारण वज़ीफ़ों की कुल रक़म बढ़ी हो क्योंकि जजिया की आय ज़्यादातर इसी के लिए थी।

70. *आईन*, एक, पृ. 197
71. उपरोक्त, पृ. 46
72. उपरोक्त, पृ. 43-47
73. उपरोक्त, पृ. 143
74. *सियाक़नामा*, पृ. 184
75. *आईन*, एक, पृ. 82
76. *अकबरनामा*, तीन, पृ. 716, शासन वर्ष 41 में 15,000 मन से अधिक वज़न की नाव बनाने पर 16,338 रुपये ख़र्च हुए थे।
77. *आईन*, एक, पृ. 9
78. इसमें हमारी गणना के अनुसार जानवरों का ख़र्च (19,38,58,567 दाम), हथियारख़ाने (2,20,80,257 दाम) और शाही घराने का पूरा ख़र्च शामिल है पर शिकार के जानवरों का ख़र्च (1,90,00,000 दाम) तथा वज़ीफ़ों और भिक्षा की रक़मों (1,25,00,000 दाम) को निकाल दिया गया है।
79. *आईन*, उपरोक्त, पृ. 9
80. उपरोक्त, पृ. 190
81. याद करें कि फ़ौज के तहज दर्ज पियादों की तनख़्वाहों पर हमारा अनुमान 6 करोड़ दाम था।
82. अध्याय-8, पृ. 205-206 देखें।
83. अध्याय-8, पृ. 209 देखें।
84. कज़वीनी, *पादशाहनामा*, पांडुलिपि एड 20734, पृ. 444-45, ओ 173, फ़ोलियो 221 ए-बी।

अध्याय-12

ज़ायद का बिखराव और उपभोग

मुग़ल शासकवर्ग अधिग्रहीत खेतिहर ज़ायद (सरप्लस) का एक बड़ा भाग जिस तरह ख़र्च करता था वह स्वाभाविक है कि पूरी अर्थव्यवस्था के लिए बेहद महत्त्वपूर्ण रहा होगा। अध्याय-11 में हमने देखा कि कुलीनवर्ग सम्भवत: प्रभावी जमा का लगभग 82 प्रतिशत भाग हस्तगत कर लेता था जिसका एक बहुत बड़ा भाग खेतिहर ज़ायद से आता था। इसका अपेक्षाकृत एक छोटा-सा भाग ही व्यापार और दस्तकारियों पर लगे करों से प्राप्त होता था। बाक़ी बची रक़म में बादशाह के निजी प्रतिष्ठान का ख़र्च जमा का 13.79 प्रतिशत होता था जबकि हमारे अनुमानों के अनुसार 4.73 प्रतिशत भाग शाही ज़ख़ीरों में चला जाता था।

अधिग्रहीत ज़ायद के बिखराव की छानबीन करते हुए हमें सिद्धान्तत: दो सम्भावनाओं पर विचार करना होगा :

(अ) बादशाह और कुलीनों के कुल ख़र्च का एक बड़ा भाग एक विशाल और कम उजरत वाले सेवा क्षेत्र को बनाने और बनाए रखने में लग जाता था और ऐसे बहुत से लोगों के रोज़गार (और बहुत सारे जानवरों के ख़र्च) में निकल जाता था जो शासकवर्ग के राजस्व के दावों को पूरा करने के लिए देहातों से लाई गई खेतिहर पैदावार को बस खाते ही खाते थे। यह स्थिति अर्थव्यवस्थाओं के विकास के उस परिकल्पित पहले चरण की दशाओं से मेल खाती है, जिसकी कल्पना इरफ़ान हबीब ने की है।[1]

(ब) बादशाह और कुलीनों की आय का एक ख़ासा बड़ा भाग दस्तकारी की वस्तुओं पर ख़र्च होता था। इसका मतलब यह हुआ कि शहरी आबादी का एक बड़ा भाग (जो वैसे तो अनुपात में देहाती आबादी से कम था) उत्पादक श्रम में लगा हुआ था। इस तरह देहातों से प्राप्त ज़ायद ज़्यादातर विनिर्माणों के लिए आवश्यक कच्चे मालों के रूप में होता था और (कुल मूल्य की दृष्टि से) एक काफ़ी छोटे भाग का उपयोग खाद्य और चारे वगैरह के रूप में होता था। यह चरण इरफ़ान हबीब के दूसरे चरण के संगत है।

जैसा कि पाव्लोव ने स्वीकार किया है, यह वर्गीकरण उपयोगी दिखाई देता है।[2] अब हमें पहले ही निकाले गए कुछ निष्कर्षों और अब प्रस्तुत कुछ परिकल्पनाओं

के आधार पर परिमाणीकरण का एक प्रयास करेंगे ताकि यह पता लगा सकें कि दो सम्भवाओं—या चरणों—में से कौन सी सम्भावना मुग़ल शासकवर्ग के ख़र्च के ढर्रे से मेल खाती है।

दो

चूँकि हमारे पास मौजूद सबसे विस्तृत सूचनाएँ बादशाह के अपने प्रतिष्ठान से जुड़े ख़र्चों (अध्याय-10 और 11) के बारे में हैं, इसी को हम यह तय करने के लिए अपना प्रस्थानबिन्दु बना सकते हैं कि बिखराव (डिफ़्यूज़न) के आरम्भिक चरणों में अधिग्रहीत ज़ायद के प्रवाह की दिशा क्या होती थी।

पहले ही लगाए गए अनुमानों के आधार पर हम कह सकते हैं कि बादशाह के पास बची रक़म में से, जो हमारे अनुमान के अनुसार (मंसबदारों को दिए गए नक़द वेतन-भत्तों के बाद) 72,25,17,250 दाम के बराबर थी, कोई आधी रक़म (49.68 प्रतिशत) शाही सैनिक प्रतिष्ठान पर ख़र्च की जाती थी। पूरे शाही घराने का ख़र्च इसका 25.94 प्रतिशत था और बाक़ी 24.38 प्रतिशत नक़दी के ज़ख़ीरे में चला जाता था।

जैसी कि आशा की जा सकती है, फ़ौज के बजट का सबसे बड़ा, 54.05 प्रतिशत भाग जंगी जानवरों पर लगता था। शाही घुड़सवारों (अहदियों) पर 23.08 प्रतिशत, और पियादों पर 16.72 प्रतिशत लगता था जबकि बाक़ी रक़म (कुल फ़ौजी ख़र्च की मात्र 6.15 प्रतिशत) तोपों और बन्दूक़ों समेत हथियारखाने और ज़िरह-बख़्तर को बढ़ाने पर लगता था। (अध्याय-10 देखें।)

पियादों को वेतन में दी गई रक़म सीधे-सीधे एक शुद्ध सेवाकर्मी प्रकार की बड़ी आबादी के रखरखाव में योगदान देती थी। सैनिक प्रतिष्ठान में लगे लोगों के एक बड़े भाग को इतनी उजरत मिलती थी जो लगता है जीवन-निर्वाह के स्तर से थोड़ी ही ऊपर होती थी। कहारों को माहवार 100 से 120 दाम, मामूली दरबानों, पहरेदारों, मेवारों (दौड़ाकों) को 120 से 200 दाम और बन्दूक़चियों को 110 से 300 दाम मिलते थे।[3] हमें यह भी याद रखना होगा कि शाही प्रशासन द्वारा दी जानेवाली न्यूनतम मज़दूरी 2 दाम प्रतिदिन (60 दाम प्रतिमाह) होती थी। जैसाकि हम अध्याय-14 में मूल्यों के अध्ययन में देखेंगे, यह रक़म उजरत पानेवालों के परिवारों के लिए मोटे अनाजों की न्यूनतम आवश्यक मात्रा को ख़रीदने तथा साथ ही उनकी कपड़े की न्यूनतम आवश्यकता को पूरी करने के लिए मुश्किल से ही पर्याप्त होती थी। इससे अधिक मज़दूरी पानेवाले कहार वग़ैरह हो सकता है आरामदायक वस्तुओं पर भी थोड़ा-बहुत ख़र्च कर लेते हों या शायद कुछ बचा भी लेते हों।

जानवरों के ख़र्च को मोटे तौर पर तीन भागों में बाँटा जा सकता है : (अ) जानवरों की ख़ुराक और चारे का ख़र्च, (ब) बाग़, जीन, बर्तन वग़ैरह का ख़र्च और (स) जानवरों के रखवालों की अदायगियाँ। घोड़ों का ख़र्च भी अच्छा-ख़ासा होता था (1.44 करोड़ दाम प्रतिवर्ष) जिनकी एक बड़ी संख्या आयात की जाती थी। ज़ाहिर है कि जानवरों के ख़र्च का एक भाग भी, उनके रखवालों के भत्तों की शक्ल

में, सेवा क्षेत्र को फैलाने का ही काम करता था। यहाँ उजरतें कम थीं : एक साईस को माहवार 45 से 63 दाम, एक महावत को 45 से 120 और उसके सहायक को 30 से 90 दाम मिलते थे।[4] ऊपर की श्रेणी (2) की वस्तुओं (ज़ीन, बाग वग़ैरह) पर आनेवाला ख़र्च दस्तकारों के लिए रोज़गार पैदा करके दस्तकारी के क्षेत्र में योगदान देता होगा। घोड़ों की ख़रीद पर ख़र्च की गई ज़्यादातर रक़मों से भी दस्तकाराना उत्पादन को अप्रत्यक्ष रूप से बढ़ावा मिलता होगा क्योंकि घोड़े ज़्यादातर फ़ारस और मध्य एशिया से आयात किए जाते थे और आयातों का भुगतान अधिक कीमत की वस्तुओं के निर्यात से किया जाता होगा।[5] पेल्सेयर द्वारा बताए गए वितरण से संकेत मिलता है कि शाही घोड़ों के 76 प्रतिशत से अधिक घोड़े, (अरबी, फ़ारसी और तुर्की) आयात किए जाते थे। चूँकि आयातित घोड़े अधिक महँगे होते थे, यह मानना उपयुक्त ही होगा कि शाही घोड़ों की ख़रीद का 85 प्रतिशत ख़र्च आयातित घोड़ों पर लगता होगा। इसलिए हम कह सकते हैं कि पशुओं के ख़र्च का एक भाग सेवा क्षेत्र में आता था और कुछ भाग दस्तकारी के क्षेत्र को बढ़ावा देता था। लेकिन उसका बड़ा भाग, यानी ख़ुराक और चारे का ख़र्च खेतिहर ज़ायद के प्रत्यक्ष उपभोग का सूचक था।

जहाँ तक हथियारों और ज़िरह-बख़्तरों के ख़र्च का सवाल है, अनेक हथियार शाही कारख़ानों में बनाए जाते थे जबकि दूसरे ख़रीदे जाते थे। (अर्थात वे जो उपहार में नहीं मिले होते थे क्योंकि वे निश्चित ही शाही ख़र्च के दायरे से बाहर आते थे।) ज़िरह-बख़्तरों और हथियारों पर ख़र्च रक़म को इस तरह हम अधिकांशत: दस्तकारी क्षेत्र के खाते में डाल सकते हैं।

ज़ायद में सवारों (अहदियों) का भाग आगे किस तरह बिखरता था, इसकी विवेचना हम इसी अध्याय के एक अलग खंड में करेंगे जहाँ हम मंसबदारों के घुड़सवारों के ख़र्चों के ढर्रों पर भी बात करेंगे। इसलिए अहदियों के वेतन के ख़र्च (8,28,57,600 दाम) को शाही प्रतिष्ठान से अलग रखा गया है। उसका ज़िक्र इस अध्याय के चौथे खंड और परिशिष्ट 12 (अ) में किया जाएगा।

कुल मिलाकर हम कह सकते हैं कि (घुड़सवारों के ख़र्च को छोड़) पूरे फ़ौजी बजट में से 10,45,80,792 दाम सेवा क्षेत्र में जाते थे। (मतलब यह कि 6 करोड़ दाम पियादों पर ख़र्च किए जाते थे जिसमें जानवरों के रखरखाव की एक-चौथाई लागत भी जोड़ी जा सकती है।) एक-चौथाई से कम भाग (6,40,40,785) प्रत्यक्ष या अप्रत्यक्ष रूप से (हथियारों के ख़र्च, घोड़ों की ख़रीद के 85 प्रतिशत और मोटे तौर पर जानवरों के रखरखाव के छठे भाग के रूप में) दस्तकारों के उत्पादन को सहारा देता था। बाक़ी 10,74,43,143 दाम खेतिहर ज़ायद के प्रत्यक्ष उपभोग के सूचक थे।

शाही घराने के ख़र्च का जो अनुमान हमने अध्याय-11 में लगाया है उसे एक नए ढंग से, घराने के कुल ख़र्च के प्रतिशत रूप में, तालिका-12.1 में रखा गया है।

हम यह मान सकते हैं कि तोशाख़ाना, ख़ेमा डालने के सामानों, बर्तनों और जानवरों के साज़-सामान के ख़र्च ज़्यादातर दस्तकारी की वस्तुओं की ख़रीद पर

ख़र्च हुए होंगे। किताबों और तस्वीरों के मुआमले में दस्तकारी और कला के बीच एक सीमा-रेखा खींचना बेहद मुश्किल है। लेकिन अपने वर्तमान उद्देश्यों के लिए हम इन मदों के ख़र्च को दस्तकारी की वस्तुओं पर किया गया ख़र्च मान सकते हैं।

शाही घराने के ख़र्च का सबसे बड़ा भाग जवाहरात और ज़ेवरात की ख़रीद में निकल जाता था। इस रक़म एक भाग भी अत्यन्त विशेषीकृत रोज़गार को पैदा करने में लग जाता था। ज़ेवरात के व्यापार के दस्तकारों (या कलाकारों) को अपेक्षाकृत बड़ी रक़में मिलती थीं। मिसाल के लिए अव्वल दर्जे के सिर्फ़ एक मोती में सुराख़ करने पर आधा रुपया मिलता था।[6] जवाहरात की ख़रीद से मुग़ल सल्तनत के अन्दर और दकन में खदानों (ख़ासकर हीरों की खुदाई) को भी बढ़ावा मिलता होगा। जवाहरात का अगर आयात भी किया जाता था तो ऐसे क़ीमती आयातों की अदायगी के लिए बदले में दस्तकारी की वस्तुओं के निर्यात को बढ़ावा मिलता होगा।

तालिका-12.1

हरम	18.68
बावर्चीख़ाना	7.28
तोशाख़ाना	8.93
इमारतों की तामीर	8.01
ख़ेमा डालने के सामान	5.53
बर्तन	7.97
जानवरों के साज़-सामान	1.41
पुस्तकें और चित्र	3.60
जवाहरात और ज़ेवरात	23.65
शिकारी और पालतू जानवर	6.94
मिनजुमला	1.33
वज़ीफ़े	6.67
योग	100.00

हरम के कुल ख़र्च में ऊँची श्रेणी की स्त्रियों को दिए जानेवाले जेबख़र्च का भाग 42 प्रतिशत होता था। चूँकि ज़्यादातर मुआमलों में ये भत्ते दिए जानेवाले भोजन से अलग होते थे (जो बावर्चीख़ाने की एक अलग मद में आता है।) और कनीज़ों व ग़ुलाम स्त्रियों को मिलनेवाली उजरतों से भी अलग होते थे, हम मान सकते हैं कि इन भत्तों का कम-से-कम एक भाग दस्तकारों द्वारा उत्पादित विलासिता की वस्तुओं (जैसे उम्दा क़िस्म के रेशमी और सूती कपड़ों, जेवरों वग़ैरह) की ख़रीद पर ख़र्च होता था। इस तरह हम कह सकते हैं कि हरम के ख़र्च का एक-तिहाई भाग दस्तकारी के क्षेत्र में जाता था।

शाही घराने के ख़र्च में निर्माण उद्योग का भाग 8 प्रतिशत से थोड़ा अधिक था। इस उद्योग में एक अच्छा-ख़ासा-श्रमबल लगा होगा जिसमें से अधिकांश को जीवन-निर्वाह भर की मज़दूरी मिलती थी। मसलन पहली श्रेणी के बढ़ई, जो कामगारों का

एक छोटा-सा भाग थे, बेहतर मज़दूरी (रोज़ाना 7 दाम) पानेवालों में से थे,[7] और हो सकता है, वे इतनी अतिरिक्त रक़म पाते रहे हों कि आराम की कुछ वस्तुएँ ख़रीद सकते या कुछ बचत कर सकते थे। लेकिन गौण बिखराव (सेकंडरी डिफ़्यूज़न) का ढर्रा चाहे जो रहा हो, इमारतों की तामीर की लागतों को हम पूरी तरह दस्तकारी के क्षेत्र का ख़र्च मान सकते हैं।

इस तरह हम पाते हैं कि शाही घराने के बजट का कोई दो-तिहाई भाग (12,24,16,413 दाम) इस तरह ख़र्च किया जाता था कि दस्तकारी के क्षेत्र को बढ़ावा मिलता था। लेकिन लगता है जोर कौशल की माँग करनेवाली वस्तुओं (मसलन भारी दाम और कम मात्रावाली वस्तुओं) या दुर्लभ वस्तुओं (जैसे जवाहरात की खुदाई) या इमारतों पर दिया जाता होगा जिसमें कुशल और अकुशल, दोनों प्रकार के मज़दूर खप जाते थे।

बाक़ी रक़म ज़्यादातर अनुत्पादक क्षेत्रों में चली जाती थी। एक अपेक्षाकृत छोटा भाग ज़ायद के प्रत्यक्ष उपभोग (जैसे बावर्चीख़ाने के लए अनाज और गोश्त या शिकारी जानवरों के चारे और गोश्त) की शक्ल में निकलता था। बावर्चीख़ाने के कुल ख़र्च का दसवाँ भाग बावर्चियों की उजरत में जाता था, आबदारख़ाना (जल विभाग) पर आनेवाली लागत भी ज़्यादातर मुख़्तलिफ़ मुलाज़िमों की तनख़्वाह होती थी। इस तरह बावर्चीख़ाने के ख़र्च का सिर्फ़ पाँचवाँ भाग सेवा क्षेत्र में जाता होगा। शिकारी जानवरों के लिए रखे गए भत्तों में मुलाज़िमों की तनख़्वाहें कोई 90 प्रतिशत भाग होती थीं।

हरम से सम्बन्धित 4,000 स्त्रियाँ (भोजन के अलावा) औसतन 5 रुपये या 200 दाम प्रतिमाह पाती थीं। वे सिर्फ़ अनुत्पादक सेवाकर्मियों की तादाद को ही बढ़ाती होंगी। इस तरह हरम की निवासियों के लिए निर्धारित कुल भत्तों का चौथाई से अधिक भाग सेवा क्षेत्र का व्यय कहा जा सकता है।

शाही घराने के बजट में मिनजुमला की मद में रखा गया भाग मुख्यत: कुछ छोटे विभागों के मुलाज़िमों को वेतन के रूप में जाता था। इस तरह आर्थिक दृष्टि से वह भी हरम की कम वेतन पानेवाली कनीज़ों पर आने वाले ख़र्च की श्रेणी में ही आता था। वह एक आदिम प्रकार का सेवा-क्षेत्रीय रोज़गार होता था।

ज़रूरतमन्द और दीनदार लोगों को दिए जानेवाले वज़ीफ़ों का, जो शाही घराने के कुल बजट का 6.67 प्रतिशत होते थे, आसानी से श्रेणीकरण नहीं किया जा सकता। हम सम्भवत: यही कह सकते हैं कि ये वज़ीफ़े एक आर्थिक रूप से अनुत्पादक आबादी के रखरखाव पर ख़र्च होते थे। जहाँ वज़ीफ़ादार किसी तरह जीवनयापन करते थे वहाँ इसकी कोई ख़ास भूमिका नहीं रही होगी, लेकिन जहाँ उनकी आय अपेक्षाकृत अधिक थी वहाँ ये भत्ते आरामदायक वस्तुओं या सेवकों पर ख़र्च होते होंगे। लेकिन इन वज़ीफ़ादारों के भत्तों से दस्तकारी की वस्तुओं की कुछ ख़ास माँग नहीं पैदा होती होगी। इस तरह हम मान सकते हैं कि शाही दान मुख्यत: सेवा क्षेत्र को बढ़ावा देते रहे होंगे।

इन विचारों के आधार पर हमारा अनुमान यह है कि शाही घराने के ख़र्च का कोई पाँचवाँ भाग, जो लगभग 3,81,80,000 दाम के बराबर था, सेवा क्षेत्र को बढ़ावा देता रहा होगा। इसके बाद देहाती उत्पादों के प्रत्यक्ष उपभोग की मद में 2,68,03,333 दाम की रक़म बचती है।

अध्याय-11 में दिए गए हमारे अनुमानों के अनुसार, ज़ायद में बादशाह के भाग का कोई एक-चौथाई नक़द ज़ख़ीरे में चला जाता था। इस ज़ख़ीरे का 95 प्रतिशत से ऊपर भाग सोने-चाँदी के रूप में होता था—सिक्कों में भी और धातु रूप में भी। अर्थव्यवस्था के लिए क़ीमती धातुओं के इस ज़ख़ीरे के अपने ही निहितार्थ थे। धातुएँ केवल आयात से आती थीं, मुख्यत: यूरोप से (मध्य-पूर्व या केप ऑफ़ गुड होप होकर) और आयातों की अदायगी निर्यातों की कमाई से की जाती थी। खेतिहर या अर्ध-खेतिहर संसाधित वस्तुएँ (जैसे नील, शोरा या रेशम) हों या दस्तकारी की वस्तुएँ (जैसे मलमल और छींट का कपड़ा), निर्यात की वस्तुएँ मुख्यत: क़ीमती वस्तुएँ होती थीं। मुग़ल भारत के निर्यातों की वास्तविक संरचना को जानना तो आसान नहीं है, पर उपलब्ध आँकड़ों से संकेत अवश्य मिलता है कि निर्यातों के कुल मूल्य में दस्तकारी की वस्तुओं का भाग तीन-चौथाई से अधिक होता था।[8] इसलिए अगर बाज़ार से ख़रीदकर क़ीमती धातुएँ जमा की जाती थीं (और हमारे अनुमान के अनुसार ये ज़ख़ीरे जमा का 4.45 प्रतिशत भाग रही होंगी) तो उनके कारण दस्तकारी की वस्तुओं के निर्यात को भी उसी अनुपात में बढ़ावा मिलता रहा होगा। दूसरे शब्दों में, 40वें शासन वर्ष में शाही ज़ख़ीरे में शामिल किए गए 17,61,95,184 दाम में से, 13,21,46,388 दाम दस्तकारों के उत्पादन को बढ़ावा देने में लगे होंगे।

तीन

हासिल होनेवाले ज़ायद में कुलीनों का एक बड़ा भाग होता था। यहाँ तक कि फ़ौज के रखरखाव के ख़र्च (सवार मंसब के अनुसार दिए गए वेतन-भत्तों) से अलग, निज के रखरखाव (ज़ात के वेतन) की मद में दिए जानेवाले भत्तों में भी जमा का 20.89 प्रतिशत भाग निकल जाता था। ज़ात के तहत जानवरों के रखरखाव के लिए दिए जानेवाले भत्ते इन दो भुगतानों से अलग होते थे।

ज़ायद का इतना बड़ा भाग (1595-96 में ज़ात के वेतनों में जानेवाली 82,74,55,200 दाम की रक़म)[9] जो कुलीनों और फ़ौजों के हिस्से में जाती थी, अर्थव्यवस्था को किस प्रकार प्रभावित करती थी, यह हमारे सरोकार का अगला विषय है। कुछेक गुणात्मक वक्तव्यों को छोड़ दें तो हमारे स्रोतों से इस बारे में कोई सांख्यिकी आँकड़ा नहीं मिलता कि अपने निजी प्रतिष्ठानों की मुख़्तलिफ़ मदों में मंसबदार किन अनुपातों में रक़में ख़र्च करते थे। फिर भी हम कुछ मान्यताओं के आधार पर एक ढर्रे की परिकल्पना कर सकते हैं। पहले तो हम यह मान सकते हैं कि कुलीनों की जीवनशैली अधिकतर बादशाह की आदतों, पसन्द और परम्पराओं द्वारा स्थापित आदर्श के अनुसार होती थी। मिसाल के लिए हरम, जानवर, महल, भोजन,

बड़ी तादाद में नौकर-चाकर और ज़ख़ीरे जमा करने का रुझान—ये सब कुलीनों की जीवनशैली की उतनी ही प्रमुख विशेषताएँ थीं जितने दरबार की जीवनशैली के।[10] इसलिए हम यह निष्कर्ष निकाल सकते हैं कि कुलीनों के घरानों में ख़र्च की प्रमुख मदें वही थीं जो शाही घराने में थीं,[11] सिर्फ़ हर मद में ख़र्च के अनुपात अलग-अलग होंगे। कारण कि एंगेल का 'पारिवारिक बजटों का नियम' तब भी उतना ही लागू होता होगा जितना आधुनिक समाजों में होता है।

इस 'नियम' के अनुसार आय की हर बढ़ोतरी के साथ आवश्यक वस्तुओं पर आय से ख़र्च होनेवाला भाग घटता है जबकि आय में आराम की वस्तुओं का भाग बढ़ता है और विलासिता की वस्तुओं का भाग उससे भी अधिक बढ़ता है। इसलिए एंगेल के नियम को लागू करने के लिए हमें ख़र्च की सभी मदों को मोटी-मोटी तीन श्रेणियों में बाँटना होगा : यानी ज़रूरत की वस्तुएँ (ज़ व), आराम की वस्तुएँ (आ व) और विलासिता की वस्तुएँ (वि व) में। इनमें से हर शब्द का महत्त्व निश्चित ही सापेक्षित है और उनके बीच की सीमा-रेखाएँ धुँधली और परिवर्तनशील हैं। इसलिए यह वर्गीकरण अपनी प्रकृति से ही हमेशा मनोगत (सब्जेक्टिव) होता है। अगर हम यह मान लें कि एंगेल का नियम बादशाह से लेकर नीचे तक लागू होता था तो हमें यह भी मानना होगा कि बादशाह की जीवनशैली पूरे कुलीनवर्ग के लिए आदर्श तो थी पर इसके बावजूद संगत मदों पर ख़र्च का अनुपात एक बराबर नहीं, अलग-अलग राह होगा; आय के घटने पर ज़ व तथा आ व अलग-अलग अनुपातों में बढ़ते होंगे। इसलिए कुलीनों के ख़र्चों पर हमारे अनुमान ऐसे परिवर्तनों को प्रतिबिम्बित करें, इसके लिए हमें पहले संगत शाही ख़र्च को ज़ व, आ व तथा वि व में बाँटने का प्रयास करना होगा। इसके लिए हमें उस शाही ख़र्च को ध्यान में रखना होगा जो घरेलू प्रतिष्ठान पर आता था। अध्याय-11 में शाही घराने के अन्तर्गत हमने जिन मदों पर विचार किया है, उनके अलावा इसमें कुछ दूसरे ख़र्च भी शामिल होंगे जो सैनिक प्रतिष्ठान के अंग तो थे पर वास्तव में घरेलू या निजी चरित्र के थे। इन मदों को तालिका-12.2 में दिखाया गया है।

तालिका-12.2

	व्यय	*कुल व्यय की प्रतिशत रक़म*	*व्यय की हर मद का प्रतिशत*			*कुल व्यय का प्रतिशत*		
			ज़ व	*आ व*	*वि व*	*ज़ व*	*आ व*	*वि व*
बावर्चीख़ाना	1,60,74,000	7.04	50	20	30	3.5200	1.4080	2.1120
ख़ेमे के सामान	1,03,71,182	4.54	15	35	50	0.6810	1.5890	2.2700
इमारतें	1,50,00,000	6.57	15	35	50	0.9855	2.2995	3.2850
तोशाख़ाना	1,67,32,193	7.32	10	45	45	0.7320	3.2940	3.2940
हरम	3,25,60,000	14.25	5	45	50	0.7125	6.4125	7.1250
पियादे	1,92,60,400	8.43	5	45	50	0.4215	3.7935	4.2150
हथियार, ज़िरह-बख़्तर	2,20,80,257	9.67	5	45	50	0.4835	4.3515	4.8350

बोझ ढोने के जानवर	60,58,666	2.65	25	75	0.6625	1.9875
बर्तन	1,49,34,520	6.54	25	75	1.6350	4.9050
किताबें और तस्वीरें	67,53,940	2.96	25	75	0.7400	2.2200
जवाहरात, ज़ेवरात	4,43,18,868	19.40	25	75	4.8500	14.5500
प्रदर्शन के जानवर	61,35,629	2.69		100		2.6900
जानवरों के साज़-सामान	26,39,043	1.16		100		1.1600
शिकारी जानवर	1,30,00,000	5.69		100		5.6900
मिनजुमला	25,00,000	1.09		100		1.0900
योग	22,84,34,698	100.00				

तालिका-12.2 में मद संख्या 2-4, 9-11 और 13-15 की रक़में वही हैं जिनका अध्याय-10 में शाही घराने के सिलसिले में अनुमान लगाया गया था। ये सीधे-सीधे यहाँ रख दी गई है। बाक़ी मदों (1, 5-8 और 12) के बारे में कुछ स्पष्टीकरण आवश्यक है।

ऊँची श्रेणी की कुछ स्त्रियों के बावर्चीख़ाने अलग होते थे।[12] इसलिए शाही घराने के भोजन के ख़र्च का कुछ भाग उस ख़र्च में शामिल नहीं होता था जिसका अनुमान हमने शाही बावर्चीख़ाने के लिए लगाया है, यह हरम के ख़र्च में आता था। भोजन सम्बन्धी इस अतिरिक्त ख़र्च का हिसाब करने के लिए हम मान सकते हैं कि ऊँची श्रेणी की स्त्रियाँ अपने वेतन का कोई 10 प्रतिशत भोजन पर ख़र्च करती थीं और निचली श्रेणी की 5 प्रतिशत स्त्रियाँ उनके बावर्चीख़ानों में काम करती थीं। इस तरह शाही घराने का कुल ख़र्च लगभग 1,60,74,000 दाम होगा : (शाही बावर्चीख़ाने पर ख़र्च) 1,36,50,000; (ऊँची श्रेणी की स्त्रियों के वेतन-भत्तों का 10 प्रतिशत) 14,40,000 और (निचली श्रेणी की स्त्रियों के वेतन-भत्तों का 5 प्रतिशत) 9,84,000 दाम। हरम से बावर्चीख़ाने में हस्तान्तरित रक़म (24,40,000 दाम) हमें घटा देनी होगी और इस तरह शाही हरम का ख़र्च घटकर 3,25,60,000 दाम रह जाता है।

ग़ैर-फ़ौजी पियादों का ख़र्च निम्नलिखित को जोड़कर निकाला जा सकता है : दरबान (13,63,200 दाम), पहरेदार (14,28,600 दाम), मेवरा (14,28,600 दाम), कहार (50,40,000 दाम) तथा बढ़इयों, लुहारों, भिश्तियों और मुहर्रिरों जैसे दूसरे लोगों का ख़र्च जो हमने 1,00,00,000 दाम माना है। इस तरह कुल रक़म 1,92,60,400 दाम बैठती है। (अध्याय-10 देखें)।

मद संख्या 7 (हथियार और ज़िरह-बख़्तर) को पूरी तरह शाही सैनिक-प्रतिष्ठान से हटाकर घरेलू प्रतिष्ठान में डाल दिया गया है। कारण कि यह ख़र्च मंसबदारों के ज़ात के वेतनों से किया जाता था।

रही मद 8 तो शाही घराने के प्रतिष्ठान में 800 गाड़ियाँ थीं; इनमें 600 शाही बावर्चीख़ाने के लिए ईंधन ढोती थीं और 200 इमारती साज़-सामान ढोती थीं।[13] एक गाड़ी को चार बैल खींचते थे और इसलिए 3,200 बैलों की ज़रूरत पड़ती होगी। एक बैल का माहवार ख़र्च 155 दाम था।[14] और इस तरह बोझ ढोनेवाले जानवरों का सालाना ख़र्च 60,58,666 दाम आता है।

मद 12 (ख़ास जानवरों पर शाही ख़र्च) में निम्नलिखित ख़र्च शामिल थे : (अ) ख़ास हाथियों पर शाही ख़र्च (26,14,800 दाम)[15] और (ब) छह ख़ास अस्तबलों के घोड़ों का ख़र्च जबकि हरेक में 40 घोड़े होते थे।[16] एक घोड़े पर माहवार ख़र्च 846 दाम माना गया है। (यह मंसबदारों के लिए उम्दातरीन इराक़ी नस्ल के घोड़ों पर स्वीकृत 720 दाम प्रतिमाह के भत्ते से 20 प्रतिशत अधिक है।)[17] कहा गया है कि इन ख़ास घोड़ों में से हरेक की क़ीमत 70 मुहर से अधिक थी।[18] अगर हम उनकी औसत क़ीमत 100 मुहर तथा उनका कामकाज़ी जीवन 12 साल मानें[19] तो ख़रीद की सालाना लागत 7,20,000 दाम होगी।

ख़ास तबेलों में ऊँटों की संख्या 100 तथा स्वीकृत माहवार ख़र्च 288 दाम (देखें अध्याय-10) मानकर ऊँटों के रखरखाव की सालाना लागत 3,45,600 दाम आती है। अगर एक ऊँट की औसत क़ीमत 12 मुहर तथा कामकाज़ी ज़िन्दगी 12 साल (अध्याय-10) मानें तो ऊँटों की ख़रीद का सालाना ख़र्च 36,000 दाम कहा जा सकता है। इस तरह प्रदर्शन के जानवरों का कुल ख़र्च यूँ आएगा :

हाथी		26,14,829	दाम
घोड़े :	रखरखाव का ख़र्च	24,19,200	दाम
	ख़रीद का ख़र्च	7,20,000	दाम
ऊँट :	रखरखाव का ख़र्च	3,45,600	दाम
	ख़रीद का ख़र्च	36,000	दाम
	योग	61,35,629	दाम

शाही घराने के बजट में जो वज़ीफ़े शामिल होते थे उनको यहाँ बहस से बाहर रखा गया है।

इस तरह मंसबदारों के ज़ात के वेतनों से होनेवाले ख़र्चों से शाही ख़र्चों की संगति बिठाने के लिए हमने जिन मदों को अब एक साथ रखा है उन्हें ज़रूरत की वस्तुओं (ज़ व) और आराम की वस्तुओं (आ व) तथा विलासिता की वस्तुओं (वि व) में बाँटा गया है। व्यय की वास्तविकताओं के बारे में हम जो कुछ जानते हैं वही इस विभाजन का आधार है। (इनका वर्णन अध्याय-10-11 में किया गया है।) इन पर शुद्ध रूप से शाही परिवार (बादशाह, उसकी पत्नियों, रखैलों, शाहजादों और दूसरी स्त्रियों) के दृष्टिकोण से विचार किया गया है। ज़ाहिर है कि यह परिवार असाधारण बड़े आकार का था; स्वाभाविक है कि परिवार का औसत आकार भी मंसबदारों की आय घटने पर घटेगा।

इस तरह तालिका-12.2 से शाही घराने के ख़र्च का यह वितरण प्राप्त होता है : ज़ व, 7.5 प्रतिशत; आ व, 31 प्रतिशत और वि व 61.5 प्रतिशत।

इनको प्रस्थान बिन्दु मानकर हमने चित्र 12.1 में कुलीनों, सवारों और निम्न वर्गों की आयों के विभिन्न स्तरों के लिए ज़ व, आ व तथा वि व के वक्रों को प्रस्तुत किया है। साधारण जनता के दो स्तरों के लिए अन्त-बिन्दुओं, ज़ व : आ व : वि व के अनुपातों को अध्याय-11 में विवेचित आँकड़ों से ज्ञात किया गया है।

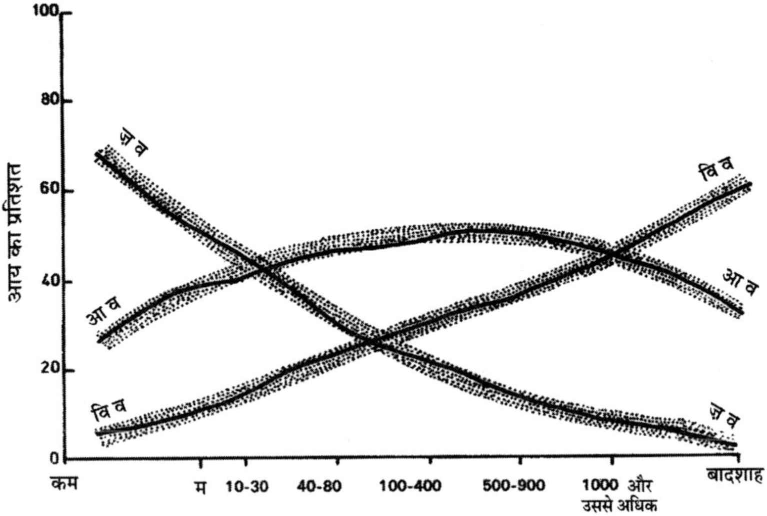

चित्र 12.1 : आय के स्तरों के अनुसार व्यय का परिकल्पित प्रतिमान

अकबरी प्रशासन ने शादी-ब्याह पर जब एक महसूल लगाया तो उसने कुलीनों, अधिकारभोगियों और दूसरे लोगों को सात वर्गों में बाँटा था। यहाँ हमने उसी वर्गीकरण को अपनाया है। मंसबदारों को इस तरह बाँटा गया था। (अ) 5,000 से 1,000 के मंसबवाले (ब) 1000 से कम और 500 तक के, (स) 500 से कम और सदी (100) तक के, (द) 100 से कम और 40 तक के, (य) तरकशबन्दों (30 के मंसबवालों) से लेकर दहबाशियों (10 के मंसब वालों) तक। दूसरी दो श्रेणियाँ मियाना मर्दुम (मध्य वर्ग) और आम (साधारण जन) की थीं।[20] ज़ाहिरा तौर पर 5,000 से ऊपर के मंसबदारों को इस महसूल से मुक्त रखा गया था, लेकिन मैंने इन मंसबदारों को (जिनमें शाहज़ादे भी आते थे) श्रेणी (अ) में रखा है। आईने-अकबरी में हर श्रेणी की आय के स्तरों का निर्धारण किया गया है। श्रेणी (अ) से (य) तक के लिए मंसबदारों के ज़ात के वेतनों की तालिकाओं को आधार बनाया गया है। श्रेणी (र) अर्थात 'मध्य वर्ग' के लिए आधार अहदियों और ताबीनान (सवारों) को स्वीकृत वेतनमान हैं (अध्याय-9 और 10 देखें) जबकि वेतन के दो स्तरों (कुशल और अकुशल) पर साधारणजन के लिए आईन में मुलाज़िमों और चाकरों की तनख़्वाहों और मज़दूरियों को आधार बनाया गया है। (अध्याय-14 देखें)।

चित्र 12.1 के वक्रों को तालिका-12.3 में 'पढ़ा' गया है। इसमें मंसबदारों और अधिकारभोगियों का वर्गीकरण तथा ज़ व, आ व और वि व पर व्यय के अनुपात भी दिए गए हैं।

तालिका-12.3

		आय (रुपये प्रतिमाह)	ज व	आ व	वि व
	बादशाह	9,31,843	7.5	31	61.5
(अ)	1,000 या ऊपर के मंसबदार	60,000-8,000	9	45	46
(ब)	900-500 के मंसबदार	7,700-2,100	13	50	37
(स)	400-100 के मंसबदार	2,000-500	22	48	30
(द)	80-40 के मंसबदार	410-185	30	46	24
(य)	30-10 के मंसबदार	175-75	45	40	15
(र)	'मध्यवर्ग की श्रेणी'	18-8.6	50	39	11
(ल)	'साधारण जन'				
	एक : सकुशल मज़दूर	5.25	75	20	5
	दो : अकुशल मज़दूर	1.50	90	10	0

ज़ायद के बिखराव की प्रकृति के निश्चय के लिए इस तालिका का उपयोग करते समय हमें याद रखना होगा कि यहाँ हमारा सरोकार केवल उन श्रेणियों के व्यय के प्रतिमान से है जिनको शाही राजस्व से सीधे भुगतान किया जाता था। मसलन बादशाह के आगे लिखे गए ख़र्च में, जैसाकि हमने देखा, शाही घराने का ख़र्च तथा सैनिक प्रतिष्ठान के ख़र्च का एक छोटा-सा भाग शामिल है। मंसबदारों को जागीर और नक़दी के रूप में सीधे शाही संसाधनों से वेतन मिलता था; अहदियों और ताबीनान को शाही सैनिक प्रतिष्ठान से मिलता था तथा सवारों को मंसबदारों को दिए गए वेतन-भत्तों से मिलता था। श्रेणी (ल) के लोग अर्थात 'साधारण जन' ज़ायद के इस वितरण से जुड़े हुए नहीं थे और इस कारण इस अध्याय के उद्‌देश्यों के आधार पर उन्हें अनदेखा किया गया है।

ऊपर दर्ज सात श्रेणियों में से मंसबदारों (श्रेणी (अ) से (य) तक) की आयों की गणना पहले ही की जा चुकी है। (अध्याय-9, तालिका- 9.2 देखें।) अब हमें यह अनुमान लगाना है कि तालिका-12.2 में दर्ज मदों पर इन आयों के कितने भाग ख़र्च होते थे और उनके वेतनों पर दूसरी किन वस्तुओं के, स्थिर या परिवर्तनशील बोझ पड़ते थे। पहले तो उनकी आय का एक ख़ासा बड़ा भाग बचाकर ज़ख़ीरों में जाता होगा, मुख्यत: सिक्कों में ढले या अनढले सोने-चाँदी के रूप में। शाही घराने के कुल बजट का 23.72 प्रतिशत भाग ज़ख़ीरों में हस्तान्तरित हो जाता था। कुलीन भी, जैसाकि पेल्सेयर बतलाते हैं, भारी दौलत जमा करते थे,[21] लेकिन ज़ाहिर है कि उनकी ज़ख़ीराबाज़ी के लिए उनकी आय का अपेक्षाकृत छोटा भाग ही उपलब्ध होता होगा। मंसबदारों की उपरोक्त पाँच श्रेणियों के लिए ये अनुपात उनके कुल निजी वेतन के क्रमश: 28,18,16,14 और 12 प्रतिशत मान लिये गए हैं। स्वाभाविक है कि सटीकता की दृष्टि से ये मान्यताएँ मनमानी हैं, पर ह्रासमान अनुपातों की सच्चाई निर्विवाद होगी।

दूसरे, सभी मंसबदारों की आय का एक भाग दान खाते में चला जाता था। हमने ऐसे ख़र्च के बारे में जक़ात की परम्परागत दर (2.5 प्रतिशत या 40 में एक) को आधार बनाया है। तीसरे, हमने यह माना है कि आय का एक बहुत छोटा-सा भाग (एक प्रतिशत) बादशाह को भेंट और नज़राने देने में चला जाता था। शाही बजट में हमने इस रक़म को हिसाब में शामिल नहीं किया था, पर यहाँ तो करना ही होगा।

इन तमाम ख़र्चों को घटाने के बाद हर वर्ग के कुलीनों की कुल अनुमानित मात्र आय तालिका-12.4 के कॉलम 2 में दी गई है, साथ में कॉलम 2-4 और 13 में बचत, दान और नज्र की रक़में भी दी गई हैं। उसके बाद बक़ाया रक़म (कॉलम 5) से किए गए ख़र्चों को ज़ व, आ व तथा वि व में बाँटकर कॉलम 6, 7 और 8 में दिखाया गया है। इनकी गणना तालिका-12.3 में दिए गए अनुपातों के आधार पर की गई है।

अब जबकि ज़ व, आ व और वि व की विभिन्न मदों के अनुपात हमें ज्ञात हैं (तालिका-12.2) हम (तालिका-12.1 में ख़र्च की विभिन्न मदों के लिए स्थापित अनुपातों के उपयोग करके) विभिन्न अलग-अलग मदों पर मंसबदारों के कुल ख़र्च की गणना कर सकते हैं।

इस तरह मद संख्या (क) का व्यय इस प्रकार होगा—

ज़ व × ज़ व	+	आ व × आ व	+	वि व × वि व
(क)		(क)		(क)
15		15		15
ज़ व		आ व		वि व
क=1		क=1		क=18

यहाँ ज़ व = ज़रूरत की वस्तुओं का कुल ख़र्च।
आ व = आराम की वस्तुओं का कुल ख़र्च।
वि व = विलासिता की वस्तुओं का कुल ख़र्च।

तथा ज़ व (क) = ज़रूरत की वस्तुओं की मद संख्या (क) का ख़र्च।
आ व (क) = आराम की वस्तुओं की मद संख्या (क) का ख़र्च।
वि व (क) = विलासिता की वस्तुओं की मद संख्या (क) का ख़र्च है।

इन गणनाओं के परिमाण तालिका-12.5 में दिए गए हैं। यहाँ मद संख्या 16, 17 और 18 की रक़में तालिका-12.4 से लाई गई हैं।

तालिका-12.4

श्रेणी	*1* *कुल आमदनी*	*2* *बचतें*	*3* *ख़ैरात*	*4* *नज़्र*	*5* *मात्र आय*	*6* *ज़ व*	*7* *आ व*	*8* *वि व*
1000 या ज़्यादा का मंसब	45,13,92,000	9,02,78,400	1,12,84,800	45,13,920	34,53,14,880	3,10,78,339	15,53,91,696	15,88,44,845
1000 से लेकर 500 तक	9,47,04,000	1,70,46,720	23,67,600	9,47,040	7,43,42,640	96,64,543	3,71,71,320	2,75,06,777
500 से 100 तक	18,30,91,200	2,92,94,592	45,77,280	18,30,912	14,73,88,416	3,24,25,452	7,07,46,440	4,42,16,525
100 से 40 तक	7,13,08,800	99,83,232	17,82,720	7,13,088	5,88,29,760	1,76,48,928	2,70,61,690	1,41,19,142
40 से 30 तक मंसब	2,69,59,200	32,35,104	6,73,980	2,69,592	2,27,80,524	1,02,51,236	91,12,210	34,17,079
योग	82,74,55,200	14,98,38,048	2,06,86,380	82,74,522	64,86,56,220	10,10,68,498	29,94,83,356	24,81,04,368

तालिका-12.5

	मद	सालाना ख़र्च	
1.	बावर्चीख़ाना	6,93,24,924	
2.	ख़ेमे का साज़-सामान	3,36,34,853	
3.	इमारतें	4,86,74,427	
4.	तोशाख़ाना	5,49,07,253	
5.	हरम	10,02,11,651	
6.	पियादे	5,92,83,042	
7.	हथियार और ज़िरह-बख़्तर	6,80,03,062	
8.	बोझ ढोनेवाले जानवर	1,44,20,240	
9.	बर्तन	3,55,88,268	
10.	किताबें और तस्वीरें	1,61,07,373	
11.	जवाहरात और ज़ेवरात	10,55,67,412	
12.	प्रदर्शन के जानवर	1,08,64,738	
13.	जानवरों के साज़-सामान	46,85,203	
14.	शिकारी व पालतू जानवर	2,29,81,411	
15.	मिनजुमला	44,02,364	
			64,86,56,220
16.	दान	2,06,86,380	
17.	नज़्र	82,74,552	
18.	बचतें	14,98,38,048	
	योग		82,74,55,200

मंसबदारों की आय के इस वितरण के आधार पर हम ज़ायद के बिखराव के चरित्र के बारे में कुछ निष्कर्ष निकाल सकते हैं। जैसा कि शाही घराने के ख़र्च की विवेचना के दौरान संकेत दिया गया था, तोशाख़ाना, ख़ेमे के साज़-सामान, इमारतों, हथियारों और ज़िरह-बख़्तरों, जवाहरात और ज़ेवरात, बर्तनों, किताबों और तस्वीरों, जानवरों के साज़-सामान के ख़र्चों, हरम के ख़र्च के एक-तिहाई[22] तथा बोझ ढोनेवाले और प्रदर्शन के जानवरों के ख़र्च के छठे भाग—यानी कुल 40,47,85,898 दाम को हम मान सकते हैं कि उनसे दस्तकारों के उत्पादन को बढ़ावा मिला होगा। कुछ रक़म ज़ख़ीरे में जाती थी और जो बादशाह को तोहफ़े मिलते थे वे भी शाही ज़ख़ीरे का हिस्सा बन जाते थे। ये (सिक्कों में ढले और अनढले) सोने-चाँदी के रूप में रखे जाते थे और मुख्यत: धातुओं की प्राप्ति के आधार पर क़ायम किए गए होंगे। ये सोने-चाँदी ज़्यादातर आयात किए जाते थे इसलिए उनके कम-से-कम तीन-चौथाई की क़ीमत मूल्यवान निर्यातों से चुकाई गई होगी।

इस तरह हम देखते हैं कि कुल मिलाकर 52,33,70,348 दाम अनेक रास्तों से होकर दस्तकारी के क्षेत्र को सहारा देने में निकल जाते थे जो कुलीनों को दी गई ज़ात की तनख़्वाहों का 63.26 प्रतिशत भाग थे। लेकिन चूँकि मात्रा के बजाय

गुणवत्ता पर जोर दिया जाता था, उत्पादन का भौतिक परिमाण बहुत अधिक नहीं रहा होगा।

कुलीनों की आय का जो भाग सेवा क्षेत्र में जाता था, लगता है, अनुत्पादक कामों में लगे एक बड़े अमले को सहारा देता था। पेल्सेयर कहते हैं कि एक कुलीन के हरम में उसकी हर स्त्री 10 से लेकर 100 कनीज़ों से घिरी होती थी।[23] यह एक छोटे पैमाने पर शाही हरम की ही नकल थी जहाँ 4,700 स्त्रियाँ शाही परिवार की 300 औरतों की सेवा करती थीं। पेल्सेयर के वर्णन से पता चलता है कि हरम को छोड़कर भी कुलीनों के अमलों में मुलाज़िमों की एक बहुत बड़ी तादाद होती थी। कुछ सिर्फ़ प्रदर्शन के लिए होते थे या मालिक के घोड़े के आगे दौड़ते थे। इनके अलावा फ़र्राश (खेमे गाड़नेवाले), मशालची, पैग़ाम ले जाने वाले दौड़ाक, कहार और दूसरे बहुत से चाकर भी होते थे।[24] फिर जानवरों के रखवाले भी होते थे। हम मान सकते हैं कि सेवा क्षेत्र भी अधिकतर कुलीनों के घरेलू बजटों की उन्हीं मदों (या उनके अनुपातों) से बल पाता था जो शाही घराने के बजट की मदें होती थीं। आईन में शाही प्रतिष्ठान का जो विवरण दिया गया है उससे हम इस शाही घराने के बजट का पहले ही अनुमान कर चुके हैं।[25] दान में दी गई रक़में अंशत: बेरोज़गारों या सुसंस्कृत निकम्मों को जाती थीं। इस प्रकार वे भी मूलत: अनुत्पादक क्षेत्र को सहारा देती थीं। इस तरह हम कह सकते हैं कि 15,02,94,198 दाम सेवा क्षेत्र में चले जाते थे जो कुलीनों की कुल निजी आय का 18.16 प्रतिशत थे। यह भाग बहुत अधिक नहीं था। पर जैसा कि पेल्सेयर कहते हैं, मज़दूरियाँ बहुत कम होती थीं और इस कारण कुलीनों की आय के एक अपेक्षाकृत छोटे से भाग से भी जो लोग रोज़गार पाते होंगे, 'बहुत अधिक' रहे होंगे।[26]

इस तरह दस्तकारी और सेवा के क्षेत्रों का हिसाब कर चुकने के बाद मंसबदारों के निजी वेतनों से जो 18.5 प्रतिशत भाग (अर्थात 15,37,90,655 दाम) बचता था वह हम मान सकते हैं कि ग्रामीण उत्पादों के प्रत्यक्ष उपयोग पर ख़र्च होता होगा।

ज़ात मंसब की शर्त के रूप में मंसबदारों को जो जानवर रखने पड़ते थे उनके भत्तों के रूप में मंसबदारों को अधिग्रहीत ज़ायद का जो भाग मिलता था वह भी अंशत: सेवा क्षेत्र में चला जाता था। अबुल फ़ज़्ल ने स्वीकृत भत्तों का जो विस्तृत वितरण दिया है उससे संकेत मिलता है कि भत्ते का औसतन कोई एक-चौथाई भाग जानवरों के रखवालों के लिए अलग कर दिया जाता था।[27]

हम इस रक़म से तलब पानेवाले मुलाज़िमों की तादाद निकाल सकते हैं। आईने-अकबरी में एक तालिका दी गई है जो बताती है कि विभिन्न श्रेणियों के मंसबदारों को ज़ात की आवश्यकताओं के अनुसार कितने घोड़े, हाथी, ऊँट, गाड़ियाँ और खच्चर रखने पड़ते थे।[28] इस तालिका के अनुसार 1595-96 में सभी मंसबदारों द्वारा रखे गए जानवरों की तादादें इस प्रकार थीं : 25,921 घोड़े, 7,709 हाथी और 23,730 ऊँट। इसके अलावा 10,400 गाड़ियाँ भी रही होंगी। हम मान सकते हैं कि एक घोड़े पर

एक साईस रहता होगा तथा 20 घोड़ों के अस्तबल में एक मेहतर और एक भिश्ती रखा जाता होगा। फिर शाही प्रशासन द्वारा निर्धारित मानदंडों के अनुसार हर शेरगीर, सादा और मँझोला हाथी पर तीन रखवाले रहते होंगे। (ऐसे हाथियों की तादाद 5,164 थी।) इसी तरह हर कर्रा या फुन्दरकिया हाथी पर दो रखवाले रहते होंगे (ऐसे हाथियों की तादाद 2,545 थी), हर ऊँट पर एक सारबान रहता होगा, एक ख़च्चर पर एक रखवाला रहता होगा।[29] और एक गाड़ी पर एक गाड़ीवान (बहलीवान) होता होगा। इस तरह मंसबदारों की सेवा में लगे रखवालों और गाड़ीवानों की कुल तादाद 84,390 आती है। चूँकि उनके वेतन पर सालाना कुल 9,28,55,214 दाम ख़र्च होते थे, उनकी औसत माहवार मज़दूरी 92 दाम आती है। जैसाकि हमने देखा है, आईन में स्वीकृत मज़दूरियाँ 45 से 120 दाम तक होती थीं, और मुलाज़िमों की तादाद के बारे में हमारे आधार पर जो औसत दर आती है वह बड़े मुनासिब तौर पर इसी दायरे में आती है।

मंसबदारों के जानवरों के रखरखाव की कुल लागत का छठा भाग सीधे-सीधे दस्तकारी की वस्तुओं पर ख़र्च होता होगा (मसलन ज़ीनों, बाग़ों, ज़जीरों और बाल्टियों वग़ैरह पर), जबकि आयातित घोड़ों की ख़रीद पर ख़र्च रक़म भी हम मान सकते हैं कि अप्रत्यक्ष रूप से दस्तकारी की वस्तुओं के निर्यात को बढ़ावा देता होगा। एक घोड़े की कामकाज़ी ज़िन्दगी को हम 12 साल मानें।[30] और औसत क़ीमत 15 मुहर मानें (शाही अस्तबल के एक घोड़े की न्यूनतम लागत 10 मुहर होती थी) तो हर नए साल घोड़ों की ख़रीद पर कुल लगभग 1,16,64,450 दाम ख़र्च होते होंगे। चूँकि इनमें से आधे से अधिक घोड़े फ़ारस और मध्य एशिया के उम्दा नस्ल के घोड़े होते थे, हम मान सकते हैं कि ख़रीद की कुल लागत का कोई 75 प्रतिशत भाग आयातित घोड़ों पर ख़र्च होता था। मतलब यह है कि कुल 6,87,07,401 दाम, यानी जानवरों के कुल भत्तों का कोई 20 प्रतिशत दस्तकारी की वस्तुओं और घोड़ों की ख़रीद पर ख़र्च होता होगा।

बाक़ी 20,98,58,241 दाम जो चारे और दाने पर ख़र्च होता था, प्रत्यक्ष उपभोग का सूचक है।

चार

ज़ायद के बिखराव का समूचा प्रतिमान जानने के लिए हमें यह पता करना होगा कि शाही सवार (अहदी) और कुलीनों के सवार (ताबीनान) उन्हें दिए गए वेतन से प्राप्त आय का किस तरह उपभोग करते थे।

मुग़ल सवार भद्र सैनिक होते थे जिनके पास अनेक चाकरों समेत ख़ासे बड़े प्रतिष्ठान होते थे।[31] इसलिए हम अहदियों और ताबीनान को अबुल फ़ज़्ल की मध्यवर्ग (श्रेणी र) में रख सकते हैं। इस श्रेणी के लिए तालिका-12.3 में निकाले गए अनुपातों का इस्तेमाल करके हम उनके ख़र्च के ढर्रे की पुनर्रचना भी कर सकते हैं। लेकिन जहाँ हम यह मान सकते हैं कि सभी अहदियों को नक़द तलब मिलती थी और उन्हें नगरों में रखा जाता था, वहीं हम यही बात सभी ताबीनान के बारे में नहीं कह सकते। इनमें से कुछ को उनके कुलीन स्वामी जागीरों के भागों के रूप में

अदायगी करते थे।[32] ऐन मुमकिन है कि वे ज़मीन से रोज़ी कमाते रहे हों और उनकी आय खेतिहर ज़ायद के कमोबेश प्रत्यक्ष उपभोग की सूचक है। हम मान सकते हैं कि एक-चौथाई से अधिक ताबीनान को इस प्रकार से जागीरों में भाग नहीं मिले होंगे। उप-जागीरों से जीवनयापन करनेवाले सवारों के बारे में यह अनुमान मनमाना तो है पर ग़ैर-मुनासिब है।[33]

1595-96 में सभी अहदियों को निजी वेतन के रूप में मिलनेवाली रक़म, 2,66,28,240 दाम आती है, बाक़ी 5,62,29,360 दाम घोड़ों पर ख़र्च करने होते थे। निजी भत्तों के रूप में सभी ताबीनान को सामूहिक रूप से दी गई रक़म 66,35,13,312 दाम थी।[34] ऊपर हमने माना है कि उनमें से कम-से-कम तीन-चौथाई नगरों में तैनात थे। मतलब यह कि इस माध्यम से कम-से-कम 49,76,34,984 दाम नगरीय अर्थव्यवस्था में चले जाते थे। अहदियों की और तीन-चौथाई ताबीनान की कुल निजी आय 52,42,63,224 दाम आती है। अगर हम यह मानें कि ये शहरी भद्र सैनिक अपनी आय से कम-से-कम 10 प्रतिशत की बचत करते थे, 2.5 प्रतिशत दान में देते थे और एक प्रतिशत अपने मालिकों को नज्र देने पर ख़र्च करते थे, तो उनके द्वारा ख़र्च की गई बाक़ी रक़म 45,34,87,689 दाम आती है। तालिका-12.3 में ज़ व, आ व तथा वि व के लिए निश्चित अनुपातों के आधार पर ज़रूरत की वस्तुओं पर ख़र्च 22,67,43,844 दाम, आराम की वस्तुओं पर 17,68,60,199 दाम तथा विलासिता की वस्तुओं पर 4,98,83,646 दाम आता है। यही उपाय हम मंसबदारों के लिए इस्तेमाल करें तो हम विभिन्न मदों में सवारों द्वारा ख़र्च की गई कुल रक़मों का भी अनुमान लगा सकते हैं। (तालिका-12.6 देखें।)

तालिका-12.6 : सवार

	मद	*सालाना ख़र्च*
1.	भोजन/बावर्चीख़ाना	11,56,48,676
2.	ख़ेमे का साज़-सामान	3,13,88,399
3.	इमारतें	4,54,23,477
4.	कपड़े/तोशाख़ाना	4,34,70,682
5.	हरम	6,37,66,178
6.	सेवक/पियादे	3,77,22,852
7.	हथियार और ज़िरह-बख़्तर	4,32,71,519
8.	बोझ ढोनेवाले जानवर	53,89,370
9.	बर्तन	1,33,00,507
10.	किताबें वग़ैरह	60,19,849
11.	जवाहरात और ज़ेवरात	3,94,53,964
12.	प्रदर्शन के जानवर	21,84,455
13.	जानवरों के साज़-सामान	9,42,003
14.	शिकारी और पालतू जानवर	46,20,622

15.	मिनजुमला	8,85,136
		45,34,87,689
16.	दान	1,31,06,581
17.	नज़्र	52,42,632
18.	बचतें	5,24,26,323
	योग	52,42,63,224

अगर हम तालिका-12.6 को लें और कुलीनों के लिए ख़र्च की मदों के श्रेणीकरण के लिए उन्हीं मानदंडों का प्रयोग करें तो हम पाते हैं कि कम-से-कम 28,90,39,811 दाम की रक़म प्रत्यक्ष या अप्रत्यक्ष रूप से दस्तकारों के उत्पादन को बल पहुँचाती थी। यह रक़म सवारों की निजी आय का 55.13 प्रतिशत भाग थी। इसी तरह 9,68,37,865 दाम (18.4 प्रतिशत) सेवा क्षेत्र के रोज़गारों के लिए चले जाते थे। बाक़ी रक़म खेतिहर ज़ायद के प्रत्यक्ष उपभोग की सूचक थी।

घोड़ों के भत्तों के रूप में दी गई रक़में इस प्रकार थीं : अहदियों को 5,62,29,360 दाम तथा ताबीनान को 1,37,54,20,488 दाम। (परिशिष्ट 12 (अ) देखें।) इन रक़मों का एक भाग घोड़ों की ख़रीद पर ख़र्च होता होगा, चाहे ये ख़ुद सवार ख़रीदते रहे हों या दूसरों द्वारा सबसे पहले तो मालिक द्वारा दिए जाते रहे हों। (अहदियों के लिए यह मालिक बादशाह और ताबीनान के लिए मंसबदार होता था। बाद में ये रक़में उनकी तनख़्वाहों से काट ली जाती थीं।[35] अगर इन घोड़ों की औसत कामकाज़ी ज़िन्दगी 10 साल थी (शाही घोड़ों और मंसबदारों के घोड़ों से कम, क्योंकि अकसर-बेशतर उनसे काम लिया जाता था और इसलिए उनकी मृत्यु दर सम्भवत: अधिक होती थी), तो हर साल 29,284.2 घोड़े ख़रीदने पड़ते होंगे। एक सवार के घोड़े की औसत क़ीमत मुनासिब तौर पर 10 मुहर कही जा सकती है।[36] अब अगर ऐसा है तो हर साल उनके घोड़ों की ख़रीद पर 10,54,23,120 दाम ख़र्च होते होंगे। मुमकिन है कि इस स्तर के सवारों के बहुत से घोड़े आयातित न हों बल्कि आयातित घोड़ों से पैदा कराए गए हों या सल्तनत के अन्दर ही घोड़े पालनेवाले इलाक़ों से प्राप्त किए गए हों।[37] लेकिन अगर आयातित घोड़ों की संख्या अपेक्षाकृत कम (कुल की कोई 60 प्रतिशत)[38] हो तो भी उनके लिए मिलनेवाली ऊँची क़ीमतों के कारण यह सम्भव नहीं कि उन पर सवारों के घोड़ों की ख़रीद की कुल सालाना लागत के तीन-चौथाई से कम ख़र्च होती हो। इसलिए पहले बताए गए कारणों के आधार पर इस रक़म (7,90,67,340 दाम) का ख़ासा बड़ा भाग दस्तकारी के क्षेत्र को बढ़ावा देने में चला जाता होगा जिसके उत्पादों के लिए ऐसे आयात एक विदेशी बाज़ार पैदा करते थे।

घोड़ों की ख़रीद की लागतें निकाल दें तो रखरखाव का ख़र्च अहदियों के लिए 5,23,64,400 दाम और ताबीनान के लिए 1,27,38,62,328 दाम रहा होगा। बाद वाली रक़म में से हमें मानना होगा कि एक-चौथाई ग्रामीण उप-जागीरोंवाले सवारों द्वारा अपने घोड़ों के दाना-पानी पर ख़र्च होता होगा। इस तरह शहरों में केन्द्रित सवारों के रखरखाव के लिए 1,00,77,61,146 दाम बचते हैं।

आमतौर पर ताबीनान के पास जो तुर्की घोड़े होते थे उनके रखरखाव के लिए स्वीकृत भत्तों के विस्तृत वितरण के अनुसार 60 प्रतिशत दाने और चारे पर, 20 प्रति साईसों की तलब पर और 20 प्रतिशत ज़ीनों, बाग़ों वग़ैरह पर ख़र्च होता था।[39] इस आधार पर हम कह सकते हैं कि कम उजरत पानेवाले अकुशल कामगारों की तलब पर 20,15,52,229 दाम ख़र्च होते होंगे। घोड़ों के साज़-सामान के लिए दस्तकारों के उत्पादों पर लगभग इतनी ही रक़म ख़र्च होती थी।[40] दाने और चारे का ख़र्च 60,46,56,688 दाम रहा होगा।

तालिका-12.7

	योग	*दस्तकारी क्षेत्र*	*सेवा क्षेत्र*	*प्रत्यक्ष उपभोग*
शाही अख़राजात				
फ़ौज (अहदियों को छोड़कर)	27,60,64,720	6,40,40,785	10,45,80,792	10,74,43,143
घराना	18,73,99,746	12,24,16,413	3,81,80,000	2,68,03,333
बचत	17,61,95,184	13,21,46,388	-	4,40,48,796
योग	63,96,59,650	31,86,03,586	14,27,60,792	17,82,95,272
कुलीनों के अख़राजात				
निजी वेतन	82,74,55,200	40,47,85,898	15,02,94,197	11,42,62,505
नज़्र		62,05,914	-	20,68,638
बचत		11,23,78,536	-	3,74,59,512
जानवर-भत्ता	37,14,20,856	6,87,07,401	9,28,55,214	20,98,58,241
योग	1,19,88,76,056	59,20,77,749	24,31,49,411	36,36,48,896
घुड़सवारों के अख़राजात				
निजी वेतन	69,01,41,552	24,57,88,096	9,68,37,865	28,98,46,634
नज़्र		39,31,974	-	13,10,658
बचत		3,93,19,744	-	1,31,06,581
घोड़ा भत्ता	1,43,16,49,848	28,06,19,569	20,15,52,229	94,94,78,050
योग	2,12,17,91,400	56,96,59,383	29,83,90,094	1,25,37,41,923
महायोग	3,96,03,27,106	1,48,03,40,718	68,43,00,297	1,79,56,86,091
प्रतिशत		37.38%	17.28%	45.34%

तालिका-12.7 में अधिग्रहीत ज़ायद के उस भाग के विस्तृत अनुमान दिए गए हैं जो सेवा क्षेत्र के रोज़गारों पर चला जाता था या जो दस्तकारी के क्षेत्र में जाता था।

इस प्रकार दस्तकारों के उत्पादन पर अनुमानित ख़र्च जमा का 37.38 प्रतिशत होता था। सेवा क्षेत्र में सीधे-सीधे जानेवाला भाग 17.28 प्रतिशत था। बाक़ी 45.34 प्रतिशत भाग लगता है खेतिहर उत्पादों के प्रत्यक्ष उपयोग का रूप ले लेता था।[41]

ज़ायद का यह वितरण यह संकेत देता हुआ लग सकता है कि जमा का जो भाग सीधे-सीधे अनुत्पादक श्रम के लिए रोज़गार पैदा करने पर ख़र्च होता था, बहुत अधिक नहीं होता था; वह पूरे अधिग्रहीत ज़ायद का मात्र 17 प्रतिशत होता था। इन श्रमिकों की संख्या का कोई भी अनुमान लगाते समय हमें मज़दूरियों के कम होने की बात को भी ज़ेहन में रखना होगा।

राजस्व की आय का दस्तकारी की वस्तुओं पर ख़र्च होनेवाला भाग अच्छा-ख़ासा, जमा के एक-तिहाई से अधिक होता था। लेकिन जहाँ दस्तकारी की वस्तुओं में निवेश आशा से अपेक्षाकृत अधिक था, वहीं बड़ी मात्रा में मालों के उत्पादन में लाज़मी तौर पर उसका योगदान नहीं होता था। भारी माँग मूल्यवान वस्तुओं की होती थी (जो भारी कुशलता की पैदावार होती थीं) या दुर्लभ वस्तुओं की होती थी। (जैसे कि जवाहरात की जो भारी श्रम लगाकर प्राप्त की जाती थीं।) इसी को दूसरी तरह से यूँ कह सकते हैं कि अभी तक कोई ऐसा 'घरेलू बाज़ार' नहीं था जो कारख़ानों की ठीक-ठाक दाम की वस्तुओं की बड़ी मात्राओं के लिए प्रभावी माँग का सूचक होता।[42]

खेतिहर ज़ायद का जो भाग नगरीय सेवा क्षेत्र में जाता था और जो भाग सीधे-सीधे उपभोग में जाता था, कुल मिलाकर जमा का कोई 63 प्रतिशत होता था। इससे सम्भवत: यह संकेत मिलता है कि मुग़ल सल्तनत में मौजूद हालात उस परिकल्पित आर्थिक संगठन के चरण 'ब' की अपेक्षा चरण 'अ' से अधिक मेल खाते थे जिस पर इस अध्याय के आरम्भ में हमने विचार किया है। दूसरे शब्दों में, ज़ायद का वितरण उस प्रतिमान के अनुसार होता था जिसमें उसका एक बड़ा भाग खाद्यान्नों और चारे की शक्ल में होता था और वह भौतिक उत्पादन से कटी एक आबादी का निर्वाह करता था। खेती से पूँजी के किसी वास्तविक संचय का आधार तब तक पैदा नहीं हो सकता था, जब तक कि यही ज़ायद के उपभोग का प्रमुख रूप होता।

साथ ही हमारे अनुमान नगरीय अर्थव्यवस्था के आकार और चरित्र के कुछ संकेत भी देते हैं। हमारे अनुमानों में विवेचित सेवा क्षेत्र पूरी नगरीय है, और दस्तकारी का क्षेत्र भी कमोबेश ऐसा ही है। हम इस तरह कह सकते हैं कि पूरी जमा का कम-से-कम 54.12 प्रतिशत भाग नगरीय क्षेत्र को सहारा देने में काम आ जाता था।

सन्दर्भ और टिप्पणियाँ

1. इरफ़ान हबीब, *पोटेंशियालिटीज़ ऑफ़ कैपिटलिस्टिक डेवलपमेंट इन द इकोनॉमी ऑफ़ मुग़ल इंडिया, इनक्वायरी*, नई शृंखला, तीन, अंक 3, पृ. 24-25
2. वी. आई. पाव्लोव, *हिस्टॉरिकल प्रेमिज़ेज़ ऑफ़ इंडियाज ट्रांसफ़ार्मेशन टू कैपिटलिज़्म*, मास्को, 1979, पृ. 53
3. *आईन*, एक, पृ. 188-90; अध्याय-11 भी देखें।
4. *आईन*, एक, पृ. 177-78
5. मध्य एशिया और ईरान को ग़ुलामों का निर्यात करके घोड़ों के आयात का दाम चुकाया जाता था। (इरफ़ान हबीब, *इकोनॉमी ऑफ़ दे देहली सल्तनत*, आईएचआर, वर्ष चार, अंक 2, पृ. 292-94 देखें।) इसलिए अगर यह दिखाया जा सके कि तब घोड़ों के आयात से दस्तकारों

के उत्पादन का फ़ायदा नहीं होता था तो इस तर्क को संशोधित करना होगा। पर मुग़ल काल के साक्ष्यों से इतने बड़े पैमाने पर ग़ुलामों के व्यापार का संकेत नहीं मिलता।

6. *आईन*, एक, पृ. 12
7. उपरोक्त, पृ. 170
8. अध्याय-16 देखें।
9. ध्यान दें कि केवल सवार मंसब की अदायगियाँ ही नहीं बल्कि मंसबदारों के पास प्रत्याशित जानवरों और गाड़ियों की अदायगियाँ भी उनके ज़ात मंसबों के अन्तर्गत आती हैं।
10. मुग़ल कुलीन किस तरह रहते थे इसके एक बहुत दिलचस्प विवरण से यह बात देखी जा सकती है। यह विवरण पेल्सेयर कृत *रिमांस्त्रेशी* (अनुवाद : मोरलैंड और गेल) में मिलता है : हरम (पृ. 64-66), जानवर (पृ. 54), महल (पृ. 66-67), बावर्चीख़ाना और भोजन (पृ. 64-65, 67-68), मुलाज़िम (पृ. 61-63), ज़ख़ीरे (पृ. 54-56) देखें। इस विवरण से पता चलता है कि हर मुआमले में कुलीन का घराना उस शाही घराने का एक छोटा प्रतिरूप होता था जिसका वर्णन अबुल फ़ज़्ल ने किया है। (ख़ासकर ज़ख़ीरों, हरम की कनीज़ों, दूसरे मुलाज़िमों वग़ैरह के सिलसिले में; इनके बारे में नीचे की टिप्पणी देखें) बर्नियर, पृ. 213 भी देखें। शाहजहानी दौर की पहली दो दहाइयों में लिखी गई रचना *बयाज़े-ख़ुशबूई*, आई ओ 828, एक कुलीन घराने की सभी ज़रूरतों का विस्तार से वर्णन करती है। हमारे लिए ख़ास दिलचस्पी की चीज़ें, 'भोजन और बावर्चीख़ाना' (फ़ोलियो 96ए-100बी), इमारतें और बाग़ान (फ़ो 108ए-110बी), तोशाख़ाना और खेमें के साज़-सामान (फ़ो 130बी-134ए), पुस्तकालय (फ़ो 137बी-139ए), जानवरों के तबेलों (फ़ो 126बी-130ए) और हथियारख़ाने (फ़ो 135बी-137ए) के वर्णन हैं। ये कुलीन हर बात में बादशाह की जीवनशैली का अनुसरण करते दिखाई देते हैं। *सियाक़नामा* (पृ. 182-184) से पता चलता है कि कुलीन भी चीते, शिकारी परिंदे और हिरन पालते थे। उनके यहाँ भी आबदारख़ाना (जल विभाग), मशालख़ाना (मशअलख़ाना, प्रकाश विभाग), बल्कि सूचीख़ाना (शराब का बन्दोबस्त) भी होते थे।
11. कुलीन के घराने पर जिस आय से ख़र्च किए जाते थे वह ज़ात मंसब के आधार पर मिलती थी। लेकिन इस वेतन में से मंसबदार को कुछ ऐसी मदों पर ख़र्च भी करना पड़ता था जिनको हमने शाही घराने में शामिल नहीं किया है। इस तरह मंसबदार की ज़ात की आय जिन मदों पर ख़र्च की जाती थी वे पूरी तरह शाही घराने के ख़र्च की मदों के संगत नहीं होती थीं। उनमें संगति पैदा करने के लिए आवश्यक है कि पियादों, ज़िरह-बख़्तरों और हथियारों, बोझ ढोनेवाले जानवरों और प्रदर्शन के जानवरों पर होनेवाले शाही ख़र्च को शाही घराने के ख़र्च की मदों में शामिल किया जाए।
12. अध्याय-11 देखें।
13. *आईन*, एक, पृ. 151-152
14. अध्याय-10, खंड तीन देखें।
15. अध्याय-10, खंड तीन देखें।
16. *आईन*, एक, पृ. 141
17. उपरोक्त, पृ. 176
18. उपरोक्त, पृ. 145
19. अध्याय-10
20. *आईन*, एक, पृ. 180-86
21. पेल्सेयर, *रिमांस्त्रेंशी*, अनु, पृ. 55 देखें। कुलीनों ने कितनी दौलत जमा की थी, इसका

अन्दाज़ा इस तथ्य से होता है कि 1645 में बादशाह को एक मरनेवाले कुलीन की सम्पत्ति से 60 लाख रुपये मिले जबकि (1657 में) एक और कुलीन अपने पीछे नक़द और सामान के रूप में एक करोड़ रुपये की सम्पत्ति छोड़कर गया। (इरफ़ान हबीब, *पोटेंशियालिटीज ऑफ़ कैपिटलिस्टिक डेवलपमेंट* आदि, पूर्वोक्त, पृ. 32 से तुलना करें)।

22. यह हरम की स्त्रियों द्वारा दस्तकारी की (आराम और विलासिता, दोनों की) वस्तुओं पर ख़र्च की गई रक़म का सूचक है।
23. पेल्सेयर, *रिमांस्त्रैंशी,* अनु, पृ. 64
24. उपरोक्त, पृ. 61-62
25. मसलन मैंने यह माना है कि निम्नलिखित मदें मुलाज़िमों के रोज़गार पैदा करती थीं : (अ) हरम के ख़र्च का एक-चौथाई, (ब) शिकार के जानवरों के ख़र्च का 9/10; (स) प्रदर्शन के जानवरों और बोझ ढोने वाले जानवरों की लागतों का एक-चौथाई; (द) बावर्चीख़ाने के ख़र्चों का पाँचवाँ भाग; (य) 'मिनजुमला' मद की पूरी रक़म; और (र) पियादों को दी गई पूरी रक़म।
26. पेल्सेयर, *रिमांस्त्रैंशी,* अनु, पृ. 61
27. *आईन,* एक, पृ. 176-178 देखें। घोड़ों के मुआमले में साईसों की तलब कुल स्वीकृत ख़र्च की औसतन 17.6 प्रतिशत होती थी, लेकिन हाथियों के मुआमले में यह काफ़ी अधिक, 31 प्रतिशत से भी अधिक होती थी।
28. *आईन,* एक, पृ. 180-86
29. एक ख़च्चर पर एक रखवाले की व्यवस्था से यह संकेत मिल सकता है कि इस जानवर की बेहद देखभाल की जाती थी, पर *आईन,* एक, पृ. 177 देखें जहाँ यह सिफ़ारिश की गई है।
30. अध्याय-10 देखें।
31. पेल्सेयर, *रिमांस्त्रैंशी,* अनु, पृ. 61; मनूशी, दो, पृ. 75 की टिप्पणी; इरफ़ान हबीब, *पोटेंशियालिटीज* से तुलना करें।
32. इरफ़ान हबीब, *एग्रेरियन सिस्टम,* पृ. 285-86 से तुलना करें।
33. अगर जागीरदारों की जागीरों के अन्दर उनके अपने ख़ालिस के आकार पर कुछ प्रतिदर्शी अध्ययन (सैंपल स्टडीज़) उपलब्ध होते तो इस नुक्ते को सम्भवत: और अधिक स्पष्ट किया जा सकता था।
34. जिन विस्तृत गणनाओं के आधार पर अहदियों और ताबीनान की निजी तनख़्वाहों के ये अनुमान पेश किए गए हैं उनके लिए परिशिष्ट 12 (अ) देखें।
35. *आईन,* एक, पृ. 187, 196
36. अध्याय-10 देखें। सवारों के मामूली घोड़ों के मुक़ाबले शाही घोड़ों की क़िस्म यक़ीनन बहुत उम्दा रही होगी।
37. इनके बारे में *आईन,* एक, पृ. 140-41, 177 देखें।
38. हम ताबीनान के घोड़ों में से 55 प्रतिशत को आयातित मान सकते हैं। (*मेडिवल इंडिया : ए मिस्सेलेनी,* तीन, पृ. 73 से तुलना करें।) अहदियों के सिलसिले में यह अनुपात और भी अधिक रहा होगा क्योंकि उनको कम-से-कम पहला घोड़ा शाही प्रतिष्ठान से मिलता था। (*आईन,* एक, पृ. 187 देखें।)
39. *आईन,* एक, पृ. 177; ये घोड़े आमतौर पर याबू और ताज़ी होते थे। (अध्याय-10 देखें)।
40. लेकिन कभी-कभी वेतन का एक भाग बादशाह या कुलीनों के तबेलों की पुरानी ज़ीनों वग़ैरह के रूप में अदा किया जाता था। (*आईन,* एक, पृ. 187-196; पेल्सेयर, *रिमांस्त्रैंशी,* पृ. 62-63 देखें।)

41. लेकिन अगर हम यह मानें कि मंसबदारों के सवारों में से 25 प्रतिशत कम को ग्रामीण उप-जागीरें मिली हुई थीं तो यह भाग और भी छोटा होगा।

42. प्रतिरूप को किफ़ायती बनाकर ऐसी माँग बड़े पैमाने के उत्पादन या कारख़ाना उत्पादन के लिए आदर्श दशाएँ पैदा करती थी। निःसन्देह यह 'घरेलू बाज़ार' शब्द की आम तौर पर प्रचलित नहीं बल्कि मार्क्सवादी परिभाषा है। मुझे कोई और ऐसा शब्द ज्ञात नहीं जो मेरे मन में मौजूद अर्थ को व्यक्त करता हो।

परिशिष्ट-12 (अ)

पेल्सेयर के अनुसार अकबर की मौत के वक़्त अहदियों की कुल तादाद 4,441 थी जिनमें 741 चहार-अस्प, 1,322 से-अस्प, 1,428 दो-अस्प और 950 यक-अस्प थे। उनके पास मौजूद घोड़े तुर्की और याबू थे। एक तुर्की घोड़े के रखरखाव के लिए स्वीकृत भत्ता 6,720 दाम और याबू घोड़े के लिए 5,760 दाम प्रतिवर्ष था। हर अहदी का निजी भत्ता 3,840 दाम सालाना था, पर पहले घोड़े पर अनुमान है कि बचत 5 प्रतिशत, दूसरे पर 15 प्रतिशत, तीसरे पर 25 प्रतिशत और चौथे पर 30 प्रतिशत थी। (अध्याय-10 देखें।) इस आधार पर दामों में निजी तनख़्वाहों की जो गणनाएँ की गई हैं उनके योग नीचे दिए जा रहे हैं :

निजी तनख़्वाह	*अहदियों की संख्या*	*योग*
8,688	741	64,37,808
6,672	1,322	88,20,384
5,216	1,428	74,48,448
4,128	950	39,21,600
योग	4,441	2,66,28,240

चूँकि अहदियों पर कुल अनुमानित ख़र्च 8,28,57,600 दाम प्रतिवर्ष था, घोड़ों का कुल भत्ता 5,62,29,360 (8,28,57,600—2,66,28,240) दाम आएगा।

ताबीनान के सिलसिले में, जिन सवार मंसबों के आधार पर वेतन दिए जाते थे उनका अनुमानित योग 1,88,070 था। इनमें से एक चौथाई को दाग़ी और तीन-चौथाई को बरावुर्दी माना गया है। इसका मतलब कि जिन सवारों पर वास्तव में ख़र्च होता था उनकी तादाद 1,41,053 थी। ताबीनान के पास आमतौर पर तुर्की घोड़े होते थे। (अध्याय-9 देखें) अगर हम तीन से-अस्प, चार दो अस्प और तीन यक-अस्प को उनकी मानक संरचना मानें तो अहदियोंवाले भत्ते और वैसी ही मान्यताओं के आधार पर (दामों) में ताबीनान की कुल निजी आय की गणना इस प्रकार की जा सकती है :

	संख्या	*वेतन*	*कुल आय*
से-अस्प	42,316	5,280	22,34,28,480
दो-अस्प	56,421	4,704	26,54,04,384
यक-अस्प	42,316	4,128	17,46,80,448
योग			66,35,13,312

1595-96 में सवार मंसबों के आधार पर दिए गए कुल वेतन (दामों में) का अनुमान 2,03,89,33,806 दाम लगाया गया है। (अध्याय-9 देखें।) इससे ताबीनान के ऊपर निकाले गए कुल भत्ते को घटाएँ तो बक़ाया रक़म, जो घोड़ों के रखरखाव का भत्ता होगी, 1,37,54,20,488 दाम के बराबर रही होगी।

शहरी अर्थव्यवस्था

अध्याय-13

नगरीकरण का पैमाना

एक

जैसाकि आमतौर पर माना जाता है, मुग़ल शासक वर्ग लगभग पूरी तरह नगरों में केन्द्रित था। हालाँकि उनकी आय खेतिहर ज़ायद (सरप्लस) के एक बड़े भाग के अधिग्रहण पर निर्भर थी, पर फिर भी जागीरदार और उनके अमले केवल आंशिक सीमा तक ही भूमि के सहारे जी रहे थे। सेवा के बदले दी जाने के कारण जागीरें पुश्तैनी नहीं होती थीं और पदों और जागीरों के तबादले की व्यवस्था सोचे-समझे ढंग से स्थानीय जड़ों के विकास को रोकने के लिए तैयार की गई थी।[1] जागीरदार और उसकी जागीर में शामिल गाँवों का आपसी सम्बन्ध लगभग पूरी तरह मालगुज़ारी के रूप में किसान की ज़ायद के अधिकांश भाग पर उसके दावे के इर्द-गिर्द घूमता था। घरेलू या फ़ौजी, उसका अपना प्रतिष्ठान आम तौर पर उसकी अपनी जागीर (जागीरों) से दूर नगरों या लश्करों में टिका हुआ रहता था। इस तरह वसूल होनेवाला मात्र राजस्व (जमा) नगरों में बादशाह और जागीरदारों के प्रतिष्ठानों और अमलों के रखरखाव के लिए एक बड़ी हद तक देहातों से बाहर खींच लिया जाता था।

आरम्भ हम शासकवर्ग को प्राप्त राजस्व में से नगरों में दस्तकारियों के उत्पादन पर होनेवाले ख़र्च से करेंगे। जैसाकि अध्याय-12, तालिका-12.7 में दिखाया गया है, हमारा अनुमान है कि मात्र बचत में से 1,19,69,96,050 दाम हस्तशिल्प की वस्तुओं पर ख़र्च किए जाते थे, जिसका एक भाग उत्पादकों को मात्र जीवन निर्वाह के स्तर पर ज़िन्दा रखने में जाता रहा होगा। दस्तकारी की वस्तुओं के कुल मूल्य में कच्चे मालों और मज़दूरी के ठीक-ठीक भागों का निश्चय करना स्वाभाविक रूप से कठिन है। फिर भी एक कामचलाऊ अनुपात का हिसाब लगाने के लिए कुछ मोटे-मोटे सूचकों का इस्तेमाल तो किया ही जा सकता है। पेल्सेयर हमें सोने और चाँदी की बनी ऐसी वस्तुओं के बारे में बतलाते हैं जिनकी आमतौर पर भारी माँग होती थी। जैसे सोने के पलंगपोश, पंखों के हत्थे, तश्तरियाँ, प्यालियाँ, पानदान जिनके लिए कारीगरी अगर उम्दा हो तो आधी चाँदी उनके बनवाने के लिए दी जा सकती है।[2] मतलब यह हुआ कि चाँदी की बनी क़ीमती वस्तुओं तक के मुआमले में मज़दूरी (इस ख़ास मिसाल में कारीगरी) की लागत कुल मूल्य के एक-तिहाई

तक हो सकती थी। सन्दर्भ के आधार पर इसे विनिर्माणों के मूल्य में श्रम के भाग न्यूनतम स्तर माना जा सकता है। रहा ऊपरी स्तर का सवाल तो हम खुरदुरे कपड़ों को लेते हैं। आरम्भ 19वीं सदी में बुकानन द्वारा जमा किए गए आँकड़ों के अनुसार धागे की लागत खुरदुरे कपड़ों के मूल्य का 72.6 प्रतिशत भाग होती थी,[3] जबकि उसमें प्रयुक्त बिना धुला कपास धागे के कुल मूल्य का 44.3 प्रतिशत होता था।[4] दूसरे शब्दों में, कपड़े में कच्चे माल की बुनियादी लागत तैयार माल का 32.162 प्रतिशत और श्रम की लागत 67.838 प्रतिशत थी। चूँकि यहाँ हम केवल एक कम दाम के माल की बात कर रहे हैं, इसलिए यह चीज़ विनिर्माणों की लागत में श्रम के भाग का ऊपरी स्तर ही सकती है।

इस तरह चाँदी की चीज़ों और खुरदुरे कपड़ों को दो सीमाएँ माना जाए तो लगेगा कि दस्तकार के श्रम के भाग का दायरा कुल बाज़ार मूल्य के एक-तिहाई से दो-तिहाई तक हो सकता था। यहाँ हम यह बात कहेंगे कि चाँदी की मिसाल में उसकी निकासी के श्रम की लागतें चाँदी के मूल्य में ही शामिल होती हैं, जिस तरह कच्चे कपास के दाम में किसान की मेहनत की लागत शामिल होती है। हमारे कुल खेतिहर उत्पादन सम्बन्धी अनुमान में खेती की लागतें पहले ही शामिल की जा चुकी हैं, और धातुओं व क़ीमती पत्थरों की मिसाल में लागतें हमारे निकासी के मूल्य सम्बन्धी अनुमानों में ही शामिल समझी जाएँगी। (अध्याय-18 देखें।) इसलिए हम जिसे कच्चे माल के बाद का श्रम कह सकते हैं उसकी लागतों को ध्यान में रखें तो हमारा यह मानना ग़लत नहीं होगा कि आमतौर पर श्रम की लागत और कच्चे माल के मूल्य में एक समानता होती है और इसलिए चाँदी के समानों और खुरदुरे कपड़ों में श्रम की लागतों के बीच हम एक माध्य निकाल सकते हैं, हालाँकि जहाँ भी भारी क़ीमत वाले या बहुत ही घटिया मालों का सवाल आएगा, हमें अपवादों की गुंजाइश रखनी होगी।

ऊपर दिए गए निष्कर्षों के आधार पर दस्तकारी की वस्तुओं पर, तालिका-12.7 के अनुसार, बादशाह, शासकवर्ग और घुड़सवार सैनिकों द्वारा ख़र्च की गई रक़म के आधे भाग (अर्थात 59,82,48,025 दाम) को इस तरह कामगारों को वेतन देने पर ख़र्च हुआ माना जा सकता है। इस आँकड़े में हमें नगरों और गाँवों में करों की वसूली में लगे अमले की तरफ़ से नगरीय विनिर्माणों की माँग को भी शामिल करना चाहिए। हम यह अनुमान लगा चुके हैं (अध्याय-8) कि 1595-96 में सल्तनत को उसके इलाक़ों से मिलनेवाली जमा 4,06,11,23,580 दाम थी, जिसमें से 10 प्रतिशत भाग (परिशिष्ट 13 बी देखें) नगरों के करों की मद में घटाया जाना चाहिए। इस तरह हम खेतिहर करों की मुआमले में 3,65,50,11,222 दाम और नगरीय करों के बारे में 40,61,12,358 दाम का आँकड़ा पाते हैं, और कर-वसूली की लागत इन दोनों में शामिल नहीं है। खेतिहर करों के बारे में हमें इस रक़म (ज) से सकल कर की मात्रा (जा') जानने के लिए उसमें 43 प्रतिशत का इज़ाफ़ा करना होगा (अध्याय-5) और तब यह रक़म 5,22,66,66,047 दाम होगी। ये अनुमान हमारे लिए महत्त्वपूर्ण

हैं क्योंकि हमें आगे की गणनाओं में अकसर इनके हवाले देने होंगे। फ़िलहाल तो हमें इन आँकड़ों से करों की वसूली में लगे अमले की आय का पता करना और यह देखना होगा कि नगरीय विनिर्माणों पर उसका कितना भाग ख़र्च होता था। अध्याय-5 में हमने देखा कि मालगुज़ारी के सिलसिले में वसूली के अमले का ख़र्च 20 प्रतिशत, अर्थात 1,04,53,33,209 दाम था, नगरीय कर वसूली के बारे में हमने यह सुझाया था कि अमले पर होनेवाला ख़र्च कुल वसूली का 10 प्रतिशत रहा होगा। इसलिए सकल नगरीय कर का योग (40,61,12,358×1.111) = 45,11,90,830 दाम रहा होगा जिसमें से वसूली के अमले की आय (10 प्रतिशत के हिसाब से) 4,51,19,083 दाम रही होगी। लेकिन जहाँ नगरीय करों की वसूली का अमला पूरी तरह नगरों में बसा हुआ रहा होगा, वहीं हम इसे मालगुज़ारी के अमले के बारे में शायद ही सच मान सकें, और उनका नगरों में बसा हुआ हिस्सा वसूली की लागत के दसवें भाग से शायद ही अधिक पाता होगा। इस तरह हम राजस्व की वसूली के नगरों में बसे अमले पर होनेवाले कुल ख़र्च को (10,45,33,321+4,51,19,083) = 14,96,52,404 दाम मान सकते हैं। अब अगर इस वर्ग के लोगों की आय का कम-से-कम 20 प्रतिशत भाग नगरीय विनिर्माणों के उपभोग पर लगता होगा तो इन विनिर्माणों के मूल्य को हम 2,99,30,481 दाम मान सकते हैं जिसमें से मज़दूरी की लागतें 1,49,65,240 दाम रही होगी।

यहाँ हमें इनआम (ईनाम) की ज़मीनें पानेवालों द्वारा किए गए ख़र्च को भी जोड़ना होगा। हालाँकि उनको मिली ज़मीनें जॉबों में होती थीं, पर ये नगरों में बसे लोग होते थे।[5] और शहरी दस्तकारियों की पैदावारों पर उनके ख़र्च को हम उनकी आय का कम-से-कम 25 प्रतिशत मान सकते हैं, क्योंकि घुड़सवार सैनिकों के बारे में हमने ऐसे ख़र्च को उनकी आय का लगभग 6 प्रतिशत माना है।[6] इनआम में दी गई ज़मीनों (सुयूरग़ाल) की जमा को आईन में 10,07,96,474 दाम बतलाया गया है,[7] इसमें ख़ानदेश को (जहाँ सुयूरग़ाल के आँकड़े उपलब्ध ही नहीं हैं) और बरार को शामिल नहीं किया गया है। इसका मतलब यह हुआ कि हमारी उपरोक्त मान्यताओं के आधार पर नगरों की दस्तकारी की पैदावारों पर सालाना 2,51,99,118 दाम का ख़र्च आता रहा होगा। सामानों और मज़दूरी की लागतों में समानता की मान्यता लें तो नगरीय विनिर्माणों में इस तरह जुड़ा हुआ मूल्य 1,25,99,559 दाम होना चाहिए।

ज़मींदार और गाँवों के मुखिये भी उम्दा क़िस्म के कपड़ों, तोड़ीदार बन्दूक़ों, दूसरे हथियारों, ज़ेवरात और विलासिता की दूसरी वस्तुओं पर जो मुख्य रूप से नगरों में बनाए जाते थे, कुछ रक़में ख़र्च करते रहे होंगे। इसमें बचत की रक़में शामिल नहीं होनी चाहिए जो अगर चाँदी के सिक्कों के रूप में जमा की गई होगी तो मुख्य रूप से नगरीय विनिर्माणों को बढ़ावा देने पर ख़र्च होती होगी जिनसे आयातित धातुओं के दामों की अदायगी होती थी। हम यह मानकर चल रहे हैं कि ज़मींदार लोग (जिनमें बड़े सरदार शामिल नहीं होंगे) अपने परिचरों की तनख़्वाहें देने के बाद अपनी मात्र आय का कोई 25 प्रतिशत भाग नगरों से आनेवाली वस्तुओं पर ख़र्च करते होंगे। चूँकि

ज़मींदारों की मात्र आय (परिशिष्ट 13 स देखें) 40,60,80,374 दाम थी, इसलिए शहरी वस्तुओं पर उनके हाथों होनेवाला ख़र्च 10,15,20,094 दाम बैठता है। अगर हम यह मानें कि मुखिये और दूसरे स्थानीय अधिकारी अपनी 96,58,66,232 दाम की आय में से (जिसे ज' का 7 प्रतिशत माना गया है) और ज़मींदारों के घुड़सवार ज़मींदारों से मिलनेवाली 38,45,58,000 दाम की रक़म (परिशिष्ट 13 स देखें) में से नगरीय विनिर्माणों पर काफ़ी कम भाग, मिसाल के लिए आय का 5 प्रतिशत ख़र्च करते होंगे, तो उनका ख़र्च 3,75,21,212 दाम बैठेगा। इस तरह ज़मींदारों, मुखियों और ज़मींदारों के घुड़सवार के उपभोग वाले नगरीय विनिर्माणों का मूल्य 13,99,41,306 दाम रहा होगा, जिससे विनिर्माणों में योजित मूल्य का 6,95,20,653 दाम का आँकड़ा मिलता है।

इस अध्याय के बाद आनेवाले अध्याय-14 में हमने यह मानने के कारण बतलाए हैं कि सल्तनत के मध्यवर्ती भागों में चार-पाँच व्यक्तियों का एक आम परिवार मात्र जीवन निर्वाह के लिए भोजन पर 342.69 दाम और कपड़ों पर 212.3 दाम ख़र्च करता था। अगर यह अनुपात नगरीय और ग्रामीण उत्पादों पर साधारण नगरवासियों के निचले स्तरों के ख़र्च का सूचक है तो हम यह मान सकते हैं कि सेवा क्षेत्र पर शासक वर्ग और घुड़सवारों द्वारा ख़र्च होनेवाले 68,43,00,297 दाम में से 38.26 प्रतिशत भाग अर्थात 26,18,13,294 दाम नगरीय विनिर्माणों पर ख़र्च होता होगा। यह सेवा क्षेत्र इस तरह घरेलू और दूसरे नौकरों पर और नगरवासी पेशेवर लोगों पर आधारित था। (तालिका-12.7 देखें।) इसके अलावा हम दूसरे नौकरों, अर्थात सौदागरों, दुकानदारों और अन्य व्यक्तियों के नौकरों की इसी तरह की माँग पर भी विचार कर सकते हैं। इन नौकरों में वे शामिल न थे जो सीधे-सीधे तालिका-12.7 में दी गई श्रेणियों की आय पर जीवनयापन करते थे। ये लोग कितने थे, यह जानने का हमारे पास कोई साधन नहीं है। अगर यह हम मान लें कि ये लोग शाही प्रतिष्ठान, अधिकारभोगियों और घुड़सवारों द्वारा रखे गए लोगों के पाँचवें भाग से अधिक नहीं थे, जैसाकि तालिका-12.7 में नज़र आएगा, तो इस आधार पर उनकी आय 13,68,60,059 दाम रही होगी। अगर हम नगरीय विनिर्माणों के उपभोग पर इसका 38.26 प्रतिशत ख़र्च होता हुआ मानें तो यह रक़म 5,23,62,659 दाम आएगी। दूसरे शब्दों में हमारे सामने नगरों के सेवा क्षेत्र पर कुल ख़र्च 82,11,60,356 दाम के बराबर होगा और उसमें से नगरीय विनिर्माणों का ख़र्च 31,41,75,953 दाम बैठेगा। चूँकि इस वर्ग के लोग कमतर दर्जे के नगरीय विनिर्माणों का उपभोग करते रहे होंगे, इसलिए उन विनिर्माणों में मज़दूरी का घटक 67.838 प्रतिशत (ऊपर देखें) रहा होगा, और इस तरह नगरों के सेवा क्षेत्र की माँग के कारण नगरीय विनिर्माणों में वे योजित मूल्य लगभग 21,31,30,683 दाम आएगा।

हमें बैंकरों और दलालों, सूदख़ोरों आदि समेत शहरी सौदागरों और व्यापारियों द्वारा नगरीय विनिर्माणों के उपयोग पर अलग से विचार करना होगा, क्योंकि इन लोगों को आम नौकर-समूह में शामिल नहीं माना जा सकता। बनिया सौदागरों की

कंजूसी मशहूर रही है, और आर्मेनियाई लोगों की भी। लेकिन बनिये ज़ेवरात पर काफ़ी ख़र्च करते थे। फिर सौदागरों की दूसरी बिरादरियाँ भी थीं, जैसे मुसलमान बोहरे, ईरानी आदि, जो विलासिता और उपभोग की वस्तुओं पर अपनी आय का सम्भवत: और भी बड़ा हिस्सा ख़र्च करते थे। यह सही है कि दूसरे वर्गों के मुक़ाबले सौदागरों की मिसाल में बचत का भाग काफ़ी बड़ा मानना होगा। यह बचत तीन मुमकिन रूपों में ही हो सकती थी : (अ) क़ीमती धातुएँ, (ब) अनाजों वे खेतिहर पैदावारों के ज़ख़ीरे और (स) विनिर्माण था वस्तुओं, जैसे कपड़े, ज़ेवरात, आदि के भंडार। चूँकि (अ) में मुख्य रूप से आयातित धातुएँ शामिल होती थीं जिनकी अदायगी विनिर्माणों के निर्यात से की जाती थी (इस पर अलग से विचार किया गया है) और (ब) को खेतिहर पैदावारों में पहले ही शामिल किया जा चुका है, इसलिए हमारे पास बचत के रूप में अधिकतर श्रेणी (स) ही बचती है जिसका विनिर्माणों को बढ़ाने में योगदान हो सकता था। हम सौदागरों की बचत को एक भारी दर से 20 प्रतिशत मान सकते हैं और (स) को उनकी बचत का चौथाई भाग, अर्थात उनकी कुल आय का 5 प्रतिशत मान सकते हैं। इसमें हम उनके अपने उपयोग या उपभोग वाले नगरीय विनिर्माणों पर उनकी आय का 25 प्रतिशत भाग जोड़ सकते हैं। इन वस्तुओं में बड़े सौदागरों के मुआमले में सिर्फ़ मकान नहीं बल्कि एक तरफ़ जहाज़ और दूसरी तरफ़ बहुत ही उम्दा कपड़े और ज़ेवरात भी शामिल रहे होंगे। इस वर्ग में यक़ीनन छोटे सौदागर (वान ल्योर के फेरीवाले) बड़े सौदागरों के एजेंट, छोटे शर्राफ़ और दुकानदार भी शामिल थे, और इसलिए उपभोग की आवश्यकताओं में भारी विविधता रही होगी। इस वर्ग के कुल ख़र्च के बारे में हमारे 25 प्रतिशत के अनुमान को इसी रौशनी में परखा जा सकता है। इस वर्ग की अनुमानित आय को 1,35,65,16,804 दाम मानने पर (परिशिष्ट 13ब देखें) तो नगरीय विनिर्माणों पर उसका ख़र्च (बचत के तहत 5 प्रतिशत और उपभोग के तहत 25 प्रतिशत के साथ 30 प्रतिशत के हिसाब से) 40,69,55,041 दाम बैठता है। फिर इसके कारण नगरीय विनिर्माणों में योगित मूल्य 20,34,77,521 दाम आएगा, जिसमें बेहतर क़िस्म के विनिर्माणों में श्रम की लागत को कच्चे मालों के मूल्य के बराबर माना गया है। शहरी सौदागरों की माँग के साथ-साथ हमें शहरी विनिर्माणों के लिए (सूदख़ोरों और बंजारों समेत) ग्रामीण सौदागरों की माँगों को भी ध्यान में रखना होगा। इनकी कुल आय के बारे में हमारा अनुमान 68,53,14,604 दाम का है। (परिशिष्ट 13 ब देखें) अगर ये सौदागर, जो अपने कामकाज की प्रकृति के ही कारण अकसर शहरों में आते रहे होंगे, अपनी आय का कम-से-कम 10 प्रतिशत भाग शहरी विनिर्माणों पर ख़र्च करते थे तो इससे इन वस्तुओं की 6,85,31,460 दाम की माँग पैदा होती होगी (परिशिष्ट 13ब) जिसके आधार पर योजित मूल्य 3,42,65,730 आता है। शहरी विनिर्माणों पर किसान कितना ख़र्च करते थे, इसे लेकर थोड़ा विवाद रहा है। इरफ़ान हबीब ने इसे लगभग नगण्य माना है जबकि रायचौधुरी की राय है कि उनके व्यय को अनदेखा नहीं किया जा सकता।[8] हमें बहरहाल इस तथ्य पर विचार करना होगा

कि जहाँ गाँवों के लुहार लोहे के कुछ औज़ारों की मरम्मत बल्कि कुछ का निर्माण भी करते रहे होंगे वहीं मुमकिन है कि फावड़ों की पत्ती और फालों की फ़ौलाद की नोकें शुरू-शुरू में शहरों के लुहार बनाते रहे हों। इसी तरह किसानों के झोंपड़ों में प्रयोग होनेवाले ताँबे के कटोरे भी शहरी ताँबागरों ने ही बनाए होंगे। पत्थर के गुड़ पेरनेवाले चक्के भी (चुनार जैसी) खदानों में या नगरों में तराशे गए होंगे। इसलिए हम यह मान सकते हैं कि कुछेक नगरीय विनिर्माणों को किसान की आय के एक हिस्से ने भी सहारा दिया होगा। हम आगे ('ग्रामीण विनिर्माण' वाले भाग में) देखेंगे कि किसानों की सकल आय लगभग ज' के बराबर ही बैठती थी। खेतिहर करों के आधार पर यह ज' 5,22,66,66,047 दाम के बराबर थी। अगर इसका अधिक नहीं महज़ दो प्रतिशत भाग भी नगरीय विनिर्माणों की ख़रीद पर ख़र्च होता होगा और उसके आधे भाग को विनिर्माण द्वारा मात्र योजित मूल्य माना जाए तो यह मूल्य 7,83,99,991 दाम आएगा। ज़मींदारों के पियादा चाकर भी अगर अपनी आय का इतना ही भाग नगरीय वस्तुओं पर ख़र्च करते रहे होंगे तो नगरीय विनिर्माण में और भी 42,77,057 दाम का मूल्य जुड़ता होगा।

घरेलू माँग की पूर्ति के लिए नगरीय विनिर्माण द्वारा योजित इस मूल्य के अलावा हमें बाहरी बाज़ारों को भेजे गए नगरीय विनिर्माणों द्वारा योजित मूल्य पर भी विचार करना होगा। जहाँ हम ऐसे निर्यातों के कुल मूल्य का सीधे-सीधे अनुमान नहीं लगा सकते, वहीं हम उन आयातों के मूल्य का एक कामचलाऊ हिसाब लगा सकते हैं जिनके मुक़ाबले इनका निर्यात किया जाता था। अध्याय-16 में हमने अनुमान लगाया है कि 1595 के आसपास क़ीमती धातुओं का आयात 2,04,71,768 रुपये के बराबर था और घोड़ों का 28,47,461 रुपये था, और चूँकि कुछ दूसरी महत्त्वपूर्ण मदें भी थीं, इसलिए मोटे तौर पर हम कुल आयातों का मूल्य 2,60,00,000 रुपये मान सकते हैं। इसमें से हमें पुनर्निर्यातों को और पूँजी के हस्तान्तरणों को भी घटाना होगा (ये बाद वाले हस्तान्तरण ही हो सकता है 1640 के दौरान ब्याज दरों में गिरावट के लिए ज़िम्मेदार रहे हों) और उन मात्र आयातों के मूल्य को घटाकर 2,30,00,000 करना होगा जिनकी अदायगी निर्यातों से की जाती थी। फिर हमने यह माना है कि अगर इस रक़म के लगभग तीन-चौथाई भाग की अदायगी कपड़ों के निर्यातों से की जाती थी तो मोटे तौर पर उनका मूल्य 1,75,00,000 रुपये हुआ जो 70,00,00,000 दाम के बराबर आया। चूँकि निर्यात की वस्तुओं में लगी सामग्री उम्दा क़िस्म की होती थी, इसलिए नगरीय मज़दूरियों के भाग को हम उसके मूल्य का 40 प्रतिशत अर्थात 28,00,000 दाम मान सकते हैं।

तालिका-13.1 से हम देख सकते हैं कि विनिर्माणों में योजित कुल मूल्य हमारे अनुमान के अनुसार 1,50,88,84,462 दाम रहा होगा जो दस्तकारों और मज़दूरों के रूप में नगरीय विनिर्माणों में लगे सभी व्यक्तियों की आय भी रहा होगा। अगर हम यह मानें कि इस वर्ग के व्यक्ति भी अपनी आय का 38.26 प्रतिशत भाग नगरीय विनिर्माणों पर ख़र्च करते थे, जैसे कि घरेलू नौकर भी करते थे, तो इस तरह उनके

ख़र्च की निरपेक्ष राशि 57,72,99,195 दाम आती है। चूँकि उनके उपभोग की सामग्री कमतर दर्जे की, खुरदुरे कपड़े आदि, इसलिए हमें विनिर्माण में उनके कारण योजित मूल्य को घरेलू नौकरों द्वारा योजित मूल्य जितना ही, अर्थात बाज़ार मूल्य का 67.838 प्रतिशत या 39,16,28,228 दाम, मानना होगा। (इसे उपरोक्त तालिका में दिखाया गया है।) हम और भी दूसरे उन दस्तकारों आदि के कारण पैदा हुई अतिरिक्त माँग पर विचार नहीं कर रहे जो इस ख़र्च के कारण पैदा होनेवाले विनिर्माण के मालों की माँग पूरा करने के लिए काम करते थे। ऐसे अनन्त सीमा तक बढ़ रहे बहुलक प्रभाव (मल्टीप्लायर इफेक्ट) को अनदेखा करने पर आशा है कि हमारे अनुमानों के सन्तुलन का कुछ और तत्त्व जुड़ेगा।

नगरीय विनिर्माणों में योजित मूल्य का कुल योग, जिसे नगरों की औद्योगिक जनसंख्या की उजरती आमदनी माना जा सकता है, इस तरह 1,90,05,12,690 दाम आता है। इस रक़म को 82,11,60,356 दाम की रक़म के साथ रखना होगा जो, जैसा कि ऊपर हमने हिसाब लगाया है, नगरों के घरेलू सेवा क्षेत्र की आमदनी थी। दूसरे शब्दों में, कुल मिलाकर 2,73,16,73,046 दाम की रक़म उन लोगों का भरण-पोषण कर रही थी जिनको नगरों की कामगार आबादी और उस पर निर्भर लोग कहा जा सकता है।

तालिका-13.1
नगरीय विनिर्माणों में योजित मूल्य (दामों में)

1.	शाही प्रतिष्ठान, अमीर और ताबीनान	59,82,48,028
2.	मालगुज़ारी की वसूली का अमला	1,49,65,240
3.	इन आमयाफ़्ता लोग	1,25,99,559
4.	ज़मींदार, मुखिये, ज़मींदारों के घुड़सवार	6,95,20,653
5.	घरेलू सेवा क्षेत्र	21,31,30,683
6.	नगरों के सौदागर	20,34,77,521
7.	गाँवों के सौदागर	3,42,65,730
8.	किसान, पशुपालन क्षेत्र	7,83,99,991
9.	ज़मींदारों के पियादे	42,77,057
10.	नगरीय विनिर्माणों के निर्यात	28,00,00,000
	(अ) मद 1 से 10 तक का योग	1,50,88,84,462
11.	नगरों के दस्तकार व 'औद्योगिक' मज़दूर	39,16,28,001
	(ब) (अ) और मद 11 का योग	1,90,05,12,690

अब हम उसरक़म पर विचार करेंगे जो गाँवों की कामगार आबादी का भरण-पोषण कर रही थी, और उस पड़ताल से हम मुग़ल भारत के नगरों और गाँवों की कामगार आबादियों के सापेक्ष आकार को जानने का प्रयास करेंगे। पहली बात यह कि यहाँ हमारा काम आसान दिखाई देता है। अध्याय-4 में हमने यह जो नतीजा निकाला है कि करों और महसूलों के रूप में किसानों को अपनी पैदावार का आधा भाग देना

पड़ता था उसके आधार पर हमें उनकी आय को ज' के बराबर मानना चाहिए जो कि करों में सकल खेतिहर भाग का सूचक है जिसे हमने 5,22,66,047 दाम के बराबर माना है। इसी से किसानों का भरण-पोषण होता होगा और गाँव के 'कमीन' चाकरों समेत खेत मज़दूरों का भी जिनको फ़सल के भाग रूप में अदायगी की जाती थी।

भारत का पशुपालन क्षेत्र बड़ी हद तक खेती का सहायक रहा है और आर्थिक इतिहासकारों का अनुसरण करते हुए हमने पशुपालन की आय को, जो अधिकतर किसानों को हासिल होती थी, खेतिहर आय का एक भाग माना है। हमने इस भाग को एक-चौथाई माना है और इस आधार पर पशुपालन की कुल आय को 2,61,33,33,024 दाम माना है। (परिशिष्ट 13 ब देखें।) किसानों की खेतिहर आय में जोड़ें तो किसान और पशुपालक दोनों रूपों में किसानों की कुल आय 7,83,99,99,071 दाम आती है।

स्वाभाविक है कि खेती और पशुपालन के पूरक रूप में ग्रामीण उद्योग भी थे जिनका एक बड़ा भाग सीधे-सीधे नगरीय विनिर्माणों के लिए मालों का परिसंस्कार करता था। इन विनिर्माणों का सम्बन्ध खाद्य और अखाद्य दोनों प्रकार के पदार्थों से था। मसलन खेत से हटाए जाने के बाद गन्ने को पेरकर रस निकाला जाता था जिससे गुड़, खांडसारी और कई क़िस्मों की शक्कर बनाई जाती थी, और इनका इस्तेमाल फिर शहर और गाँव दोनों में मिठाइयों के निर्माण में होता था। इसी तरह तेलों की पेराई भी होती थी जो भोजन के एक आवश्यक अंग के रूप में और चिराग जलाने में काम आते थे। अखाद्य पदार्थों में सबसे प्रमुख स्थान कपास और नील का था। बीजों की बिनाई से लेकर कताई तक कपास के परिसंस्कार का अधिकांश काम, नगरों के बाज़ारों तक के लिए भी, सम्भवत: गाँवों में अंजाम दिया जाता था। नील को आमतौर पर नील की फ़सल पैदा करनेवाले ग्रामीण क्षेत्रों में गाड़े गए कुंडों में निकाला जाता था।[9]

नगरों के विनिर्माण में योजित मूल्यों का आकलन करने के लिए, जिनको नगरीय विनिर्माणों में शामिल नगरीय मज़दूरियों की कुल लागत के समतुल्य माना जा सकता है, हमने नगरीय विनिर्माणों के कुल मूल्य के भागों के रूप में नगरों में पहुँचने वाले कच्चे मालों के मूल्य की भी निहित रूप में गुंजाइश रखी है। तालिका-13.1 में दिखाई गई मदों के हवाले से इनको निम्नलिखित ढंग से दिखाया गया है।

	अ *श्रम की लागत मूल्य के प्रतिशत रूप में*	*ब* *सामानों की लागत मूल्य के प्रतिशत रूप में*	*स* *ब, निरपेक्ष संख्या में*
मद 5 और 11	67.383	32.617	29,27,19,705
मद 10	40.000	60.000	42,00,00,000
दूसरी सभी मदें	50.000	50.000	1,18,77,92,985
योग			1,90,05,12,690

ऊपर के आँकड़ों से हम यह नतीजा निकाल सकते हैं देहातों से नगरों को हर साल मिलनेवाले प्रसंस्करित या अर्ध-प्रसंस्करित सामानों को, तालिका-13.1 के आधार पर और उसके पीछे मौजूद मान्यताओं के आधार पर 1,90,05,12,690 दाम के बराबर मानना होगा। पर इस कुल मूल्य में एक भाग का योगदान तो कृषि का भी रहा होगा और यह खेत या खलिहान से हटाई गई फ़सल के मूल्य के रूप में रहा होगा, और इसे हमने ऊपर खेतिहर पैदावार के मूल्य में पहले ही शामिल कर रखा है। सामानों की लागत का बाक़ी भाग श्रम के द्वारा अर्थात मज़दूरियों की लागत के रूप में जुड़ा होगा। जैसा कि इस अध्याय के आरम्भ में ही हम देख चुके हैं, खुरदुरे कपड़ों के मुआमले में माल के मूल्य में श्रम का भाग 67.838 प्रतिशत होता था। हालाँकि यह बात किसी खुरदुरी वस्तु के बारे में सच रही होगी, पर उम्दा क़िस्म के सामानों में श्रम की लागत इतनी ऊँची नहीं रही होगी, और इसलिए श्रम के भाग को आसानी से मूल्य का आधा माना जा सकता है, अर्थात नगरों को भेजे गए मालों में ग्रामीण विनिर्माणों द्वारा योजित मूल्य 95,02,56,345 दाम के बराबर रहा होगा।

अब हमें उन ग्रामीण विनिर्माणों में योजित मूल्य का हिसाब करना है जो ग्रामीण उपभोग के लिए होते थे। हम पहले ही हिसाब लगा चुके हैं कि किसानों और खेत मज़दूरों की सालाना आमदनी 5,22,66,66,047 दाम और ज़मींदारों के पियादों की सालाना आमदनी 42,77,05,700 दाम थी (परिशिष्ट 13स और इनका योग 5,65,43,71,747 दाम आता है। यह मानने पर कि यहाँ हमारा सरोकार आबादी के अपेक्षाकृत निर्धन भागों से है, सबसे अच्छी बात यह होगी कि हम ख़र्च के उस बर्रे से सुराग पाएँ जिसे डब्ल्यू क्रुक ने 1887-88 में पश्चिमी उत्तर प्रदेश के एक छोटे किसान के पारिवारिक बजट की परिकल्पना में प्रस्तुत किया है। (214 रुपये की सकल आय में से 75 रुपये के लगान को मिनहा करने से प्राप्त) 139 रुपये की मात्र आय में से 40 रुपये विनिर्माण के सामानों के रखरखाव, किराये और इस्तेमाल पर ख़र्च होते थे, खेतिहर कार्यों और उपभोग दोनों के सिलसिले में।[10] इससे हमें विनिर्माणों पर ख़र्च का भाग अपेक्षाकृत अधिक 28.78 प्रतिशत दिखाई देता है। नगरीय विनिर्माणों पर हमने उपरोक्त दोनों वर्गों के ख़र्च को अपेक्षाकृत नाममात्र का, अर्थात 2 प्रतिशत माना है। अब अगर हम ग्रामीण विनिर्माणों पर उनके ख़र्च को उनकी आय का 20 प्रतिशत मानें तो यह ख़र्च 1,13,08,74,349 दाम रहा होगा। अगर यह माना जाए कि उनकी माँग कमतर दर्जे की वस्तुओं के लिए रही होगी तो उपभोग की वस्तुओं में मज़दूरी का भाग अधिक, यानी कि 67.838 प्रतिशत रहा होगा, जिसका निष्कर्ष हमने खुरदुरे कपड़ों सम्बन्धी आँकड़ों से निकाला है। (हमें याद रखना होगा कि कपड़ों के अलावा ग्रामीण विनिर्माण के कार्यकलापों का एक अहम भाग जानवरों के खालों की कमाई और चमड़े के उत्पादन पर आधारित था जिसे कम उजरत पानेवाली 'कमीन' जातियाँ करती थीं।) इसका मतलब यह हुआ कि इस श्रेणी में ग्रामीण विनिर्माणों में योजित मूल्य 76,71,62,541 दाम रहा होगा।

यहाँ ग्रामीण विनिर्माणों की उस माँग पर विचार करना ही आवश्यक है जो पशुपालन की आय से, जिसे हमने 2,61,33,33,024 दाम (परिशिष्ट 13ब) पाया है, पैदा होती रही होगी। क्रुक द्वारा प्रस्तुत पारिवारिक बजट में, जिसका हमने किसानों की आय से विनिर्माणों पर होनेवाले ख़र्च का आकलन करने के लिए इस्तेमाल किया है, किसान घरों के अन्दर पैदा किए जानेवाले दूध और दूध से बनी वस्तुओं का मूल्य शामिल नहीं है, जैसाकि ख़ुद क्रुक ने स्वीकार किया है।[11] चूँकि दूधशालाओं के उत्पादन का काफ़ी भाग उत्पादक परिवारों में ही इस्तेमाल होता था और सिर्फ़ घी ही बाज़ार में जानेवाली प्रमुख वस्तु होती थी, इसलिए हम यह नहीं मान सकते कि पशुपालन की आय का भी उतना ही भाग विनिर्माणों पर ख़र्च होता था जितना कि खेती की आय का, जिसे क्रुक के एक किसान परिवार के सैद्धान्तिक बजट में दिखाया गया है। इसे अधिक-से-अधिक पशुपालन की आय का 10 प्रतिशत कहा जा सकता है—2 प्रतिशत का ख़र्च नगरीय विनिर्माणों पर (ऊपर देखें) और 8 प्रतिशत ग्रामीण विनिर्माणों पर। इस स्रोत से ग्रामीण विनिर्माणों की माँग तब 20,90,66,642 दाम आएगी जिसमें से 67.838 प्रतिशत की दर से योजित मूल्य 14,18,26,629 दाम होगा।

रहे ज़मींदार और मुखिये और ज़मींदारों के घुड़सवार भी, हमें याद करना होगा कि हम इस अध्याय के आरम्भ में ही इन श्रेणियों की कुल आय का एक अनुमान लगा चुके हैं—ज़मींदार (मात्र आय), 40,60,80,374 दाम, मुखिये आदि 36,58,66,232 दाम, ज़मींदारों के सवार 38,45,58,000 दाम। इनका योग फिर 1,15,65,04,606 दाम आता है। हालाँकि हमने नगरीय विनिर्माणों पर इन वर्गों के ख़र्चों को उनकी आमदनियों के अलग-अलग मार्गों के बराबर माना है, फिर भी अगर हम ग्रामीण विनिर्माणों पर उनके ख़र्च को किसानों के ख़र्च से अधिक, मिसाल के लिए उनकी आय का 27 प्रतिशत मानें तो हम बहुत ग़लत नहीं होंगे। इसका मतलब 28,91,28,152 दाम का ख़र्च हुआ। चूँकि ये वर्ग बेहतर क़िस्म की वस्तुओं की माँग करते थे, इसलिए वस्तुओं के मूल्य में श्रम के भाग को बस आधा मान सकते हैं, और इसलिए ग्रामीण विनिर्माणों द्वारा योजित मूल्य को 14,45,63,076 दाम मानना चाहिए।

परिशिष्ट 13 ब में हमने अनुमान लगाया है कि ग्रामीण सौदागरों और बंजारों की आय 68,53,14,604 दाम थी। हमने आगे बढ़कर यह भी माना है कि इसमें सूदख़ोरों की आय भी शामिल है। फिर हमारा मानना यह भी है कि ग्रामीण सौदागरों की आय का 10 प्रतिशत भाग नगरीय विनिर्माणों पर ख़र्च होता था। ग्रामीण विनिर्माणों पर होनेवाले इस ख़र्च को, जैसाकि ज़मींदारों वग़ैरह के मुआमले में है, उनकी आय का 25 प्रतिशत मान लेना ग़ैर-मुनासिब नहीं होगा, और इसी अनुपात (50 प्रतिशत) को लागू करके प्राप्त की गई वस्तुओं के कुल मूल्य में मज़दूरियों की लागत की गणना करेंगे। इसका मतलब यह हुआ कि ग्रामीण सौदागर वग़ैरह ने ग्रामीण विनिर्माणों पर 17,13,28,651 दाम ख़र्च किए, जिसमें से 8,56,64,326 दाम योजित मूल्य के सूचक हैं।

इसी आधार पर हम तालिका-13.2 की रचना करेंगे जिसमें माँग के स्रोतों के आधार पर ग्रामीण विनिर्माण की विभिन्न श्रेणियों के अन्तर्गत हम योजित मूल्यों (मज़दूरी की लागतों) को दिखाएँगे।

तालिका-13.2
ग्रामीण विनिर्माणों में योजित मूल्य

	माँग का स्रोत	*दाम*
1.	नगरीय माँग	95,02,56,345
2.	किसान, खेत मज़दूर, ज़मींदारों के पियादे	76,71,62,541
3.	पशुपालन की आय	14,18,26,629
4.	ज़मींदार, मुखिये, सवार	14,45,63,076
5.	ग्रामीण सौदागर, बंजारे	8,56,64,326
	(अ) मद 1 से 5 तक का योग	2,08,94,72,917
6.	ग्रामीण विनिर्माणों में लगे लोग	35,43,64,159
	(ब) (अ) के योग और मद 6 का योग	2,44,38,37,076

इस तालिका से पता चलता है कि ऊपर विवेचित श्रेणियों के अन्तर्गत कुल योजित मूल्य 2,08,94,72,917 दाम था। पर नगरों की ही तरह, उत्पादन में लगे दस्तकार और दूसरे लोग जो समग्र आय के रूप में इतनी रक़म पाते होंगे, वे ख़ुद भी तो ग्रामीण विनिर्माणों के लिए माँग पैदा करते होंगे। मान लीजिए कि यह उनकी माँग का लगभग 25 प्रतिशत भाग था। यह किसानों के ख़र्च से थोड़ा सा ही अधिक है जो ग्रामीण और नगरीय विनिर्माणों पर क्रमश: 20 और 2 प्रतिशत ख़र्च करते थे। चूँकि ये वस्तुएँ खुरदुरी क़िस्मों की होती थीं, इसलिए हम श्रम के घटक को कुल का 67.838 प्रतिशत मान सकते हैं जो फिर 35,43,69,159 दाम आएगा। नगरों की ही तरह हमने इस बारे में भी इस अतिरिक्त दस्तकार आबादी से पैदा होनेवाले भावी बहुलक प्रभाव को यहाँ अनदेखा कर रहे हैं। फिर तो कुल ग्रामीण विनिर्माणों में योजित मूल्य का महायोग 2,44,38,37,076 दाम (तालिका-13.2) होगा।

ग्रामीण समाज की जिस श्रेणी की हमने विवेचना की है उसमें सिर्फ़ ज़मींदारों के पियादे ही एक निम्न स्तर के कार्यकारी सेवा क्षेत्र का निर्माण करते दिखाई देते हैं। इन लोगों की अनुमानित आय 42,77,05,700 दाम थी और उनकी दर्ज की गई संख्या 42,77,037 थी। अगर हम उन पर निर्भर लोगों की संख्या को 4.5 सदस्य प्रति परिवार मानें तो उनकी कुल आबादी 1.925 करोड़ आती है। अंशकालिक चाकरों के रूप में उनकी कम तनख़्वाह के मद्देनज़र स्पष्ट है कि ये लोग अन्यथा एक तरह से किसान ही थे। इन पियादा चाकरों की बड़ी तादाद को देखते हुए मुमकिन है कि उनमें ज़मींदारों के घरेलू नौकर भी शामिल रहे हों जिनमें से अनेक तो बुनियादी तौर पर किसान थे जिनको या तो सेवा के बदले मुऑफ़ी की ज़मीनें मिली होंगी या फिर जिनसे बेगार लिया जाता होगा। दोनों सूरतों में उनकी मुख्य आय की गणना पहले

ही किसानों की श्रेणी में की जा चुकी है और सिर्फ़ पियादा चाकरों को दी गई कम उजरतों को ही सेवाओं का मुआवज़ा माना जा सकता है, जिससे वही माँग प्राप्त होती है जिसे इस अनुच्छेद में ऊपर दिया गया है।

सम्भवत: अब हम विशिष्ट मदों में उस कुल योग को प्रस्तुत कर सकते हैं, जो हर साल ग्रामीण कामकाज़ी जनता के भरणपोषण पर ख़र्च होती थी—

किसान और खेत मज़दूर	5,22,66,66,046 दाम
पशुपालन की आय	2,61,33,33,024 दाम
ग्रामीण विनिर्माण	2,44,38,37,076 दाम
निम्नस्तरीय सेवा क्षेत्र	42,77,05,700 दाम
योग	10,71,15,41,846 दाम

अगर उपरोक्त योग की तुलना नगरों की कामकाज़ी आबादी की कुल आय (2,72,16,73,046 दाम) से की जाए तो वह बादवाले की 3.936 गुना आती है। दूसरे शब्दों में, नगरों की कामकाज़ी जनता की आय कामकाज़ी आबादी के इन दोनों वर्गों पर हुए ख़र्च की 20.26 प्रतिशत बैठती है।

लेकिन इस अनुपात को फ़ौरी तौर पर आबादी की सापेक्ष संख्याओं में बदला नहीं जा सकता। इसके दो प्रमुख कारण हैं। एक, ऐसी कामकाज़ी आबादियाँ भी हैं, जो इन गणनाओं में शामिल नहीं हैं, जैसे खदान मजूदर, जंगलात के लोग और यातायात मज़दूर। दूसरे नगरों और देहातों में मज़दूरी और दामों के प्रचलित स्तरों में एक अन्तर भी था और ये देहातों में नगरों के मुक़ाबले काफ़ी कम थे, जैसाकि आज भी देखा जाता है। मुग़ल दौर में इस अन्तर का स्तर क्या था, हम नहीं जानते। लेकिन अगर हम उपरोक्त दोनों सम्भावित कारणों को ध्यान में रखते हुए कामकाज़ी आबादी की कुल आय में नगरों के भाग में चौथाई की कमी भी कर दें तो हमें 15.185 प्रतिशत मिलता है जो फिर 1595 में मुग़लिया सल्तनत की ऐसी कुल आबादी में नगरों के ग़ैर-अभिजात कामकाज़ी लोगों के वास्तविक भाग का सूचक हो सकता है। इस तरह हमारा अनुमान इरफ़ान हबीब के अनुमान से मेल खाता है जिन्होंने मुग़ल भारत की शहरी जनसंख्या को कम-से-कम छठा भाग (16.6 प्रतिशत) माना है।[12]

अपने विस्तृत अनुमानों को (जिनमें यक़ीनन कुछ कमज़ोर कड़ियाँ भी हैं) आधार बनाकर हमने शहरी आबादी का जो आकार माना है वह 19वीं सदी के जनांकीय परिवर्तनों के बारे में हमारे इल्म की रौशनी में मुनासिब नज़र आता है। पूर्वी भारत के ज़िलों से लिये गए एक नमूने से पता चला कि निरपेक्ष संख्याओं में 1813 और 1872 के बीच शहरी आबादी की कमी 6 प्रतिशत से थोड़ी अधिक ही रही है।[13] 1881 की जनगणना में शहरी आबादी को कुल का 9.3 प्रतिशत कहा गया था। अगर हम पहले तो यह बात मान लें कि 1800-81 के इसी दौर में कुल मिलाकर भारत की जनसंख्या में पूर्वी ज़िलों जितनी ही सापेक्ष बढ़ोतरी हुई, और दूसरे यह मान लें कि 1813 और 1872 के बीच पूरे देश की शहरी आबादी में पूर्वी ज़िलों वाले अनुपात में ही कमी आई तो 1800 में शहरी आबादी कुल के 13 प्रतिशत से ख़ासी अधिक

ही रही होगी।[14] 1595-96 में नगरीय जनसंख्या का अनुमानित आकार, अर्थात कुल जनसंख्या का लगभग 15 प्रतिशत भाग, इस तरह नामुनासिब सीमा तक अधिक नहीं दिखाई देता, ख़ास तौर पर इसलिए कि ऐन मुमकिन है कि 18वीं सदी के दौरान भी नगरों का कुछ ह्रास हुआ हो।

दो

अध्याय-12 में हमने यह तर्क दिया है कि शासकवर्ग की आय का 17 प्रतिशत भाग सीधे-सीधे अनुत्पाद श्रम के रखरखाव में चला जाता था, और कम-से-कम यह बात भारत में औद्योगिक-पूर्व नगरीकरण की एक ख़ास विशेषता के रूप में लश्करी शहरों (कैम्प-सिटीज) की तस्वीर की पुष्टि करती है जिसे बर्नियर से लोकप्रियता प्राप्त हुई।[15] उन दिनों की कम मज़दूरियों को देखते हुए ऐसे लश्करी शहरों की अधिकांश आबादी का मात्र जीवन निर्वाह की आवश्यकताओं से परे की कुछ वस्तुओं की माँग में कम ही योगदान हो सकता था। दूसरी तरफ़ कुलीनवर्ग के सदस्यों के पास तमाम तरह की विलासिता की वस्तुएँ ख़रीदने के लिए संसाधन थे और इसलिए वे ऐसी माँग पैदा कर सकते थे जो ऊँचे दाम की वस्तुओं के लम्बी दूरी वाले व्यापार को सहारा दे सकें।

इसलिए ऐसे अनेक शहर जो सीधे-सीधे शासकवर्ग के व्यय पर निर्भर थे, हो सकता है, मूलत: सेवाओं पर आधारित रहे हों और आसपास के गाँवों से होनेवाली आपूर्ति पर निर्भर रहे हों, जबकि ऊँचे दर्जे की हस्तशिल्प की वस्तुएँ दूरदराज़ के केन्द्रों से आती थीं। इस तरह इन लश्करी शहरों के वजूद में ऐसे दूसरे नगरों का वजूद भी निहित था जो विनिर्माण के स्थायी केन्द्रों के रूप में लश्करी शहरों में पैदा होनेवाली माँग को दूर करते थे। निर्माण के ऐसे केन्द्र सिद्धान्तत: तब भी वजूद में हो सकते थे जब वहाँ किसी जागीरदार ने अपना निवास न बनाया हो और अपने अमलों और चाकरों को वहाँ न रखा हो। अनेक नगरों का निश्चित ही एक दोहरा चरित्र हो सकता है, पर हमारा तर्क यह है कि भले ही पूरी तरह फ़ौजी और सेवा प्रतिष्ठानों द्वारा क़ायम हुए शहर रहे हों, उनको विनिर्माण की वस्तुओं की दूसरे शहरों से आपूर्ति की जाती होगी जो उनके विपरीत दूरदराज़ के बाज़ारों के लिए दस्तकाराना उत्पादन पर पक्की तरह आधारित थे।

इस परिकल्पना में यह सम्भावना निहित है कि किसी क्षेत्र में नगरीकरण का पैमाना शासक वर्ग के सदस्यों और उनके आश्रित लोगों के वास्तविक जमाव के संगत रहा हो, यह आवश्यक नहीं है। वे लोग जिन क्षेत्रों में कम तादाद में बसे हुए थे उनमें भी दूसरी जगहों के कुलीनों की माँग से पैदा हुए बाजारों से सहारा पानेवाले बड़े नगर हो सकते थे। इसलिए नगरीकरण के पैमाने के अध्ययन करने के लिए हमें राजधानी नगरों के नाम गिनवाने से अधिक भी कुछ करना होगा। बदनसीबी से 16वीं सदी के नगरों के बारे में उड़ते-उड़ते बयानों को छोड़ ऐसे विस्तृत विवरण उपलब्ध नहीं हैं जो भौगोलिक दृष्टि से नगरीकरण के ढर्रे को देख सकने में हमारी मदद करें।

दो टूक जनांकीय आँकड़ों के अभाव में विभिन्न नगरों के आकारों और नगरीकरण के विभिन्न स्तरों की छानबीन के लिए सिर्फ़ वही तरीका बचता है जो हमें विभिन्न नगरों से प्राप्त कर रूपी आयों के अनुमान प्रदान करे। जिस साधन से नगरीय करों के आकार का निश्चय हो सकता है वह इस मान्यता पर आधारित है कि चूँकि आईन में दर्ज जमा में नगरीय कर भी शामिल थे, इसलिए किसी बड़े शहर वाले महाल में जमा/आराज़ी (ज'/आ') का अनुपात साथ लगे ग्रामीण परगनों के ज'/आ' से अधिक होगा। अगर हम इसके बाद यह मान लें कि आमतौर पर बड़े नगरों वाले परगने दर्जशुदा आराज़ी के मुताबिक़ अपना भूराजस्व देते थे और इसलिए इन परगनों की जमा में भूराजस्व का भाग आराज़ी को उस ज'/आ' से गुणा करके निकाला जा सकता है जिसकी गणना उस सरकार के या उस दस्तूरी हलक़े के (जो भी बात लागू हो) बाक़ी परगनों के लिए की गई है। नगरीय परगने की जमा से इस परिणाम को (जो अनुमानित भूराजस्व का सूचक है) घटाने पर हमें उस परगने के अन्दर स्थित नगरों में वसूल किए गए करों की कुल रक़म पता चलेगी।

इस तरक़ीब में यह मान्यता निहित है कि किसी पूरे सरकार या दस्तूरी हलक़े में माप (पैमाइश) की कारगरी एक समान थी। अधिकांश मिसालों में इन दो तरह के परगनों में राजस्व देने वाले कुल क्षेत्र से पैमाइशशुदा क्षेत्र के अनुपात के एक समान होने की मान्यता नामुनासिब नहीं है, ख़ासकर वहाँ जहाँ पैमाइश सम्बन्धित सरकार या पूरे इलाक़े में ऊँचे स्तर की रही हो। पर यह बात उन इलाक़ों पर लागू नहीं होगी जहाँ पैमाइश का काम अभी चल रहा था। ऐसे क्षेत्रों में ज़बरदस्त सम्भावना है कि दूसरे परगनों के मुक़ाबले उस परगने में आराज़ी की पैमाइश अधिक भरपूर रही हो जहाँ सरकार का मुख्यालय था या सूबे की राजधानी थी। यहाँ ग्रामीण परगनों के लिए ज'/आ' फलस्वरूप असाधारण सीमा तक अधिक रही होगी। सरकार के मुख्यालय वाले परगने की आराज़ी से, जहाँ हो सकता है काश्त के पूरे रक़बे की पैमाइश की जा चुकी हो, इस ऊँची ज'/आ' को गुणा करें तो जमा में भूराजस्व के भाग का निश्चित ही एक बढ़ा हुआ आँकड़ा प्राप्त होगा। फिर इसके कारण उस परगने के नगरीय करों के आकार हम कम करके दिखाने लगेंगे।

इस तरह हम जिस तरक़ीब की बात कर रहे हैं उसका इस्तेमाल सिर्फ़ उन्हीं क्षेत्रों में किया जा सकता है जहाँ पैमाइश बड़े पैमाने पर की गई हो और इसलिए आराज़ी के आँकड़े कमोबेश मुकम्मल हों। ऐसे क्षेत्रों में पहले उन अनेक स्थानों की चुना गया है जिनको साहित्यिक स्रोतों में नगर विनिर्माण केन्द्र, बन्दरगाह, बजरों के घाट, महत्त्वपूर्ण मार्गों के मिलनस्थल आदि कहा गया है, इनको परिशिष्ट 13 अ में दर्ज किया गया है।[16] ये जिन पगरनों में स्थित थे उनकी परख यह जानने के लिए की गई है कि साथ लगे परगनों के मुक़ाबले वहाँ ज'/आ' क्या अधिक है, और अगर है तो अन्तर के उस निरपेक्ष मान की गणना की गई है जिसे नगरीय करों से जोड़ा जा सके?

हमने जो 98 नगर चुने हैं उनमें से 72 में ज'/आ' साथ लगे परगनों की ज'/आ' से स्पष्ट रूप से अधिक है। ऐसे सभी शहरी परगनों के लिए मैंने नगरीय

कर सूचकांकों की गणना की है जिनके लिए आगरा में नगरीय कर को 100 माना गया है। ये आँकड़े तालिका-13.3 में दिए गए हैं।

हम देखते हैं कि कुछ मिसालों में नगरीय परगने की अपेक्षा ग्रामीण परगनों की ज'/आ' अधिक है। परिशिष्ट 13 अ में दर्ज 98 नगरों में से ऐसे परगनों की संख्या 72 है। ऐसे लगभग सभी स्थानों में सरकारों के मुख्यालय स्थित थे और ये ऐसे क्षेत्रों में थे जहाँ पैमाइश अधूरी थी। ये सभी मुख्य रूप से सूबा इलाहाबाद, मालवा और बिहार में और सूबा आगरा और अवध के कुछ हिस्सों में स्थित थे।[17] मिसाल के लिए परगना इलाहाबाद का परिमाण नकारात्मक आता है। यहाँ हम देखते हैं कि इस अकेले परगना में दर्ज आराज़ी पूरी इलाहाबाद सरकार की कुल आराज़ी के 49 प्रतिशत से अधिक थी। ज़ाहिर है कि सरकार के मुख्यालय वाले इस परगने में पैमाइश अमूनन पूरी हो चुकी थी जबकि दूसरे सभी परगनों में यह शुरू किए जाने की प्रक्रिया में थी। इसके अलावा यह भी देखा जा सकता है कि न सिर्फ़ परिशिष्ट 13अ उन स्थानों से लदा हुआ है जो सरकारों के मुख्यालय थे, बल्कि हमारे पास ऐसे दूसरे संकेत भी नहीं हैं कि ये अन्यथा कुछ महत्त्व वाले नगर थे। ऐन मुमकिन है कि उनमें से कुछ तो महिमामंडित गाँव या गढ़ रहे हों जहाँ से ग़ैर-खेतिहर करों के रूप में कुछ ख़ास वसूली न होती हो।

नगरीय करों के आकार का जो अनुमान हमने लगाया है (अधिकांश मिसालों में जिसके सकारात्मक परिमाण सामने आए हैं) वह नगरीकरण के एक कच्चे सूचक का काम कर सकता है। चूँकि, भूराजस्व के विपरीत, कुल उत्पाद में नगरीय करों की कोई स्थिर दर नहीं मानी जा सकती, इसलिए नगरीय करों का आकार निश्चित ही नगरों के वाणिज्य के पैमाने का या नगरीय विनिर्माणों द्वारा योजित मूल्य का कोई सटीक सूचक नहीं है। फिर भी वह करों का बोझ बरदाश्त कर सकने की क्षमता का सूचक तो है ही, और इसलिए हमें यह और विभिन्न क्षेत्रों में नगरीकरण के पैमाने नगरीय आय के कुछ सुराग तो दे ही सकता है।

मानचित्र दस तालिका-13.3 में दर्ज भौगोलिक ढर्रे को दर्शाता है।

तालिका-13.3 से पता चलता है कि आगरा निर्विवाद रूप से साम्राज्य का सबसे बड़ा नगर था और सूबा आगरा में नगरीकरण का स्तर काफ़ी ऊँचा था। अनेक (कुल मिलाकर 15) स्थान फलते-फूलते नगर नज़र आते हैं कुछ जैसे फ़तेहपुर सीकरी, बयाना, अलवर और ग्वालियर, विनिर्माण के केन्द्र थे जबकि चँवर और धौलपुर जैसे दूसरे नगर व्यापार के केन्द्र थे जो व्यापारिक मार्गों पर स्थित थे।

अहमदाबाद नगर नगरीय करों का दूसरा सबसे बड़ा स्रोत था। गुजरात के कुछ दूसरे नगर भी आकार में बड़े दिखाई देते हैं। इसके अलावा गुजरात के अनेक (13) नगर आगरा को छोड़ किसी भी सूबे के सबसे बड़े नगर थे। वह तीसरा सूबा जिसमें नगरीय केन्द्रों की संख्या (12 नगर) बड़ी नज़र आती है, लाहौर था इनमें से कुछ (जैसे शम्साबाद, धनगोत और मखियाला भी नमक के उत्पादन या व्यापार के कारण हो सकता है भारी कर अदा करते रहे हों।)[18] फिर भी बड़ी हैरत की बात यह है कि

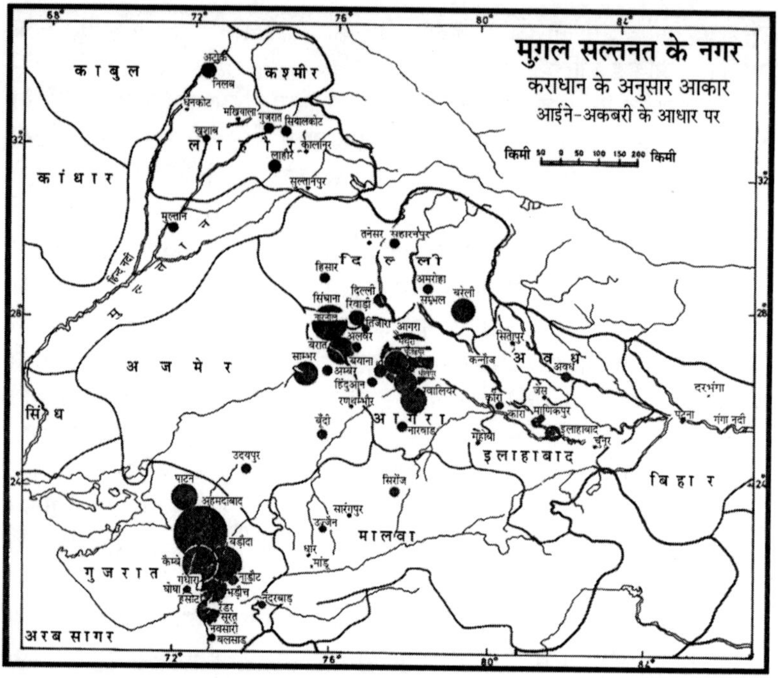

मानचित्र दस : मुग़ल सल्तनत के नगर : कराधार के अनुसार आकार

लाहौर में नगरीय करों का परिमाण काफ़ी कम था। लाहौर-शहर के आकार के बारे में अबुल फ़ज़्ल के बयान और यात्रियों के विवरणों से मन में जो छवि पैदा होती है, यह बात उसके ऐन ख़िलाफ़ थी।[19] कोई भी शख़्स उस समय के इन करों के आगरा से अधिक, और देहली से तो काफ़ी अधिक, होने की आशा कर ही सकता था।[20] सूबा अजमेर में परगना साँभर में नगरीय करों का भारी आँकड़ा उस नगर के आकार को नहीं बल्कि उस पगरने में साँभर झील से निकाले जानेवाले नमक से मिलनेवाले करों को प्रतिबिम्बित करता है।

इलाहाबाद और मालबा के सूबों में हालाँकि नगरों की संख्या बहुत कम नहीं थी, फिर भी अलग-अलग केन्द्रों से प्राप्त करों का परिमाण औसतन कम था। दूसरे सूबों (अवध, बिहार, मुल्तान और अजमेर) में, लगता है, नगरों की संख्या कम थी, पर वहाँ से अच्छी-ख़ासी मात्रा में कर प्राप्त होते थे। फिर भी इन क्षेत्रों में, जैसाकि कहा जा चुका है, ग्रामीण परगनों की अधूरी पैमाइश भी उन नगरों के जो कर हमने अपनी विधि से निकाले हैं उनकी कम मात्रा के लिए अंशत: ज़िम्मेदार हो सकती है।

नगरों के सापेक्ष आकार का आकलन करने की इस विधि पर एक आपत्ति यह हो सकती है कि न केवल करों के अलग-अलग प्रकारों और उनके अलग-अलग करों के कारण बल्कि मूल्यों के स्तर में अन्तर के कारण भी नगरीय करों के आकार

तालिका-13.3
नगरीय करों का आकार

सूबा आगरा	*कर का परिमाण (दाम में)*	*सूचकांक (संख्या 1=आधार=100)*
1. आगरा बा हवेली	3,18,24,093	100.00
2. बयाना	36,43,456	11.440
3. चँवर	54,39,987	17.094
4. धौलपुर	55,47,650	17.432
5. फ़तेहपुर सीकरी	53,91,305	16.941
6. मथुरा	6,05,910	1.904
7. हिंडौन	19,05,258	5.987
8. क़न्नौज बा हवेली	88,789	0.279
9. ग्वालियर बा हवेली	75,32,255	23.668
10. नरवर	12,44,602	3.911
11. अलवर	10,08,004	3.167
12. बैराट	67,24,859	21.131
13. तिजारा	5,42,225	1.704
14. नारनौल बा हवेली	22,43,294	7.049
15. सिंघाना	1,18,81,629	37.335
	सूबा इलाहाबाद	
16. हादियाबाद	5,14,902	1.618
17. माणिकपुर बा हवेली	2,02,866	0.637
18. जायस	1,34,928	3.512
19. चुनार बा हवेली	1,42,918	0.424
20. महोबा	2,63,423	0.449
21. कोरा बा हवेली	6,45,969	0.828
22. कड़ा बा हवेली	11,17,732	2.030
	सूबा अवध	
23. अवध बा हवेली	14,67,507	4.611
24. छित्तापुर	2,97,850	0.936
	सूबा देहली	
25. देहली	37,41,494	11.757
26. बरेली	89,40,902	28.095
27. सम्भल	95,468	0.300
28. अमरोहा	11,21,112	3.523
29. सहारनपुर	20,24,253	6.361
30. रेवाड़ी	28,43,075	8.934
31. हरिद्वार (परगना भोजपुर)	44,275	0.139
32. हिसार फ़िरोज़ा	11,24,659	3.534
33. थानेसर	3,18,332	1.000
	सूबा लाहौर	
34. लाहौर	32,64,848	10.259
35. कलानौर	2,55,007	0.801
36. सुल्तानपुर	3,52,248	1.107
37. सियालकोट	22,27,185	6.998
38. गुजरात	14,49,838	4.556

तालिका-13.3 जारी
नगरीय करों का आकार

सूबा आगरा	*कर का परिमाण (आकलित)*	*सूचकांक (संख्या 1=आधार=100)*
39. अटक बनारस	30,54,724	9.594
40. रोहतास बा हवेली	27,58,363	8.668
41. खुशाब	7,12,918	2.240
42. धनगोत	2,43,016	0.764
43. शम्साबाद	63,63,085	19.995
44. मखियाला	1,30,285	0.409
45. नीलाब	2,42,100	0.761
	सूबा मुल्तान	
46. बल्द मुल्तान	15,56,196	4.890
	सूबा गुजरात	
47. अहमदाबाद	3,13,02,645	98.361
48. बन्दर घोघा	6,00,000*	1.855
49. खम्भात	1,73,27,855	54.449
50. पाटन बा हवेली	52,15,679	16.389
51. नदौत बा हवेली	24,48,001	7.692
52. बड़ौदा	1,01,76,136	31.976
53. भड़ौच बा हवेली	67,26,039	21.135
54. गंधार	2,40,000	0.754
55. हनसोट	13,36,875	4.201
56. बुल्सर	5,19,235	1.632
57. रांदेर	7,339	0.023
58. सूरत बा हवेली	50,12,465	15.751
59. नवसारी	1,20,667	0.379
सौराठ बन्दरगाह का राजस्व	26,02,060	8.176
	सूबा अजमेर	
60. आम्बेर	22,50,435	7.071
61. साँभर	89,75,176	28.202
62. रणथम्भौर	1,51,649	0.477
63. बूँदी	11,61,251	3.649
64. उदयपुर	11,20,000*	3.519
	सूबा मालवा	
65. उज्जैन बा हवेली	7,21,863	2.268
66. सिरौंज	10,47,051	1.084
67. मांडू	23,254	0.073
68. जलालाबाद बा हवेली	17,687	0.056
69. हंडिया	1,45,117	0.456
70. नदूरबार	8,98,640	0.824
71. धार	2,60,585	0.819
	सूबा बिहार	
72. पटना	2,07,160	0.651

* नगर/बन्दरगाह का राजस्व सीधे-सीधे दिया गया है।

में अन्तर रहे होंगे। मिसाल के लिए कोई यह तर्क दे सकता है कि गुजरात में आगरा के सापेक्ष ऊँची क़ीमतों के कारण भी वहाँ करों के आँकड़े अधिक हो सकते हैं या इसके विपरीत, कम क़ीमतें बिहार में नगरीय करों के छोटे आकार के लिए ज़िम्मेदार हो सकती हैं। लेकिन सकल काश्त की हर इकाई के लिए ऊँची क़ीमतों से जमा भी अधिक हो सकती हैं। अगर ऐसा है तो हम आगरा के सापेक्ष अलग-अलग नगरों की कर देने की क्षमता की तुलना नहीं कर सकते और उनके आकार की तुलना तो और भी कम कर सकते हैं। पर फिर भी हर सूबे की जो जमा दी गई है उससे हम (तालिका-13.3 के आधार पर) उस सूबे में करों का जो आकार नज़र आता है उसके सहारे हर क्षेत्र में नगरीकरण के स्तर का निश्चय तो कर ही सकते हैं।

कुल जमा में नगरीय करों के अनुपात जिनको तालिका-13.4 में पेश किया गया है, यह दिखाते हैं कि गुजरात अब भी सबसे अधिक नगरीकरण वाला क्षेत्र है, यह नगरीय कर कुल जमा का बहुत अधिक भाग, 18.73 प्रतिशत है। यह निश्चित रूप से गुजरात की अर्थव्यवस्था में व्यवसायीकरण के एक ऊँचे पैमाने का संकेत देता है।[21] सूबा आगरा में नगरीय कर काफ़ी अधिक है, कुल जमा के 15.7 प्रतिशत हैं, पर ये गुजरात में मौजूद अनुपात से अब भी स्पष्ट रूप से कम हैं। दूसरे सूबों में यह अनुपात 5 प्रतिशत तक भी नहीं है, सिर्फ़ सूबा अजमेर ही इस स्तर के पास पहुँचता है।

तालिका-13.4
कुल नगरीय कर (तालिका-13.3) के आधार
पर जमा के प्रतिशत रूप में (दामों में)

सूबा	*(अ)* *नगरीय कर*	*(ब)* *जमा*	*(अ) (ब)* *के % रूप में*
बिहार	2,07,160	22,19,10,059	0.093
इलाहाबाद	30,22,738	21,22,64,343	1.424
अवध	17,65,357	20,13,99,937	0.877
आगरा	8,56,23,316	54,49,69,548	15.712
मालवा	31,14,197	24,00,38,159	1.297
गुजरात	8,36,34,996	44,83,39,676	18.730
अजमेर	1,36,58,511	28,70,45,025	4.758
देहली	2,02,53,570	60,06,87,797	3.372
लाहौर	2,10,53,617	56,65,60,144	3.716
मुल्तान	15,56,196	15,62,53,243	0.996
कुल	23,38,89,658	3,47,94,67,931	6.723

उल्लेखनीय बात यह है कि तालिका-13.4 जमा में नगरीय करों के जो अनुपात दिखाती है वे अब हाल की स्थिति तक से बड़ी हद तक मेल खाते हैं। भारत और पाकिस्तान की 1961 की जनगणनाओं पर नगरीय जनसंख्या का जो मानचित्र आधारित

है।[22] उस पर नज़र डालें तो हमारे आँकड़ों में शामिल क्षेत्रों के अन्दर गुजरात ही सबसे अधिक नगरीकरण वाला इलाक़ा मालूम होता है, जबकि सूबा बिहार, इलाहाबाद और अवध के संगत इलाक़े ही 1961 के मानचित्र में सबसे कम नगरीकृत दिखाई देते हैं। मुख्य अन्तर मुग़ल सूबा आगरा में शामिल ज़िलों को लेकर है, ये अब अधिक नगरीकृत नहीं दिखाई देते जबकि मध्य पंजाब के ज़िलों में नगरीकरण का ऊँचा पैमाना नज़र आता है।

सल्तनत में कुल मिलाकर नगरीय करों की कुल सीमा के बारे में अब आख़िरी बात। सल्तनत की सकल राजस्व वसूली (ज[1]) की गणना करने के लिए मुग़ल सल्तनत की जमा में हमने ग़ैर-खेतिहर करों की जो 10 प्रतिशत की ऊपरी सीमा मानी है, जमा का 6.730 प्रतिशत का यह अनुपात उस सीमा के अन्दर ही है। इस सीमा तक ये आँकड़े दूसरे साक्ष्यों के आधार पर निकाले गए हमारे निष्कर्ष की सुखद पुष्टि करते हैं।

सन्दर्भ और टिप्पणियाँ

1. वतन जागीरें (जहाँगीर द्वारा दी जानेवाली अल्तून-तमग़ा ज़मीनें) इसके अपवाद थीं, और इनको ग्रामीणीकरण का सम्भावित आरम्भ माना जा सकता है, पर इन हस्तान्तरणों का पैमाना सीमित ही रहा। *एग्रेरियन सिस्टम,* दूसरा संस्करण, 302 और टिप्पणी से तुलना करें।
2. पेल्सेयर, *रिमांसत्रेशी,* 167, अनुवाद : 27
3. फ्रांसिस बुकानन, *ऐन एकाउंट ऑफ़ द डिस्ट्रिक्ट ऑफ़ बिहार एंड पटना इन 1811-1812,* जिल्द दो, पटना 1928, पृ. 774
4. उपरोक्त, जिल्द एक, पृ. 536-37
5. अध्याय-6 के दूसरे भाग में हमारी विवेचना देखें।
6. तालिका-12.7 देखें जिसमें दस्तकारी की वस्तुओं पर ख़र्च (बचत को मिनहा करके) 53,03,39,639 दाम अर्थात घुड़सवारों की आय का 24.99 प्रतिशत आता है।
7. अध्याय-1 का परिशिष्ट एक अ, सुयूरग़ाल आँकड़ों की तालिका देखें।
8. बुकानन ने देखा कि शहरों में लुहारों का एक ऐसा समूह था जो ख़ासकर ग्रामीण बाज़ारों के लिए तलवारें, बल्लम, चाकू और बन्दूकें बनाता था। (मांटगोमरी मार्टिन, *ईस्टर्न इंडिया,* जिल्द दो, भारतीय पुनर्मुद्रण : देहली, 1976, पृ. 260-66 देखें।) अवध की रियासत के बारे में ऐसी ही एक रिपोर्ट के लिए डोनल्ड बटर, *आउटलाइंस ऑफ़ द टोपोग्राफ़ी एंड स्टेटिस्टिक्स ऑफ़ द सदर्न डिस्ट्रिक्ट्स ऑफ़ अवध एंड द कैंटनमेंट ऑफ़ सुल्तानपुर अवध,* कलकत्ता, 1839, 79-81 देखें। शहरी मालों के लिए एक देहाती बाजार का सवाल सिद्धान्त के स्तर पर टी. रायचौधुरी ने *इनक्वायरी,* नई शृंखला दो : 1,92-129 में उठाया था। *कैम्ब्रिज इकोनॉमिक हिस्ट्री ऑफ़ इंडिया,* जिल्द एक, 173-93 भी देखें। इरफ़ान हबीब (*एग्रेरियन सिस्टम,* दूसरा संस्करण, 89-90) यह बात मानते हैं कि ख़ुशहाल ज़मींदारों में शहरी मालों माँग थी, पर इसमें उनको शह है कि किसानों में भी किसी उल्लेखनीय सीमा तक इनकी माँग रही होगी।
9. मुग़लिया दौर में ग्रामीण विनिर्माणों का एक सटीक वर्णन *एग्रेरियन सिस्टम,* दूसरा संस्करण, 62-67 में मिलता है।

10. क्रुक की अहम रिपोर्टें सरकारी *इनक्वायरी इनटू द कंडीशन ऑफ़ द लोअर क्लासेज़ ऑफ़ द नार्थ-वेस्टर्न प्रॉविंसेज एंड अवध (1887-88)* में मिलता है जिसे नैनीताल से 1890 में जारी किया गया था। अपनी टिप्पणी में विलियम क्रुक ने एटा ज़िले के एक औसत छोटे बँटाईदार का पारिवारिक बजट (*इनक्वायरी* आदि, 59-60) पेश किया है। उन्होंने लगान निकालकर किसानों की सालाना आय को 139 रुपये पाया। क्रुक के अनुमान के आधार पर कोई बचत सम्भव नहीं थी बल्कि 5 रुपये का सालाना घाटा ही होता होगा। हमारा यह मान लेना भी मुनासिब ही होगा कि मुग़ल भारत में भी एक आम किसान की बचत नहीं के बराबर ही रही होगी या नहीं ही रही होगी कि वह कुछ जोड़ पाता।
11. उपरोक्त, 60
12. इरफ़ान हबीब, *पोटेंशियालिटीज ऑफ़ कैपिटलिस्टिक डेवलपमेंट इन द इकोनॉमी ऑफ़ मुग़ल इंडिया (1960)*, यह उनके संकलन *एस्सेज़ इन इंडियन हिस्ट्री : टुवड्‌र्स ए मार्क्सिस्ट परसेप्शन* (नई देहली, 1995), 211-12 में पुनर्मुद्रित हुई थी।
13. इरफ़ान हबीब, *ए नोट आन द पॉपुलेशन ऑफ़ इंडिया, 1800-1872* (साइक्लोस्टाइल्ड)
14. उनकी गणना में 1801 में कुल जनसंख्या को 194,439,000 माना गया है। जिसका सुझाव एम. डी. मॉरिस (आईईएसएचआर., ग्यारह : 2-3, 311) ने दिया था। डी. भट्टाचार्य का अनुमान (*रिपोर्ट ऑन पॉपुलेशन ऑफ़ ईस्टर्न इंडिया*, जिल्द तीन, नई देहली, 1985, 1811-20, साइक्लोस्टाइल्ड) ज़रा से अधिक का यानी 20.7 करोड़ का है। किंग्स्ले डेविस (*पॉपुलेशन ऑफ़ इंडिया एंड पाकिस्तान*, 127) अनुमान सिर्फ़ 12.5 करोड़ का है। इस अनुमान के आधार पर 1800 में शहरी आबादी काफ़ी अधिक 20.4 प्रतिशत होती, मगर 1800 में कुल आबादी के बारे में डेविस के अनुमान की भारी आलोचनाएँ हुई हैं और हमारे मौजूदा मक़सद के लिए इसे अनदेखा किया जा सकता है।
15. देहली की मिट्टी की दीवारों और फूस की छतों वाले झोंपड़ों के बारे में बर्नियर का बयान देखें (*ट्रेवेल्स*, 220) इनमें दरबार और फ़ौज के साथ लश्कर में चलनेवाले आम फ़ौजियों को तथा नौकरों-चाकरों की भारी तादाद को रखा जाता था।
16. अलग-अलग शहरों का बयान और विभिन्न मदों में उनका विभाजन हमीदा ख़ातून, नक़वी, *अर्बनालाइजेशन, एंड अर्बन सेंटर्स अंडर द ग्रेट मुग़ल्स, 1556-1707*, शिमला, 1972 में किया गया है। समकालीन स्रोतों से स्वतंत्र रूप से तैयार की गई मेरी सूची की जाँच के लिए उनके अध्ययन को देखा जा सकता है।
17. अध्याय-2 देखें।
18. अबुल फ़ज़्ल के अनुसार जो सौदागर 2 दाम प्रतिमन के हिसाब से नमक ख़रीदते थे, राज्य को हर 17 मन पर 40 दाम देते थे। (*आईन*, एक, 539), इस तरह राज्य का महसूल मुख्य लागत का 117.6 प्रतिशत था।
19. *आईन*, एक, 538, मोंसरेट, 159-60, कोर्याट, *अर्ली ट्रेवेल्स*, 243 (वे 1615 में लाहौर गए थे।)
20. मोरलैंड, *इंडिया ऐट द डेथ ऑफ़ अकबर*, 12 से तुलना करें।
21. देखें पियर्सन जिनके अनुमान से 1572 में समुद्री व्यापार का कुल मूल्य, 8,00,00,000 रुपये था। उनकी राय में यह गुजरात की खेतिहर पैदावार के कुल मूल्य का 2.42 गुना था। (*मर्चेंट्स एंड रूलर्स इन गुजरात द रिस्पांस टू द पोर्चुग्वीज़ इन द सिक्सटींथ सेंचुरी*, कैलिफ़ोर्निया, 1976, 23-24 देखें।) इस गणना की आलोचना के लिए शीरीं मूसवी, *मेडिवल इंडिया : ए मिस्सेलेनी*, चार, 217-20 देखें।

22. ओ. एच. के. स्पेट और ए. टी. ए. लियरमंथ, इंडिया एंड पाकिस्तान, तीसरा संस्करण, 1967 में पृ. 126 पर चित्र 4.2 (मानचित्र) देखें।
23. आरिफ़ क़ंदहारी, 30-32, 35 (*तमग़ा* आदि), *अकबरनामा*, बि इं, तीन, 295-96 (*बाज-तमग़ा*), *तबक़ाते-अकबरी*, दो, 327 (तमग़ा, जक़ात), *आईने-अकबरी*, एक, 204 बाज।
24. वे अपवाद (जिन पर जक़ात वसूल किया जाता था) घोड़े, हाथी, भेड़-बकरियाँ, हथियार और माल (क़ुमाश) बतलाए गए हैं। (*इंशा-ए-अबुल फ़ज़्ल*, 67-68), *मिरअते-अहमदी*, एक, 171-72 देखें।
25. आईन, एक, 284 देखें। इसमें जक़ात की जगह बाज और तमग़ा शब्दों का प्रयोग किया गया है। यहाँ कोतवाल से कहा गया है कि दूसरी वस्तुओं पर इस कर की वसूली को रोके।
26. *इंशा-ए-अबुल फ़ज़्ल*, 67-68, *मिरअते-अहमदी*, एक, 171-73
27. *आईन*, एक, 204
28. उपरोक्त, 284
29. ब्लोचेट, सप्लि, पार्टी, 482, फ़ोलियो 169 ए-बी में हिजरी 991 ईसवी 1583 का हुक्मनामा। इसे जल्द ही वापस ले लिया गया था। (ब्लोचेट, उपरोक्त, फ़ोलियो 157 बी देखें।) शासन वर्ष 37 (1592-93) में जारी अकबर के फ़रमान (*इंशा-ए-अबुल फ़ज़्ल*, 67-68, *मिरअते-अहमदी*, एक, 171-72) में मंसूख किए गए करों में इसका भी ज़िक्र आया है।
30. *अकबरनामा*, तीन, 670
31. *आईन*, एक, 284
32. ऐसे करों की एक सूची के लिए *आईन*, एक, 287 देखें।
33. *नेशनल इनकम*, 1965 (अनुलेखित), 162
34. उपरोक्त, 2000 (मुद्रित), 377
35. *कैम्ब्रिज इकोनॉमिक हिस्ट्री*, जिल्द दो, 397
36. *क्लास स्ट्रक्चर एंड इकोनॉमिक ग्रोथ : इंडिया एंड पाकिस्तान सिंस द मुग़ल्स*, लंदन, 1971, 166-67 देखें। हेस्टन की मान्यताओं की आलोचना के लिए 'व्हाट डिड हेस्टन डू' (अनुलेखित) और इरफ़ान हबीब, *स्टडीइंग कोलोनियल इकोनॉमी विदाउट परसीविंग कोलोनियालिज्म, मॉडर्न एशियन स्टडीज़*, वर्ष 19, भाग 3, 1985, 369-70 देखें।

परिशिष्ट-13 (अ)

टिप्पणी : यहाँ तथ्य इतने सुज्ञात हैं कि किसी पुष्टि की आवश्यकता नहीं, उनको छोड़ अधिकांश विवरण के लिए स्रोत दिए गए हैं। टकसालों की सूची आईन, एक में पृ. 27 पर मिलती है। बाद की टकसालों के हवाले सिक्कों की सूचियों से निकाले गए हैं। जिन नगरों में ग्रामीण परगनों की ज'/आ' नगरीय परगनों से अधिक है उनके पहले * का निशान लगाया गया है। पेल्सेयर के सभी हवाले उनकी रचना *रिमांसत्रेशी* (अनुवाद) पर आधारित हैं।

सूबा आगरा

1.	आगरा बा हवेली	:	सल्तनत की राजधनी, प्रमुख व्यापार केन्द्र, टकसाल (*आईन*, 1,27)
2.	बयाना	:	बहुत उम्दा नील की खेती और उत्पादन, नील के व्यापार का केन्द्र (*आईन*, 1,4227; फिंच 151-52; पेल्सेयर, 13)
3.	चँवर	:	आगरा से इलाहाबाद के प्रमुख मार्ग पर नाव यातायात का ठिकाना
4.	धौलपुर	:	आगरा-बुरहानपुर मार्ग पर; चंबल में नाव यातायात का नियंत्रण
5.	फ़तेहपुर सीकरी	:	अकबर की मशहूर राजधानी; ऊनी कालीनों का उत्पादन (*आईन*, एक, 50; पेल्सेयर, 9; तेवेनाट, 56); लाल बलुवा पत्थर की खदानें (*आईन*, एक, 422; फिंच 151-52); टकसाल (*आईन*, 1,27)
6.	मथुरा	:	तीर्थस्थान, आगरा-देहली मार्ग पर
7.	हिंडोन	:	नील-उत्पादन का केन्द्र (पेल्सेयर, 14)
8.	कन्नौज बा हवेली	:	सरकार का मुख्यालय, ताँबे की टकसाल
9.	कोल*	:	सरकार का मुख्यालय, नील उत्पादन (फिंच, *अर्ली ट्रैवेल्स*, 179; पेल्सेयर 15)
10.	ग्वालियर बा हेवली	:	सरकार का मुख्यालय, चमेली के तेल का उत्पादक (मुंडी, दो, 62-63); ताँबे की टकसाल (*आईन*, एक, 27)
11.	ईड़च*	:	सरकार का मुख्यालय
12.	पयाजवान*	:	सरकार का मुख्यालय
13.	नरवर	:	सरकार का मुख्यालय
14.	मंडलेर*	:	सरकार का मुख्यालय
15.	अलवर	:	सरकार मुख्यालय, ऊनी कालीन, कांच (*आईन*, एक, 422-25); शोरा (*आईन*, एक, 45); ताँबे की टकसाल (आईन, एक, 27)
16.	बैराट	:	ताँबे की खदानें (*आईन*, एक, 422)
17.	तिजारा बा हवेली	:	सरकार का मुख्यालय
18.	नारनौल बा हवेली	:	सरकार का मुख्यालय; बाद में टकसाल
19.	सिंघाना	:	ताँबे की खदानें (*आईन*, एक, 422, 454), ताँबे की टकसाल (*आईन*, एक, 27)
20.	सहार	:	सरकार का मुख्यालय

परिशिष्ट-13 (अ) जारी

सूबा इलाहाबाद

21.	इलाहाबाद*	: सूबा और सरकार की राजधानी, टकसाल (*आईन*, एक, 27)
22.	हादियाबाद	: यमुना पार इलाहाबाद के सामने दूसरी तरफ़ नावों का घाट
23.	ग़ाज़ीपुर*	: सरकार का मुख्यालय; इलाहाबाद-पटना मार्ग पर
24.	बनारस*	: सरकार का मुख्यालय; ताँबे की टकसाल (*आईन*, एक, 27), मलमल (*आईन*, एक, 423)
25.	माणिकपुर बा हवेली	: सरकार का मुख्यालय
26.	जायस	: मशहूर नगर
27.	चुनार बा हवेली	: सरकार का मुख्यालय, बर्तन-भाँडे (मुंडी, दो, 114)
28.	महोबा	: पान के पत्तों के लिए मशहूर (*आईन*, एक, 424)
29.	कालिंजर*	: सरकार का मुख्यालय
30.	कोरा बा हवेली	: सरकार का मुख्यालय, आगरा-इलाहाबाद मार्ग पर (फिंच, 178-79)
31.	कड़ा बा हवेली	: सरकार का मुख्यालय, आगरा-इलाहाबाद मार्ग पर (फिंच, 178-79)

सूबा अवध

32.	अवध बा हवेली	: सूबे की राजधानी, सरकार का मुख्यालय, सींग से बर्तनों का निर्माण (फिंच, 176), खुरदुरे कपड़े (पेल्सेयर, 7), आगरा-जौनपुर मार्ग पर, ताँबे की टकसाल (*आईन*, एक, 27)
33.	गोरखपुर*	: सरकार का मुख्यालय, ताँबे की टकसाल (*आईन*, एक, 27)
34.	बहराइच*	: सरकार का मुख्यालय
35.	ख़ैराबाद*	: सरकार का मुख्यालय
36.	छित्तापुर	: छींट (तेवेनाट, एक, 57)
37.	लखनऊ*	: सरकार का मुख्यालय, ताँबे की टकसाल (*आईन*, एक, 27)

सूबा देहली

38.	देहली	: सूबे की राजधानी, सरकार का मुख्यालय, छींट, टकसाल (*आईन*, एक, 27)
39.	बदायूँ*	: सरकार का मुख्यालय, ताँबे की टकसाल (*आईन*, एक, 27)
40.	बरेली	: देहली-पटना मार्ग पर, बाद में टकसाल
41.	सम्भल	: सरकार का मुख्यालय, वैकल्पिक देहली-पटना मार्ग पर, ताँबे की टकसाल (*आईन*, एक, 27)
42.	अमरोहा	: देहली-पटना मार्ग पर एक नगर
43.	सहारनपुर	: सरकार का मुख्यालय, ताँबे की टकसाल (*आईन*, एक, 27)
44.	रेवाड़ी	: सरकार का मुख्यालय, देहली-अजमेर मार्ग पर

45. हरिद्वार (परगना भोगपुर)	:	तीर्थस्थान, ताँबे की टकसाल (*आईन*, एक, 27)
46. हिसार फ़िरोज़ा	:	सरकार का मुख्यालय, ताँबे की टकसाल (*आईन*, एक, 27)
47. सरहिन्द*	:	सरकार का मुख्यालय, ताँबे की टकसाल (*आईन*, एक, 27)
48. थानेसर	:	नौसादर (पेल्सेयर, 46; परचस, चार, 49), बुने हुए कपड़े (*हफ़्त इक़्लीम*, दो, 467)

सूबा लाहौर

49. लाहौर	:	सल्तनत की दूसरी राजधानी, कपड़े (*आईन*, एक, 106), शॉलें (*आईन*, एक, 104), जहाज़-निर्माण (*आईन*, एक, 202), कपड़े (पेल्सेयर, 31), टकसाल (*आईन*, एक, 27)
50. कलानौर	:	ताँबे की टकसाल (*आईन*, एक, 27)
51. सुल्तानपुर	:	छींट और कम्बल (परचस, चार, 267-68)
52. सियालकोट	:	सरकार का मुख्यालय, मलमल, काग़ज़, कम्बल, खंजरों, भालों का उत्पादन (सुजान राय, 72), ताँबे की टकसाल (*आईन*, एक, 27)
53. गुजरात	:	जिप्सम की प्लेटें आदि (*आईन*, एक, 539)
54. अटक बनारस	:	नावों का घाट (*आईन*, एक, पृ. 590); ताँबे की टकसाल (*आईन*, एक, 27)
55. रोहतास बा हवेली	:	सरकार का मुख्यालय, लाहौर-काबुल मार्ग पर
56. खुशाब	:	झेलम किनारे महशूर नगर
57. धनगोत	:	नमक की खदानें (*आईन*, एक, 548)
58. शम्साबाद	:	नमक की खदानें (*आईन*, एक, 548)
59. मखियाला	:	नमक की खदानें (*आईन*, एक, 548)
60. नीलाब	:	नावों का घाट (*आईन*, एक, 590)
61. बल्द मुल्तान	:	सूबे की राजधानी, क़न्धार-मुल्तान मार्ग पर एक बड़ा बाज़ार, टकसाल (*आईन*, एक, 27)
62. उछ*	:	सरकार का मुख्यालय

सूबा गुजरात

63. अहमदाबाद	:	सूबे की राजधानी, सरकार का मुख्यालय, मखमल के लिए मशहूर (*आईन*, एक, 486; पेल्सेयर, 19; परचस, चार, 167); सोने और चाँदी की कढ़ाई, जड़ाई का काम (*आईन*, एक, 485; फिंच, 173)
64. बन्दर घोघा	:	बड़ा बन्दरगाह (*आईन*, एक, 486), जहाज़-निर्माण (इंग्लिश फ़ैक्टरीज़ इन इंडिया, 1634-36, 95)
65. खम्भायत	:	बन्दरगाह (*आईन*, एक, 486); हाथी दाँत की तराश; गोमेद और अक़ीक़ की तराश (तंवैनाट, 18), मलमल और कम्बल (कैरेरी, 164)

66. पाटन बा हवेली	:	सरकार का मुख्यालय, कपड़े (*आईन*, एक, 487), ताँबे की टकसाल (*आईन*, एक, 27)
67. नदौत बा हवेली	:	सरकार का मुख्यालय
68. बड़ौदा	:	सरकार का मुख्यालय, कपास भरी चीज़ें, (पेल्सेयर, 43)
69. भड़ूच बा हवेली	:	सरकार का मुख्यालय अक़ीक़ और गोमेद (फिंच, 174); छींट (पेल्सेयर, 43)
70. गंधार	:	बन्दरगाह (आईन, एक, 488)
71. हनसोट	:	बन्दरगाह (आईन, एक, 488)
72. बुल्सर	:	बन्दरगाह (आईन, एक, 488), कपास व रेशम से बनी चीज़ें (एब्बी केरी, तीन, 767)
73. रांदेर	:	बन्दरगाह (*आईन*, एक, 488), बाफ़्ता (मोटा, सस्ता सूती कपड़ा, पेल्सेयर, 41)
74. चंपानेर*	:	सरकार का मुख्यालय
75. सूरत बा हवेली	:	सरकार का मुख्यालय, बन्दरगाह (*आईन*, एक, 488; पेल्सेयर, 38-39), जहाज़-निर्माण (फ्रायर, एक, 299, 306), कपास व रेशम के समान (ट्रेवर्नियर, दो, 3), टकसाल (आईन, एक, 27)
76. नवसरी	:	जहाज़-निर्माण, ख़ुशबूदार तेल (*आईन*, एक, 488), बाफ़्ता (फिंच, 134)
77. गोधरा*	:	सरकार का मुख्यालय

सूबा अजमेर

78. अजमेर*	:	सूबे की राजधानी, ताँबे की टकसाल (*आईन*, एक, 27)
79. आम्बेर	:	सरकार का मुख्यालय, रेशम की चीज़ें (*आईन*, एक, 106)
80. साम्भर	:	नमक (*आईन*, एक, 512; ब्रिम्यू एड 6552)
81. चित्तौड़*	:	सरकार का मुख्यालय
82. रणथम्भौर	:	सरकार का मुख्यालय, ताँबे की टकसाल (*आईन*, एक, 27)
83. बूँदी	:	हाड़ा राजवंश का मुख्य केन्द्र
84. उदयपुर	:	मेवाड़ की नई बनी राजधानी

सूबा मालवा

85. उज्जैन बा हवेली	:	सूबा की राजधानी, टकसाल (*आईन*, एक, 27)
86. रायसेन*	:	सरकार का मुख्यालय
87. चंदेरी*	:	सरकार का मुख्यालय
88. फोटरी पीरावा*	:	सरकार का मुख्यालय
89. सिरौंज	:	मलमल (*आईन*, एक, 461), छींट (मुंडी, दो, 56); पान के पत्ते (फिंच, 43 ताँबे की टकसाल)
90. मांडू	:	सरकार का मुख्यालय, बुरहानपुर-आगरा मार्ग पर, ताँबे की टकसाल (*आईन*, एक, 27)

परिशिष्ट-13 (अ) जारी

91.	जलालाबाद बा हवेली	:	सरकार का मुख्यालय
92.	हंडिया	:	सरकार का मुख्यालय, बुरहानपुर-आगरा मार्ग पर (फिंच, 193-93)
93.	नदुरबार	:	सरकार का मुख्यालय
94.	धार	:	अंगूरों के लिए मशहूर (*आईन*, एक, 456)

सूबा बिहार

95.	बिहार बा हवेली*	:	सरकार का मुख्यालय, काग़ज़ का उत्पादन (*आईन*, एक, 417)
96.	पटना	:	सूबा की राजधानी, खुरदुरा मलमल, दालें (पेल्सेयर, 8), टकसाल (आईन, एक, 27)
97.	हाजीपुर*	:	सरकार का मुख्यालय
98.	रोहतास*	:	सरकार बका मुख्यालय

परिशिष्ट-13 (ब)
करों के आँकड़ों के आधार पर विनिर्माणों द्वारा योजित मूल्य और सौदागरों की आय

इस अध्याय में हमने विभिन्न परगनों के लिए आईने-अकबरी में जमा में शामिल ग़ैर-देहाती मात्र कर की सीमा का पता लगाने का प्रयास किया है। यह गणना नगरीकृत क्षेत्रों में, साथ के ग्रामीण क्षेत्रों से तुलना करते हुए, जमा प्रति मील/किलोमीटर के आँकड़ों पर आधारित है। इस तुलना की प्रकृति ही ऐसी है कि इससे मालूम होनेवाले नगरीय कर वास्तविक से कम ही रहे होंगे क्योंकि कोई भी ग्रामीण क्षेत्र मुमकिन ही नहीं कि नगरों से पूरी तरह वंचित रहा हो। इसके अलावा अगर शहरी बस्तियाँ साथ-साथ लगे इलाक़ों के बीच एक समान बँटी होतीं तो भारी नगरीयकरों का फिर भी पता लगाना मुमकिन नहीं होता। इन कारणों से ज़रूरी है कि जमा में नगरीय करों के भाग को हमारे द्वारा निकाले गए, जमा के 6.723 प्रतिशत भाग से बढ़ाकर 10 प्रतिशत कर दिया जाए ताकि वह वास्तविक के और भी पास पहुँच सके।

सल्तनत के अन्दर 1595 के आसपास मात्र वास्तविक नगरीय कर का इस तरह प्राप्त आँकड़ा (सुयूरग़ाल के आँकड़ों को मिनहा किए बिना) 40,61,12,358 दाम रखा गया। सकल नगरीय कर का पता लगाने के लिए हमें कर-वसूली की लागत को जोड़ना होगा जो मूकर के मुआमले में मुमकिन है कि काफ़ी कम रहे हों। यहाँ हमारे पास आगे बढ़ने के लिए कुछ ख़ास नहीं है लेकिन, ग्रामीण करों की वसूली की लागतों को ध्यान में रखते हुए यह कुल वसूली के 10 प्रतिशत से कम ही रही होगी। इसलिए इस कुल वसूली का पता करने के लिए ज़रूरी है कि मात्र नगरीय करों की वसूली को 11.11 प्रतिशत बढ़ाया जाए जिससे 45,12,31,441 दाम का आँकड़ा आएगा जिसमें वसूली की लागत 4,51,19,083 दाम होगी। यह अन्तिम आँकड़ा कर वसूल करनेवालों आदि की कुल का आय का सूचक होगा। हम वैध ढंग से यह बात मान सकते हैं कि ये लोग बुनियादी तौर पर नगरवासी होंगे।

जहाँ इस आँकड़े को नगरवासियों की आय में जोड़ा जाना चाहिए वहीं इस टिप्पणी में उठाया गया प्रमुख प्रश्न यह है कि ये कर जिन मालों, उत्पादों और सेवाओं पर वसूल किए जाते थे उनके मूल्य के बारे में कुल वसूली का आँकड़ा क्या कहता है।

इन करों (हमारी दस्तावेज़ों में *साइर जिहात*) की प्रमुख मद वह थी जिसे तमग़ा, बाज या जक़ात कहा जाता था। यह सही है कि अकबर ने इस कर को दो बार, और दूसरी बार 1581 में, समाप्त किया था।[23] लेकिन 1592-93 में जारी हुक्मनामे के पाठ से स्पष्ट है कि यह उन्मूलन पशुओं, हथियारों और ख़रीद-बिक्री के समानों पर लागू नहीं होता था।[24] इसकी पुष्टि आईने-अकबरी से होती है जिसमें बैलों को कर युक्त व्यापार वाले पशुओं में शामिल किया गया था।[25] दूसरी तरफ़ अनाज, दवा-दारू के सामान, घी, नमक, शक्कर, इत्र, कपास, (पर लगता है कफ़े नहीं), ऊनी सामान, चमड़े के सामान, जलावन, चारा आदि को स्पष्ट रूप से इससे बाहर रखा गया था।[26] इसका मतलब यह हुआ कि बाज महसूल बुनियादतन नगरीय विनिर्माणों और ख़रीद-बिक्री के जानवरों पर वसूली किए जाते थे।

रहा सवाल करों के आकलन के लिए अपनाई गई दर या दरों का तो वैकल्पिक नाम ज़कात यह संकेत देता है कि इस नाम से मुस्लिम विधिशास्त्री जो वसूली करते थे उसी की

तरह इसकी दर एक बटा चालीस या यथा मूल्य 2.5 प्रतिशत थी। वास्तव में आईन में कहा भी गया है कि बन्दरगाहों पर वसूल किया गया बाज (मूल्य के) चालीसवें भाग से कम नहीं होता था।[27] फिर भी इस लेकर सन्देह है कि सौदागरी के सामानों पर सिर्फ़ एक स्थान पर बाज/तमग़ा अदा किया जाता था।[28] यह नियम कैसे लागू किया जा सका, इसे समझना आसान नहीं है, पर इससे यह सम्भावना ज़रूर बची रहती है कि ख़रीद-बिक्री का कोई कर योग्य सामान जब हस्तान्तरण के अन्तिम स्थान तक पहुँचाने से पहले एक से दूसरे सूबे में ले जाया जाता होगा तो उस पर दोबारा भी बाज वसूला जाता होगा।

फिर स्थानीय व्यापार में और लम्बी दूरी के व्यापार में भी शामिल वस्तुओं पर दूसरे कर भी तो वसूल किए जाते थे। एक को तो, जिसे अकबरी दौर में थोड़े समय के लिए लगाया गया था, सद-यक, अर्थात शब्दश: 'एक सौ एक' कहा जाता था और इसे वस्तुओं की बिक्री के मकाम पर वसूल किया जाता था।[29] अपने-अपने अधिकार क्षेत्र में आनेवाले रास्तों के पड़ावों पर विभिन्न अधिकारभोगियों द्वारा तरह-तरह के महसूल वसूल किए जाते थे जिनको राहदारी कहा जाता था। लगता है, इनको आने-जानेवाले मालों पर उनके मूल्यों के हिसाब से वसूल किया जाता था और इसी कारण से उनको अबुल फ़ज़्ल ने 'तमग़ा जैसा' कहा है। 1595-96 में अकबर ने इनकी वसूली को बन्द कराने की ज़िम्मेदारी सौंपकर प्रमुख मार्गों पर विशेष अधिकारी तैनात किए थे।[30] नदियों में नावों पर लदे सामानों पर ख़ास महसूल वसूल किया जाता था, जिसे मीर-बहरी कहा जाता था। अबुल फ़ज़्ल ने इसकी जो दरें दी हैं वे काफ़ी मुनासिब लगती हैं पर कोई भी दर मूल्यानुसार नहीं है।[31] राहदारी के अलावा कुछ दूसरे निषिद्ध महसूल भी थे जिनमें पेशों पर महसूल (पेशावरी), बाज़ारों पर महसूल (बाज़ार-नशीनी) आदि शामिल थे। ये भी ऐसे कर थे जिनका परिमाण, वस्तुओं के मूल्यों के सापेक्ष, अज्ञात ही है। फिर भी कुल मिलाकर यह भी अच्छा-ख़ासा रहा होगा।[32]

कर योग्य मालों के वास्तविक मूल्य का पता लगाने के लिए इन तमाम संकेतों को एक सामान्य सूत्र में ढाल पाना कठिन है। हम तो सिर्फ़ बाज की मानक दर को ले सकते हैं जो मूल्य का 2.5 प्रतिशत थी। और इस बात को ध्यान में रखने पर कि मालों के एक भाग पर और ख़ास तौर पर लम्बी दूरी के व्यापार में शामिल मालों पर इसे दो बार वसूल किया जाता होगा, हम यह भी मान सकते हैं कि लम्बी दूरी के व्यापार पर बाज का वास्तविक बोझ आने-जाने वाले सामानों के मूल्य का 5 प्रतिशत रहा होगा। पर कुछ दूसरे महसूल भी तो थे जो औपचारिक रूप से तो निषिद्ध थे पर जिनसे मिलनेवाली रक़मों को हर क्षेत्रीय इकाई के लिए जमा का निश्चय करते समय ध्यान में रखा गया होगा। कुल मिलाकर यह मान लेना मुनासिब ही लगता है कि व्यापार की कोई वस्तु बाज समेत विभिन्न महसूलों की मदों के तहत अपने कुल मूल्य की 10 प्रतिशत रक़म देती रही होगी।

हमारे आकलन के आधार के रूप में इस तरह कर योग्य वस्तुओं का कुल विक्रय मूल्य और बेचे जोनवाले मवेशियों, घोड़ों और हाथियों का मूल्य मिलाकर (10×45,12,31,441) = 4,51,23,14,410 दाम रहा होगा। इसमें कर शामिल नहीं है।

अब अगर हम यह अतिवादी मान्यता स्वीकार करें कि ख़रीदे-बेचे जानेवाले मवेशियों का मूल्य पशुपालन की कुल आमदनी का कम-से-कम आधा रहा होगा तो फिर इसके कारण हमें पशुपालन की आय का कुल परिमाण भी निकालना होगा। इसे तय करने का सबसे सुविधाजनक ढंग यह है कि आधुनिक सांख्यिकी विशेषज्ञों की बात मान ली जाए।

शिवसुब्रमण्यन ने इसे 1901-10 के दौरान खेतिहर आमदनी का 28.94 प्रतिशत बतलाया[33] मगर अपनी संशोधित गणनाओं में इसे घटाकर 20.65 प्रतिशत कर दिया।[34] हेस्टन ने 1899-1900 के लिए इस भाग को 36.4 प्रतिशत माना था,[35] पर मेडिसन ने दिखाया कि यह बहुत अधिक था और उन्होंने 25.15 प्रतिशत के बराबर माना।[36] अब अगर हम यह मान लें कि 1595-96 के दौरान खेतिहर पैदावार ज' के बराबर थी और इसलिए यह 10,45,33,32,094 दाम थी तो पशुपालन की आमदनी, खेतिहर उत्पाद के 25 प्रतिशत के रूप में 2,61,33,33,024 दाम रही होगी। अब अगर इसमें आयातित घोड़ों का मूल्य (28,47,460.5 रुपये = 11,38,98,420 दाम) (अध्याय-16) और बेचे जाने वाले हाथियों का मूल्य, जो हमारी गणना (अध्याय-18) के अनुसार 4,90,30,000 दाम था, जोड़ लिया जाए तो कुल रक़म 1,46,95,94,932 दाम आती है जो कर योग्य वस्तुओं के कुल मूल्य, अर्थात 4,15,23,14,410 दाम में से मिनहा की जा सकने वाली सम्भवत: सबसे बड़ी रक़म है जिससे व्यापार में शामिल और करों की वसूली योग्य नगरीय विनिर्माणों का कुल मूल्य मिलेगा। इस तरह यह मूल्य 3,04,27,19,478 दाम आता है। अगर मज़दूरी की लागतें इन विनिर्माणों के मूल्य की आधी रही होंगी तो हमारे सामने नगरीय विनिर्माणों द्वारा योजित मूल्य 1,52,13,59,739 दाम आता है। इसकी तुलना नगरीय विनिर्माणों द्वारा योजित मूल्य के बारे में हमारी मुख्य अध्याय में की गई गणना से की जानी चाहिए। यह मूल्य 1,90,05,11,588 दाम आया था जिसके बड़े आकार की व्याख्या इस तथ्य से की जा सकती है कि इसमें कुछ ऐसी वस्तुएँ भी थीं जो व्यापार में शामिल न थीं और इसलिए उन पर कर नहीं लगता होगा।

उपरोक्त आँकड़ों से सौदागरों के मुनाफ़ों की गणना करने के लिए हमें कर योग्य व्यापार के मूल्य की उस कुल रक़म की तरफ़ वापस जाना होगा जिसे हमने 4,51,23,14,410 दाम पाया था। हमें इसमें खेतिहर पैदावार के व्यापार को भी शामिल करना होगा जिस पर, कम-से-कम औपचारिक रूप से, कोई कर नहीं लगता था। उसके पैमाने को जानने का एक अपेक्षाकृत कामचलाऊ और असान ढंग यह मान लेना होगा कि यह व्यापार पूरी तरह भूमि कर से प्रेरित था, जिसका शुद्ध रूप से यह अर्थ हुआ कि उसका सालाना परिमाण सल्तनत के मात्र वार्षिक राजस्व मिनहा नगरीय कर के बराबर था। इसके आधार पर यह रक़म (जमा = 4,06,11,23,580—मिनहा नगरीय कर = 40,61,12,358) = 3,65,50,11,222 दाम बैठती है। अगर हम मान लें कि इस व्यापार का कम-से-कम 25 प्रतिशत भाग नगरों के सौदागरों की मार्फ़त होता था (और बाक़ी को हम बंजारों और गाँवों के बनियों के लिए छोड़ दें।) तो नगरों के सौदागरों के हाथों होने वाला खेतिहर व्यापार, 91,37,52,806 दाम के बराबर रहा होगा और उनके व्यापार का कुल परिमाण 5,42,60,67,216 दाम होगा। अगर हम आगे यह मान लें कि इन सौदागरों के ज़रिये होनेवाले कुल व्यापार में उनका शुद्ध लाभ 25 प्रतिशत रहा होगा (जो कि उन दिनों चक्रवृद्धि ब्याज की सालाना दर 12.69 प्रतिशत का कम-से-कम दोगना था) तो शहरों के सौदागरों के मुनाफ़ों के रूप में हमें 1,35,65,16,804 दामा का आँकड़ा मिलता है।

इस तरह ग्रामीण सौदागरों और बंजारों के ज़रिये होनेवाले व्यापार का मूल्य 2,74,12,58,417 दाम बैठता है, जिससे उनको इस मूल्य के 25 प्रतिशत के रूप में अनुमानत: 68,53,14,604 दाम का मुनाफ़ा मिलता रहा होगा।

परिशिष्ट-13 (स)
ज़मींदारों की शुद्ध आय

मुग़ल सल्तनत के इलाक़ों के अन्दर ज़मींदारों की आय की गणना करने के लिए हम पहले निकाले गए इन निष्कर्षों को अपना आधार बनाएँगे कि कर देनेवाली ज़मीनों से ज़मींदारों की सकल आय (सिर्फ़ खेतिहर) ज की एक-तिहाई थी (अध्याय-7) और इसे आँकड़ों में तब्दील करें तो यह आय (1/3×3,65,50,11,222) = 1,21,83,37,074 दाम के बराबर थी।

ज़मींदारों की शुद्ध आय का पता करने के लिए हमें इस आँकड़े में से उनके घुड़सवारों और पियादों पर होनेवाला ख़र्च निकालना होगा। आईन के आँकड़ों के आधार पर इन लोगों की संख्याएँ क्रमश: 3,84,558 और, 42,77,057 थीं। अगर हम उनकी सालाना तनख़्वाहों को क्रमश: 1000 और 100 दाम (अध्याय-7) मानें तो घुड़सवारों पर होनेवाला कुल ख़र्च 38,45,51,000 दाम और क्रमश: पियादों के सिलसिले में 42,77,05,100 दाम रहा होगा। इस तरह उनकी तनख़्वाह पर कुल मिलाकर 81,22,56,700 दाम की रक़म ख़र्च होती होगी, जिसके बाद ज़मींदारों के हाथों में 40,60,80,374 दाम की शुद्ध आय बचती होगी।

अध्याय-14

क़ीमतें और उजरतें

आईन में दो महत्त्वपूर्ण विषयों—क़ीमतों और उजरतों (वेजेज़)—पर भरपूर सूचनाएँ दी गई हैं। वी. ए. स्मिथ, मोरलैंड, मुखर्जी और देसाई ने इनका अध्ययन भी किया है।[1]

अबुल फ़ज़्ल का एक अध्याय पूरी तरह खेतिहर और पशुओं से प्राप्त वस्तुओं के दामों पर है, जैसे अनाज, सब्ज़ियाँ, जानवरों और चिड़ियों के मांस, मसालों, अचारों आदि के।[2] (सूखे और ताज़े) फलों, इत्र, तरह-तरह के रेशमी, सूती और ऊनी कपड़ों, हथियारों और ज़िरह-बख़्तरों, और इमारती साज़-सामान पर भी एक-एक अध्याय दिए गए हैं।[3] रसायनों, धातुओं, लोहे के खूँटों, घोड़े के नालों और दूसरी बहुत सी वस्तुओं को हम दूसरे अध्यायों में बिखरा हुआ पाते हैं।

हम इन क़ीमतों का इस्तेमाल कर सकें, इससे पहले हमें उनकी प्रकृति के बारे में निश्चिन्त होना होगा। यानी पहले तो ये कि क्या ये खुदरा क़ीमतें थीं या थोक की थीं, और वे किस स्थान या किन स्थानों पर प्रचलित थीं?

वस्तुओं की दरों का आईन (आईने-निर्ख़े-अजनास) शीर्षक अध्याय की संक्षिप्त प्रस्तावना में कहा गया है कि ये कमोबेश औसत (मियाना) क़ीमतें हैं, हालाँकि मुहिम के दौरान और बरसात में क़ीमतों में भारी तब्दीली आती रहती है।[4] इस वक्तव्य से कोई मुनासिब तौर पर यह निष्कर्ष निकाल सकता है कि अबुल फ़ज़्ल ने जो क़ीमतें दर्ज की हैं वे शाही छावनी में प्रचलित क़ीमतें हैं जबकि कोई मुहिम न चल रही हो और जबकि बरसात को छोड़ कोई और मौसम हो। शाही छावनी की क़ीमतें होने के नाते ये खुदरा क़ीमतें रही होंगी और पास-पड़ोस के देहाती इलाक़ों में प्रचलित क़ीमतों से (कम-से-कम अनाजों के मुआमले में) अधिक रही होंगी।

फिर भी जहाँ स्मिथ और मुखर्जी ने आईन की क़ीमतों को खुदरा माना है वहीं मोरलैंड का तर्क था कि ये थोक की क़ीमतें थीं क्योंकि दूर-दराज के मुख़्तलिफ़ स्थानों से ही बावर्चीख़ाने और दूसरे महकमों के लिए इन्हीं क़ीमतों पर सामान ख़रीदे जाते थे।[5] दूसरे शब्दों में, ये छावनी में प्रचलित क़ीमतें थीं ही नहीं। अगर हम इस विचार को स्वीकार करें तो यह स्पष्ट करना कठिन होगा कि जब छावनी किसी मुहिम पर हो तो (जैसाकि अबुल फ़ज़्ल कहते हैं) क़ीमतें बदलती ही क्यों थीं। दूर-दराज के बाज़ारों में दी गई क़ीमतें तो शाही छावनी की मुहिमों से प्रभावित नहीं होनी चाहिए थीं।[6]

प्रसंगवश, अंगूर के दामों से पता चलता है कि ये क़ीमतें न तो थोक की थीं और न मूल बाज़ारों में प्रचलित क़ीमतें थीं। अबुल फ़ज़्ल कहते हैं कि कश्मीर में कश्मीरी अंगूर एक दाम के 8 सेर (यानी एक मन के 5 दाम) के भाव से बिकते थे और शाही छावनी तक उनको लाने की लागत दो रुपये प्रतिमन (80 दाम प्रतिमन) थी।[7] इसलिए अगर आईन में मूल स्थान की क़ीमतें दी गई होतीं तो उसमें फलों की क़ीमतों की सूची में अंगूरों का भाव 5 दाम प्रतिमन दर्ज होता। दूसरी ओर अगर ये छावनी में प्रचलित खुदरा दरें होतीं तो अंगूरों का भाव 85 दाम प्रतिमन (कश्मीर का भाव और यातायात की लागत) से अधिक होता। पर हम वास्तव में देखते हैं कि आईन में दर्ज क़ीमत 108 दाम प्रतिमन है।[8] इस तरह यह निर्विवाद खुदरा क़ीमत है जिसमें अंगूरों की आपूर्ति करनेवाले स्थान पर उसकी क़ीमत, यातायात की लागत और सौदागरों (व खुदरा दुकानदारों) के मुनाफ़े शामिल हैं।

इसलिए अगर ये क़ीमतें निश्चित रूप से शाही छावनी में प्रचलित खुदरा क़ीमतें थीं तो उनका सम्बन्ध या तो आगरा या लाहौर से होना चाहिए। आगरा (और पड़ोस में स्थित फ़तेहपुर सीकरी) 1586 तक अकबर की राजधानी था;[9] अकबर उसके बाद लाहौर चला गया। लाहौर फिर 1598 तक राजधानी रहा।[10] अब ऐसा लगता है कि आईन के लिए जमा की गई बहुत सी सामग्री 1586 से पहले की थी जबकि संपादन मुख्य रूप से तब किया गया जब राजधानी लाहौर में थी।[11] अबुल फ़ज़्ल यह तो स्पष्ट नहीं करते कि उनकी क़ीमतों का सम्बन्ध दोनों राजधानियों में से किससे है, पर फिर भी यह ज़रूर कहते हैं कि वे एक लम्बे स्तर तक शाही छावनी में प्रयुक्त सामान्य स्तर की सूचक हैं। इसका कोई स्पष्ट साक्ष्य तो नहीं मिलता कि ये क़ीमतें आगरा की थीं, पर फिर भी वे लाहौर की सामान्य क़ीमतें नहीं थीं। अकबरनामा में अबुल फ़ज़्ल कहते हैं कि दरबार के लाहौर पहुँचने पर क़ीमतें वहाँ इतनी बढ़ीं कि अकबर ने सूबे की मालगुज़ारी 20 प्रतिशत बढ़ा दी।[12] इससे संकेत मिलता है कि लाहौर की सामान्य क़ीमतें शाही छावनी की सामान्य क़ीमतों से ख़ासी कम थीं।[13] दूसरी ओर 1586 में अकबर के आगरा छोड़ने के बाद भी वहाँ मालगुज़ारी में ज़ाहिर तौर पर कोई छूट नहीं दी गई।[14] अगर ऐसी कोई छूट दी गई होती तो इसे बादशाह की दरियादिली के क़ाबिले-ज़िक्र सुबूत के तौर पर ज़रूर दर्ज किया गया होता। अकबरनामा में सचमुच उसी साल (1586 में) तीन सूबों (इलाहाबाद, अवध और देहली) में मालगुज़ारी में दी गई छूट दर्ज की गई है और वह भी ख़ासकर क़ीमतों में ख़ासी गिरावट के कारण,[15] मगर आगरा को इससे बाहर रखा गया। फिर जब अकबर 1598 में वापस आगरा आया तो मालगुज़ारी बढ़ाई भी नहीं गई।[16] इस आधार पर हम मान सकते हैं कि आगरा की खेतिहर क़ीमतों के स्तर को शाही छावनी के स्तर के बराबर माना जाता था। यह असम्भव भी नहीं दिखाई देता क्योंकि आगरा मुग़ल सल्तनत का सबसे बड़ा व्यापारिक केन्द्र था।

यह संकेत देनेवाले कुछ और तथ्य भी हैं कि कम-से-कम आईन में दर्ज खेतिहर क़ीमतों का आगरा की क़ीमतें होना अधिक सम्भव है। आईन में गेहूँ के सापेक्ष अनाजों की जो क़ीमतें दिखाई देती हैं उनकी तुलना अगर हम आगरा की क़ीमतों

से करें (जो इस क्षेत्र में रेल-व्यवस्था की सुदृढ़ स्थापना से ठीक पहले ही दहाई में प्रचलित थीं) और जो 1894 में[17] (रेलों के आने के बाद) प्रचलित थीं तो हमें यह परखने का अवसर मिलता है कि आईन की सापेक्ष क़ीमतें आगरा की क़ीमतों को अधिक निकट हैं या लाहौर की क़ीमतों के।

तालिका-14.1

		आगरा		*लाहौर*	
	आईन	*1861-70*	*1894*	*1861-70*	*1894*
गेहूँ	100.00	100.00	100.00	100.00	100.00
जौ	66.67	63.54	60.66	64.24	59.03
ज्वार	83.33	73.41	60.24	81.23	75.90
चना	66.67	78.98	62.30	72.42	68.07
बाजरा	66.67	76.48	77.46	90.66	121.08

आईन में गेहूँ के सापेक्ष जौ और ज्वार की क़ीमतें आगरा और लाहौर, दोनों स्थानों की क़ीमतों से मेल खाती दिखाई देती हैं लेकिन बाजरा समानता को आगरा के पक्ष में निर्णायक रूप से झुका देता है। बाजरा लाहौर क्षेत्र की फ़सल नहीं है, 1894-95 में लाहौर में बाजरे का क्षेत्रफल कुल फ़सली क्षेत्र का मात्र 0.245 प्रतिशत था।[18] इसलिए गेहूँ के सापेक्ष उसकी क़ीमत लाहौर में स्वाभाविक रूप से अधिक थी, यहाँ तक कि 1894 में तो गेहूँ की क़ीमत से अधिक थी। यह मानने का कोई कारण नहीं दिखाई देता कि लाहौर क्षेत्र में 16वीं सदी में बाजरे की कुछ अधिक खेती रही हो। फिर भी आईन में इसे गेहूँ से बहुत नीचे (66.67 प्रतिशत) रखा गया है। दूसरी ओर यह बात आगरा क्षेत्र में बाजरे की स्थिति से मेल खाती है जो वहाँ बड़े पैमाने पर पैदा की जाती थी। 1901-2 में आगरा ज़िले में इसका क्षेत्रफल कुल फ़सली क्षेत्र के पाँचवें भाग से थोड़ा सा अधिक ही था[19] और 19वीं सदी के उत्तरार्ध में गेहूँ के सापेक्ष इसकी क़ीमत 75 प्रतिशत के आसपास थी जो आईन की 66.67 प्रतिशत की सापेक्ष क़ीमत से काफ़ी क़रीब है।

आईन की क़ीमतें आगरा की क़ीमतें थीं, इसका एक और संकेत पेल्सेयर के इस बयान से मिलता है कि जिन दिनों पुर्तगालियों का व्यापार अपनी चरम सीमा पर था (यानी 16वीं सदी की आख़िरी चौथाई में) तब आगरा में लौंग की क़ीमत 60 से 80 रुपये प्रतिमन थी। जैसाकि ख़ुद मोरलैंड ने दर्ज किया है, यह आईन में दी गई क़ीमत, यानी 60 रुपये प्रतिमन से ख़ासा मेल खाती है।[20]

दो

एक बार यह सम्भावना स्थापित कर लेने के बाद कि आईन की क़ीमतें आगरा में 16वीं सदी की आख़िरी चौथाई में प्रचलित सामान्य खुदरा क़ीमतें थीं, हम इनकी तुलना

आधुनिक सांख्यिकी से प्राप्त क़ीमतों से करके बीच के काल में माँग पक्ष के परिवर्तनों के लिए गुंजाइश रखकर विभिन्न वस्तुओं की सापेक्ष आपूर्ति में आए परिवर्तनों का निर्धारण कर सकते हैं। आईन में दी गई सभी क़ीमतों को आईन में ही दर्ज गेहूँ की क़ीमत के प्रतिशत में बदलकर तथा गेहूँ की क़ीमतों के आधार पर इसी तरह सभी आधुनिक क़ीमतों को व्यक्त करके हर वस्तु के लिए ऐसी तुलना की जा सकती है।

आईन की क़ीमतों से आधुनिक खेतिहर क़ीमतों की तुलना करने के लिए 1861-70 की दहाई में आगरा में प्रचलित सालाना क़ीमतों के औसत उपयुक्त दिखाई देते हैं। राजकीय प्राइसेज़ एंड वेजेज़ में उपलब्ध सबसे पुरानी क़ीमतें इसी दशक से सम्बन्ध रखती हैं। इस दहाई में भी कम और अधिक उपज के अपने सामान्य भाग रहे हैं। 1869 का साल जहाँ अभाव का साल था वहीं 1862 और 1863 के साल बहुलता के साल थे।[21] इसके अलावा रेलों के प्रभाव को अभी तक महसूस नहीं किया गया था क्योंकि इस क्षेत्र में रेल लाइनों का विस्तार इसी दहाई में हुआ, और क़ीमतों का नक़्शा बदल सकें, इतना भार ढोने में कुछ वक़्त तो लगता ही है। इस दहाई की क़ीमतों को लेने में एक अतिरिक्त लाभ और भी है कि गेहूँ का बाज़ार अब भी निर्यातों से प्रभावित नहीं हुआ था। गेहूँ के निर्यात का महत्त्व 1869 में स्वेज़ नहर के चालू होने के बाद ही बढ़ा।[22]

आगरा की क़ीमतों से आईन की क़ीमतों की निकटता को परखने के लिए पाँच प्रमुख खाद्यान्नों की सापेक्ष क़ीमतों की तुलना तालिका-14.1 में पहले ही की जा चुकी है। गेहूँ की सापेक्ष क़ीमतों में कोई भारी परिवर्तनों तो नहीं दिखाई पड़ता पर फिर भी कुछ बदलाव तो ज़रूर दिखाई देते हैं। जौ की सापेक्ष क़ीमत कमोबेश वही रही पर चना और बाजरा की क़ीमतों में बढ़ोतरी दिखाई देती है। लेकिन 1861-70 में ज्वार की सापेक्ष क़ीमत आईन वाली क़ीमत के मुक़ाबले कम है। ज्वार और बाजरा की सापेक्ष क़ीमतों की इन परस्पर विरोधी प्रवृत्तियों से यह सुझाव थोड़ा संदिग्ध हो जाता है कि अकबर के दौर के बाद से इन फ़सलों के सापेक्ष क्षेत्रफल में कमी आई।[23]

रेलों के आने से पहले दूसरे खाद्यान्नों की जो क़ीमतें थीं वे आसानी से उपलब्ध नहीं हैं। लेकिन प्राइसेज़ एंड वेजेज़ में वे दाम दिए गए हैं जिन पर 1875-76 के बाद के दौर में विभिन्न स्थानों पर फ़ौजों के लिए कुछ वस्तुएँ ख़रीदी जाती थीं।[24] आईन में दर्ज क़ीमतों से तुलना के लिए अगर हम इन क़ीमतों को लें तो हमें आगरा में दालों के सिलसिले में इस तरह की तस्वीर मिलती है—

	आईन गेहूँ = 100	*1875-76 गेहूँ = 100*
मूँग	150.00	93.24
मसूर	133.33	127.93
माश (उड़द)	108.33	107.01*

* यह क़ीमत अलीगढ़ की (1861-70 की औसत क़ीमत) है और अलीगढ़ में 1861-70 में गेहूँ की क़ीमत को 100 मानकर इसका सूचकांक निकाला गया है।

इस तरह आईन में मूँग की क़ीमत असाधारण रूप से अधिक है जबकि 1870 की दहाई में मसूर और माश की सापेक्ष क़ीमतें आईन की क़ीमतों जितनी ही थीं।

आगरा में 19वीं सदी में तिलहनों की क़ीमतें उपलब्ध नहीं हैं। लेकिन आगरा के पड़ोस में बसे नगर अलीगढ़ की क़ीमतों से तुलना करें तो हमें ये सूचकांक प्राप्त होते हैं—

	आईन गेहूँ = 100	*1861-70 गेहूँ = 100*
तिल	166.67	179.78
सरसों	100.00	128.41

तुलना से गेहूँ के सापेक्ष तिलहनों की क़ीमतों में स्पष्ट वृद्धि का संकेत मिलता है।[25] यह ताज्जुब की बात नहीं क्योंकि 1860 में ये फ़सलें निर्यात की महत्त्वपूर्ण फ़सलें बनती जा रही थीं।

आईन में गन्ने की क़ीमत नहीं दी गई है, इसलिए उसकी क़ीमतों की तुलना सम्भव नहीं है। पर हम फिर भी शक्कर की अलग-अलग क़िस्मों का अध्ययन कर सकते हैं। 1860 में आगरा में शक्कर की क़ीमत का पता नहीं है, पर अलीगढ़ में 1861-70 की औसत क़ीमत दी गई है[26] और 1858-67 के दौरान बुलन्दशहर में प्रचलित क़ीमतें भी ज्ञात हैं।[27] नीचे आईन की सफ़ेद शक्कर (शकरे-सफ़ेद) तथा अलीगढ़ और बुलन्दशहर की परिष्कृत शक्कर की क़ीमतें गेहूँ की क़ीमत को आधार (=100) मानकर दी गई है—

आईन	1066.67
अलीगढ़ 1861-70	642.05
बुलन्दशहर 1858-67	688.86

इस तरह 1595 और 1870 के बीच शक्कर की सापेक्ष क़ीमत में एक ख़ासी गिरावट आई। इस बात की व्याख्या आसान नहीं है क्योंकि धातु के कोल्हू, जिनके कारण शक्कर के दाम गिर सकते थे, 1870 से पहले प्रचलन में नहीं आए थे। इसका कारण शायद शक्कर के परिष्कार की सस्ती विधियों में निहित रहा होगा, पर इसका अध्ययन आवश्यक है।

अबुल फ़ज़्ल ने आगरा के निकट स्थित बयाना की नील की क़ीमत दर्ज की है। बयाना में भारत का सबसे अच्छा नील पैदा किया जाता था, और आगरा इस फ़सल की मुख्य मंडी था। आईन के मुताबिक़ बयाना की अच्छी (शाइस्ता) क़िस्म की नील 10 से 16 रुपये प्रतिमन आती थी।[28] अंत-19वीं सदी तक बयाना नील का कोई महत्त्वपूर्ण केन्द्र नहीं रह गया था। 1870 में आगरा में नील की क़ीमत चौथाई मन की 24.36 रुपये थी।[29] जैसाकि अध्याय-3 में कहा जा चुका है, फ़सल से नील निकालने के लिए प्राकृतिक वाष्पीकरण की जगह उबालने की विधि अपनाई जाने

लगी थी और आधुनिक क़िस्म में नील का संकेन्द्रण अधिक होता था। वाष्पीकरण से उत्पादित नील और उबालकर बनाई गई नील की क़ीमतों के बारे में हादी ने 1:1.80 का अनुपात बताया है।[30] इस अनुपात को स्वीकार करके हम 1870 में आगरा में पक्की (उबालकर बनाई गई) नील की क़ीमतों को (वाष्पीकरण से बनाई गई) कच्ची नील की क़ीमतों में बदल सकते हैं, और फिर इसकी तुलना बयाना की नील की उस क़ीमत से कर सकते हैं जो आईन में दी गई है। 1870 में आगरा में कच्ची नील की क़ीमत 36.39 रुपये प्रति मने-अकबरी बैठती है। लेकिन अलीगढ़ में गन्द (अर्थात वाष्पीकरण से प्राप्त नील की क़ीमत काफ़ी अधिक अर्थात 75 से 105 रुपये प्रतिमन[31] (50.41 से 70.58 रुपये प्रति मने-अकबरी) दी गई है।

आईन की नील की क़ीमतों को आधार (=100) मानें तो 1870 के लिए ये क़ीमतें प्राप्त होती हैं—

आगरा	227 से 364
अलीगढ़ (गन्द)	441 से 509

इस मुआमले में गन्द की कम क़ीमत की तुलना आईन की उस न्यूनतम दर से की गई है जो बयाना की नील के लिए दर्ज की गई है और ऊँची क़ीमत की तुलना आईन में दर्ज अधिकतम दर से की गई है।

आगरा के आँकड़ों से 2.3 गुना से बढ़ोतरी का संकेत मिलता है जो गेहूँ की क़ीमतों की वृद्धि (5 गुना) से ख़ासी कम है। लेकिन 1870 की आगरा की नील सम्भवत: आईन की बयाना की नील से घटिया क़िस्म की थी, बल्कि शायद अलीगढ़ की नील से भी घटिया थी। अकबर के दौर तक में आगरा के दस्तूरी हलक़े के लिए नील पर राजस्व की दर, जो सूबा में सबसे कम थी, 156.5 दाम थी जबकि कोल (अलीगढ़) में यह दर 163.12 दाम थी।

बयाना की नील की क़ीमतों की तुलना अलीगढ़ की गन्द नील से करें जिसका घटिया होना अब भी सम्भावित था, तो हम पाते हैं कि 19वीं सदी की क़ीमतें 1595 में बयाना की नील की क़ीमतों की 4.4 गुनी से 5.1 गुनी थीं। इससे 19वीं सदी की आख़िरी चौथाई में नील की सापेक्ष क़ीमत में मामूली सी गिरावट का संकेत मिलता है (पर इससे ज़्यादा का नहीं), पश्चिमी भारत से मिलनेवाले तीखे मुक़ाबले को देखते हुए ऐसी गिरावट अव्यावहार्य भी नहीं दिखाई पड़ती।

अब हम खेतिहर फ़सलों से हटकर पशुपालन के उत्पादों पर आते हैं। आगरा में 1861-70 में घी की क़ीमतों के तुलनात्मक सूचकांक (गेहूँ=100) नीचे दिए गए हैं[32]—

भैंस का घी	अव्वल क़िस्म	1231.08
भैंस का घी	दोयम क़िस्म	1161.22
गाय का घी	अव्वल क़िस्म	1313.06
गाय का घी	दोयम क़िस्म	1239.10

चूँकि घी के लिए आईन में दर्ज क़ीमत (गेहूँ की क़ीमत को आधार = 100 मानकर) 875.00 है, इस तालिका से गेहूँ के सापेक्ष घी की क़ीमत में 40 प्रतिशत वृद्धि का पता चलता है।[33]

पशुपालन के उत्पादों के सापेक्ष मूल्य में वृद्धि की पुष्टि बकरी के लिए आईन में दर्ज क़ीमत और आगरा में 1850 में प्रचलित क़ीमत[34] (गेहूँ की क़ीमत = 100) से तुलना करने पर होती है :

आईन	166.67 - 222.22
आगरा, 1850 के आसपास	232.26 - 310.18

लेकिन भेड़ की सापेक्ष क़ीमत की स्थिति भिन्न है :

आईन ('हिन्दी' भेड़)	333.33
आगरा, 1850 के आसपास	155.04

शायद अंशत: इसका कारण स्वाद में परिवर्तन को कहा जा सकता है क्योंकि आईन में भेड़ के गोश्त की दर्ज क़ीमत बकरे के गोश्त की क़ीमत से कोई 20 प्रतिशत अधिक है, जबकि 1850 के आसपास भेड़ की क़ीमत बकरे की क़ीमत की लगभग आधी है जिससे बकरे के गोश्त की माँग में वृद्धि का संकेत मिलता है। अंशत: ही सही, यूरोपीय ऊन के आयात से भारतीय भेड़ों की क़ीमतें भी गिरी होंगी।

नमक की सापेक्ष क़ीमतों से एक दिलचस्प तस्वीर सामने आती है। आईन की क़ीमत 16 दाम प्रतिमन है।[35] हम इसकी तुलना 1860-70 की दहाई में आगरा और लाहौर की औसत क़ीमतों से कर सकते हैं।[36] गेहूँ की सापेक्ष क़ीमतों को आधार (=100) मानें तो नीचे दर्ज सूचकांक मिलता है :

आईन	133.33
आगरा	256.44
लाहौर	203.03

इस तरह 16वीं सदी की आख़िरी चौथाई में आम नमक 1861-70 के मुक़ाबले सस्ता था, लेकिन रेल यातायात के फलस्वरूप 1870 के बाद नमक की क़ीमतें ख़ासी गिरीं। यह 1894 तक गिरकर गेहूँ की क़ीमत की कोई आधी रह गई, आगरा में अब इसका दाम गेहूँ का 56.86 और लाहौर में 52.04 प्रतिशत था।

अबुल फ़ज़्ल ने ऊनी, रेशमी और सूती कपड़ों की मुख़्तलिफ़ क़िस्मों की क़ीमतों पर पूरा एक अध्याय लिखा है। तुलना की दृष्टि से इनमें से अधिकांश क़ीमतें बेकार हैं क्योंकि (ज़्यादातर प्रति नग दी गई) ये क़ीमतें ऐश की वस्तुओं की हैं जो 19वीं सदी में प्रचलन में नहीं रह गई थीं। लेकिन सूती कपड़े की एक साधारण क़िस्म सलाहती कहलाती थी जिसकी क़ीमत गज़ के हिसाब से दी गई है, और यह तुलनीय दिखाई देती है,[37] सलाहती, लगता है, एक खुरदुरा कपड़े का नाम था। सियाक़नामा

के अनुसार इसका इस्तेमाल तम्बू बनाने के लिए किया जाता था।[38] इसलिए 19वीं सदी में प्रचलित देसी कपड़े की दो सस्ती क़िस्मों अर्थात धोतर और गाढ़ा से उसकी तुलना मुनासिब लगती है।

1858-67 के लिए आधुनिक क़िस्मों की क़ीमतें बुलन्दशहर के लिए दी गई हैं।[39] यह दोआबे का एक नगर है जो देहली और आगरा, दोनों से बहुत दूर नहीं है। हमें पता है आईने-अकबरी में प्रयुक्त गज़े-अकबरी लगभग 32 इंच के बराबर था,[40] आगे हम यह भी मान सकते हैं कि हाथ से बुने कपड़े की अर्ज मुग़ल दौर के बाद भी अपरिवर्तित रही। (कारण कि इसका निर्धारण परम्परागत करघे के आकार से होता है।) इस प्रकार (आईन में सलाहती कपड़े की दो क़िस्में बताई गई हैं, उनकी क़ीमतों को आधार=100 मानकर) रुपया प्रति गज़े-इलाही में तुलनात्मक क़ीमतें इस प्रकार आती हैं—

1595 के आसपास	1858-67
सलाहती एक (घटिया क़िस्म)	धोतर
100	166.50
सलाहती दो (सबसे उम्दा क़िस्म)	गाढ़ा
100	250.00

ज़ाहिर है कि सूती कपड़ों के वास्तविक मूल्यों में 1595 और 1867 के बीच भारी गिरावट आई क्योंकि जहाँ गेहूँ की क़ीमत पाँच गुनी बढ़ी वहीं यहाँ सलाहती एक/धोतर के मुआमले में रुपयों में क़ीमत केवल लगभग 67 प्रतिशत और सलाहती दो/गाढ़ा के मुआमले में 2.5 गुनी बढ़ी। शायद इतनी कम निरपेक्ष वृद्धि की व्याख्या मुख्य रूप से कताई और बुनाई करनेवालों की उजरतों में भारी गिरावट के आधार पर की जा सकती है। यह गिरावट भारतीय बाज़ारों पर लंकाशायर के हमलों के कारण आई थी। लेकिन खुरदुरे कपड़ों की वास्तविक मूल्यों में गिरावट इतनी अधिक थी कि रुई की क़ीमत में गिरावट की बात भी मानी जा सकती है।

लोहा और ताँबा जैसी धातुएँ उन दूसरी वस्तुओं में शामिल हैं जिनकी सापेक्ष क़ीमतों में भारी गिरावटें आईं।

शाही हाथियों के हौदों सम्बन्धी अध्याय में अबुल फ़ज़्ल ने लोहे की स्वीकृत क़ीमत दो दाम प्रतिसेर दर्ज की है।[41] इसकी तुलना मेरठ में 1872 में भारतीय लोहे की क़ीमत[42] से करें तो हम 2.42 गुने की वृद्धि देखते हैं। इसी काल में और इसी स्थान पर अंग्रेज़ी लोहे की क़ीमत आईन की क़ीमत से 4.35 गुनी थी। इस तरह लोहे की क़ीमत में आगरा में गेहूँ की क़ीमत की बढ़ोतरी (5.04 गुनी) के मुक़ाबले आधी से कम हुई। इस तरह 19वीं सदी की आख़िरी चौथाई से पहले ही स्थानीय भारतीय लोहे की क़ीमत में एक वास्तविक गिरावट आ चुकी थी।

ताँबे के मूल्य में और भी नाटकीय गिरावट आई। यह गिरावट सापेक्ष ही नहीं, निरपेक्ष भी थी। आईन में दी गई क़ीमत 1.044 दाम प्रतिमन (26.10 रुपये प्रतिमन)

है।[43] 1882 में कलकत्ता में ताँबे की क़ीमत 31.48 रुपये सौ-भरी (अर्थात 15.55 रुपये प्रतिमन) थी।[44] इस तरह आईन में दर्ज क़ीमत कलकत्ता में 1882 में दर्ज क़ीमत की लगभग 168 प्रतिशत थी। दूसरे शब्दों में, जहाँ गेहूँ की क़ीमत 5 गुनी बढ़ी वहीं ताँबे की क़ीमत में 40.42 प्रतिशत की गिरावट आई। स्वाभाविक रूप से इसका अर्थ तीन सदियों में ताँबे का भारी आयात है।

गेहूँ के सापेक्ष विभिन्न वस्तुओं की रुपयों में दी गई क़ीमतों में जो परिवर्तन हमने पता किए हैं उन्हें तालिका-14.2 में दिखाया गया है। आख़िरी कॉलम में 1861-70 की सापेक्ष क़ीमतों के सूचकांक दिए गए हैं जो 1595 में उन्हीं वस्तुओं की क़ीमतों को आधार=100 मानकर निकाले गए हैं।

तालिका-14.2

खेतिहर पैदावार	*आईन (अ)*	*आगरा, 1861-70 (ब)*	*(अ) से (ब) का% (स)*
गेहूँ	100.00	100.00	100.00
जौ	66.67	63.54	95.31
ज्वार	83.33	73.41	88.10
बाजरा	66.67	76.48	114.71
चना	66.67	78.98	118.46
मूँग	150.00	93.24[1]	62.16
मसूर	133.33	127.93[1]	95.78
माश	108.33	107.01[1]	98.78
तिल	166.67	179.78[2]	107.99
सरसों	100.00	128.41[2]	128.41
साफ़ शकर	1066.67	642.05[2]	60.02
नील	3333.33-5333.33[3]	2423.56-3393.27[4]	63.62-72.71
घी	875.00	1161.22-1313.08	132.71-150.14
बकरी	166.67-222.22	232.02-310.8[5]	139.31-132.86
भेड़	333.33	155.04	46.51
खनिज और दस्तकारी की पैदावार			
नमक	133.33	256.44	192.33
कपड़ा :			
सलाहती एक, प्रति गज़	16.67	6.995[6]	41.96
सलाहती दो, प्रति गज़	33.33	18.675[6]	56.03
लोहा	666.67	505.05[7]	75.76
ताँबा	8700.00	996.83[8]	11.46

1. आगरा, 1875-76
2. अलीगढ़, 1861-70
3. बयाना
4. अलीगढ़, 1872-73
5. आगरा, 1850
6. बुलन्दशहर, 1858-67
7. मेरठ, 1871-72
8. कलकत्ता, 1882 (पर आगरा में 1861-70 में गेहूँ = 100)

तीन

अबुल फ़ज़्ल ने अनेक कुशल और अकुशल रोज़गारों की उजरतें दर्ज की हैं। ये पुस्तक में बिखरी पड़ी हैं, सिवाय भवन-निर्माण प्रतिष्ठान की उजरतों के जो एक अलग अध्याय में दी गई हैं।[45] ये उजरतें वे हैं जो शाही प्रतिष्ठान के मुलाज़िमों और मज़दूरों के लिए स्वीकृत की गई थीं।[46] नौकरों का बहुमत, ख़ासकर उनका जो जानवरों (और परिन्दों) की देखभाल करते थे या फिर शाही तबेलों में मुलाज़िम थे, माहवार तनख़्वाहें पाते थे, लेकिन अधिकांश कुशल रोज़गारों के लिए दी गई उजरतें काम के हिसाब से हैं।[47] रोज़ाना उजरतें सिर्फ़ भवन-निर्माण प्रतिष्ठान के लिए तथा कुछ अकुशल, कम उजरत वाले मज़दूरों, जैसे घसकटों और तबेलों में मददगार बच्चों के लिए थीं।[48]

ऐसे आँकड़ों से औसत उजरतों की गणना सम्भव नहीं क्योंकि हमें हर श्रेणी में मज़दूरों की कुल संख्या का ज्ञान नहीं है। अनेक श्रेणियों के मज़दूरों की संख्याएँ और उजरतें तो दी ही नहीं गई हैं। इसके अलावा काम पर आधारित उजरतों की तुलना समय पर आधारित उजरतों से की ही नहीं जा सकती। इसलिए सबसे अच्छा उपाय यही लगता है कि सबसे कम उजरत पानेवाले अकुशल कामगारों की उजरत का स्तर तय किया जाए, जैसे मेहतरों, भिश्तियों, बंसकटों, घसकटों वग़ैरह का। कारण कि ये वे लोग हैं जो परम्परागत रूप से आधुनिक काल तक सबसे कम उजरतें पाते रहे हैं। आईन में इन कामगारों की जो उजरतें दर्ज हैं वे तालिका-14.3 में दी गई हैं।

तालिका-14.3

	माहवार तनख़्वाह (दामों में)	दर्ज *रोज़ाना उजरत (दामों में)*
अस्तबल का मेहतर	65	(2.17)
अस्तबल का भिश्ती	100	(3.33)
भवन-निर्माण का भिश्ती अव्वल	-	3
भवन-निर्माण का भिश्ती दोयम	-	2
भवन-निर्माण का बंसकट	-	2
भवन-निर्माण का लक्कड़फाड़	-	2
भवन-निर्माण का घसकट	-	2
मेठ (हाथियों के तबेलों में चारा देनेवाला और पहरेदार)	-	3
मुहिम में शामिल मेठ	-	3.5
अस्तबल में सहायक	-	2

इन उजरतों से यह छाप पड़ती है कि शाही तबेलों में जानवरों की देखभाल करनेवाले अपने दूसरी जगहों के हमपल्ला लोगों से अधिक कृपापात्र थे। तबेलों के कुछ मुलाज़िमों को माहवार तनख़्वाहें ही नहीं मिलती थीं बल्कि उनकी तनख़्वाहों को रोज़ाना की मज़दूरियों में बदला जाए तो वे ज़रा सी ज़्यादा दिखाई देती हैं। तबेलों

के मुलाज़िमों पर ऐसी कृपा का एक स्पष्ट उदाहरण भिश्ती की रोज़ाना उजरत है। भवन-निर्माण प्रतिष्ठान का भिश्ती अव्वल तक घोड़ों के अस्तबलों के एक मामूली भिश्ती से कम उजरत पाता है। लगता है, यह सुविधा की स्थिति तबेलों के मुलाज़िमों की ज़्यादा ज़िम्मेदारियों से अंशत: कम हो जाती थी क्योंकि किसी भी लापरवाही का शक होने पर फ़ौरन जुर्माना ठोंक दिया जाता था। अस्तबलों के घोड़े अगर दुबले होते तो वहाँ के मेहतरों और भिश्तियों की (माहवार) तनख़्वाह की एक-चौथाई भी काट ली जाती थी।[49] दूसरी तरफ़ तबेलों के मुलाज़िमों को इनाम देने की व्यवस्था भी थी, ये ख़ास-ख़ास मौकों पर दिए जाते थे, मसलन जब बादशाह किसी हाथी या घोड़े की सवारी करता था। पर मामूली मुलाज़िमों की ज़िन्दगी में ऐसे मौके कम ही आते होंगे।

इस तरह लगता है कि 2 दाम प्रतिदिन अकुशल कामगारों या चाकरों की उजरतों की न्यूनतम सीमा था। लेकिन कुछ कुशल और अर्धकुशल कामगारों के लिए तो और भी कम दरें स्वीकृत थीं। (तालिका-14.4 देखें।)

तालिका-14.4

	माहवार तनख़्वाह (दामों में)	*निहित या दर्ज रोज़ाना उजरत (दामों में)*
महावत जो फ़ौजदार से तनख़्वाह पाता था	40	(1.33)
मोकुल हाथी का महावत	50	(1.67)
हथिनी का भोई	50	(1.67)
बादशाह के ख़ास तबेले के दहबाशी का हाद	30	(1.00)
सबसे कम पानेवाला चेला (ग़ुलाम)	-	1.00

ये उजरतें असामान्य रूप से कम दिखाई देती हैं, और शक होता है कि अदायगी की कुछ और विधियों या कुछ और लाभों से उनकी भरपाई की जाती होगी।

हम आईन में दर्ज न्यूनतम दरों की तुलना 19वीं सदी के उत्तरार्ध में संगत श्रेणियों के लिए प्रचलित उजरतों से कर सकते हैं। भवन-निर्माण प्रतिष्ठान के लिए स्वीकृत उजरतों के बारे में हम कुछ भरोसे से कह सकते हैं कि ये आगरा के लिए थीं क्योंकि उसी अध्याय में अबुल फ़ज़्ल फ़तेहपुर का हवाला राजधानी के रूप में देते हैं। दूसरी जगहों पर दर्ज उजरतें या तो आगरा से सम्बन्धित हो सकती हैं या लाहौर से, जो दो राजधानियाँ थीं।

लगता है, मोरलैंड का विचार यह था कि चूँकि आईन की उजरतें शाही प्रतिष्ठान की उजरतें हैं, उनका झुकाव ऊपर की ओर रहा होगा, और इस कारण सिर्फ़ उत्तर भारत में सबसे अधिक माँगवाले केन्द्र में प्रचलित उजरतों से ही उनकी तुलना की जा सकती है।[50] उत्तर भारत में तो यही माना जा सकता है कि मज़दूरों की सबसे अधिक माँग कलकत्ता में और आगे चलकर देहली और कानपुर जैसी जगहों पर रही होगी।

19वीं सदी के उत्तरार्ध में उजरतों के जो आँकड़े हमें उपलब्ध हैं वे अपेक्षाकृत सीमित हैं। राजकीय प्राइसेज़ एंड वेजेज़ में उजरतें 1873 से दी गई हैं लेकिन ये

सूचनाएँ अपर्याप्त हैं। उजरतें सिर्फ़ तन्दुरुस्त खेत मज़दूर, साईस और कुशल श्रमिकों की एक सर्वग्राही श्रेणी के लिए दी गई हैं जिसे राजगीर, बढ़ई, लुहार कहा गया है।

जब हम 1874 में कलकत्ता, देहली, कानपुर और आगरा में प्रचलित उजरतों (मुद्रा रूपी उजरतों और गेहूँ की दृष्टि से वास्तविक उजरतों) की तुलना करते हैं (जैसाकि तालिका- 14.5 में किया गया है) तो हम पाते हैं कि मोरलैंड के तर्क के आधार पर जो आशा की जा सकती थी उसके विपरीत कलकत्ता में उजरतें सबसे कम थीं।[51] और आगरा में सबसे अधिक थीं जबकि देहली और कानपुर का स्थान आगरा के बाद था।

तालिका-14.5

	साईस		*राजगीर / बढ़ई / लुहार*	
	(रुपयों में)	*(सेर गेहूँ में)*	*(रुपयों में)*	*(सेर गेहूँ में)*
कलकत्ता	4-5	49.80-62.25	5-7.5	62.25-93.34
कानपुर	4	69.40	7.5	130.12
देहली	4	77.08	10	192.12
आगरा	5	82.00	14.67	240.88

प्राइसेज़ एंड वेजेज़ में लाहौर की उजरतें नहीं दी गई हैं। लाहौर के डिस्ट्रिक्ट गज़ेटियर में वहाँ 1870-71 में कुशल और अकुशल श्रमिकों के लिए, बिना उनकी श्रेणियाँ स्पष्ट किए, सबसे अधिक और सबसे कम उजरतें दी गई हैं।[52] एक कुशल श्रमिक की माहवार तनख़्वाह 9.3-15 रुपये या गेहूँ में 210.3-336.30 सेर थी,[53] जबकि एक अकुशल श्रमिक के लिए यह 3.75-7.50 रुपये या 84.08-168.15 सेर थी। इससे संकेत मिलता है कि लाहौर में 1870-71 में वास्तविक उजरतों का स्तर लगभग वही था जो आगरा में 1874 में था। दूसरे शब्दों में, इससे कोई ख़ास फ़र्क़ नहीं पड़ता कि आईन की उजरतों से तुलना करने के लिए हम 1870 में आगरा की उजरतें लेते हैं या लाहौर की।

मुद्रा रूपी उजरतों को गेहूँ रूपी उजरतों में बदलने पर हमें वास्तविक उजरतें नहीं मिलतीं बल्कि वास्तविक उजरतों का एक सम्भावित सूचकांक भर मिलता है क्योंकि ऐन मुमकिन है कि गेहूँ की क़ीमतों के परिवर्तन दूसरे खाद्यान्नों की क़ीमतों के परिवर्तनों के मात्र कामचलाऊ सूचक हों। (ख़ुद गेहूँ गरीबों द्वारा सम्भवत: बहुत कम खाया जाता था।) इस सीमा के अन्दर हम आईन में दर्ज उजरती मज़दूरों की अनेक श्रेणियों की गेहूँ रूपी उजरतों की तुलना 19वीं सदी के उत्तरार्ध में दी जा रही उजरतों से कर सकते हैं।

आगरा के लिए 19वीं सदी में उजरतों के जो आँकड़े उपलब्ध हैं उनमें उजरती मज़दूरों की मुश्किल से एक श्रेणी आती है, लेकिन पश्चिमी उत्तर प्रदेश के दूसरे नगरों में प्रचलित उजरतों से यह कमी पूरी की जा सकती है। आगरा और दूसरे

शहरों में सबसे कम उजरत पानेवालों की उजरतों को गेहूँ रूपी उजरतों में बदलकर तालिका-14.6 में प्रस्तुत किया गया है, पर उससे पहले आईन में संगत श्रेणियों के लिए दी गई उजरतों को गेहूँ रूपी उजरतों के बदलकर रखा गया है।

तालिका-14.6
रोज़ाना की उजरतें, सेर गेहूँ में

(मानक मन = 82.28 पौंड का 1/40)

	(अ)	*(ब)*	*(स)*	*(द)*	*(य)*		*(र)*
कामगार	*आईन* 1595	*आगरा* 1871-72	*बुलन्दशहर* 1858, 1863, 1867	*मेरठ* 1815*	*मुज़फ़्फ़रनगर* 1858-67	1875	*कानपुर* 1879-90
मेहतर	4.86				1.55		2.68
मिश्ती	4.86-6.68			3.2	1.48		3.09
तबेले का मज़दूर या पियादा	4.48			3.2			
चौधरी/मेठ	4.48-6.68		2.53-4.81		2.64		
तबेले का कुली या सहायक	4.81	3.35	2.28-4.05	2.4		2.25	

(अ) *आईन*, एक, पृ. 144, 138(ब) *एटकिंसन*, खंड सात, पृ. 550
(स) उपरोक्त, खंड तीन, भाग 2, पृ. 77-78(द) उपरोक्त, पृ. 303
(य) उपरोक्त, पृ. 583-84(र) *प्राइसेज़ एंड वेजेज़*, पृ. 303
* यहाँ उजरतें (मामूली क़िस्म के) गेहूँ के आटे में दी गई हैं।

तालिका-14.6 से पता चलता है कि 19वीं सदी में हमें अकुशल मज़दूरों की उजरतों के दो न्यूनतम स्तर मिलते हैं, इनमें एक मुज़फ़्फ़रनगर और दूसरा आगरा, मेरठ, बुलन्दशहर और कानपुर के लिए सही है। मुज़फ़्फ़रनगर की न्यूनतम उजरत मुश्किल से दो सेर गेहूँ प्रतिदिन बैठती है जो आईन में दर्ज अकुशल कामगार की उजरत (2 दाम या 4.44 सेर गेहूँ) के आधे से भी कम है। दूसरे स्थानों के लिए यह न्यूनतम स्तर मुज़फ़्फ़रनगर के मुक़ाबले अधिक होते हुए भी आईन में दर्ज न्यूनतम स्तर के 60 प्रतिशत से अधिक नहीं है। इसका अपवाद आगरा में बारबरदार (पोर्टर) की उजरत है पर वह भी आईन की उजरत के 75 प्रतिशत से मुश्किल से ही अधिक है। इस तरह यह निष्कर्ष अपरिहार्य लगता है कि 16वीं सदी अंत और 19वीं सदी के उत्तरार्ध के बीच (गेहूँ के रूप में) अकुशल शहरी उजरतों में ख़ासी गिरावट आई। 19वीं सदी में मामूली कमाईवाला अकुशल मज़दूर गेहूँ की उस मात्रा की समतुल्य मुद्रा से, जो उसका पूर्वज 16वीं सदी के अन्त में ख़रीद सकता था, थोड़ी सी ही ज़्यादा रक़म पाता था।

यह निष्कर्ष स्मिथ के इस निष्कर्ष से मेल खाता है कि 19वीं सदी के अन्त तक क़ीमतों में 500 से 600 प्रतिशत की बढ़ोतरी हुई जबकि अकुशल मज़दूरों की उजरतें मुश्किल से 250 से 300 प्रतिशत तक बढ़ीं,[54] या दूसरे शब्दों में वास्तविक उजरतें इस काल में आधी रह गईं। हालाँकि आधुनिक उजरतों पर स्मिथ का आकलन एक अपेक्षाकृत जोड़-तोड़ की विधि पर आधारित दिखाई देता है,[55] पर उनका निष्कर्ष मोरलैंड ने निष्कर्ष की अपेक्षा सच्चाई के अधिक क़रीब दिखाई देता है जिनका मानना था कि 1595 और 1910-14 में वास्तविक न्यूनतम उजरतों का स्तर लगभग समान था।[56]

अब हम कुशल और अर्धकुशल मज़दूरों की उजरतों सम्बन्धी सूचनाओं का विश्लेषण करेंगे। जैसाकि कहा जा चुका है, बहुत सारे कुशल और अर्धकुशल कामों के लिए आईन में ठेका उजरतें दी गई हैं जिनकी आधुनिक दरों से तुलना बहुत कठिन है। लेकिन भवन-निर्माण प्रतिष्ठान में बेलदारों, छप्पर छानेवालों, बढ़इयों और गिलकारों (पलस्तर करनेवालों)[57] के लिए रोज़ाना उजरतें स्वीकृत की गई थीं। महावत, भोई, साईस जैसे जानवरों के अपेक्षाकृत अधिक वेतन पानेवाले रखवालों को माहवार तनख़्वाहें दी जाती थीं। इनमें से साईस को छोड़ बहुत से कामों के लिए 19वीं सदी में तुलनीय राजकीय दरें उपलब्ध नहीं हैं। आईन में मल्लाहों और कहारों के लिए भी माहवार दरें दी गई हैं, और यह हमारी ख़ुशनसीबी है कि इनके लिए आधुनिक काल में भी तुलनीय दरें उपलब्ध है। इन विभिन्न कुशल और अर्धकुशल श्रेणियों के लिए गेहूँ में व्यक्त उजरतें तालिका-14.7 में प्रस्तुत की गई हैं।

तीन (17वीं से 19वीं) सदियों के दौरान अकुशल कामों के लिए गेहूँ रूपी उजरतों की गति अकुशल उजरतों जैसी ही दिखाई देती है। गेहूँ की दृष्टि से बेलदारों और छप्पर छानेवालों की उजरतें गिरकर पिछले स्तर की लगभग आधी रह गईं। यह गिरावट सिर्फ़ निर्माण उद्योग तक सीमित नहीं थी क्योंकि कहारों की उजरतों में भी इसी अनुपात में गिरावट आई।

तालिका-14.7

कुशल व अर्ध-कुशल कामगारों की रोज़ाना उजरतें, सेर गेहूँ में

(मानक मन = 82.28 पौंड का 1/40)

	(अ)	(ब)		(स)	(द)	(य)		(र)
कामगार	*आईन* 1595	*आगरा* 1871-72,	1874	*बुलन्दशहर*	*मेरठ* 1815*	*मुज़फ़्फ़रनगर* 1850	1875	*कानपुर* 1879-90
बेलदार	6.72-7.84				3.2		3.74-4.49	
गिलकार/राजगीर	8.96-15.69		8.03	4.80-9.63			7.49-11.98	
बढ़ई	4.48-15.69	7.03	10.68	4.13-10.13	7.53	4.7		7.7
छप्परसाज़	6.72		8.03				3.74	
मल्लाह	7.47			3.04-4.81		2.73		
कहार	8.96-11.95				4.80			
साईस	7.62 (न्यूनतम)		2.74					

(अ) *आईन*, एक, पृ. 170-71, 204, 190, 144

(ब) एटकिंसन, खंड सात, पृ. 550

(स) उपरोक्त, खंड तीन, भाग 2 पृ. 77, 78

(द) उपरोक्त, पृ. 303; *प्राइसेज़ एवं वेजेज़*, पृ. 303

(य) उपरोक्त, पृ. 583, 584

(र) *प्राइसेज़ एंड वेजेज़*, पृ. 303,

* यहाँ उजरतें (मामूली क़िस्म के) गेहूँ के आटे में दी गई हैं।

आईन में बढ़इयों की विभिन्न श्रेणियों के लिए उजरतों का जो दायरा दिया गया है वह बहुत व्यापक, 2 से 7 दाम (प्रतिदिन 4.48 से 15.69 सेर गेहूँ) तक है। पाँचवीं श्रेणी के बढ़ई की उजरत बहुत कम दिखाई देती है, यह लक्कड़फाड़ और बंसकट की उजरत के बराबर थी। चौथी श्रेणी के बढ़ई की उजरत सिर्फ़ तीन दाम यानी छप्पर छानेवाले जितनी थी। इससे यह निष्कर्ष निकाला जा सकता है कि चौथी और पाँचवी श्रेणी के बढ़ई भरे-पूरे बढ़ई नहीं, सिर्फ़ नौसिखुए थे। अंत-19वीं सदी में बढ़इयों की उजरतें प्रतिदिन 7 से 12 सेर गेहूँ थीं, बुलन्दशहर और मुज़फ़्फ़रनगर को छोड़कर जहाँ न्यूनतम उजरतें क्रमश: 4.13 और 4.17 सेर थीं, और ये आईन में पाँचवीं श्रेणी के बढ़ई के लिए स्वीकृत उजरत से अधिक मेल खाती थीं। इस तरह हम ऊँची श्रेणियों के बढ़इयों की गेहूँ रूपी उजरतों में 25 से 33 प्रतिशत की गिरावट देखते हैं। मतलब यह कि जहाँ 1600 के आसपास और 1870 के बीच उजरतों में ख़ासी गिरावट आई वहीं कुशल और अर्धकुशल श्रेणियों के लिए यह गिरावट उतनी अधिक नहीं थी। दूसरी तरफ़ गिलकारों (पलस्तर करनेवालों) की उजरतें लगभग 50 प्रतिशत गिरीं और हम यही प्रवृत्ति मल्लाहों की उजरतों में देखते हैं।

सबसे भारी गिरावट साईसों की उजरतों में देखी जा सकती है। शाही प्रतिष्ठान में सबसे कम तलब पानेवाला साईस भी (गेहूँ की दृष्टि से) उस तलब से तीन गुना पाता था जो 19वीं सदी की आख़िरी चौथाई में उसके बिरादर को मिलती थी। चूँकि जानवरों के दूसरे रखवालों के लिए आधुनिक दरें उपलब्ध नहीं हैं, यह जाँचना सम्भव नहीं है कि क्या दूसरे जानवरों के रखवालों की उजरतों में भी इतनी ही तीखी गिरावट आई है। पर हाथियों और ऊँटों के तथा घोड़ों के भी फ़ौजी महत्त्व में गिरावट के कारण इस श्रेणी की उजरतों में भारी गिरावट प्रत्याशित ही है।

यह बात सुस्थापित लगती है कि गेहूँ कि दृष्टि से 16वीं सदी के अन्त में शहरी उजरतें 19वीं सदी के उत्तरार्ध के मुक़ाबले कोई 50 प्रतिशत अधिक थीं। हम इस बात पर विचार करेंगे कि क्या मुग़ल भारत के शहरी कामगार आवश्यक उपभोक्ता वस्तुओं की एक पूरी श्रेणी के आधार पर अंत-19वीं सदी के अपने भाइयों से वास्तव में बेहतर थे। हम पहले ही देख चुके हैं कि इन सदियों के दौरान विभिन्न वस्तुओं की क़ीमतों की गति अलग-अलग दिशाओं में थी। गेहूँ के सापेक्ष खाद्यान्नों की क़ीमतें अधिकतर स्थिर, 20 प्रतिशत के दायरे में रहीं। लेकिन पशुओं से प्राप्त वस्तुओं की सापेक्ष क़ीमतों में भारी बढ़ोतरी दिखाई देती है। दूसरी ओर हम औद्योगिक वस्तुओं, ख़ासकर कपड़ों की क़ीमत में ख़ासी गिरावट देखते हैं।

क़ीमतों के इन अलग-अलग परिवर्तनों को उजरतों की क्रयशक्ति के परिवर्तनों में बदलने के लिए न्यूनतम उजरतों के तुलनीय स्तरों का निर्धारण आवश्यक है। हम देख चुके हैं कि आईन में दो दाम प्रतिदिन की उजरत अकुशल कामगारों की सामान्य न्यूनतम उजरत की सूचक थी। बारबरदारों (पोर्टर्स) और खुदाई मज़दूरों की उजरतों (ढाई आना प्रतिदिन) को हमने आगरा में 1871-72 में न्यूनतम अकुशल उजरतों का सूचक माना है।[58] अब हम आईन में दी गई क़ीमतों तथा राजकीय प्राइसेज़ एंड

वेजेज़ से आगरा में 1871-72 में प्रचलित क़ीमतों को लेकर क्रयशक्ति का हिसाब लगा सकते हैं। प्राइसेज़ एंड वेजेज़ में शक्कर, घी और कपड़ों की क़ीमतें नहीं दी गई हैं। जैसाकि कहा गया है, बुलन्दशहर से सम्बन्धित हमारे एक स्रोत में 1867 के लिए इन वस्तुओं की क़ीमतें दी गई हैं और उसी में बारबरदारों की उजरतें भी दी गई हैं।[59] इसलिए शक्कर, घी और कपड़े में उजरतों को व्यक्त करने के लिए मैंने 1867 की बुलन्दशहर की क़ीमतों का इस्तेमाल किया है और उन्हें उसी साल की बारबरदारों की उजरतों पर लागू किया है।

1595 और 1871-72 में (आगरा में) तथा 1867 में (बुलन्दशहर में) माहवार उजरतों की क्रयशक्ति तालिका-14.8 में दी गई है। मात्राएँ (82.28 पौंड वाले) मन में और कपड़ों की लम्बाई आधुनिक गज़ों में दी गई हैं।

तालिका-14.8

वस्तु	*1595 (मन/गज़) (अ)*	*1867/1871-72 (मन/गज़) (ब)*	*(अ) से (ब) का प्रतिशत*
गेहूँ	3.36	2.53	75.29
जौ	5.04	3.19	63.29
चना	5.04	2.49	49.40
ज्वार	4.03	2.81	69.73
बाजरा	5.04	2.35	46.63
घी	0.38	0.20	52.63
शक्कर	0.31	0.32	103.23
नमक	2.52	1.08	42.86
सलाहती अव्वल/धोतर	26.67	44.40	166.48
सलाहती दोयम/गाढ़ा	13.33	16.00	120.03

लगता है, अनाजों के रूप में उजरतों की क्रयशक्ति 19वीं सदी के उत्तरार्ध के मुक़ाबले 1595 में ख़ासी अधिक थी। गेहूँ के मुआमले में यह एक-चौथाई अधिक थी और कमतर अनाजों के मुआमले में 30 से 50 प्रतिशत तक अधिक थी। अकबरी दौर का अकुशल कामगार अपने 1867 के भाई के मुक़ाबले दोगुना घी ख़रीद सकता था जबकि वही थोड़ी सी कम शक्कर ख़रीदता। नमक के सिलसिले में उसके उजरतों की क्रयशक्ति 57 प्रतिशत अधिक थी। (लेकिन 19वीं सदी की आख़िरी दहाई में नमक की क़ीमतों में बहुत स्पष्ट गिरावट आई।) इसलिए 1595 का अकुशल कामगार 19वीं सदी के उत्तरार्ध के मज़दूर के मुक़ाबले काफ़ी बड़ी मात्रा में अनाज ख़रीद सकता था।

कपड़ों के मुआमले में 19वीं सदी का उजरती मज़दूर अधिक ख़ुशनसीब था क्योंकि कपड़ों के बारे में उजरतों की क्रयशक्ति ख़ासी बढ़ चुकी थी। सबसे सस्ते

कपड़े के सिलसिले में 1867 की सबसे कम उजरतों की क्रयशक्ति भी 1595 के मुक़ाबले 67 प्रतिशत अधिक थी।

कुशल मज़दूरों की क्रयशक्ति की प्रवृत्तियों को जाँचने के लिए हम आईन में पहली श्रेणी के बढ़ई के लिए स्वीकृत उजरत (7 दाम प्रतिदिन या 210 दाम प्रतिमाह की क्रयशक्ति) की तुलना आगरा में 1871-72 में बढ़ई की अधिकतम उजरतों से कर सकते हैं। (तालिका-14.9 देखें।) यहाँ भी घी, शक्कर और कपड़ों के आँकड़े बुलन्दशहर से सम्बन्धित हैं।

तालिका-14.9

वस्तु	*1595 (मन/गज़) (अ)*	*1867/1871-72 (मन/गज़) (ब)*	*(अ) से (ब) का प्रतिशत*
गेहूँ	11.76	8.10	68.88
जौ	17.65	10.20	57.79
चना	17.65	7.95	45.04
ज्वार	14.12	9.00	63.74
बाजरा	17.65	7.50	42.49
घी	1.34	0.75	55.97
शक्कर	1.10	1.20	109.09
नमक	8.32	3.45	39.12
सलाहती अव्वल/धोतर	93.33	166.67	175.28
सलाहती दोयम/गाढ़ा	46.67	60.00	128.56

खाद्यान्नों के बारे में कुशल मज़दूरों की क्रयशक्ति की गिरावट अकुशल मज़दूरों की अपेक्षा कुछ अधिक स्पष्ट दिखाई देती है। लेकिन दूसरी वस्तुओं के सिलसिले में प्रवृत्ति वही है।

अलग-अलग वस्तुओं के बारे में उजरतों की क्रयशक्ति के इन विभिन्न सूचकांकों को वास्तविक उजरतों के एक ही सूचकांक में बदलने के लिए हमें हर वस्तु की उस मात्रा का अनुमान करना होगा जो मज़दूर वास्तव में ख़रीदते थे। (यह हर वस्तु की उस मात्रा से भिन्न होगी जो मज़दूर अपनी पूरी उजरत को उसी वस्तु पर ख़र्च करके, सिद्धान्ततः ख़रीद सकते थे।) संयुक्त प्रान्त (पश्चिमोत्तर प्रान्त और अवध) में 1887-88 में निचले वर्गों की दशाओं पर किया गया एक सर्वेक्षण[60] सबसे कम उजरत पानेवाले मज़दूरों द्वारा तथा साथ ही अपेक्षाकृत बेहतर-हाल मज़दूरों द्वारा भोजन और कपड़ों की ख़रीदी जा रही मात्राओं का अनुमान करने का एक उपाय प्रदान करता है। इस सर्वेक्षण से लिये गए आँकड़े तालिका-14.9 में दिए गए हैं। विभिन्न आकारों और संरचनाओं वाले परिवारों में प्रत्येक वयस्क पुरुष द्वारा अनाजों के उपभोग की गणना करने के लिए मैंने निम्नलिखित भारमान स्वीकार किए हैं—

पुरुष	:	स्त्री	:	लड़का/लड़की
100	:	75	:	50

कपड़ों के सिलसिले में स्वीकार किए गए भारमान इस प्रकार हैं :

पुरुष	:	स्त्री	:	लड़का	:	लड़की
60	:	100	:	30	:	50

सर्वेक्षण में बार-बार कहा गया है कि कोई भी अकुशल गरीब मज़दूर त्योहारों या कुछ बहुत दुर्लभ अवसरों को छोड़ कभी भी गेहूँ नहीं खाता था। उसका भोजन आम तौर पर कमतर अनाजों पर आधारित होता था। सस्ती सब्जियों और अरहर की दाल का उपभोग बहुत अनियमित था। मैंने सर्वेक्षण में मुद्रा में दिए गए अनुमानों को अनाजों और कपड़ों के बारे में बुलन्दशहर की 1867 की क़ीमतों का प्रयोग करके मात्राओं में बदल दिया है।[61]

तालिका-14.10

	हर वयस्क पुरुष द्वारा अनाज का उपयोग (सेर प्रतिदिन)	*हर वयस्क पुरुष द्वारा कपड़े का उपयोग (गज प्रतिवर्ष)*	*1887-88 की इनक्वायरी में (पृष्ठ संख्या)*
काश्तकार	1.00	14.19	पृ. 70-71
काश्तकार	1.00	12.67	पृ. 71-72
मज़दूर और काश्तकार	1.11	13.85	पृ. 73-74
बुनकर और मज़दूर	0.63	7.71	पृ. 74-76
काश्तकार और मज़दूर	0.89	18.56	पृ. 81-82
मज़दूर	1.14	17.27	पृ. 83-84
क़ुली	0.95	14.13	पृ. 89-91
काश्तकार और गाड़ीवान	1.38	14.79	पृ. 93-95
काश्तकार और अनाज तोलनेवाला	0.94	12.12	पृ. 97-99
मज़दूर	0.86	14.54	पृ. 99-100

उपरोक्त इनक्वायरी से लिये गए आँकड़ों के आधार पर एक वयस्क पुरुष द्वारा खुरदुरे अनाजों का औसत उपभोग 0.99 सेर प्रतिदिन या 9.03 मन प्रतिवर्ष आता है, और औसत कपड़े का उपभोग 13.98 गज बैठता है।

जनांकिकी के विशेषज्ञों ने परिवार का औसत आकार एक वयस्क पुरुष, एक वयस्क स्त्री और 2.5 बच्चे माना है। इसे लेकर हम परिवार की आवश्यकता की गणना कर सकते हैं और फिर उसे आईन में दर्ज क़ीमतों के आधार पर दामों में परिवर्तित कर सकते हैं। चूँकि हमने भोजन और कपड़ों के बारे में पुरुषों, स्त्रियों और बच्चों को अलग-अलग भारमान दिए हैं, 4.5 सदस्यों के परम्परागत परिवार का अनाजों का उपभोग पता करने के लिए औसत प्रति वयस्क पुरुष को 3 से गुणा करना होगा, कपड़ों के मुआमले में यह गुणक 4 होगा।[62]

इस प्रकार एक मानक परिवार द्वारा अनाजों का सालाना उपभोग 27.10 मन बैठता है। आईन में जौ, चना, ज्वार और बाजरा की क़ीमतों का औसत 12.64 दाम प्रतिमन है। इसलिए (अगर हम यह मान लें कि इन अनाजों को बराबर मात्रा में उपभोग किया जाता था) तो 27.10 मन अनाज की क़ीमत 342.64 दाम प्रतिवर्ष रही होगी। कपड़ों के बारे में एक वयस्क पुरुष के लिए अनुमान 13.98 गज या परिवार के लिए 62.91 गज़ प्रतिवर्ष है। सलाहती की औसत क़ीमत (3 दाम प्रति गज़े-इलाही या 3.375 दाम प्रतिगज़) के आधार पर कपड़ों पर ख़र्च रक़म 212.32 दाम होनी चाहिए। इस तरह अनाजों और कपड़ों पर कुल न्यूनतम ख़र्च 554.96 दाम प्रतिवर्ष रहा होगा। इसलिए एक शहरी मज़दूर को, जो न्यूनतम उजरत (2 दाम प्रतिदिन या 730 दाम प्रतिवर्ष) पाता रहा हो, अनाजों और कपड़ों की ख़रीद पर अपनी आमदनी का 76.02 प्रतिशत (अनाजों पर 46.94 प्रतिशत और कपड़ों पर 29.38 प्रतिशत) ख़र्च करना पड़ता होगा। अगर हम मकान सम्बन्धी किराये या ख़र्च, नमक, सब्ज़ियों, गुड वग़ैरह के ख़र्च का हिसाब करने के लिए उपरोक्त रक़म को 20 प्रतिशत बढ़ा दें तो रोटी-कपड़ा-मकान यानी ज़रूरियात पर कुल ख़र्च कुल आमदनी का 90 प्रतिशत बैठेगा। इसका मतलब यह हुआ कि ज़रूरियात (भोजन और वस्त्र के अनिवार्य घटकों) पर ख़र्च के बाद उसके पास कुल आमदनी का 10 प्रतिशत बचता होगा।

दूसरी ओर अगर हम अंत-19वीं सदी के एक अकुशल शहरी मज़दूर (प्रतिदिन ढाई आने या प्रतिवर्ष 57.03 रुपये पानेवाले आगरा के बारबरदार) के लिए भी अनाजों और कपड़ों की इन्हीं मात्राओं को स्वीकार करें और 1871-72 में आगरा में प्रचलित क़ीमतों के आधार पर उसके ख़र्च की गणना करें तो देखते हैं कि खुरदुरे अनाजों और कपड़ों की यही मात्राएँ ख़रीदने के लिए भी बारबरदार की आमदनी पूरी नहीं पड़ती। अनाजों पर उसका ख़र्च 55.65 रुपये (उसकी कुल आमदनी का 97.58 प्रतिशत) और कपड़ों पर 10.81 रुपये (18.96 प्रतिशत) बैठता होगा। इसका मतलब हुआ 16.54 प्रतिशत का घाटा जबकि किरायों और भोजन सम्बन्धी दूसरे ख़र्चों का हिसाब अभी बाक़ी ही है। इस तरह लगता है कि आय से कपड़ों पर ख़र्च होनेवाले भाग में तो भारी गिरावट आई लेकिन अनाजों की उन्हीं मात्राओं पर आय का लगनेवाला भाग 50 प्रतिशत से भी अधिक (46.94 प्रतिशत की जगह 97.58 प्रतिशत) बढ़ गया।

यहाँ हमने अनाजों का जो औसत उपभोग माना है, वह 1887-88 के ग्रामीण उपभोग पर आधारित है और दोनों कालों में (कम-से-कम भोजन के मुआमले में) शहरी स्तर ग्रामीण स्तर से शायद अपेक्षाकृत कम रहा होगा। उस हालत में अंत-19वीं सदी का शहरी मज़दूर वास्तव में इतना अधिक घाटा नहीं उठाता होगा, पर ऐन इसी कारण से अंत-16वीं सदी के कामगार का दूसरी मदों का ख़र्च और बचत मिलकर 10 प्रतिशत से अधिक रहा होगा। इसलिए यह मान्यता मुनासिब दिखाई देती है कि अंत-16वीं सदी का अकुशल मज़दूर 19वीं सदी के अपने उत्तराधिकारी से काफ़ी

बेहतर-हाल रहा होगा। हमारे पास जो भी आँकड़े हैं उनके आधार पर तथा आमदनी से सिर्फ़ अनाजों और कपड़ों पर ख़र्च होनेवाले भागों को लेने पर 16वीं सदी के अन्त में अकुशल शहरी मज़दूरों की वास्तविक उजरतें 19वीं सदी के उत्तरार्ध के मुक़ाबले कोई 40.5 प्रतिशत अधिक दिखाई देती है।

कुशल मज़दूरों की वास्तविक उजरतों की स्थिति का निश्चय कठिन है क्योंकि कुशल रोज़गारों की उजरतों की तुलना का कोई निश्चित उपाय नहीं है। तो भी हम आईन में पहली श्रेणी के बढ़ई के लिए स्वीकृत उजरत (7 दाम प्रतिदिन) और आगरा शहर में 1871-72 में बढ़इयों की अधिकतम उजरत (15 रुपया माहवार) को लेकर कुशल-मज़दूरों की वास्तविक उजरतों की तुलना का एक प्रयास अवश्य कर सकते हैं। उपभोग के स्तर और प्रतिमान का अनुमान लगाने के लिए मैंने 1887-88 में कुछ कुशल देहाती मज़दूरों और बेहतर-हाल समूहों द्वारा भोजन और वस्त्र के उपभोगों के औसत ले सकते हैं, ये आँकड़े राजकीय इनक्वायरी में दिए गए हैं।

तालिका-14.11

	हर वयस्क पुरुष द्वारा अनाजों का उपयोग (सेर/प्रतिदिन)	*हर वयस्क पुरुष द्वारा कपड़े का उपयोग (गज प्रतिवर्ष)*	*ख़र्च का प्रतिशत*		
			खाने-पीने की दूसरी चीज़ों पर	*दूसरी वस्तुओं*	*1887-88 की इनक्वारी में पृष्ठ संख्या*
बढ़ई	0.80	12.77	30.90	7.90	पृ. 80-83
तेली/सूदख़ोर	0.86	14.43	49.13	11.87	पृ. 83-86
सुनार	1.72	29.88	39.25	12.13	पृ. 91-93
बढ़ई	1.20	14.85	22.27	3.75	पृ. 130-32
बढ़ई और काश्तकार	1.00	17.75	7.87	2.92	पृ. 133-35
औसत	1.12	17.942	29.855	7.715	

1887-88 में हर वयस्क पुरुष पीछे अनाज का औसत उपयोग 1.12 सेर प्रतिदिन और कपड़ों का 17.942 गज़ प्रतिवर्ष आता है। ये लोग कभी-कभी गेहूँ भी खाते थे और उनके ख़र्चों का एक अच्छा-ख़ासा भाग अनाज से इतर भोजन की दूसरी मदों पर भी लगता था। खाने-कपड़े पर ख़र्च करने के बाद भी उनकी आमदनी का एक बड़ा भाग दूसरी मदों के लिए या बचत के लिए बाक़ी रहता था।

अकुशल मज़दूरों के लिए अपनाई गई पद्धति से आगे बढ़ें तो एक कुशल मज़दूर के मानक परिवार के लिए हमारा अनुमान प्रतिवर्ष 30.66 मन अनाज और 80.739 गज़ कपड़ा आता है।[63] इनको गेहूँ, जौ, चना, ज्वार और बाजरा के लिए आईन में दर्ज क़ीमतों के औसत (13.684 दाम प्रतिमन) से और सलाहती की औसत क़ीमत (3.375 दाम प्रतिगज़) से गुणा करें तो अनाजों पर सालाना ख़र्च 419.55 दाम (उजारतों का 16.42 दाम) और कपड़ों पर 272.49 दाम (10.66 प्रतिशत) आता है। मतलब यह हुआ कि 1886-87 के सर्वेक्षण से अनाजों और कपड़ों पर

जिस ख़र्च का संकेत मिलता है वह आईन के पहली श्रेणी के बढ़ई की कुल आय का मात्र 27.08 प्रतिशत था।

पर जैसाकि हम तालिका 14.11 से देखते हैं, 19वीं सदी की आख़िरी चौथाई में कुशल मज़दूर अपनी आय का कोई 30 प्रतिशत भाग अनाजों से भिन्न, भोजन की दूसरी वस्तुओं पर ख़र्च करता था। इन मदों में चावल (जो ऊपर के हिसाब में अनाजों में शामिल नहीं है), दाल, नमक, घी, गुड़, तेल, शक्कर, मसाले वग़ैरह शामिल हैं। 16वीं सदी की आख़िरी दहाई में जहाँ पशुओं से प्राप्त वस्तुएँ अंत-19वीं सदी के मुक़ाबले सस्ती थीं वहीं शक्कर और तेल जैसी अर्ध-विनिर्माण की वस्तुएँ महँगी थीं। इसलिए हमारा यह मानना बहुत ग़लत नहीं होगा कि अंत-16वीं सदी का कुशल मज़दूर भी अपनी आय का उतना ही भाग भोजन के अनाजों से भिन्न इन दूसरी मदों पर ख़र्च करता रहा होगा। इस तरह खाने-कपड़े पर उसका कुल ख़र्च उसकी आय का 57 (27.08+30.00) प्रतिशत बैठता है। किरायों और महसूलों, औज़ारों वग़ैरह की ख़रीद और मरम्मत तथा नाई जैसी सेवाओं की अदायगी को भी शामिल करें तो ज़रूरियात पर उसका ख़र्च कुल आय का 75 प्रतिशत होना चाहिए। बाक़ी आय का बड़ा भाग बर्तनों, फ़र्नीचर, वग़ैरह की ख़रीद और मरम्मत, धोबी, कुम्हार वग़ैरह की सेवाओं की अदायगी में जाता होगा। यह ख़र्च आराम की आवश्यकताओं की श्रेणी में रखा जा सकता है। अगर 16वीं सदी के मज़दूर की जीवनशैली 19वीं सदी के कुशल मज़दूर जैसी ही थी तो हम मान सकते हैं कि कुछ रक़म (फ़र्ज़ कीजिए, 5 प्रतिशत) अफ़ीम जैसी लतों (बाद को चलकर तम्बाकू) पर तथा त्योहारों, शादी ब्याह वग़ैरह पर ख़र्च होती होगी। इनको हम विलासिता की वस्तुओं की श्रेणी में लाते हैं।

रहा सवाल 19वीं सदी के उत्तरार्ध में कुशल मज़दूर की वास्तविक उजरतों का तो हम अनाजों और कपड़ों पर उसके ख़र्च की सहायता से इनकी तुलना 1600 के आसपास उसके पूर्वज की वास्तविक उजरतों से कर सकते हैं। आगरा में 1871-72 में सबसे अधिक पानेवाला बढ़ई, अगर इसी पैमाने पर गणना करें तो, अनाजों पर 54.57 रुपये (30.32 प्रतिशत) और कपड़ों पर 13.88 रुपये (7.71 प्रतिशत) ख़र्च करता रहा होगा। इस तरह 1871-72 में आगरा का बढ़ई अपनी कुल आय का एक-तिहाई से अधिक भाग भोजन-वस्त्र पर ख़र्च कर रहा था जबकि 16वीं सदी के अन्त में उसका पूर्वज वस्तुओं की यही मात्राएँ प्राप्त करने के लिए अपनी उजरत का सिर्फ़ 27.08 प्रतिशत ख़र्च करता था।

इससे कुशल दस्तकारों की वास्तविक उजरतों में भी एक स्पष्ट गिरावट का संकेत मिलता है। लेकिन यहाँ यह तर्क दिया जा सकता है कि 1595 का कुशल दस्तकार भोजन की वस्तुओं से भिन्न वस्तुओं को ख़रीदता होगा तो ऊँची क़ीमत की वस्तुओं के एक बहुत तंग दायरे में से ख़रीदता होगा जबकि उसके अंत-19वीं सदी के उत्तराधिकारी के सामने कम क़ीमत की औद्योगिक वस्तुओं में से चयन का एक बड़ा दायरा रहा होगा। फिर भी 19वीं सदी में बुनकरों की भारी बेरोज़गारी और आय में गिरावट के हवाले से विपरीत प्रकार का एक तर्क भी दिया जा सकता है।

बदनसीबी से बुनकरों की उजरतों पर आईन में कोई आँकड़ा नहीं दिया गया है। अगर 1595 और अंत-19वीं सदी में बुनकरों की वास्तविक उजरतों की तुलना सम्भव होती तो मामूली ज़रूरियात के प्रतिशत ख़र्च से भी वास्तविक उजरतों में एक बहुत स्पष्ट गिरावट की बात साबित की जा सकती थी।

1600 के आसपास और 1875 के आसपास वास्तविक शहरी उजरतों में गिरावट की बात स्थापित मानी जा सकती है। लेकिन 1600 के शहरी उजरतों के अधिक होने का लाज़मी तौर पर यह मानी नहीं है कि सामान्य (देहाती और शहरी, दोनों) उपभोग का स्तर भी बहुत ऊँचा रहा होगा। ऐन मुमकिन है कि मालगुज़ारी के रूप में खेतिहर ज़ायद के एक बड़े भाग के अधिग्रहण तथा एक शहरी शासक वर्ग में उसके वितरण के कारण 19वीं सदी के पतनमुखी नगरों की अपेक्षा मुग़लों के नगर खेतिहर वस्तुओं की आपूर्ति के मुआमले में कहीं बेहतर स्थिति में रहे हों। अगर ग्रामीण देशान्तरण में व्यवहार में कोई दम था[64] तो मुमकिन है कि शहरी श्रमबल का इतना प्रसार न हुआ हो कि नगरों में खेतिहर वस्तुओं की क़ीमतें चढ़ी हों और इसलिए वास्तविक उजरतें गिरी हों। इसके विपरीत वस्तुओं के नगरों की ओर खिंचने की प्रवृत्ति को देखते हुए खेतिहर आबादी में गिरावट की बात ही सोची जा सकती है। तब सम्भव है उपभोग के स्तर 1887-88 में दर्ज स्तरों से ऊँचे न रहे हों, बल्कि नीचे भी हो सकते हैं। लेकिन 16वीं और 17वीं सदियों में खेतिहर उजरतों के आँकड़े जब तक उपलब्ध नहीं होते, हम इससे अधिक कुछ भी नहीं कह सकते कि 1600 के आसपास वास्तविक शहरी उजरतों के अधिक होने के आधार पर पूरी आबादी के लिए प्रतिव्यक्ति उपभोग के अधिक होने का निष्कर्ष निकालते वक़्त सावधानी से काम लिया जाए।

सन्दर्भ और टिप्पणियाँ

1. वी. ए. स्मिथ, *अकबर द ग्रेट मुग़ल*, देहली, 1958, पृ. 281-86, डब्ल्यू. एच. मोरलैंड, *प्राइसेज़ एंड वेजेज़ अंडर अकबर*, जे. आर. ए. एस., 1917, पृ. 815-25 और *द वैल्यू ऑफ़ मनी एट द कोर्ट ऑफ़ अकबर*, जे. आर. ए. एस., 1918, पृ. 375-85, आर. मुखर्जी, *द इकोनॉमिक हिस्ट्री ऑफ़ इंडिया*, 1600-1800, जे. यू. पी. एच. एस., 1941, पृ. 41-96, ए. वी. देसाई, *पॉपुलेशन एंड स्टैंडर्ड ऑफ़ लिविंग इन अकबर्स टाइम*, आई. ई. एस. एच. आर., 1972, पृ. 43-62 तथा *पॉपुलेशन एंड स्टैंडर्ड ऑफ़ लिविंग इन अकबर्स टाइम : ए सेकंड लुक*, आई. ई. एस. एच. आर., वर्ष पन्द्रह, अंक 1, 1978
2. *आईन*, एक, पृ. 60-66
3. उपरोक्त, पृ. 68-75, 85-86, 105-11, 119-24 और 167-69
4. उपरोक्त, पृ. 60
5. मोरलैंड, *प्राइसेज़ एंड वेजेज़*, पूर्वोक्त, पृ. 816
6. तुलना करें इरफ़ान हबीब, *एग्रेरियन सिस्टम*, पृ. 82 की टिप्पणी से। अपने विचार के समर्थन में मोरलैंड ने यह तर्क (जे. आर. ए. एस., 1917, पृ. 815-16) पेश किया है कि भार की जिस इकाई में क़ीमतें आमतौर पर व्यक्त की गई हैं वह मन है, जो उनकी राय में भारी ख़रीद-फ़रोख़्त के संकेत देता है। लेकिन यहाँ प्रयुक्त मन सिर्फ़ 55.32 पौंड का है और

82.28 पौंड के ब्रिटिश मन से उसका कोई नाता नहीं है। इस तरह यह भार की कोई इतनी बड़ी इकाई भी नहीं कि खुदरा व्यापार से ख़ारिज होता। इसके अलावा आईन में कुछेक वस्तुओं के दाम प्रति सेर दिए गए हैं जैसे अदरक (ढाई दाम प्रतिसेर) और उम्दा (नबात या शकरे-सफ़ेद) क़िस्म की शक्कर।

7. *आईन*, एक, पृ. 67
8. उपरोक्त, पृ. 68
9. *अकबरनामा*, तीन, पृ. 494
10. उपरोक्त, पृ. 748
11. अध्याय-1 देखें।
12. *अकबरनामा*, तीन, पृ. 747
13. इरफ़ान हबीब, *एग्रेरियन सिस्टम*, पृ. 82 से तुलना करें।
14. *अकबरनामा*, तीन, पृ. 765
15. उपरोक्त, पृ. 494
16. उपरोक्त, पृ. 748
17. *प्राइसेज़ एंड वेजेज़*, 1895, कलकत्ता
18. *पंजाब डिस्ट्रिक्ट गज़ेटियर्स ऑफ़ यू. पी.*, वॉल्यूम 30बी, 1916, पृ. 51
19. नेविल, डिस्ट्रिक्ट गजेटियर ऑफ यू. पी. आगरा जिला, खंड IV, पृ. छह
20. पेल्सेयर, अनु, पृ. 24 और उसकी टिप्पणी। अगर पेल्सेयर ने मने-अकबरी में व्यक्त पिछली क़ीमत के मने-जहाँगिरी में बदला होगा (जो सम्भव नहीं लगता) तो पिछले भार की दृष्टि से व्यक्त क़ीमत 48-64 रुपये प्रतिमन के दायरे में होगी।
21. एटकिंसन, खंड सात, पृ. 551
22. ज़ेड. ए. ख़ान, *रेलवेज़ एंड द क्रिएशन ऑफ़ नेशनल मार्केट इन फूडग्रेंस*, आई. एच. आर., वर्ष चार, अंक 2, 1978, पृ. 336-46 देखें।
23. ए. वी. देसाई, *पॉपुलेशन इन अकबर्स टाइम*, वर्ष पन्द्रह, अंक 1, 1978
24. *प्राइसेज़ एंड वेजेज़*, 1895, पृ. 250-51
25. एटकिंसन, खंड दो, अंक 1, पृ. 479
26. उपरोक्त।
27. उपरोक्त, खंड तीन, भाग 2, पृ. 77
28. *आईन*, एक, पृ. 422 देखें। जैसाकि इरफ़ान हबीब ने (*एग्रेरियन सिस्टम*, पृ. 86 की टिप्पणी) दिखाया है। ब्रिम्यू पांडुलिपि एड 7652, 6552 और 5645 में 10 से 16 रुपये प्रतिमन क़ीमत दी गई है जबकि ब्लाख़मान से इसे 10 से 12 रुपये प्रतिमन पढ़ा है।
29. एटकिंसन, खंड सात, पृ. 556
30. *ए मोनोग्राफ आन डाईज...*, पृ. 76
31. एटकिंसन, खंड दो, भाग 1, पृ. 476
32. *प्राइसेज़, एंड वेजेज़*, पृ. 250-51
33. प्रसंगवश, कहा जा सकता है कि अगर *आईन* की क़ीमतें लाहौर की होतीं तो घी की सापेक्ष क़ीमत में वृद्धि और भी स्पष्ट होती। गेहूँ (=100) के आधार पर लाहौर में 1861-70 में क़ीमतें इस प्रकार थीं : भैंस का घी (अव्वल), 1,455.60, (दोयम) 1,334.70, गाय का घी (अव्वल) 1,454.55, (दोयम) 1,386.36
34. एटकिंसन, खंड सात, पृ. 485

35. *आईन*, एक, पृ. 66
36. *प्राइसेज़ एंड वेजेज़*, पृ. 84 और 86
37. सलाहती की कमतर क़िस्म की क़ीमत 2 दाम प्रति गज़े-इलाही थी जबकि सबसे उम्दा क़िस्म 4 दाम प्रति गज़े-इलाही के भाव था। (*आईन*, एक, पृ. 109 देखें।)
38. *सियाक़नामा*, पृ. 176
39. एटकिंसन, तीन, पृ. 78
40. इरफ़ान हबीब, *एग्रेरियन सिस्टम*, पृ. 357-58, यह उन दिनों के दर्ज़ी के गज़ के भी ख़ासा क़रीब लगता है।
41. *आईन*, एक, पृ. 141 देखें। मोरलैंड ने *इंडिया ऐट द डेथ ऑफ़ अकबर*, पृ. 150-51 ने इस हवाले को अनदेखा किया है और आईन, एक, पृ. 143 पर लोहे की खूँटे के लिए दर्ज क़ीमत (120 दाम प्रति मने-अकबरी) पर भरोसा किया है। स्वाभाविक था कि इसी के कारण उन्होंने लोहे की क़ीमत में काफ़ी बड़ी गिरावट की बात सुझाई है।
42. एटकिंसन, खंड तीन, भाग 2, पृ. 67
43. *आईन*, एक, पृ. 33
44. वाट, खंड दो, पृ. 649, मैंने इस क़ीमत को रुपये प्रति मने-अकबरी में बदल दिया है।
45. *आईन*, एक, पृ. 170
46. उपरोक्त, पृ. 134-35, 143-44, 149-50, 151
47. उपरोक्त, पृ. 12, 14, 16
48. उपरोक्त, पृ. 135, 144, 150
49. उपरोक्त, पृ. 164
50. मोरलैंड, *जे. आर. ए. एस.*, 1917, पूर्वोक्त, पृ. 822
51. कलकत्ता में उन दिनों की वास्तविक उजरतें गेहूँ में नहीं, चावल में व्यक्त की जानी चाहिए। पर *आईन* से तुलना के लिए गेहूँ ही अकेला आधार हो सकता है।
52. *पंजाब डिस्ट्रिक्ट गज़ेटियर्स*, खंड 30, भाग बी, पृ. 48
53. जहाँ भी सेर लिखा है, यह भार हमेशा 822 पौंड के ब्रिटिश मन का 1/40, आधिकारिक ब्रिटिश सेर माना जाए।
54. वी. ए. स्मिथ, *अकबर द ग्रेट मुग़ल*, पृ. 286
55. स्मिथ ने 19वीं सदी की उजरतों का अनुमान अपने ख़ुद के अनुभवों से लगाया है, वे संयुक्त प्रान्त में 30 वर्षों (1870-1900) तक अकुशल सेवकों को जो उजरतें देते रहे उनसे उन्होंने भूमिहीन मजदूरों के लिए भी इन्हीं दरों को सही मान लिया था।
56. मोरलैंड, *प्राइसेज़ एंड वेजेज़*, पूर्वोक्त, पृ. 824
57. *फ़रहंगे-इस्तलाहाते-पेशावरां*, खंड एक, पृ. 84 में गिलकारी का अर्थ पलस्तर करना बताया गया है, इसलिए गिलकार का अर्थ पलस्तर करनेवाला होना चाहिए।
58. एटकिंसन, खंड सात, पृ. 551
59. उपरोक्त, खंड दो, पृ. 77
60. *ए कलेक्शन ऑफ़ पेपर्स कनेक्टेड विद ऐन इनक्वायरी इनटू द कंडीशंस ऑफ़ द लोअर क्लासेज ऑफ़ द पॉपुलेशन, स्पेशली इन एग्रीकल्चरल ट्रैक्ट्स, इन द नार्थ-वेस्टर्न प्रॉविंसेज़ एंड अवध, इंस्टीट्यूटेड इन 1887-88*, पृ. 73-132, गवर्नमेंट प्रेस, नैनीताल।
61. कपड़े के उपभोग के अनुमान के लिए सिर्फ़ सालाना उपभोग को देहाती कपड़े के गजों में बदला गया है और देहाती कपड़े की क़ीमत 2.75 आना प्रतिगज़ (धोतर की औसत क़ीमत

डेढ़ आना गज़ और गाढ़ा की 4 आना गज़) लगाई गई है। (एटकिंसन, खंड तीन, भाग 2, पृ. 78 देखें।) हमारे भारों के आधार पर हर वयस्क पुरुष पीछे गज़ों में उपभोग वास्तविक उपभोग से थोड़ा सा अधिक आएगा क्योंकि कपड़े की क़ीमत में सिलाई वग़ैरह का ख़र्च भी शामिल होगा जिसे हमने एक सिरे से नज़रअन्दाज़ किया है।

62. हमने माना है—भोजन (1/100) × (100+75+50+50+25) = 3.0
(1/60) × (60+100+30+50+0) = 4.0

63. कपड़ों की उपभोग का यहाँ परिकल्पित अनुपात इस प्रकार है :
पुरुष : स्त्री : लड़की : लड़का : छोटा बच्चा, छोटी बच्ची
75 : 100 : 60 : 50 : 10

64. तुलना करें इरफ़ान हबीब, *एग्रेरियन सिस्टम*, पृ. 116-17 से।

मुद्रा की आपूर्ति और विदेशी व्यापार

अध्याय-15

मुद्रा, क़ीमतों के परिवर्तन और ऋण

मुग़लों की मुद्राएँ

अभी तक हमने मुग़ल अर्थव्यवस्था को ऐसा माना है मानो वह एक स्थिर ढाँचा हो और 1595-96 के आसपास समय के एक बिन्दु से सम्बन्धित परिमाणात्मक आँकड़ों पर ध्यान केन्द्रित किया है। इसमें काफ़ी हद तक इरादे का नहीं, मजबूरी का दख़ल रहा है। अकबरी दौर की आख़िरी दहाई के लिए हमारे पास जो सूचनाएँ हैं, पैमाने और गुणवत्ता की दृष्टि से अनोखी हैं और उनका यही अनोखापन 19वीं सदी तक पहले के या बाद के भी किसी दौर के साथ हमें सांख्यिकीय तुलनाएँ करने से रोकता है। फलस्वरूप जहाँ 1600 के आसपास की अर्थव्यवस्था के ढाँचे के तत्त्वों का परिमाणात्मक अध्ययन किया जा सकता है वहीं अर्थव्यवस्था के अन्दर मौजूद गति के तत्त्वों (कालक्रम में परिवर्तन की प्रवृत्तियों) का अस्पष्ट रहना या नज़रअन्दाज़ होना शायद स्वाभाविक है। गति की प्रक्रिया में अर्थव्यवस्था का अध्ययन केवल एक क्षेत्र में ही सम्भव दिखाई देता है—मुद्रा व्यवस्था के क्षेत्र में जिसमें मुद्रा की आपूर्ति और क़ीमतें दोनों शामिल हैं।

चूँकि मालों के उत्पादन और विनिमय का मुग़ल सल्तनत की अर्थव्यवस्था में महत्त्वपूर्ण स्थान रहा है, मुद्रा की आपूर्ति का सवाल ख़ासा अहम हो जाता है। राजकीय काग़ज़ी मुद्रा के अभाव में धातुओं की मुद्राएँ मुद्रा की आपूर्ति की समग्रता की सूचक थीं। (वैसे हमें एक ओर आंशिक मुद्राओं जैसे कौड़ियों और दूसरी ओर तिजारती काग़ज़ात यानी हुंडियों में छिपी मुद्रा का ध्यान भी रखना होगा।) चूँकि मुद्राओं की गति का पता लगाने का कोई उपाय नहीं है, किसी एक समय परिचलन (सर्कुलेशन) में मौजूद मुद्राओं के कुल परिमाण का निश्चय करना (अगर कोई कर सके तो भी) काफ़ी नहीं होगा। अर्थव्यवस्था पर मुद्राओं की आपूर्ति के प्रभावों को परखने के लिए कालक्रम में उसके परिवर्तनों का ज्ञान भी आवश्यक है। इसलिए मैंने एक मुनासिब तौर पर विस्तारित काल में मुद्रा की आपूर्ति सम्बन्धी परिवर्तनों का अध्ययन करने के लिए 1556-1630 के काल को चुना है। (हमारा सन्दर्भ-वर्ष 1595-96 इस काल के लगभग बीच में पड़ेगा।)

मुग़लों की धात्विक मुद्रा-व्यवस्था औपचारिक दृष्टि से त्रिधात्विक (ट्राइमेटालिक) थी।[1] मतलब यह कि टकसाल तीनों प्रचलित धातुओं के सिक्के जारी करते थे : सोने

की मुहरें, चाँदी के रुपये और ताँबे के दाम। किसी सिक्के का मूल्य हमेशा ही धातु के मूल्य तथा ढलाई की लागत और बादशाह के महसूल के योग के बराबर होता था।[2] समय बीतने पर सिक्कों पर कुछ बट्टा भी दिया लिया जाता था। धातु के बाज़ार मूल्य से यह निकटता मुक्त या खुली ढलाई की एक व्यवस्था बनाकर क़ायम की गई थी। ढलाई की लागत और बादशाह का महसूल देकर धातु की किसी भी मात्रा को सिक्कों में ढलवाया जा सकता है।[3]

अकबरी दौर में शुद्ध धातु के सिक्कों की ढलाई शेरशाह के उठाए हुए एक क़दम की निरन्तरता में थी जिसने (1540-45) शुद्ध चाँदी का रुपिया या रुपया चलाया था। रुपये के आरम्भ के बावजूद चाँदी का यह नया सिक्का अशुद्ध धातु के तंके को प्रत्यक्ष रूप से विस्थापित नहीं कर सका और तंके की बड़ी-बड़ी मात्राएँ स्वाभाविक रूप से प्रचलन में रहीं। लेकिन अकबर ने शुद्ध ताँबे का जो दाम जारी किया वह अशुद्ध धातु के तंके को अधिकाधिक विस्थापित करने लगा।[4] टकसालों की एक बहुत बड़ी संख्या में अनेक बरसों तक दामों की ढलाई जारी रही। जैसाकि सिक्कों के विभिन्न संग्रहों के विवरणपत्रों पर आधारित तालिका-15.1 से स्पष्ट है, 1580+ तक इन टकसालों की संख्या रुपये के टकसालों से अधिक रही।[5]

तालिका-15.1
सक्रिय टकसालों की संख्या

	चाँदी	*ताँबा*		*चाँदी*	*ताँबा*
1556-60	7	9	1596-1600	14	11
1561-65	7	12	1601-05	18	9
1566-70	6	10	1606-10	13	3
1571-75	6	11	1611-15	11	2
1576-80	9	13	1616-20	13	1
1581-85	9	6	1621-25	16	2
1586-90	4	7	1626-30	19	2
1591-95	9	12			

तालिका-15.1 से पता चलता है कि 1580 के बाद ताँबे की टकसालों की संख्या कम होने लगी, पर 1590 की दहाई में वह फिर बढ़ी। लेकिन 1605 के फ़ौरन बाद इनमें भारी कमी आई। दूसरी ओर 1590 की दहाई के बाद चाँदी की टकसालों की संख्या स्थिर रही और हमारे काल के अन्दर 1626-30 में अपनी अधिकतम सीमा तक जा पहुँची, तब इनकी संख्या ताँबे की टकसालों की संख्या से नौगुने से भी अधिक थी।

अगर टकसालों की तादाद ताँबे और चाँदी की ढलाई के सापेक्ष आकार के परिवर्तनों की सूचक हो सकती है तो यह स्पष्ट हो जाता है कि 1590 के बाद रुपया ताँबे के दाम को हटाकर मुद्रा की बुनियादी इकाई बन गया। इसकी पुष्टि बैनामों से भी

होती है जिनमें 1590+ के बाद क़ीमतें आमतौर पर रुपयों में दी जाने लगी थीं जबकि पहले वे हमेशा ही अशुद्ध धातु या ताँबे की मुद्रा (तंका या दाम) में दर्ज की जाती थीं।[6]

रुपया जब प्रमुख मानक मुद्रा बन गया तो उसकी ढलाई एक बड़ी हद तक परिचालन में मौजूद सिक्कों की संख्या का निर्धारण करने लगी। इसलिए हमें मुद्रा की आपूर्ति सम्बन्धी परिवर्तनों की तस्वीर देखने के लिए मुग़ल सल्तनत की चाँदी की मुद्रा की ढलाई में होनेवाले परिवर्तनों का अनुमान करना होगा। संग्रहालयों के सभी प्रकाशित विवरणपत्रों की सहायता से चाँदी की सभी बाक़ी बची मुद्राओं की गिनती करके अज़ीज़ा हसन ने इसके लिए एक पटुतापूर्ण उपाय ढूँढ़ निकाला है।[7] चूँकि रुपये के हर सिक्के पर टकसाल का नाम और जारी किए जाने का साल दर्ज होता था, उन्होंने टकसालों और वर्षों के आधार पर विवरणबद्ध मुद्राओं की गिनती की। फिर उन्होंने तर्क दिया कि विभिन्न वर्षों के बाक़ी बचे सिक्कों की संख्या में होनेवाले परिवर्तन मुद्रा की कुल ढलाई के उतार-चढ़ाव के सूचक होने चाहिए। इस तरह विभिन्न वर्षों के सुरक्षित सिक्कों की संख्या दिखानेवाले वक्र को मुग़ल सल्तनत की मुद्राओं की ढलाई का वक्र माना जा सकता है, भले ही एक अज्ञात पैमाने पर माना जाए। कालक्रम में भौगोलिक तुलनीयता स्थापित करने के लिए अज़ीज़ा हसन ने अपनी गिनती को उत्तर भारत की टकसालों तक सीमित रखा।

अज़ीज़ा के प्रयास को एक अग्रगामी प्रयास मानना होगा। लेकिन उनके साक्ष्यों में एक सम्भवत: एक पूर्वग्रह भी था जिसके कारण जान एस. डेइल ने उनकी आलोचना की।[8] वे कहते हैं कि संग्रहालयों द्वारा हासिल किए या सुरक्षित रखे जानेवाले सिक्कों में हमेशा ही चयन का एक तत्त्व रहता है। संग्रहालय एक ही प्रकार (एक टकसाल/तिथि/इबारत) वाले सिक्कों के एक जोड़े से अधिक अपने पास नहीं रखते। इसलिए जिन वर्षों में ढाले गए सिक्कों की शैली में अधिक विविधता होती है, संग्रहालयों के संग्रहों में उनका प्रतिनिधित्व अधिक हो जाता है। इसलिए ढाले गए सिक्कों के परिमाणों में होनेवाले परिवर्तनों की अपेक्षा शैलियों के परिवर्तन संग्रहालयों में सुरक्षित विभिन्न कालों के सिक्कों की संख्या में नज़र आनेवाले भारी उतार-चढ़ाव की बेहतर व्याख्या कर सकते हैं।

सैद्धान्तिक तर्क की सतह पर डेइल की समालोचना अंशत: आपत्तियों से परे है। पर यह अशंत: बात को बढ़ाकर भी कहती है। कारण कि वे इस तथ्य को अनदेखा कर जाते हैं कि संग्रहालयों के अधिकांश संग्रहों में विशेष टकसालों में कुछ वर्षों में ढाले गए सिक्के अकसर मौजूद नहीं होते। (वैसे दूसरे संग्रहों में ऐसे सिक्के मिलते हैं और इसलिए निश्चित है कि वे ढाले गए थे।) दूसरी तरफ़ दूसरे मुआमले में सभी संग्रहों में विशेष टकसालों के कुछ वर्षों के सिक्कों का लगभग पूरा प्रतिनिधित्व दिखाई देता है।[9] ज़ाहिर है कि बड़ी हद तक ढलाई के उतार-चढ़ाव प्रतिनिधित्व के ऐसे परिवर्तनों के लिए उत्तरदायी हैं।

कुछ भी हो, एक प्रारम्भिक अनुभवाश्रित जाँच से डेइल की प्रमुख आपत्ति का निराकरण किया जा सकता है आइए हम विवरणबद्ध संग्रहों को परे करके सिक्कों

के उन ज़ख़ीरों की दस्तावेज़ों से सम्पर्क करें जिनमें सम्भवत: चयन का कोई तत्त्व नहीं होता। लखनऊ संग्रहालय का संग्रह विश्व भर में मुग़ल सिक्कों में सबसे समृद्ध संग्रहों में एक है, और यह अधिकांशत: उत्तर प्रदेश में सिक्कों के ज़ख़ीरों में पाए गए सिक्कों की बड़ी तादाद पर आधारित है।[10] यह क्षेत्र बहुत बड़ा है और उत्तर भारत के केन्द्र में भी स्थित है। इसमें मुग़ल सल्तनत की राजधानी आगरा समेत उसके केन्द्रीय क्षेत्र का एक बड़ा हिस्सा भी आ जाता है। इसलिए इस क्षेत्र में जो सिक्के मिले हैं वे सम्भवत: हमारे सरोकारवाले पूरे काल में जारी सिक्कों का ख़ासी अच्छी तरह प्रतिनिधित्व करते हैं। इतना ही नहीं, वे किसी ख़ास भौगोलिक झुकाव के बग़ैर उत्तर भारत के विभिन्न भागों में जारी किए गए सिक्कों का भी प्रतिनिधित्व करते हैं। इसलिए हमने (अप्रकाशित) राजकीय रिपोर्टों से 1882-1968 के काल में उत्तर प्रदेश में पाए जानेवाले सभी ज़ख़ीरों से सम्बन्धित सूचनाओं का एक सारसंक्षेप तैयार किया है।[11] इस तरह दर्ज मुग़ल सिक्कों (सिर्फ़ उत्तर भारत की टकसालों के सिक्कों) की कुल संख्या 7,382 आती है, यह संख्या बादशाह अकबर से लेकर औरंगज़ेब तक के ही दौर के सिक्कों का प्रतिनिधित्व करती है। यह प्रतिदर्श (सैंपल) उतना ही यदृच्छ है जितना हो सकता है।[12]

तालिका-15.2

	योग	*तिथि और टकसाल का नाम, दोनों हैं*	*टकसाल का नाम है; ढलाई की दहाई जानी जा सकती है*	*तिथि दी गई है पर टकसाल का नाम नहीं है*	*टकसाल का नाम है पर तिथि नहीं दी है*	*जिन पर टकसाल का नाम और तिथि नहीं है*
अकबर						
1556-1605	2,563	1,719	421	373	86	54
जहाँगीर						
1606-27	1,109	790	0	30	281	8
शाहजहाँ						
1628-59	1,678	1,283.5	9	57.5	80	248
औरंगज़ेब						
1660-1707	1,942	1,696	0	0	246	0

पूरे विचाराधीन काल में विचार के लिए एक ही क्षेत्र चुनने के उदेदश्य से मैंने (अज़ीज़ा हसन की तरह) दकन की टकसालों से जारी सिक्कों को शामिल नहीं किया है। इस प्रतिदर्श की एक उल्लेखनीय विशेषता यह है कि अकबरी दौर के रुपये के सिक्के दूसरे किसी भी बादशाह के जारी किए सिक्कों से संख्या में अधिक हैं। यह एक तथ्य है कि टकसालों की संख्या (और इसलिए सिक्कों की क़िस्मों) में औरंगज़ेब के दौर में भारी बढ़ोतरी हुई। मगर इसके बावजूद इस प्रतिदर्श में औरंगज़ेब के रुपये के सिक्के अकबरी सिक्कों से ख़ासे कम हैं। अज़ीज़ा हसन की गिनती हर

दौर के सापेक्ष योगदान की दृष्टि से एक अपेक्षाकृत अलग चित्र प्रस्तुत करती है : अकबर, 1,739, जहाँगीर, 1,346, शाहजहाँ, 1,554 और औरंगज़ेब, 2,426 सिक्के।

संग्रहालयों के संग्रहों में अकबरी सिक्कों की अपेक्षाकृत कम संख्या का कारण सम्भवत: टकसालों की कम संख्या और अकबर के रुपयों की आरम्भिक क़िस्म है।[13] इसके विपरीत औरंगज़ेब की टकसालों की अधिक संख्या अज़ीज़ा हसन की गिनती में उसके दौर के अधिक योगदान की व्याख्या करती है। इसलिए उनके प्रतिदर्श में एक झुकाव की सम्भावना अवश्य है जिसकी सटीक मात्रा का निश्चय अवश्य ही कठिन है। इसलिए अज़ीज़ा हसन की पद्धति को अपनाए रखना मगर उसे संग्रहालयों के संग्रहों के बजाय मिलनेवाले ज़ख़ीरों पर लागू करना अधिक सुरक्षित होगा।

मैंने प्राप्त ज़ख़ीरों की रिपोर्टों के आधार पर मिलनेवाले अपने प्रतिदर्श को एक पंचवर्षीय आयत चित्र (हिस्टोग्राम) में दिखलाया है (चित्र 15.1) जो अज़ीज़ा हसन द्वारा स्वीकार किए गए प्रतिदर्श पर आधारित आयत चित्र (चित्र 15.2) की ही तर्ज पर है। उनकी पद्धति से यहाँ एकमात्र अन्तर यह है कि मैंने उन सिक्कों को भी

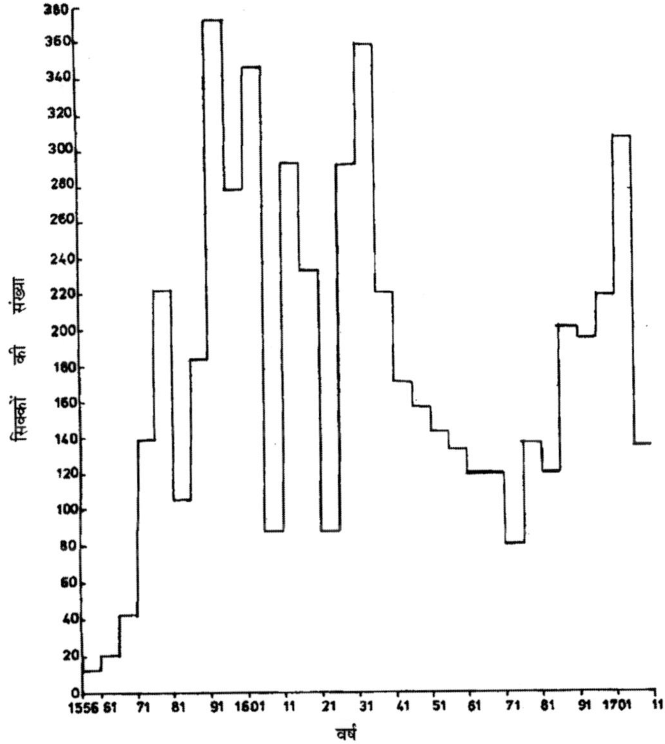

चित्र 15.1 : उत्तर भारतीय टकसालों के मुग़ल रुपयों का पंचवर्षीय आयतचित्र
उत्तर प्रदेश के सिक्कों के ज़ख़ीरों पर आधारित

शामिल किया है जिनको जारी करने की दहाइयों का ही निश्चय किया जा सकता है (क्योंकि उनकी तिथियों के आख़िरी अंक मिटे हुए हैं), और हर दशक के अन्दर उनके पाँच-पाँच वर्ष के कालखंडों में रखने के लिए उन्हें दो बराबर भागों में बाँट दिया है। मैंने उन बेतारीख़ सिक्कों को भी शामिल किया है जिनके सिलसिले में कम-से-कम दौर का निश्चय किया जा सकता है। मिसाल के लिए जहाँगीरी दौर के 281 बेतारीख़ सिक्कों को शामिल न किया जाए तो उस दौर की मुद्रा व्यवस्था का एक विकृत चित्र ही प्राप्त होगा। इसलिए मैंने ज्ञात तिथियोंवाले सिक्कों ही तरह बेतारीख़ सिक्कों को भी पाँच-पाँच साल के विभिन्न कालखंडों में वितरित किया है।

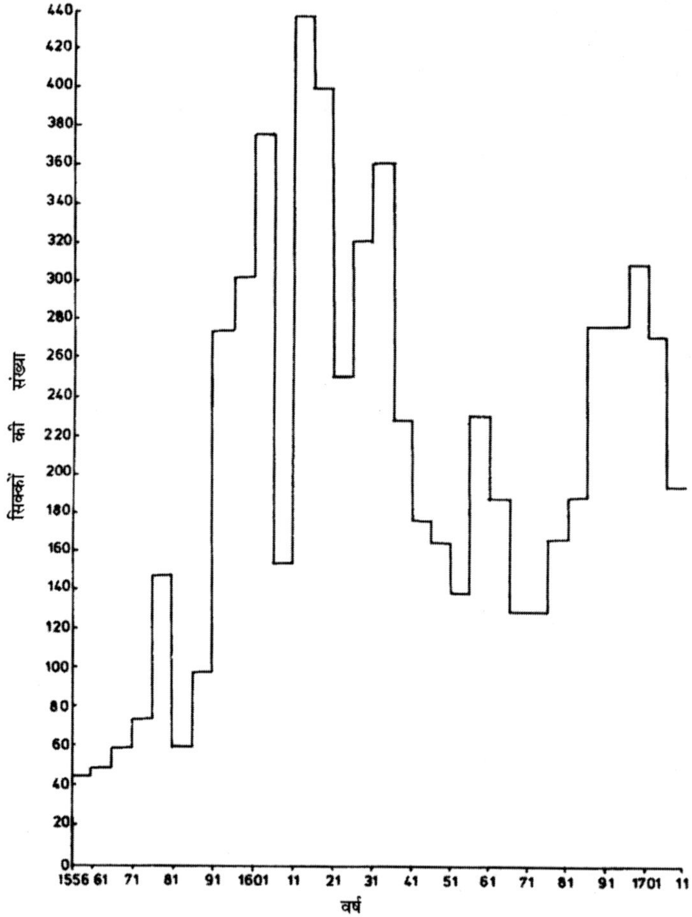

चित्र 15.2 : उत्तर भारतीय टकसालों के मुग़ल रुपयों का पंचवर्षीय आयतचित्र विवरणबद्ध सिक्कों पर आधारित (अज़ीज़ा हसन, आई ई एस एच आर छह (1))

अज़ीज़ा हसनवाले आयतचित्र से इस आयतचित्र की तुलना अगर उनकी पूरी की पूरी विधि की नहीं तो अंशत: उनके प्रयास को अवश्य उचित ठहराती है। दोनों के बीच की संगति इतनी घनिष्ठ है कि आकस्मिक नहीं हो सकती। 30 पंचवर्षीय कालों में से कम-से-कम 25 में दोनों चित्रों में (वृद्धि या ह्रास की) प्रवृत्ति एक जैसी दिखाई देती है। 1586-90 और 1611-15 के ख़ासे अधिक चढ़ाव और 1606-10, 1621-25 व 1636-40 के उतार, जिन्हें डेइल ने मात्र सिक्कों की क़िस्मों में घटत-बढ़त का नतीजा ठहराया है, सिक्कों के ज़ख़ीरे भी उसी कदर प्रतिबिम्बित होते हैं जबकि इनके मुआमले में क़िस्मों के अनुसार संग्रह की कोई भूमिका होनी ही नहीं चाहिए।[14]

सिद्धान्त रूप में हमारे आयतचित्र से हमें यह क्षमता मिलनी चाहिए कि चाँदी की मुद्राओं की गतियों का अध्ययन कर सकें। 1556-1635 के काल के लिए सूचनाओं को दशकों में परिवर्तित करके तालिका-15.3 में दिखाया गया है। वहीं सिक्कों की कुल संख्या के क्षेत्रवार वितरण का एक विश्लेषण भी पेश किया गया है। गुजरात का सूचक कॉलम ग अहमदाबाद, सूरत और कैंबे की टकसालों का उत्पाद दिखाता है, पश्चिमोत्तर (प उ) की टकसालों में लाहौर, मुल्तान, थत्ता, काबुल और क़न्धार शामिल हैं। कॉलम ब बंगाल की टकसालों (बंगाल, अकबरनगर यानी राजमहल, मखसूसाबाद, जहाँगीरनगर यानी ढाका, और पटना) का सूचक है। बाक़ी टकसालों को कॉलम 'क' के तहत अन्दरूनी या केन्द्रीय टकसालों में शामिल कर लिया गया है।

तालिका-15.3

उत्तर प्रदेश के ज़ख़ीरों में पाए गए सिक्के

दकन और दक्षिण भारत की टकसालों को छोड़कर

दशक	*योग*	*ग*	*प उ*	*ब*	*क*	*टकसाल आयात*
1556-65	36.0	0.0	2.0	0.0	25.0	9.0
1566-75	240.5	30.0	13.0	0.0	251.5	46.0
1576-85	466.5	97.5	15.0	0.0	228.0	126.0
1586-95	876.5	294.5	47.0	0.0	320.0	215.0
1596-1605	1034.0	592.0	202.0	43.5	165.5	31.0
1606-15	516.5	91.0	139.0	28.0	241.0	17.5
1616-25	432.5	37.0	177.0	43.0	155.0	20.5
1626-35	758.0	118.5	221.5	291.5	92.0	34.5

तालिका-15.3 उत्तर भारत टकसालों के रुपयों के सिक्कों के औसत सालाना उत्पाद दशक की संख्या को 10 से भाग देने पर आनेवाली संख्या के सापेक्ष आकार के संकेत देती है।[15] यह निश्चित ही पैमाने का पता नहीं देती और हमें टकसालों के उत्पाद के बारे में इससे बाहर ऐसे आँकड़े खोजने होंगे जो इन संख्याओं को ढाले गए सिक्कों को निरपेक्ष संख्याओं में परिवर्तित करने में मदद दे सकें। हम यह काम कर सकते हैं बशर्ते हमें, मिसाल के लिए, यह पता हो कि किसी विशेष काल में

किसी विशेष टकसाल का औसत उत्पाद क्या था और हम अपने प्रतिदर्श में उसके नमूने गिन सकें। सौभाग्य से 1630 की दहाई में सूरत की टकसाल के बारे में ऐसी सूचनाएँ उपलब्ध हैं।

अंग्रेज़ फ़ैक्टरों के दिए हुए बयानों से संकेत मिलता है कि जब सूरत की टकसाल सिर्फ़ हमारे लिए काम करती है तो वह 1636 में साधारणतया अंग्रेज़ों के लिए रोज़ाना 6,000 रुपये ढालती थी। इससे पहले 1634 में इस टकसाल का दैनिक उत्पादन 8,000 रुपये से अधिक (5,000 रुपयों की ढलाई अंग्रेज़ों के लिए और 3,000 की डचों के लिए) था, डच न होते तो अंग्रेज़ कम-से-कम 9,000 रुपये रोज़ ढलवा सकते थे।[16] ज़ाहिरा तौर पर अंग्रेज़ और डच जब अपनी धातु को ढलाई के लिए ले आए तब तक लाल सागर और फ़ारस की खाड़ी के रास्ते आनेवाली चाँदी ढाली जा चुकी थी। इस तरह इन आँकड़ों से वर्ष 1634-36 में सूरत की टकसाल में रोज़ाना 8,000 रुपयों से अधिक की ढलाई का संकेत मिलता है। अब हमारे प्रतिदर्श में सूरत की टकसाल के ऐसे 96 सिक्के हैं जो 1634-37 के संगत चार शासन-वर्षों (7-10) से मंसूब किए जा सकते हैं।[17] सूरत की टकसाल का सालाना उत्पाद चूँकि 8,000×365 रुपये था, हम मान सकते हैं कि उत्तर प्रदेश के ज़ख़ीरों में मौजूद हर सिक्का वास्तव में ढाले गए 2,53,913 सिक्कों का सूचक है।[18]

विभिन्न वर्षों के सिक्कों पर यही अनुपात लागू होता है, यह बात मानकर हम मुग़ल सल्तनत में सिक्कों की कुल ढलाई का अनुमान लगा सकते हैं। चूँकि सिक्कों के बचने की दर 1634-37 के बाद के काल में सम्भवत: अधिक और पहले के काल में कम थी, हमारा परिणाम पहले की सिक्कों की ढलाई को कम करके और बाद की ढलाई को बढ़ाकर दिखाएगा। इसके अलावा दोहरी जाँच के लिए सूरत की टकसाल के अलावा दूसरी टकसालों के बारे में ऐसे ही आँकड़े उपलब्ध होते तो और बेहतर होता। फिर भी सूरत की टकसाल के लिए 8,000 रुपये रोज़ाना का न्यूनतम उत्पाद नामुनासिब नहीं दिखाई देता। कारण कि 1676 में, जबकि उससे बहुत छोटी राजमहल की टकसाल का उत्पादन असाधारण रूप से कम स्तर तक पहुँच चुका था, अंग्रेज़ वहाँ तीन या चार दिनों में 10,000 रुपयों की ढलाई की उम्मीद कर रहे थे।[19]

इस तरह, तालिका-15.3 में उत्तर प्रदेश के ज़ख़ीरों में मौजूद सिक्कों की जो संख्याएँ दी गई हैं उनको ऊपर बताई गई दर से वास्तव में जारी सिक्कों की निरपेक्ष संख्याओं में बदला जाए तो हम हर दहाई के लिए औसत सालाना उत्पाद के निम्नलिखित आँकड़े पाते हैं। आगे, हर सिक्के में शुद्ध चाँदी की मात्रा को 170.88 ग्रेन मानकर[20] तथा इस आधार पर 90,324.80 रुपये के सिक्कों को एक मीट्रिक टन चाँदी के बराबर मानकर[21] हम ढाले गए सिक्कों की संख्या को मीट्रिक टन में बदल सकते हैं। जिन सिक्कों पर टकसालों के नाम दर्ज हैं उनके अनुपात के अनुसार विभिन्न क्षेत्रों के भार में बे-टकसाल सिक्कों के भार को जोड़कर तालिका-15.4 में दर्शाया गया है।

तालिका-15.4

	कुल वार्षिक उत्पादन		*क्षेत्रवार सालाना उत्पादन (मीट्रिक टन में)*			
	(रुपये)	*(मीट्रिक टन)*	*ग*	*प उ*	*ब*	*क*
1556-65	9,14,087	10.12	0.00	0.75	0.00	9.37
1566-75	61,06,608	67.48	10.43	4.53	0.00	52.37
1576-85	1,18,32,346	131.02	37.82	5.78	0.00	87.32
1586-95	2,22,55,474	246.29	109.70	17.50	0.00	119.23
1596-1605	2,62,54,604	290.72	171.12	58.39	12.57	47.84
1606-15	1,31,14,606	145.22	26.49	40.42	8.15	70.14
1616-25	1,09,81,737	121.46	10.92	52.23	12.69	45.75
1626-35	1,92,46,605	213.12	34.91	65.11	85.76	27.27

17वीं सदी में फ्रांसीसी टकसालों के उत्पादन के आँकड़ों से पता चलता है कि 1631 और 1660 के बीच, 2,259 टन चाँदी की मुद्रा जारी की गई (इसमें ढाले गए सोने के समतुल्य चाँदी भी शामिल है), जिससे औसत सालाना उत्पादन 75.3 मीट्रिक टन आता है।[22] फ्रांस के सापेक्ष मुग़ल सल्तनत के आकार को देखें तो 1605 और 1635 के बीच हर साल औसतन 159.93 टन चाँदी की मुद्रा में ढलाई किसी भी तरह अविश्वसनीय नहीं लगती।

ढाली गई चाँदी की बढ़ती-घटती मात्राओं पर, जो तालिका-15.4 में देखी जा सकती है, अब चाँदी के आयात की रौशनी में विचार किया जा सकता है। भारत ख़ुद कोई चाँदी पैदा नहीं करता था,[23] इसलिए ढलाई में प्रयुक्त पूरी चाँदी आयात के ज़रिये आई होगी। 16वीं और 17वीं, दोनों सदियों में आयातित चाँदी लगभग पूरी तरह स्पेनी अमेरिका में पैदा हुई होगी और मुख्यत: यूरोप के रास्ते और अंशत: प्रशांत महासागर पार करके यहाँ लाई गई होगी। अनेक तत्कालीन प्रेक्षकों के वक्तव्यों का लब्बो-लुबाब यही है।[24]

व्यापार के ज़रिये चाँदी की आमद

सोलहवीं सदी का उत्तरार्ध

तालिका-15.4 में 1605 तक सिक्कों की ढलाई में निरन्तर वृद्धि का संकेत मिलता है, और कोई ऐन इसी बात की उम्मीद भी करता। 1556-65 के काल में अकबर की सल्तनत, जो एक अपेक्षाकृत छोटे केन्द्रीय क्षेत्र तक सीमित थी, 1590+ तक फैलकर पूरे उत्तर भारत को समेट चुकी थी, इसलिए टकसालों और उनसे जारी सिक्कों की संख्या हर साल बढ़ती चली गई। इसके अलावा, जैसाकि हमने देखा (तालिका-15.1), चाँदी की मुद्राओं ने ताँबे की मुद्राओं को विस्थापित किया और उसके कारण चाँदी की मुद्राओं की इतने बड़े पैमाने पर ढलाई हुई कि केवल क्षेत्रीय प्रसार के कारण नहीं होती। नतीजा यह हुआ कि 1550+ तक जमा चाँदी का वह सारा अन्दरूनी भंडार इसी में खप गया जो पहले ताँबे की मुद्राओं के प्रचलन के

कारण अनढला पड़ा था या कुछ इलाक़ाई रजवाड़ों (मालवा, गुजरात और ख़ानदेश) में घटिया सिक्कों के रूप में ढाला गया था।[25] 1585 में ख़त्म होनेवाली दहाई तक केन्द्रीय या अन्दरूनी टकसालों के प्रभुत्व की व्याख्या शायद उसी से होती है। उस दहाई में पूरी सल्तनत के अन्दर कुल 131.02 टन चाँदी हर साल ढाली गई जिसमें से कम-से-कम 87.82 टन इन्हीं टकसालों में ढली। अगली दहाई में भी केन्द्रीय टकसालों ने अपने सापेक्ष महत्त्व में गिरावट के बावजूद कोई 120 टन चाँदी ढाली। (तालिका-15.4 देखें।)

लेकिन 1585 के बाद के बीस बरसों में गुजरात को प्रमुखता प्राप्त हुई। 1586-95 के दौरान ढाली गई कुल 246.29 टन चाँदी में गुजरात (अकेले अहमदाबाद की टकसाल) का योगदान 109.70 टन रहा। फिर 1596-1605 के दौरान 209.72 टन में उसका योगदान अभूतपूर्व, 171.12 टन रहा।[26] गुजरात चाँदी के प्रवेश के प्रमुख क्षेत्रों में एक था, फ़ारस की खाड़ी और लाल सागर से तथा केप ऑफ़ गुड होप से भी होकर गुज़रनेवाले मार्ग यहीं आकर मिलते थे। इसलिए 16वीं सदी के पूरे उत्तरार्ध में यह सूबा इन रास्तों से आनेवाली चाँदी प्राप्त करता रहा। इसमें से कुछ चाँदी मुग़लों की विजय (1571-72) से पहले ही चाँदी के घटिया (महमूदी) सिक्कों के रूप में ढाल ली गई होगी। मुग़लों की विजय के बाद अहमदाबाद की टकसाल पहले से जमा चाँदी (धातु या महमूदी सिक्कों) की भारी मात्राओं को तथा अब आनेवाली चाँदी को भी रुपयों में ढालता रहा होगा, लेकिन अगर इन दो दहाइयों में ढले गए रुपयों का एक बड़ा भाग पहले से जमा धातु और चाँदी की मुद्राओं पर आधारित रहा होगा तो भी इन दहाइयों में टकसालों का उत्पादन इतना अधिक है कि गुजरात में चाँदी के भारी आयात का संकेत देता है।

यूरोप को अमेरिकी चाँदी के हस्तान्तरण पर हैमिल्टन की रचना का पाठक निश्चित ही इस काल में भारत में चाँदी की भारी आमद पर हैरान नहीं होगा। कारण कि अमेरिकी चाँदी के स्पेनी आयातों पर उनके सुप्रसिद्ध आयत चित्र से पता चलता है। यही वह काल था जब स्पेन में अमेरिकी धातुओं का आयात अपनी चरम सीमा पर जा पहुँचा था। (इसमें 1576-80 में नाटकीय वृद्धि हुई थी।) यह 1591-95 में अपने उत्कर्ष को पहुँचा, और अगली आधी दहाई में इसमें बस ज़रा-सी गिरावट आई।[27] अमेरिकी चाँदी का एक बड़ा भाग एशिया में चला आता था, इसे तो अधिकांश विद्वानों ने स्वीकार किया है। ज्योफ्री पार्कर का अनुमान है कि 1680 के आसपास यूरोप से हर साल 80 मीट्रिक टन चाँदी निकलकर पूर्व में पहुँच जाती थी,[28] पी. विलर का अनुमान 64 टन का है।[29] ये दोनों अनुमान चाँदी की उस मात्रा को सम्भवत: कम करके पेश करते हैं जो 16वीं सदी के अन्त में वास्तव में एशिया में आ रही थी।

मिसाल के लिए पार्कर का सुझाव है कि यूरोप से लेवाँ में चाँदी का वार्षिक प्रवाह 15 लाख ड्यूकट यानी 39.7 मीट्रिक टन था।[30] लेकिन फ़ारस की खाड़ी पर स्थित केवल होरमुज़ बन्दरगाह से हर साल जानेवाली चाँदी 20 लाख क्रूज़ेदी यानी कोई 41.7 मीट्रिक टन बताई गई है।[31] बदनसीबी से लाल सागर वाले मार्ग के

बारे में इस तरह की सटीक सूचनाओं का अभाव है। लेकिन फ़ारस की खाड़ी के मुक़ाबले लाल सागर के साथ भारत का व्यापार आमतौर पर ज़्यादा ज़ोरदार होता था, होरमुज़ से होकर व्यापार जहाँ सिर्फ़ अलेप्पो से जुड़ा था वहीं लाल सागर वाला मार्ग क़ाहिरा और सिकन्दरिया को और अलेप्पो को भी जोड़ता था।[32] केप ऑफ़ गुड होप वाले मार्ग के बारे में चौनू का अनुमान है कि 16वीं सदी में पुर्तगाल भारत से मँगाई गई वस्तुओं की अदायगी अफ़्रीका से लूटे गए 150 टन सोने से तथा 6,000 टन से काफ़ी कम चाँदी से करता था, यह चाँदी नामत: आयातित मसालों के बाक़ी मूल्य के समतुल्य होती थी।[33] इसलिए यह बात सोची जा सकती है कि चूँकि चौनू पूरी सदी की बात कर रहे हैं, 16वीं सदी के अन्त तक पुर्तगालियों द्वारा पूर्व में चाँदी का आयात प्रतिवर्ष 60 टन से ख़ासा अधिक रहा होगा।[33अ]

चाँदी सुदूर पूर्व से भी एशिया में आती थी। फ़िलीपीन में आनेवाली अमेरिकी चाँदी की मात्रा 1590+ तक बेपनाह बढ़ चुकी थी, जबकि एक वक़्त था जब प्रशान्त महासागर होकर लगभग उतनी ही चाँदी आती थी जितनी अटलांटिक महासागर होकर। कुछ बरसों में उसकी मात्रा 500 टन से अधिक बताई गई है।[34] अगर पुर्तगाली 1580+ में जापान से सिर्फ़ दो टन चाँदी का आयात करते थे (जो ख़ुद अमेरिका से चाँदी मँगाता था) तो सुदूर पूर्व के रास्ते उनका चाँदी का आयात 1590+ में इससे ख़ासा अधिक रहा होगा।[35] इसके अलावा गुजरात के बन्दरगाहों और दक्षिण-पूर्व एशिया के बीच व्यापार के सीधे सम्बन्ध भी थे, और कुछ धातु इस रास्ते भी आई होगी। अगर प्रशान्तपारी चाँदी का पाँचवाँ भाग भी भारत पहुँचता रहा होगा तो इसका मतलब यह हुआ कि 1590+ के दौरान हर साल 30 से 100 टन चाँदी भारत में आ रही थी।

1590+ के दौरान हिंद महासागर क्षेत्र में आनेवाली चाँदी की इतनी बड़ी मात्राओं के मद्देनज़र (जो शायद हर साल 150 टन तक होती थी) गुजरात और पश्चिमोत्तर की टकसालों का सालाना उत्पादन, जो अनुमानत: 1586 से 1605 तक की दो दहाइयों में 178.35 टन था, चाँदी के आयात सम्बन्धी हमारी सूचनाओं से मेल खाता है, ख़ासकर अगर हम यह ध्यान रखें कि पुराने सिक्कों और पहले से जमा चाँदी की ढलाई भी होती थी, और अगर हम यह याद रखें कि दकन और दक्षिण भारत की धात्विक मुद्रा चाँदी नहीं, सोना थी और इसलिए चाँदी की ढलाई मुग़ल सल्तनत तक सीमित थी।

1605-1630 के वर्षों में

1605 के कुछ ही बाद मुग़लों के सिक्कों के कुल उत्पादन में एक गिरावट साफ़ नज़र आती है। (तालिका-15.4 देखें।) औसत अनुमानित उत्पादन 1596-1605 के 290.72 टन प्रतिवर्ष से घटकर 1606-15 में 145.22 और 1616-25 में 121.46 टन रह गया। यह गिरावट लगभग पूरी तरह गुजरात की टकसालों के उत्पादन में आई नाटकीय गिरावट का नतीजा थी, यहाँ उत्पादन 1596-1605 में 171.12 टन था जो गिरकर 1606-15 में 26.49 और 1616-25 में 10.92 टन रह गया। उत्तर भारत

की टकसालों में, जिनके लिए धातुएँ स्थल मार्ग से (या खाड़ी से थत्ता तक समुद्र तटीय मार्ग से) आती थीं, उत्पादन का ऊँचा स्तर जारी रहा। उनमें 1595-1605 की दहाई के बाद एक निरन्तर वृद्धि दिखाई देती है, यहाँ तक कि 1625-34 तक यह बढ़कर 65.11 टन प्रतिवर्ष हो गया। ज़ाहिर है इसका कारण क़न्धार के रास्ते स्थल मार्ग से होनेवाला गर्मागर्म व्यापार था जो इस समय तक विकसित हो चुका था।[36] इसकी पुष्टि इस तथ्य से होती है कि वेनिस से सीरिया को होनेवाली चाँदी का निर्यात 1590+ और 1610+ के बीच कम नहीं हुआ, उलटे उसमें बढ़ोतरी होती रही।[37]

रहा सवाल गुजरात में चाँदी की ढलाई में गिरावट का तो मुमकिन है कि पहले से जमा धातु और ढले सिक्कों की ढलाई 1605 तक मुकम्मल हो चुकी हो। लेकिन ढलाई में आई गिरावट की व्याख्या अकेले इसी से नहीं होती। 1605 के बाद की दो दहाइयों में लगता है भारत में चाँदी के कुल प्रवाह में कमी आई। यह बात उन जानकारियों से मेल खाती है जो इस काल में नई दुनिया से चाँदी की आपूर्ति और हिन्द महासागरी व्यापार के बारे में हमारे पास हैं।

एक बात तो यही है कि 1601-5 और फिर 1611-15 के दौरान अमेरिका से स्पेन आनेवाली चाँदी की मात्रा में गिरावट आई, और इससे यूरोप से बाहर जानेवाली चाँदी की कुल मात्रा पर प्रतिकूल प्रभाव पड़ा ही होगा।[38]

रहा केप ऑफ़ गुड होप वाला रास्ता तो भारत को अंग्रेज़ों और डचों के चाँदी के निर्यात बहुत कम थे जबकि नए दख़लन्दाज़ों ने पुर्तगाली व्यापार को ताक़त के बल पर ठप कर रखा था। बालकृष्ण[39] द्वारा दिए गए और के. एन. चौधुरी[40] द्वारा उद्धृत आँकड़ों के अनुसार उस सदी के पहले 23 वर्षों में अंग्रेज़ ईस्ट इंडिया कम्पनी ने पूर्व को कुल 7,53,336 पौंड का माल भेजा जो 76.84 मीट्रिक टन चाँदी के बराबर था। परिणाम के आधार पर देखें तो 17वीं सदी की पहली चौथाई में डचों का व्यापार अंग्रेज़ कम्पनी के व्यापार का लगभग दोगुना था।[41] अगर डचों के निर्यातों में धातुओं और वस्तुओं के सापेक्ष भाग लगभग वही थे जो अंग्रेज़ कम्पनी के निर्यातों में थे तो दोनों कम्पनियों का चाँदी का कुल निर्यात 230 मीट्रिक टन से ऊपर रहा होगा, यानी प्रतिवर्ष कोई दस मीट्रिक टन के आसपास। इसी काल में पुर्तगाली व्यापार में ख़ासी गिरावट आई, यहाँ तक कि यह कल्पना करना भी मुश्किल है कि भारत में चाँदी के आयात में पुर्तगालियों का इतना भाग भी रहा होगा। गुजरात की टकसालें केप से होकर आनेवाली चाँदी पर जिस सीमा तक निर्भर थीं उस सीमा तक उनकी आपूर्ति में ख़ासी कमी आई होगी।

लाल सागर और फ़ारस की खाड़ी के रास्ते लेवाँ से आनेवाली चाँदी से इस कमी की भरपाई हो सकती थी, पर अंग्रेज़ों और पुर्तगालियों की आपसी लड़ाइयों ने, जैसा कि पेल्सेयर ने 1626 में लिखा था,[42] इस व्यापार में भारी बाधा डाली। इस तरह समुद्र मार्ग से धातु का प्रवाह कम होता गया।[43] जबकि क़न्धार के रास्ते स्थल-मार्ग से प्रवाह में जो बढ़ोतरी हुई उससे इसकी आंशिक क्षतिपूर्ति ही हो सकी।

चाँदी का मूल्य और क़ीमतों का उतार-चढ़ाव

चाँदी की मुद्रा के उत्पादन का जो वक्र (चित्र 15.1) हमने तैयार किया है उससे चाँदी की आमद का जो संकेत मिलता है उसकी पुष्टि चाँदी के आयात सम्बन्धी सूचनाओं से होती है। एक के उतार-चढ़ाव दूसरी के उतार-चढ़ाव के संगत हैं, इसलिए इसमें शायद ही कोई शक हो कि 1556-1630 के काल में चाँदी की मुद्रा की आपूर्ति में बेपनाह बढ़ोतरी हुई। इससे चाँदी की मुद्रा का मूल्य किस तरह प्रभावित हुआ, इसके लिए हमें पहले दो दूसरी मौद्रिक धातुओं अर्थात ताँबे और सोने की क़ीमतों सम्बन्धी साक्ष्यों की पड़ताल करनी होगी। इरफ़ान हबीब की तैयार की हुई तालिकाओं[44] में सोने और ताँबे के आँकड़े एक जगह दिखाए गए हैं, और नीचे दिया गया चित्र 15.3 इन्हीं तालिकाओं पर आधारित है।

चित्र 15.3 : सोने और ताँबे का चाँदी में मूल्य

चित्र 15.3 फ़ौरन एक परेशानी खड़ी करता है : जब चाँदी इतनी बड़ी मात्रा में आ रही थी और सिक्कों में ढाली जा रही थी तो फिर 1583 से 1614 तक ताँबे की और 1608 तक सोने की क़ीमत फिर क्यों स्थिर रही? शुरू में जब शुद्ध धातुओं के सिक्के जारी किए गए तथा चाँदी का रुपया और ताँबे का दाम, दोनों ही अशुद्ध धातु के सिक्कों को विस्थापित करने लगे, चाँदी का रुपया 48 दाम के बराबर माना गया था।[45] चाँदी की आमद के साथ लगता है यह ताँबे की दृष्टि से गिर गया; 1583 से पहले किसी समय यह अनुपात घटकर 1:35 रह गया था।[46] लेकिन इसी समय लगता है चाँदी द्वारा ताँबे की मुद्राओं के विस्थापन की प्रक्रिया शुरू हो चुकी थी, अंशत: इसलिए कि शाही सरकार ताँबे के भंडारों का उपयोग तोपों के निर्माण के लिए करने लगी होगी पर मुख्यत: इसलिए कि एक निचले स्तर तक चाँदी के मूल्य के गिर जाने

के बाद मौद्रिक धातु के रूप में उसकी दक्षता सम्भवत: बढ़ गई और इसके कारण बाज़ारी लेन-देन में मुनासिब वज़न की मुद्राओं का प्रयोग सम्भव हुआ। ताँबे का यह विस्थापन लगता है 1620 तक पूरा हो चुका था जब ताँबे की टकसालों की संख्या घटकर इतनी कम (तालिका-15.1) रह गई थी कि ताँबे की मुद्रा अब सिर्फ़ खुदरा और मामूली लेन-देन के काम की ही रह गई है। जब तक यह प्रक्रिया पूरी नहीं हुई थी, चाँदी की मुद्रा में कोई भी वृद्धि मौद्रिक धातु के रूप में ताँबे के स्थान पर उसकी माँग के कारण खप जाती। दूसरी ओर तोपों और तोड़ीदार बन्दूक़ों के निर्माण में ताँबे के उपयोग के कारण उसकी लगातार बढ़ती माँग के कारण उसका मूल्य स्थिर बना रहा।

जहाँगीरी दौर के शुरुआती बरसों में समुद्रमार्ग से चाँदी के आयात में आई गिरावट के कारण और फलस्वरूप मुद्रा के उत्पादन में आई गिरावट के कारण चाँदी के मूल्य के स्थिर बने रहने में मदद मिली होगी। (तालिका-15.3 देखें।)

जब तक ताँबे की मुद्रा के विकल्प के रूप में चाँदी की बढ़ती माँग के कारण उसका मूल्य स्थिर बना रहा, सिर्फ़ ताँबे ही नहीं, दूसरी वस्तुओं की दृष्टि से भी उसका मूल्य स्थिर बना रहता बशर्ते कि माँग और पूर्ति की स्थितियाँ ज्यों-की-त्यों बनी रहतीं। स्वाभाविक है कि यह बात सोने के रूप में चाँदी के मूल्य के बारे में भी सच होगी। चौनू द्वारा प्रस्तुत एक अनुमान के अनुसार 16वीं सदी में पुर्तगाल 150 टन सोना और 6,000 टन से कम चाँदी देकर एशिया से मसाले ख़रीद रहा था।[47] इन आँकड़ों से एशिया में आनेवाले सोना और चाँदी के बीच अधिक-से-अधिक 1:4 के अनुपात का संकेत मिलता है। इसका मलतब यह हुआ कि आयातित सोने का वज़न सोने-चाँदी के बीच 1:9 के अनुपात से अनुमानित वज़न की दृष्टि से काफ़ी कम रहा होगा। इस आधार पर कोई भी चाँदी की दृष्टि से सोने के मूल्य में चढ़ाव की ही आशा करेगा। लेकिन 'वैकल्पिक' मुद्रा के रूप में चाँदी की भारी खपत के चलते ऐसा नहीं हुआ। इसी कारण सोने-चाँदी का 1:9 का अनुपात 1608 तक क़ायम रहा; सिर्फ़ उसी साल सोना इस अनुपात को तोड़कर थोड़ा सा चढ़ा।

ताँबे और सोने की जिन दर्ज क़ीमतों से एक ख़ासे चढ़ाव का पता चलता है वे जहाँगीरी दौर में अपेक्षाकृत बाद की हैं। 1626 में ताँबा 1595-96 में अपने चाँदी रूपी मूल्य से 33 प्रतिशत ऊपर था और सोना कोई 56 प्रतिशत ऊपर था। (लगता है 1608-12 से लेकर 1621 तक सोने की क़ीमत अपने निचले स्तर तक गिर चुकी थी।) ताँबे का मूल्य और आगे बढ़कर 1628 में 160 और 1634 में 166 प्रतिशत हो चुका था। दूसरी ओर 1628 और 1634 के बीच सोना गिर रहा था; सोने-चाँदी का अनुपात 1:14 से गिरकर 1:12.50 रह गया। मुमकिन है चाँदी के आयात में और फलस्वरूप उसकी ढलाई में आई गिरावट (तालिका-15.04) इसका कारण रही हो। ताँबा मगर फिर भी चढ़ा, सम्भवत: तोपों के निर्माण के लिए उसकी जारी माँग के कारण, और इसमें दकन की जंगों का अपना योगदान रहा होगा।

इसलिए यह निष्कर्ष निकाला जा सकता है कि 1583-1608 के दौरान क़ीमतें आम तौर पर स्थिर रहीं, क्योंकि अगर ताँबे और सोने के रूप में चाँदी की क़ीमतें स्थिर

रहीं तो सामान्यत: क़ीमतों में किसी वृद्धि की कल्पना करना भी कठिन है। हम तो बल्कि यह कह सकते हैं कि मुद्रा की कुल आपूर्ति में कोई वास्तविक वृद्धि नहीं हुई; चाँदी और ताँबे के मूल्यों के निर्धारित अनुपात पर ताँबे की मुद्राओं के गिरते उत्पादन ने चाँदी की मुद्राओं की अतिरिक्त आपूर्ति के मुक़ाबले सन्तुलन को बनाए रखा।

क़ीमतों की इस सामान्य स्थिरता का निश्चित ही यह मतलब नहीं कि एक से दूसरी फ़सल के बीच कोई अल्पकालिक परिवर्तन या उतार-चढ़ाव नहीं आया। हमारे पास 1580 के बाद सालाना उतार-चढ़ावों का पता लगाने का कोई प्रत्यक्ष उपाय नहीं है। फिर भी दस्तूरों से, जहाँ तक वे क़ीमतों और अनुमानित उपजों पर आधारित होते थे, 1562 और 1580 के बीच क़ीमतों के सालाना उतार-चढ़ाव का कुछ अन्दाज़ा ज़रूर होता है। चित्र 15.4 में दो सूबों, आगरा और देहली, में तीन फ़सलों (गेहूँ, जौ और चना) के लिए इस काल में प्रचलित नक़द राजस्व की दरें दिखाई गई हैं। अगर हम यह मान लें कि ये दरें पूरी तरह क़ीमतों के अनुसार घटती-बढ़ती थीं जबकि मानक उपजों को स्थिर माना जाता था, यह वक्र मोटे तौर पर उस विशाल क्षेत्र में क़ीमतों के उतार-चढ़ाव का सूचक होना चाहिए।

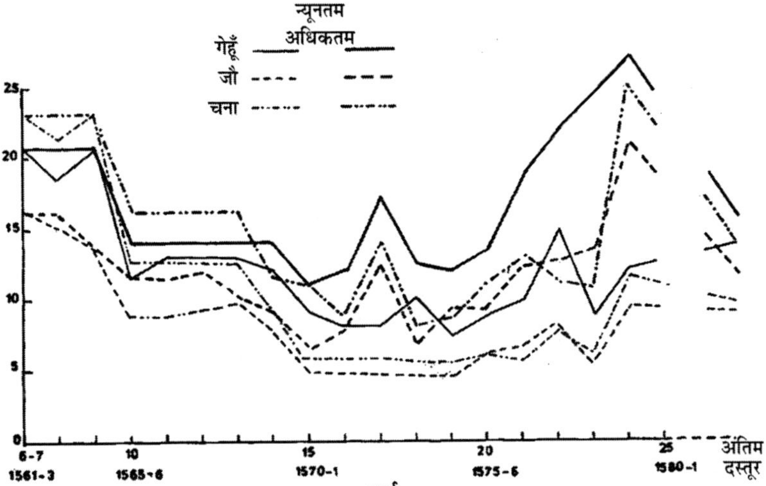

चित्र 15.4 : सूबा आगरा के दस्तूरों से संकेतिक मूल्य

ज़ाहिरा तौर पर क़ीमतें 1561-64 में बहुत ऊँची थीं; फिर उनमें गिरावट आने लगी जो 1568 तक जारी रही। 1568 और 1575 के बीच क़ीमतों में ख़ासे उतार-चढ़ाव आए और वे 1580 में फिर से 1561-62 के स्तर पर पहुँच गईं। इसके बाद जहाँ हर साल अल्पकालिक उतार-चढ़ाव आते रहे, क़ीमतों की सामान्य स्थिरता का पता 1595-96 तक अन्तिम दस्तूरों की स्थिरता से चलता है; उनको इसी साल

दर्ज किया गया था। हम देख चुके हैं कि 1585 में बीघा के आकार में जो परिवर्तन किया गया सिर्फ़ उसी को समायोजित करने के लिए दस्तूरों में संशोधन किए गए। कुछ अपवादों को छोड़ दें तो उस परिवर्तन से पुरानी तालिका प्रभावित नहीं हुई।

ताँबे और सोने की क़ीमतों के आधार पर देखें तो क़ीमतों के स्तर में पहली बड़ी उथल-पुथल 1608 और 1614 के बीच आई। लगता है, सरकारी तौर पर अनुमानित राजस्व-आय (जमा) में भी क़ीमतों का यह चढ़ाव प्रतिबिम्बित हुआ। नीचे की तालिका में दकनी सूबों को छोड़कर पूरी सल्तनत के लिए, 1628 तक, जमा के सूचकांक (1595=100) दिए गए हैं[48] :

वर्ष	*सूचकांक*
1595-96	100
1605	112
1627 से पहले	122
1628-36	126

जमा के आँकड़े एक ऊपर की दिशा वाली प्रवृत्ति का संकेत देते हैं जो बड़ी हद तक केवल क़ीमतों की वृद्धि का ही नतीजा हो सकती थी। कारण कि यह तर्क शायद ही दिया जाए कि जनसंख्या इतनी रफ़्तार से बढ़ी होगी।

क़ीमतों का जो चढ़ाव 1614 में शुरू हुआ उसका प्रभाव पूरी मुग़ल अर्थव्यवस्था पर पड़ा होगा—जमा की वास्तविक वसूली पर भी और मंसब व्यवस्था के ज़रिये मुग़ल सेना के रखरखाव पर भी। लेकिन ये प्रभाव उस काल के बाद सामने आए जिससे हमारा सरोकार है।

ऋण की लागत

मुद्रा की आपूर्ति में वृद्धि और साथ में मुद्रास्फीति की एक अदृश्य दर[49] ने ऋणों की लागत (कास्ट ऑफ़ क्रेडिट) को भी प्रभावित किया होगा हालाँकि मुद्रा की आपूर्ति और ब्याजदरों का आपसी सम्बन्ध हमेशा ही बेहद पेचीदा होता है। सुरक्षा के स्तर, मुनाफ़े की सीमा और आर्थिक कार्यकलापों की तीव्रता भी भारी और अकसर निर्धारित न की जा सकने वाली सीमा तक ब्याजदरों को प्रभावित करती हैं। लेकिन मुद्रा के इतिहासकारों ने हमेशा ही मुद्रा की आपूर्ति (निश्चित ही गति सम्बन्धी संशोधन के बाद) और ऋण की लागत के बीच एक सम्बन्ध स्थापित करने के प्रयास किए हैं।

बदनसीबी से 16वीं सदी के उत्तरार्ध सम्बन्धी सूचनाएँ बहुत सीमित हैं। आईने-अकबरी में व्यापारिक ऋणों पर ब्याजदर का कोई हवाला नहीं मिलता। लेकिन बादशाह जब कुलीनों को ऋण (मुसाअदत) देता था तो उसके मूल और ब्याज के आँकड़े आईन में ज़रूर दिए गए हैं।[50] अबुल फ़ज़्ल ने मूल में जो रक़में जोड़कर दिखाई हैं उनसे चक्रवृद्धि ब्याज के आधार पर वार्षिक दरों की गणना करके तालिका-15.5 में दिखाया गया है।

तालिका-15.5

वर्षों की संख्या	*वार्षिक ब्याज दर (%)*	*वर्षों की संख्या*	*वार्षिक ब्याज दर (%)*
1	6.25	6	7.00
2	6.10	7	8.30
3	7.70	8	7.20
4	10.70	9	6.40
5	8.40	10	7.40

यह तय है कि दरें उन दरों से कम थीं जिन पर कुलीन पेशेवर सूदख़ोरों से ऋण लेते; यह भी सम्भव है ये दरें व्यापार जगत के नामी-गिरामी सौदागरों को दी जा रही दरों से कम रही हों। अन्यथा अबुल फ़ज़्ल के इस कथन का कोई तुक नहीं बैठता कि ये दरें सूदख़ोरों के लिए आदर्श होनी चाहिए।

अगर जहाँगीरी दौर से प्राप्त व्यापारिक दरों सम्बन्धी आँकड़े कुछ सुझाते हैं तो यही कि ऋणदाता के रूप में तलब की गई ब्याज दरों के मुआमले में अकबर निश्चित ही बहुत उदार था। तालिका-15.6 के शाहजहानी दौर के अन्त में, 1658-59 में प्रचलित वे दरें दी गई हैं जो मुख्यत: सूरत, अहमदाबाद और आगरा के बारे में अंग्रेज़ों की दस्तावेज़ों से ली गई हैं।

इन आँकड़ों से ऐसा लगता है कि हमारे पास जिन स्थानों के बारे में सूचनाएँ हैं उन सभी में ब्याज की दरें 1640+ में गिर गई थीं। सूरत में 1624 और 1650 के बीच अंग्रेज़ ईस्ट इंडिया कम्पनी या दूसरे नामवर सौदागरों को दिए गए क़र्ज़ों पर ब्याज की दरें एक ओर डेढ़ प्रतिशत प्रति माह के बीच झूल रही थीं, और उसके बाद उनमें ख़ासी गिरावट आई। 1651 के बाद ये दरें 1/2 और 5/8 प्रतिशत प्रतिमाह के बीच आ गईं।

अहमदाबाद में भी 1640 और 1647 के बीच किसी समय लगता है इसी पैमाने की गिरावट आई, और आगरा में 1647 में आई। इन दोनों शहरों में दरें अन्यथा सूरत की दरों से मेल खाती थीं।

इस तरह ब्याज दरों का इतिहास के. एन. चौधरी के इस अपेक्षाकृत सतही निष्कर्ष की पुष्टि नहीं करता कि 'भारत में ब्याज दरों में कोई दीर्घकालिक अधोमुखी परिवर्तन नहीं आया।'[51] वास्तव में मध्य-17वीं सदी में ब्याज दरों में लगभग हर जगह गिरावट आई और इसकी कुछ व्याख्या आवश्यक है।

बदनसीबी से अंग्रेज़ ईस्ट इंडिया कम्पनी इंग्लैंड में या डच ईस्ट इंडिया कम्पनी हालैंड में जिन दरों पर क़र्ज़ लेती थी उनको अभी तक तालिकाबद्ध नहीं किया गया है। लेकिन सिडनी होमर के जमा किए आँकड़ों से ऐसा लगता है कि इंग्लैंड में ब्याज की दर जो 1600-25 में कोई 10 प्रतिशत वार्षिक थी, गिरकर 1675-1700 में 6 प्रतिशत से भी कम रह गई।[52] हालैंड में न सिर्फ़ दरें इंग्लैंड से कम थीं बल्कि 17वीं सदी के पूर्वार्ध में उनमें लगातार गिरावट आई; जंग के कारण आए कुछ अस्थायी

तालिका-15.6

वर्ष	*मासिक ब्याज दर (%)*	*स्रोत*
	सूरत	
1624	1	फ़ैक्टरीज़ 1622-23, पृ. 178
1626	1¼	रिमांट्रैशी, अनुवाद, पृ. 41-42
1630	1½	फ़ैक्टरीज़ 1630-33, पृ. 127
1634	1 या 1½	फ़ैक्टरीज़ 1634-36, पृ. 35
1635	1	उपरोक्त, पृ. 114
1639	1 ¼-1½	फ़ैक्टरीज़ 1637-41, पृ. 116-17
1642	1 या 1¼	फ़ैक्टरीज़ 1642-45, पृ. 34
1650	1	फ़ैक्टरीज़ 1646-50, पृ. 316
1651	½	फ़ैक्टरीज़ 1651-54, पृ. 86
1652	3/4	उपरोक्त
1652	½	उपरोक्त, पृ. 109-10
1652	⅝	उपरोक्त, पृ. 119
1654	½ और ⅝	उपरोक्त, पृ. 222
1657	⅝	फ़ैक्टरीज़ 1655-60, पृ. 114-45
1659	⅝ और ½	उपरोक्त, पृ. 158
	अहमदाबाद	
1622	1	फ़ैक्टरीज़ 1622-23
1628	1	फ़ैक्टरीज़ 1624-29, पृ. 215
1628	½	उपरोक्त, पृ. 270
1640	1¼ से अधिक	फ़ैक्टरीज़ 1637-41, पृ. 225
1647	3/4 से अधिक	फ़ैक्टरीज़ 1646-50, पृ. 112
1647	13/16	उपरोक्त, पृ. 128
1658	3/4	उपरोक्त, पृ. 163
1658	5/8	उपरोक्त, पृ. 165
	आगरा	
1626	5/6-1	रिमांट्रैशी, अनुवाद, पृ. 28-29
1628	2	फ़ैक्टरीज़ 1624-29, पृ. 239
1645	5/8	फ़ैक्टरीज़ 1642-45, पृ. 302-3
1645	1-2½	उपरोक्त
1645	1	उपरोक्त
1645	3/4	उपरोक्त
1645	5/8	उपरोक्त
1647	3/4	फ़ैक्टरीज़ 1646-50, पृ. 122
1657	3/4	फ़ैक्टरीज़ 1651-54, पृ. 301-2

उतार-चढ़ाव के बाद ये दरें अगली आधी सदी में गिरकर 8½ से 4 प्रतिशत, बल्कि इससे भी कम रह गईं।[53]

इस तरह लगता है कि 16वीं सदी के अन्त में यूरोप में व्यापारिक ऋण की लागत अकबर द्वारा मुसाअदत ऋणों के लिए तय की गई लागत से थोड़ी सी अधिक थीं। लेकिन 1620+ के बाद, जब से ब्याजदरों का ज़िक्र मिलता है, ये दरें भारत में व्यापारिक ऋणों पर प्रचलित दरों से निश्चित ही कम थीं। भारत में बाद के बरसों में ऋण की लागत यूरोप के मुक़ाबले अधिक रही। 1640+ में भारतीय दरों में आई भारी गिरावट के बाद भी अंग्रेज़ कम्पनी के फ़ैक्टरों का कहना था कि भारत में ऋण की लागत यूरोप से दोगुनी थी (1650) और यह कि सूरत में 7½ से 9 प्रतिशत प्रतिवर्ष और इंग्लैंड में सिर्फ़ 4 प्रतिशत प्रतिवर्ष की दर होने के कारण इंग्लैंड में क़र्ज़ लेकर भारत में क़र्ज़ पर उठा देना भी मुनाफ़े का सौदा था। 1662 में तो ईस्ट इंडिया कम्पनी के बोर्ड ऑफ़ डायरेक्टर्स ने यहाँ तक दावा किया था कि सूरत में 'भारी मात्रा में पैसा' भेजकर उन्होंने वहाँ प्रचलित ब्याज दरों को 6 प्रतिशत सालाना (= ½ प्रतिशत माहवार) के स्तर तक गिरा दिया था।[54]

इससे एक दिलचस्प सवाल पैदा होता है कि क्या भारत को नक़दी का निर्यात, अंशत: ही सही, इस कारण किया गया कि यहाँ सूदख़ोरी में मुनाफ़ा अधिक था? अगर ऐसा था तो लाज़मी नहीं कि भारत से वस्तुओं का निर्यात करके नक़दी के आयात की पूरी-पूरी अदायगी की गई हो। (अध्याय-16 देखें) इसके अलावा, ऐसे हालात में, भारत में ऋण की लागत पर पड़नेवाले जिस अधोमुखी दबाव की हमने अभी-अभी पड़ताल की है, उसकी और भी आसानी से व्याख्या की जा सकती थी।

सन्दर्भ और टिप्पणियाँ

1. मुग़लों की 'त्रिधालिकता' के महत्त्व पर इरफ़ान हबीब, *ए सिस्टम ऑफ़ ट्राइमेटालिज़्म ड्यूरिंग द प्राइस रिवॉल्यूशन,* 'मुग़ल भारत की मुद्रा व्यवस्था' पर नार्थ कैरोलिना में आयोजित सम्मेलन (1981) में पढ़ा गया लेख, देखें।
2. *आईने,* एक, पृ. 31
3. इरफ़ान हबीब, 'मॉनीटरी सिस्टम एंड प्राइसेज़', *कैम्ब्रिज इकोनॉमिक हिस्ट्री ऑफ़ इंडिया,* खंड एक, पृ. 361
4. लगता है, ताँबे का 'दाम' शेरशाह के साथ शुरू हुआ। व्हाइटहेड, *जे. ए. एस. बी.,* नई शृंखला, अट्ठाईस, पृ. 96 देखें।
5. सिक्कों से टकसालों की संख्या की गिनतियाँ इस प्रकार से की गई हैं : (अ) *कैटेलॉग ऑफ़ क्वायंस इन स्टेट म्यूज़ियम,* लखनऊ से सी. जे. ब्राउंस और सप्लिमेंटरी कैटेलाग से सी. आर. सिंघल द्वारा; (ब) *कैटेलाग ऑफ़ क्वायंस इन द इंडियन म्यूज़ियम,* कलकत्ता से एन. राइट और सप्लिमेंट से एस. अहमद द्वारा; (स) कैटेलाग ऑफ़ क्वायंस इन द गवर्नमेंट म्यूज़ियम, लाहौर से सी. जे. रोजर्स द्वारा; (द) द *क्वायंस ऑफ़ द मुग़ल इंपरर्स ऑफ़ हिन्दुस्तान इन द ब्रिटिश म्यूज़ियम* से लेन-पूल द्वारा; और (य) उत्तर प्रदेश के ज़ख़ीरों की रिपोर्टों में दर्ज सिक्कों से। (इनका वर्णन थोड़ा आगे किया जाएगा।)

मान्यता यह है कि अगर किसी विशेष वर्ष में एक टकसाल सक्रिय थी तो सिक्कों के मौजूदा विवरणबद्ध संग्रहों में या उत्तर प्रदेश में पाए गए ज़ख़ीरों में उस काल का कम-से-कम एक सिक्का ज़रूर बचा होना चाहिए।

6. इरफ़ान हबीब, 'एस्पेक्ट्स ऑफ़ एग्रेरियन रिलेशंस एंड इकोनॉमी इन ए रीजन ऑफ़ यू पी ड्यूरिंग द 16वीं सेंचुरी', *आई. ई. एस. एच. आर.*, वर्ष चार, अंक 3, 1967
7. 'द सिल्वर करेंसी आउटपुट ऑफ़ द मुग़ल एम्पायर एंड प्राइसेज़ इन इंडिया ड्यूरिंग द सिक्स्टींथ एंड सेविंटींथ सेंचुरीज़', *आईईएसएचआर,* वर्ष छह, अंक 1, 1969, पृ. 85-116
8. जान एस. डेइल, 'न्यूमिस्मेटिक मेथोडोलाजी इन द एस्टीमेशन ऑफ़ मुग़ल करेंसी आउटपुट', *आईईएसएचआर,* वर्ष बारह, अंक 3, जुलाई-सितंबर 1976, पृ. 392-401 देखें। अज़ीज़ा हसन के प्रयास पर इससे पहले ओमप्रकाश और जे. कृष्णमूर्ति ने टिप्पणी की थी, पर उन्होंने उनकी पद्धति पर कोई बुनियादी आलोचना नहीं की थी और उनकी जो भी आपत्तियाँ थीं, *आईईएसएचआर* के उसी अंक में ख़ुद अज़ीज़ा हसन ने उनका काफ़ी हद तक निराकरण कर दिया था।
9. डेइल की अपनी तालिका-2 में, जिसे वे अज़ीज़ा हसन की प्रस्थापना की कमज़ोरी का निर्णायक प्रदर्शन मानते हैं, हर प्रकार के सिक्कों की संख्या का दायरा बहुत व्यापक, 1.60 से 3.00 तक है।
10. ख़ुद डेइल उत्तर प्रदेश के ज़ख़ीरों का हवाला ऐसे स्रोत के रूप में देते हैं, जिससे लखनऊ संग्रहालय ने चुनिंदा ढंग से अपना संग्रह तैयार किया। वे *आईईएसएचआर,* वर्ष बारह, अंक 3, पृ. 395-96, संग्रहालय के मुद्रा अधिकारी डॉ. ए. के. श्रीवास्तव का इसी आशय का एक निजी पत्र उद्धृत करते हैं।
11. इन रिपोर्टों के ब्यौरों के बारे में ए. के. श्रीवास्तव, *क्वायन होर्ड्स ऑफ़ उत्तर प्रदेश,* खंड एक, लखनऊ, 1981 देखें। मैंने यह गणना राजकीय संग्रहालय, लखनऊ की मूल रिपोर्टों के आधार पर की है क्योंकि बदनसीबी से श्रीवास्तव हर ज़ख़ीरे में एक से अधिक सिक्कों की संख्या दर्ज नहीं करते।
12. अज़ीज़ा हसन की तरह मैंने भी सिक्कों के योग निकालने के लिए अठन्नी और चवन्नी को क्रमश: 0.50 और 0.25 रुपये माना है। मैंने जहाँगीर के अपेक्षाकृत भारी रुपयों को भी उनके वास्तविक भारों के आधार पर साधारण रुपयों में बदला है। मसलन एक सवाई रुपये को 1.25 रुपये के बराबर, एक जहाँगीरशाही को 1.20 रुपये के बराबर माना गया है।
13. मैं यह मानकर चल रही हूँ कि अधिकांश संग्रहालयों का सरोकार (जहाँ प्रयुक्त हुआ हो वहाँ) इलाही माह की बजाय, क़िस्म के निर्धारकों के रूप में, टकसाल के नाम और वर्ष (इलाही वर्ष, शासन वर्ष, हिजरी वर्ष) से रहा है। अगर ऐसा मुआमला नहीं होता तो अकबरी दौर के सिक्कों की सम्भावित क़िस्में डेइल द्वारा अपनी तालिका (पूर्वोक्त) के लिए गिनी गई विवरणबद्ध क़िस्मों से कहीं बहुत अधिक होतीं।
14. मिसाल के लिए जहाँ अज़ीज़ा हसन का प्रतिदर्श एक ठोस आधार पर दीर्घकालीन प्रवृत्तियों को स्पष्ट करने के लिए शायद उपयोगी नहीं है, वहीं वह फिर भी ऐसे संक्षिप्त कालों में होनेवाले परिवर्तन दिखाने के लिए महत्त्वपूर्ण हो सकता है जिनमें सिक्कों की क़िस्मों में अच्छे-ख़ासे परिवर्तन अज्ञात हैं। कुछ मुआमलों में ऐसा लगता है कि चाँदी की ढलाई में वृद्धि के साथ सिक्कों की क़िस्में भी बढ़ीं। शायद यही बात अज़ीज़ा हसन के प्रतिदर्श और हमारे प्रतिदर्श में दिखाई देनेवाले आरोहों की संगति की व्याख्या करती है।

15. केवल उत्तर प्रदेश के ज़ख़ीरों की दस्तावेज़ों में एक भौगोलिक झुकाव सम्भव है। यह निश्चय ही एक बड़ा क्षेत्र है पर फिर भी दकन से अपेक्षाकृत दूर है और इसलिए इन ज़ख़ीरों में दकन का प्रतिनिधित्व सम्भवत: कम हो सकता है। लेकिन किसी उत्तर भारतीय क्षेत्र का अल्प-प्रतिनिधित्व सम्भव नहीं दिखाई देता; चाँदी के सिक्कों की गतिशीलता हमेशा ही अधिक रही होगी।

16. फ़ैक्टरीज़, 1634-36, पृ. 68 और 218 देखें। माल्कम 19वीं सदी के आरम्भिक वर्षों में मध्य भारतीय टकसालों की अधिकतम क्षमता (न कि औसत उत्पादन) 10,000 रुपये प्रतिदिन बताते हैं। (*मेमायर्स ऑफ़ सेंट्रल इंडिया,* लंदन, 1824, पृ. 85 देखें।)

17. उत्तर प्रदेश के ज़ख़ीरों में सूरत के उन सिक्कों की वास्तविक संख्या 40 है जिन पर शासन वर्ष 7-10 दर्ज है। लेकिन शाहजहानी दौर के उन सूरत के सिक्कों की संख्या की गुंजाइश मानकर इसमें 6 की बढ़ोतरी कर दी गई है जिन पर तिथि नहीं दिखाई देती और जिनको इन्हीं शासन वर्षों का कहा जाता है। इसका आधार यही है (जिसका ज़िक्र किया जा चुका है) कि किसी दौर के बे-तारीख़ सिक्कों को विभिन्न वर्षों में उसी अनुपात में वितरित किया गया है जो बा-तारीख़ सिक्कों का अनुपात है।

18. सूरत की टकसाल साल में पूरे 365 दिन नहीं काम करती होगी। मान लें कि यह हफ्ते में एक दिन बन्द रहती थी तो हमारे अनुमान में 1/7 की कमी करनी होगी। लेकिन औसत दैनिक उत्पादन पर हमारा अनुमान ख़ुद बहुत अनुदार है : हमने इसे 9,000 नहीं, 8,000 रुपये माना है। इसके अलावा लगता है अंग्रेज़ों ने डचों से भिन्न छोटे ग्राहकों को नज़रअन्दाज़ कर दिया है, और इसलिए उत्पादन 9,500 के आसपास भी हो सकता है। इस तरह बन्दी के दिनों से मंसूब उत्पादन कामकाज़ी दिनों के अधिक उत्पादन से समायोजित हो जाता है।

    बाद की एक रिपोर्ट (14 अक्टूबर 1672, *सूरत फ़ैक्ट्री आउटलुक लेटर बुक,* खंड दो, 1663-71/72, पृ. 187) (*महाराष्ट्र राज्य अभिलेखागार,* बम्बई) के मद्देनज़र सूरत की टकसाल का उत्पादन अपेक्षाकृत कम दिखाई देता है। इस रिपोर्ट में उसका दैनिक उत्पादन (*इनक्वायरी,* नई शृंखला, वर्ष तीन, अंक 3,1971, पृ. 45 की टिप्पणी में इरफ़ान हबीब की व्याख्या के अनुसार) 30,000 रुपये बताया गया है। लेकिन दस्तावेज़ से पता चलता है कि इस पैमाने पर ढलाई अपवादस्वरूप होती थी और टकसाल के अधिकारी के साथ विशेष व्यवस्था करके कराई जाती थी, इसे टकसाल के औसत दैनिक उत्पादन का सूचक नहीं ठहराया जा सकता।

19. स्ट्रेंसहैम मास्टर, द *अमरीज़ ऑफ़ स्ट्रेंसहैम मास्टर, 1675-80 एंड अदर कंटेंपोरेरी पेपर्स रिलेटिंग देयर टू,* एक, सं: *आर. सी. टेंपल, इंडियन रिकाइर्स सीरिज़,* लंदन, 1911, पृ. 401-2

20. इरफ़ान हबीब, *करेंसी सिस्टम ऑफ़ द मुग़ल एम्पायर, मेडिवल इंडिया क्वार्टरली,* वर्ष चार, अंक-1-2, पृ. 9 देखें। औरंगज़ेब से पहले रुपये के सिक्के का वास्तविक भार 178 ग्रेन था, पर टकसाल की लागत और बादशाह के महसूल वग़ैरह के लिए इसमें 5-6 प्रतिशत की कमी करनी होगी।

21. कुल मीट्रिक टनों की गणना सीधे-सीधे संगत पंचवर्षीय कालों में रुपयों के योगों से की गई है। इसलिए अगर क्षेत्रवार संख्याओं का योग निकाला जाए तो पूर्णांकन के कारण ज़रा सा अन्तर दिखाई देगा।

22. *कैम्ब्रिज इकोनॉमिक हिस्ट्री ऑफ़ यूरोप,* खंड चार, में ब्राउडेल और स्पूनर, पृ. 444

23. *अकबरनामा,* एक, पृ. 283 से लगता है कि अफ़ग़ानिस्तान में पंजशीर की चाँदी की खदानें जो कभी बहुत मशहूर थीं, मध्य-16वीं सदी तक 64 हो चुकी थीं। (इन खदानों के आरम्भ-

मध्यकालीन विवरण के लिए जी ले स्ट्रेंज , *खैंड्स ऑफ़ द ईस्टर्न कैलिफेट,* कैम्ब्रिज, 1930, पृ. 350 देखें।)

24. हाकिंस, *अर्ली ट्रैवेल्स,* पृ. 112, बर्नियर, पृ. 202-4, मीर ग़ुलाम अली आज़ाद हुसैनी बिलग्रामी, *ख़ज़ान-ए-आमिरा,* नवलकिशोर, कानपुर, 1871, पृ. 111
25. ख़ुद घरेलू भंडार पिछले आयातों से जमा हुआ होगा, उसका काफ़ी भाग देश में सम्भवत: 16वीं सदी में आया था।
26. अगर यह अनुमान सही है तो अहमदाबाद की टकसाल इस दहाई में प्रतिदिन औसतन 40,000 सिक्के ढालती होगी।
27. अर्ल जे हैमिल्टन, *अमेरिकन ट्रेज़र एंड प्राइस रिवॉल्यूशन इन स्पेन,* हारवर्ड, 1934 देखें।
28. ज्योफ्री पार्कर, *द इमर्जेंस ऑफ़ मॉडर्न फिनांस इन यूरोप 1500-1730, फोंटाना इकोनॉमिक हिस्ट्री ऑफ़ यूरोप,* सं. कार्लो एम सिपोला, ग्लासगो, 1974, पृ. 529
29. पी. विलर, *ए हिस्ट्री ऑफ़ गोल्ड एंड मनी, 1450-1490,* लंदन, 1976, पृ. 101
30. वेनिस से सीरिया को चाँदी के निर्यात (1593-96 में 6.7 टन प्रतिवर्ष और 1610-14 में 8 टन प्रतिवर्ष) के कुछ दिलचस्प आँकड़े पार्कर (*मॉडर्न फ़िनांस इन यूरोप,* पृ. 529) तथा ब्राउडेल और स्पूनर (*कैम्ब्रिज इकोनॉमिक हिस्ट्री ऑफ़ यूरोप,* पृ. 448 और टिप्पणी) में दिए गए हैं। बाद की रचना में ज़ाहिरा तौर पर 37,529, ड्यूकट चाँदी को एक मीट्रिक टन के बराबर माना गया है, पार्कर चाँदी में ड्यूकट का मूल्य थोड़ा अधिक बतलाते हैं। ध्यान दें कि इन आँकड़ों में सिकन्दरिया को वेनिस से चाँदी के निर्यात शामिल नहीं हैं, न ही लेवाँ को गेनोवा के निर्यात शामिल हैं। इसके अलावा पार्कर स्वीकार करते हैं कि लेवाँ को वेनिस से अधिक चाँदी का निर्यात मार्सेलीज़ करता था, पर उसके आँकड़े भी ज्ञात नहीं हैं।
31. नील्स स्टींसगार्ड, *द एशियन ट्रेड रिवॉल्यूशन ऑफ़ द सेविंटींथ सेंचुरी : द ईस्ट इंडिया कम्पनीज़ एंड द डिक्लाइन ऑफ़ द कैरवाँ ट्रेड,* शिकागो, 1974, पृ. 199 देखें। मैंने उपरोक्त में पृ. 417-19 पर दिए गए मूल्यों के आधार पर क्रूज़ेदो को चाँदी के टनों में बदल दिया है। मैंने गोवा की रेइ का निचला मान लिया है : एक मार्क चाँदी (229.5 ग्राम)= 4398 रेइ। एक क्रूज़ेदो 400 रेइ के बराबर होता था। *अकबर एंड द जेसुइट्स,* अनु: सी. एच. पाइनी, लंदन, 1930, पृ. 37-38 से मोटे तौर पर स्टीसंगार्ड द्वारा दिए गए मूल्यों की पुष्टि होती है।
32. अलेप्पो से खाड़ी के सम्बन्ध पर बसरा से 1640 में मिली एक रिपोर्ट इंग्लिश फ़ैक्टरीज़, 1637-41, पृ. 247-48 देखें। मोखा और वृहत्तर क़ाहिरा के सम्बन्ध पर 1625-261 में मोखा की एक यात्रा की एक रिपोर्ट देखें जो इंग्लिश फ़ैक्टरीज़, 1624-29, पृ. 349-51 में दी गई है।
33. *वैलेस्टाइन द मॉडर्न वर्ल्ड सिस्टम,* पृ. 329 की टिप्पणी में उद्धृत। पी. विलर के आँकड़ों के आधार पर जे. एफ. रिचड्र्स का अनुमान है कि 16वीं सदी के अन्त में पुर्तगालियों का सोने का सालाना आयात 1-5 टन था। यह आँकड़ा चौनू द्वारा प्रस्तुत अनुमान से मेल खाता है।

33.अ. विलर के अनुसार पश्चिम से पूर्व की ओर चाँदी का प्रवाह 16वीं सदी के आरम्भ में लगभग 20.5 मीट्रिक टन प्रतिवर्ष था जबकि सदी के अन्त तक यह बढ़कर 64.3 टन हो चुका था।

34. *कैम्ब्रिज इकोनॉमिक हिस्ट्री ऑफ़ यूरोप,* खंड चार, पृ. 209-10 देखें। मेक्सिको से फ़िलीपीन भेजी जानेवाली मात्रा 1595 में 1.2 करोड़ पेसो यानी 485.765 टन चाँदी तक पहुँच चुकी थी। दूसरे वर्षों में यही 0.3 से 0.5 करोड़ पेसो तक रही।
35. *कम्पेरेटिव स्टडीज़ इन सोसायटी एंड हिस्ट्री,* खंड तेईस, भाग 2, अप्रैल 1981, पृ. 302 पर जे. एफ. रिचड्र्स।
36. इस विकासक्रम के बारे में स्टींसगार्ड, *एशियन ट्रेड रिवॉल्यूशन,* पृ. 206-7 देखें।

37. इन निर्यातों के बारे में ऊपर दी गई टिप्पणी 30 देखें।
38. सर जॉन वोल्टेनहोम ने 1621 में अनुमान लगाया था कि ईसाई जगत से एशिया की ओर चाँदी का सालाना प्रवाह 150 अंग्रेज़ी टन (के. एन. चौधुरी, *इंग्लिश ईस्ट इंडिया कम्पनी*, पृ. 120) था। इन 150 टनों में से ख़ासी मात्रा उस्मानिया सल्तनत और ईरान में खप जाती होगी। इसलिए अगर हम इस अनुमान को स्वीकार भी करें तो भी यह अनुमान लगाना कठिन है कि इसकी कितनी मात्रा भारत आती होगी। यूँ देखने में, 1590+ के लिए हमारे दूसरे (सम्भवत: इतने ही अस्पष्ट) सूचकों से तुलना करें तो वोल्टेन होम का अनुमान 1620+ में भारत में चाँदी के सालाना आयात में गिरावट के संकेत देगा।
39. *कामर्शियल रिलेशंस बिटविन इंडिया एंड इंग्लैंड*, लंदन, 1924, पृ. 283
40. *द इंग्लिश ईस्ट इंडिया कम्पनी, 1600-40*, लंदन, 1965, पृ. 117
41. बालकृष्ण, *कामर्शियल रिलेशंस*। पृ. 289 पर फ़्लोरिन में डच व्यापार के लिए और पृ. 282 पर अंग्रेज़ों के व्यापार के लिए जो आँकड़े दिए गए हैं, उन्हीं से इस अनुपात की गणना की गई है।
42. व्यापार में इस जब्री ठहराव पर पेल्सेयर का वर्णन (*रिमांस्त्रैंशी*, अनुवाद, पृ. 39-40) देखें। 1623 में अंग्रेज़ों ने लाल सागर से लौट रहे एक भारतीय जहाज़ (जंक) को ज़ब्त कर लिया। (फ़ैक्टरीज़, 1622-23, पृ. 282, 327, 341 देखें।) सूरत के फ़ैक्टरों ने 1624 में लाल सागर क्षेत्र के सारे जहाज़ों को ज़ब्त करने की सिफ़ारिश की थी, कारण बहुत काइल करनेवाला था : वे इतने धनी हो जाएँगे कि अंग्रेज़ों के तटीय मालों का मुक़ाबला कर सकें (एक अनुमान के अनुसार जो कोई 26-27 हज़ार पौंड स्टर्लिंग के बराबर है, क्योंकि अकसर जद्दा से आनेवाला एक जहाज़ माल में कहीं बहुत अधिक होता है। (फ़ैक्टरीज़, 1624-29, पृ. 29 देखें।) पर लाल सागर क्षेत्र में 1623 में जो जहाज़ ज़ब्त किए गए उनमें से सूरत के जहाज़ शाही में आठ के सिर्फ़ 20,000 रियाल (आधे मीट्रिक टन से कम चाँदी) पाए गए। (फ़ैक्टरीज़, 1622-23, पृ. 327 देखें।) एक और (बेनाम) जहाज़ में 40,000 या 60,000 रियाल थे, पर यह सूरत नहीं, चोल जा रहा था। (उपरोक्त, पृ. 282, 341 देखें।)
43. याद रहे कि तब भी लेवाँ ही गुजरात में आनेवाली यूरोपीय चाँदी का प्रमुख तात्कालिक स्रोत रहा होगा। 1618 में सूरत का जहाज़ रहीमी जब मोखा से लौट रहा था, उस पर 29 टन चाँदी लदी थी। (जॉन हैच, *रिलेशंस एटसेट्रा, परचज़ हिज़ पिलग्रिम्स*, सं. मैक्लेहोज़, ग्लासगो, 1905, खंड छह में संकलित, पृ. 537 देखें।) उन दिनों के जहाज़रानी के टन को बदनसीबी से मीट्रिक टनों में नहीं बदला जा सकता।
44. *कैम्ब्रिज इकोनॉमिक हिस्ट्री ऑफ़ इंडिया*, खंड एक, पृ. 367, 370
45. *आईन*, एक, पृ. 196
46. उपरोक्त, पृ. 176
47. वैर्लेस्टाइन, *द मॉडर्न वर्ल्ड सिस्टम*, पृ. 329 की टिप्पणी।
48. यह तालिका जमा के उन आँकड़ों पर आधारित है जो इरफ़ान हबीब, *एग्रेरियन सिस्टम* में दिए गए हैं। लेकिन 1595-96 के लिए मैंने उसी साल की जमा को स्वीकार किया है जिसकी गणना अध्याय-1 और 8 में की गई है।
49. शीरीं मूसवी, *द सिल्वर इनफ़्लक्स, मनी सप्लाई, प्राइसेज़ एंड रेवेन्यू एक्सट्रैक्शन इन मुग़ल इंडिया*, जे. ई. एस. एच. ओ., वर्ष अट्ठाईस।
50. *आईन*, एक, पृ. 196
51. के. एन. चौधुरी, *द ट्रेडिंग वर्ल्ड ऑफ़ एशिया*, पृ. 159

52. सिनी होमर, *ए हिस्ट्री ऑफ़ इंटेरेस्ट रेट्स,* न्यू ब्रुंसविक, 1963, पृ. 125-27
53. उपरोक्त, पृ. 127-29
54. सुशील चौधुरी, *ट्रेड एंड कार्मिशयल आर्गेनाइजेशन इन बंगाल,* पृ. 117; के. एन. चौधुरी, *द ट्रेडिंग वर्ल्ड ऑफ़ एशिया,* पृ. 159

अध्याय-16

विदेशी व्यापार और आन्तरिक अर्थव्यवस्था

विदेश व्यापार मुग़ल भारत की अर्थव्यवस्था का निर्विवाद रूप से एक अहम भाग था। फिर भी इसके बारे में आईने-अकबरी में या बाद के भारतीय स्रोतों में सांख्यिकीय महत्त्व की कम ही सूचनाएँ मिलती हैं। जो भी आँकड़े हैं, ज़्यादातर यूरोपी दस्तावेज़ों में हैं। इसलिए अगर भारत के विदेश व्यापार के अध्ययन इतनी बड़ी हद तक यूरो-केन्द्रित रहे हैं तो इसमें ताज्जुब की कोई बात नहीं है।[1]

नीचे स्पष्ट सीमाओं के बावजूद मुग़ल सल्तनत के विदेश व्यापार के परिमाण का आकलन करने का एक प्रयास किया गया है। हमारे उद्देश्यों के लिए विदेश व्यापार में पश्चिम के साथ स्थल और समुद्र, दोनों मार्गों से होनेवाला व्यापार शामिल है। लेकिन दकन और दक्षिण भारत के साथ या असम के साथ अकबर के सल्तनत के व्यापार को विदेश व्यापार का अंग नहीं माना गया है।[2]

धातुएँ (मुख्यत: चाँदी) और थोड़े मुग़ल भारत के आयात की दो प्रमुख मदें थीं। निर्यातों में प्रमुख भाग कपड़ों का होता था।

धातुओं के आयात के परिमाण का आकलन करने के लिए हम आरम्भ में इस मान्यता को याद दिलाना चाहेंगे कि गुजरात, पश्चिमोत्तर और बंगाल की टकसालें मुख्य रूप से ताज़ा-ताज़ा आनेवाली चाँदी की ढलाई करती थीं।[3] ये टकसालें पहले से जमा चाँदी के कुछ भंडार और नए सिरे से ढलाई के लिए लाए गए सिक्कों की ढलाई भी करती होंगी। दूसरी ओर, मुग़ल सल्तनत में आनेवाली कुछ धातु सीमा और समुद्रतटीय नगरों में स्थित टकसालों में न जाकर अन्दरूनी या केन्द्रीय टकसालों में सिक्कों में ढाली जाती होंगी। इन तमाम बातों के आधार पर 1586-1605 की दो दहाइयों में चाँदी के सालाना आयात का अनुमान 184.64 मीट्रिक टन लगाया गया है जो 1,66,77,571 रुपये के समतुल्य था।[4]

हम पहले ही देख चुके हैं कि चाँदी के सालाना आयात के आँकड़े आम तौर पर मुद्राशास्त्रीय साक्ष्यों पर आधारित हमारे अनुमानों की पुष्टि करते हैं,[5] और इसलिए हम मान सकते हैं कि ऊपर दिया गया आँकड़ा विचाराधीन साल में मुग़ल सल्तनत में चाँदी के सालाना आयात के काफ़ी क़रीब है। अपने दूसरे आँकड़ों से तुलना के लिए हम इसे वर्ष 1595-96 के लिए भी सही मान सकते हैं।

एशिया को पुर्तगालियों के निर्यात पर चौनू के आँकड़ों का यह मतलब निकलता है कि 16वीं सदी में सोने और चाँदी के आयातों के बीच भार के हिसाब से 1:40 का अनुपात बैठता है।[6] अब अगर इसे आधार बनाएँ तो आयातित सोना कोई 4.616 टन रहा होगा जिसका मूल्य, 1,37,94,197 रुपये होगा।[7]

रहा दूसरा प्रमुख आयात तो मुग़ल घुड़सवार सेना की ज़रूरतों से मध्य एशिया और फ़ारस के उम्दा घोड़ों की भारी माँग पैदा होती थी। जैसाकि हमने अध्याय-10 में देखा, शाही अस्तबलों में घोड़ों की संख्या 12,000 थी जिसमें से पेल्सेयर के अनुसार, 3,200 फ़ारसी और 5,970 तुर्की घोड़े थे।[8] मंसबदारों को अपने ज़ात मंसबों के अनुसार 25,921 घोड़े रखने पड़ते थे और शाही क़ायदों का तक़ाज़ा था कि इनमें से 7,299 घोड़े फ़ारसी और 5,693 तुर्की हों।[9]

इनके अलावा सवार फ़ौजियों के लिए भी घोड़ों की आवश्यकता होती थी। पेल्सेयर के अनुसार अहदियों के पास 10,736 घोड़े थे।[10] मंसबदारों के ताबीनानों की, जिनको दाग़ की दरें जाती थीं, प्रभावी संख्या 1,41,503 थी।[11] चूँकि ये दाग़ के फ़ौजी थे, मंसबदारों के दस्तों की मानक संरचना (3 से-अस्प, 4 दो अस्प और 3 यक-अस्प) के अनुसार उनके पास 2,82,106 घोड़े रहे होंगे। शाहजहाँनी दौर की दाग़ के दस्तावेज़ों के आधार पर हम मान सकते हैं कि उनके पास फ़ारसी नस्ल का शायद ही कोई घोड़ा रहा होगा, पर उनके घोड़ों में 55 प्रतिशत यानी 1,55,158 तुर्की थे।[12] पर यह बात अहदियों के लिए सच नहीं रही होगी जिनको पहला घोड़ा शाही प्रशासन से मिलता था। अहदियों के घोड़े आमतौर पर बेहतर नस्लों के रहे होंगे, इसलिए हम मान सकते हैं कि अहदियों के दो-तिहाई (7,157) घोड़े तुर्की होंगे। इनके मुक़ाबले शाही अस्तबलों के 75 प्रतिशत से अधिक घोड़े विदेशी होते थे।

इतनी बड़ी तादाद में ग़ैर-हिन्दी नस्लों के घोड़ों के रखरखाव के लिए उनका निरन्तर आयात आवश्यक था, ख़ासकर इसलिए कि भारत में इन नस्लों को अच्छी तरह परवान नहीं चढ़ाया जा सकता था।[13] इसलिए जो घोड़े मर जाते थे या काम के नहीं रहते थे उनके स्थान पर हर साल आवश्यक संख्या का अनुमान लगाकर आयातित घोड़ों की संख्या का निश्चय किया जा सकता है। चूँकि शाही अस्तबलों और मंसबदारों के घोड़े शायद ही कभी जंग के मैदान में जाते थे, उनकी औसत कामकाज़ी ज़िन्दगी सामान्यत: 12 साल रही होगी।[14] इस गणना के आधार पर अस्तबलों में कमी को पूरा करने के लिए हर साल 875 फ़ारसी और 927 तुर्की घोड़े ख़रीदे जाते होंगे। लेकिन अहदियों और ताबीनान के घोड़ों की इतनी ही कामकाज़ी ज़िन्दगी नहीं मानी जा सकती। उनको लड़ाइयों में ज़्यादा ले जाया जाता था और उनकी देखभाल उतनी अच्छी तरह नहीं होती होगी। इसलिए हम उनकी औसत कामकाज़ी ज़िन्दगी दस साल मान सकते हैं। इन मान्यताओं के आधार पर हर साल बदल के रूप में कोई 16,000 तुर्की घोड़े ख़रीद जाते होंगे।

कुछ घोड़ों का आयात ज़मींदारों की ज़रूरतों के लिए भी होता होगा जिनके पास, आईन के अनुसार, 3,84,558 घोड़े होते थे।[15] ज़ाहिर है ज़मींदारों के घोड़े शाही

फ़ौजों के घोड़ों से घटिया दर्जे के होते होंगे। अगर हम यह मानें कि उनके सवारों का दसवाँ हिस्सा ही आयातित घोड़ों की सवारी करता था तो हम मध्य एशियाई नस्लों के घोड़ों की कुल तादाद 38,456 पाते हैं। अगर उनकी कामकाज़ी ज़िन्दगी भी दस साल रही हो तो ज़मींदारों और उनके सेवकों के लिए हर साल 3,846 घोड़े ख़रीदे जाते होंगे।

इसके अलावा लगता है दकन और दक्षिण भारत में भी घोड़ों की ख़ासी माँग रहती थी।[16] इनमें से बहुत से अरब सागर पार होरमुज़ से ख़रीदे जाते थे,[17] पर बहुत से स्थल मार्ग से मुग़ल सल्तनत से होकर लाए जाते थे।[18] इस तरह स्थल मार्ग से लाए जानेवाले घोड़ों के कारण, आन्तरिक माँग के आधार पर अभी तक आयातित घोड़ों के लिए किए गए अनुमान में वृद्धि ही होगी।

फिर भी चूँकि ये घोड़े सीधे दकन रवाना कर दिए जाते थे, इनकी प्रवृत्ति पुनर्निर्यात की थी और मुग़ल सल्तनत से किए जानेवाले निर्यातों से इनकी अदायगी नहीं की जाती थी।

अपने विभिन्न अनुमानों को एक जगह रखते हुए हम कह सकते हैं कि अकबर की सल्तनत की घुड़सवार सेना की ज़रूरतें पूरी करने के लिए हर साल लगभग 1,000 फ़ारसी और 21,000 तुर्की घोड़े लाए जाते होंगे। दकन की घोड़ों के पुनर्नियात की बात ध्यान में रखें तो सल्तनत में आनेवाले घोड़ों की वास्तविक संख्या कुछ अधिक ही रही होगी।

इस अनुमान की पुष्टि बर्नियर से होती है जो मध्य एशिया (उज़बेक) से हर साल भारत में आनेवाले घोड़ों की तादाद 25,000 बतलाते हैं।[19] लेकिन वे फ़ारस और अरब से, और क़न्धार होकर, आनेवाले घोड़ों के लिए कोई भी अनुमान नहीं पेश करते। हालाँकि वे यह ज़रूर कहते हैं कि इन ज़रियों से भी घोड़ों का आयात होता था। पहले के एक काल के लिए, जबकि भारत में मुग़ल सेना से पैदा भारी माँग सामने नहीं आई थी, हमारे पास एक प्रामाणिक अनुमान है कि हर साल काबुल में 7,000 से 10,000 घोड़े भारत लाए जाते थे। यह आँकड़ा (बाबर ने जो तब काबुल का शासक था) वर्ष 1509 के लिए दिया है।[20] चूँकि काबुल मध्य एशिया के मुख्य मार्ग पर पड़ता था, ये सभी मध्य एशियाई या तुर्की घोड़े रहे होंगे। स्वाभाविक है कि इन आँकड़ों में भी क़न्धार के रास्ते आयातित घोड़े शामिल नहीं हैं। कुछ भी हो, मुग़लों के विशाल फ़ौजी संगठन के कारण 16वीं सदी में घोड़ों के आयात का 10,000 से बढ़कर 25,000 हो जाना नामुनासिब नहीं दिखता।

हम घोड़ों पर बादशाह, मंसबदारों, अहदियों और ताबीनान के ख़र्च की कुल रक़म का अनुमान पहले ही पेश कर चुके हैं। इन्हें तालिका-16.1 में दोबारा रखा गया है। साथ में आयातित घोड़ों की औसत क़ीमतें भी हैं जो घोड़ों की संख्या से आयातित घोड़ों के कुल ख़र्च को भाग देकर निकाली गई है। इसी तरह बाक़ी ख़र्च को हिन्दी घोड़ों की संख्या से भाग देकर हिन्दी घोड़ों की क़ीमतें निकाली गई हैं।[21]

तालिका-16.1

	आयातित घोड़ों पर ख़र्च (मुहरें)	*आयातित घोड़े की संकेतिक क़ीमत (मुहरें)*	*हिन्दी घोड़े की क़ीमत (मुहरें)*
बादशाह	34,000	40.50	25.42
मंसबदार	24,300	22.44	7.52
अहदी व ताबीनान	2,19,631.5	13.53	5.61

इस बात की पूरी सम्भावना है कि ज़मींदारों के सेवकों के घोड़े आमतौर पर अहदियों और ताबीनान के घोड़ों से घटिया होते थे। इसलिए ज़मींदारों के लिए आयातित तुर्की घोड़ों की औसत क़ीमत दस मुहरें मानना बहुत ग़लत नहीं होगा। (यह मंसबदारों द्वारा अपने अस्तबलों के लिए ख़रीदे जानेवाले बेहतर भारतीय नस्लों के घोड़ों की औसत क़ीमत से थोड़ी ही ऊपर है।) इसलिए ग़ैर-देसी नस्लों के घोड़ों पर ज़मींदारों का ख़र्च लगभग 38,460 मुहरें रहा होगा।

इस तरह आयातित घोड़ों की कुल लागत 3,16, 384.5 मुहरें आती है। 9 रुपये प्रति मुहर के हिसाब से यह 28,47,460.5 रुपये बैठती है।

जहाँ धातुएँ और घोड़े आयात की प्रमुख मदें थीं और आयातों के मूल्य में एक बड़ा भाग इन्हीं का रहा होगा, वहीं कुछ दूसरी वस्तुओं का आयात भी किया जाता था। जैसे जवाहरात,[22] ताँबा, पारा, टिन और सीसा जैसी ग़ैर-क़ीमती धातुओं का,[23] राल के मूँगों, सिंदूर, रूसी खालों, मोतियों, यूरोप, फ़ारस और चीन से उम्दा क़िस्म के ऊनी और रेशमी कपड़ों का[24] चीन से कच्चे रेशम का,[25] दक्षिण-पूर्व एशिया और श्रीलंका से मसालों का[26] अफ्रीका के पूर्वी तट और लाल सागर से मूँगों, लौंग, कहवा और हाथीदाँत का[27] और मध्य एशिया से सूखे मेवों का।[28] हिमालय पर से सोना, ताँबा, सीसा, कस्तूरी, अदरक, बोरेक्स, ऊनी वस्तुओं, काठ की वस्तुओं, बाजों, शिकरों वग़ैरह का आयात किया जाता था। ये सामान लोगों की पीठ और खच्चरों पर लादकर लाए जाते थे।[29]

इन आयातों के मूल्य का कोई भी क़ायदे का अनुमान लगाना परिमाणात्मक आँकड़ों के अभाव में मुश्किल हो जाता है। फिर भी पेल्सेयर के वृत्तान्त से लौंग, जायफल और जावित्री के आयातों की न्यूनतम मात्रा का कुछ बहुत कामचलाऊ संकेत ज़रूर मिलता है। 1626 के आसपास अपना वृत्तान्त लिखते हुए पेल्सेयर ने अनुमान लगाया था कि आगरा में 700 मन लौंग, 600 मन जायफल और 50 मन जावित्री की ज़रूरत पड़ती थी जिनका मूल्य उनकी राय में 2,15,000 रुपये बैठता था।[30] लेकिन वे कहते हैं कि पहले लौंग की इससे तीन गुनी मात्रा पुर्तगाली लाते थे; क़ीमतें तब कम यानी 60-80 रुपये मन होती थीं।[31] इससे अकबरी दौर में आगरा (और वहाँ से माल उठानेवाले क्षेत्रों) की ज़रूरत पूरी करने के लिए आयातित लौंग

का कुल मूल्य 1,26,000-1,68,000 रुपये आता है। इस तरह हम मान सकते हैं कि ग़ैर-भारतीय स्रोतों से मुग़ल सल्तनत में काली मिर्च छोड़ बाक़ी मसालों के सालाना आयात का मूल्य मुश्किल से दस लाख रुपये रहा होगा। पेल्सेयर ने डचों द्वारा आगरा में लाए जा रहे पारे, सिंदूर, टिन और हाथी दाँत की मात्राएँ भी दर्ज की हैं।[32] लेकिन प्रत्याशित अधिकतम क़ीमतों पर इनके कुल मूल्य अपेक्षाकृत अमहत्त्वपूर्ण हैं : पारा 9,000 रुपये, सिंदूर 10,000 रुपये, टिन 1,200 रुपये और हाथी दाँत 4,000 रुपये, कुल मिलाकर 24,200 रुपये। निश्चित ही दूसरे माध्यमों (मुख्यत: पुर्तगाली और अंग्रेज़) से भी इनका आयात किया जाता था, पर कुल मूल्य मुश्किल से एक या दो लाख रुपयों से अधिक रहा होगा।

इन आँकड़ों से संकेत मिलता है कि सोना, चाँदी और घोड़े मुग़ल सल्तनत के प्रमुख आयात थे। आयात की दूसरी मदें अपेक्षाकृत कम महत्त्वपूर्ण थीं[33] और सम्भवत: मिलाकर पूरे आयात का सिर्फ़ दसवाँ भाग होती थीं।

इस तरह हमारे अनुमानों के अनुसार 16वीं सदी के अन्त में मुग़ल भारत में धातुओं के आयात का मूल्य मोटे तौर पर 2,04,71,768 रुपये और घोड़ों के सालाना आयात का मूल्य 28,47,460.5 रुपये के लगभग था। इस तरह धातुओं और घोड़ों का मूल्य मिलाकर 2,33,19,228 रुपये आता था। (कुल मूल्य के दसवें भाग के आधार पर) बाक़ी मदों को शामिल करें तो सालाना आयातों का कुल मूल्य लगभग 2,60,00,000 रुपये बैठता है।[34]

लेकिन हमें पुनर्निर्यात की कुछ गुंजाइश भी रखनी पड़ेगी। फ़िच का कहना है कि पुर्तगाली हर साल 'भारत' से 2,00,000 क्रूज़ेदो चीन ले जाते थे।[35] पर यहाँ 'भारत' का मतलब गोवा का पुर्तगाली बन्दरगाह था, और इसलिए धातुओं का यह स्थानान्तरण यूरोप से पूरब आनेवाली नई दुनिया की चाँदी का एक छोटा-सा भाग ही रहा होगा। पर मध्य एशिया के घोड़ों की क़ीमत की अदायगी आंशिक रूप से चाँदी में, यानी इस धातु के पुनर्निर्यात के ज़रिये की जाती होगी। उज़बेक इलाक़ों में प्रामाणिक मुद्रा के रूप में मुग़लों के सिक्कों का लम्बे समय तक जारी रहना इस शंका को बल पहुँचाता है।[36] ऐसे पुनर्निर्यातों को देखते हुए धातुओं के मात्र आयात का कुल मूल्य ऊपर अनुमानित मूल्य से थोड़ा कम ही रहा होगा।

निर्यातों के मूल्य सम्बन्धी आँकड़े तो और भी कम हैं, लेकिन स्थलमार्गी व्यापार के बारे में हमारे पास कुछ दिलचस्प बयानात हैं। स्टील और क्रोटर ने लिखा है कि 1615 में, जब होरमुज़ के रास्ते फ़ारस से व्यापार में बाधा आई, सम्भवत: सालभर के अन्दर 12,000 से 14,000 ऊँटों पर सामान लादकर लाहौर से क़न्धार के रास्ते ईरान भेजा गया था। एक ऊँट पर लदे सामान का मूल्य 120 से 130 रुपये बताया गया है।[37] इस तरह इस व्यापार का कुल (सालाना) मूल्य 14,40,000 से 18,20,000 रुपये आता है। रो ने 1616 में अपनी राय ज़ाहिर की थी कि आगरा से 20,000 से 30,000 'Chourls' (गुलाम मजदूर) फ़ारस और तुर्की भेजे गए थे।[38] चूँकि दो चर्ल के सामान का वज़न एक ऊँट के सामान के बराबर होता था, इस व्यापार का परिमाण

10,000 से 15,000 ऊँटों पर लदे वज़न के बराबर रहा होगा। स्टील और क्रोटर ने ईरान भेजे जानेवाले सामान का जो परिमाण दर्ज किया है, यह मोटे तौर पर उसी के बराबर है। अगर हम मान लें कि स्टील और क्रोटर का सामान के मूल्य सम्बन्धी अनुमान भी सटीक था, और यह भी कि स्थलमार्गी व्यापार होरमुज़मार्गी व्यापार को पूरी तरह विस्थापित नहीं कर सका होगा, हम 17वीं सदी के आरम्भिक वर्षों में ईरान को प्रतिवर्ष होनेवाले निर्यात का मूल्य 25 लाख से 30 लाख रुपये कह सकते हैं।

इस आँकड़े में मध्य एशिया को होनेवाले निर्यात शामिल नहीं हैं जो मुख्यत: काबुल के रास्ते भेजे जाते थे। काबुल से व्यापार भी अच्छा-ख़ासा रहा होगा क्योंकि घोड़ों के आयात के बदले कारवाँ भरकर लौटते होंगे।

बदनसीबी से लाल सागर तक और केप ऑफ़ गुड होप से होकर होनेवाले समुद्री व्यापार के मूल्य या परिमाण के बारे में हमारे पास आँकड़े नहीं हैं। ज़ाहिर है इन दोनों रास्तों से होनेवाले निर्यात क़न्धार और होरमुज़ के रास्ते होनेवाले निर्यातों से बहुत अधिक रहे होंगे। लेकिन हम नील के परिमाण पर कुछ कहने की जुरअत कर सकते हैं। पेल्सेयर के 1626 के अनुसार बयाना और दोआब के इलाक़ों में नील का उत्पादन अनुकूल वर्षों में 8,84,800 पौंड ('4,000 बेल') और 2,21,200 पौंड ('1,000 बेल') था। इसमें हम सरख़ेज के इलाक़े का (1615) में अनुमानित उत्पादन 3,32,000 पौंड और सेहवान का (1635 में) अनुमानित उत्पादन 1,32,600 पौंड भी जोड़ सकते हैं।[39]

ऐसा लगता है बयाना, सरख़ेज और सेहवान के इलाक़ों के नील के उत्पादन (15,70,600 पौंड या 28,391 मने-अकबरी) के बड़े भाग का निर्यात कर दिया जाता था।[40] अगर हम यह मान लें कि आईन में उम्दातरीन क़िस्म के नील की जो क़ीमत बताई गई है, वह क़ीमत सभी क़िस्मों के लिए मिलती थी, यानी 16 रुपये प्रतिमन की क़ीमत[41] तो नील के कुल निर्यात का मूल्य अधिक से अधिक 4,54,259 रुपये रहा होगा। नील के निर्यातों के मूल्य की यह अधिकतम सीमा सल्तनत के कुल आयात की तुलना में बहुत छोटा-सा भाग रही होगी।[42] जब यह सोचते हैं कि उस काल की अंग्रेज़ और डच दस्तावेज़ों में नील का बेपनाह ज़िक्र मिलता है तो यह बात अपेक्षाकृत आश्चर्यजनक लगती है।

नील के अलावा अकबर की सल्तनत के दूसरे महत्त्वपूर्ण खेतिहर और अर्ध-खेतिहर निर्यात शक्कर, चावल और अफ़ीम थे। लाल सागर और फ़ारस की खाड़ी के बन्दरगाहों के लिए चावल का निर्यात मुख्य रूप से बंगाल से और एक उम्दा क़िस्म की चावल का गुजरात से किया जाता था।[43] बंगाल पेगू और दूसरे स्थानों को ख़ासी मात्रा में शक्कर भी भेजता था।[44] विभिन्न क़िस्मों की शक्कर स्थलमार्ग से, काबुल के रास्ते भी भेजी जाती थी।[45] मुग़ल भारत अफ़ीम का निर्यात भी करता था।[46] इन खेतिहर वस्तुओं के अलावा लोहे का कुछ निर्यात किया जाता था।[47] पर बदनसीबी से इन निर्यातों के मूल्य के आधे-अधूरे अन्दाज़ लगाने के लिए भी आँकड़े उपलब्ध नहीं हैं। जहाँ निर्यात की गई मात्राएँ, ख़ासकर चावल की मात्राएँ कम नहीं

रही होंगी, वहीं (अफ़ीम को छोड़) इन वस्तुओं की अपेक्षाकृत कम क़ीमत के कारण उनका कुल मूल्य सम्भवत: बहुत अधिक नहीं रहा होगा। आईन में दी गई क़ीमतें इस प्रकार हैं : चावल 2.75 रुपये मन, शक्कर 6 रुपये मन, और लोहा 12 रुपये मन।[48] ऐसी क़ीमतों पर तो इन मालों से लम्बी दूरियों के यातायात की भारी लागतें भी मुश्किल से निकलती होंगी।

मलाबार की काली मिर्च भारतीय निर्यात की सबसे महत्त्वपूर्ण मदों में एक थी, पर इसके उत्पादक क्षेत्र और प्रमुख निर्यातक बन्दरगाह अकबर की सल्तनत से बाहर, दक्षिण भारत में स्थित थे। यह सही है कि 17वीं सदी की पहली चौथाई में कुछ काली मिर्च का पुनर्निर्यात सूरत के रास्ते भी होता था।[49] पर 16वीं सदी के उत्तरार्ध के बारे में हमारे स्रोत गुजरात से मलाबारी काली मिर्च के निर्यात (या पुनर्निर्यात) का ज़िक्र नहीं करते। अगर गुजराती व्यापारियों ने पुर्तगालियों की नाकेबन्दी[50] का उल्लंघन करके कुछ काली मिर्च सूरत में पहुँचाई भी होगी तो वह मुग़ल सल्तनत के अन्दर ही खप गई होगी क्योंकि यहाँ उसकी ख़ासी माँग थी, इसलिए पुनर्निर्यात के लिए कुछ ज़्यादा काली मिर्च बचती भी नहीं होगी।

भारतीय निर्यातों में अधिकांश भाग कपड़ों का होता था। लगभग सभी आधुनिक अध्ययनों ने और उल्लेखनीय रूप से मोरलैंड ने भारतीय व्यापार में उनकी प्रमुख स्थिति को स्वीकार किया है।[51]

पश्चिमी स्थलीय मार्गों से भारत से सूती कपड़ों का निर्यात भी किया जाता था। बाबर ने सूती कपड़ों का ज़िक्र भारत से काबुल आनेवाली प्रमुख व्यापारिक वस्तुओं के रूप में किया है;[52] 17वीं सदी के आरम्भ में भी इस व्यापार का हवाला मिलता है।[53] लाल सागर के देशों और तुर्की में सूती कपड़ों का बेपनाह बड़ा बाज़ार मौजूद था। 1630 में सूरत के अंग्रेज़ फ़ैक्टरों ने रिपोर्ट दी थी कि[54]—

वे (सूती वस्तुएँ) सबसे प्रमुख वस्तुएँ होती हैं जिनके साथ ईरानी और आर्मेनियाई लोग जो आपके जहाज़ों पर हर साल सफ़र करते होते हैं, यहाँ भारत में बहुत बड़ी रक़म लगाते हैं। उनमें से कुछ तो उन्हें ग्रंबून में फ़ौरन बेच देते हैं, जहाँ से वे सब बिखर जाती हैं और इस्पहान, बालज़ार, बदगद वग़ैरह के दोयम सौदागरों को फिर बेची जाती है, जो उन्हें और आगे कुस्तुनतुनिया और दूसरी जगहों के तीसरे बाज़ार में ले जाते हैं। वे रास्ते में ऊँट का किराया, चुंगी और दूसरे सब महसूल देते हैं, और तो भी उनमें से हर एक, पहली, दूसरी और तीसरी ब्रिकी में भारी मुनाफ़ा कमा लेता है।

तुर्की लेवाँ के रास्ते गुजराती कपड़ों का आयात करता था।[55] इसलिए लेवाँ होकर और केप ऑफ़ गुड होप के रास्ते भी 16वीं सदी के अन्त तक गुजरात का मखमल नियमित रूप से पश्चिमी यूरोप पहुँचता रहा होगा।[56]

लाल सागर वाले व्यापार में सचमुच गुजरात के कपड़ों की बहुत बड़ी मात्राएँ खप जाती थीं। 1629 में एक अंग्रेज़ एजेंट ने रिपोर्ट दी थी कि क़ाहिरा से हर साल 'कोई 800 या 1,000 ऊँटों का क़ाफ़िला' भारतीय माल से लदा हुआ मोखा से वापस आता था। इन मालों में वह प्रमुख स्थान विभिन्न क़िस्मों के कपड़ों (गमछों, सरबाफ़्ज,

अलायचों, बारीक मखमल, धोती) का बतलाता है और उसके बाद की काली मिर्च और लौंग का ज़िक्र करता है। और भी खुरदुरे कपड़े (मलमल, खुरदुरा मखमल, चादर) और (सूती ऊन) (Cotton Wool) उन भारतीय मालों में शामिल थे जो सबसे पहले अरब में ही खप जाते थे।[57] इससे पहले की सदी में अदन और अरब में लोगों द्वारा बेपनाह मात्रा में 'कैंबी' (कैंबे) के सूती कपड़े का इस्तेमाल देखकर हैरान हो चुका था।[58] फ़ारस में गुजरात के कपड़े की माँग होरमुज़ के पतन के बाद भी जारी रही। फ़ारसी और आर्मेनियाई सौदागर 17वीं सदी में अंग्रेज़ी जहाज़ों पर 'कैंबे' के सूती के सामान लादते थे।[59]

पूर्वी अफ्रीकी तट के लिए भारतीय कपड़ों का निर्यात बहुत पहले से चलता आ रहा था। 16वीं सदी के आरम्भ में गुजरात के सूती कपड़े पूर्वी अफ्रीका ले जाए जा रहे थे।[60] पुर्तगालियों ने इस व्यापार को पश्चिमोत्तर अफ्रीकी तट तक भी फैला दिया। 16वीं सदी के उत्तरार्ध में 'कैंबे' के सफ़ेद, रंगीन और छपाईदार कपड़े पूर्वी अफ्रीका भेजे जा रहे थे; पुर्तगाली इसे मुख्य रूप से चौल और गोवा से ले जाते थे।[61] भारत के सूती कपड़े केप ऑफ़ गुड होप से होकर सीधे पुर्तगाल भी भेजे जाते थे।[62]

श्रीलंका और मालदीव भी गुजरात से सूती कपड़ों का आयात करते थे।[63] पूरब जाने पर गुजराती कपड़ों का और भी बड़ा बाज़ार था। बहुत से जहाज़ 'ढेर साल कैंबया (कैंबे) और पैलियाकेट (पुलीकट) के कपड़े पेगू लाते थे।[64] 1563 में सीज़र फ्रेडरिक को पेगू के लिए गुजराती कपड़ा इतना मुनासिब लगा कि उसने ख़ुद इसे चौल से मँगाया।[65] टाम पायर्स ने विभिन्न क़िस्मों के 'कैंबे' के कपड़ों को मलक्का के लिए निर्यात होते देखा।[66] आगे चलकर हम देखते हैं कि पुर्तगालियों के जहाज़ भारी मात्रा में गुजरात से कपड़े लादकर मलक्का जा रहे थे, जहाँ वे मुख्य रूप से जावावासियों को मसालों के बदले बेच दिए जाते थे।[67] गुजराती जहाज़ भी सूती कपड़े लादकर अचिन की ओर जाते थे।[68] आगे चलकर 16वीं सदी में जब बंतम मलक्का का प्रतिद्वंद्वी बनकर उभरा, गुजराती जहाज़ बंतम में सूती कपड़े लाने लगे।[69] उम्दा क़िस्म का सफ़ेद और रंगीन मलमल (बफ़ाता) आयातित मालों के बदले में हिमालय पार भी जाता था।

सूती कपड़ों के निर्यात के प्रभावशाली पैमाने को तब भी उतनी ही अच्छी तरह परखा जा सकता है जब हम दुनिया के आयातक क्षेत्रों से ध्यान हटाकर मुग़ल सल्तनत के अन्दर स्थित निर्यातक क्षेत्रों पर ध्यान देते हैं। कुल मिलाकर ऐसा लगता है कि 16वीं सदी के उत्तरार्ध में गुजरात ने कपड़े का बेपनाह निर्यात किया। सीज़र फ्रेडरिक ने देखा कि कैंबे से 'बेपनाह मात्रा में हर क़िस्म का कपड़ा, सफ़ेद, छींटदार और रंगीन' निर्यात किया जा रहा है।[70] प्यारार्द का कहना है कि 'केप ऑफ़ गुड होप से लेकर चीन तक हर कोई, मर्द और औरत, सर से पाँव तक' गुजरात में बने सूती कपड़ों से ढका हुआ है।[71] यक़ीनन यह एक अतिशयोक्ति है, पर यह बड़े पैमाने पर गुजरात के सूती कपड़ों के निर्यात को प्रतिबिम्बित करता है।

निर्यात का दूसरा महत्त्वपूर्ण क्षेत्र बंगाल था जो लाल सागर से चीन तक फैले अनेक बाज़ारों में सफ़ेद मलमल भेजता था।[72] 1560+ में सीज़र फ्रेडरिक ने बंगाल में स्थित सतगाँव को सूती कपड़ों के उत्पादन के एक बड़े केन्द्र के रूप में देखा था।[73] बंगाल हर साल हर तरह के बारीक कपड़ों से लदे जहाज़ पेगू भेजता था।[74] चटगाँव के बन्दरगाह से दूसरे सामानों के साथ कपड़े भी इंडीज भेजे जाते थे।[75] पुर्तगाली बंगाल के सूती कपड़े को दक्षिण-पूर्व एशिया में ले जाते थे,[76] और 1586 में फ़िच ने बंगाल में सोनारगाँव और बकला का वर्णन सूती कपड़ों के उत्पादन के बड़े केन्द्रों के रूप में किया था जो जहाज़ों में भरकर उस क्षेत्र में भेजे जाते थे।[77]

सिन्ध भी सूती कपड़ों का एक भारी भंडार पैदा करता था।[78] विभिन्न क़िस्मों के मलमल, सम्भवत: बारीक मलमल, इस सूबे से पुर्तगाली भारत और होरमुज़ के लिए निर्यात किए जाते थे।[79]

मुग़ल भारत कुछ मात्रा में रेशम का निर्यात भी करता था। हालाँकि 17वीं सदी में बंगाल से रेशम का निर्यात भारत के व्यापार की एक उल्लेखनीय विशेषता थी, फिर भी उस सदी के शुरू में ये निर्यात उतने अधिक रहे हों, ऐसा नहीं दिखाई देता। बारबोसा का कहना है कि गुजरात का रेशमी कपड़ा पूर्वी अफ्रीका और पेगू के लिए निर्यात किया जाता था।[80] वार्तेमा ने भी सूती कपड़ों के साथ रेशमी कपड़ों का ज़िक्र गुजरात के निर्यात की एक महत्त्वपूर्ण मद के रूप में किया है।[81] आगे चलकर फ्रेडरिक सीज़र ने चौल के रास्ते गुजरात के निर्यातों में 'हर तरह के रेशम' को भी शामिल किया।[82] अलायचा यानी सिन्ध में बुने गए रेशमी कपड़े[83] का फ़ारस और तुर्की में एक बड़ा बाज़ार था।[84] ऐन मुमकिन है कि इन उत्पादनों में प्रयुक्त रेशम बंगाल से आता रहा हो, उन दिनों बंगाल के रेशम का दूसरे देशों को निर्यात होता था, इसका कोई साक्ष्य नहीं मिलता। 17वीं सदी की तीसरी दहाई तक में पटना से प्राप्त (मगर वहाँ बंगाल से लाए गए) कच्चे रेशम का अधिकांश भाग गुजरात और शेष भाग आगरा चला जाता था।[85]

कपड़ों के निर्यात के बारे में इतनी अधिक सूचनाएँ होने के बावजूद इसके बारे में परिमाणात्मक साक्ष्य लगभग नहीं के बराबर हैं। हम कुछ कर सकते हैं तो सिर्फ़ यही कि मोरलैंड के इस परिमाण की पुष्टि करें कि भारत का कपड़ा निर्यात उन दिनों विश्व व्यापार का एक महत्त्वपूर्ण तथ्य था।[86]

इसके आधार पर हम सम्भवत: निर्यातों को एक मूल्य दे सकते हैं। इसके लिए हमें धातुओं समेत सारे आयात के कुल मूल्य के आधार पर गणना करनी होगी जिनकी निर्यातों से अदायगी की जाती थी। 1600 के आसपास मुग़ल सल्तनत के कुल सालाना आयात का मूल्य हमने लगभग 2,60,00,000 रुपये निकाला है। इस अनुमान में धातुओं की वह अज्ञात मात्रा भी शामिल है (हालाँकि वह सम्भवत: बहुत बड़ी नहीं थी) जो आयातित घोड़ों के मूल्य की आंशिक अदायगी के रूप में मध्य एशिया को पुनर्निर्यात कर दी जाती थी। इसके अलावा सूदख़ोर की पूँजी के हस्तान्तरण रूप में (अध्याय-15, पृ. 351 देखें) धातु के कुछ आयात के बदले

शायद संगत निर्यात की ज़रूरत भी नहीं पड़ती होगी। इन सबको मिनहा करने पर उस आयात का मात्र मूल्य लगभग 2,30,00,000 रुपये आएगा जिसकी अदायगी वस्तुओं के निर्यात से की जाती थी।

इस बात पर सम्भवत: कोई विवाद नहीं होगा कि खेतिहर, अर्ध-संस्कारित वस्तुएँ और लोहा मुग़ल भारत में आयातित धातुओं और वस्तुओं के मात्र मूल्य के चौथाई भी नहीं रहे होंगे। बाक़ी तीन-चौथाई आयात को केवल सूती कपड़ों के निर्यात से सन्तुलित किया जाता होगा। इसलिए यह मानना बहुत ग़लत नहीं होगा कि मुग़ल भारत मोटे तौर पर कुल 1,75,00,000 रुपये मूल्य के सूती कपड़ों का निर्यात करता था।

अब हम सम्भवत: इस बात पर विचार कर सकते हैं कि मुग़ल भारत की अर्थव्यवस्था में शहरी उत्पादन के योजित मूल्य को बढ़ाने में निर्यातों का योगदान किस सीमा तक होता था। अध्याय-13 में मैंने उन उत्पादनों के अनुमानित मूल्य पर आधारित गणनाएँ प्रस्तुत की हैं जिनको देश के अन्दर और बाहर भी सीधे-सीधे बाज़ार मिल जाता था, यहाँ तक कि घरेलू उपभोग और ज़ख़ीराबाज़ी के काम के आयात ऐसे निर्यातों को बढ़ावा देते थे। इन गणनाओं में धातुओं के वे मात्र आयात शामिल नहीं किए गए थे जो बचत (शुद्ध ज़ख़ीराबाज़ी) और उपभोग (ज़ेवरात और दूसरी वस्तुओं) में बढ़ोतरी करने के बजाय परिचलन में शामिल मुद्रा के भंडार को बढ़ाते थे। जैसाकि ऊपर अनुमान लगाया गया है, 1595-96 के आसपास धातुओं का सालाना आयात 2,04,71,768 रुपये या 81,88,70,720 दाम के बराबर था। मैंने अध्याय-12 में सालाना बचत का एक अनुमान प्रस्तुत किया है जो धात्विक मुद्रा की दृष्टि से ज़ख़ीराबाज़ी में 37,21,62,433 दाम की वृद्धि का सूचक था।[87] अतिरिक्त मुद्रा (44,67,08,287 दाम) के रूप में परिचलन में शामिल होने के लिए उपलब्ध आयातित धातु की गणना करने के लिए हमें उपरोक्त ज़ख़ीरे को धातु के कुल आयात में से घटाना होगा। फिर एक तरफ़ धातु के कुछ पुनर्निर्यात (मसलन मध्य एशिया के लिए) तथा दूसरी तरफ़ ज़ेवरों के रूप में आन्तरिक उपभोग और सूदख़ोर की पूँजी में रूपान्तरण की गुंजाइश रखते हुए हमें इस आँकड़े में और भी कमी करनी होगी। तब शायद यह अनुमान मुनासिब होगा कि परिचलन में धातु का मात्र सालाना प्रवेश लगभग 30,00,000 दाम के बराबर था। धातुओं के इन आयातों की अदायगी के लिए जो निर्यात किए जाते थे उनकी संरचना को हम सामान्यत: सारे निर्यातों जैसी ही मान सकते हैं। तात्पर्य यह कि कहा जा सकता है कि इनका तीन-चौथाई भाग कपड़ों पर और एक-चौथाई मुख्यत: खेतिहर वस्तुओं पर आधारित होता था। अगर हम यह मान लें कि शहरी उजरतें कपड़ों के मूल्य की आधी होती थीं (अध्याय-13 देखें) तो हम मान सकते हैं कि 30 करोड़ दाम की धातुओं के आयात के बदले में होनेवाले निर्यातों के मूल्य का 50 प्रतिशत (लगभग 11.25 करोड़ दाम) शहरी उत्पादनों द्वारा योजित मूल्य में वृद्धि का सूचक था।

इन आँकड़ों के आधार पर हम मुग़ल सल्तनत में शहरी उत्पादनों द्वारा कुल योजित मूल्य से निर्यातों में शहरी उत्पादनों द्वारा योजित मूल्य की तुलना कर सकते

हैं। पिछले पैराग्राफ में गणना से 11.25 करोड़ दाम का जो आँकड़ा निकाला गया है उसे ज़ायद के बिखराव सम्बन्धी पड़ताल से प्राप्त मूल्य में शामिल करके हमने कुल योजित मूल्य का मान 1,43,52,60,712 दाम निकाला है। (ज़ायद का यही बिखराव वस्तुओं और ज़ख़ीरेबाज़ी के काम की धातुओं के आयातों से प्रेरित निर्यात को सम्भव बनाता था।) परिचलन के काम की धातुओं के बदले होनेवाले निर्यातों में हमने शहरी उत्पादनों द्वारा योजित मूल्य के भाग को कुल मूल्य का 40 प्रतिशत माना है। इसी अनुपात को स्वीकार करके हम निर्यातों में शहरी उत्पादनों द्वारा योजित कुल मूल्य को 70,00,000 रुपये (1,75,00,000 रुपये का 40 प्रतिशत) यानी 28,00,00,000 दाम ठहरा सकते हैं।

इन अनुमानों से दो महत्त्वपूर्ण संवृत्तियों का पता चलता है जो विचार के योग्य हैं। पहली बात, शहरी उत्पादनों द्वारा योजित कुल मूल्य में कम-से-कम 21 प्रतिशत योगदान निर्यातों में शहरी उत्पादनों द्वारा योजित मूल्य का होता था। दूसरे, चूँकि भारतीय आयातों में धातुओं का भाग 80 प्रतिशत होता था, शहरी उत्पादनों द्वारा योजित मूल्य के लगभग 17 प्रतिशत भाग की अदायगी धातुओं के आयातों से की जाती थी।

शहरी उत्पादनों द्वारा योजित कुल मूल्य का पाँचवें से अधिक भाग विदेश व्यापार से पैदा होता था—इस बात का कालजयी तौर पर यह मतलब नहीं कि मुग़ल भारत की पूरी अर्थव्यवस्था में विदेश व्यापार का समान महत्त्व था। शाही उत्पादनों द्वारा योजित कुल मूल्य ज़ाहिरा तौर पर खेतिहर उत्पादन के कुल मूल्य के 10 प्रतिशत से अधिक नहीं था। (अध्याय-13), और इस तरह निर्यात कुल मिलाकर खेतिहर उत्पादन के कुल मूल्य और शहरी उत्पादनों द्वारा योजित मूल्य के योग का कोई 4.8 प्रतिशत भाग ही होते थे।[88]

तो भी शहरी उत्पादनों के विस्तार में निर्यातों की जो भूमिका सोची जा सकती है, उनकी उससे कहीं अधिक महत्त्वपूर्ण भूमिका होती थी।[89] इस बात पर यक़ीनन जोर देने की ज़रूरत है कि निर्यातित उत्पाद भारी मूल्यवाले और कौशलसाध्य सामान होते होंगे, और इसलिए मूल्य में उनके भारी भाग से जो संकेत मिलता है, रोज़गार पर उनका प्रभाव उससे बहुत कम होता होगा। दूसरी ओर निर्यात में कपड़ों की असाधारण रूप से बड़ी मात्राओं की माँग के कारण कपड़ों की छपाई के बढ़ते उपयोग को विशेष रूप से प्रोत्साहन मिला होगा। (यह छपाई/रंगाई और रंगदार डिज़ाइनों के बारीक कामों की जगह प्रचलित हो रही थी।)

इसलिए निर्यात के बाज़ार मुग़ल भारत के शहरी उत्पादनों के लिए 1600 से पहले ही महत्त्वपूर्ण बन चुके थे, हालाँकि अलग-अलग क्षेत्रों और बस्तियों के लिए उनका महत्त्व अलग-अलग रहा होगा। मुग़ल भारत की अर्थव्यवस्था को इन निर्यातों से कुल मिलाकर जो लाभ पहुँचा उसके बारे में एक दिलचस्प सवाल पैदा होता है। भारत में बदले में किसी उजरती वस्तु (वेज गुड्स) का आयात नहीं किया जाता था और बहुत कम कच्चे मालों (जैसे कच्चे रेशम, हाथी दाँत) का आयात होता था। इसलिए यह मानने का शायद ही कोई कारण हो कि आयातों से उत्पादन की लागतों में कोई कमी आती थी।

धातुएँ निश्चित ही आयात की प्रमुख मद थीं। लगता है, एक व्यापारवादी (मर्कंटाइलिस्ट) दृष्टिकोण यह प्रचलित है कि धातुओं के आयात से भारत को भारी लाभ पहुँचता होगा।[90] लेकिन यह बात समझना मुश्किल नज़र आता है कि धातुओं (मुख्यत: चाँदी) का मात्र निरन्तर आयात किस तरह अपने-आपमें किसी अर्थव्यवस्था के लिए लाभकारी हो सकता है, ख़ासकर उनके मूल्य में निरन्तर एक अंतर्राष्ट्रीय गिरावट को देखते हुए। आयातित चाँदी या तो ज़ख़ीरों में चली जाती थी या फिर परिचलन में शामिल होती थी और इस तरह मुग़ल सल्तनत के अन्दर मुद्रा की आपूर्ति को बढ़ाती थी। मुद्रा की आपूर्ति में इस वृद्धि के कारण सामान्य परिस्थितियों में क़ीमतों में वृद्धि होती है। आयातित चाँदी की मुद्रा खेतिहर क्षेत्र में पहुँचकर खेतिहर क़ीमतों को बढ़ाती रही होगी और इसलिए कालान्तर में, कम-से-कम मौद्रिक दृष्टि से, उसने उत्पादन की लागतों को भी बढ़ाया होगा।

मुद्रास्फीति निश्चित ही सौदागर के लिए अतिरिक्त मुनाफ़े पैदा करती है क्योंकि सौदागर जितने समय तक वस्तुओं को दबाकर रखते हैं, उनका मूल्य बढ़ा रहता है। लेकिन सौदागरों के लिए अतिरिक्त मुनाफ़ों का यह विशेष स्रोत अकबरी दौर में सम्भवत: उपलब्ध नहीं था क्योंकि चाँदी के आयात बड़ी हद तक ताँबे की मुद्रा को विस्थापित करने में खप रहे थे।[91] इसके अलावा मुग़ल भारत में 16वीं सदी की आख़िरी दहाई तक क़ीमतें मुख्य रूप से ताँबे के सिक्कों में व्यक्त की जाती थीं, और इसी कारण मुद्रास्फीति वास्तव में अगली सदी में ही शुरू हुई।

फिर भी एक ढंग ऐसा था जिससे चाँदी के आयात उत्पादनों पर कुछ प्रभाव ज़रूर डाल सकते थे। मुद्रा के रूप में चाँदी द्वारा ताँबे के विस्थापन के कारण तोपों, तोड़ीदार बन्दूक़ों और बर्तनों के निर्माण में उपयोग के लिए बड़ी मात्रा में ताँबा मुक्त हुआ होगा। इस सीमा तक, 1610 के आसपास एक महत्त्वपूर्ण औद्योगिक धातु के रूप में, चाँदी के आयातों का वही प्रभाव पड़ा जो ताँबे के आयातों का पड़ा। मुद्रा की आपूर्ति का ताँबे वाला घटक जब घटकर न्यूनतम सम्भव सीमा तक आ गया तो चाँदी के आयातों की यह भूमिका समाप्त हो गई। 17वीं सदी की दूसरी दहाई तक पहुँचकर यही होने लगा।

इंसाफ़ की बात यह है कि आयातित चाँदी को जो भाग सूदख़ोरों की पूँजी में शामिल हुआ उसे उत्पादनों के लिए प्रोत्साहन का कारण कहा जा सकता है क्योंकि उससे सम्भवत: ब्याज की दरें कम हुईं। (अध्याय-15 देखें) लेकिन चाँदी के एक छोटे से भाग के आयात के ये सकारात्मक प्रभाव तब अपेक्षाकृत कम महत्त्वपूर्ण दिखाई देते हैं जब हम उसकी तुलना बाक़ी चाँदी की भारी मात्राओं से करते हैं जिसका भारत में रह जाना व्यवहार में, एक लम्बे परिप्रेक्ष्य में, दौलत की बरबादी साबित हुआ।

सन्दर्भ और टिप्पणियाँ

1. यह प्रवृत्ति जो मोरलैंड (*फ्रॉम अकबर टू औरंगज़ेब*) ख़ासी सुस्पष्ट है, अब भी जारी है। इसकी एक हालिया मिसाल नील्स स्टींसगार्ड, *एशियन ट्रेड रिवॉल्यूशन ऑफ़ द 17-टींथ सेंचुरी* है।

वैसे एम. एन. पियर्सन, *मर्चेंट्स एंड रूलर्स इन गुजरात,* बर्कले, 1976 और अशिन दासगुप्त, *इंडियन मर्चेंट्स एंड द डिक्लाइन ऑफ़ सूरत, सी 1700-1750,* वीजबाड़ेन, 1979 में इससे सुखद अलगाव पाए जाते हैं।

2. यहाँ हमने यह माना है कि इन क्षेत्रों के साथ होनेवाला व्यापार मुग़ल साम्राज्य के विदेश व्यापार के दूसरे क्षेत्रों से पूरी तरह कटा हुआ था, जबकि वास्तव में यह कटा हुआ नहीं था। मिसाल के लिए फ़र्ज़ कीजिए कि (अकबर की सल्तनत में शामिल) गुजरात से अफ़ीम मलाबार (दक्षिण भारत) भेजा जाता था। जहाँ से बदले में काली मिर्च लेकर जहाज़ों में लाल सागर क्षेत्र में भेज दी जाती थी, फिर वहाँ से बदले में धातु लेकर गुजरात भेज दी जाती थी, जहाँ उससे मलाबार भेजने के लिए और भी अफीम ख़रीदी जाती थी। इस हालत में जहाँ धातु मुग़ल सल्तनत के आयातों में शामिल दिखाई देगी वहीं उसके बदले में होनेवाला अफ़ीम का निर्यात शामिल नहीं होगा क्योंकि उसे तो मलाबार भेजा जाता था। जहाँ भी सम्भव हुआ है, मैंने परस्पर जुड़े हुए व्यापार की ऐसी मिसालों के लिए कुछ गुंजाइश ज़रूर रखी है।
3. अध्याय-15 देखें।
4. अध्याय-15, तालिका-15.4 देखें। गुजरात, पश्चिमोत्तर भारत और बंगाल की टकसालों के उत्पादन के आधार पर 1586-95 और 1596-1605 की दहाइयों में चाँदी के आयातों के अनुमान 127.20 और 242.08 मीट्रिक टन प्रतिवर्ष आते हैं।
5. अध्याय-15 देखें।
6. वैर्लेस्टाइन, *द मॉडर्न वर्ल्ड सिस्टम,* पृ. 329
7. सोने की मात्रा को चाँदी की अनुमानित मात्रा यानी 184.64 टन का चालीसवाँ भाग माना गया है। चूँकि एक मुहर का वज़न 169 ग्रेन होता था, सोने की यह मात्रा, 4,21,566.5 मुहरों के बराबर रही होगी। फिर इसे 9 रुपये प्रति मुहर के भाव से रुपये में बदल दिया गया है।
8. *क्रॉनिकल,* अनुवाद, पृ. 35
9. अध्याय-9 देखें।
10. *क्रॉनिकल,* अनुवाद, पृ. 35, अध्याय-1 भी देखें।
11. अध्याय-9
12. *मेडिवल इंडिया : ए मिस्सेलेनी,* दो, पृ. 73 में ए. आर. अलवी के आँकड़ों से तुलना करें।
13. मिसाल के लिए पी देला वैले, दो, पृ. 334 देखें।
14. अध्याय-10 देखें।
15. *आईन,* एक, पृ. 175
16. नुनिज़ ने 1530+ में अकेले विजयनगर के महाराज की माँग 13,000 बताई थी, हालाँकि इतने घोड़ों का आयात नहीं किया जाता था। (आर. सेविल, *ए फ़ारगाटेन एम्पायर,* दूसरा भारतीय संस्करण, देहली, 1970, पृ. 61-62 देखें।)
17. टाम पायर्स, एक, पृ. 58, परचज़, दस में सीज़र फ्रेडरिक, पृ. 93 और 99
18. मिसाल के लिए मुग़ल सल्तनत से होकर घोड़ों के दकन ले जानेवाले व्यापारियों के हवाले के लिए *सेलेक्टेड वक़ाई ऑफ़ द डेकन,* 1660-1671 ए डी, सं : युसूफ़ हुसैन, हैदराबाद, 1953 पृ. 69 देखें।
19. बर्नियर, पृ. 203 देखें। थेवेनाट ने इस संख्या को और अधिक, 60,000 (तीन कोड़ी हज़ार) बताया है (*इंडियन ट्रैवेल्स ऑफ़ थेवेनाट एंड कारेरी,* पृ. 80) और मानूशी (खंड दो, पृ. 390-91) ने एक लाख बताया है। पर इस बयानात में निश्चित ही भारी अतिशयोक्तियाँ हैं।
20. *बाबरनामा,* अनुवाद : ए. एस. बेवरिज, खंड एक, पृ. 202

21. तालिका से हम देखते हैं कि मंसबदारों के (आयातित) घोड़ों की संकेतित क़ीमतें एक घोड़े के लिए निश्चित उस अधिकतम 300 रुपये से नीचे आ गई थीं जिसे शाही प्रतिष्ठान ने 1639 में दकन के एक मंसबदार के लिए तय किया था। (*सेलेक्टेड डाक्यूमेंट्स ऑफ़ शाहजहाँ,* तीन, पृ. 74 देखें।)
22. लिंशोटेन, एक, पृ. 45, 917, दो, पृ. 140-41
23. टाम पायर्स, दो, पृ. 20, *रिमांस्त्रैंशी,* अनु, पृ. 23, चीन से आयातित पारे के बारे में फ़ैक्टरीज़, 1618-21, पृ. 54-55 देखें।
24. *रिमांस्त्रैंशी,* अनु, पृ. 28, प्यारार्द, दो, पृ. 239
25. *प्रिंसिपल नेवीगेशंस,* तीन, पृ. 206
26. टाम पायर्स, दो, पृ. 270, *प्रिंसिपल नेवीगेशंस,* तीन, पृ. 239
27. लिंशोटेन, एक, पृ. 33 और दो, पृ. 34, कार्लेटी, पृ. 220, 221, परचज़, नौ, पृ. 559, लाल सागर क्षेत्र से आयातित मूँगे के बारे में ख़ुर्रम का निशान, ईसवी 1618 हार्ल रोल, 43 ए 4, फैक्ट्रीज, 1618-21, पृ. 54-55 और हाथी दाँत के बारे में *प्रिंसिपल नेवीगेशंस,* तीन, पृ. 206 देखें।
28. *आईन,* एक, पृ. 67, बर्नियर, 204
29. *आईन,* एक, पृ. 434
30. *रिमांस्त्रैंशी,* अनु, पृ. 23, मन को 50 पौंड (हालैंड) के बराबर बताया गया है और इस तरह यह मने-अकबरी था।
31. उपरोक्त, पृ. 24 की टिप्पणी। जैसाकि अध्याय-14 में कहा गया है, मोरलैंड ने कहा था कि ये क़ीमतें अकबरी दौर के लिए दी गई क़ीमत यानी 60 रुपये प्रतिमन (*आईन,* एक, पृ. 65) से मेल खाती थीं। इसलिए माना जा सकता है कि उस दौर में अधिक उपभोग पर पेल्सेयर का अनुमान बहुत ग़लत नहीं था।
32. *रिमांस्त्रैंशी,* अनु, पृ. 28
33. भारत में क़ीमती धातुओं की भारी खपत एक ऐसा तथ्य थी जिसे समकालीनों ने व्यापक रूप से स्वीकार किया है। हार्किंस (*अर्ली ट्रैवेल्स,* पृ. 112) के शब्दों में सभी कौमें रोकड़ा लाती हैं और बदले में चीज़ें ले जाती हैं।
34. इन आँकड़ों का मतलब यह हुआ कि मुग़ल सल्तनत के कुल आयात में मैट्रिक धातुओं का भाग 80 प्रतिशत था। यह भाग आश्चर्यजनक रूप से अधिक है पर अविश्वसनीय नहीं है। मिसाल के लिए 1629 में कहा गया था कि क़ाहिरा का बड़ा ख़लीफ़ा (कैलिफो) मोखा में भारतीय मालों से अदला-बदली के लिए माल नहीं, भारी मात्रा में रक़में ले जाता था। (फ़ैक्टरीज़, 1624-29, पृ. 350 देखें।) 17वीं सदी की पहली दहाई में अंग्रेज़ ईस्ट इंडिया कम्पनी के निर्यातों में मुद्रा का भाग 69.72 प्रतिशत होता था, और 1601-23 दौरान भारत को अंग्रेज़ों के निर्यात में धातुओं का भाग तो बहुत अधिक, 68.2 प्रतिशत होता था। (बालकृष्ण, पृ. 282 देखें।) दूसरे मार्गों से होनेवाले आयात की संरचना भी बहुत भिन्न नहीं रही होगी। लगता है धातुएँ वे प्रमुख वस्तुएँ थीं जिनको गुजराती सौदागर लाल सागर क्षेत्र से लाते थे, लाल सागर के लौटते जहाज़ धातुओं में ख़ास तौर पर समृद्ध बताए गए हैं। (फ़ैक्टरीज़, 1624-29, पृ. 29 देखें।) लाल सागर क्षेत्र से लौटते भारतीय जहाज़ों के ज़ब्त मालों में अंग्रेज़ों ने सिर्फ़ एक मद यानी मुद्रा का ज़िक्र किया है। (परचज़, चार, पृ. 537 देखें।) लगता है, इस माल में शामिल दूसरी वस्तुओं का मूल्य इतना ज़्यादा नहीं था कि उसका ज़िक्र किया जाता।
35. टाम पायर्स, एक, पृ. 17, 58

36. ए बर्नेस, *ट्रैवेल्स इंट बुख़ारा,* एक, 1973, पृ. 241-42

37. परचज़, चार, पृ. 268-69

38. *लेटर्स रिसीव्ड,* चार, पृ. 250 देखें। संपादक द्वारा लगाए गए अल्पविराम के कारण पाठक यह मान सकता है कि यह मात्रा सिर्फ़ नील की थी। रो जो बात वास्तव में कहते हैं, यह है कि होरमुज़ के व्यापार में आई गिरावट के कारण आगरा में नील की और दूसरी वस्तुओं की भी भारी मात्राएँ ख़रीदी जा सकती थीं। वे इसके फलस्वरूप विकसित होनेवाले वैकल्पिक स्थलमार्गी व्यापार की वस्तुओं की चर्ल में मात्राएँ बताते हैं।

39. *रिमांस्त्रैंशी,* अनु, पृ. 13-15, *लेटर्स रिसीव्ड,* तीन, पृ. 51, फ़ैक्टरीज़, 1634-36, पृ. 129 देखें। इरफ़ान हबीब, *एग्रेरियन सिस्टम,* पृ. 42-44 से तुलना भी करें। सरख़ेज की नील के बारे में 2,500 चर्ल यानी, 10,000 मन का जो अनुमान दिया गया है (एक चर्ल (फ़ार्डल)=4 मन, *एग्रेरियन सिस्टम,* पृ. 378) वह थोड़ा अधिक दिखाई देता है क्योंकि मंदी के बरसों में (गुजरात में) उत्पादन सिर्फ़ 6,000 से 8,000 मन बताया गया है। (फ़ैक्टरीज़, 1624-29, पृ. 232, उपरोक्त, 1634-36, पृ. 292, उपरोक्त, 1642-45, पृ. 163-64), जबकि गर्मबाज़ारी के वर्षों में यही 9,000 मन से ऊपर (फ़ैक्टरीज़, 1634-36, पृ. 73) होता था।

40. जैसाकि पेल्सेयर, *रिमांस्त्रैंशी,* अनुवाद, विशेषकर, पृ. 18 से लगता है, बयाना के नील का मुख्यत: मध्य पूर्व और यूरोप को निर्यात किया जाता था। वे दोआब के बारे में भी कहते हैं (उपरोक्त, पृ. 15) कि उसके ज़्यादातर उत्पादन को आर्मेनियाई, लाहौरी और काबुली सौदागर ख़रीद लेते थे। हमारे अनुमान से सिर्फ़ मेवात का नील ख़ारिज है जिसके उत्पादन (1,000 बेल) को स्थानीय लोग ख़रीदते थे। इसका बहुत थोड़ा-सा भाग (उपरोक्त) निर्यात किया जाता था।

    सेहवान की लगभग पूरी नील ईरान और फ़ारस की खाड़ी क्षेत्र में जाती थी, और जब यह व्यापार कम गया तो उसके उत्पादन में भारी कमी आई। (फ़ैक्टरीज़, 1642-45, पृ. 136 देखें।)

    अबुल फ़ज़्ल कहते हैं (*आईन,* एक, पृ. 486) कि गुजरात की नील उस्मानिया सल्तनत (रूमिस्तान) और दूसरे देशों को भेजी जाती थी। 17वीं सदी की शुरुआती दहाइयों में निर्यात के आँकड़ों से इस बयान की पुष्टि होती है। 1617 में सीधे इंग्लैंड जा रहे जहाज़ ग्लोब पर सरख़ेज की 1,167 फ़ार्डल नील लदी थी। (फ़ैक्टरीज़, 1618-21, पृ. 61) अर्थात वह सरख़ेज के कुल अनुमानित उत्पादन की लगभग आधी थी। 1621 में एक अंग्रेज़ी जहाज़ के बारे में कहा गया है (फ़ैक्टरीज़, 1618-21, पृ. 323) कि उस पर सरख़ेज की 9,000 मन नील लदी थी। 1615 में अंग्रेज़ों ने सरख़ेज से कुल 1,273 चर्ल नील ख़रीदी थी। (*लेटर्स रिसीव्ड,* पाँच, पृ. 133 देखें।) स्थानीय माँग बहुत अधिक नहीं थी क्योंकि अंग्रेज़ों को मुख्य रूप से डचों से मुक़ाबला करना पड़ता था। वास्तव में सरख़ेज की नील का अनुमानित स्थानीय उपभोग सिर्फ़ 1,000 सूरत मन था (फ़ैक्टरीज़, 1642-45, पृ. 163-64) जो सामान्य उत्पादन का दसवाँ भाग था।

41. *आईन,* एक, पृ. 422 में 12 रुपये पर पांडुलिपि एड 7652, 6552, 5645 सबमें 16 रुपये प्रतिमन दिया गया है।

42. ऐसा उस तथ्य के बावजूद था कि नील कम-से-कम अंग्रेज़ों के आयात की एक बड़ी मद थी जिसमें आरम्भिक दिनों में मुग़ल साम्राज्य में उनके निवेश का अधिकांश भाग लगता था। (*लेटर्स रिसीव्ड,* पाँच, पृ. 323 देखें।) रॉयल एन पर लदे मालों के कुल मूल्य में नील का भाग कोई 90 प्रतिशत था। (फ़ैक्टरीज़) 1618-21, पृ. 16 देखें।

43. टाम पायर्स, एक, पृ. 30, 43-44, बारबोसा, एक, पृ. 64, 67 परचज़, दस, पृ. 114 देखें। फ़िच (*अर्ली ट्रैवेल्स,* पृ. 28) ने 1586 में देखा था कि बंगाल में सोनारगाँव और बकला में चावल के बड़े-बड़े भंडार थे और उसकी भारी मात्रा पेगू, मलक्का, सुमात्रा और बहुत से दूसरे स्थानों को भेज दी जाती थी। जहाँ बंगाल से निर्यातित चावल की क़िस्म के बारे में बहुत कम पता है, वहीं गुजराती चावल उम्दा क़िस्म का होता था। फ़ारस में नवपुर के चावल को सबसे अधिक वांछित उपहार, (*ट्रैवर्नियर,* एक, पृ. 41) माना जाता था।
44. बारबोसा, दो, पृ. 55, 112, 146-47, परचज़, दस, पृ. 103 देखें। सीज़र फ्रेडरिक (उपरोक्त, पृ. 114) ने बंगाल में सतगाँव का ज़िक्र उत्पादन और व्यापार के एक बड़े केन्द्र के रूप में किया है। अबुल फ़ज़्ल कहते हैं कि शक्कर आगरा से दूर-दूर भेजी जाती थी। (*आईन,* एक, पृ. 244), कुछ शक्कर का निर्यात भी होता होगा। गुजरात के अंग्रेज़ फ़ैक्टर इसे जहाज़ों में फ़ारस भेजने के लिए एक मुनाफ़ाबख़्श माल समझते थे। (फ़ैक्टरीज़, 1630-33, पृ. 124 देखें।)
45. *बाबरनामा,* एक, अनु: बेवरिज, पृ. 202
46. परचज़, दस, में सीज़र फ्रेडरिक, पृ. 127
47. उपरोक्त
48. *आईन,* एक, पृ. 61 (चावल), 65 (शक्कर), 138 (लोहा), अध्याय-14 भी देखें।
49. फ़ैक्टरीज़, 1618-21, पृ. 76, उपरोक्त, 1622-23 देखें। कहा गया है (उपरोक्त, 1624-29, पृ. 90, 94) कि वीरजी वोरा ने अंग्रेज़ों को बेचने के लिए 10,000 की दकनी काली मिर्च पेश की थी।
50. बाक्सर, *पोर्चुग्वीज़ सीबार्न ट्रेड,* पृ. 59
51. मोरलैंड, *फ्रॉम अकबर टू औरंगज़ेब,* पृ. 54
52. *बाबरनामा,* एक, अनु, पृ. 202
53. *लेटर्स रिसीव्ड,* चार, पृ. 250
54. फ़ैक्टरीज़, 1630-33, पृ. 124-25
55. लिंशोटेन, एक, पृ. 95
56. कार्लेती, पृ. 220
57. फ़ैक्टरीज़, 1624-29, पृ. 350
58. बारबोसा, एक, पृ. 56
59. फ़ैक्टरीज़, 1630-33, पृ. 124-25
60. बारबोसा, एक, पृ. 7,15, 154, टाम पायर्स, एक, पृ. 43
61. *प्रिंसिपल नेवीगेशंस,* तीन, पृ. 210
62. कार्लेती, पृ. 202
63. बारबोसा, दो, पृ. 117, 164, 177, टाम पायर्स, एक, पृ. 86, परचज़, दस में प्यारार्द, पृ. 561
64. बारबोसा, दो, पृ. 153-54
65. *प्रिंसिपल नेवीगेशंस,* तीन, पृ. 261
66. टाम पायर्स, दो, पृ. 270
67. प्यारार्द, दो, पृ. 175
68. *अर्ली ट्रैवेल्स,* पृ. 73
69. फ़ैक्टरीज़, 1618-21, पृ. 93

70. *प्रिंसिपल नेवीगेशंस,* तीन, पृ. 206
71. प्यारार्द, दो, पृ. 171
72. बारबोसा, दो, पृ. 173
73. परचज़, दस, पृ. 114
74. *प्रिंसिपल नेवीगेशंस,* तीन, पृ. 251
75. उपरोक्त, पृ. 260
76. तपन रायचौधुरी, *बंगाल अंडर अकबर एंड जहाँगीर,* पृ. 103 देखें।
77. *अर्ली ट्रैवेल्स,* पृ. 28, 34
78. बारबोसा, एक, पृ. 107
79. लिंशोटेन, एक, पृ. 55-56
80. बारबोसा, एक, पृ. 7-8, 15, 28, 126-27, 153-54, 198
81. वार्तेमा, पृ. 111
82. *प्रिंसिपल नेवीगेशंस,* तीन, पृ. 210
83. *ऐन एटलस ऑफ़ द मुग़ल एम्पायर,* पृ. 69
84. फ़ैक्टरीज़, 1634-36, पृ. 130
85. *रिमांस्त्रैंशी,* अनु, पृ. 7
86. मोरलैंड, *फ्राम अकबर टू औरंगज़ेब,* पृ. 54
87. यह तालिका-12.4 (पृ.) में बचत के कॉलम में दिए गए आँकड़ों का योग है।
88. शायद ख़ुद को यह याद दिलाना सबसे अच्छी बात होगी कि निर्यातों ने अनेक इलाक़ों में उम्दा क़िस्म की फ़सलों, बंगाल में मलमल और सूती कपड़े, बयाना और सरख़ेज में नील, नवपुर में चावल, मालवा में अफ़ीम वग़ैरह को प्रभावित किया होगा। खेतिहर उत्पादन के कुल परिमाण की दृष्टि से इनका प्रभाव निश्चित ही मामूली रहा होगा।
89. मिसाल के लिए लगता है इरफ़ान हबीब (*पोटेंशियालिटीज़ ऑफ़ कैपिटलिस्टिक डेवलपमेंट इन मुग़ल इकोनॉमी, इनक्वायरी,* पृ. 52) ने विदेश व्यापार की भूमिका को कम करके आँका है।
90. इस दृष्टिकोण की सबसे हाल की अभिव्यक्ति के लिए चौधरी, *ट्रेडिंग वर्ल्ड ऑफ़ एशिया,* पृ. 462 देखें।
91. शीरीं मूसवी, द *सिल्वर इनफ़्लक्स,* जे. ई. एस. एच. ओ.।

जनसंख्या

अध्याय-17

जनसंख्या

आईने-अकबरी में दी गई सांख्यिकीय सूचनाओं की विविधता के बावजूद उसमें न तो अकबर की पूरी सल्तनत में लोगों की संख्या का कोई विवरण या अनुमान मिलता है और न उसके किसी भाग में। ख़ुद अबुल फ़ज़्ल कहते हैं कि 25वें शासन वर्ष में जागीरदारों, शिक़दारों और दारोग़ों को हुक़्म जारी किया गया था कि वे एक-एक गाँव में सभी निवासियों के नाम और पेशे दर्ज करें।[1] लेकिन इस जनगणना के परिणाम हम तक नहीं पहुँचे हैं। यह माना जा सकता है कि या तो हुक्म की तामील नहीं हुई या फिर आँकड़े अधूरे रहे, या फिर यह कि अबुल फ़ज़्ल इसके परिणाम सामने रखने से चूक गए। आज स्थिति यह है कि मुग़ल सल्तनत की पूरी अवधि की शेष बची दस्तावेज़ें किसी भी क्षेत्र की कोई बड़ी जनगणना नहीं देतीं। केवल कुछेक नगरों के घरों के हिसाब (उनके मालिकों की जातियों के अनुसार) बचे हैं।[2] इनके अलावा कुछ नगरों के बारे में यूरोपीय यात्रियों ने कुछ अनुमान दिए हैं, या कुछ क्षेत्रों में जनसंख्या के घनत्व के बारे में समकालीनों ने सामान्य टिप्पणियाँ की हैं।

किसी गणना के अभाव में 1600 में या उसके आसपास देश की जनसंख्या का अनुमान लगाने के लिए हम सिर्फ़ अप्रत्यक्ष सूचनाओं का उपयोग कर सकते हैं। मोरलैंड इस क्षेत्र में अग्रदूत थे।[3] उन्होंने आईने-अकबरी के आराज़ी के आँकड़ों के आधार पर, जिनको उन्होंने सकल फ़सली क्षेत्र का सूचक माना है, उत्तर भारत की जनसंख्या का अनुमान लगाने का प्रयास किया था। इस आराज़ी की तुलना इस सदी के आरम्भ में सकल काश्त से करके और काश्त के विस्तार व जनसंख्या के आकार के बीच एक स्थिर संगति मानकर उन्होंने निष्कर्ष निकाला कि 16वीं सदी के अन्त में मुल्तान से मुंगेर तक लोगों की संख्या 3 से 4 करोड़ तक थी।

दकन और दक्षिण भारत के बारे में मोरलैंड ने विजयनगर साम्राज्य की फ़ौजी शक्ति को अपनी गणनाओं का आधार बनाया। फ़ौजियों और नागरिक आबादी के बीच 1:30 का अपेक्षाकृत मनमाना अनुपात स्वीकार करके उन्होंने इस क्षेत्र की जनसंख्या का अनुमान 3 करोड़ लगाया। भारत की 1947 से पहले की सीमाओं के अन्दर स्थित पर इन दो मान्यताओं से बाहर के क्षेत्रों की गुंजाइश रखते हुए उनका अनुमान था कि अकबर की सल्तनत की जनसंख्या 6 करोड़ और 1600 में भारत की जनसंख्या 10 करोड़ थी।

इन अनुमानों को व्यापक स्वीकृति मिली। फिर भी मोरलैंड की बुनियादी मान्यताएँ (और इसलिए उनके परिणाम) स्पष्ट रूप से संदिग्ध हैं। उत्तर भारत की जनसंख्या का अनुमान लगाने के लिए वे दो मान्यताएँ लेकर चलते हैं। पहले तो वे यह विश्वास करते हैं कि आराज़ी उस समय सकल फ़सली क्षेत्र की सूचक थी। इससे दो और मान्यताएँ पैदा होती हैं : (अ) पैमाइशें सिर्फ़ काश्तशुदा क्षेत्र की की गईं, और (ब) हर जगह पैमाइश मुकम्मल तौर पर की गई। उनकी दूसरी प्रमुख मान्यता यह है कि 1600 के आसपास और 1900 के आसपास प्रतिव्यक्ति काश्त का विस्तार एक समान रहा।

पहली मान्यता का जहाँ तक सवाल है, हम देख चुके हैं कि आईन में दर्ज आराज़ी सकल फ़सली क्षेत्र की सूचक नहीं हो सकती, यह बल्कि राजस्व के उद्देश्यों से मापा गया क्षेत्रफल थी जिसमें अलग-अलग अनुपातों में नाक़ाबिले-काश्त बंजर भी शामिल था। इसके अलावा, पैमाइश हर जगह मुकम्मल तौर पर की भी नहीं गई। इसलिए आराज़ी के आँकड़े काश्त के विस्तार तक के सचूक नहीं थे, ये सिर्फ़ पैमाइशशुदा क्षेत्र का विस्तार बताते हैं।

काश्त के विस्तार से जनसंख्या के आकार का अनुमान लगाते वक़्त मोरलैंड निहित रूप से शहरी आबादी के आकार को अनदेखा कर देते हैं, लेकिन अगर उनकी अपनी सरल मान्यताओं को स्वीकार भी किया जाए तो भी उनके इस विचार से सहमत होने में हिचक होती है कि 1600 से 1900 तक के काल में कार्यकारी जोतों (ऑपरेशनल लैंड-होल्डिंग्स) का औसत आकार अपरिवर्तित रहा। चूँकि 1600 में अपेक्षाकृत छोटा क्षेत्र ही जोत में था, औसत जोत अभीष्टतम (ऑप्टिमम) आकार की रही होगी। (यहाँ हमने यह माना है कि खेती की प्रौद्योगिकी अपरिवर्तित रही और किसानों के पास मवेशियों, हलों वग़ैरह के रूप में लगभग उतने ही संसाधन थे जितने 1900 में थे। आबादी में बढ़ोतरी के कारण 20वीं सदी के आरम्भ में ज़मीन पर दबाव बहुत ज़्यादा था और अछूती ज़मीन की उपलब्धता बहुत कम थी। इसलिए 1900 के आसपास औसत जोत का आकार 1600 के मुक़ाबले स्पष्ट रूप से कम रहा होगा।

मोरलैंड की बुनियादी मान्यताओं की इन कमज़ोरियों के कारण उत्तर भारत की जनसंख्या पर उनके अनुमान की विश्वसनीयता काफ़ी कम हो जाती है। दकन और दक्षिण भारत से सम्बन्धित अनुमान तो और भी कमज़ोर है। फ़ौजों और नागरिकों का अनुपात मनमाना ही नहीं है बल्कि भरोसे के क़ाबिल भी नहीं है। पहले विश्वयुद्ध से पहले के फ्रांस और जर्मनी से तुलना ख़ासतौर पर नामुनासिब दिखाई देती है क्योंकि आधुनिक राज्यों और अर्थव्यवस्थाओं में फ़ौजों और नागरिकों के बीच जो अनुपात रखे जा सकते हैं वे ही परिवर्तनशील हैं। इनमें से किसी भी अनुपात को कल्पना की किसी भी उड़ान के बल पर, उष्ण कटिबंध के किसी भी प्राक-आधुनिक राज्य के सैनिक-नागरिक अनुपात की सीमा के रूप में स्वीकार नहीं किया जा सकता।

यह बात भी अजीबोगरीब है कि अकबरी सल्तनत की जनसंख्या का अनुमान लगाने के लिए मोरलैंड ने फ़ौजों की गिनती की यही विधि नहीं अपनाई। आईने-अकबरी में ज़मींदारों के सशस्त्र सेवकों, घुड़सवार और पियादा दोनों की संख्या के

विस्तृत आँकड़े दिए गए हैं। इनका योग 46.6 लाख आता है।[4] शाहजहानी दौर में वर्ष (1646-47) के लिए हमारे पास शाही घुड़सवार सेना के बारे में लाहौरी के दिए आधिकारिक आँकड़े भी हैं। (1,85,000 घुड़सवार, 8,000 मंसबदार और 7,000 अहदी, कुल 2,00,000) और पैदल सेना (30,000) के बारे में भी।[5] अगर इन आँकड़ों पर 1: 30 का अनुपात लागू किया जाए तो अकबरी सल्तनत की आबादी (6 करोड़ नहीं) 14.6 करोड़ आएगी। इस तरह दक्षिण भारत के बारे में मोरलैंड ने 1:30 का जो अनुपात माना है वह उत्तर भारत के बारे में उनके अनुमान का पूरी तरह निषेध करता है।

इसके अलावा यह भी लगता है कि मोरलैंड ने इन दो क्षेत्रों से बाहर के इलाक़ों को अपर्याप्त भारमान दिया है। इन क्षेत्रों की मुनासिब गुंजाइश रखकर किंग्स्ले डेविस ने मोरलैंड के आँकड़े को बढ़ाकर पूरे भारत के लिए 12.5 करोड़ कर दिया।[6] यह संशोधन अपने-आपमें चाहे जितना मुनासिब हो, मोरलैंड की पद्धति पर की गई अधिक वज़नी आपत्तियों को समाप्त नहीं करता।

कुछ अन्य प्रकार के आँकड़ों का प्रयोग करते हुए एक और महत्त्वपूर्ण प्रयास अशोक वी. देसाई ने किया है।[7] इसमें अपेक्षाकृत पेचीदा मान्यताएँ आवश्यक थीं। देसाई ने न्यूनतम शहरी उजरतों की क्रयशक्तियों की तुलना की है। इसके लिए उन्होंने पहले तो आईन में दर्ज क़ीमतों और उजरतों को और फिर 1960 के फ़ौरन बाद के वर्षों में क़ीमतों और उजरतों के अखिल-भारतीय औसतों को आधार बनाया है। उन्हें शेरशाह की रई खेतिहर उत्पादकता को मापने का उपाय प्रदान करती है। यह मानकर कि अकबरी दौर में अनाजों का पूरा उपभोग 1960+ का पाँचवाँ भाग था, और यह कि काश्त तब सबसे अधिक उपज देनेवाले क्षेत्रों तक सीमित थी। वह पाते हैं कि 1961 के मुक़ाबले 1595 में इकाई क्षेत्रफल की उत्पादकता 25 से 30 प्रतिशत अधिक रही होगी। फिर इससे प्रेरित होकर वे यह अनुमान लगाते हैं कि खेती की प्रति कामगार उत्पादकता 1961 के मुक़ाबले 1595 में दोगुनी रही होगी।

1960+ के उपयोग के आँकड़ों को आधार बनाकर वे 1595 में उपभोग के स्तर का अनुमान लगाने का प्रयास करते हैं और पाते हैं कि तब उपभोग कर स्तर आधुनिक स्तर के 1.4 गुने और 1.8 गुने के बीच कहीं था। फिर वे परिमाणात्मक दृष्टि से 16वीं सदी के अन्त में उपभोग के प्रतिमान की पुनर्रचना करते हैं।

इन आँकड़ों के आधार पर तथा अन्य प्रासंगिक आधुनिक आँकड़ों को भी लेकर देसाई विभिन्न फ़सलों के तहत प्रतिव्यक्ति क्षेत्रफल की गणना करते हैं। राजस्व की दरों (देहली, आगरा, इलाहाबाद और अवध के लिए उन्नीस वर्षों का आईन के आधार पर पिछले चार साल की औसत दरों) से इन क्षेत्रफलों को गुणा करके वे प्रतिव्यक्ति मालगुज़ारी की गणना करते हैं। इसे वे 58.47 और 79.56 दाम के बीच निश्चित करते हैं। आईन में सल्तनत की जो कुल जमा दी गई है उसे इन ऊपरी और निचली सीमाओं से भाग दे देकर वे सल्तनत की जनसंख्या की दो सीमाएँ तय करते हैं : 6.49 करोड़ और 8.83 करोड़। देसाई ख़ुद 6.49 करोड़ की निचली सीमा को

वरीयता देते हैं और इस तरह अकबर की सल्तनत के बारे में मोरलैंड के 6 करोड़ के अनुमान की पुष्टि करते हैं।

एलन हेस्टन ने देसाई की पद्धति पर कुछ आपत्तियाँ उठाई हैं,[8] इसके व्यवहार में शामिल कुछ विस्तृत मान्यताओं की भी आलोचनाएँ हुई हैं।[9] हेस्टन की प्रमुख आपत्ति यह है कि (फ़सल-कटाई की विधि पर आधारित) आधुनिक भारतीय उपजों की तुलना 16वीं सदी के उपज के अनुमानों से नहीं की जा सकती जो मुआइने पर आधारित होते थे और मालगुज़ारी बढ़ाने की इच्छा से प्रभावित होते थे, पर उपजों की तुलनाओं को इस तरह एक सिरे से ख़ारिज कर देना उपयुक्त नहीं लगता क्योंकि 1893 तक उपजों के अनुमान बहरहाल इसी विधि से और मुग़ल काल वाले उद्देश्य से ही लगाए जाते थे। इस तरह हेस्टन की आपत्ति 19वीं सदी के उपज सम्बन्धी अनुमानों पर लागू नहीं होती, और फिर भी ये अनुमान फ़सल-कटाई पर आधारित बाद के अनुमानों से बहुत भिन्न भी नहीं हैं।[10] हेस्टन की दूसरी आपत्ति देसाई की पद्धति पर नहीं बल्कि भारों की इकाइयों को बदलने में (देसाई द्वारा और मेरे द्वारा भी) हुई एक ग़लती पर है जिसके कारण अकबरी दौर में शहरी उजरतों की क्रयशक्ति काफ़ी बढ़ी हुई दिखाई देती है।

देसाई की पद्धति में कुछ और संशोधन भी आवश्यक दिखाई देते हैं। देसाई ने 16वीं सदी के आँकड़ों से तुलना के लिए आधुनिक अखिल भारतीय आँकड़ों का उपयोग किया है। चूँकि आईन में दर्ज क़ीमतें और उजरतें शाही छावनी की हैं और इसलिए आगरा (और सम्भवत: लाहौर) पर लागू होती हैं,[11] आधुनिक अखिल भारतीय औसतों से उनकी तुलना उचित नहीं है। इसी तरह आईन की फ़सल की मानक दरें (रइयाँ) या तो शेरशाह की राजधानी देहली के आसपास के इलाक़ों पर लागू होती हैं या फिर उस क्षेत्र के अधिकांश भाग पर जहाँ दस्तूरुल-अमल का व्यवहार किया जाता था, अर्थात मुख्य रूप से उत्तर प्रदेश, हरियाणा और पंजाब पर, इसलिए औसत अखिल भारतीय उपजों से इनकी तुलना सम्भव नहीं है। उसके अलावा देसाई ने सल्तनत की कुल जमा को काल्पनिक प्रतिव्यक्ति मालगुज़ारी से भाग दिया है, तथा ज़ब्ती सूबों और उन दूसरे क्षेत्रों के बीच कोई अन्तर भी नहीं किया है जहाँ मालगुज़ारी की दरें ख़ासी कम रही होंगी। उनकी एक और मान्यता में संशोधन आवश्यक है और वह यह है कि जमा कुल मालगुज़ारी के बराबर होती थी जबकि यह वास्तव में जागीरदारों और ख़ालिस से कर वसूली के बाद प्राप्त मात्र आय का अनुमान थी।[12]

दो

मोरलैंड और देसाई के अनुमानों पर जो भी वैध आपत्तियाँ उठाई जा सकती हैं उनके बावजूद आईने-अकबरी में क्षेत्रफल, उपज, राजस्व की दरों और जमा के जो आँकड़े दिए गए हैं उनसे 16वीं सदी में जनसंख्या के अनुमान लगाने के उपाय अवश्य मिलते हैं जिनको हम निश्चित ही अनदेखा नहीं कर सकते। मोरलैंड और देसाई की सुझाई हुई पद्धत्तियाँ भी वैध हैं हालाँकि उनका उपयोग कुछ शर्तों और परिष्कारों के साथ

ही किया जा सकता है। इसके लिए कुछ ऐसी संशोधित मान्यताएँ भी आवश्यक होंगी जो हमारे पिछले अध्यायों में निकाले गए निष्कर्षों के अनुरूप हों।[13]

जैसाकि मोरलैंड का सुझाव है, आईन से काश्त के सापेक्ष विस्तार का जो पता चलता है कि वह उस काल की जनसंख्या का अनुमान लगाने के लिए एक आधार का काम कर सकता है। लेकिन काश्त के विस्तार से जनसंख्या के आकार का पता करने के लिए दो और पहलुओं पर आँकड़ों की आवश्यकता है : (अ) 1601 में शहरी आबादी से देहाती आबादी का अनुपात,[14] और (ब) 1601 और 1901 के बीच खेतिहर आबादी के हर व्यक्ति पीछे काश्त की ज़मीन के क्षेत्रफल में परिवर्तन।

(अ) के बारे में हम शहरी और देहाती आबादी के सापेक्ष आकारों के बारे में 15:85 के अनुपात के पक्ष में पहले ही तर्क दे चुके हैं।[15]

ज़मीन पर कम दबाव और अछूती ज़मीनों की अधिक उपलब्धता के कारण 1601 में कार्यकारी जोतों की प्रवृत्ति अभीष्टतम आकार की ओर रही होगी, हालाँकि 17वीं सदी के किसान की ग़रीबी और उसके सीमित संसाधनों के कारण इस अभीष्टतम की भी कुछ सीमाएँ रही होंगी। एक अपेक्षाकृत मनमाने (न कि ग़ैर-मुनासिब) अनुमान के रूप में हम मान सकते हैं कि 1601 के आसपास भारत में औसत कार्यकारी जोत 1901 के मुक़ाबले कोई 10 प्रतिशत अधिक रही होगी। चूँकि पैदावार और आमतौर पर समग्र खेतिहर उत्पादकता अपरिवर्तित रहीं,[16] खेतिहर आबादी के हर शख़्स पीछे काश्तशुदा ज़मीन के बड़े रक़बे का मतलब होना चाहिए उपभोग का अधिक ऊँचा स्तर। आईन से निकाली गई वास्तविक उजरतें सचमुच उपभोग के अधिक ऊँचे स्तर का पता देती हैं। आईन के आँकड़ों के आधार पर देखें तो 1601 में वास्तविक शहरी उजरतें 19वीं सदी के उत्तरार्ध के मुक़ाबले कोई 35 प्रतिशत अधिक रही होंगी[17] लेकिन सामान्य उपभोग इतने प्रतिशत अधिक नहीं रहा होगा। एक सबब तो यही है कि 1601 में वास्तविक देहाती उजरतें ख़ासतौर पर कम रही होंगी क्योंकि शहरों की दिशा में मालगुज़ारी के भारी प्रवाह से ग्रामीण अर्थव्यवस्था बुरी तरह प्रभावित हुई। इसलिए अगर हम यह मान लें कि (अ) 1601 में नगरीय प्रतिव्यक्ति उपभोग 1901 के मुक़ाबले 35 प्रतिशत अधिक था, मगर (ब) 1601 में ग्रामीण प्रतिव्यक्ति उपभोग 1901 जितना ही था, और (स) यह कि शहरी आबादी कुल आबादी की 15 प्रतिशत थी तो हम कह सकते हैं कि 1601 में सामान्य उपभोग 1901 की अपेक्षा 5 प्रतिशत ही अधिक रहा होगा। इसे 1601 में खेतिहर आबादी के हर व्यक्ति पीछे काश्तशुदा ज़मीन के रूप में परिवर्तित करें तो 1601 में उसका आकार 1901 के आकार का 106 प्रतिशत मिलेगा। दूसरी ओर 1601 में ज़मीन के आकार की उच्चतम सीमा 140 प्रतिशत होगी, बशर्ते हम यह मान लें कि ग्रामीण उपभोग से नगरीय उपभोग का अनुपात इन सदियों के दौरान अपरिवर्तित रहा। लेकिन चूँकि यह मानने के ठोस कारण हैं कि (1901 के अनुपात के मुक़ाबले) मुग़ल भारत में शहरी उपयोग का स्तर ग्रामीण स्तर से बहुत अधिक था, 1901 के मुक़ाबले 1601 में सामान्य उपभोग के स्तर का अन्तर 35 के बजाय 5 प्रतिशत से अधिक क़रीब रहा होगा। इससे हमारे

उस अनुमान की पुष्टि होती है कि औसत कार्यकारी जोत 1595 में 10 प्रतिशत अधिक थी। कारण कि (शहरी आबादी को कुल की 15 प्रतिशत मानने पर) इसका मतलब यह होता है कि तब सामान्य उपभोग का स्तर 1901 के स्तर का 108.5 प्रतिशत रहा होगा।

अगर हम 16वीं सदी के आख़िरी बरसों में काश्त के सापेक्ष विस्तार का निश्चय कर सकें तो हम इन अनुमानों के साथ जनसंख्या का अनुमान लगा सकते हैं। अध्याय-2 में हमारे अपने विश्लेषण और गणनाओं से संकेत मिलता है कि उत्तर प्रदेश, पंजाब, हरियाणा, मुल्तान और गुजरात में आनेवाले क्षेत्र में कुल काश्त 20वीं सदी की पहली दहाई की 50 से 55 प्रतिशत रही होगी। यह मानना मुनासिब ही होगा कि तीनों क्षेत्रों में काश्त का विस्तार मोटे तौर पर पूरे भारत में काश्त के विस्तार का प्रतिनिधित्व करता था। यह याद रखना भी उपयोगी होगा कि इन क्षेत्रों में भरपूर काश्तवाले इलाक़े भी थे और पिछड़ी काश्त वाले भी। बीच के काल में दोआब में काश्त का शायद ही कोई विस्तार हुआ हो क्योंकि वहाँ लगभग पूरी ज़मीन पर काश्त हो रही थी, जबकि नहरी सिंचाई की शुरुआत के कारण मुल्तान में बीच के काल में काश्तशुदा क्षेत्र में लगभग तीन गुने की वृद्धि हुई।[18]

इसलिए अब काश्त के सापेक्ष विस्तार के आधार पर 1601 की जनसंख्या का अनुमान लगाया जा सकता है। सुविधा के लिए हम मुख्य मान्यताओं को नीचे एक बार फिर दर्ज कर रहे हैं—

(अ) मौजूदा सदी की पहली दहाई के मुक़ाबले 1601 में कुल काश्त 50 से 55 प्रतिशत तक थी।

(ब) शहरी और देहाती आबादी का अनुपात 1601 में 15 : 85 था।

(स) औसत खेतिहर जोतें 1601 में 1901 के मुक़ाबले 10 प्रतिशत अधिक थीं।

निम्नांकित प्रतीकों का उपयोग किया गया है—

A = काश्त का क्षेत्र

P = जनसंख्या

a = खेतिहर आबादी के हर व्यक्ति पीछे काश्तशुदा क्षेत्र

नीचे की ओर जुड़ा हुआ 0 यहाँ 1601 का और 1 यहाँ 1901 का सूचक है। ऊपर की ओर लिखा गया r ग्रामीण और u नगरीय का सूचक है।

अब अगर $A_1 \propto P_1^r$

और $a_0 = 1.1\ a_1$

तो $A_0 \propto 0.11\ P_0^r$

$0.5\ A_1 \leq A_0 \leq 0.55\ A_1$ (मान्यता अ)

या $0.5\ P_1^r \leq 0.11\ P_0^r \leq 0.55\ P_1$ (1)

$P_1 = 28{,}38{,}70{,}000$

$$P_1^u = 0.102\ P_1$$ (किंग्स्ले डेविस, पृ. 24)

या $$P_1^r = 0.8989\ P_1$$
$$= 25{,}49{,}15{,}260$$

समीकरण (1) में P_1^r का मान रखने पर

$$12{,}74{,}54{,}750 \leq 0.11\ P_0^r \leq 14{,}02{,}03{,}393$$

या $$11{,}58{,}70{,}520 \leq P_1^r \leq 12{,}74{,}54{,}750$$

लेकिन $$P_0^r = 0.85\ P_0$$ (मान्यता ब)

इसलिए $$13{,}63{,}18{,}310 \leq P_0 \leq 14{,}99{,}50{,}153$$

इस तरह 1601 में भारत की जनसंख्या 13.63 करोड़ और 14.99 करोड़ के बीच रही होगी।

यह अनुमान एक विधि पर आधारित है। मगर हम देसाई की विधि का हालाँकि एक संशोधित रूप में अनुसरण करके एक और रास्ता अपना सकते हैं। मतलब यह कि हम सकल मालगुज़ारी से शुरू करके आगे बढ़ सकते हैं। इसके आधार पर हमें उस काल में प्रतिव्यक्ति मालगुज़ारी की मात्रा निकालनी होगी। इसके लिए हमें पहले स्वीकृत कुछ मान्यताओं को जारी रखना होगा और पिछले अध्यायों में निकाले कुछ निष्कर्षों का उपयोग करना होगा। बुनियादी प्रासंगिक मान्यताएँ इस प्रकार हैं—

(1) उपज 1601 और 1892 के बीच अपरिवर्तित रही। (अध्याय-3 देखें।)

(2) प्रतिव्यक्ति काश्तशुदा भूमि 1892 के मुक़ाबले 1601 में 8.5 प्रतिशत अधिक थी क्योंकि खेतिहर आबादी में प्रतिव्यक्ति कार्यकारी जोत 10 प्रतिशत बड़ी थी और नगरीय-ग्रामीण आबादी का अनुपात 15:85 था।

(3) भोजन के उपभोग का प्रतिमान और इसलिए प्रमुख खाद्य फ़सलों में भूमि का सापेक्ष वितरण अधिकतर अपरिवर्तित रहा। 1601 और 1892 के बीच कपड़े का उपभोग बढ़ा पर इसकी पूर्ति लगभग पूरी तरह आयातित ब्रिटिश कपड़ों और धागों से की जाती थी, इसलिए 1601 और 1892 के बीच कुल काश्तशुदा क्षेत्र में कपास के प्रतिव्यक्ति भाग को भी अपरिवर्तित माना गया है।

इन मान्यताओं के कारण (जिनमें से कुछ तो देसाई की मान्यताओं से बिल्कुल भिन्न हैं) प्रतिव्यक्ति मालगुज़ारी का अनुमान लगाने के बारे में देसाई की विधि को काफ़ी सरल बनाया जा सकता है। 1601 में विभिन्न फ़सलों के तहत प्रतिव्यक्ति क्षेत्र की गणना अब सिर्फ़ 1892 में हर फ़सल के तहत प्रतिव्यक्ति क्षेत्र के आँकड़ों का उपयोग करके की जा सकती है। यह मानकर कि संयुक्त प्रान्त के कुछ ज़िलों के लिए प्राप्त परिणामों को पूरे उत्तर भारत पर लागू किया जा सकता है। हम 1892 में हर फ़सल के प्रतिव्यक्ति क्षेत्र की गणना करने के लिए इन ज़िलों में विभिन्न फ़सलों के क्षेत्रों को उनकी 1891 की जनगणना में प्राप्त कुल जनसंख्या से भाग दे सकते हैं।[19] फिर इसे 8.5 प्रतिशत बढ़ाकर और फ़सलों के अपरिवर्तित वितरण की मान्यता लेकर हम 1601 में इन फ़सलों के तहत प्रतिव्यक्ति क्षेत्र निकाल सकते हैं।

विभिन्न फ़सलों के प्रतिव्यक्ति क्षेत्र को दस्तूरों (प्रतिबीघा नक़दी दरों) से गुणा करके और सारे गुणनफलों को जोड़कर हम 1601 में प्रतिव्यक्ति कुल मालगुज़ारी निकाल सकते हैं। यहाँ दी गई दरें सूबा आगरा, देहली, इलाहाबाद, अवध और लाहौर के सभी हलक़ों के लिए आईने-दह साला में दी गई दरों के औसत हैं। आईने-अकबरी के जमा के आँकड़ों का सम्बन्ध जिस काल से है उस काल में (देसाई द्वारा प्रयुक्त 19-साला दरों में से कोई नहीं) बल्कि यही दरें व्यवहार में थीं।

तालिका-17.1

फ़सल	*क्षेत्रफल प्रतिव्यक्ति (बीघा-ए-इलाही)*	*दस्तूर (दाम)*	*मालगुज़ारी (दाम)*
(अ)	*(ब)*	*(स)*	*(द) = (ब) × (स)*
गेहूँ	0.364	62.3	22.677
जौ	0.196	41.1	8.056
ज्वार	0.162	34.3	5.557
बाजरा	0.145	27.9	4.046
चना	0.197	38.0	7.486
धान	0.099	49.9	4.940
दूसरे खाद्यान्न व दालें	0.150	30.0	4.500
तिलहन	0.012	36.3	0.436
मसाले	0.009	63.5	0.572
गन्ना	0.093	132.5	12.323
कपास	0.161	89.7	14.442
दूसरी फ़सलें	0.002	100.00	0.200
			85.235

इस तरह प्रतिव्यक्ति मालगुज़ारी 85.235 दाम आती है। अगर हम सकल मालगुज़ारी को इस संख्या से भाग दें तो 1601 की जनसंख्या मिल जानी चाहिए। लेकिन कुल मालगुज़ारी को आईन में दी गई या नक़दी का पर्याय भी नहीं मानना चाहिए। आईन में बारह सूबों का विवरण में दर्ज जमा दस्तूर की दरों के आधार पर अनुमानित कुल मालगुज़ारी नहीं बल्कि जागीरदार की प्रत्याशित मात्र आय है। वसूली के सभी ख़र्चों (20 प्रतिशत) तथा दूसरे दावेदारों के भागों (ज़मींदारों के 10 प्रतिशत[20] और स्थानीय हाकिमों के 7 प्रतिशत को निकाल दें और यह भी मान लें कि जमा का 10 प्रतिशत भाग मालगुज़ारी से भिन्न करों से आता था[21] तो हमें दस्तूरों के आधार पर सकल मालगुज़ारी का पता करने के लिए आईन में दर्ज जमा को 42.857 प्रतिशत बढ़ा देना होगा। (अध्याय-5 देखें।)

जैसाकि हमने पहले कहा है, जिन क्षेत्रों में ज़ब्त व्यवस्था (और उसके दस्तूरों) का व्यवहार नहीं किया जाता था वहाँ प्रतिव्यक्ति मालगुज़ारी भिन्न रही होगी।[22] इसलिए ज़ब्ती सूबों से प्राप्त प्रतिव्यक्ति मालगुज़ारी से सल्तनत की सकल मालगुज़ारी

को भाग देना उचित नहीं होगा। फिर भी हम अपने आँकड़ों के आधार पर पाँच ज़ब्ती सूबों (आगरा, देहली, लाहौर, इलाहाबाद और अवध) का अनुमान तो लगा ही सकते हैं। इन सूबों की कुल जमा 2,12,58,81,769 दाम थी।[23] इसे 42.857 प्रतिशत बढ़ाने पर हमें सकल मालगुज़ारी 3,03,69,70,919 दाम मिलती है। इस आँकड़े को प्रतिव्यक्ति मालगुज़ारी (85.235 दाम) से भाग देने पर हमें इन सूबों की कुल आबादी 3.563 करोड़ मिलती है।

अब अगर हम यह मान लें कि 1601 के बाद सल्तनत की आबादी से इन सूबों की आबादी का अनुपात और पूरे भारत की आबादी से सल्तनत की आबादी के अनुपात अपरिवर्तित रहे हैं और फिर 1891 की जनगणना से प्राप्त अनुपातों का प्रयोग करें[24] तो हमें 1601 में सल्तनत की आबादी 9.83 करोड़ और उसी साल पूरे भारत की आबादी 14.55 करोड़ मिलती है।

इस तरह हमें 1601 में भारत की आबादी के बारे में दो भिन्न विधियों से दो अनुमान प्राप्त होते हैं :

(1) काश्तशुदा क्षेत्र के आधार पर : 13.63 करोड़ से 14.99 करोड़ तक।

(2) मालगुज़ारी के आधार पर : 14.55 करोड़।

दूसरा अनुमान पहले अनुमान द्वारा स्थापित दायरे के अन्दर है, इसलिए अगर कोई विभाजन से पहले के भारतीय क्षेत्र की 1601 में आबादी लगभग 14.55 करोड़ माने तो बहुत ग़लत नहीं होगा।

अगर हम 1601 में भारत की आबादी 14.55 करोड़ मानें और 1871 में 25.5 करोड़ मानें (यह आँकड़ा 1872 की पहली जनगणना से मिलता है तथा और भी अधिक क्षेत्रीय भूभाग का ध्यान रखने के लिए इसे किंग्स्ले डेविस ने संशोधित किया है)[25] तो 1601 और 1871 के बीच के काल में देश की जनसंख्या में वृद्धि की वार्षिक चक्रीय दर 0.21 प्रतिशत प्रतिवर्ष आती है। इस दर को स्वीकार करें तो 1801 में जनसंख्या कोई 21 करोड़ दिखाई देती है। इससे हमारे अनुमानों की सुखद पुष्टि होती है क्योंकि विभिन्न तर्कों और गणनाओं के आधार पर 1801 के लिए किए गए हालिया आकलन 19.8 करोड़ से 21 करोड़ तक का आँकड़ा देते हैं।[26]

19वीं सदी की आख़िरी तीन दहाइयों (1871-1901) में जनसंख्या वृद्धि की दर 0.37 प्रतिशत प्रतिवर्ष थी। यह दर 1601-1871 के लम्बे काल के लिए अनुमानित दर से अधिक तो है पर बहुत अधिक भी नहीं है, और यह अपने-आपमें बहुत ऊँची दर नहीं है।

दो सदियों के काल में वृद्धि की 0.21 प्रतिशत की सालाना दर मुग़ल भारतीय अर्थव्यवस्था के बारे में कुछ दिलचस्प नतीजों के संकेत देती है। आमतौर पर जनसंख्या की वृद्धि को पूँजीवाद से पहले की अर्थव्यवस्थाओं की दक्षता का सूचकांक माना गया है। इस जाँच के आधार पर, अगर दो सौ बरसों में जनसंख्या 36 से 44 प्रतिशत की दर से बढ़ी तो मुग़ल अर्थव्यवस्था को पूरी तरह स्थिर या जड़ नहीं माना जा सकता। ऐसे तर्कों के आधार पर जिनकी सख्त आलोचनाएँ हुई हैं,[27]

डेविस का विश्वास था कि 1601 से लेकर 1801 तक यानी लगभग दो सौ बरसों तक जनसंख्या 12.5 करोड़ पर स्थिर बनी रही जिसका मतलब वृद्धि-दर का शून्य होना है। इसके विपरीत 0.20 प्रतिशत की दर एक ऐसी अर्थव्यवस्था के संकेत देती है जिसमें 'राष्ट्रीय बचत' और खाद्यान्न उत्पादन में मात्र वृद्धि की कुछ सम्भावना थी, हालाँकि पूरे लेखा-जोखा के बाद संवृद्धि बहुत धीमी रही।

ऐतिहासिक उत्सुकता के तौर पर ही सही, भारत और कुछ प्रमुख यूरोपीय देशों की जनसंख्या-वृद्धि की दरों की तुलना करना दिलचस्पी से ख़ाली नहीं होगा। यूरोप के आर्थिक इतिहास की एक पाठ्यपुस्तक से जनसंख्या के अनुमानों के आधार पर जनसंख्या-वृद्धि की (चक्रीय) दरें तालिका-17.2 में दी गई हैं।[28]

तालिका-17.2
कुछ यूरोपीय देशों जनसंख्या-वृद्धि की दरें

	1500-1600	*1600-1700*	*1500-1700*
फ्रांस	0.12	0.08	0.09
ब्रिटिश आइसिल्स	0.43	0.31	0.37
स्पेन और पुर्तगाल	0.19	0.12	0.03
जर्मनी	0.25	0.00	0.11
रूस	0.54	0.12	0.33

एक हालिया अनुमान के अनुसार 1700 और 1750 के बीच इंग्लैंड और वेल्स की जनसंख्या में वृद्धि की औसत सालाना दर मात्र 0.2 प्रतिशत थी; यही औद्योगिक क्रान्ति के साथ 1750 और 1801 के बीच बढ़कर 1.1 प्रतिशत हो गई।[29]

जहाँ 17वीं और 18वीं सदी के दौरान भारत में जनसंख्या-वृद्धि की ज़ाहिरा तौर पर कम दर किसी भी तरह अपवाद नहीं है, वहीं अकालों और महामारियों जैसी संवृत्तियों (फेनामिना) को और साथ ही किसान वर्ग पर शोषण के बेपनाह दबाव को इसके कारण ठहराना ग़लत नहीं होगा। अगर बीच के बिन्दुओं पर मसलन वर्ष 1650 और 1700 में, जनसंख्या के अनुमान लगाने के लिए आवश्यक आँकड़े होते तो सम्भवत: कोई और भी छोटे कालों के लिए जनसंख्या-वृद्धि की दरों की गणना कर सकता था और उन कालों के बीच मुग़ल अर्थव्यवस्था की दक्षता का और भी बेहतर नज़ारा कर सकता था। लेकिन अगर ऐसे अनुमानों के लिए आवश्यक आँकड़े होंगे भी तो बदनसीबी से वे अभी तक अनखोजे पड़े हैं।

सन्दर्भ और टिप्पणियाँ

1. *अकबरनामा,* तीन, पृ. 346-47
2. मिसाल के लिए ये नैंसी, *मारवाड़ रा परगना री विगत,* सं : नारायणसिंह भट्टी, जोधपुर, 1968 और उनकी ख़्यात में भी पाए जाते हैं। *आई ई एस एच आर,* वर्ष सोलह, अंक 4, 1979, पृ. 415-27 में बी. एल. भादानी ने इन साक्ष्यों का अध्ययन किया है।

3. मोरलैंड, *इंडिया ऐट द डेथ ऑफ़ अकबर,* पृ. 16-22
4. *आईन,* दो, पृ. 386
5. लाहौरी, दो, पृ. 715
6. किंग्स्ले डेविस, *पॉपुलेशन ऑफ़ इंडिया एंड पाकिस्तान,* प्रिंसटन, 1951, पृ. 24
7. देसाई, 'पॉपुलेशन एंड स्टैंडर्ड ऑफ़ लिविंग इन अकबर्स टाइम', *आई. ई. एस. एच. आर.,* वर्ष नौ, अंक 1, 1972, पृ. 34-62
8. हेस्टन, 'स्टैंडर्ड ऑफ़ लिविंग इन अकबर्स टाइम', *आई. ई. एस. एच. आर.,* वर्ष चौदह, अंक 3, पृ. 39-46
9. शीरीं मूसवी, 'प्रोडक्शन, कंज़ंप्शन एंड पॉपुलेशन इन अकबर्स टाइम', *आई. ई. एस. एच. आर.,* वर्ष दस, अंक 2, 1973; इस लेख में ख़ुद मैंने कुछ और मान्यताएँ स्वीकार की थीं जिनको अब मैं छोड़ना चाहूँगी। गणना में कुछ चूकें भी हैं जिनका सुधार आवश्यक है।
10. अध्याय-3 देखें।
11. अध्याय-14 देखें।
12. अध्याय-4 देखें।
13. विशेष रूप से अध्याय—2-5 तथा 13-14 में।
14. चूँकि भारत की आधुनिक जनगणनाएँ हर दशक के पहले वर्ष में (1901, 1911, 1921 आदि में) की जाती रही हैं, जनसंख्या के बारे में *आईन* से प्राप्त सूचनाओं पर आधारित अनुमान को 1595 की जगह 1601 से मंसूब करना हमें सुविधाजनक लगा। (अभी तक *आईन* की सांख्यिकीय सूचनाओं के विश्लेषण के लिए 1595 को ही प्रामाणिक वर्ष माना गया है।) जब कोई सदियों की तुलना कर रहा हो तो छह वर्षों का परिवर्तन कोई ख़ास मायने नहीं रखता।
15. अध्याय-13 देखें।
16. अध्याय-3 देखें।
17. अध्याय-14 देखें।
18. अध्याय-2 देखें।
19. *सेंसस ऑफ़ इंडिया,* खंड एक, पृ. 6
20. अध्याय-7 देखें।
21. अध्याय-4 देखें।
22. अगर हम यह मान लें कि सल्तनत के दोनों भागों में प्रतिव्यक्ति राजस्व की दरें एकसमान थीं तो जमा का अनुपात मोटे तौर पर वही होता जो सल्तनत की कुल आबादी से इन सूबों की आबादी का अनुपात होता। इन सूबों की कुल जमा 212 करोड़ दाम थी और (ड्यूरंड लाइन के पार के क्षेत्र के रूप में) आधा काबुल निकालकर सल्तनत की कुल जमा 510 करोड़ थी। इससे 100:41.569 का अनुपात मिलता है। दोनों अनुपातों में इस अन्तर का कारण या तो प्रतिव्यक्ति मालगुज़ारी की दरों का अन्तर हो सकता है या फिर जनसंख्या का स्थानान्तरण हो सकता है। चूँकि अकबर के दौर के बाद जनसंख्या का इतने बड़े पैमाने पर स्थानान्तरण आसानी से नहीं माना जा सकता, हमारे पास केवल पहला विकल्प ही बचता है।
23. यह आँकड़ा परगनों के योगों पर आधारित है।
24. *इम्पीरियल गज़ेटियर,* खंड एक, पृ. 491, तालिका-तीन
25. *पॉपुलेशन ऑफ़ इंडिया एंड पाकिस्तान,* पृ. 24
26. मॉरिस डी मॉरिस, 'द पॉपुलेशन ऑफ़ ऑल-इंडिया, 1800-1951', *आई. ई. एस. एच. आर.,* वर्ष ग्यारह, अंक 2-3, पृ. 311 (यहाँ 1809 की जनसंख्या का अनुमान 19,81,53,000 है);

इरफ़ान हबीब, *ए नोट ऑन पॉपुलेशन* (साइक्लोस्टाइल्ड) (20 करोड़); (डी. पी. भट्टाचार्य, *ए गाइड टू पॉपुलेशन एस्टीमेट्स ऑफ़ इंडिया* (साइक्लोस्टाइल्ड) (21 करोड़)

27. इरफ़ान हबीब, 'कोलोनाइजेशन ऑफ़ इंडियन इकोनॉमी, 1757-1900', *सोशल साइंटिस्ट,* अंक 32, मार्च 1975, पृ. 34-35
28. *फोंटाना इकोनॉमिक हिस्ट्री ऑफ़ यूरोप,* खंड-2, सं : कार्लो एम. सिपोला, ग्रेट ब्रिटेन, 1974, पृ. 38
29. पी. ई. रैजेल, 'पॉपुलेशन चेंज इन एटींथ सेंचुरी इंग्लैंड : ए रि-एप्रेजल', माइकेल ड्रेक (सं) : *पॉपुलेशन इन इंडस्ट्रियलाइजेशन,* लंदन, 1969 में *इकोनॉमिक हिस्ट्री रिव्यू,* अठारह से पुनर्मुद्रित, पृ. 131

अध्याय-18

मुग़ल साम्राज्य का सकल राष्ट्रीय उत्पाद, लगभग 1595-96

सकल राष्ट्रीय उत्पाद के बारे में अभी तक किए गए अनुमान अधिकतर 1850 के बाद के काल तक सीमित रहे हैं। सम्भवत: इसका कारण यह रहा है कि क़ीमतों और मज़दूरियों के सरकारी आँकड़ों का संकलन 1861 से ही शुरू हुआ जबकि फ़सली क्षेत्रों की रिपोर्टें अंत-1860 से ही जाकर प्रकाशित की गईं और पहली अखिल भारतीय जनगणना 1868-1872 में जाकर सम्पन्न हुई। 19वीं सदी के उत्तरार्ध के बारे में आँकड़े आज भी बर्तानवी भारत तक के लिए इस क़दर अधूरे हैं कि किसी भी तरह के अनुमान को बल पहुँचाने के लिए कम या अधिक औचित्य वाली अनेक मान्यताओं की ज़रूरत हमेशा ही बनी रहती है। अंशत: इस कारण से भी 19वीं सदी के दौरान किए गए अनुमान मसलन दादाभाई नौरोज़ी और फ्रेड जे. एटकिंसन के अनुमान काफ़ी विवादों के विषय रहे हैं।[1]

और तो और, 20वीं सदी के पूर्वार्ध के बारे में पेश किए गए श्रृंखलाबद्ध आकलन की बेशर्त स्वीकृति पाने में नाकाम रहे हैं। काफ़ी मेहनत से जमा किए गए सांख्यिकीय आँकड़ों और विस्तृत गणनाओं के आधार पर शिवसुब्रमण्यन ने 1900-47 के काल में राष्ट्रीय आय के ऐसे ही आकलन किए हैं।[2] आर्थिक इतिहासकारों ने इसके पहले वाले जिस अनुलेखित रूप का भारी उपयोग किया था, उसकी जगह अब इसका प्रकाशित रूप सामने आ चुका है। खेतिहर उत्पादन के बारे में शिवसुब्रमण्यन के अनुमानों पर सवाल उठाकर ए. हेस्टन ने एक समानान्तर श्रृंखला पेश की है और उस पूरे काल के दौरान राष्ट्रीय आय में और अधिक वृद्धि की मान्यता सामने रखी है। लेकिन हेस्टन की कुछेक प्रमुख परिकल्पनाओं पर शक करने के पर्याप्त कारण मौजूद हैं।[3]

मुग़ल भारत के बारे में आईने-अकबरी के असाधारण परिमाणात्मक आँकड़ों के बावजूद सकल घरेलू उत्पाद (जी डी पी) के आकलन का अभी तक कोई प्रयास नहीं किया गया है। आईन के उपज सम्बन्धी आँकड़ों और दूसरे आँकड़ों को आधार बनाकर मोरलैंड ने प्रतिव्यक्ति उत्पादन (केवल भौतिक) की एक तुलना पेश की है। उन्होंने 1605 के आसपास के काल के लिए जो अनुमान लगाया था उसकी तुलना 1911 के आसपास प्राप्त आँकड़ों से की है।

लेकिन इस काम को परिमाणात्मक से अधिक प्रभाववादी ढंग से सामने रखा गया।[4] जैसाकि इस पुस्तक में तर्क दिया गया है, राष्ट्रीय स्तर पर एक परिमाणात्मक चित्र प्रस्तुत करने के लिए हमें आईन में अबुल फ़ज़्ल द्वारा दिए गए आँकड़ों को सीधे आधार बनाना, उनके सहसम्बन्ध स्थापित करना और फिर सुसंगति और व्यावहार्यता के बारे में उनकी परीक्षण करना होगा। यह सही है कि आधुनिक आँकड़ों से इनकी दूर-दूर तक की तुलना सम्भव नहीं है पर यह बात तो दुनिया के तमाम देशों के आधुनिक पूर्व इतिहास के हर पहलू के बारे में सच है। आईन के आँकड़े अपने दौर के लिए न सिर्फ़ बेमिसाल हैं बल्कि असाधारण सीमा तक समृद्ध भी हैं और उनके आधार पर आर्थिक कार्यकलापों के विभिन्न पक्षों के बारे में हमारी बुनियादी आँकड़ों की गणना के बाद और भी आगे बढ़ते तथा 1595-96 में भारत के सकल घरेलू उत्पाद का एक आकलन करने की जुरअत करने का लोभ अवश्य पैदा होता है।

यह माना जा सकता है कि आईन के आधार पर स. रा. उत्पाद की गणनाएँ सिर्फ़ उन्हीं इलाक़ों के लिए वैध होंगी जो 40वें शासन वर्ष (1595-96) में अकबर के साम्राज्य के अंग थे और जिनसे आईन के अधिकांश आँकड़ों का सम्बन्ध है। इस तरह हमारे आकलन में जो भौगोलिक क्षेत्र शामिल है वह काबुल और कंधार सरकारों को छोड़कर अकबर का साम्राज्य है, और उन इलाक़ों को भी छोड़कर जो 1595 के बाद उसमें शामिल किए गए, अर्थात बरार, ख़ानदेश और अहमदनगर के सूबे। फिर इसमें वे क्षेत्र भी शामिल नहीं होंगे जिन पर दावे तो किए जाते थे पर जो 1595 में वास्तव में मुग़लों के नियंत्रण में नहीं थे अर्थात बंगाल में सरकार बकला, चटगाँव, सोनारगाँव, फ़तेहाबाद और सिलहट तथा उड़ीसा में कलिंग दंडपत और राज महेन्द्र।[5]

आरम्भ 20वीं सदी सम्बन्धी अनुमानों से तुलनीयता बनाए रखने के लिए मैंने स घ उत्पाद की प्रचलित परिभाषा को स्वीकार किया है और सेवाओं के मौजूदा मूल्य को भी शामिल किया है, लेकिन मानव-कल्याण के लिए उनकी उपयोगिता या उसमें उनके योगदान का कोई निश्चय नहीं किया है (जबकि स घ उत्पाद की आधुनिक गणनाओं में ऐसा किया जाता है।) तीन सुस्पष्ट श्रेणियों में वस्तुओं और सेवाओं के मूल्य का हिसाब रखने के लिए मैंने शिवसुब्रमण्यन की पद्धति का गहराई से अनुसरण किया है। ये क्षेत्र हैं, (अ) प्राथमिक क्षेत्र, जिसमें खेती, पशुपालन, जंगलात, मछलीपालन आदि आते हैं, (ब) द्वितीयक क्षेत्र, जिसमें विनिर्माण, खनन आदि शामिल हैं, और (स) तृतीयक क्षेत्र जिसमें सेवाओं, व्यापार के मुनाफ़ों, किरायों से प्राप्त आय और यातायात की लागतें शामिल होती हैं। फिर भी 16वीं सदी के अन्तिम वर्षों के लिए उपलब्ध आँकड़ों की प्रकृति कुछ ऐसी पद्धतियों और मान्यताओं की माँग करती है जो शिवसुब्रमण्यन की पद्धतियों और मान्यताओं से बुनियादी तौर पर भिन्न हैं।

प्राथमिक क्षेत्र

खेती से सम्बन्धित आँकड़े बहुत ही भरपूर हैं। आईन में फ़सलों की औसत उपज और उनके बाज़ार दामों के आँकड़े दर्ज किए गए हैं। काश्त के क्षेत्र का हिसाब

लगाने के लिए आराज़ी (मापे गए क्षेत्र) के आँकड़ों का इस्तेमाल किया जा सकता है (अध्याय-2 देखें), लेकिन फ़सलों के वितरण के बारे में कोई सूचना है ही नहीं, सिवाय दस्तूर की दरों के जो विभिन्न इलाक़ों में मालगुज़ारी वाली फ़सलों की सूची देती हैं। अलग-अलग फ़सलों के मूल्यों से खेतिहर पैदावार के मूल्य का हिसाब लगाना सम्भव नहीं दिखाई देता। फिर भी, चूँकि मुग़ल भारत में मालगुज़ारी कुल पैदावार के मूल्य का एक ज्ञात भाग हुआ करती थी, इसलिए जमा (मात्र राजस्व आय) के जो आँकड़े अबुल फ़ज़्ल ने दिए हैं उनके सहारे खेती की पूरी सालाना पैदावार का मुद्रा में मूल्य निकाला जा सकता है। सरकार की स्वीकृति के अनुसार राजस्व की दरें कुल पैदावार के एक-तिहाई से अधिक होती थीं।[6] यह बात ख़ासे बड़े पैमाने पर स्वीकार की जाती है कि किसान जो सकल मालगुज़ारी (भूराजस्व) देता था वह औसतन उसकी पैदावार के मूल्य का लगभग आधा होता था।[7] इसलिए अगर हमें सकल मालगुज़ारी का परिमाण पता हो तो सकल मालगुज़ारी में सिर्फ़ 2 से गुणा करके खेतिहर पैदावार का मूल्य निकाला जा सकता है।

इस तरह समस्या आईन में जमा के दिए हुए आँकड़ों के आधार पर सकल मालगुज़ारी का हिसाब लगाने की ही रहती है। आईन में जमा मात्र राजस्व संग्रह का सूचक है और हमारे स्रोत हमें जिन जोड़ों और घटानों की जानकारी देते हैं। उनको ध्यान में रखकर सकल मालगुज़ारी का पता लगाया जा सकता है। सकल मालगुज़ारी में 20 प्रतिशत भाग तो वसूली की लागत के रूप में निकाल दिया जाता था। 7 प्रतिशत स्थानीय अधिकारभोगियों के पास चला जाता था। (मुक़द्दम 2.5 प्रतिशत, चौधरी 2.5 प्रतिशत, क़ानूनगों 1 प्रतिशत और पटवारी 1 प्रतिशत)[8] और ज़मींदार का हिस्सा 10 प्रतिशत होता था, हालाँकि उसकी वास्तविक आमदनी इससे कहीं बहुत अधिक वास्तविक खेतिहर ज़ायद (सरप्लस) का लगभग 20.59 प्रतिशत होती थी।[9] इस तरह जमा में जो मात्र राजस्व नज़र आता है वह सकल मालगुज़ारी का महज़ 63 प्रतिशत भाग होता था। दूसरी तरफ़ जमा चूँकि मुग़ल शासकवर्ग की मात्र राजस्व आय होती थी, इसलिए उसमें स्वाभाविक रूप से मालगुज़ारी के अलावा दूसरे करों से प्राप्त आय भी शामिल होती थी, हालाँकि ऐसा नहीं लगता कि ये कर कुल जमा के 10 प्रतिशत से अधिक भाग रहे होंगे।[10] इसलिए सकल मालगुज़ारी का पता लगाने के लिए जमा में 43 प्रतिशत की बढ़ोतरी की जानी चाहिए। (जैसाकि अध्याय-5 में स्पष्ट किया गया है, इसका मक़सद नगरों और व्यवसायों से प्राप्त करों के कारण जमा में 10 प्रतिशत की कमी करना है।) प्रसंगवश, अबुल फ़ज़्ल ने जमा का जो आँकड़ा दिया है उसमें सुयूरग़ाल (अध्याय-6) के माध्यम से निकल जानेवाला राजस्व भी शामिल है, इसलिए हमारा सकल मालगुज़ारी का आँकड़ा सुयूरग़ाल से भी होनेवाले खेतिहर उत्पादन का ध्यान रखता है।

1595 में अकबर के साम्राज्य में (अर्थात हमने ऊपर जो क्षेत्र बतलाया है उसमें) खेती की कुल जमा 3,65,50,11,222 दाम थी[11] जिससे हमें 5,22,66,66,047 दाम की सकल मालगुज़ारी (ज') प्राप्त होती है। फिर इसके आधार पर कुल खेतिहर

उत्पादन का मूल्य 10,45,33,32,095 दाम आता है। मुग़लों की कर व्यवस्था की प्रकृति को देखते हुए माना जा सकता है कि यह मूल्य फ़सलों की स्थानीय क़ीमतों पर आधारित था और औसत बाज़ारी दामों से गुणा करके जाना गया उत्पादन नहीं था। इसलिए यातायात और बाज़ारकारी (मार्केटिंग) की लागतें इससे ख़ारिज हैं। एक और सवाल यह पैदा होता है कि क्या इससे बीजों की क़ीमतों को (जिसे पूँजी की सालाना भरपाई माना जा सकता है) निकाला जा सकता है। अकाल आयोग के 1880 के इस निष्कर्ष को स्वीकार कर लेना मुनासिब ही मालूम होता है कि कुल खेतिहर पैदावार का 6.8 प्रतिशत भाग बीजों के रूप में बचाकर रखा जाता था।[12] इसका मतलब यह हुआ कि उपभोग के लिए कुल खेतिहर पैदावार के मूल्य को घटाकर 9,74,25,05,512 दाम कर दिया जाए। इसे हम आगे से मात्र खेतिहर उत्पाद कहेंगे। गोबर, मवेशियों के चारे, औज़ारों के घिसाव की भरपाई, डंठल, पुआल और खेती की दूसरी गौण पैदावारों वग़ैरह के लिए शिवसुब्रमण्यन ने जो दूसरे घटाव किए हैं उनको हमने ध्यान में नहीं रखा है। कारण कि इन चीज़ों को, उनके विपरीत हमने फ़सलों की उपज के हिस्से नहीं माना है।

प्राथमिक क्षेत्र की कुल हिस्सेदारी का आकलन करते समय हम बाग़-बग़ीचों की आमदनी को भी हिसाब में शामिल कर सकते हैं। इनकी ओर शिवसुब्रमण्यन ने ध्यान नहीं दिया है। बाग़-बग़ीचों का क़ायम मुग़ल बादशाहों और कुलीनों का, बल्कि मध्यवर्ग के लोगों का भी, एक पसंदीदा शौक था। इनका मक़सद सिर्फ़ ख़ुद की ख़ुशी हासिल करना नहीं होता था बल्कि ये एक मुनाफ़ाबख़्श उद्यम भी होते थे। फलों के बाग़ आमतौर पर फलों के पेशेवर व्यापारियों को मौसमों में किराये पर दे दिए जाते थे, और शाही बाग़ भी कोई अपवाद नहीं होते थे। फ़िच (1610) हमें बतलाते हैं कि सरहिन्द का शाही बाग़ हर साल 50,000 रुपये यानी कि 20,00,000 दाम के किराये पर उठा दिया जाता था।[13] देहातों में गाँवों के मुखिये और धनी किसान भी बाग़ों के मालिक दिखाई देते हैं।[14] मुग़लों के बाग फलों के अलावा फूल, और ख़ासकर गुलाब और केवड़े के फूल भी, अर्क निकाले जाने के लिए, पैदा करते थे। 17वीं सदी के अन्त में सुजान राय ने इत्तला दी कि पिंजौर (पंजाब) के शाही बाग़ों से बहार के मौसम में गुलाबजल की कशीद के लिए रोज़ाना 40 मने-आलमगीरी (18 किग्रा. से अधिक) गुलाब जमा किए जाते थे।[15] फूल भी बेचे जाते थे, मसलन मन्दिरों में इस्तेमाल के लिए। बाग़-बग़ीचों की पैदावारों के मूल्य को खेती के मात्र उत्पाद का लगभग 5 प्रतिशत, अर्थात लगभग 48,71,25,276 दाम मानना नामुनासिब नहीं होगा।

पशुपालन की आय का अनुमान लगाने में मवेशियों की गणना का अभाव हमारे लिए एक बड़ी बाधा है। फिर भी वैध रूप से यह माना जा सकता है कि इनसानों की आबादी के मुक़ाबले मवेशियों की संख्या बहुत अधिक रही होगी। कारण यह है कि 20वीं सदी के आरम्भिक वर्षों के मुक़ाबले तब काश्त का रक़बा महज़ आधा ही था,[16] जिसके कारण चराई के लिए जंगलों और परती का काफ़ी बड़ा रक़बा उपलब्ध रहा होगा। आईन के अनुसार एक हल पीछे चार बैलों, दो गायों और एक भैंस पर कोई

महसूल देना नहीं पड़ता था।[17] इस तथ्य से भी यह संकेत मिलता है कि मुग़ल भारत के किसान के पास मवेशियों की तादाद उसके 20वीं सदी के आरम्भिक वर्षों वाले उत्तराधिकारी के मुक़ाबले ख़ासी अधिक रही होगी। खेती में इस्तेमाल के अलावा और दूध, घी, मांस, खाल और चमड़ी जैसे उत्पादों के स्रोत होने के अलावा बैलों और ऊँटों की एक बड़ी तादाद गाँवों से शहरों तक और लम्बी दूरी के व्यापार के लिए भारी वस्तुओं की ढुलाई में भी काम आती थी। 17वीं सदी के दौरान 10,000, 15,000 या 20,000 ऊँटों पर अनाज और नमक ढोनेवाले बंजारों के टाँडे आम दृश्य हुआ करते थे।[18] इरफ़ान हबीब के आकलन के अनुसार केवल बंजारों द्वारा मालों की ढुलाई के लिए प्रयुक्त बैलों की संख्या लगभग 90 लाख थी।[19]

मवेशियों की अपेक्षाकृत बड़ी संख्या का मतलब यह है कि पशुओं से प्राप्त वस्तुओं के दाम अपेक्षाकृत कम रहे होंगे। मुग़ल भारत में इसका ज़िक्र मिलता है कि घी आम आदमी तक की ख़ुराक का एक अहम हिस्सा था।[20] आईन में घी का दिया गया दाम गेहूँ के दाम का 8.75 गुना था जबकि इसी क्षेत्र में यह 1866-70 में 11.61 और 13.13 गुना के बीच होता था। बकरियों के दामों में भी ऐसी ही प्रवृत्ति पाई जाती है। भेड़ों के दामों में निस्बतन एक कमी आई पर उसे मांस की पसन्द में आई तब्दीली का और 2000 तक भारतीय ऊन की माँग में गिरावट का नतीजा कहा जा सकता है।[21]

ज़मींदारों और उनके कारिन्दों के इस्तेमाल के लिए और शाही फ़ौज में इस्तेमाल के लिए पैदा किए और पाले जानेवाले घोड़ों और कश्मीर जैसे इलाक़ों में यातायात के लिए इस्तेमाल होनेवाले खच्चरों की भारी तादाद को भी हमें ध्यान में रखना होगा।

चूँकि मूल्यों में कमी पालतू पशुओं की बड़ी संख्या को एक हद तक प्रभावहीन बना देती है, इसलिए यह माना जा सकता है कि 1595 में खेती के सापेक्ष पशुपालन की आय 1900 के आसपास उसकी आय के लगभग बराबर ही रही होगी। शिवसुब्रमण्यन की पिछली गणनाओं (1965) के अनुसार 1901-10 के दौरान पशुपालन से प्राप्त आय खेहितर आय की 28.94 प्रतिशत थी।[22] वैसे उन्होंने अपनी संशोधित गणना को (2000) में घटाकर 20.65 प्रतिशत कर दिया है।[23] हेस्टन ने 1899-1900 में इस भाग को 36.4 प्रतिशत माना है,[24] और इस मान्यता की भारी आलोचना मैडिसीन ने की है जिन्होंने ख़ुद इसे 25.15 प्रतिशत माना है।[25] 1595 के आसपास मवेशियों की अपेक्षाकृत बड़ी संख्या को ध्यान में रखकर हम उस समय पशुपालन की आय को सकल खेतिहर उत्पाद का 25 प्रतिशत मान सकते हैं। इस आधार पर यह आय 2,61,33,33,024 दाम रही होगी।

कम क़ीमतों से अधिक उत्पादन के सन्तुलन की यह मान्यता आय के एक और गौण स्रोत, अर्थात जंगलबानी, के लिए हो सकता है सही न हो। जंगल जलावन और इमारती लकड़ी के प्रमुख स्रोत थे। सिर्फ़ शाही घराने के इस्तेमाल के लिए जमा की जानेवाली जलावन हर साल 1,50,000 मने-अकबरी (3,763 मीट्रिक टन) होती थी और इसकी ढुलाई के लिए 600 गाड़ियाँ लगाई जाती थीं।[26] बदनसीबी से

आईन में जलावन की क़ीमतें नहीं दी गई हैं ताकि हम मुद्रा में उसका मूल्य निकाल सकें। कश्मीर में ग्रामीणों द्वारा बटोरी गई लकड़ी पर एक महसूल की बात सुनाई देती है।[27] ठीक और उम्दा क़िस्म की दूसरी लकड़ियों का काफ़ी इस्तेमाल यक़ीनन नावों, जहाज़ों और मकानों की तामीर में होता था। हिमालय के जंगल, देहरादून के आसपास के जंगल और दक्षिणी गुजरात के जंगल साम्राज्य में इमारती लकड़ी की आपूर्ति के प्रमुख स्रोत थे।[28] जंगलों की एक और पैदावार थी—बांस जो इसलिए भारी महत्त्व की चीज़ थी कि यह कस्बों और देहातों के लोगों की बड़ी तादाद के लिए घरों की छवाई के ढाँचे बनाने में काम आता था, मुख्य रूप से मिट्टी और पुआल से बने इन घरों की छतें फूस की होती थीं।[29] जंगलात की दूसरी गौण पैदावारें संदल की लकड़ी[30] आबनूस[31] और लाख थीं। बंगाल और गुजरात के जंगल लाख के प्रमुख स्रोत थे जिसका इस्तेमाल लाल रंग और फ़र्नीचर पर पॉलिश का सामान बनाने में तथा गहनों में भरने में किया जाता था। साम्राज्य के अन्दर और निर्यात के लिए इसकी भारी माँग थी। 1609 में सूरत में इसके फ़ी मन 3 से 3.5 रुपये मिल जाते थे।[32] जंगलों की दूसरी गौण पैदावारें बाज़हर, मुश्क, शहद का मोम, शहद और बेंत (बेद) थीं। लेकिन भारी मूल्यवाले जंगली रेशम के स्रोत (असम या उड़ीसा और बंगाल के कुछ भाग) अभी तक मुग़ल साम्राज्य के अंग नहीं बने थे।[33]

मुग़ल शासक वर्ग को जंगलात एक बहुत ही अहम वस्तु भी प्रदान करते थे—हाथी। जंग में इस्तेमाल, मालों की ढुलाई के लिए और इज़्ज़त की निशानी के तौर पर इसकी काफ़ी माँग थी। इन की इतनी भारी माँग थी कि सूबा मालवा के घने जंगलों से ढके पूर्वी भागों में एक सूचना के अनुसार करों की रक़म अंशत: हाथियों के रूप में अदा की जाती थी।[34] हाथियों की आपूर्ति का एक बड़ा भाग जंगलों में चलाई गई मुहिमों से प्राप्त होता था, और अबुल फ़ज़्ल हमें हाथियों के शिकार के प्रमुख क्षेत्रों के हवाले देते हैं।[35] उनके आँकड़ों से संकेत मिलता है कि शासक वर्ग के पास कुल 14,709 हाथी थे।[36] हाथी की स्वाभाविक आयु बहुत लम्बी होती है, लेकिन जंगों और नर हाथियों के उजड्ड व्यवहारों से नुकसान तो होते ही थे। बन्दी बनकर हाथी बड़ी मुश्किल से सन्तान पैदा करते हैं और घरेलू झुंड में कमी होने पर उनकी भरपाई के मुख्य स्रोत जंगली हाथी होते थे। मैंने कहीं और यह बात कही है कि हर साल हाथियों के एक बटा तेरह भाग की भरपाई जंगलों से की जाती थी और एक हाथी का औसत मूल्य, 2,500 रुपये होता था।[37] इस तरह सिर्फ़ हाथियों के रूप में मुग़ल भारत के जंगलात द्वारा हर साल जोड़ा गया मूल्य 12,25,750 रुपये, यानी कि 4,90,30,000 दाम माना जा सकता है। यह मात्र खेतिहर उत्पाद के 0.5 प्रतिशत से ज़रा-सा अधिक बैठता है।

अगर सिर्फ़ हाथियों के रूप में जंगलों से प्राप्त आय इतनी अधिक होती थी तो हम यह नतीजा निकाल सकते हैं कि अपनी तमाम पैदावारों के रूप में राष्ट्रीय आय में जंगलों का योगदान 1901 के मुक़ाबले 1595 में काफ़ी अधिक रहा होगा, शिवसुब्रमण्यन के संशोधित आँकड़ों के अनुसार 1901 में इनका योगदान मात्र

खेतिहर उत्पाद के 0.75 प्रतिशत से अधिक नहीं था।[38] हम यह बात मान सकते हैं कि 1595 में जंगलों से प्राप्त आय मात्र खेतिहर उत्पाद का कम-से-कम 2.5 प्रतिशत या लगभग 24,35,62,638 दाम रही होगी।

शिवसुब्रमण्यन का हिसाब है कि मछलीपालन से प्राप्त आय खेतिहर आय की 1.104 प्रतिशत थी।[39] मुग़ल भारत के बारे में हमारे स्रोत इस विषय पर आँकड़े नहीं देते। अबुल फ़ज़्ल शाही भोजन के अंग रूप में मछलियों का ज़िक्र नहीं करते और न ही मछलियों के दाम दर्ज करते हैं। पर जहाँगीर कश्मीर में मछलीगीरी और मछुवाहों का ज़िक्र करता है,[40] और मैनरिक ने ख़ुद आगरा में इनका ज़िक्र किया है।[41] हम मछली उत्पादन को बड़े आराम से 1595 में मात्र खेतिहर उत्पाद का 0.5 प्रतिशत यानी 4,87,12,528 दाम मान सकते हैं।

अब हम प्राथमिक क्षेत्र के विभिन्न भागों से अपने आय सम्बन्धी अनुमानों को यकजा कर सकते हैं—

	दाम
मात्र खेतिहर उत्पाद	9,74,25,05,512
बाग़ान	48,71,25,276
पशुपालन	2,61,33,33,024
जंगलात	24,35,62,638
मछलीगीरी	4,87,12,38,528
कुल	13,13,52,38,978

द्वितीयक क्षेत्र

विनिर्माणों के वार्षिक मूल्य के बारे में बहुत-सी आवश्यक गणनाएँ अध्याय-13 में की जा चुकी हैं। इसलिए हमें बस यह याद करना बाक़ी होगा कि नगरीय और ग्रामीण विनिर्माणों में जुड़नेवाले कुल मूल्य के बारे में हमारे आँकड़े इस प्रकार थे—

	दाम
नगरीय विनिर्माण (तालिका-13.1)	1,90,05,11,588
ग्रामीण विनिर्माण	2,46,01,59,782
कुल	4,36,06,71,370

अब इस योग में हम टकसालों और खदानों से प्राप्त आयों को जोड़ेंगे।

टकसाल

जहाँ आयात के बाद क़ीमती धातुओं का कुछ हिस्सा बेढले या विदेशी सिक्कों में ढले सोने और चाँदी की ज़ख़ीराबाजी में चला जाता था, वहीं लगता है कि उसका

अधिकांश भाग मुग़ल टकसालों का रुख़ करता था। अकबर के बाद के बरसों में चाँदी की मुद्रा की दिशा में एक झुकाव आया और भारी ढलाई हुई। इसलिए हमें अब टकसाली ढलाई द्वारा जुड़े हुए मूल्य पर विचार करना है।

चाँदी को रुपयों में ढालने के ख़र्च को अबुल फ़ज़्ल ने विस्तार से दर्ज किया है। चाँदी के 1,000 रुपयों की ढलाई में मज़दूरी की लागत 102.5 दाम बैठती थी।[42] 1595-1605 के दौरान चाँदी के सिक्कों के वार्षिक उत्पाद का अनुमान 2,62,54,604 रुपये का है।[43] सिर्फ़ चाँदी के सिक्के ढालनेवाले टकसाल मज़दूरों की सालाना मज़दूरी इस तरह 26,91,097 दाम रही होगी। फिर भी 1595 तक चाँदी की मुद्रा ताँबे की मुद्रा को केवल अंशत: ही विस्थापित कर सकी थी।[44] इसके अलावा सोने के सिक्कों का उत्पादन भी कुछ कम नहीं था। ताँबे और सोने के सिक्कों की ढलाई में मज़दूरी की लागत को हम मुनासिब तौर पर चाँदी के सिक्कों की ढलाई की लागत की दोगुनी मान सकते हैं। इस तरह टकसालों में योजित मूल्य में सिक्कों की ढलाई का भाग लगभग 53,82,194 दाम रहा होगा।

खदान आदि

खदान और पत्थर निकासी के उत्पादों के मूल्य की कामचलाऊ गणना तक के लिए भी हमारे पास आँकड़े नहीं हैं। इमारतों की तामीर और लाल बलुआ पत्थर व संगमरमर के भारी इस्तेमाल ही पत्थरनिकासी के भारी पैमाने का संकेत देता है। पत्थरों की निकासी के अलावा साल्ट रेंज (पंजाब) की मशहूर खदानों से बड़ी मात्रा में नमक भी निकाला जाता था। चूँकि अकबरी दौर में गेहूँ के सापेक्ष नामक का दाम 1861-70 के दाम के मुक़ाबले लगभग दोगुना था,[45] इसलिए नमक के उत्पादन का मूल्य भी काफ़ी अधिक रहा होगा।

जहाँ सोना-चाँदी पूरी तरह मुग़ल साम्राज्य के बाहर से आते थे, वहीं ताँबा बैराट-सिंघाना की मशहूर खदानों और राजस्थान, कश्मीर और कुमायूँ उत्तर प्रदेश की दूसरी खदानों से निकाला जाता था।[46] ताँबे की ज़रूरत सिर्फ़ मुद्रा की धातु के रूप में नहीं पड़ती थी बल्कि तोपों, तोड़ीदार बन्दूक़ों और बर्तनों के निर्माण में भी पड़ती थीं। ज़स्ता राजस्थान में जावर की ज़स्ता खदानों से निकाला जाता था।[47]

हम इमारतों की तामीर का ख़र्च नगरीय विनिर्माण के ख़र्च के भाग के रूप में पहले ही निकाल चुके हैं। खदानों, पत्थरनिकासी और दूसरी ग़ैर-शामिल मदों की गुंजाइश रखकर मैंने नगरीय विनिर्माणों द्वारा योजित कुल मूल्य का 10 प्रतिशत भाग, अर्थात 19,00,51,159 दाम या द्वितीयक क्षेत्र की कुल आय का 4.17 प्रतिशत, और भी जोड़ दिया है। शिवसुब्रमण्यन के आँकड़ों के अनुसार 1900-01 में द्वितीयक क्षेत्र में सिर्फ़ खदानों का भाग द्वितीयक क्षेत्र की कुल आय का 5.26 प्रतिशत था।

द्वितीयक क्षेत्र में योजित मूल्य (दामों में) की विभिन्न मदों के बारे में हमारे अनुमानों को इस तरह सामने रखा जा सकता है—

	दाम
विनिर्माण	4,36,06,71,370
टकसालें	53,82,194
खदानें, पत्थर निकासी और नमक की निकासी	19,00,51,159
कुल	4,55,61,04,723

तृतीयक क्षेत्र

राष्ट्रीय आय के एक भाग के रूप में सेवाओं की धारणा अकसर हमें भूलभूलैयों में ले जाती है क्योंकि हो सकता है, कुछेक सेवाएँ हों ही नहीं, फिर भी बर्तानवी प्रशासन के अमले के कार्यकलापों को सेवाएँ समझना और उसके अधिकारभोगियों के वेतनों को उनके श्रम का समुचित मुआवज़ा मानना (जैसाकि शिवसुब्रमण्यन और हेस्टन ने किया है) मगर मुग़ल मंसबदारों की तनख़्वाहों को अनदेखा करना यक़ीनन ग़लत होगा।

अकबरी दौर के राजस्व में सबसे बड़ा भाग मंसबदारों की तनख़्वाहों में ख़र्च होता था। अपने वेतन के बदले ये मंसबदार साम्राज्य की हिदायत पर फ़ौजी और ग़ैर-फ़ौजी सेवाएँ देने के लिए बाध्य थे। 1595 में उनकी संख्या 1823 थी।[48] उनको उनके भरण-पोषण के लिए वेतन दिए जाते थे और उनके ताबीनान (घुड़सवार परिचरों) को वेतन देने के लिए और भी अधिक भत्ते दिए जाते थे। मंसबदारों को दी जाने वाली रक़में उनके मंसब के अनुसार कम या अधिक होती थीं। अबुल फ़ज़्ल ने इन मंसबदारों की तनख़्वाहों की एक विस्तृत तालिका दी है। उसके आधार पर हमारी गणना के अनुसार मंसबदारों की सालाना निजी तनख़्वाहें कुल 82,74,55,200 दाम के बराबर थीं।[49] मंसबदारों के परिचरों (ताबीनान) को देय रक़मों में उनकी अपनी तनख़्वाहों और घोड़ों के लिए भत्ते शामिल होते थे। हमारा अनुमान है कि ताबीनान की कुल निजी तनख़्वाह 69,01,41,552 दाम थी।[50] ख़ुद बादशाह के अपने घुड़सवार होते थे जो अहदी कहलाते थे। पेल्सेयर के अनुसार अकबर की मृत्यु के समय अहदियों की संख्या 4,441 थी।[51] उनके निजी भत्ते 8,28,57,600 दाम के बराबर रहे होंगे।[52] अहदियों के अलावा शाही प्रतिष्ठानों में पियादे भी थे जो दरबानों, महल के रखवालों, धावकों, तलवारबाज़ों आदि के काम करते थे। अनेक श्रेणियों के बारे में अबुल फ़ज़्ल ने संख्याएँ और उनकी तनख़्वाहें दी हैं।[53] इससे हमें उनकी कुल तनख़्वाह का हिसाब लगाने का एक रास्ता मिलता है। शाही प्रतिष्ठान में अस्तबल के जानवरों और बोझ ढोनेवाले जानवरों की देखरेख करनेवाले चाकरों की भी एक बड़ी तादाद में होती थी। इस अमले की तनख़्वाहों पर ख़र्च होनेवाली रक़म कुल जमा 10,45,80,792 दाम आती है।[54] मुग़ल प्रशासन राजस्व के संग्रह की लागत को सकल राजस्व का 20 प्रतिशत मानकर चलता था। शासन वर्ष 27 में टोडरमल ने अकबर को जो ज्ञापन दिया था[55] वह संकेत देता है कि इस रक़म का कम-से-कम दसवाँ भाग (अर्थात सकल राजस्व का 2 प्रतिशत) विभिन्न अधिकारभोगियों को नक़द वेतन देने में निकलता था, जैसे सर्वेक्षकों (ज़ाबितों), आकलन करनेवालों

(अमीनों) आदि को, और बाक़ी भाग सम्भवत: अनाज आदि के रूप में ले लिया जाता था या फिर वसूल किए गए करों में से निकाला जाता था। सकल खेतिहर राजस्व की वसूली को अगर हम कुल मिलाकर 5,22,66,66,047 दाम मानें तो राजस्व अधिकारभोगियों और निचले अमलों की नक़द तनख़्वाहें इस आधार पर 1,04,53,33,209 दाम आती हैं।

इसके अलावा मालगुज़ारी से इतर महसूलों (साइर जिहात) को वसूल करनेवालों को देय राशियों के बारे में हमारा अनुमान (अध्याय-13) 4,51,19,083 दाम का है। परगना और गाँव स्तर के कारकुनों को भी सकल राजस्व की वसूली में से भत्ते दिए जाते थे जो 7 प्रतिशत के बराबर (मुक़द्दम और चौधरी हरेक को 2.5 प्रतिशत, क़ानूनगो और पटवारी हरेक को 1 प्रतिशत) होते थे।[56] इस तरह उनके भत्ते 35,58,66,623 दाम के बराबर थे। इस तरह (शाही घराने को छोड़) शाही प्रतिष्ठान अपने अमले को प्रत्यक्ष रूप में या अंशत: (दामों में) जो तनख़्वाहें देता था उनके बारे में हम निम्नलिखित आँकड़ों पर पहुँचते हैं—

	दाम
मंसबदार	82,74,55,200
अहदी	8,28,57,600
ताबीनान	69,01,41,552
दूसरे शाही अमले	10,45,80,792
राजस्व का अमला (मालगुज़ारी)	1,04,53,33,209
राजस्व का अमला (नगरीय व व्यावसायिक)	4,51,19,083
कुल	2,79,54,87,436

जैसाकि हम देख चुके हैं, ज़मींदारों के भी हथियारबन्द परिचर होते थे। अबुल फ़ज़्ल ज़मींदारों के घुड़सवारों और पियादों के बारे में हमें विस्तृत आँकड़े प्रदान करते हैं। घुड़सवारों की तादाद, 3,84,558 और पियादों की 42,77,057 थी।[57] अध्याय-7 में हमने अनुमान लगाया है कि घुड़सवार के भत्ते की न्यूनतम दर 1,000 दाम प्रतिवर्ष और पियादों की 100 दाम प्रतिवर्ष थी। इन दरों के आधार पर जैसाकि हम देख चुके हैं, ज़मींदारों द्वारा अपने हथियारबन्द परिचरों को दी जानेवाली रक़म 81,22,63,700 दाम से सम्भवत: कम नहीं रही होगी। (परिशिष्ट 13 स देखें।)

मुख़्तलिफ़ शाही महकमों के जिन अमलों के हवाले ऊपर दिए गए हैं उनको शाही घराने (और हरम) में मुलाज़िम लोगों से भिन्न समझा जाना चाहिए। अबुल फ़ज़्ल के दिए हुए आँकड़ों के आधार पर उनको दी जानेवाली तनख़्वाहों की कुल रक़म 3,81,80,000 दाम रही होगी।[58] इसी तरह हम जानते हैं कि मुग़ल कुलीन (अमीर) भी बड़ी तादाद में निजी परिचर रखते थे। उनको अपने अस्तबलों के लिए भी मुलाज़िमों की ज़रूरत रहती थी। हमने यह माना है कि अपने चाकरों की तनख़्वाहें देने के लिए वे हर साल 24,31,49,411 दाम ख़र्च करते रहे होंगे।[59] मुग़ल घुड़सवार भी एक

बाइज़्ज़त सैनिक होता था : वह अपने घोड़ों के लिए साईस और अपना भोजन पकाने के लिए व दूसरे काम करने के लिए नौकर रखता था। ऐसी सेवाओं पर घुड़सवारों (अहदी और ताबीनान) का कुल ख़र्च 29,83,90,394 दाम होने का अनुमान है।[60] इन क्षेत्रों में घरेलू नौकरों की कुल आय इस तरह 57,97,19,805 दाम बैठती है।

सौदागर और दूसरे मध्यवर्गीय या पेशेवर समूह भी अपने नौकरों पर अपनी आय का कोई मामूली भाग ख़र्च करते नहीं रहे होंगे। नगरीय क्षेत्र में हमने इस रक़म को 13,68,60,059 दाम माना है। ग्रामीण क्षेत्र में हमने घरेलू नौकरों की आय का अलग से हिसाब नहीं लगाया है और उसे ज़मींदारों के पियादा परिचरों की आय में शामिल मान लिया है, जबकि भूमिहीन मज़दूरों और ग्रामीण सेवकों की आय को करों की अदायगी के बाद किसान के पास बच गई फ़सल के मूल्य का हिस्सा मान लिया गया है।

अब रहती है उन पेशेवर लोगों की आय जो दरबार या अमीरों और सौदागरों के प्रतिष्ठानों के अंग नहीं थे और न ही ग्रामीण व नगरीय क्षेत्रों में विभाजित किए जा सकते थे, जैसे हकीम, जर्राह, ज्योतिषी, नर्तक, संगीतकार, गवैये, कलाकार, कथावाचक, घुमक्कड़ नाटककार आदि। फिर साधु-संत और फ़कीर-दरवेश और उनके प्रतिष्ठान (मन्दिर, मठ, मस्जिदें और दरगाहें) भी तो थे। इनमें भी सेवकों की एक अच्छी-ख़ासी तादाद होती थी। उनकी आय का और हिसाब में न शामिल दूसरी उजरतों और तनख़्वाहों की गुंजाइश रखकर हम सम्भवत: इनको लगभग 10,00,00,000 दाम मान सकते हैं, हालाँकि मुमकिन है कि यह एक अत्याकल्प हो। यातायात और संचार की लागतों को और सौदागरों के मुनाफ़ों, किरायों, ब्याज आदि को भी तृतीयक क्षेत्र में शामिल किया जाना चाहिए। ढुलाई के बैलों पर बंजारों द्वारा लादे जानेवाले कुल भार का इरफ़ान हबीब ने जो हिसाब लगाया है वह पूरे मुग़ल भारत के लिए 28.1 करोड़ मीट्रिक टन मील का है।[61] अपने और छोटे भौगोलिक क्षेत्र को ध्यान में रखकर हम इसमें एक-तिहाई की कमी कर सकते हैं। नदी के रास्ते, जिसे साफ़ तौर पर यातायात का सबसे सस्ता साधन कहा जाता था, मुल्तान से थत्ता (मोटे तौर पर 500 राहदारी मील) तक एक मने-शाहजहानी वज़न (73.76 पौंड) का सामान ले जाने की लागत तीन-चौथाई रुपये थी।[62] इसलिए हम ज़मीन के रास्ते बंजारों द्वारा उतना ही सामान उतनी ही दूर ले जाने की लागत को एक रुपया मान सकते हैं। मुग़ल सल्तनत के अन्दर भूमि के रास्ते बंजारों द्वारा ढुलाई की लागत को इस तरह 44,79,51,467 दाम माना जा सकता है।

इसमें हमें बैलगाड़ी और ऊँटगाड़ी की लागत भी जोड़नी होगी, और अधिक मूल्य की वस्तुओं की ढुलाई के लिए या स्थानीय व्यापार में गाड़ियों का व्यापक प्रयोग हुआ करता था। ऊँटगाड़ियों का पूरे पश्चिमोत्तर भारत में इस्तेमाल आम था। काफ़ी कुछ यातायात नदियों के रास्ते भी होता था, मिसाल के लिए बिहार और बंगाल के बीच मालों की ढुलाई अमूमन नदी के रास्ते होती थी और हर साल 10,000 टन नमक नावों में आगरा से बंगाल ले जाया जाता था।[63] इस यातायात और साहिली यातायात

के बारे में हमारे पास परिमाणात्मक आँकड़े नहीं हैं, उत्तर भारत के मुक़ाबले भारतीय प्रायद्वीप में साहिली यातायात का कहीं बहुत अधिक महत्त्व होता था। अन्त में हमें विदेश व्यापार के लिए जहाज़रानी की लागत का ध्यान भी रखना होगा।

मुग़ल सल्तनत में सरकारी डाक और समाचार शाही प्रशासन द्वारा नियुक्त धावकों के हाथों भेजा जाता था। उनकी सेवाओं को हमारे वेतन सम्बन्धी अनुमानों में शामिल किया गया है। मगर पेशेवर हरकारे भी थे जो मेहनताने के बदले खतों, हुंडियों और दूसरे निजी खर्रों को लाते, ले जाते थे।[64]

बंजारों के बारे में हमारा लागत का जो अनुमान (44,79,57,467 दाम) है, अगर हम आन्तरिक यातायात और संचार की दूसरी सभी लागतों को भी उसी के बराबर मानें तो हमारे हाथ कुल 89,59,02,934 दाम का आँकड़ा आता है। अब अगर हम इसमें साहिली यातायात और खुले समन्दर में यातायात की लागतों को भी जोड़ें तो हम, माना कि यह सिर्फ़ अन्दाज़ लगाना है, मोटे तौर पर 1,00,00,00,000 दाम के आँकड़े पर पहुँचेंगे।

परिशिष्ट 13 ब में हमने शहरी सौदागरों के सालाना मुनाफ़ों को 1,35,65,16,804 दाम और देहाती सौदागरों के मुनाफ़ों को 68,53,14,604 दाम पाया है। इन दो आँकड़ों में बैंकरों, दलालों, सूदख़ोरों और गाँवों के बनियों की आमदनी, दुकानों और घरों के किराये आदि भी शामिल हैं। इस तरह इनका योग 2,04,18,31,408 दाम आता है। इनको भी प्रदान की गई सेवाओं के मुआवज़े समझा जाना चाहिए।

इस तरह तृतीयक क्षेत्र की (दामों में) आय निम्नलिखित मदों पर आधारित थी—

	दाम
शाही मुलाज़िम, ग़ैर-घरेलू	2,79,54,87,436
ज़मींदारों के परिचर	81,22,63,700
घरेलू-नौकर, सौदागरों और दुकानदारों के नौकर	71,65,79,864
असम्बद्ध पेशेवर	10,10,000
यातायात और संचार	1,10,00,00,000
सौदागरों के मुनाफ़े, मकानों के किराये	2,04,18,31,408
कुल	7,36,71,62,408

अब हम इन तीनों क्षेत्रों के बारे में अपने अनुमान (दामों में) पेश करेंगे—

		स घ उत्पाद का प्रतिशत
प्राथमिक	13,13,52,38,978	52.42
द्वितीयक	4,55,61,04,723	18.18
तृतीयक	7,36,71,62,408	29.40
कुल स घ उत्पाद	25,05,85,06,109	100.00

सकल घरेलू उत्पाद के जिस योग की ऊपर गणना की गई है उससे प्रतिव्यक्ति आय का पता करने के लिए हमें 1595-96 के दौरान साम्राज्य की जनसंख्या का पता होना चाहिए। चूँकि हम अध्याय- 17 में (1947 के पहले सीमाओं वाले) भारत की आबादी का आकलन कर चुके हैं, और इसे हमने 14.5 करोड़ पाया है, इसलिए हम 1891 की जनगणना में जनसंख्या का जो सापेक्ष क्षेत्रीय वितरण दिखाई देता है उसका उपयोग करके 1595-96 में आबादी का हिसाब लगा सकते हैं। जो इलाक़े 1595-96 में मुग़ल सल्तनत में शामिल न थे उनका मीज़ान 1891 की गणना के अनुसार 17.3 करोड़ था जबकि (बर्मा समेत) पूरे भारत की कुल जनसंख्या 28 करोड़ बतलाई गई है।[65] अब अगर इन दो आँकड़ों के आपसी अनुपात को हम भारत की उस समग्र जनसंख्या (14.5 करोड़) पर लागू करें जिसकी हमने 1595-96 के लिए गणना की है तो मुग़ल सल्तनत की जिन क्षेत्रीय सीमाओं के लिए हमने सकल घरेलू उत्पाद का हिसाब लगाया है उनकी आबादी 9.5056 करोड़ रही होगी। अपने सकल घरेलू उत्पाद को इस संख्या से भाग देने पर प्रतिव्यक्ति आय 263.62 दाम आती है।

आरम्भ-20वीं सदी के अनुमानों से एक बहुत ही कच्ची तुलना करने के लिए हम 1595-96 और 1901-1910 में प्रतिव्यक्ति आय को दरबार में (1595 में) प्रचलित दामों पर और राजकीय प्रकाशन *प्राइसेज़ एंड वेजेज़* के अनुसार आगरा में 1901-10 में प्रचलित दामों पर (ब्रिटिश भारतीय मन में) गेहूँ की मात्राओं में बदल सकते हैं। 1595 में दरबार में गेहूँ के दाम के आधार पर प्रतिव्यक्ति आय 14.69 मन आती है जबकि 1901-10 के काल में आगरा के दामों पर वार्षिक प्रतिव्यक्ति आय शिवसुब्रमण्यन के संशोधित अनुमानों के अनुसार औसतन 14.51 मन बैठती है। इसका मतलब यह हुआ कि 1595-96 में अकबर की सल्तनत में गेहूँ के रूप में प्रतिव्यक्ति आय 1901-10 के दौरान भारत की प्रतिव्यक्ति आय से ज़रा सी (1.24 प्रतिशत) अधिक थी। यह निष्कर्ष वास्तविक मज़दूरियों की तुलना के आधार पर मोरलैंड के निकाले हुए उस निष्कर्ष[66] के विपरीत है जो अविवादित नहीं रहा है[67] मगर जिसे मोनी मुखर्जी ने अनुमोदन के भाव से दोहराया है।[68]

फिर भी अगर हमें अनाजों ही नहीं बल्कि विनिर्माण की वस्तुओं को, और ख़ासकर कपड़े को भी ध्यान में रखना है तो गेहूँ के रूप में 1595-96 के लिए प्रतिव्यक्ति आय के आँकड़े को नीचे की दिशा में संशोधित करना होगा। मुद्रा में मज़दूरियों की क्रयशक्ति पर विचार करते समय अध्याय-14 में ही हम देख चुके हैं कि मामूली कपड़ों के रूप में श्रमिकों की क्रयशक्ति 1595-96 के मुक़ाबले 18वीं सदी के उत्तरार्ध में अधिक थी। लेकिन खाने-पीने से तुलना करें तो कपड़ों पर प्रतिव्यक्ति ख़र्च हमेशा ही काफ़ी कम रहा होगा और सिर्फ़ गेहूँ के आधार पर हमें जो तस्वीर नज़र आती है उससे कुछ ख़ास भिन्न नहीं रही होगी, भले ही हम 1595-96 और 1901-10 के लिए एक ऐसे तुलनीय वस्तु समूह को आधार बनाएँ जिसके आधार पर इन वर्षों में प्रतिव्यक्ति आय के सापेक्ष परिमाणों का निश्चय किया जा सके।

हमें यह भी ध्यान में रखना होगा कि हमारा प्रतिव्यक्ति आय का अनुमान न्यूनतम सम्भव अनुमान भी है क्योंकि गेहूँ के आधार पर मुद्रा में अपना अनुमान पेश करने के लिए हमने शाही लश्कर में गेहूँ के दाम का उपयोग किया है, हालाँकि लश्कर में इसके दाम देहाती इलाक़ों के औसत दामों से यक़ीनन अधिक रहे होंगे।

विभिन्न क्षेत्रों से प्राप्त आय के बारे में हमारे अनुमानों की तुलना 20वीं सदी की पहली दहाई से सम्बन्धित अनुमानों के साथ की जाए तो कुछ दिलचस्प बातें भी सामने आएँगी। 1595-96 के सकल घरेलू उत्पाद का जो अनुमान हमने लगाया है उसमें पूरे प्राथमिक क्षेत्र का भाग 52.43 प्रतिशत है। 1901-10 में पूरे प्राथमिक क्षेत्र के बारे में संगत अनुमान 64.17 प्रतिशत का है। दूसरे शब्दों में, इन दोनों कालों में अर्थव्यवस्था में कृषि की प्रमुख भूमिका रही है हालाँकि 1595-96 में सकल घरेलू उत्पाद में इसका भाग 1901-10 के मुक़ाबले काफ़ी कम था।

सकल घरेलू उत्पाद में द्वितीयक क्षेत्र का भाग 1595-96 में 18.18 प्रतिशत था मगर यही 1901-10 में 11.20 प्रतिशत था जिसका मतलब बाद के वर्षों में विनिर्माण क्षेत्र का छोटा आकार हुआ। 1595 में तृतीयक क्षेत्र कुल का 29.40 प्रतिशत भाग था जबकि 1901-10 में यही 24.63 प्रतिशत था। ये तुलनात्मक आँकड़े बुनियादी तौर पर यह संकेत देते हैं कि लगभग 1600 और लगभग 1900 के बीच राष्ट्रीय आय में सेवा क्षेत्र के भाग में जहाँ बहुत कम तब्दीली आई, वहीं इन तीन सदियों के दौरान औद्योगिक क्षेत्र का भाग काफ़ी गिरा और कृषि क्षेत्र का भाग उसी अनुपात में बढ़ा। फिर भी मुमकिन है कि वास्तविक परिवर्तन 19वीं सदी में आया हो जब विउद्योगीकरण और खेती के व्यवसायीकरण की दो प्रक्रियाओं ने मुक्त व्यापार की उपनिवेशी व्यवस्था में खुलकर अपना खेल दिखाया। यहाँ हम अध्याय-14 में निकाले गए निष्कर्षों को याद कर सकते हैं जिनका सम्बन्ध लगभग-1600 और लगभग-1900 के बीच नगरों में वास्तविक मज़दूरियों की भारी गिरावट से है। इसका पैमाना प्रतिव्यक्ति आय की अपेक्षाकृत मामूली गिरावट में प्रतिबिम्बित नहीं होता। यह वैषम्य इस विचार की पुष्टि करता है कि 19वीं सदी के दौरान दस्ती उद्यमों पर आधारित शहरी रोज़गारों में काफ़ी गिरावट आई जिसके कारण बड़े पैमाने पर विनगरीकरण हुआ, यह एक ऐसा तथ्य है जिसके साक्ष्य हम अध्याय-13 में पेश कर चुके हैं।

हमने जो साक्ष्य जमा किए हैं उनकी लम्बी जाँच-पड़ताल से जो सर्द आँकड़े सामने आते हैं वे सिर्फ़ इसकी तस्वीर पेश नहीं करते कि 1600 के आसपास भारतीय अर्थव्यवस्था के निर्माण और संचालन का क्या ढर्रा था, बल्कि हमारी यह समझने में भी मदद करते हैं कि उसके बाद क्या हुआ, ख़ासकर तब जब उपनिवेशी व्यवस्था ने उसकी शक्ल को बड़े पैमाने पर बदला। इसलिए हमारे परिणामों को न सिर्फ़ हमारे मुग़ल दौर सम्बन्धी साक्ष्यों के आधार पर, बल्कि 19वीं सदी के विभिन्न चरणों के दौरान आर्थिक आँकड़ों की एक व्यापक और विश्वसनीय प्रस्तुति के आधार पर भी परखा जा सकता है।

सन्दर्भ और टिप्पणियाँ

1. लगभग 1868-69 के लिए 1873 में दादाभाई नौरोजी के आरम्भिक अनुमान केवल ब्रिटिश भारत के भौतिक उत्पाद के बारे में किए गए प्रयास थे। *पॉवर्टी एंड अन-ब्रिटिश रूल इन इंडिया,* लंदन, 1901 और यही बात *प्रास्पेरस ब्रिटिश इंडिया : ए रेवेलेशन फ्राम आफिशियल रिकार्ड्स* लंदन, 1901, 534 में विलियम डिग्वी के प्रयासों के बारे में सच है। फ्रेड जे. एटकिंसन *ए स्टेटिस्टिकल रिव्यू ऑफ़ द इनकम एंड वेल्थ ऑफ़ ब्रिटिश इंडिया, जर्नल ऑफ़ द रॉयल एशियाटिक सोसायटी,* पैंसठ, (दो), जून 1902) ने 1875 और 1895 में ब्रिटिश भारत की राष्ट्रीय आय सम्बन्धी अनुमान पेश किए हैं। मोनी मुखर्जी ने *नेशनल इनकम ऑफ़ इंडिया : ट्रेंड्स एंड स्ट्रक्चर,* कलकत्ता, 1969 में 1857 से 1900 तक पूरे भारत के लिए शृंखलाबद्ध अनुमान (सीरीज एस्टीमेट्स) पेश करने के प्रयास किए हैं। वे इस काल के लिए (उपरोक्त, पृ. 82) लगभग सभी बिन्दुबद्ध अनुमान (प्वाइंट एस्टीमेंट्स) भी पेश करते हैं और अपने अनुमानों को स्थिर मूल्यों में बदलने के लिए एक मूल्य सूचकांक भी सामने रखते हैं।
2. एस. शिवसुब्रमण्यन, *द नेशनल इनकम ऑफ़ इंडिया इन द ट्वेन्टिएथ सेंचुरी,* नई देहली, 2000, यह उनके अप्रकाशित पी-एच.डी. शोधप्रबन्ध 'नेशनल इनकम ऑफ़ इंडिया, 1900-01 टू 1946-47' (देहली स्कूल ऑफ़ इकोनॉमिक्स, 1965, अनुलेखित) का एक संशोधित रूप है।
3. *कैम्ब्रिज इकोनॉमिक हिस्ट्री ऑफ़ इंडिया* जिल्द ग्यारह (संपादक : धर्मकुमार और एम. देसाई, कैम्ब्रिज, 1982, 376-86) में राष्ट्रीय आय पर हेस्टन का योगदान। इरफ़ान हबीब ने *एस्सेज़ ऑन इंडियन हिस्ट्री* (नई देहली, 1995-351-58) और *इंडियन इकोनॉमी, 1858-1914* (नई देहली, 2006) दोनों में हेस्टन के अनुमानों की आलोचना की है, ख़ासकर उनकी स्थिर खेतिहर उत्पादकता सम्बन्धी प्रस्थापना की। *व्हाट डिड हेस्टन डू?* (अनुलेखित) में, जो लगता नहीं कि अभी तक प्रकाशित हुई है, एंगस मैडिसन को भी देखें।
4. डब्ल्यू. एच. मोरलैंड, *इंडिया एट द डेथ ऑफ़ अकबर,* लंदन, 1920, 124 देखें। मोरलैंड की आकलन पद्धति की प्रतिक्रिया में राधाकमल मुखर्जी (*इकोनॉमिक हिस्ट्री ऑफ़ इंडिया, 1600-1800,* इलाहाबाद, 1967) ने ऐसे सांख्यिकीय साक्ष्य पेश किए हैं जो मुग़ल भारत के अधिक अनुकूल हैं, ख़ासकर वास्तविक मज़दूरियों के बारे में।
5. अध्याय-8 देखें।
6. *आईन,* जिल्द एक, 300, शेरशाह के काल में एक-तिहाई के दावे के आधार पर निकाली गईं फ़सली दरों को सामने रखने के बाद अबुल फ़ज़्ल स्पष्ट कहते हैं कि आजकल हर जगह दरें उनसे अधिक हैं।
7. अध्याय-4 व 5 देखें। इरफ़ान हबीब, *एग्रेरियन सिस्टम ऑफ़ मुग़ल इंडिया,* दूसरा संस्करण, देहली, 1999, 230-36 भी देखें।
8. अध्याय-5 देखें।
9. अध्याय-7 देखें।
10. अध्याय-5 देखें।
11. अध्याय-5 देखें। इसमें नगरीय कर शामिल नहीं हैं पर मालगुज़ारी की मुऑफ़ी के कारण छोड़ी गई रक़में शामिल हैं।
12. पैदावार के सापेक्ष बीजों के इस आकलन के बारे में शिवसुब्रमण्यन, *नेशनल इनकम* (मुद्रित), 2000, 83 देखें। ख़ुद शिवसुब्रमण्यन (तालिका-3.6) काफ़ी कम भाग का अनुमान लगाते हैं,

1900-01 के लिए 4.5 और 1910-11 के लिए 4 प्रतिशत, मगर दूसरी कटौतियाँ भी करते हैं जिनका, अपने आकलन की प्रवृत्ति के ही कारण, हमने हिसाब में शामिल नहीं किया है।

13. *अर्ली ट्रैवेल्स,* 158
14. *तुज़ुक,* 251-52, इलाहाबाद की दस्तावेज़ें, संख्या 1198
15. विस्तृत अध्ययन के लिए इरफ़ान हबीब, *नोट्स ऑन द इकोनॉमिक एंड पोलिटिकल एस्पेक्ट्स ऑफ़ मुग़ल गार्डेंस, मुग़ल गार्डेंस : सोर्सेज़, प्लेसेज़, रिप्रेज़ेंटेशंस, एंड प्रास्पेक्ट्स* संपादक जे. एल. वेस्टकोट, जूनियर और जे. वोल्शक-बुलमान (वाशिंगटन, 1996), 127-138 देखें।
16. अध्याय-2 देखें।
17. *आईन,* जिल्द एक, 287 देखें। भारत के विभिन्न क्षेत्रों में 19वीं सदी में किसानों द्वारा पाले गए मवेशियों से तुलना करने के लिए *एग्रेरियन सिस्टम,* दूसरा संस्करण, 59, टिप्पणी 149 देखें।
18. टामस रो, द *एम्बेसी ऑफ़ सर टामस रो,* 1615-19, संपादक, डब्ल्यू. फ़ोस्टर, लंदन, 1926, 67, *ट्रैवेल्स ऑफ़ पीटर मुंडी* जिल्द 11, *ट्रैवेल्स इन एशिया, 1628-31,* संपादक आर. सी. टेम्पल 95-96, जे. बी. ट्रैवर्नियर, *ट्रैवेल्स इन इंडिया,* अनुवाद वी. बाल, लंदन, 1925, 33-34 देखें।
19. 'मर्चेंट कम्युनिटीज़ इन प्रि कोलोनियल इंडिया', *राइज़ ऑफ़ मर्चेंट एम्पायर्स,* संपादक जेम्स ट्रेसी, कैम्ब्रिज, 1990, 376-77
20. फ़ादर ज़े जेवियर, *लेटर्स, 1593-1617,* अनुवाद फ़ा होस्टन *जर्नल ऑफ़ एशियाटिक सोसायटी ऑफ़ बंगाल,* अंक तेईस, 1927, 121
21. अध्याय-14 देखें।
22. *नेशनल इनकम* (अनुलेखित), 1965, 162
23. उपरोक्त (प्रकाशित), 2000, 377
24. *कैम्ब्रिज इकोनॉमिक हिस्ट्री,* जिल्द दो, 397
25. *क्लास स्ट्रक्चर एंड इकोनॉमिक ग्रोथ : इंडिया एंड पाकिस्तान सिंस द मुग़ल्स,* लंदन, 1971, 166-67 देखें। हेस्टन की मान्यताओं की आलोचना के लिए *ए मैडिसन व्हाट रिड हेस्टन डू?* (अनुलेखित) और इरफ़ान हबीब, *स्टडीइंग कोलोनियल इकोनॉमी, विदाउट परसीविंग कोलोनियलिज्म मॉडर्न एशियन स्टडीज़,* वर्ष 19, भाग 3, 1985, 369-70 देखें।
26. *आईन,* एक, 151-52
27. अबुल फ़ज़्ल, *अकबरनामा,* तीन, 727
28. इरफ़ान हबीब, *एटल्स ऑफ़ द मुग़ल एम्पायर,* नई देहली, 1986, शीट 6बी, 7बी और उनके साथ दी गई टिप्पणियाँ।
29. *एम्बेसी ऑफ़ सर टामस रो,* 1615-19, संपादक : डब्ल्यू. फोस्टर, लंदन, 1926, 137 देखें। उन्होंने बुरहानपुर और सूरत के बीच मिट्टी के और फूसदार छतों वाले नगरों और गाँवों की बात भी की है।
30. *आईन,* एक, 477
31. उपरोक्त, 424 देखें। अबुल फ़ज़्ल कहते हैं कि मध्य भारत में कालिंजर के पास के जंगलों में आबनूस पैदा किया जाता था।
32. *लेटर्स रिसीव्ड,* एक, 30
33. ब्यौरों के लिए शीरीं मूसवी, 'मैन एंड नेचर इन मुग़ल एरा', *भारतीय इतिहास कांग्रेस,* संगोष्ठी का आलेख, संख्या 5, देहली 1993

34. *आईन,* एक, 423-24
35. उपरोक्त, 132
36. 'मैन एंड नेचर इन मुग़ल एरा', 21
37. उपरोक्त, 22
38. *नेशनल इकोनॉमी* (अनुलेखित), 1965, 162, संशोधित (मुद्रित), 2000, तालिका-614, स्तंभ 4, 377, 162, मुद्रित (2000), 377
39. उपरोक्त, स्तंभ 5
40. *तुज़ुके-जहाँगीरी,* संपादक : सैयद अहमद, ग़ाज़ीपुर और अलीगढ़, 1863-64, 315
41. *ट्रैवेल्स ऑफ़ फ्रे सेबास्टियन मैनरीक,* 1629-43, जिल्द दो, अनुवाद : सी. ई. लोर्द, हेकलुइट सोसायटी, लंदन, 1927, 155
42. *आईन,* एक, 31, इरफ़ान हबीब, 'द करेंसी सिस्टम ऑफ़ द मुग़ल एम्पायर', *मेडिवल इंडिया क्वार्टरली,* वर्ष चार, अंक 1-2, 206 देखें।
43. शीरीं मूसवी, 'सिल्वर इनफ़्लक्स, मनी सप्लाई, प्राइसेज़ एंड रेवेन्यू एक्सट्रेक्शन इन मुग़ल इंडिया', *जर्नल ऑफ़ सोशल एंड इकोनॉमिक हिस्ट्री ऑफ़ द ओरिएंट,* वर्ष तीस, 58
44. इरफ़ान हबीब, 'ए सिस्टम ऑफ़ ट्राइमेटलिज्म इन द एज ऑफ़ द प्राइस रिवॉल्यूशन : इफेक्ट्स ऑफ़ द सिल्वर इनफ़्लक्स ऑन द मुग़ल मानीटरी सिस्टम', द *इम्पीरियल मानीटरी सिस्टम ऑफ़ मुग़ल इंडिया,* संपादक जे. एफ़. रिचर्ड्स, देहली, 1987
45. अध्याय-14 देखें।
46. ताँबे की खदानों के बारे में इरफ़ान हबीब, *एटलस ऑफ़ द मुग़ल* एम्पायर, देहली, 1982, शीट 3 बी 6 ब और 8 ब और टिप्पणियाँ।
47. उपरोक्त, शीट 6 बी और टिप्पणियाँ।
48. अध्याय-9
49. उपरोक्त।
50. उपरोक्त।
51. पेल्सेयर, *क्रोनाइफ,* 120-12, *क्रॉनिकल्स,* अनुवाद : 34-35
52. परिशिष्ट 12 ए
53. *आईन,* एक, 187-90
54. अध्याय-10
55. *अकबरनामा,* ब्रिला एड 27, 247, फ़ोलियो 331 बी-332 बी, सारसंक्षेप, *अकबरनामा,* तीन, 381-83 में
56. *आईन,* 1, 435, 459, 494-951
57. परिशिष्ट 13 सी
58. अध्याय-12
59. उपरोक्त।
60. परिशिष्ट 13 सी
61. *मर्चेंट कम्युनिटीज़ इन प्रिन्कोलोनियल इंडिया,* पूर्वोक्त, पृ. 10
62. *इंग्लिश फ़ैक्टरीज़ इन इंडिया, 1637-41,* संपादक : डब्ल्यू. फ़ोस्टर, आक्सफ़र्ड, 1906-27, 135-36
63. जान जार्डेन, *जर्नल,* 1608-17, संपादक : डब्ल्यू. फ़ोस्टर, हेकलुइट सोसायटी, दूसरी शृंखला, संख्या सोलह, कैम्ब्रिज, 1905, 162

64. ब्यौरों के बारे में इरफ़ान हबीब, 'पोस्टल कम्युनिकेशंस इन मुग़ल इंडिया', *प्रोसीडिंग्स ऑफ़ द इंडियन हिस्ट्री कांग्रेस,* 46वाँ (अमृतसर) सत्र, 1986
65. 1595-96 में मुग़ल सल्तनत के संगत (हमारे अध्याय-8 के अनुसार) ब्रिटिशकालीन क्षेत्र के बारे में मैंने बंगाल को (जिसमें 1891 में बिहार और उड़ीसा भी शामिल थे, पर चटगाँव, नोवाखाली, बाक़रगंज, फ़रीदपुर, टिपरा, ढाका ज़िले, आधा मैमनसिंह ज़िला और रजवाड़ा त्रिपुरा के इलाक़े शामिल नहीं थे), पश्चिमोत्तर प्रान्त (संयुक्त प्रान्त), पंजाब, पंजाब के रजवाड़े, कश्मीर, ख़ैरपुर, सिन्ध, कच्छ, कठियावाड़, गुजरात, राजपूताना, अजमेर-मारवाड़, मध्य भारत एजेंसी और मध्य प्रान्त (बरार को छोड़कर) लिया है। विशेष क्षेत्रों और ज़िलों की आबादी (1891) के लिए हमारे स्रोत *जनरल रिपोर्ट ऑफ़ द सेंसस ऑफ़ इंडिया,* 1891, लंदन, 1893 (पुनर्मुद्रण : देहली, 1985) और इम्पीरियल गज़ेटियर ऑफ़ इंडिया, नया संस्करण, लंदन, 28 जिल्दों में 1907-09 रहे हैं। जिल्द एक में पृ. 490 पर मुख्य अखिल भारतीय तालिका को एक बुनियादी तालिका माना गया है।
66. *इंडिया ऐट द डेथ ऑफ़ अकबर,* पृ. 203
67. राधाकमल मुखर्जी, *इकोनॉमिक हिस्ट्री ऑफ़ इंडिया,* 1600-1800 ने मोरलैंड के परिमाणों पर सन्देह व्यक्त किए हैं।
68. मोनी मुखर्जी, *नेशनल इनकम,* 366

संक्षिप्तियाँ

यहाँ संक्षिप्तियों को अंग्रेज़ी वर्णक्रम के अनुसार दिया गया है। हर संक्षिप्ति के सामने दी गई संख्या सन्दर्भ-सूची (बिब्लियोग्राफी) में उसकी क्रम संख्या की सूचक है। रचना के आवश्यक ब्यौरे नहीं मिलेंगे।

ए बी केरी	73
एड 6552	2
एड 6598	4
एड 6599	7
एड 7652	2
एड 27247	17
एग्रेरियन सिस्टम	140
एग्रीकल्चरल स्टेटिस्टिक्स	87
आईन	2
अकबरनामा	17
इलाहाबाद डाक्यूमेंट्स	38
आरिफ़	13
एटकिंसन	88
एटलस	141
बाबरनामा	12
बदायूनी	16
बालकृष्ण	170
बारबोसा	47
बयाज़े-ख़ुशबोई	31
बायज़ीद बियात	14
बर्नियर	70
बुकानन मार्टिन	90
बुकानन, पटना गया रिपोर्ट	91
सीज़र फ्रेडरिक, परचज़	59
कोर्लेती	52
चहार गुलशन	11
दस्तूरुल-अमले-आलमगीरी	4
डेला वेली	62
अर्ली ट्रैवेल्स	53
इंग्लिश फ़ैक्टरीज़	60
फरसनामा	35
फ़िफ़्थ रिपोर्ट	92
फ़रिश्ता	18
फ़िंच, अर्ली ट्रैवेल्स	53
क्रेजर	86
फ्रायर	74
हफ़्त इक़्लीम	30
हैमिल्टन	77
हाकिंस, अर्ली ट्रैवेल्स	53
इब्बेटसन	102
आई ई एस अच आर	222
आई. एच. आर.	223
आई ओ 4438	37
इक़बालनामा	21
जे. ई. एस. एच. ओ.	226
जे. ए. एस. बी.	227
जे. आर. ए. एस.	228
जे. यू. पी. एच. एस.	229
ख़्यात	6
ख़ुलासतुस्-सियाक़	10

सन्दर्भ सूची

यह सन्दर्भ सूची (बिब्लियोग्राफी) पुस्तक में उद्धृत दस्तावेज़ों, पुस्तकों और लेखों तक सीमित है। अध्ययन के लिए बहुत सी खँगाली गई सामग्री ऐसी थी जिसका कोई ख़ास महत्त्व नहीं पाया गया। इसलिए उसे शामिल नहीं किया गया है।

खंड (अ) स्रोतों पर आधारित है। इसमें वे मुद्राओं की सूचियाँ और ज़ख़ीरों की रिपोर्टें शामिल हैं जिनको कच्चे मुद्राशास्त्रीय साक्ष्यों का प्रस्तोता माना जा सकता है। यह खंड विषयवार व्यवस्थित है; हर उपखंड के अन्दर एक मोटा-मोटी कालक्रम का ध्यान रखा गया है जो मूल तैयारी या प्रकाशन की तिथि पर आधारित है। आईने-अकबरी तथा सांख्यिकीय सूचनाओं के दूसरे तत्कालीन स्रोतों की विवेचन के लिए पाठक अध्याय-1 देख सकते हैं।

खंड (ब) में तीन उपखंड हैं। पहले में आधुनिक दशाओं की सांख्यिकीय सूचनाएँ देनेवाली रचनाएँ हैं, जैसे गज़ेटियर, नक़्शे आदि। दूसरे उपखंड में हमारे विषय के लिए प्रासंगिक ऐतिहासिक विषयों पर पुस्तकें और लेख शामिल हैं। तीसरे में पत्रिकाएँ दी गई हैं। प्रविष्टियाँ अंग्रेज़ी वर्णमाला के क्रम में, लेखक के कुलनाम या उपनाम (या पुस्तक या पत्रिका के शीर्षक) के अनुसार दी गई हैं।

कुछ पुस्तकालयों के लिए निम्नलिखित संक्षिप्तियों का प्रयोग किया गया है :

बोद	बोदालियान लाइब्रेरी, ऑक्सफ़र्ड
ब्रिम्यू	ब्रिटिश म्यूज़ियम (अब ब्रिटिश लाइब्रेरी), लंदन
आई ओ	इंडिया ऑफ़िस लाइब्रेरी एंड रिकार्ड्स, लंदन
एम ए लाइब्रेरी	मौलाना आज़ाद लाइबेरी, अलीगढ़

'एड' या 'ओ' से सूचित पांडुलिपियाँ ब्रिटिश लाइब्रेरी के एडिशनल या ओरिएंटल कलेक्शंस में; आई ओ या एथे वाली इंडिया ऑफ़िस लाइब्रेरी एंड रिकार्ड्स में; और आर एस एस वाली रॉयल एशियाटिक सोसायटी, लंदन के पुस्तकालय में रखी हुई हैं।

स्रोत

सांख्यिकीय और प्रशासनिक कृतियाँ

1. *ख़्वांदमीर, क़ानूने-हुमायूनी,* सं : एम. हिदायत हुसैन, बिब्लियोग्राफिया इंडिका (बिइं), कलकत्ता, 1940
2. अबुल फ़ज़्ल, *आईने-अकबरी,* सं : ब्लाख़मान, बि इं, कलकत्ता, 1867-77; पांडुलिपियाँ : ब्रिम्यू एड 6552 और 7652, ब्लाख़मान का अनुवाद फिलट द्वारा संशोधित और संपादित, खंड एक, कलकत्ता, 1927 और 1939; एस. जैरेट का अनुवाद जे. सरकार द्वारा संशोधित, खंड दो और तीन, कलकत्ता, 1949; अन्यथा

न कहा जाए तो *आईन* के सारे हवाले फ़ारसी पाठ के ब्लाख़मान वाले संस्करण से दिए गए हैं। ब्लाख़मान के संस्करण की आलोचना तथा रचना और उसके आँकड़ों के पुनर्निश्चय के लिए पांडुलिपियों के मेरे द्वारा उपयोग पर अध्याय-1 देखें।

3. युसूफ़ मीरक, *मज़हरे-शाहजहानी,* मुकम्मल 1634 में हुआ। खंड दो *तारीख़े-मज़हरे-शाहजहानी* शीर्षक से (सैयद हिसामुद्दीन रशीदी, सिन्धी अरबी बोर्ड, हैदराबाद द्वारा) प्रकाशित।
4. अज्ञात, *दस्तूरुल-अमले-आलमगीरी,* सी 1659, ब्रिम्यू एड 6598
5. मुहन्ता नैंसी, *मारवाड़ रा पगरना री विगत,* (सी 1666), सं : एन. एस. भट्टी, दो खंडों में, जोधपुर, 1968 और 1969 : जसवन्तसिंह के दौर में मारवाड़ की ग्रामवार सांख्यिकी पर राजस्थानी में एक अति-समृद्ध संकलन।
6. मुहन्ता नैंसी, *ख़्यात,* सं : बद्रीप्रसाद साकरिया, चार खंडों में (खंड 4 में अनुक्रमणिका, जोधपुर, 1960, 1962, 1964 और 1967) : राजस्थानी में अनेक प्रकार की ऐतिहासिक और सांख्यिकीय सूचनाओं का यह संकलन 1667 के बाद किसी समय तैयार किया गया था।
7. अज्ञात, *दस्तूरुल-अमले-इल्मे-नवीसन्दगी,* 1676 के बाद की रचना, एड 6599
8. अज्ञात, *दस्तूरुल-अमल,* औरंगज़ेब के काल में, 1691 के बाद, *बोद फ्रेज़र* 86
9. मुंशी नन्दराम कायस्थ श्रीवास्तव, *सियाक़नामा* (1694-96 ई), लिथोग्राफ, नवलकिशोर, लखनऊ, 1879
10. अज्ञात, *ख़ुलासतुस्-सियाक़* (सी 1700), ब्रिम्यू एड 6588; मैंने उस पांडुलिपि का मिलान ब्रिम्यू ओ 2026 से किया है।
11. राय चतुर्मन सक्सेना, *चहार गुलशन* (मुकम्मल 1759-60 में हुआ पर आँकड़ों का सम्बन्ध मुख्यत: 1720 के आसपास से है।) मैंने सही पाठ और आँकड़े प्राप्त करने के लिए मौलाना आज़ाद लाइब्रेरी की निम्नलिखित चार पांडुलिपियों का मिलान किया है : *अब्दुस्सलाम कलेक्शन* 292/62; जवाहर म्यू कले बी 1 *जीम फे;* अबू मुहम्मद, 69 फ़ारसिया, और यूनिवर्सिटी कले, फ़ारसिया 78 अपनी पुस्तक *इंडिया ऑफ़ औरंगज़ेब,* कलकत्ता, 1901 में जदुनाथ सरकार ने इसके भौगोलिक (और सांख्यिकीय) भाग का अनुवाद किया है। पर उनके आँकड़े बहुत अच्छी पांडुलिपियों से नहीं लिये गए हैं।
12. बाबर, *बाबरनामा,* अनु. : ए. एस. बेवरिज, दो खंडों में, लंदन, 1921; मैंने केवल *जमा* के आँकड़ों वाले भाग के लिए तुर्की पाठ (हैदराबाद कोडेक्स, फोटोकापी विधि से मुद्रित), सं : ए. एस. बेवरिज, लीडन और वंदन, का उपयोग किया है।
13. आरिफ़ क़न्धारी, *तारीख़े-अकबरी* (सी 1579), सं : मुईनुद्दीन नदवी, अज़हर अली देहलवी और इम्तियाज़ अली अर्शी, रामपुर, 1962
14. बायज़ीद बियात, *तज़्किर-ए-हुमायूँ-ओ-अकबर,* सं : एम. हिदायत हुसैन, बि इं, कलकत्ता, 1941
15. निज़ामुद्दीन अहमद, *तबक़ाते-अकबरी* (1593), सं : वरुण डे (खंड तीन एम. हिदायत हुसैन द्वारा अंशत: संपादित और संशोधित), तीन खंडों में, बि इं, कलकत्ता, 1913-35

16. अब्दुल क़ादिर बदायूनी, *मुन्तख़बुत्-तवारीख़* (1595-96 के आसपास), तीन खंडों में, सं : अली अहमद और डब्ल्यू. एन. लीस, बि इं, कलकत्ता, 1864-69
17. अबुल फ़ज़्ल, *अकबरनामा*, सं : अहमद अली, तीन खंडों में आर ए एस, कलकत्ता, 1873-87; अनु. : बेवरिज, तीन खंडों में, बि इं कलकत्ता, 1897-1921; अन्यथा न कहा जाए तो सभी हवाले फ़ारसी पाठ से हैं। मूल्यवान अतिरिक्त सामग्री (जैसे टोडरमल के महत्त्वपूर्ण ज्ञापन के मूल पाठ) वाला एक अलग (पहले) का संस्करण ब्रिम्यू एड 27,247 में सुरक्षित है। मैंने *अकबरनामा* के इस संस्करण का जहाँ भी उपयोग किया है, इस पांडुलिपि को विशेष रूप से उद्धृत किया गया है।
18. अबुल क़ासिम फ़रिश्ता, *तारीख़े-फ़रिश्ता* (मूल शीर्षक : *गुलशने-इब्राहिमी*), नवलकिशोर, कानपुर, 1874 और 1884; लखनऊ, 1905; इन सभी संस्करणों में पृष्ठ संख्याएँ एक जैसी हैं।
19. शेख़ सिकन्दर, *मिरआते-सिकन्दरी*, 1611, सं : एस. सी. मिश्र और एम. एल. रहमान, बड़ौदा, 1961
20. जहाँगीर, *तुज़ुके-जहाँगीरी*, सं : एस. अहमद, ग़ाज़ीपुर और अलीगढ़, 1863-84
21. मुतमिद ख़ान, *इक़बालनामा-ए-जहाँगीरी* (3 खंड), नवलकिशोर, लखनऊ, 1870; मैंने मुद्रित पाठ का मिलान ब्रिम्यू ओ 1768 (17वीं सदी में किताबत की गई पर अधूरी रही) और ओ 1834 (18वीं सदी) से किया है। ओ 1834 में खंड दो में एक सांख्यिकीय समापन जोड़ा गया है जो लिथोग्राफ वाले पाठ में या (ज़ाहिरा तौर पर किसी और पांडुलिपि में नहीं मिलता)।
22. अमीन कज़वीनी, *बादशाहनामा*, ब्रिम्यू एड 20,734 और इतिहास उन्नत अध्ययन केन्द्र, अलीगढ़ में रज़ा लाइब्रेरी, रामपुर की पांडुलिपि की प्रति।
23. अब्दुल हमीद लाहौरी, *बादशाहनामा*, बि इं, कलकत्ता, 1866-72
24. मुहम्मद वारिस, बादशाहनामा (पहले लाहौरी की रचना का तीसरा खंड); रज़ा लाइब्रेरी, रायपुर की पांडुलिपि की प्रति इतिहास उन्नत अध्ययन केन्द्र, अलीगढ़ मुस्लिम विश्वविद्यालय में सुरक्षित। चूँकि यह दोषपूर्ण है, मैंने ब्रिम्यू एड 6556 और ओ 1675 से कुछ उद्धरणों के नोट्स का इस्तेमाल भी किया है।
25. सुजानराय भंडारी, *खुलासतुत्-तवारीख़*, 1695, सं : ज़फ़र हसन, देहली, 1918
26. अली मुहम्मद ख़ान, *मिरअते-अहमदी*, 1761, सं : नवाब अली, दो खंड और परिशिष्ट, बड़ौदा, 1927-28 और 1930

दूसरी फ़ारसी-अरबी कृतियाँ

27. ज़लालुद्दीन थानेसरी, *रिसाला-दर-जवाज़े-(बई-ए-आराज़ी)*, मौलाना आज़ाद लाइब्रेरी, शेफ़्ता कलेक्शन, अरबी, फ़िक्रा 24/26 की पांडुलिपि। शुद्ध रूप से माफ़ीदारों के दृष्टिकोण से लिखी गई यह रोचक कृति सईद अशरफ़ नदवी द्वारा संपादित और उर्दू में अनूदित की गई है। शीर्षक तहक़्क़ुक़े-आरजि-ए-हिंद, कराची, 1963 है। जनवरी 1582 में ज़लालुद्दीन थानेसरी की मृत्यु हो चुकी थी। (अब्दुल हकं, *अख़बारुल-अख़यार*, देहली, हिजरी 1322, पृ. 338 देखें।)

28. अबुल फ़त्ह गीलानी, *रुक़आते-ह्वीम अबुल फ़त्ह गीलानी,* सं : मुहम्मद बशीर हुसैन, लाहौर, 1968

29. *अबुल फ़ज़्ल के पत्र,* दो संग्रह हैं : (अ) *इंशा-ए-अबुल फ़ज़्ल,* अब्दुस्समद द्वारा संकलित, लिथोग्राफ, नवलकिशोर, कानपुर, 1872; इसे प्रामाणिक माना जाता है; (ब) *रुक़आते-अबुल फ़ज़्ल,* लिथोग्राफ संस्करण, अली बख़्श ख़ान के अलवी प्रेस में मुद्रित (स्थान दर्ज नहीं है), 1270 हिजरी; इस संकलन की प्रामाणिकता कुछ संदिग्ध है। (अध्याय-9 देखें।)

30. अमीन अहमद राज़ी, *हफ़्त इक़्लीम,* खंड एक, सं : रास, बि इं, कलकत्ता, 1918

31. अज्ञात, *बयाज़े-ख़ुशबूई,* व्यंजनों, बाग़ों की रूपरेखा वग़ैरह समेत कुलीन घरानों के प्रबन्ध पर एक ग्रंथ; 1647 से पहले लिखा गया, पांडुलिपि आई ओ 825

32. आनन्दराम, *'मुख़लिस', मिरआते-इस्तलाह,* 1745, ओ 1813

33. मुंशी टेकचन्द 'बहार', *बहारे-अजम,* 1739-40, लिथोग्राफ संस्करण, नवलकिशोर, 1916

34. मीर ग़ुलाम अली आज़ाद, बिलग्रामी हुसैनी, *ख़ज़ान-ए-आमिरा,* 1761, नवलकिशोर, कानपुर 1871

35. अज्ञात, *फ़रसनामा,* मौलाना आज़ाद लाइब्रेरी की पांडुलिपि, सुबहानुल्ला कलेक्शन, 616/3 (17वीं सदी, घोड़ों और उनके रखरखाव पर एक ग्रंथ)

36. ख़्वाजा यासीन, *ग्लासरी ऑफ़ रेवेन्यू एंड एडमिनिस्ट्रेटिव टर्म्स* (18वीं सदी का **अन्तिम दस्तावेज़ें** भाग) (फ़ारसी), ब्रिम्यू एड 6603

37. *मुद्दे-मुआश* दस्तावेज़ें *(फ़रमान और परवाने),* मुख्यत: परगना बटाला (पंजाब) से सम्बन्धित, मूल प्रतियाँ इंडिया ऑफ़िस लाइब्रेरी में सुरक्षित, आई ओ 4438; (1) से (70); ये दस्तावेज़ें हिजरी 933 से 1171 तक की हैं।

38. सेंट्रल रिकॉर्ड ऑफ़िस, इलाहाबाद की दस्तावेज़ें। मेरी इस्तेमाल की हुई दस्तावेज़ें पहली माला में (31 मार्च 1958 तक) दर्ज हैं। इनमें अकबर के एक *फ़रमान* की मूल प्रतिलिपि भी है जिसमें *मुद्दे-मुआश* ज़मीनों की चकबन्दी इसी के लिए आरक्षित गाँवों में करने का आदेश दिया गया था। इसकी तिथि 7 रबीउल-दोयम 986 हिजरी (13 जून, 1578) है और इन्दराज संख्या 24 है। इस संकलन की सभी दस्तावेज़ें इलाहाबाद दस्तावेज़ों के रूप में उद्धृत की गई हैं और फ़ौरन बाद इन्दराज संख्या दी गई है। उसे पहली माला का हवाला माना जाना चाहिए।

39. मालगुज़ारी की माफ़ी और दूसरी फ़ारसी दस्तावेज़ें, पाठ बी. एन. गोस्वामी और जे. एस. ग्रेवाल द्वारा संपादित और अनूदित, द *मुग़ल्स एंड जोगीज़ ऑफ़ जख़बर,* शिमला, 1967

40. अंग्रेज़ों के मूँगों के व्यापार के बारे में शाहजहाँ का *निशान,* 1618-19, बी एम हार. रोल. 43 ए

41. *सेलेक्टेड डाक्यूमेंट्स ऑफ़ शाहजहाँज रीन,* सं : युसूफ़ हुसैन ख़ान, दफ़्तरे-दीवानी, हैदराबाद, 1950

42. सेलेक्टेड *वक़ाई ऑफ़ द डेकन, 1660-1671* ई, सं : यूसुफ़ हुसैन ख़ान, हैदराबाद, 1953

43. राजस्थान राज्य अभिलेखागार में *तकसीम (तक़सीम)* के दस्तावेज़, राजस्थानी में, बीकानेर, शीर्षक : *तक़सीम पन्द्रहसाला परगनाव अंटेलो भाभरो सरकार अलवर, सूबो अकबराबाद,* संवत 1706-20; मैंने अपने सहयोगी डॉ. एस. पी. गुप्ता के सौजन्य से इन दस्तावेज़ों की एक माइक्रोफ़िल्म कॉपी का उपयोग किया है।
44. *अढ़सट्टा,* राजस्थानी में दस्तावेज़ें, राजस्थान राज्य अभिलेखागार, बीकानेर। मैंने निम्नलिखित का उपयोग किया है : *अढ़सट्टो मुजामिली परगनो ललसोट बाबत संवत 1774; अढ़सट्टो परगना मलारना सरकार गढ़ रणथम्भौर संवत 1747; अढ़सट्टो परगनो आम्बेर संवत 1747;* (मुहर : हिजरी 1098) और *अढ़सट्टो मुजमिली सरकार अलवर सूबो अकबराबाद,* विक्रमी संवत 1748; मैं डॉ. एस. पी. गुप्ता के सौजन्य से ही इन दस्तावेज़ों की (जो माइक्रोफ़िल्म में भी उपलब्ध हैं) प्रतियाँ पढ़ सकी।

यूरोपीय स्रोत

45. लुदोविको दी वार्तेमा, *द ट्रैवेल्स ऑफ़ लुदविको दी वार्तेमा* (1503-8), सं : जे. डब्ल्यू. जोंस, हैकलुइट सोसायटी, पुरानी शृंखला, संख्या 32, 1863
46. टाम पायर्स, द *सुमा ओरिएंटल ऑफ़ टोम पायर्स (1512-15),* दो खंड, सं और अनु. : अर्मांदो कोर्तेसाओ, हैकलुइट सोसायटी, लंदन, 1944
47. ड्यूरेट बारबोसा, द *बुक ऑफ़ ड्यूरेट बारबोसा* (सी 1518), अनु. : एम. एल. डेम्स, हैकलुइट सोसायटी, नई शृंखला, संख्या 44 और 49, 1918-21, मूल प्रकाशन : वेनिस, 1563
48. डोमिंगो पेस (1520) और फर्नाओ नूरोज़ (1535) के वृत्तान्त, राबर्ट सेवेल द्वारा अनूदित, *ए फ़ारगाटेन एम्पायर,* लंदन, 1924
49. फ़ादर ए मोंसरेट, द *कमेंटरी ऑफ़ फ़ादर मोंसरेट, एस. जे. आन हिज़ जर्नी टू द कोर्ट ऑफ़ अकबर,* अनु. : जे. एस. होयलैंड, टीका : एस. एन. बनर्जी, लंदन, 1922
50. फ़ादर जे. ज़ेवियर, *लेटर्स, 1593-1671,* अनु. : होस्टेन, *जे. ए. एस. बी.,* नई शृंखला तेईस, 1927, पृ. 109-30
51. जे. एच. फ़ान लिंशोटेन, द *वॉयेज ऑफ़ जान हायगेन फ़ान लिंशोटेन, टू द ईस्ट इंडीज़, 1598* के पुराने अंग्रेज़ी अनुवाद से, सं : ए. सी. बर्नेल (खंड दो), हैकलुइट सोसायटी, खंड 70-71, लंदन, 1885
52. फ्रांसिस्को कार्लेती, *माई बॉयेजेज़ एराउंड द वर्ल्ड (1594-1605),* अनुवाद : हरबर्ट वाइनस्टाक, लंदन, 1965
53. *अर्ली ट्रैवेल्स इन इंडिया (1583-1619),* सं : डब्ल्यू. फ़ोस्टर, लंदन, 1927; इसमें फ़िच (पृ. 1-47), मिल्डेनहाल (पृ. 48-59), हाकिंस (पृ. 60-121), फ़िंच (पृ. 122-87), विहिंगटन (पृ. 188-233), कोर्यात (पृ. 234-87) और टेरी (पृ. 288-232) के वृत्तान्त दिए गए हैं।
54. *प्रिंसिपल नेविगेशंस, वॉयेजेज़, ट्रैफ़िक्स एंड डिस्कवरीज़ ऑफ़ द इंग्लिश नेशन,* रिचर्ड हैकलुइट, एव्रीमैंस लाइब्रेरी सीरीज़, 5 खंडों में, लंदन, तिथि अज्ञात।

55. *लेटर्स फ़्रॉम द मुग़ल कोर्ट : द फ़र्स्ट जेसुइट मिशन टू अकबर (1580-83),* अनु. व सं. : जान कोरिया-अलफ़ांसो, बम्बई/आणन्द, 1980
56. अकबर के दरबार में जेसुइट मिशनों पर टू जैरिक का वृत्तान्त, अनु. : सी. एच. पायनी, *अकबर एंड द जेसुइट्स* शीर्षक से, लंदन, 1926
57. फ्रांकोई प्यारार्द दे लवाल, द *वॉयेजेज़ ऑफ़ फ्रांकोई प्यारार्द दे लवाल टू द ईस्ट इंडीज़, द मालदीव्स, द मलक्काज़ एंड ब्राज़ील (1608-9),* अनु. व सं. : ए. ग्रे, एच. सी. वी. बेल की सहायता से, खंड दो भाग 1, हैकलुइट सोसायटी, 1888
58. *लेटर्स रिसीव्ड वाई द ईस्ट इंडिया कम्पनी फ्रॉम इट्स सर्वेंट्स इन द ईस्ट, 1602-17,* 6 खंडों में, खंड एक, सं : डेनवर्स, खंड दो-छ, सं : डब्ल्यू. फ़ोस्टर, लंदन, 1896-1902
59. सैमुएल परचज़, *हैकलुइटस पोस्टह्यूमस आर पचरज़ हिज़ पिलग्रिमेजेज़* (मूल प्रकाशन 1613-26), जेम्स मैकलेहोज़ एंड संस, ग्लासगो, 1907, 20 खंडों में। अधिक व्यापक अनुवादों या आधुनिक संस्करणों में उपलब्ध यात्रा वृत्तान्तों के कारण इन ग्रंथों का आमतौर पर उपयोग नहीं किया गया है। लेकिन सीज़र फ्रेडरिक, लिंशोटेन, प्यारार्द दा लवाल, स्टील व क्रोटर तथा सर टामस रो के जो वृत्तान्त *परचज़* के संकलन के विभिन्न खंडों में हैं उनके प्रस्तुत पुस्तक में हवाले दिए गए हैं।
60. *द इंग्लिश फ़ैक्टरीज़ इन इंडिया सी 1618-69,* सं : डब्ल्यू. फ़ोस्टर, 13 खंडों में, ऑक्सफ़र्ड, 1906-2); अलग-अलग खंडों को वर्ष के अनुसार उद्धृत किया गया है।
61. सर चार्ल्स फ़ासेट, द *इंग्लिश फ़ैक्टरीज़ इन इंडिया,* नई शृंखला, 4 खंडों में, ऑक्सफ़ोर्ड, 1954
62. पिएत्रो देला वैले, द *ट्रैवेल्स ऑफ़ पिएत्रो देला वैले इन इंडिया (1623-24),* 2 खंड, हैकलुइट सोसायटी, संख्या चौरासी, अनु. : जी होवर्स (1664), सं : एडवर्ड ग्रे, लंदन, एम डी, 1892
63. डब्ल्यू. फ़ारेस्ट (सं) : *सेलेक्शंस फ्रॉम द लेटर्स, डिस्पैचेज एंड अदर स्टेट पेपर्स प्रिजर्व्ड इन द बाम्बे सेक्रेटेरिएट,* होम सीरीज, खंड दो, बम्बई, 1887
64. फ्रांसिस्को पेल्सेयर, *रिमांस्त्रैंशी, सी 1626,* अनु. : मोरलैंड एंड गेल, *जहाँगीर्स इंडिया,* कैम्ब्रिज, 1925, पुनर्मुद्रण : देहली, 1972
65. फ्रांसिस्को पेल्सेयर, *क्रॉनिकल्स,* अनु. : ब्रजनारायण और एस. आर. शर्मा, *ए कंटेंपोरेरी डच क्रॉनिकल इन मुग़ल इंडिया,* कलकत्ता, 1957; यह मानने का ठोस आधार है कि यह एक ग़ैर-पहचानशुदा फ़ारसी वृत्तान्त का मुक्त-हस्त अनुवाद है।
66. दे लाएत, द *एम्पायर ऑफ़ द ग्रेट मुग़ल,* अनु. : जे. एच. होयलैंड व एस. एन. बनर्जी, बम्बई, 1928
67. पीटर मुंडी, द *ट्रैवेल्स ऑफ़ पीटर मुंडी इन यूरोप एंड एशिया,* खंड दो : एशियाई यात्राएँ, सं : आर. सी. टेंपल, हैकलुइट सोसायटी, दूसरी शृंखला, संख्या पैंतीस, लंदन, 1914

68. एफ. एस. मैनरिक, *ट्रैवेल्स ऑफ़ फ्रे सेबास्टियन मैनरिक,* 1629-1643, अनु. : सी. ई. लुअर्ड, हैकलुइट सोसायटी, लंदन, 1927
69. ज्यां दे थेवेनाट, *एकाउंट ऑफ़ इंडिया, इन इंडियन ट्रैवेल्स ऑफ़ थेवेनाट एंड कारेरी,* अनु. व सं. : एस. एन. सेन, भारतीय राष्ट्रीय अभिलेखागार, नई दिल्ली
70. फ्रांकोई बर्नियर, *ट्रैवेल्स इन द मुग़ल एम्पायर, 1656-68,* अनु. : ए. कांस्टेबल, संशोधन : बी. ए. स्मिथ, लंदन, 1916
71. ज्यां-बापतिस्त टैवर्नियर, *ट्रैवेल्स इन इंडिया,* अनु. : वी. वाल, सं : डब्ल्यू. क्रुक, 2 खंड, लंदन, 1925
72. अंग्रेज़ी दस्तावेज़ों का संकलन *अर्ली एनल्स ऑफ़ द इंग्लिश इन बंगाल,* संकलन : सी. आर. विल्सन, 2 खंड, लंदन, 1900
73. द एबे केरी, *जर्नल,* इंग्लिश, अनु. : लेडी फ़ासेट, द *ट्रैवेल्स ऑफ़ एबे केरी इन इंडिया एंड द नियर ईस्ट, 1672-74,* सं : सर चार्ल्स फ़ासेट और रिचर्ड बर्न, 3 खंड, हैकलुइट सोसायटी, दूसरी शृंखला, पंचानवे-सत्तानवे, लंदन, 1947 और 1948
74. जान फ्रायर, *ए न्यू एकाउंट ऑफ़ ईस्ट इंडिया एंड पर्शिया बीइंग नाइनटीन ईयर्स ट्रैवेल्स, 1672-81,* सं : डब्ल्यू क्रुक, 3 खंड, हैकलुइट सोसायटी, दूसरी शृंखला, उन्नीस, बीस और उनतालीस, लंदन, 1909, 1912 और 1915
75. निकोलाव मानूशी, *स्टोरिया दो मोगोर,* 1652-1712, अनु. : डब्ल्यू. इर्विन, चार खंड, इंडियन टेक्स्ट सीरीज, भारत सरकार, लंदन, 1907-8
76. स्ट्रेंसहैम मास्टर, द *डायरीज़ ऑफ़ स्ट्रेंसहैम मास्टर, 1675-80* और उससे सम्बन्धित दूसरे तत्कालीन, काग़ज़ात, सं : आर. सी. टेंपल, इंडियन रिकाड्‌र्स सीरीज, दो खंड, लंदन, 1911
77. एलेक्जेंडर हैमिल्टन, *ए न्यू एकाउंट ऑफ़ द ईस्ट इंडीज,* सं. : डब्ल्यू. फ़ोस्टर, दो खंड, लंदन, 1930

सिक्कों की विवरणपत्रियाँ (क्वायन कैटेलॉग्स)

78. उत्तर प्रदेश के सरकारी ख़ज़ानों में मुग़लों के सिक्के : काल 1880-1968 में उत्तर प्रदेश में पाए गए सिक्कों के ज़ख़ीरे (जो राजकीय संग्रहालय, लखनऊ में हैं); अप्रकाशित शासकीय रिपोर्टें। (सचिव, मुद्रा समिति, उ.प्र./क्यूरेटर, लखनऊ संग्रहालय के हस्ताक्षर से।) इन रिपोर्टें में ज़ख़ीरों के पाने के स्थान और वर्ष दिए गए हैं तथा हर सिक्के का एक मुनासिब तौर पर विस्तृत विवरण दिया गया है। मुग़लों के सिक्कों के मुआमले में जहाँ भी टकसालों के नाम और ढलाई के वर्ष पढ़े जा सकते हैं, अवश्य दिए गए हैं।
79. एस लेन-पूल, सं : एस. स्टुअर्ट पूल, द *क्वायंस ऑफ़ द मुग़ल एम्पायर्स ऑफ़ हिन्दुस्तान इ ब्रिटिश म्यूज़ियम,* लंदन, 1892
80. नेलसन राइट, कैटेलॉग ऑफ़ *क्वायंस इन इंडियन म्यूज़ियम, कलकत्ता,* ऑक्सफ़र्ड, 1907

81. सी. जे. रोजर्स, *कैटेलाग ऑफ़ क्वायंस इन गवर्नमेंट म्यूज़ियम, लाहौर,* पंजाब सरकार, लाहौर
82. सी. जे. ब्राउन, *कैटेलाग ऑफ़ क्वायंस इन द प्रॉविंशियल म्यूज़ियम,* लखनऊ, ऑक्सफ़र्ड, 1920
83. शम्सुद्दीन अहमद, *सप्लीमेंट टू वॉल्यूम थ्री ऑफ़ द कैटेलाग ऑफ़ क्वायंस इन इंडियन म्यूज़ियम, कलकत्ता,* देहली, 1939
84. वी. पी. रोडे, *कैटेलाग ऑफ़ क्वायंस इन द सेंट्रल म्यूज़ियम, नागपुर,* बम्बई, 1969
85. सी. आर. सिंघल, *सप्लीमेंटरी कैटेलाग ऑफ़ मुग़ल क्वायंस इन द स्टेट म्यूज़ियम,* लखनऊ, 1965
86. ए. के. श्रीवास्तव, *क्वायन होड्र्स ऑफ़ उत्तर प्रदेश,* खंड एक, लखनऊ, 1981

सांख्यिकीय सूचनाएँ : गज़ेटियर, सर्वेक्षण, मानचित्र

87. *एग्रीकल्चरल स्टेटिस्टिक्स ऑफ़ इंडिया,* मूलत: राजस्व व कृषि विभाग, भारत सरकार द्वारा जारी, वार्षिक प्रकाशन 1884-85 से कलकत्ता/देहली
88. एडविन टी एटकिंसन, *स्टेटिस्टिकल, डिस्क्रिप्टिव एंड हिस्टॉरिकल एकाउंट ऑफ़ द नार्थ-वेस्ट प्रॉविंसेज़।* इन खंडों के अन्दर हर ज़िले के भाग में अलग पृष्ठ संख्याएँ दी गई हैं। कुछ खंड, जैसे चौदह (बनारस कमिश्नरी), दूसरे के संपादन में जारी किए गए थे। इलाहाबाद, 1885-94 के दौरान।
89. फ्रांसिस बुकानन, *ए जर्नी फ्रॉम मद्रास थ्रू द कंट्रीज ऑफ़ मैसूर, कनारा एंड मलाबार,* आदि, तीन खंड, लंदन, 1807
90. ...*डिस्ट्रिक्ट रिपोर्ट्स* (1806-12), संपादन और संक्षेप : मांटगुमरी मार्टिन, *द हिस्ट्री, एंड एंटीक्वीटीज़,* एंड *स्टेटिस्टिक्स ऑफ़ ईस्टर्न इंडिया,* तीन खंड, लंदन, 1838; भारतीय पुनर्मुद्रण, 1976, पाँच खंडों में, मगर पृष्ठ संख्याएँ वही हैं।
91. ... *ऐन एकाउंट ऑफ़ द डिस्ट्रिक्ट ऑफ़ बिहार एंड पटना इन 1811-12* (पटना-गया की रिपोर्ट), बिहार एंड उड़ीसा रिसर्च सोसायटी, दो खंड, पटना, तिथि अज्ञात।
92. *फ़िफ़्थ रिपोर्ट फ्रॉम द सेलेक्ट कमेटी ऑन द अफ़ेयर्स ऑफ़ द ईस्ट इंडिया कम्पनी विद ऐन एपेंडिक्स एंड ग्लासरी टू द रिपोर्ट, 1812-13,* ब्रिटिश संसदीय दस्तावेज़ों पर आयरिश यूनिवर्सिटी प्रेस की शृंखला, उपनिवेश : ईस्ट इंडिया 3, शैनन, आयरलैंड, 1969
यह खंड मूल फ़िफ़्थ रिपोर्ट से ऑफ़सेट द्वारा पुनर्मुद्रित है और इस कारण सन्दर्भ के लिए इसे इस प्रसिद्ध रचना के दूसरे सभी संस्करणों पर वरीयता दी जानी चाहिए।
93. डोनल्ड बटर, *आउटलाइंस ऑफ़ द टोपोग्राफ़ी एंड स्टेटिस्टिक्स ऑफ़ सदर्न डिस्ट्रिक्ट्स ऑफ़ अवध,* एंड द *कैंटनमेंट ऑफ़ सुल्तानपुर, अवध,* कलकत्ता, 1839
94. *सेंसस ऑफ़ इंडिया* (1911), कलकत्ता, 1913; जनगणना के प्रमुख खंड को छोड़कर, जो अखिल-भारतीय आँकड़े देता है, 1911 की जनगणना के विभिन्न

प्रान्तीय खंडों को देखा गया है। जनगणना की रिपोर्टों की इस शृंखला में 1911 की जनगणना के अलावा 1872, 1881, 1891 और 1901 की चार जनगणनाओं के आँकड़े बड़े सुविधाजनक ढंग से दिए गए हैं।

95. *डिस्ट्रिक्ट गज़ेटियर्स ऑफ़ द यूनाइटेड प्रॉविंसेज़ ऑफ़ आगरा एंड अवध,* सं : एच. आर. नेविल (अधिकांश खंडों के) और डी. एल. ड्रेक-ब्राकमान, (कुछ खंडों के), इलाहाबाद, 1909-30; ज़िले के नाम के साथ डिस्ट्रिक्ट गज़ेटियर या *नेविल का डिस्ट्रिक्ट गज़ेटियर* के रूप में उद्धृत।
96. एच. एम. इलियट, *मेमायर्स ऑफ़ द रेसेज़ ऑफ़ नार्थ-वेस्टर्न प्रॉविंसेज़,* सं : जे बीम्स, दो खंड, लंदन, 1869
97. एच. एफ. इवांस, *फ़ाइनल रिपोर्ट ऑफ़ द सेटिलमेंट ऑफ़ फ़र्रुख़ाबाद डिस्ट्रिक्ट,* इलाहाबाद, 1875
98. *गज़ेटियर ऑफ़ द बॉम्बे प्रेसिडेंसी,* सं : जेम्स एम कैम्पबेल व अन्य, ज़िलावार खंड, बम्बई, 1874-84
99. पश्चिमोत्तर प्रान्त सरकार, *ए कलेक्शन ऑफ़ पेपर्स कनेक्टेड विद ऐन इनक्वायरी इंटू द कंडीशंस ऑफ़ द लोअर क्लासेज़ ऑफ़ द पॉपुलेशन, स्पेशली इन एग्रीकल्चरल ट्रैक्ट्स, इन द नॉर्थ-वेस्टर्न प्रॉविंसेज़ एंड अवध, इंस्टीट्यूटेड इन 1887-88,* गवर्नमेंट प्रेस, नैनीताल, 1888
100. *...परमानेंट एंड टेंपोरेरी सेटिलमेंट्स, एन डब्ल्यू प्रॉविंसेज़, 1872,* इलाहाबाद, 1873
101. एस. मुहम्मद हादी, *ए मोनोग्राफ़ आन डाईज़ एंड डाईंग, इन द एन डब्ल्यू प्रॉविंसेज़ एंड अवध,* इलाहाबाद, 1896
102. डी. इब्बेटसन, *पंजाब कास्ट्स,* लाहौर, 1916
103. *इम्पीरियल गज़ेटियर ऑफ़ इंडिया,* भारत सरकार, ऑक्सफ़र्ड, 1910
104. *प्राइसेज़ एंड वेजेज़* (1861-95), भारत सरकार, कलकत्ता, 1895; दी गई क़ीमतें और उजरतें मासिक औसतों के आधार पर ज़िला मुख्यालयों के लिए हैं; समय के साथ इनका दायरा ख़ासा बदलता रहा।
105. *पंजाब डिस्ट्रिक्ट गज़ेटियर्स,* शृंखला का हर खंड किसी ज़िले या देसी रजवाड़े या रजवाड़ों के समूह के बारे में है। दो भागों में : 'ए' पाठ और 'बी' सांख्यिकी। लाहौर से विभिन्न वर्षों में जारी। बहुत असमान प्रस्तुति।
106. जेम्स रेनेल, *बंगाल एटलस,* लंदन, 1781
107. डब्ल्यू एच स्मिथ, *फ़ाइनल सेटिलमेंट रिपोर्ट ऑफ़ डिस्ट्रिक्ट अलीगढ़,* इलाहाबाद, 1882
108. जान ऑगस्टस फ़ोलकर, *रिपोर्ट ऑन द इम्प्रूवमेंट ऑफ़ इंडियन एग्रीकल्चर,* लंदन, 1893
109. जी वाट, *कमर्शियल प्रॉडक्ट्स ऑफ़ इंडिया,* लंदन, 1908
110. ...द *डिक्शनरी ऑफ़ इकोनॉमिक प्रॉडक्ट्स ऑफ़ इंडिया,* छह खंडों में (खंड छह चार भागों में), लंदन, 1889-93

111. ज़फ़रुर्रहमान, *इस्लाहाते-पेशावरां,* उर्दू, सात खंडों में, देहली, 1940 और उसके बाद

पुस्तकें और लेख

यहाँ शामिल रचनाएँ मुख्यत: वे हैं जिनका सरोकार मुख्यत: 16वीं और 17वीं सदियों में मुग़ल भारत या दुनिया के दूसरे भागों से है। इनमें तत्कालीन अंतर्राष्ट्रीय व्यापार का इतिहास भी शामिल है।

112. एम. अतहर अली, *मुग़ल नोबिलिटी अंडर औरंगज़ेब,* बम्बई, 1966
113. आर. ए. अलवी, 'न्यू लाइट ऑन मुग़ल कैवेलरी', *मेडिवल इंडिया : ए मिस्सेलेनी,* खंड दो
114. अब्दुल अज़ीज़, *मंसबदारी सिस्टम एंड द मुग़ल आर्मी,* लंदन, 1945
115. ...द *इम्पीरियल ट्रेज़री ऑफ़ द इंडियन मुग़ल्स,* पुनर्मुद्रण : देहली, 1972
116. जे. बीम्स, ऑन द ज्योग्राफ़ी ऑफ़ इंडिया इन द रीन ऑफ़ अकबर, *जे. ए. एस. बी.,* बावन, भाग एक, 1884, पृ. 215-32
117. डी. भट्टाचार्य, ए गाइड टू पॉपुलेशन एस्टीमेट्स ऑफ़ इंडिया, साइक्लोस्टाल्ड
118. सी. आर. बाक्सर, *पोर्चुग्वीज़ सी-बार्न ट्रेड,* लंदन, 1969
119. फ़र्नांड पी ब्राउडेल, *मेडिटेरेनियन एंड द मेडिटेरेनियन वर्ल्ड इन द एज ऑफ़ फ़िलिप सेकंड,* दो खंडों में, लंदन, 1972-73
120. ...और एफ़ स्पूनर, 'प्राइसेज़ इन यूरोप फ्रॉम 1450 टू 1750', *कैम्ब्रिज इकोनॉमिक हिस्ट्री ऑफ़ यूरोप,* खंड चार, सं : ईरिच और विल्सन, कैम्ब्रिज, 1967
121. ए. बर्नेस, *ट्रैवेल्स इंटू बुख़ारा एंड ए वॉयेज़ ऑन द इंडस,* मूल प्रकाशन : 1834, पुनर्मुद्रण : कराची, 1973
122. *कैम्ब्रिज इकोनॉमिक हिस्ट्री ऑफ़ इंडिया,* खंड एक : तपन रायचौधुरी और इरफ़ान हबीब, कैम्ब्रिज, 1982
123. सतीशचंद्र, 'सम एस्पेक्ट्स ऑफ़ द ग्रोथ ऑफ़ मनी इकॉनमी ड्यूरिंग द 17-थ सेंचुरी', *आई. ई. एस. एच. आर.,* वर्ष तीन, अंक 4, 1966
124. के. एन. चौधुरी, *द ईस्ट इंडिया कम्पनी, 1600-40,* लंदन, 1965
125. ...*द ट्रेडिंग वर्ल्ड ऑफ़ एशिया एंड द ईस्ट इंडिया कम्पनी, 1660-1760,* कैम्ब्रिज, 1978
126. सुशील चौधुरी, *ट्रेड एंड कमर्शियल आर्गेनाइजेशन इन बंगाल, 1650-1720,* कलकत्ता, 1975
127. बी. एस. कोह्न, स्ट्रक्चरल चेंजेज़ इन रूरल सोसायटी, *लैंड कंट्रोल एंड सोशल स्ट्रक्चर इन इंडियन हिस्ट्री,* सं : आर. ई. फ्राइकेनबर्ग, लंदन, 1969
128. डब्ल्यू क्रुक, *द ट्राइब्स एंड कास्ट्स ऑफ़ द एन डब्ल्यू प्रॉविंसेज़,* 1896
129. किंग्स्ले डेविस, *पॉपुलेशन ऑफ़ इंडिया एंड पाकिस्तान,* प्रिंसटन, 1951
130. ए. वी. देसाई, 'पॉपुलेशन एंड स्टैंडर्ड ऑफ़ लिविंग इन अकबर्स टाइम', *आई. ई. एस. एच. आर.,* नौ, 1972 2

131. '...पॉपुलेशन एंड स्टैंडर्ड ऑफ़ लिविंग इन अकबर्स टाइम : ए सेकंड लुक', *आई. ई. एस. एच. आर.*, वर्ष पन्द्रह, अंक एक, 1978
132. जान एस. डेइल, 'न्यूमिस्मेटिक मेथोडोलाजी इन द एस्टीमेशन ऑफ़ मुग़ल करेंसी आउटपुट', *आई. ई. एस. एच. आर.*, वर्ष तेरह, अंक 3, 1976, पृ. 375-92
133. चार्ल्स इलियट, *द क्रॉनिकल्स ऑफ़ उन्नाव*, इलाहाबाद, 1862
134. ए फ़्यूहरर, *मॉन्यूमेंटल एंटीक्विटीज...इन द नॉर्थ-वेस्टर्न प्रॉविंसेज़*, इलाहाबाद, 1891
135. बी. आर. ग्रोवर, 'नेचर ऑफ़ लैंड राइट्स इन मुग़ल इंडियन हिस्ट्री', *आई. ई. एस. एच. आर.*, वर्ष एक, पृ. 1, 1963-64
136. ...रक़बाबन्दी टोडरमली 1001 फ़स्ली व तप्पाबन्दी', *इंडियन हिस्टॉरिकल रिकार्ड्स कमीशन प्रोसीडिंग्स*, खंड छत्तीस, भाग दो, पृ. 35-60
137. अशिन दासगुप्ता, *इंडियन मर्चेंट्स एंड द डिक्लाइन ऑफ़ सूरत सी 1700-1750*, वीज़बेडेन, 1979
138. एस. पी. गुप्ता, 'द सिस्टम ऑफ़ रूरल टैक्सेशन इन ईस्टर्न राजस्थान', *प्रोसीडिंग्स ऑफ़ द इंडियन हिस्ट्री कांग्रेस*, (आगे से : प्रोसीडिंग्स), 1972
139. एस. पी. गुप्ता और शीरीं मूसवी, 'वेटेड प्राइस एंड रेट इंडिसेज़ ऑफ़ ईस्टर्न राजस्थान, (सी 1665-1750)', *आई. ई. एस. एच. आर.*, वर्ष बारह, अंक-2, 1975
140. इरफ़ान हबीब, *एग्रेरियन सिस्टम ऑफ़ मुग़ल इंडिया (1556-1707)*, बम्बई, 1963
141. ...*ऐन एटलस ऑफ़ द मुग़ल एम्पायर*, देहली, 1982
142. ...'करेंसी सिस्टम ऑफ़ द मुग़ल एम्पायर', *मेडिवल इंडिया क्वार्टरली*, चार, अंक 1-2, 1957
143. ...'ज़मींदार्स इन द आईने-अकबरी', *प्रोसीडिंग्स*, 1958, पृ. 320-23
144. ...'बैंकिंग इन मुग़ल इंडिया', *कंट्रीब्यूशंस टू इंडियन इकोनॉमिक हिस्ट्री*, एक, सं : तपन रायचौधुरी, कलकत्ता, 1960
145. ...'युजुरी इन मेडिवल इंडिया', *कम्पेरेटिव स्टडीज़ इन सोसायटी एंड हिस्ट्री*, वर्ष छह, अंक 4, 1964
146. ...'सोशल डिस्ट्रिब्यूशन ऑफ़ लैंडेड प्रॉपर्टी इन प्रि-ब्रिटिश इंडिया', *इनक्वायरी*, नई श्रृंखला, वर्ष दो, अंक 3, 1965
147. ...'एस्पेक्ट्स ऑफ़ एग्रेरियन रिलेशंस एंड इकोनॉमी इन ए रीज़न ऑफ़ यू पी ड्यूरिंग द 16-थ सेंचुरी', *आई. ई. एस. एच. आर.*, वर्ष चार, अंक 3, 1967
148. ...'द मंसब सिस्टम, 1595-1637', *प्रोसीडिंग्स*, 1967
149. ...'प्रोटेंशियालिटीज ऑफ़ कैपिटलिस्टिक डेवलपमेंट इन द इकोनॉमी ऑफ़ मुग़ल इंडिया', *इनक्वायरी*, नई श्रृंखला, वर्ष तीन, अंक 3, 1971
150. ...'ए नोट ऑन द पॉपुलेशन ऑफ़ इंडिया, 1800-1872', *भारतीय अर्थव्यवस्था के उपनिवेशीकरण पर संगोष्ठी*, अलीगढ़, 1972, साइक्लोस्टाइल्ड
151. ...'कोलोनाइज़ेशन ऑफ़ इंडियन इकोनॉमी, 1757-1900', *सोशल साइंटिस्ट*, 32, मार्च 1975
152. ...'इकोनॉमी ऑफ़ द डेलही सल्तनत', *आई. एच. आर.*, वर्ष चार, अंक 2, 1978

153. ...'मंसब सैलरी स्केल अंडर जहाँगीर एंड शाहजहाँ', *इस्लामिक कल्चर,* वर्ष उनसठ, अंक 3, 1985
154. अर्ल जे हैमिल्टन, *अमेरिकन ट्रेज़र एंड प्राइस रिवॉल्यूशन इन स्पेन, 1501-1650,* कैम्ब्रिज, 1934
155. अज़ीज़ा हसन, 'मिंट्स ऑफ़ द मुग़ल एम्पायर : ए स्टडी इन कम्पेरेटिव करेंसी आउटपुट', *प्रोसीडिंग्स,* पटियाला, 1968
156. ...'द सिल्वर करेंसी आउटपुट ऑफ़ द मुग़ल एम्पायर एंड प्राइसेज़ इन इंडिया, ड्यूरिंग द 16-थ एंड 17-थ सेंचुरीज', *आई. ई. एस. एच. आर.,* छह, 1969, पृ. 85-116
157. एस. नूरुल हसन, *थाट्स ऑन एग्रेरियन रिलेशंस इन मुग़ल इंडिया,* बम्बई, 1973
158. ...*ज़मींदार्स* अंडर द मुग़ल्स, *लैंड कंट्रोल एंड सोशल स्ट्रक्चर इन इंडिया,* सं : आर. ई. फ्राइकेनबर्ग, लंदन, 1969
159. ...के. एन. हसन और एस. पी. गुप्ता, 'द पैटर्न ऑफ़ एग्रीकल्चरल प्रोडक्शन इन द टेरिटरीज़ ऑफ़ आम्बेर', *प्रोसीडिंग्स,* मैसूर, 1967
160. ए. डब्ल्यू. हेस्टन, 'द स्टैंडर्ड ऑफ़ लिविंग इन अकबर्स टाइम : ए कमेंट', *आई. ई. एस. एच. आर.,* वर्ष चौदह, अंक 3, 1977, पृ. 391-96
161. एस. हौदीवाला, *हिस्टॉरिकल स्टडीज़ इन मुग़ल न्यूमिस्मेटिक्स,* कलकत्ता, 1923
162. सिडनी होमर, *ए हिस्ट्री ऑफ़ इंटेरेस्ट रेट्स,* न्यू ब्रुंसविक, 1963, भाग दो
163. डब्ल्यू इर्विन, द *आर्मी ऑफ़ द इंडियन मुग़ल्स : इट्स ऑर्गेनाइज़ेशन एंड एडमिनिस्ट्रेशन,* लंदन, 1903
164. इक़्तिदार आलम ख़ान, 'द मिडिल क्लासेज़ इन द मुग़ल एम्पायर', *प्रोसीडिंग्स,* अलीगढ़ सत्र, 1975
165. यान किनीवीत्ज़, पोर्तुगीज़ फ़ैक्टरी एंड ट्रेड इज पेपर', *आई. ई. एस. एच. आर.,* वर्ष छह, अंक 1, 1969, पृ. 61-84
166. ए. आर. ख़ान, *चीफ़टेंस इन द मुग़ल एम्पायर ड्यूरिंग द रीन ऑफ़ अकबर,* शिमला, 1977
167. ज़ेड. ए. ख़ान, 'मेडिवल आर्कियोलॉजिकल रिमेंस इन उत्तर प्रदेश : ए जियो-ग्रैफिकल स्टडी', *भारतीय इतिहास कांग्रेस के अलीगढ़ सत्र* में पढ़ा गया, 1975, साइक्लोस्टाइल्ड
168. ...'रेलवेज़ एंड द क्रिएशन ऑफ़ नेशनल मार्केट इन फ़ूड', *आई. एच. आर.,* वर्ष चार, अंक 2, 1978
169. पीर ग़ुलाम हुसैन खय्यामी, *तारीख़े-हसन,* फ़ारसी, दो खंड, जम्मू-कश्मीर सरकार का प्रकाशन, तिथि अज्ञात
170. बालकृष्ण, *कामर्शियल रिलेशंस बिटविन इंडिया एंड इंग्लैंड,* लंदन, 1924
171. फ्रेडरिक सी लेन, 'द मेडिटेरेनियन स्पाइस ट्रेड : फर्दर एविडेंस ऑफ़ इट्स रिवाइवल इन द 16-थ सेंचुरी', *क्राइसिस एंड चेंज इन द वेनेशियन इकोनॉमी,* सं : ब्रायन पूलन, लंदन, 1968

172. ए मेडिसन, *क्लास स्ट्रक्चर एंड इकोनॉमिक ग्रोथ : इंडिया एंड पाकिस्तान सिंस द मुग़ल टाइम्स,* लंदन, 1971

173. वित्तोरीनो मागहेस-गोदिंहो, *ल' इकोनॉमी दे ल' एम्पायर पोर्तुगीज़ आ 16-एत 17- सिक्लीज,* पेरिस, 1969; मुझे अफ़सोस है कि मैं इस रचना का सीधे-सीधे इस्तेमाल नहीं कर सकी।

174. जान माल्कम, *ए मेमायर ऑफ़ सेंट्रल इंडिया इनक्लूडिंग मालवा एंड एड ज्वाइनिंग प्रॉविंसेज़,* दो खंड, लंदन, 1824

175. मैकआल्पिन, मिशेल बी, *सब्जेक्ट टू फ़ेमीन,* प्रिंसटन, 1983

176. ...'रेलरोड्स, कल्टीवेशन, पैटर्न्स, एंड फूडग्रेंस एवेलिबिलिटी : इंडिया, 1860-1900', *आई. ई. एस. एच. आर.,* वर्ष बारह, अंक 1, 1975

177. रोजर मोल्स, 'पॉपुलेशन इन यूरोप 1500-1700', *फोंटाना इकोनॉमिक हिस्ट्री ऑफ़ यूरोप,* खंड दो, सं : कार्लो एम. सिपोला, लंदन, 1974

178. शीरीं मूसवी, 'प्रोडक्शन, कंज़म्पशन एंड पॉपुलेशन इन अकबर्स टाइम : ए कमेंट', *आई. ई. एस. एच. आर.,* वर्ष दस, अंक 2, 1973

179. ....नोट ऑन प्रोफ़ेसर एलन हेस्टंग 'स्टैंडर्ड ऑफ़ लिविंग इन अकबर्स टाइम : ए कमेंट,' *आई. ई. एस. एच. आर.,* वर्ष चौदह, अंक 3, 1977

180. ...'इवॉल्यूशन ऑफ़ द *मंसब* सिस्टम अंडर अकबर', *जे. आर. ए. एस.,* लंदन, अंक 2, 1981

181. ...'द सिल्वर इनफ्लक्स, मनी सप्लाई, प्राइसेज़ एंड रेवेन्यू एक्सट्रैक्शन इन मुग़ल इंडिया', *जे. ई. एस. एच. ओ.,* अट्ठाइस

182. डब्ल्यू. एच. मोरलैंड, *इंडिया ऐट द डेथ ऑफ़ अकबर,* लंदन, 1920

183. ...*फ्रॉम अकबर टू औरंगज़ेब,* लंदन, 1923

184. ...*एग्रेरियन सिस्टम ऑफ़ मुस्लिम इंडिया,* कैम्ब्रिज, 1929

185. ...*नोट्स ऑन द एग्रीकल्चरल कंडीशंस ऑफ़ द यूनाइटेड प्रॉविंसेज़ एंड ऑफ़ इट्स डिस्ट्रिक्ट्स,* इलाहाबाद, 1913

186. ...'द आईने-अकबरी : ए पॉसिबुल बेसलाइन फॉर द इकोनॉमिक ऑफ़ मॉडर्न इंडिया', *इंडियन जर्नल ऑफ़ इकोनॉमिक्स,* एक, 1916, पृ. 33-44

187. ...'द प्राइसेज़ एंड वेजेज़ अंडर अकबर', *जे. आर. ए. एस.,* 1917, पृ. 815-25

188. ...'द वैल्यू ऑफ़ मनी ऐट द कोर्ट ऑफ़ अकबर', *जे आर एस एस,* 1918, पृ. 375-85

189. ...'द एग्रीकल्चरल स्टेटिस्टिक्स ऑफ़ अकबर्स टाइम', *जे. यू. पी. एच. एस.,* वर्ष दो, अंक 1, लखनऊ, 1919

190. ...'रैंक्स (मंसब) इन द मुग़ल सर्विस', *जे. आर. ए. एस.,* लंदन, 1936

191. ...'शेरशाह्स रेवेन्यू सिस्टम', *जे. आर. ए. एस.,* लंदन, 1926, पृ. 447-59

192. मॉरिस डी मॉरिस, 'द पॉपुलेशन ऑफ़ ऑल इंडिया, 1800-1951', *आई. ई. एस. एच. आर.,* वर्ष ग्यारह, अंक 2-3

193. आर. के. मुखर्जी, *इकोनॉमिक हिस्ट्री ऑफ़ इंडिया 1600-1800,* इलाहाबाद, दूसरा संस्करण, 1967
194. हमीदा ख़ातून नक़वी, *अर्बनाइजेशन एंड अर्बन सेंटर्स अन्डर द ग्रेट मुग़ल्स, 1556-1707,* शिमला, 1972
195. जियोफ्री पार्कर, 'दी इमर्जेंस ऑफ़ मॉडर्न फिनांस इन यूरोप, 1500-1730', *फोंटाना इकोनॉमिक हिस्ट्री ऑफ़ यूरोप,* खंड दो, सं : कार्लो एम. सिपोला, लंदन, 1974
196. वी. आई. पाव्लोव, *हिस्टॉरिकल प्रेमिजेज़ फार इंडियाज़ ट्रांज़ीशन टू कैपिटलिज़्म,* मास्को, 1979
197. एम. एन. पियर्सन, *मर्चेंट्स एंड रूलर्स इन गुजरात : द रिस्पांस टू द पोर्चुगीज़ इन द सिक्सटींथ सेंचुरी,* कैलिफ़ोर्निया, 1976
198. ओमप्रकाश, 'बुलियन फ़ॉर गुड्स : इंटरनेशनल ट्रेड एंड द इकोनॉमी ऑफ़ अर्ली 18-थ सेंचुरी बंगाल', *आई. ई. एस. एच. आर.,* वर्ष तेरह, अंक 2, 1976
199. ब्रायन पूलन (सं) : *क्राइसिस एंड चेंज इन द वेनेशियन इकोनॉमी इन द सिक्सटींथ एंड सेवनटींथ सेंचुरीज़,* लंदन, 1968
200. ए. जे. क़ैसर, 'नोट ऑन द डेट ऑफ़ इंस्टीट्यूशन ऑफ़ *मंसब* अंडर अकबर', *प्रोसीडिंग्स,* 24वाँ सत्र, 1961, पृ. 155-57
201. ...'डिस्ट्रीब्यूशन ऑफ़ रेवेन्यू रिसोर्सेज़ ऑफ़ द मुग़ल एम्पायर एमंग द नोबुल्स', *प्रोसीडिंग्स,* 1965, पृ. 237-42
202. तपन रायचौधुरी, *बंगाल अंडर अकबर एंड जहाँगीर,* कलकत्ता, 1953
203. ...'एग्रेरियन सिस्टम ऑफ़ मुग़ल इंडिया', *इनक्वायरी,* नई शृंखला, वर्ष दो, अंक 1, 1965
204. कविराज श्यामलदास, *वीर विनोद,* दो खंड, उदयपुर, 1886
205. पी ई रैज़ेल, 'पॉपुलेशन चेंज इन एटींथ सेंचुरी इंग्लैंड : ए रि-एप्रेज़ल', माइकेल ड्रेक (सं) : 'पॉपुलेशन इन इंडस्ट्रियलाइज़ेशन', लंदन, 1969 में *इकोनॉमिक हिस्ट्री रिव्यू,* अंक अठारह से पुनर्मुद्रित
206. जे. एफ. रिचड्र्स, 'मुग़ल स्टेट फिनांस एंड द प्रि-मॉडर्न वर्ल्ड इकोनॉमी', *कम्पेरेटिव स्टडीज़ इन सोसायटी एंड हिस्ट्री,* वर्ष 23, अंक 2, अप्रैल 1981
207. वी. ए. स्मिथ, *अकबर द ग्रेट मुग़ल,* देहली, 1958
208. ओ. एच. के. स्पेट एंड ए. टी. ए. लियरमंथ, *इंडिया एंड पाकिस्तान,* तीसरा संस्करण, 1967
209. नील्स स्टींसगार्ड, *एशियन ट्रेड रिवॉल्यूशन ऑफ़ द सेवनटींथ सेंचुरी,* शिकागो, 1974 (पहले *कैरेक्स, कैरेवांस एंड कम्पनीज़* शीर्षक से प्रकाशित, कोपेनहेगन, 1973); मैंने शिकागो संस्मरण का उपयोग किया है।
210. जी ले स्त्रैंज, *लैंड्स ऑफ़ द ईस्टर्न कैलिफेट,* कैम्ब्रिज, 1930
211. एडवर्ड टामस, *रेवेन्यू रिसोर्सेज़ ऑफ़ द मुग़ल एम्पायर इन इंडिया, फ्रॉम ए डी 1593 टू 1707,* लंदन, 1871; लेखक की रचना द *क्रॉनिकल्स ऑफ़ द पठान किंग्स ऑफ़ डेलही* से पुनर्मुद्रित, देहली, 1967

212. आर. पी. त्रिपाठी, *सम एस्पेक्ट्स ऑफ़ मुग़ल एडमिनिस्ट्रेशन,* इलाहाबाद, 1959
213. के. के. त्रिवेदी, 'चेंजेज़ इन कास्ट कम्पोज़ीशन ऑफ़ द ज़मींदार क्लास इन वेस्टर्न उत्तर प्रदेश, 1595-सी 1900', *आई. एच. आर.,* वर्ष दो, अंक 1, 1975
214. ...'मूवमेंट ऑफ़ रिलेटिव वैल्यू ऑफ़ आउटपुट ऑफ़ एग्रीकल्चरल क्राप्स इन द आगरा रीजन, 1600-1900', *भारतीय इतिहास कांग्रेस,* साइक्लोस्टाइल्ड
215. एच. सी. वर्मा, *मेडिवल रूट्स टू इंडिया : ए स्टडी ऑफ़ ट्रेड एंड मिलिट्री रूट्स,* कलकत्ता, 1978
216. पी. विलर, *ए हिस्ट्री ऑफ़ गोल्ड एंड मनी, 1450-1490,* लंदन, 1976
217. ...प्रॉब्लम्स ऑफ़ द फार्मेशन ऑफ़ कैपिटलिज़्म, *पास्ट एंड प्रेजेंट,* अंक 10, 1956, पृ. 15-38
218. इमैनुएल वैर्लेस्टाइन, द *मॉडर्न वर्ल्ड-सिस्टम : कैपिटलिस्ट एग्रीकल्चर एंड द ओरिजिंस ऑफ़ द यूरोपियन वर्ल्ड इकोनॉमी इन द सिक्सटींथ सेंचुरी,* न्यूयार्क, 1974
219. एच. एच. विल्सन, *ए ग्लासरी ऑफ़ ज्यूडिशियल एंड रेवेन्यू टर्म्स ऑफ़ ब्रिटिश इंडिया,* लंदन, 1875

इकोनॉमिक पत्रिकाएँ

220. *हिस्ट्री रिव्यू,* हर्ट फ़र्डशायर, इंग्लैंड
221. *इनक्वायरी,* देहली
222. *इंडियन इकोनॉमिक एंड सोशल हिस्ट्री रिव्यू,* देहली
223. *इंडियन हिस्टॉरिकल रिव्यू,* देहली
224. *इंडियन जर्नल ऑफ़ इकोनॉमिक्स,* इलाहाबाद
225. *इस्लामिक कल्चर,* हैदराबाद
226. *जर्नल ऑफ़ द इकोनॉमिक एंड सोशल हिस्ट्री ऑफ़ द ओरिएंट,* लीडेन
227. *जर्नल ऑफ़ द (रॉयल) एशियाटिक सोसायटी ऑफ़ बंगाल,* कलकत्ता
228. *जर्नल ऑफ़ द रॉयल एशियाटिक सोसायटी,* लंदन
229. *जर्नल ऑफ़ द यू पी हिस्टॉरिकल सोसायटी,* लंदन
230. *मेडिवल इंडिया : ए मिस्सेलेनी,* अलीगढ़/बम्बई
231. *मेडिवल इंडिया क्वार्टरली,* अलीगढ़
232. *मॉडर्न एशियन स्टडीज़,* कैम्ब्रिज
233. *पास्ट एंड प्रेजेंट,* ऑक्सफ़र्ड
234. *प्रोसीडिंग्स ऑफ़ द इंडियन हिस्ट्री कांग्रेस,* सत्र के स्थान और वर्ष के साथ केवल *प्रोसीडिंग्स* के रूप में अंकित
235. *प्रोसीडिंग्स ऑफ़ द इंडियन हिस्टॉरिकल रिकाड्र्स कमीशन*
236. *सोशल साइंटिस्ट,* त्रिवेंद्रम, नई दिल्ली

अनुक्रमणिका